LIFE

Keith Richards

En collaboration avec James Fox

LIFE

Ma vie avec les Stones

Traduit de l'anglais par
Bernard Cohen et Abraham Karachel

ROBERT LAFFONT

L'auteur tient à remercier ceux qui ont autorisé la reproduction des textes des chansons suivantes :

« (I Can't Get No) Satisfaction. » Written by Mick Jagger & Keith Richards. © 1965 Renewed, ABKCO Music, Inc. www.abkco.com. Used with permission. All rights reserved. « Get off of My Cloud. » Written by Mick Jagger & Keith Richards. © 1965 Renewed, ABKCO Music, Inc. www.abkco.com. Used with permission. All rights reserved. « Gimme Shelter. » Written by Mick Jagger & Keith Richards. © 1970 Renewed, ABKCO Music, Inc. www.abkco.com. Used with permission. All rights reserved. « Yesterday's Papers. » Written by Mick Jagger & Keith Richards. © 1967 Renewed, ABKCO Music, Inc. www .abkco.com. Used with permission. All rights reserved. « Salt of the Earth. » Written by Mick Jagger & Keith Richards. © 1969 Renewed, ABKCO Music, Inc. www.abkco.com. Used with permission. All rights reserved. « As Tears Go By. » Written by Mick Jagger, Keith Richards & Andrew Oldham. © 1964 ABKCO Music, Inc. Renewed U.S. © 1992 and all publication rights for U.S.A. and Canada — ABKCO Music, Inc. / Tro-Essex Music Inc. Used by permission. International © secured. « Can't Be Seen. » Written by Mick Jagger and Keith Richards. Published by Promopub B.V. « Torn and Frayed. » Written by Mick Jagger and Keith Richards. Published by Colgems-EMI Music Inc. « Casino Boogie. » Written by Mick Jagger and Keith Richards. Published by Colgems-EMI Music Inc. « Happy. » Written by Mick Jagger and Keith Richards. Published by Colgems-EMI Music Inc. « Before They Make Me Run. » Written by Mick Jagger and Keith Richards. Published by Colgems-EMI Music Inc. « All About You. » Written by Mick Jagger and Keith Richards. Published by Colgems-EMI Music Inc. « Fight. » Written by Mick Jagger, Keith Richards and Ron Wood. Published by Promopub B.V. and Halfhis Music. « Had It with You. » Written by Mick Jagger, Keith Richards and Ron Wood. Published by Promopub B.V. and Halfhis Music. « Flip the Switch. » Written by Mick Jagger and Keith Richards. Published by Promopub B.V. « You Don't Have to Mean It. » Written by Mick Jagger and Keith Richards. Published by Promopub B.V. « How Can I Stop. » Written by Mick Jagger and Keith Richards. Published by Promopub B.V. « Thief in the Night. » Written by Mick Jagger, Keith Richards and Pierre de Beauport. Published by Promopub B.V. and Pubpromo Music.

Titre original : LIFE
© 2010 by Mindless Records, LLC
Traduction française : Éditions Robert Laffont, S.A., Paris, 2010

ISBN 978-2-221-11251-9
(édition originale : ISBN 9780316034388, Little, Brown and Company, New York)

Pour Patricia

Photographies

Chapitre Un

Où il est question de mon arrestation par la police dans l'Arkansas pendant notre tournée américaine de 1975, et de l'embrouille qui allait s'ensuivre.

Qu'est-ce qui nous a pris de faire une pause-déjeuner au 4-Dice, une gargotte de... Fordyce, dans l'Arkansas, le jour de la fête nationale américaine ? Ou n'importe quel jour, d'ailleurs. Comme si je ne connaissais pas les dangers du Sud bigot et réac, après dix ans passés à le traverser en voiture. Fordyce ? Un trou perdu. Les Rolling Stones ? Le gibier au menu de toutes les polices des États-Unis. En cet été 1975, le moindre flic de là-bas rêvait de nous coffrer pour débarrasser le pays de ces petits pédés anglais, tout en assurant son avenir professionnel par ce geste patriotique. L'époque était violente, chargée de conflits. Depuis notre tournée STP (pour « Stones Touring Party ») en 1972, la chasse aux Stones était ouverte. Dans notre sillage, le Département d'État avait signalé une flambée d'émeutes (vrai), de désobéissance civile (vrai) et d'actes sexuels illicites (ne me demandez pas ce que ça veut dire). Et nous, pauvres baladins, étions censés en être les responsables. Nous incitions les jeunes à la révolte, nous corrompions l'Amérique et le gouvernement avait juré que nous ne remettrions jamais les pieds ici. Nixon en avait fait une question politique de premier plan. Il avait déjà déployé son talent ès coups tordus contre John Lennon, car il pensait que celui-ci pouvait menacer sa réélection. Quant à nous – notre avocat en avait été très officiellement informé –, nous étions tout simplement le groupe de rock'n'roll le plus dangereux de la planète.

Les jours précédents, notre génial avocat, Bill Carter, avait désamorcé de main de maître les provocations montées de toutes pièces par les polices de Memphis et de San Antonio. Et voilà que Fordyce, un patelin de quatre mille deux cent trente-sept habitants dont le lycée avait pour emblème une sorte d'insecte rouge bizarre, semblait pouvoir remporter le pompon. Carter nous avait conseillé de ne pas traverser l'Arkansas en voiture, et surtout de ne jamais nous éloigner de la route principale. Il nous avait expliqué que l'Arkansas avait failli passer une loi interdisant le rock (j'aurais aimé voir ça : « Est bannie par le présent décret toute musique assourdissante et répétitive comportant quatre temps par mesure… »). Mais ça ne nous avait pas empêchés de sillonner l'arrière-pays dans une Impala jaune toute neuve. Il n'y avait sans doute pas pire endroit pour faire du tourisme au volant d'une voiture bourrée de dope : une contrée de ploucs conservateurs qui détestaient tout ce qui ne leur ressemblait pas, à commencer par un groupe d'étrangers aux cheveux longs.

Avec moi, dans la voiture, il y avait Ronnie Wood, Freddie Sessler – un type incroyable, mon ami et presque un père pour moi, qui apparaîtra souvent dans cette histoire – et Jim Callaghan, notre responsable de la sécurité depuis de longues années. Nous avions décidé de parcourir en voiture les six cents kilomètres qui séparent Memphis de Dallas, où nous devions nous produire le lendemain, au Cotton Bowl. Jim Dickinson, le musicien du sud des États-Unis qui joue du piano sur « Wild Horses », nous avait dit que les paysages du « Texarkana » valaient le détour. Et on en avait marre de l'avion. Le vol de Washington à Memphis avait été un vrai cauchemar. L'appareil avait fait un plongeon de plusieurs milliers de mètres, les gens s'étaient mis à hurler et à pleurer et Annie Leibovitz, la célèbre photographe, était allée donner de la tête contre le plafond de la cabine. Lorsque nous avions enfin atterri, les passagers avaient embrassé le tarmac. Pendant que nous étions ballottés, on m'avait vu me diriger vers l'arrière de l'appareil pour consommer certaines substances avec encore plus d'enthousiasme que d'habitude, car je ne voulais pas gâcher la marchandise. Un mauvais trip, à bord du vieux coucou de Bobby Sherman, le *Starship*.

On a donc pris la route et je me suis conduit comme un idiot. On s'est arrêtés devant le 4-Dice, une baraque au bord de la route, on s'est installés et après avoir commandé, Ronnie et moi, on s'est enfermés dans les toilettes, histoire de se mettre en jambes, si vous voyez ce que je veux dire. On planait totalement. On n'aimait ni la clientèle ni la nourriture, alors on est restés une bonne quarantaine de minutes dans les toilettes, à se marrer et à faire les cons. Dans le coin, ça ne se faisait pas. Ça a énervé les employés, ils ont appelé les flics. Quand on est sortis, une voiture noire sans plaques était garée sur le bas-côté. Dès qu'on a démarré, une sirène s'est mise à hurler et en moins de deux chacun de nous s'est retrouvé avec le canon d'un fusil à pompe sous le nez.

On était chargés comme des mules. J'avais une casquette en jean avec plein de poches bourrées de came. Les portières de la voiture étaient farcies de sacs de coke, d'herbe, de peyotl et de mescaline. Et maintenant, mon Dieu, comment allait-on se sortir de ce merdier ? Ce n'était vraiment pas le moment de se faire serrer. C'était déjà miraculeux d'être en tournée aux States. Nos visas ne nous avaient été délivrés qu'avec une ribambelle de conditions, connues de tous les flics des États-Unis, fruit d'une interminable et pénible négociation de Bill Carter avec le Département d'État et le service d'Immigration, qui avait duré près de deux ans. Et la première des conditions était bien évidemment de ne pas se faire arrêter pour détention de drogue, ce dont Carter s'était porté personnellement garant.

À l'époque, j'avais arrêté la came dure, je m'étais mis clean pour la tournée. Et j'aurais pu laisser tout le matos dans l'avion. À ce jour, je ne comprends pas pourquoi j'ai pris le risque de trimbaler toute cette merde avec moi. On m'avait refilé tout ça à Memphis et j'avais du mal à m'en défaire, mais j'aurais quand même pu le planquer dans l'avion et prendre la voiture sans rien dans les poches. Pourquoi ai-je décidé de charger la voiture comme un dealer débutant ? Peut-être me suis-je réveillé trop tard pour l'avion. Je me souviens d'avoir passé un bon moment à démonter les panneaux des portières pour y fourguer la came. Et le peyotl n'est même pas mon truc…

Dans les poches de ma casquette il y a donc du hasch, des cachets de Tuinal et un peu de coke. Je salue les flics en faisant un grand geste qui me permet de balancer des pilules et du shit dans les fourrés. « Bonjour, monsieur l'agent (grand geste), aurais-je commis quelque infraction ? Je vous prie de m'excuser, je suis d'Angleterre. Est-ce que je conduisais du mauvais côté de la route ? » Du coup, tu les prends à contrepied et en même temps tu te débarrasses de la dope que tu as sur toi. Mais il en reste encore plein. Et puis les flics ont aperçu un coutelas sur le siège arrière. Par la suite, les salopards s'en serviront pour nous accuser d'avoir « dissimulé des armes ». Ils nous ont demandé de les suivre jusqu'à un parking situé quelque part sous le bâtiment de la muni-cipalité. Chemin faisant, ils ont sûrement observé comment on continuait de balancer notre matos par-dessus bord.

Ils ne nous ont pas fouillés tout de suite, au garage. Ils ont dit à Ronnie : « OK, allez prendre vos affaires dans la voiture. » Ronnie avait un petit sac, et il en a profité pour vider son bazar dans une boîte à kleenex. En sortant, il m'a glissé : « C'est sous le siège du conducteur. » Moi, je n'avais rien à prendre dans la voiture, alors quand mon tour est venu, j'ai fait semblant et j'en ai profité pour récupérer la boîte. Mais je ne savais pas quoi en foutre, et je me suis donc contenté de l'écraser un peu pour la glisser sous la banquette arrière. Et je suis ressorti les mains dans les poches. Aujourd'hui encore, je ne comprends pas qu'ils n'aient pas fouillé la voiture.

À ce stade, ils savaient à qui ils avaient affaire (« Ben, voyez-vous ça, on a attrapé du beau gibier »). Et en même temps, on voyait bien qu'ils se demandaient quoi faire de nous. Ils allaient devoir appeler la police de l'État. Pour nous accuser de quoi, exactement ? Ils savaient également que nous cherchions à joindre Bill Carter, et ça devait leur faire peur parce qu'on était sur son turf. Bill avait grandi dans la ville voisine de Rector et il connaissait personnellement le moindre officier de police, le moindre shérif, le moindre procureur et tous les dirigeants politiques du coin. Ils auraient peut-être mieux fait d'attendre avant d'annoncer notre arrestation à la presse. Parce que les médias avaient commencé à se rassembler devant le tribunal – une chaîne de Dallas avait même loué un jet privé pour être la première sur le coup. C'était samedi après-midi, et les flics passaient leur temps au téléphone avec Little Rock, la capitale, pour prendre conseil auprès des plus hautes autorités. Alors, au lieu de nous coffrer et de voir nos trombines derrière des barreaux s'afficher sur toutes les télés du monde, ils ont préféré annoncer qu'ils nous avaient placés « sous protection » dans le bureau du chef de la police, ce qui nous permettait de nous déplacer un peu. Où était Carter ? Tout était fermé à cause de la fête nationale, et à l'époque il n'y avait pas de téléphones portables. Ce n'était pas si simple de mettre la main sur lui.

En attendant, il fallait qu'on se débarrasse de tout ce qu'on avait sur nous, parce qu'on était vraiment blindés. À l'époque, je carburais à la coke pure, très pure, pharmaceutique, une blanche poudreuse sortie tout droit des laboratoires Merck. Avec Freddie Sessler on est allés aux toilettes, sans même être escortés. « Doux Jésus (Freddie commençait toutes ses phrases comme ça), je suis chargé. » Il avait une tonne de Tuinal sur lui, et ça le démontait tellement de s'en débarrasser dans les chiottes qu'il a laissé tomber le flacon, et voilà que les petits cachets rouge et turquoise se sont éparpillés dans tous les sens alors qu'il était occupé à jeter sa coke dans la cuvette. Moi, j'y ai balancé le shit et l'herbe, mais cette putain de chasse d'eau n'arrivait pas à les évacuer : il y avait trop d'herbe. J'étais là, à tirer et retirer la chasse et soudain le sol autour de mes pieds s'est couvert de cachets. Je les ai ramassés et je les ai jetés dans les chiottes et ainsi de suite, mais il y avait un blème parce qu'il y avait une cinquantaine de cachets par terre dans le box vide qui séparait le mien de celui où Freddie s'était installé. « Doux Jésus, Keith.

— Reste cool, mec. J'ai balancé tous les cachetons qu'il y avait de mon côté, t'as jeté les tiens ?

— Oui, oui, je crois bien.

— Bon, on va s'occuper du box du milieu. » La dope sortait de tous les côtés, c'était à peine croyable, il y en avait absolument partout. Jamais je n'avais imaginé que je trimbalais tout ça !

Le principal souci, c'était la valise de Freddie, qui était restée dans le coffre de la voiture, toujours fermé à clef. Dedans, il y avait de la coke. Les flics allaient tomber dessus, c'était couru. On a pris une décision stratégique : on allait dire que Freddie était un auto-stoppeur ramassé sur la route, et on se ferait un plaisir de le laisser profiter des services de notre avocat si le besoin s'en faisait sentir — et si ce dernier se décidait enfin à refaire surface !

Bordel, où était Carter ? On a mis un peu de temps à rameuter nos forces, et entre-temps la population de Fordyce a explosé au point qu'une émeute menaçait d'éclater. On était venu du Mississippi, du Texas, du Tennessee, pour assister au spectacle. Il ne se passerait rien tant qu'on n'aurait pas mis la main sur Carter, forcément il n'était pas très loin, il avait juste pris un jour de repos bien mérité. J'avais donc tout le temps de réfléchir à la manière dont j'avais baissé la garde et oublié les règles : ne violez pas la loi, ne vous faites pas arrêter. Tous les flics – et en particulier ceux du sud des États-Unis – ont un arsenal d'astuces à la limite de la légalité qui leur permettront de vous coffrer si l'envie leur en prend. Et on peut se retrouver au trou pour quatre-vingt-dix jours en moins de temps qu'il n'en faut pour dire ouf. Voilà pourquoi Carter nous avait dit de ne pas quitter la grande route. À l'époque, le sud des États-Unis était un coin bien plus dangereux qu'aujourd'hui.

Lors de nos premières tournées on avait avalé des kilomètres de bitume. Les *roadhouses*, ces bouges musicaux au bord de la route, étaient des endroits imprévisibles. En 1964, 1965 ou 1966, si tu débarquais dans un roadhouse où se retrouvaient des camionneurs, au Texas ou ailleurs dans le Sud, il valait mieux être prêt à tout. C'était bien plus dangereux que tout ce qui pouvait arriver en ville. Tu entrais dans une salle pleine de routiers à la nuque rasée, couverts de tatouages, et tu savais d'emblée que le repas n'allait pas être de tout repos. On grignotait nerveusement : « Oh, préparez-moi ça à emporter, s'il vous plaît. » Ils nous appelaient « les filles » à cause de nos cheveux longs. « Comment ça va, les filles ? Vous voulez danser ? » Les cheveux longs… On n'imagine pas les petits détails qui vous changent toute une culture. À l'époque, on ne nous traitait pas mieux dans certains quartiers de Londres : « Bonjour, ma chérie », et toutes ces conneries…

Rétrospectivement, c'était une confrontation de chaque instant, mais on n'y faisait même pas attention. D'abord, tout ça était nouveau et on ne mesurait pas bien l'effet que ça pouvait avoir. On s'y habituait progressivement. Dans mon expérience, tout s'arrangeait dès qu'on sortait nos guitares, soudain on était des musiciens et tous les problèmes disparaissaient instantanément. Il valait mieux se présenter avec sa gratte dans un restau de camionneurs. « Tu sais *jouer* de ça, fiston ? » Et parfois on jouait, on sortait notre guitare et on payait notre repas en jouant.

Il suffisait de traverser la voie de chemin de fer pour recevoir une vraie éducation. Si on jouait avec des musiciens noirs, ils s'occupaient de nous. On nous disait : « Hé, tu veux coucher avec une fille ? Elle va adorer ça. Elle n'a encore jamais touché un mec comme toi. » On t'accueillait à bras ouverts, on te donnait à manger, et on couchait avec toi. La ville était morte du côté blanc, mais de l'autre côté de la voie, ça déménageait. Si tu connaissais des gars, on ne t'emmerdait pas. Une éducation incroyable.

Parfois, on jouait deux, trois fois dans la journée. Ce n'était pas des sets très longs, ça durait vingt minutes, une demi-heure, trois fois par jour, tu attendais ton tour parce que c'était des sortes de revues, avec des artistes noirs, des amateurs, des Blancs du cru, tout ce qui se présentait, et dans le Sud ça n'arrêtait pas. Les villes et les États défilaient, on appelle ça la « fièvre de la ligne blanche ». Tu es réveillé et tu regardes la ligne blanche au milieu de la route, et de temps à autre quelqu'un dit : « Faut que j'aille aux chiottes » ou : « J'ai la dalle. » Alors tu t'arrêtes et tu entres dans une de ces espèces de théâtre de derrière la route. C'est des petites routes secondaires dans les Carolines, le Mississippi et ainsi de suite. Tu descends de voiture avec une furieuse envie de pisser, tu vois écrit « Messieurs » et il y a là un Noir qui te dit : « C'est réservé aux gens de couleur », et tu te dis : « Je rêve, on me discrimine ! »

Tu passes en voiture à côté d'un de ces petits troquets et tu entends cette musique incroyable, et il y a de la vapeur qui sort par la fenêtre.

« Hé, si on s'arrêtait là ?

— Ça pourrait être dangereux.

— Minute, t'entends ce que j'entends ? »

Et il y a un groupe, un trio, qui joue, des grands enfoirés de Noirs et quelques pétasses qui dansent avec des billets d'un dollar coincés dans le slip. Et on fait notre entrée, et ça jette comme un froid au début, parce que les Blancs ne mettent jamais les pieds ici, mais ils s'en foutent, parce que l'énergie est trop forte pour que quelques mecs blancs y changent quoi que ce soit. D'autant qu'on n'a vraiment pas l'air d'être des types du coin. On les intrigue vraiment, et nous on s'éclate totalement, et soudain il faut repartir. Et merde, j'aurais pu rester là des jours durant. Il faut y aller, et des dames noires adorables te serrent entre leurs immenses nichons. On sort, et l'odeur de sueur et de parfum te colle à la peau, et on remonte en voiture, et ça sent bon, et la musique s'éloigne progressivement. Et je me dis : « On doit être au paradis », parce qu'à peine une année plus tôt on se produisait dans des clubs londoniens et ça marchait bien, et une année plus tard on se trouve dans un endroit où on aurait rêvé d'être, dans le Mississippi. Jusque-là on la jouait, et c'était très respectueux, mais d'un coup on la *respire*, cette musique. Tu rêves d'être un bluesman, et une minute plus tard tu es un bluesman, tu es entouré d'autres bluesmen et juste à côté de toi il y a Muddy Waters. Ça s'est passé si vite que tu n'as pas eu le temps de comprendre toutes ces sensations qui t'assaillent. Ça revient après en flash-back, parce que c'est tout simplement trop. C'est une chose de jouer un morceau de Muddy Waters, c'en est une autre de jouer *avec* Muddy Waters !

On a fini par dégotter Bill Carter à Little Rock : il était à un barbecue organisé par un de ses amis – lequel, par un heureux hasard, se trouvait être un juge. Il allait louer un avion et serait là dans deux heures, avec son ami. Ce dernier connaissait le chef de la police qui s'apprêtait à fouiller notre voiture, et il lui a dit que la police n'avait pas le droit de procéder à cette fouille et lui a vivement déconseillé de faire quoi que ce soit avant son arrivée. Tout a été gelé pendant encore deux heures.

Bill Carter avait participé dès son plus jeune âge aux campagnes politiques locales et il connaissait tout ce que l'État comptait comme gens importants. Certaines personnes pour qui il avait travaillé dans l'Arkansas étaient devenues des démocrates parmi les plus influents de Washington. Son mentor était Wilbur Mills, de Kensett, qui présidait la commission du budget de la Chambre des représentants, et était de ce fait le personnage le plus puissant du pays après le président lui-même. Carter, d'origine modeste, s'était engagé dans l'Air Force pendant la guerre de Corée, et avait ensuite bénéficié d'une bourse de l'armée. Ensuite il avait fait partie du *secret service*, chargé de la sécurité du président, et avait été l'un des gardes du corps de Kennedy. Il ne se trouvait pas à Dallas le jour fatidique – il participait à un entraînement –, mais il avait suivi Kennedy partout, organisé ses déplacements, et il connaissait tous les hauts responsables de tous les États où Kennedy s'était rendu. Il était très bien placé. Après l'assassinat de Kennedy, il avait été l'un des enquêteurs de la commission Warren, puis il avait ouvert son propre cabinet d'avocat à Little Rock, devenant une sorte d'avocat du peuple. Il avait beaucoup de cran, était un défenseur obstiné de l'État de droit, de la Constitution, toujours soucieux de faire les choses de façon juste – il donnait même des cours sur le sujet à des policiers. Il m'a dit qu'il était devenu avocat parce qu'il en avait eu assez de voir les policiers abuser de leur autorité et détourner la loi, ce qui correspondait au comportement de presque tous les flics qu'il avait rencontrés pendant notre tournée, dans presque toutes les villes. Carter était notre allié naturel.

Ses vieux contacts à Washington avaient été son principal atout lorsqu'on nous avait refusé des visas en 1973. Carter s'était rendu à Washington pour nous défendre et avait découvert que la position de Nixon avait contaminé la bureaucratie du plus haut au plus bas échelon. On lui avait officiellement déclaré que les Stones ne feraient plus jamais de tournée aux États-Unis. Non seulement nous étions le groupe de rock le plus dangereux du monde, suscitant des émeutes, donnant en exemple la pire des conduites et affichant un mépris total de la loi, mais en plus Mick était monté sur scène déguisé en Oncle Sam, drapé dans le drapeau américain, et ça leur était resté en travers de la gorge. En soi, ça aurait pu suffire à le bannir à jamais du territoire américain. C'était de la provocation ! Il fallait faire très attention à ne pas prêter le flanc aux attaques dans ce domaine. Dans les années 1960, à Syracuse (État de New York), si je me souviens bien, Brian s'était fait embarquer parce qu'il avait ramassé un drapeau américain qui traînait en coulisses. Il l'avait jeté par-dessus ses épaules et un coin de tissu avait touché le sol. C'était après notre concert, alors que nous étions en train de quitter la scène, et un flic nous a tous poussés dans un bureau en hurlant : « Vous traînez le drapeau américain sur le sol, vous dénigrez notre nation, c'est un acte de sédition. » Et puis il y avait mon casier – pas moyen de faire comme si ça n'existait pas. Tout le monde savait – on aurait même dit que c'était la seule chose qui intéressait la presse à mon sujet – que j'étais accro à l'héroïne. J'avais été condamné pour détention de drogue au Royaume-Uni en octobre 1973, et en France en 1972. Lorsque Carter a commencé à faire campagne pour nous, le Watergate avait déjà éclaté ; certains acolytes de Nixon étaient en prison et Nixon lui-même tomberait bientôt aux côtés de Haldeman, Mitchell et des autres – dont certains avaient été impliqués dans la campagne clandestine contre Lennon orchestrée par le FBI.

L'avantage de Carter, c'est qu'il faisait partie du clan. Il avait travaillé dans les forces de sécurité et on le respectait pour avoir été aux côtés de Kennedy. Son numéro était simple : « Je comprends ce que vous ressentez, les gars, mais je pense que mes clients ne sont pas traités équitablement. Je voudrais juste qu'on leur donne une chance de s'expliquer. » Au fil des mois, patiemment, il s'est introduit dans la machine. Il faisait particulièrement attention aux responsables subalternes, car il savait qu'ils pouvaient bloquer le processus sur des points techniques. J'ai subi des examens médicaux pour prouver que je ne prenais plus de drogue, chez le même docteur parisien qui m'avait déjà donné de nombreux certificats de bonne santé. Puis Nixon a démissionné. Et alors Carter a demandé au plus haut responsable de rencontrer Mick et de se faire sa propre opinion ; bien sûr, Mick a enfilé son meilleur costume et a totalement charmé le gars. Je connais peu de gens aussi pleins de ressources que Mick. C'est pour ça que je l'aime. Il peut discuter philosophie avec Jean-Paul Sartre en français. Il est très bon avec les autochtones. Carter nous a ensuite expliqué qu'il avait déposé nos demandes de visas non pas à New York ou à Washington mais à Memphis, où les choses étaient plus calmes. Le résultat a été une volte-face étonnante. Les visas nous ont été subitement délivrés, à une seule condition : nous devrions être accompagnés par Bill Carter et celui-ci se porterait personnellement garant qu'il n'y aurait ni émeutes ni activités illégales. (On nous avait aussi imposé la présence d'un médecin, un quasi-personnage de fiction qui réapparaîtra plus tard dans le récit, lequel est devenu une victime de la tournée en testant toutes sortes de médicaments puis en se tirant avec une groupie.)

Carter avait rassuré son monde en proposant de gérer la tournée comme l'aurait fait le *secret service*, aux côtés de la police. Grâce à ses contacts, il serait aussi informé avant tout le monde si la police essayait de monter des coups fourrés. Ça nous a sauvé la mise en de nombreuses occasions.

Avec toutes les manifestations antiguerre de la période Nixon, les choses s'étaient passablement durcies depuis la tournée de 1972. Nous l'avons compris à San Antonio, le 3 juin. C'était la tournée de la bite gonflable géante. Elle se dressait progressivement sur scène lorsque Mick entonnait « Starfucker » (Baiseuse de stars)[1]. C'était une idée géante, la bite géante, même si on l'a payé par la suite lorsque Mick s'est mis à réclamer des accessoires à chaque tournée pour masquer son insécurité. Il y avait eu un énorme micmac à Memphis quand on avait voulu faire monter des éléphants sur scène et qu'ils avaient chié partout et démoli les rampes pendant les répétitions. Notre bite géante n'avait pas posé de problème lors de nos concerts inauguraux à Baton Rouge. Mais l'occasion était trop belle pour les flics qui n'arrivaient décidément pas à nous coincer à l'hôtel, ni en voiture, ni dans nos loges. Ils ont donc

---

1. Cette « chanson d'amour » très crue dédiée aux groupies remarque notamment : « Ouais, je sais qu'Ali McGraw a la haine contre toi/Depuis qu'tas fait une pipe à Steve McQueen… » (Sauf mention contraire, toutes les notes sont des traducteurs.)

menacé d'arrêter Mick si la bite géante se dressait ce soir-là, et ça a été le clash. Carter les a prévenus : les fans brûleraient le stade. Il avait pris la température du public et ça ne se passerait pas comme ça. Pour finir, Mick a décidé de tenir compte des sentiments des autorités, et la bite ne s'est pas dressée à San Antonio. À Memphis, la police avait menacé de l'embarquer s'il prononçait les paroles *starfucker, starfucker*, mais Carter les avait stoppés net en démontrant que la chanson était diffusée par une station de radio locale depuis deux ans sans le moindre problème. Carter savait pertinemment – et il était décidé à ne pas se laisser faire – que dans chaque ville la police violait la loi, agissait illégalement, essayait de nous arrêter sans mandat, de perquisitionner sans motif valable.

Donc, quand Carter a enfin débarqué à Fordyce, avec son ami juge sous le bras, il y avait un certain nombre de précédents. La presse avait envahi la ville et des barrages routiers avaient été dressés pour bloquer l'accès. La police avait une idée en tête : ouvrir le coffre de notre voiture, car ils étaient sûrs d'y trouver de la drogue. D'abord ils m'ont inculpé pour « conduite dangereuse » parce que j'avais fait crisser les pneus et voler du gravier en sortant du parking du restaurant. Vingt mètres de « conduite dangereuse ». Deuxième chef d'accusation : je « dissimulais » une arme, le coutelas. Mais ça ne leur donnait pas le droit d'ouvrir le coffre, ils avaient besoin d'une « cause probable », c'est-à-dire qu'ils devaient avoir la preuve ou un soupçon raisonnable qu'un crime avait été commis. Sinon la fouille serait illégale et, même s'ils trouvaient de la came, ils ne pourraient pas s'en servir contre nous. S'ils avaient vu de la drogue en regardant par les vitres de la voiture, ils auraient eu le droit d'ouvrir le coffre. Mais comme ils n'avaient rien vu de tel... Cette histoire de « cause probable » donnait lieu à des engueulades de plus en plus violentes entre les uns et les autres à mesure que l'après-midi avançait. Dès le début, Carter avait affirmé haut et fort qu'il s'agissait d'un coup monté. Pour inventer une cause probable, l'officier de police qui nous avait arrêtés avait déclaré qu'il avait perçu une odeur de marijuana sortant de la voiture au moment où nous quittions le parking, raison pour laquelle ils voulaient ouvrir le coffre. « On dirait qu'ils me prennent pour un con », nous avait confié Carter. Il nous avait fallu une minute pour sortir du restaurant, monter dans la voiture et démarrer. D'après les flics, au cours de ce laps de temps, nous avions eu la possibilité de griller un joint et de remplir la voiture de fumée au point qu'on puisse sentir l'odeur à plusieurs mètres de là. Selon eux, c'était la raison pour laquelle ils nous avaient arrêtés. Bien sûr, ça réduisait à néant la crédibilité des prétendues « preuves » de la police. Carter faisait face à un chef de la police furieux. Sa ville était en état de siège, mais il savait que, si ça lui chantait, il pouvait faire annuler notre concert à guichets fermés de la nuit suivante au Cotton Bowl de Dallas, en nous retenant sur place. Le chef Bill Gober était vraiment une caricature de flic facho, la version sudiste de mes amis du commissariat de police de Chelsea, toujours prêts à détourner la loi et à abuser de leur pouvoir. Gober haïssait les Stones, il détestait leur façon de s'habiller, leurs cheveux, tout ce qu'ils étaient, leur musique et par-dessus tout le défi à l'autorité qu'ils représentaient selon lui. La désobéissance. Même Elvis disait : « Oui, monsieur » ! Mais pas ces voyous aux cheveux longs. Gober a donc fini par faire ouvrir le coffre de la voiture, en dépit des mises en garde de Carter qui menaçait de contester sa décision jusqu'à la Cour suprême s'il le fallait. Et lorsque le coffre a enfin été ouvert, tout le monde était mort de rire.

À l'époque, le Tennessee était un État « sec » (sans alcool), et lorsqu'on traversait le Mississippi (le fleuve) pour pénétrer dans West Memphis, qui se trouvait dans l'Arkansas, il y avait partout des magasins qui vendaient la gnôle locale dans des bouteilles pas possibles avec des étiquettes en papier kraft. Ronnie et moi, on s'était lâchés dans un de ces magasins et avions acheté le stock, la moindre bouteille bizarre de bourbon avec un nom génial (Flying

Cook, Fighting Cock, Grey Major), la moindre flasque avec une étiquette exotique écrite à la main. Il y en avait plus de soixante dans le coffre. Les flics nous ont immédiatement accusés de faire de la contrebande. « Mais non, on les a achetés, on a payé pour les avoir. » Tout cet alcool les a déstabilisés. N'oublions pas qu'on était dans les années 1970 : les buveurs d'alcool n'étaient pas des défoncés, à l'époque il y avait cette séparation. Genre « C'est des hommes, au moins, ils boivent du whisky ». Puis ils ont sorti la valise de Freddie, qui était fermée à clef. Il a prétendu avoir oublié la combinaison. Ils l'ont quand même ouverte et, bien sûr, il y avait deux petits flacons de cocaïne pure. Gober jubilait, il pensait nous tenir, ou au moins tenir Freddie.

On a eu du mal à trouver le juge. Il faisait nuit maintenant, son honneur avait passé la journée à jouer au golf en picolant et il était bien torché en arrivant.

À ce stade, tout vire à la comédie absurde. Le juge s'installe sur son estrade et les différents avocats et flics essayent de le persuader d'adopter leur version de la loi. Gober voulait que le juge déclare légales la fouille et la découverte de la coke, ce qui lui permettrait de nous mettre au trou. De la réponse à cette question juridique pointue dépendait l'avenir des Rolling Stones, du moins aux États-Unis.

Voici en gros ce qui s'est passé ensuite, selon mes souvenirs et le témoignage ultérieur de Bill Carter. Et c'est la manière la plus rapide de le raconter, avec toutes mes excuses à Perry Mason.

Les personnages :
Bill Gober, chef de la police de Fordyce, vindicatif, enragé.
Le juge Wynne, juge en exercice à Fordyce, ivre mort.
Frank Wynne, procureur, frère du juge.
Bill Carter, avocat pénaliste très connu, agressif, défenseur des Rolling Stones, natif de Little Rock, Arkansas.
Tommy Mays, procureur frais émoulu de la fac de droit.

Autre personne présente : le juge Fairley. Accompagne Bill Carter pour témoigner en cas de coup tordu – et pour lui éviter de se retrouver lui-même emprisonné.

À l'extérieur : deux mille fans des Rolling Stones qui se pressent contre les barrières dressées devant la mairie ; ils chantonnent : « Libérez Keith, libérez Keith. »

La scène se déroule à l'intérieur du tribunal.

Le juge : Bien, je bense que ce que nous jugeons izi est un crime. Un crime, che repète. J'entendrai à présent vos conclu… conclujions. Mochieur le procureur ?

Le jeune procureur : Votre honneur, il y a un problème au sujet des preuves.

Le juge : Che vous demande de m'excuser une minute. Chu… suspension de séance.

Perplexité dans la salle. L'audience est interrompue pendant une dizaine de minutes. Le juge revient. Sa mission était de traverser la rue pour acheter un quart de bourbon avant la fermeture du magasin à vingt-deux heures. La bouteille est dans sa chaussette.

Carter (au téléphone avec Frank Wynne, le frère du juge) : Frank, où tu es ? Ramène-toi vite, Tom est bourré. Ouais. OK. OK.

Le juge : Prochédez, monsieur… euh, procédez.

Le jeune procureur : Votre honneur, je pense que nous n'avons d'autre choix que de les libérer. Il n'y a aucune base légale à leur détention.

Le shérif (apostrophant le juge) : Et puis quoi encore ! Vous allez laisser ces salopards s'en tirer ? Je vais vous arrêter, juge, comptez là-dessus. Vous avez bu. Vous êtes ivre en public. Vous n'êtes pas en état de siéger. Vous êtes une honte pour notre communauté. (Il essaye de se saisir de lui.)

Le juge (hurlant) : Espèce de fils de pute ! Lâche-moi immédiatement ! Tu me menaces ? Tu vas me le payer !

Carter (s'interposant) : Du calme, du calme ! Allons, allons, les gars… Cessons de nous chamailler. Continuons de parler. Ce n'est pas le moment de sortir les couteaux, on n'est pas à table, ha ha ha !… Il y a la télé dehors, la presse mondiale. Ça va faire mauvais effet. Vous imaginez ce que le gouverneur dira ? Revenons à notre affaire, je suis certain qu'on peut parvenir à un accord.

L'huissier : Je vous prie de m'excuser, votre honneur. La BBC souhaite vous interviewer, en direct de Londres. Tout de suite.

Le juge : Ouais, d'accord. Attendez-moi une minute, les gars. Je reviens de suite. (Il prend une gorgée de la bouteille dans sa chaussette.)

Le shérif (hurlant toujours) : Putain de cirque ! Honte à toi, Carter, ces garçons ont commis un crime ! Il y avait de la cocaïne dans leur voiture ! Qu'est-ce qu'il vous faut de plus ? Je vais les coffrer à coups de pied dans le cul ! Ils vont respecter nos règles et je vais taper là où ça fera mal ! Combien ils te payent, hein ? Si je n'obtiens pas un jugement en ma faveur, j'arrêterai le juge pour ivresse sur la voie publique.

Le juge (voix off, à la BBC) : Oui, c'est cela, j'étais en Angleterre pendant la Seconde Guerre mondiale. Pilote de bombardier, 385e escadrille. Stationné à Great Ashfield. J'ai vraiment passé un bon moment là-bas. J'adore l'Angleterre. J'ai joué au golf. J'ai joué sur des greens formidables, vous avez vraiment des greens merveilleux là-bas. Ouais. Donc, pour votre information, on va tenir une conférence de presse avec les gars et expliquer ce qui se passe ici, comment les Rolling Stones sont arrivés dans notre ville et tout ça.

Le shérif : Je les tiens et je ne vais pas les lâcher. Je vais coincer ces rosbifs, ces petits pédés. Pour qui ils se prennent ?

Carter : Vous voulez déclencher une émeute ? Vous avez vu le peuple qu'il y a ? Montrez une seule paire de menottes et la foule deviendra incontrôlable. Il s'agit des Rolling Stones, nom de Dieu !

Le shérif : Et vos petits gars vont se retrouver derrière les barreaux…

Le juge (revenant de son interview) : Que se passe-t-il ?

Le frère du juge (en aparté) : Tom, il faut qu'on parle. Il n'y a pas de motif légal valable pour les arrêter. Ça va nous coûter cher si nous n'appliquons pas la loi.

Le juge : Che sais, c'est sûr. Oui. Oui. Monsieur Carter, messieurs, approchez, z'il vous plaît.

Tout le monde s'est calmé, sauf le shérif Gober. La fouille n'avait rien livré qu'il aurait pu utiliser légalement. Il n'y avait pas de chef d'inculpation valable. La cocaïne appartenait à Freddie, l'« auto-stoppeur », et avait été découverte illégalement. À présent, la police de l'État était plutôt du côté de Carter. Après moult tractations à voix basse, Carter et les autres avocats se sont mis d'accord avec le juge. C'était très simple : le juge conserverait le coutelas et abandonnerait les accusations (on me dit que le schlass est toujours accroché au mur du tribunal de Fordyce) ; la conduite dangereuse étant un délit, l'équivalent du stationnement illégal, ça me coûterait cent soixante-deux dollars et cinquante cents ; avec les cinquante mille dollars en cash que Carter avait amenés dans ses poches, il a payé une caution de cinq mille dollars pour Freddie et la cocaïne. Par la suite, il s'est chargé de faire disparaître l'accusation. Freddie était donc libre de partir lui aussi. Mais il y avait une dernière condition : nous devions donner une conférence de presse avant notre départ et nous faire photographier en compagnie du juge. Avec Ronnie, on a donné notre conférence de presse dans le tribunal, du haut de son siège. J'avais un casque de pompier sur la tête et j'ai été filmé en train de donner un coup de maillet tout en déclarant : « L'affaire est close ! » Ouf.

C'était un résultat classique, pour les Stones. Quand on nous arrêtait, un problème délicat se posait aux autorités : « Préférez-vous les enfermer ou vous faire prendre en photo avec eux, puis les faire accompagner par une escorte jusqu'à la sortie de la ville ? » Les avis étaient partagés. À Fordyce, par un incroyable coup de chance, on a eu droit à l'escorte. Les policiers nous ont frayé un chemin à travers la foule, puis nous ont conduits à l'aéroport à deux heures du matin, où nous attendait notre avion, bien approvisionné en Jack Daniel's.

En 2006, les ambitions présidentielles du gouverneur de l'Arkansas, Mike Huckabee, l'ont incité à m'accorder la grâce officielle pour mon délit vieux de trente ans. Le gouverneur Huckabee se considère lui-même comme un guitariste, je crois même qu'il a un groupe. En fait, il n'y avait rien à gracier. Aucun crime n'a été commis à Fordyce, mais peu importe, je suis pardonné. Et la voiture ? Qu'est donc devenue la caisse ? Elle est restée au garage, bourrée de dope. J'aimerais bien savoir ce qui est arrivé au matos. Peut-être n'ont-ils jamais démonté les portières ? Peut-être roule-t-elle encore, chargée à ras bord de came ?

Chapitre Deux

Où il est question de l'éducation d'un enfant unique dans les marais
de Dartford, de parties de camping dans le Dorset avec mes parents,
Doris et Bert, d'aventures avec mon grand-père, Gus, et avec Mr Thompson
Wooft. Où Gus m'enseigne mon premier motif à la guitare, et j'apprends à
prendre des raclées avant d'écraser le bizuteur du collège de Dartford.
Où Doris forme mon oreille avec Django Reinhardt et je découvre
Elvis sur Radio-Luxembourg. Où l'enfant de chœur se mue
en rebelle et se fait vider du bahut.

P endant des années et des années, j'ai dormi deux fois par
semaine, en moyenne. Du coup, j'ai derrière moi à peu
près trois vies en état de veille au lieu d'une, et avant il y a eu mon
enfance. Celle-ci se situe d'abord à Dartford, à l'est de Londres,
sur les bords de la Tamise. C'est là que je suis né, le 18 décembre
1943. D'après ma mère, Doris, c'est arrivé pendant un raid aérien.
Je ne vais pas discuter ça, d'ailleurs les quatre lèvres concernées
sont toutes scellées, mais il est vrai que dans ma toute première
bribe de souvenir cohérent, je suis allongé sur l'herbe dans notre
jardinet, je montre du doigt l'avion qui ronronne dans le ciel bleu
au-dessus de nous et Doris dit seulement : « Un Spitfire. » À cette
époque la guerre était finie, mais là d'où je viens on tournait un
coin de rue et on voyait l'horizon, des marécages, du chiendent et
peut-être une ou deux de ces baraques qu'on aurait cru sorties
d'un film d'Hitchcock et qui restaient encore miraculeusement
debout. Un jour, la nôtre avait été ratée de peu par un V-1, mais

nous n'étions pas là. Doris m'a raconté que le machin avait ricoché sur le trottoir et avait tué tout le monde de part et d'autre de chez nous. Quelques briques avaient atterri dans mon berceau. C'était la preuve qu'Hitler en avait après moi, et après ce coup foiré il était passé au plan B, mais entre-temps, ma maman, bénie soit-elle, avait décidé que Dartford était un brin trop dangereux.

Quand mon père, Bert, a été mobilisé, mes parents ont quitté Walthamstow pour s'installer à Dartford, sur Morland Avenue, afin d'être plus près de ma tante Lil, la sœur de Bert. Le mari de Lil, laitier de profession, avait été transféré là quand on lui avait confié un nouveau circuit de livraison. Ensuite, lorsque les bombes se sont mises à pleuvoir sur notre bout de la rue, mes parents ont jugé plus prudent d'abandonner leur maison et d'aller vivre chez Lil, sauf qu'un jour nous sommes tous ressortis de l'abri après un raid et le toit était en flammes, comme Doris me l'a raconté. Toujours est-il que c'est encore à Morland Avenue que nos familles sont restées après la guerre. Dans mes plus anciens souvenirs, notre baraque était toujours là mais un bon tiers de la rue n'était plus qu'un cratère envahi d'herbes et de fleurs. Notre terrain de jeu, à nous, les gosses. Toujours selon Doris, j'ai vu le jour au Livingstone Hospital alors que les sirènes annonçaient la fin d'un bombardement. Il faut bien que je la croie sur ce point, parce que je n'étais pas vraiment opérationnel à l'époque.

En passant de Walthamstow à Dartford, ma mère pensait avoir opté pour la sécurité. Or, elle avait choisi la vallée de Darent, qui était une vraie piste de bowling pour les bombardiers ! On y trouvait rien de moins que la principale installation du fabricant d'armement Vickers-Armstrongs, un objectif assez tentant à lui tout seul, et aussi l'usine chimique de Burroughs Wellcome, mais en plus c'était généralement au-dessus de Dartford que les aviateurs allemands qui se dégonflaient pour la journée décidaient de faire demi-tour et de larguer leur stock de bombes restantes. « Ça chauffe trop, par ici », et… boum ! Bref, c'est un miracle si on n'y est pas tous restés. Encore aujourd'hui, le hurlement d'une sirène me met les poils au garde-à-vous, certainement à cause de toutes les fois où maman me faisait descendre dans l'abri avec le reste de la famille. Il me suffit d'entendre une sirène et, hop, réaction instinctive. Et comme je regarde des tas de films et de documentaires sur la guerre, j'en entends souvent, des sirènes, mais à chaque fois l'effet est le même.

Mes souvenirs d'enfance les plus anciens sont ceux du Londres de l'immédiat après-guerre. Paysages de ruines. Tiens, ici la moitié d'une rue a été rayée de la carte. Certaines zones ont végété avec leurs décombres pendant dix ans ou plus. Le principal impact de la guerre sur moi était alors l'expression consacrée « avant la guerre », parce qu'autour de nous les adultes s'en servaient à tout bout de champ : « Ah, c'était pas comme ça, avant la guerre ! » Pour le reste, je n'ai pas particulièrement souffert. Être privé de sucre et de bonbons était plutôt une bonne chose, j'imagine, mais à l'époque je n'appréciais pas trop. C'était toujours un problème de trouver ma dose, dans le Lower East Side ou chez un confiseur d'East Wittering, près de notre nouveau domicile du West Sussex. Désormais, c'est ce qui s'apparente le plus à une visite au dealer, pour moi, ces magasins de bonbons à l'ancienne. Il n'y a pas longtemps, on a pris la voiture à huit heures et demie du matin pour s'en faire un avec Alan Clayton, le chanteur des Dirty Strangers. On avait fait nuit blanche et on a été pris d'un besoin de sucre urgentissime. Il a fallu poireauter trente bonnes minutes devant la boutique avant qu'ils ouvrent. On a acheté des sucres d'orge, des berlingots, des rouleaux de réglisse et des pastilles au cassis. On n'allait quand même pas s'abaisser à aller dans un supermarché, tout de même !

Jusqu'en 1954, j'ai été dans l'impossibilité de m'acheter un sac de sucreries, ce qui en dit long sur la durée des perturbations et des changements qui ont marqué toute la période d'après-guerre. Celle-ci était terminée depuis neuf ans quand j'ai enfin pu me pointer chez le confiseur et déclarer, à condition que j'aie de l'argent, bien sûr : « Je vais prendre un sac de ça. » « Ça », c'était des caramels et des berlingots. Jusqu'alors, il fallait supporter l'inévitable question : « Tu as ton carnet de rationnement ? » Oh, le son du tampon s'abattant sur les tickets ! Et, pour être rationné, on l'était : un seul petit, minuscule, sachet en papier… par semaine !

Bert et Doris s'étaient connus parce qu'ils travaillaient dans la même usine d'Edmonton, mon père à l'imprimerie, ma mère dans les bureaux. Ils ont emménagé ensemble à Walthamstow. Aux premiers temps de leur relation, avant la guerre, la passion du vélo et du camping les avait rapprochés. Ils s'étaient acheté un tandem, avec lequel ils partaient se promener ou faire du camping dans l'Essex avec des amis. Quand je suis arrivé dans leur vie, ils m'ont installé sur le porte-bagages dès que j'ai pu me tenir assis, sans doute tout de suite après la guerre ou même pendant. Je nous imagine filant sous les bombes, Bert pédalant dur à l'avant, maman faisant de même derrière lui et moi dans mon siège-bébé, livré sans pitié à la morsure du soleil, gerbant à cause de l'insolation. Depuis, ça a été toute l'histoire de ma vie : *on the road again*.

Au début de la guerre, donc avant ma naissance, Doris conduisait la camionnette de la boulangerie coopérative. Elle les avait pourtant prévenus qu'elle ne savait pas conduire. Heureusement qu'il n'y avait presque pas de voitures sur les routes, en ce temps-là. Même quand elle est rentrée dans un mur alors qu'elle se servait de la camionnette pour rendre visite à une amie, donc en dehors du service, ils ne l'ont pas renvoyée. Pour les tournées de pain proches de la coopérative, elle utilisait aussi une carriole attelée à un cheval, histoire d'économiser l'essence rationnée. Elle avait la responsabilité de la distribution des gâteaux dans une zone très étendue. Une demi-douzaine de cakes pour trois cents personnes, et elle devait décider qui y aurait droit. « Je pourrai en avoir un, la semaine prochaine ?

— Bon, tu en as eu un la semaine dernière, pas vrai ? » Une guerre vraiment héroïque.

Bert, lui, avait gardé jusqu'au Débarquement un emploi protégé dans une fabrique de thermostats. Envoyé en Normandie, il faisait l'estafette à moto quand il a essuyé une attaque au mortier. Tous ses copains ont été tués autour de lui, il a été le seul survivant de cette petite mésaventure qui lui a laissé une plaie vraiment vilaine, une cicatrice blanche qui courait sur toute sa cuisse gauche et que je lui enviais beaucoup. Je voulais en avoir une pareille quand je serais grand. Je lui disais : « C'est quoi, ça, p'pa ? » Et lui : « C'est ce qui m'a sorti de la guerre, fils. » Il en a fait des cauchemars jusqu'à la fin de sa vie. Marlon, mon fils, a passé beaucoup de temps avec lui. Ils partaient souvent camper ensemble et il m'a raconté que Bert se réveillait pendant la nuit en hurlant : « Fais gaffe, Charlie, ça vient sur nous ! On est foutus, on est tous foutus ! Saloperie ! »

Quand on est de Dartford, on est voleur. On a ça dans le sang. Un vieux proverbe célèbre l'immuabilité de cette tradition locale : *Sutton for mutton, Kirkby for beef, South Darne for gingerbread, Dartford for a thief* (Sutton pour le mouton, Kirkby pour le bœuf, South Darne pour son pain d'épice, Dartford pour ses voleurs). Jadis, la ville prospérait en rançonnant les diligences qui reliaient Douvres à Londres par l'ancienne voie romaine. Vous arrivez de l'est par Watling Street, la descente est très raide et brusquement vous êtes dans la vallée de la Darent, à peine plus qu'un ruisseau, vous enfilez la grand-rue qui est plutôt courte et là il faut gravir le flanc occidental, et les chevaux peinent dans la montée. Dans un sens comme dans l'autre, c'est un point d'embuscade idéal. Les postillons ne s'arrêtaient même pas : la « taxe Dartford » était comprise dans le prix du voyage, alors ils lançaient un sac de pièces et continuaient tranquillement leur chemin. S'ils ne crachaient pas les ronds en descendant de l'est, les rançonneurs donnaient l'alerte, un seul coup de fusil – ça voulait dire, « Ils n'ont pas payé » –, et on vous attendait de l'autre côté de la vallée. Imparable. Le piège absolu. Évidemment, les trains et les automobiles ont mis fin à tout ça, si bien que vers le milieu du XIXᵉ siècle, les gens du cru ont inventé autre chose. Une manière différente de perpétuer la tradition. C'est ainsi que Dartford a développé un réseau criminel incroyablement efficace. Vous n'avez qu'à interroger certains membres de ma famille éloignée. Ça fait partie de la vie de ce coin. Il y a toujours une caisse de quelque chose qui tombe accidentellement de l'arrière d'un camion, et on ne pose pas de questions. Quelqu'un arbore une paire de ci ou de ça en diamants ? Surtout, ne jamais demander : « D'où ça vient ? »

Plus d'une année durant, quand j'avais neuf ou dix ans, j'ai été pris en embuscade chaque jour ou presque en rentrant de l'école. Je sais quel effet ça fait, d'être un lâche. Pour rien au monde je ne voudrais revivre ça. J'encaissais les raclées, parce qu'il est si facile de se dégonfler, et ensuite je disais à ma mère que j'avais encore fait une chute à vélo. À quoi elle répondait : « Alors ne monte pas sur ton vélo, fils. » On finit tous par se faire cogner, tôt ou tard. En général, c'est plutôt tôt que tard. La moitié d'entre nous, nous sommes des losers, et l'autre des brutes. Moi, ces embûches sur la route du retour de l'école m'ont donné quelques solides leçons qui m'ont été utiles par la suite, quand j'ai grandi. En premier lieu, ça m'a appris à me servir de cet avantage qu'ont les petits branleurs et qui s'appelle la vitesse. Il s'agit, le plus souvent, de « se tirer vite fait ». Sauf qu'on finit par en avoir marre, de fuir. Moi, c'était encore l'embuscade à l'ancienne. Aujourd'hui, ils ont un tunnel, avec des cabines de péage devant lesquelles le flot des bagnoles de Douvres à Londres doit s'arrêter. Taxer les voyageurs est tout ce qu'il y a de légal, et les racketteurs sont en uniforme. Dans un cas comme dans l'autre, vous êtes obligé de casquer.

Mon aire de jeu, c'était les marais de Dartford, une étendue désolée qui s'étend sur cinq bornes le long de la Tamise. Un coin à la fois effrayant et fascinant, complètement paumé. Dans mon enfance, on s'y rendait en bande, une bonne demi-heure de route à vélo. Le comté d'Essex était de l'autre côté du fleuve, sur la berge nord, et ça aurait pu aussi bien être la France. On apercevait les fumées de l'usine Ford de Dagenham, et de notre côté c'était la cimenterie de Gravesend, littéralement « le coin des tombes », un endroit bien nommé car c'était en effet sinistre comme un cimetière. Depuis la fin du XIXe siècle, Dartford était le dépotoir de tout ce dont le reste du pays ne voulait pas : hôpitaux pour maladies infectieuses, léproseries, poudreries, asiles de dingues. Un beau mélange. Suite à la grande épidémie des années 1880, Dartford est devenu le principal centre de traitement de la variole en Angleterre. Les navires-hôpitaux déposaient leur surplus de malades sur des bateaux ancrés à Long Reach qu'on peut voir sur des photos d'époque, un spectacle assez déprimant quand on remontait l'estuaire vers Londres. Mais la ville et ses environs étaient surtout célèbres pour leurs maisons de fous, différents établissements placés sous le contrôle du redoutable « Bureau métropolitain pour l'accueil des personnes mentalement éprouvées », ou quelque autre nom qu'on donne aujourd'hui à ceux qui ont un cerveau déficient. Les asiles formaient une ceinture autour de la région, comme si quelqu'un avait édicté : « Voilà, c'est là qu'on va parquer tous les cinglés. » Il y en avait un, particulièrement grand et rébarbatif, Darenth Park, qui jusqu'à une période récente était encore une sorte de camp de travail pour enfants retardés. Il y avait aussi le Stone House Hospital, jadis dénommé « asile d'aliénés municipal de Londres » mais rebaptisé depuis en quelque chose de moins brutal, avec pignons gothiques, tour de guet et poste de surveillance, tout ça d'allure très victorienne. Jacob Levy, l'un de ceux qu'on a soupçonnés d'être Jack l'Éventreur, y avait été enfermé et y était mort de la syphilis. Certaines de ces maisons de fous étaient destinées à des cas gravissimes. Quand nous avions douze ou treize ans, Mick Jagger a dégotté un boulot d'été à l'asile de

Bexley, le « Maypole », comme on l'appelait. Je crois que c'était des siphonnés un peu mieux lotis socialement que le reste, puisqu'ils avaient droit à des fauteuils roulants. Mick était chargé de leur apporter leurs repas.

Presque chaque semaine, on entendait les sirènes ululer – ça y est, un frappadingue s'est encore fait la malle ! –, et puis on le retrouvait le lendemain matin dans le parc de Dartford Heath, claquant des dents dans sa petite chemise de nuit. D'autres faisaient des cavales plus longues et on les voyait parfois s'agiter en catimini dans les fourrés. Au temps où j'étais gosse, tout ça faisait partie de la vie locale. On aurait dit que la guerre continuait, parce que c'était les mêmes sirènes qui donnaient l'alerte après une évasion. On ne se rendait pas compte à quel point l'endroit était bizarre. Si on te demandait son chemin, tu disais : « C'est après la maison de fous, pas la grande, la petite », et on te regardait comme si tu sortais toi-même de l'asile.

Le seul autre truc qu'on avait, c'était la fabrique de feux d'artifice Wells, une poignée de cabanes isolées dans les marais. Une nuit, dans les années cinquante, ça a pété et les quelques types qui y travaillaient sont partis en fumée avec les bâtiments. Spectaculaire. En regardant par ma fenêtre, j'ai cru que la guerre recommençait. Là-dedans, ils produisaient de la pacotille, pétards à deux balles, chandelles romaines et feux de Bengale des plus basiques, sans oublier les incontournables pantins à ressort. Tous les gens du coin se souviennent encore de l'explosion qui a soufflé les vitres des lieues à la ronde.

Ce qu'on avait, c'était des vélos. Avec mon pote Dave Gibbs, qui habitait Temple Hill, on s'était dit que ce serait trop chouette d'installer sur la roue arrière ces petits ailerons en carton qui produisent comme un bruit de moteur en frottant contre les rayons. Comme on se faisait virer de partout – « Dégagez, avec vos fichus pétaradages ! On essaie de dormir, ici ! » –, on roulait souvent dans les marais et les bois bordant la Tamise. Les bois étaient un territoire particulièrement dangereux. De drôles de bougres y rôdaient, des durs qui n'hésitaient pas à gueuler : « Fous l'camp ! » On a enlevé les ailerons en carton. C'était le domaine des fous, des déserteurs et des vagabonds. Beaucoup de ces gars avaient déserté l'armée britannique et ils étaient un peu comme ces soldats japonais paumés dans le Pacifique qui croyaient que la guerre durait encore. Certains d'entre eux vivaient là depuis cinq, six ans. Pour abri, ils colmataient des vieilles caravanes ou bricolaient des huttes dans les arbres. De vrais porcs, et mauvais comme la gale. La toute première fois où j'ai pris du plomb, ça venait de l'un de ces enfoirés. De la chevrotine tirée à la carabine à air comprimé, bien ajustée dans le derrière. Dave et moi, on aimait bien aller dans un ancien abri, un poste de mitrailleur comme il y en avait encore beaucoup le long du fleuve. On se servait dans la littérature disponible, un tas de revues moisies et froissées dans un coin. Des pin-ups, toujours.

Un jour, on est tombés sur un clodo mort. Tout recroquevillé et couvert de mouches à viande. Des revues de cul, des capotes usagées éparpillées autour de lui. Les mouches vrombissaient. Le type avait rendu l'âme depuis des jours, sinon des semaines. On n'a jamais rien dit à personne. On a détalé comme des putains de lapins.

Je me revois sortant de chez ma tante Lil pour aller au cours préparatoire – l'école était à West Hill, le flanc ouest de la vallée – et beugler de tous mes poumons : « Non, m'man, j'irai pas, jamais ! » Je hurlais, je donnais des coups de pied, je refusais absolument, mais j'y suis quand même allé. Ils arrivaient toujours à leurs fins, les adultes. Je me débattais tout en sachant que c'était un baroud d'honneur. Doris avait de la peine pour moi, mais pas trop : « C'est la vie, mon gars, on peut rien contre ça. » Je me souviens de mon cousin, le fils de tante Lil. Un grand. Il avait au moins quinze ans et me fascinait totalement. C'était mon héros. Hé, il avait une chemise à carreaux ! Et il pouvait sortir quand ça lui chantait ! Il s'appelait Reg, je crois. Ils avaient aussi une fille, la cousine Kay. Elle m'énervait parce qu'elle avait des jambes super longues et me battait tout le temps à la course. J'étais toujours le brave second. Mais elle était plus âgée que moi, quand même. C'est avec elle que je suis monté à cheval pour la première fois. À cru. Une vieille jument blanche immense qui ne se rendait pratiquement plus compte de rien et qu'on avait mise à la pâture, si on peut appeler comme ça une sorte de terrain vague. J'étais avec deux ou trois copains, et Kay. On s'est juchés sur la barrière et on a réussi à lui grimper sur le dos chacun à notre tour. Dieu merci, c'était une brave bête, parce que si elle s'était emballée, j'aurais fini en vol plané. Je n'avais même pas une corde, rien.

Je détestais le cours préparatoire, de même que j'ai détesté toutes les écoles. D'après Doris, j'étais tellement nerveux qu'elle devait me ramener à la maison en me portant sur son dos ; je tremblais tellement que je n'arrivais pas à marcher. Et ça, c'était bien avant les embuscades et les bizutages. La bouffe était immonde. Je me rappelle qu'on me forçait à manger de la « Tarte Gitane », un machin rempli de mélasse cramée, confiture ou caramel ou je ne sais quoi. Tous ceux qui ont grandi à cette époque connaissent cette tarte, il y en a même qui en raffolaient, mais pour moi c'était tout sauf un dessert, et pourtant on m'obligeait à l'avaler, on me menaçait d'une punition ou d'une amende. Du vrai Dickens. Il fallait que je recopie trois cents fois « Je ne refuserai pas la nourriture » de ma main blanche. Après des tas de lignes, j'avais trouvé la combine : « Je, je, je, je…, ne, ne, ne, ne… »

J'étais connu pour mon « caractère ». Comme si j'avais été le seul à en avoir un ! Un caractère que la Tarte Gitane faisait partir au quart de tour. Avec le recul, je me dis que le système scolaire britannique, sérieusement malmené par la guerre, souffrait d'une grave pénurie de moyens. Le prof d'éducation physique, qui entraînait encore des commandos peu de temps auparavant, ne voyait pas pourquoi il aurait dû procéder autrement avec nous, même si on n'avait que cinq ou six ans. C'était presque tous des anciens de l'armée, des gars qui étaient passés par la seconde guerre mondiale ou qui rentraient juste de Corée. Résultat, on était éduqués comme ça, en se faisant aboyer dessus.

On devrait me donner une médaille pour avoir survécu aux premiers dentistes du système de santé public anglais. On avait deux contrôles par an, si je me rappelle bien, et ça se passait à l'école. Ma mère devait m'y traîner dans des hurlements assourdissants, et ensuite il fallait qu'elle dépense pas mal d'un argent durement gagné pour m'acheter un cadeau, parce qu'à chaque fois c'était l'enfer absolu. Pas de quartier, pas de pitié : « La ferme, petit ! » Tabliers en caoutchouc rouge, comme chez Edgar Poe. À l'époque, 1949, 1950, ils avaient encore des machines rudimentaires, genre perceuses entraînées par des courroies et des poulies, et des entraves de chaise électrique pour vous maintenir sur le siège.

Les dentistes étaient aussi des anciens de l'armée. Ça explique ce qui est arrivé à mes dents. J'ai développé une trouille terrible des dentistes et on a vu la conséquence dans les années 1970 : une bouche remplie de chicots noircis. Le gaz anesthésiant coûtait cher, donc on t'en donnait une bouffée, pas plus. Et comme ils touchaient plus pour une extraction que pour un plombage, les dents s'en allaient à une cadence effrénée. Tu te réveillais en plein milieu de l'opération avec sous les yeux le tuyau en caoutchouc rouge, le masque... Tu avais l'impression d'être un pilote de bombardier, mais sans le zinc. Le masque écarlate et le type penché sur toi comme Laurence Olivier dans *Marathon Man*. C'est la seule fois où j'ai cru voir le diable tel que je l'imaginais. J'étais en train de rêver et il était là à ricaner, avec sa fourche, et je reprenais conscience et il me disait : « Arrête de glapir comme ça, mon garçon. J'en ai encore vingt comme toi, aujourd'hui. » Et tout ce que j'avais en récompense de cette torture, c'était un jouet à la noix, un pistolet en plastique.

Après un temps, le conseil municipal nous a accordé un appartement au-dessus d'un marchand de légumes dans Chastilian Road, une petite rue commerçante. Deux chambres et un salon. La maison est toujours debout. Mick habitait Denver Road, à un bloc de là, dans ce coin qu'on appelait « Rupinville » parce que les maisons n'étaient pas collées les unes aux autres. C'était à cinq minutes du parc à vélo et à seulement deux rues de ma nouvelle école, celle que Mick fréquenterait aussi, Wentworth Primary School.

Il n'y a pas longtemps, je suis revenu renifler l'air de Dartford. Chastilian Road n'a pas vraiment changé, sinon que la boutique de primeurs est devenue un fleuriste à l'enseigne des Darling Buds of Kent[1]. J'avais à peine mis les pieds sur le trottoir que le propriétaire est sorti avec une photo encadrée qu'il m'a demandé de lui dédicacer. On aurait cru qu'il m'attendait avec cette photo à la main comme si je passais là toutes les semaines, alors qu'on ne m'avait pas vu dans le coin depuis trente-cinq ans. Lorsque je suis monté dans notre ancien chez-nous, je savais exactement combien de marches il fallait gravir. Pour la première fois depuis un demi-siècle, j'ai pénétré dans la chambre qui avait été la mienne et qui est maintenant celle du fleuriste. Minuscule, exactement pareille. Bert et Doris dormaient de l'autre côté du palier riquiqui, dans une chambre tout aussi petite. J'ai vécu là de 1949 à 1952.

En face, il y avait la coopérative et le boucher, là où je me suis fait mordre par le chien. Ma première morsure de clebs. C'était une sale bête, toujours attachée dehors. Un peu plus loin, au coin, il y avait Finlay's, le marchand de tabac, et le bureau de poste était toujours à sa place mais le grand trou laissé par une bombe sur Ashen Drive avait été comblé. De mon temps, Mr Steadman habi-

1. Clin d'œil aux *darling buds of May*, les « tendres boutons de mai » évoqués par Shakespeare dans le « Sonnet 18 ».

tait la maison voisine. Lui avait un poste de télévision et laissait souvent les rideaux ouverts pour que nous, les gosses, puissions la regarder.

Mon pire souvenir, le plus douloureux, celui qui me revient alors que je retourne dans notre jardinet, c'est le jour des tomates pourries. Il m'est arrivé quelques trucs durailles, mais celui-là reste l'un des moments les plus pénibles de toute ma vie. Donc, le marchand de légumes avait l'habitude d'entasser des caisses de vieux fruits et légumes dans son jardin, et avec un ami j'avais découvert toutes ces tomates plus que mûres. On en a fait de la bouillie. On s'est lancés dans une bataille de tomates, on en a mis partout et bientôt moi, mon pote, les murs, les fenêtres, tout a été couvert de bouillie de tomate. Ça fusait dans tous les sens : « Tiens, prends ça dans la tronche ! » Mais quand je suis rentré, ma mère m'a flanqué une trouille mémorable.

« J'ai appelé qui tu sais.

— Hein ? De quoi tu parles ?

— J'ai appelé le flic. Il va venir et il va t'emmener, parce que tu es impossible. »

Là, j'ai éclaté en sanglots. Elle a continué :

« Il sera là dans un quart d'heure. Peut-être moins. Il va t'emmener au centre. »

Je me suis fait dessus. J'avais six, sept ans.

« Oh, m'man ! »

J'étais à genoux, maintenant. À supplier et à pleurnicher.

« Non, j'en ai jusque-là, de toi. Je ne veux plus de toi.

— M'man, s'il te plaît, non…

— Et en plus, je vais le dire à ton père.

— Ah, m'maaaaan ! »

Moment cruel. Elle était implacable. Elle a continué comme ça pendant une heure ou plus, jusqu'à ce que je m'endorme, épuisé par les pleurs. Après, j'ai compris qu'il n'y avait jamais eu de flic et qu'elle m'avait fait marcher, mais pourquoi ? À cause de

quelques tomates pourries ? J'avais sans doute besoin de la leçon :
« Ça ne se fait pas, c'est comme ça. » Doris n'a jamais été sévère.
Avec elle, c'était simplement : « C'est comme ça, voilà ce qui va
arriver, et toi, tu vas faire ci ou ça. » C'est la seule fois où elle m'a
insufflé la crainte de Dieu.

On n'était pas très « craignant Dieu », dans la famille. Parmi
nous, personne n'a jamais manifesté le moindre intérêt pour la
religion institutionnalisée. Personne. J'ai eu un grand-père socialiste pur sang, et ma grand-mère l'était aussi. L'église, c'était un
endroit à éviter. Personne ne s'intéressait à la parole du Christ,
personne ne proclamait que Dieu n'existait pas, ou quoi que ce
soit d'approchant, l'idée était de se tenir très loin de tout ce qui
était religieux. On regardait les prêtres avec méfiance : tu vois un
type en soutane, change de trottoir. Et méfie-toi des catholiques,
ils sont encore plus retors. On n'avait pas de temps pour ces
choses-là, Dieu merci, parce qu'autrement les dimanches auraient
été encore plus barbants qu'ils ne l'étaient déjà. On n'allait
jamais à l'église. On ne savait même pas où elle se trouvait.

Je suis retourné à Dartford avec ma femme, Patti, qui n'y était
encore jamais venue, et ma fille Angela, qui nous a servi de guide
puisqu'elle y est née et que, comme moi, elle a été élevée par Doris.
Soudain, alors qu'on était tous les trois sur le trottoir de Chastilian
Road, devant un salon de coiffure unisexe appelé Hi-Lites qui
avait l'air de pouvoir accueillir cinq clients au maximum, une
horde d'une quinzaine de jeunes shampooineuses d'un genre que
je connaissais bien s'est précipitée sur nous. Ça aurait été super, si
ça avait existé de mon temps… « Salon unisexe », je me demande
ce que le marchand de primeurs en aurait pensé. Très vite, le dia-
logue suivant s'est engagé :

Une fan : J'peux avoir un autographe, s'il vous plaît ? C'est pour
    Anne et toutes les filles de « Hi-Lites ». Entrez donc, on vous

coupera les cheveux. Est-ce que vous allez à Denver Road, là où habitait Mick ?

Moi : C'est la rue d'après, non ?

La fan : Ah, et il m'en faut un pour mon mari !

Moi : Ah bon, vous êtes mariée ? Merde alors !

La fan : Pourquoi vous me dites ça ? Entrez, venez dans notre salon. Faut que j'trouve un bout de papier. Mon mari, il va pas le croire !

Moi : J'avais oublié comment c'était, de se faire enlever par des filles de Dartford.

Une autre fan : Celles-ci, elles sont toutes trop jeunes, mais nous on se souvient de vous.

Moi : Hé, je me maintiens. Je ne sais pas ce que vous écoutez maintenant, mais ça n'existerait pas si je n'avais pas été là. Je vais rêver de votre salon, cette nuit.

Une fan : Vous auriez imaginé ça, dans votre petite chambre ?

Moi : J'ai *tout* imaginé. Mais je n'aurais jamais cru que ça arriverait…

Ces filles avaient quelque chose d'intrinsèquement dartfordien. Des filles nature et qui se serrent les coudes, presque comme les filles d'un village, conscientes d'appartenir à un petit groupe précis, avec une complicité naturelle. J'ai eu quelques petites amies à Chastilian Road, dans ma prime jeunesse, même si c'était évidemment platonique. Je n'oublierai jamais que l'une d'elles m'a embrassé, un jour – on devait avoir six ou sept ans –, et qu'elle a dit : *Keep it dark !* (Garde ça secret !) Il me reste encore à écrire cette chanson. « Keep It Dark ! » Les nanas ont toujours des bornes d'avance sur nous. C'était ma première expérience avec une « petite amie », mais j'étais copain avec plein de filles, au temps de Dartford. Avec ma cousine Kay, on a été amis pas mal d'années. Avec Patti et Angela, on est passés pas loin de Heather Drive, près du parc. C'était un coin vraiment huppé, c'est là qu'habitait

Deborah. Deborah. J'avais onze ou douze ans quand je suis tombé vraiment dingue d'elle. Une obsession. Il m'arrivait de me poster en bas de chez elle et de contempler fixement la fenêtre de sa chambre comme un voleur dans la nuit.

Le parc était à cinq minutes à peine de chez nous à vélo. Dartford n'est pas grand du tout, en un clin d'œil vous êtes sorti de la ville et elle vous est sortie de la tête, et vous vous retrouvez en rase campagne, genre Kent paumé, tout en bois et broussailles, une sorte de territoire médiéval qui mettait à l'épreuve nos talents de cycliste. On faisait de la cascade. Les « bosses de la gloire ». Dévaler les coteaux, s'envoyer les fossés dans le sous-bois, décoller très haut et retomber plus ou moins bien. Quel nom génial, les « bosses de la gloire » ! J'en ai négocié beaucoup, depuis, mais jamais d'aussi impressionnantes. On était capables d'y passer le week-end.

À cette époque – et peut-être encore aujourd'hui –, vous aviez la ville à l'ouest mais il suffisait d'aller vers l'est ou le sud pour vous retrouver en pleine cambrousse. On était à la limite de l'espace urbain. Dartford était une banlieue lointaine, avec une spécificité qu'elle a gardée jusqu'à ce jour : on n'avait pas l'impression de faire partie de Londres, d'être des Londoniens. Cela dit, je ne me rappelle pas avoir perçu une quelconque fierté d'appartenir à Dartford, quand j'étais gosse. C'était avant tout un endroit dont il fallait se casser. Le jour où j'y suis retourné, je n'ai éprouvé aucune nostalgie, sauf pour une chose, l'odeur de lande. Ces effluves de sous-bois ont réveillé plus de souvenirs que n'importe quoi d'autre. J'adore l'air du Sussex, où je vis maintenant, mais il y a dans le parc de Dartford un mélange de senteurs que je ne retrouve nulle part ailleurs, une odeur unique d'ajonc et de bruyère. Les bosses de la gloire ne sont plus là, ou bien la végétation les a aplanies, ou bien elles sont moins impressionnantes qu'à mes yeux de gamin, mais il m'a suffi de marcher un peu dans les bruyères pour que les souvenirs rejaillissent.

Le Londres de mon enfance est une combinaison simple : crottin de cheval et fumée de charbon. Pendant les cinq ou six ans qui ont suivi la seconde guerre mondiale, il y a eu à Londres plus de voitures à chevaux qu'après la première. C'était un mélange corsé qui me manque, franchement. Olfactivement parlant, c'était une sorte de lit dans lequel on se blotissait. J'ai envie de lancer sur le marché ce produit spécialement conçu pour les citoyens d'un certain âge : « Vous vous rappelez ? Hmmm, la schlingue londonienne. »

Excepté l'odeur, Londres n'a pas beaucoup changé. Si, on peut maintenant se rendre compte de la beauté d'une partie de son architecture. Le musée d'Histoire naturelle, par exemple, a retrouvé ses tuiles bleues depuis qu'il a été débarbouillé. Dans le temps, c'était suie et compagnie. Ce qui était différent, aussi, c'est que la rue nous appartenait. Il y a des photos de Chichester High Street datant du début du XXe siècle où la chaussée est entièrement occupée par des gosses qui jouent au ballon et une ou deux charrettes. La partie s'arrêtait le temps de les laisser passer.

Dans mon enfance, il y avait du brouillard pendant presque tout l'hiver et les chiens te guidaient quand tu devais marcher trois ou quatre bornes pour rentrer chez toi. Brusquement, le bon vieux Fido surgissait de la purée de pois, un bandeau sur un œil, et tu savais que tu étais sur le bon chemin. Parfois, le *fog* était tellement dense qu'on ne voyait pas le bout de son nez, mais le vieux Fido marchait à tes côtés, puis il te confiait à un labrador, et ainsi de suite. Les animaux traînaient dehors, ce qui n'est plus le cas. Sans l'aide de mes amis les chiens, je me serais perdu plein de fois, et je serais mort.

Quand j'avais neuf ans, on nous a donné un logement subventionné à Temple Hill, au milieu d'un terrain vague. Moi, je préférais de loin Chastilian Road, mais Doris trouvait qu'on avait déjà beaucoup de chance : « On aura une maison, enfin ! » et toutes ces conneries. OK, allons donc nous échouer à l'autre bout de la ville… Évidemment, se loger était un grave problème pendant les premières années de l'après-guerre. À Dartford, plein de gens vivaient dans des préfabriqués qui s'alignaient sur Princes Road. Quand j'ai connu Charlie Watts en 1962, il habitait encore une de ces bicoques truffées d'amiante, avec un toit en tôle ondulée, que les gens bichonnaient avec tendresse. À part essayer de mettre un peu d'ordre dans le merdier laissé par la guerre, un merdier dont on faisait partie, le gouvernement britannique ne pouvait pas faire grand-chose. Et ils se donnaient le beau rôle au passage, bien sûr. Les rues des nouveaux quartiers recevaient leurs noms, ceux du gratin du parti travailliste. Noms du passé et du présent, dans ce dernier cas un peu hâtivement, sans doute, puisque le Labour n'allait rester au pouvoir que six ans avant de repasser dans l'opposition. Ils se considéraient comme des héros de la classe prolétarienne et combattante, et parmi ces militants zélés se trouvait mon grand-père, Ernie Richards, qui avait pratiquement fondé la section du parti à Walthamstow avec ma grand-mère Eliza.

Le lotissement en question avait été inauguré en 1947 par Clement Attlee, Premier ministre travailliste de l'après-guerre et ami de papy Ernie. Il avait une rue à son nom, bien entendu. Son discours demeure au firmament : « Nous voulons que nos concitoyens aient un habitat qu'ils chériront, dans lequel ils seront heureux, où ils tisseront des liens sociaux et auront une vie civique (…) Ici, à Dartford, nous donnons l'exemple de la voie à suivre. »

« Non, ce n'était pas du tout joli, dira Doris par la suite. C'était dur. » Et c'est encore pire aujourd'hui. Il y a des secteurs de Temple Hill où il vaut mieux ne pas mettre les pieds. Chasse gardée des gangs, vraiment l'enfer. Quand on a emménagé, c'était encore en construction. Une roulotte pour les ouvriers au coin de la rue, zéro arbre mais des meutes de rats. Un paysage lunaire. Ce n'était qu'à dix minutes du Dartford que je connaissais, le vieux Dartford, mais à mon âge j'ai eu l'impression que j'avais été catapulté sur une autre planète. Il m'a fallu un an ou deux pour faire quelques connaissances dans la zone, mais mes parents étaient ravis de la maison, donc je n'avais qu'à la boucler. C'était un pavillon tout neuf et bien construit, d'accord, mais ce n'était pas *à nous* ! Comme j'étais persuadé que nous méritions mieux que ça, j'étais amer. Prétentieux que j'étais, je nous imaginais comme une famille de la noblesse en exil et il m'arrivait de mépriser mes parents de se résigner aussi facilement à leur sort. Je ne savais pas, à l'époque. J'ignorais ce par quoi ils avaient dû passer.

Si Mick et moi on se connaissait, c'était simplement parce qu'on habitait tout près l'un de l'autre, à quelques portes de distance, et aussi un peu à cause de l'école. Quand on a déménagé, loin de l'école, je suis passé « de l'autre côté de la voie ferrée[1] ». On ne voyait plus personne, on n'existait plus. Alors que la famille de Mick avait quitté Denver Road pour Wilmington, un coin de Dartford très classe, moi j'étais au diable vauvert, dans la partie minable. Et ce n'est pas qu'une image : le chemin de fer coupe carrément la ville en deux.

Temple Hill : un nom plutôt pompeux, cette « colline du temple ». De toutes mes années là-bas, je n'ai jamais vu le moindre temple et le seul attrait, pour un gosse, c'est qu'on se trouvait effectivement en hauteur. La pente était très raide même, et c'est incroyable le parti qu'un gamin peut tirer d'une colline s'il est prêt à perdre la vie ou une jambe. Je me rappelle que je prenais mon exemplaire du *Buffalo Bill Wild West Annual*, je le fixais sur mes patins à roulettes, je m'asseyais dessus, et bam, je me lançais dans la descente. Si quelqu'un passait par là, dommage pour lui, parce qu'il n'y avait pas de freins, et tout en bas il y avait une route qu'il fallait traverser en esquivant les bagnoles. Certes, il y en avait peu à cette époque, mais quand je repense à cette dégringolade à vous dresser les cheveux sur la tête... Je glissais à cinq centimètres du

---

1. L'expression *across the tracks* signifie « du côté mal famé ».

sol, pas plus, et que Dieu protège la dame qui poussait son landau par là ! Je beuglais : « Attention, dégagez ! » On ne m'a jamais empêché de le faire. En ce temps-là, on pouvait faire des conneries sans forcément en payer les conséquences.

Je garde une belle cicatrice de cette période. De grosses dalles étaient alignées sur le bord de la chaussée, pas encore cimentées. Me croyant Superman, j'ai voulu en déplacer une avec un copain parce qu'elle nous gênait pour jouer au foot. Comme la mémoire est fiction, il existe une autre version de l'incident, proposée par ma compagne de jeu d'alors, Sandra Hull, qui après toutes ces années affirme qu'en réalité je m'étais galamment proposé d'en rapprocher certaines parce qu'elle n'arrivait pas à passer en sautant. Elle se souvient aussi du flot de sang quand la dalle est retombée sur un de mes doigts et ensuite quand je l'ai tenu sous le robinet. Après, il y a eu les points de suture. Le résultat a vraisemblablement affecté mon jeu à la guitare. Je n'exagère pas : l'accident a vraiment aplati mon doigt et ça change quand même la façon de pincer les cordes. Il est possible que ça explique le son particulier que j'ai. J'ai une prise plus solide sur la corde, mais aussi ce doigt fait une sorte de griffe lorsque je me sers du bout, il est à la fois plus plat et plus pointu, puisqu'il manque un bout de chair. C'est pratique, de temps en temps. Et l'ongle n'a jamais repoussé normalement, il est un peu tordu.

Comme le chemin de l'école était longuet, j'évitais la route principale qui grimpait sévèrement et contournais la colline pour parvenir à Temple Hill par l'autre côté. On appelait ça la « piste des cendres », c'était moins pénible que l'autre chemin, mais ça t'obligeait à passer derrière les usines, Burroughs Wellcome et la fabrique de papier de Bowater, et à longer un ruisseau puant où bouillonnait toute une merde vert et jaune. Tous les produits chimiques du monde s'étaient déversés là-dedans et le cours d'eau fumait comme une source d'eau soufrée. À cet endroit, je retenais ma respiration et je pressais le pas. On se serait vraiment cru dans une sorte d'enfer. Par contre, le devant du bâtiment présentait un jardin et un bel étang avec des cygnes, de quoi illustrer l'expression « pour la façade ».

Pendant notre dernière tournée, alors que je pensais à l'écriture de ces mémoires, j'ai pris des notes pour des chansons et des idées. L'une d'elles indique : « Retrouvé dans ma sacoche photo de Bert & Doris jouant à saute-mouton, années 30. Larmes aux yeux. » En fait, ils faisaient de la gymnastique et sur ces photos on voit Bert faire le poirier sur le dos de Doris, et tous deux exécuter des roulades et des enchaînements, Bert étalant particulièrement son physique. Sur ces vieux clichés, ils ont l'air parfaitement bien ensemble, ici en camping, là au bord de la mer, toujours entourés d'amis. Bert était vraiment un athlète, il était « aigle » chez les scouts, le plus haut grade qui soit. C'était un boxeur, un boxeur irlandais. Très physique, mon paternel. Je crois que c'est de là que me vient cette attitude : « Arrête un peu, ça veut dire quoi, tu ne te sens pas bien ? » On a un corps, on l'assume, et peu importe comment on le traite, il est censé fonctionner, point. Le ménager ? Rien du tout. Qu'il essaie seulement de vous lâcher, c'est impardonnable. J'ai gardé cette mentalité : « Oh, ça ? Ce n'est rien, juste une balle de fusil, à peine une égratignure… »

Doris et moi, on était très proches et d'une certaine manière Bert était un peu exclu, mais c'était simplement parce qu'il n'était pas là la moitié du temps. C'était un bosseur dément, toujours à gratter pour vingt sacs et quelques par semaine, à se taper la route jusqu'à Hammersmith pour rejoindre son poste de contremaître à l'usine General Electric. Il était incollable sur les thermostats, leur montage, leur transport, etc. On dira ce qu'on voudra de lui mais le fait est qu'il n'était pas ambitieux. Je crois que c'est parce qu'il était né en pleine Dépression : sa seule ambition, c'était d'avoir un job et de le garder. Il se levait à cinq heures, rentrait à la maison à sept heures et demie du soir et se mettait au lit à dix heures et demie, ce qui lui laissait environ trois heures avec moi chaque jour. Il essayait de se rattraper les week-ends, il m'emmenait à son club de tennis ou bien on tapait dans le ballon sur la lande de Dartford, ou encore on travaillait ensemble au petit potager qui nous avait été alloué. « Fais ci, fais ça.

— D'accord, p'pa.

— Prends la brouette, bêche par là, dégage ces mauvaises herbes. » Ça me plaisait de voir les choses pousser, et je savais qu'il connaissait son affaire : « Faut pas qu'on tarde à mettre en terre ces plants de patates. » Pas de prouesses, rien que du basique : « Les haricots donnent bien, cette année. » Il était assez distant. On n'avait pas le temps de devenir vraiment proches mais ça me suffisait. Pour moi, c'était un type super : mon père, quoi.

Être enfant unique, ça oblige à s'inventer un univers à soi. Pour commencer, on vit avec deux adultes, de sorte qu'on passe des pans entiers de son enfance à entendre quasi exclusivement des conversations de grands. Et après avoir écouté tous ces problèmes d'assurances et de loyer, je n'avais personne vers qui me tourner. Enfin, n'importe quel fils ou fille unique vous racontera la même chose : on ne peut pas se rabattre sur un frère ou une sœur, on se fait des amis dehors, oui, mais les jeux s'arrêtent quand le soleil se couche. Du coup, sans frère ni sœur, ni même de cousin sous la main – ma famille était immense mais personne n'habitait dans le coin –, la grande question était de trouver des potes. À cet âge, ça devient une préoccupation majeure, vitale.

Les vacances jouaient un rôle essentiel sur ce plan. On allait à Beesands, dans le Devon, où on avait une caravane. C'était tout près d'un village disparu, Hallsands, un de ces hameaux partis à la mer dans les éboulements de falaise, ce qui était vraiment fascinant pour un gosse. On était en plein « Five Go Mad in Dorset » (Cinq zinzins dans le Dorset)[1]. Toutes ces ruines de maisons dont la

1. Comédie télévisée des années 1980 qui était une satire féroce du fameux « Club des Cinq » d'Enid Blyton.

moitié étaient encore visibles sous l'eau, un lieu envoûtant et bizarre à deux pas… Beesands était un vieux village de pêcheurs au bord d'une plage sur laquelle les bateaux de pêche étaient tirés chaque jour. Pour le gosse que j'étais, c'était un endroit fantastique parce qu'on connaissait tout le monde au bout de deux ou trois jours – le quatrième j'avais déjà chopé un accent du Devon à couper au couteau, et j'étais tout content de passer pour un gars du cru. Des touristes m'arrêtaient : « Kingbridge, c'est par où ?

— Aooh, où il dit qu'il va ? » Très élisabéthaine, la syntaxe locale. C'était une langue super-vieille qui se parlait encore, par là-bas.

Ou bien on partait en camping, ce dont Bert et Doris raffolaient depuis toujours. Comment allumer la lampe Primus, comment installer les montants, comment tendre la bâche de sol… J'étais seul avec mes parents et, dès qu'on avait planté la tente, je me dépêchais de chercher quelqu'un avec qui jouer. Si j'étais le seul gosse de mon âge, j'avais un peu les boules et, oui, j'étais un peu jaloux quand je repérais une famille avec quatre frères ou deux sœurs, mais en même temps c'était un moyen de devenir plus mûr plus vite. Parce que si on ne se crée pas son propre monde, on est inévitablement cantonné à celui des adultes. Alors, c'est à l'imagination de jouer et il faut apprendre à s'occuper tout seul. En se branlant, par exemple. Et quand j'arrivais à me faire des amis, c'était toujours très fort, très intense. Parfois, je faisais la connaissance de toute une bande de frères et sœurs dans une autre tente et quand il fallait repartir, se séparer pour toujours, ça me désolait.

Le grand truc de mes parents, c'était d'aller au club de tennis de Bexley le samedi et le dimanche. C'était une annexe du Bexley Cricket Club, un splendide bâtiment du XIXe siècle devant lequel les gens du club de tennis se sentaient toujours comme des parents pauvres. On n'était jamais invités au club de cricket, pas question, mais tous les week-ends, à moins qu'il pleuve comme vache qui pisse, hop, direction les courts. En réalité, je connais mieux Bexley que Dartford. Après le déjeuner, j'y rejoignais mes parents en train avec ma cousine Kay. Les gens qu'on croisait là-bas appartenaient clairement aux couches supérieures du système de classes très rigide qui susbsistait en Angleterre. Ils avaient des autos et nous des vélos. Mon boulot, c'était de récupérer les balles tombées sur la voie de chemin de fer, au risque de me faire électrocuter.

Pour la compagnie, j'avais des animaux domestiques. Un chat et une souris. C'est assez curieux comme combinaison et ça explique peut-être ce que je suis devenu. Une petite souris blanche, Gladys. Je l'emmenais avec moi à l'école et je lui parlais quand le cours de français devenait trop rasoir. Je lui donnais mon casse-croûte et mon déjeuner et je revenais à la maison les poches pleines de crottes de souris. C'est pas un problème, la merde de souris : des petites boules toutes dures qui ne schlinguent pas, rien de visqueux ou collant ou quoi. Tu retournes ta poche et les boules tombent. Elle savait se tenir, Gladys. Elle sortait très rarement la tête hors de ma poche, évitant ainsi de s'exposer à une mort immédiate. Sauf que Doris les a fait supprimer tous les deux, le chat et la souris. Quand j'étais petit, elle a tué tous mes animaux. Elle ne les aimait pas, elle m'avait prévenu et elle l'a fait. J'ai collé une feuille sur la porte de sa chambre, le dessin d'un chat avec le mot « Assassin ». Je ne lui ai jamais pardonné mais sa réaction a été typique : « Tais-toi. Arrête tes pleurnicheries. Il pissait partout. »

Dans mon enfance, et pratiquement depuis que les machines avaient été inventées, Doris exerçait la profession de démonstratice de machines à laver au magasin coopératif de la grand-rue de Dartford. Sa spécialité, c'était les machines Hotpoint, pour être précis. Elle était très bonne. Une véritable artiste de la démonstration. Elle aurait voulu être actrice, monter sur scène, danser. C'est un trait de famille. J'entrais dans la boutique et je me glissais parmi la foule rassemblée autour d'elle pendant qu'elle démontrait ce que la toute nouvelle Hotpoint avait de génial. Nous n'avions pas de machine à laver, et il s'écoulerait des lustres avant que ça n'arrive, mais avec quelle maestria elle vous expliquait comment charger cette Hotpoint ! Ces engins n'étaient même pas branchés sur une arrivée d'eau. Il fallait les remplir et les vider au seau, mais à l'époque c'était le summum de la modernité. Les gens soupiraient : « Une machine qui fait la lessive, j'adorerais avoir ça, mais Seigneur Jésus, c'est du chinois pour moi ! » Et elle, son boulot était de répondre : « Mais non, regardez comme c'est facile ! » Par la suite, quand on vivait avec Brian et Mick sans un flèche dans notre trou à rats d'Edith Grove, au temps où les Stones n'avaient pas encore décollé, on avait toujours du linge propre parce que Doris mettait nos fringues dans sa machine de démonstration, les repassait et les faisait rapporter à la maison par son admirateur-chauffeur de taxi, Bill. Ça partait le matin, ça revenait impeccable le soir. Pour s'occuper de la saleté, personne ne rivalisait avec Doris. Ça, c'était de la débrouille !

Des années plus tard, Charlie Watts serait capable de passer des heures et des heures chez ses tailleurs de Savile Row à tâter les tissus et choisir les bons boutons. Moi, ce n'est même pas la peine de m'en parler, et je crois que ça doit venir de ma mère. Elle écumait les magasins de tissus à la recherche de rideaux. Je n'avais pas mon mot à dire : je me mettais dans un coin, perché sur une chaise ou une étagère, et je regardais faire maman. Elle trouvait ce qu'elle voulait, ils commençaient à emballer et puis, bam, non, elle retournait dans les rayons et repérait quelque chose qui lui plaisait plus, et le vendeur était sur le point d'exploser. Dans ces boutiques, ils envoyaient l'argent dans des capsules qui circulaient à travers des tuyaux. Je restais assis pendant des heures à observer ma mère choisir ce qu'elle n'avait pas les moyens d'acheter. Mais bon, comment peut-on critiquer la première femme de sa vie ? C'était maman. Elle m'attifait, elle me nourrissait. Elle n'arrêtait pas de me recoiffer ou de rectifier mon col devant tout le monde. Humiliant. Mais c'était maman. Ce n'est que plus tard que je me suis rendu compte qu'elle était aussi ma camarade. Elle savait me faire rire. Il y avait de la musique tout le temps. Elle me manque terriblement.

Que ma mère et mon père se soient mis ensemble est un miracle. Un hasard complet. La rencontre de deux pôles opposés aussi bien par leur personnalité que par leur histoire familiale respective.

Chez Bert, c'était des socialistes purs et durs. Rigides. Son père, mon grand-père, Ernest G. Richards, surnommé « oncle Ernie » dans la région, était plus qu'un inconditionnel du parti : un défenseur infatigable du prolétaire. Avant lui, le Labour n'existait pas dans le coin, ni le mouvement socialiste. Ernie et ma grand-mère Eliza se sont mariés en 1902, au temps des premiers balbutiements du Labour, qui n'avait que deux députés en 1900. Il a conquis cette partie de la banlieue londonienne pour Keir Hardie, le fondateur du parti, et c'est pour lui qu'il en a fait un terreau socialiste, recrutant et faisant du porte-à-porte jour après jour jusqu'au lendemain de la première guerre mondiale. Walthamstow était un terrain propice. La ville avait absorbé une bonne part de l'exode ouvrier en provenance de l'East End et comptait une nouvelle population de banlieusards travaillant dans la capitale. Première ligne du front politique. Ernie était un battant, au vrai sens du terme : pas question de céder un pouce à l'ennemi, si bien que Walthamstow est devenu un des bastions du Labour qui a facilement envoyé au Parlement Clement Attlee, celui qui allait éjecter Churchill en 1945, entrer dans l'histoire comme le chef du gouvernement travailliste d'après guerre et rester député de la ville dans les années 1950. À la mort d'Ernie, Attlee a envoyé un message dans lequel il disait que mon grand-père avait été « le sel de la terre ». À ses obsèques, on a chanté « Le drapeau rouge », l'hymne révolutionnaire auquel les congrès du Labour n'ont renoncé que récemment. Pour ma part, je n'ai jamais été emballé par ses paroles crispées :

« Levons haut l'étendard cramoisi,
Dans son ombre nous saurons vivre et mourir,
Les lâches peuvent reculer, les traîtres se moquer,
Le drapeau rouge sur nos têtes continuera à flotter. »

Qu'est-ce qu'il faisait dans la vie à part ça, Ernie ? Il était jardinier. Pendant trente-cinq ans, il a travaillé pour la même compagnie de production alimentaire. Ma grand-mère Eliza était encore plus « salée », si l'on peut dire, puisqu'elle a été élue au conseil municipal avant son mari et est devenue maire de Walthamstow en 1941. De même qu'Ernie, elle a gravi les échelons du parti à force de détermination. Issue des milieux ouvriers de Bermondsey, elle a pratiquement créé le système d'assistance familiale à Walthamstow. C'était une vraie réformatrice, et sans doute aussi un sacré numéro. Présidente du comité au logement dans un arrondissement qui accueillait l'un des plus importants programmes de construction de logements sociaux dans tout le pays, elle était tellement scrupuleuse, d'après Doris, qu'elle avait refusé de les aider, Bert et elle, à obtenir une maison juste après leur mariage. Pas de ça chez nous : « Tu es ma belle-fille, je ne peux rien pour toi. » Comme je l'ai dit, c'était plus que de la rigueur, c'était de la rigidité.

J'ai donc toujours été intrigué par le fait que mon père, issu d'un tel milieu, ait pu s'allier à une famille comme celle de ma mère, à ce point bohème. Doris avait grandi avec ses six sœurs – je descends d'un matriarcat des deux côtés – dans un deux-pièces d'Islington, une chambre pour cette ribambelle de filles et l'autre pour leurs parents, Gus et Emma. Plutôt serré, l'appart. Ajoutez-y un salon qui ne servait que lors des fêtes, une cuisine minuscule, un office au fond, et une autre famille entassée de la même manière à l'étage du dessus.

Mon grand-père Gus. Que Dieu le bénisse. C'est à lui que je dois en grande partie mon amour de la musique. Je lui écris souvent des messages que je suspends un peu partout : « Merci, grand-p'pa ! » Theodore Augustus Dupree, ce patriarche entouré de femmes, habitait près de Seven Sisters Road avec sept filles, au 13 Crossley Street exactement, et il aimait préciser : « Ce n'est pas seulement les sept filles, avec la bourgeoise ça fait huit ! » Sa bourgeoise, c'était ma grand-mère Emma, née Turner, qui n'a pas eu la vie facile, loin de là, et qui était une excellente pianiste. Elle était réellement un cran au-dessus de lui dans l'échelle sociale : très comme il faut, parlant français… Je n'ai jamais su comment Gus lui avait mis le grappin dessus. Ils s'étaient connus sur la grande roue aux comices agricoles d'Islington. Gus était beau gosse, toujours prêt à sortir une vanne et à éclater de rire. Son sens de l'humour l'aiderait à faire surmonter les mauvais moments à son petit monde. Il y en avait beaucoup comme lui, parmi sa génération, et il ne fait pas de doute que Doris avait hérité de sa bonne humeur incroyable ainsi que de son sens musical.

Chez nous, on était censés ne rien savoir des origines de Gus. Cela étant, nous non plus on ne savait pas d'où on sortait : des fosses de l'enfer, peut-être ? La rumeur familiale veut que ce nom si sophistiqué, Dupree, ait été un pseudo, et aussi étonnant que ça puisse paraître, personne ne s'est jamais donné la peine de vérifier. Il apparaît pourtant sur les papiers de l'état civil : Theodore Dupree, né à Hackney en 1892 dans une autre famille nombreuse de onze enfants. Son père, un « colleur de papiers » selon le document officiel, avait vu le jour à Southwark. Dupree est un nom huguenot, assez répandu parmi les familles de protestants français qui s'étaient réfugiées sur les îles de la Manche. Après avoir abandonné l'école à treize ans, Gus avait reçu une formation de pâtissier et travaillé dans la région d'Islington. L'un des amis de son père à Camden Passage lui avait appris le violon et c'était un musicien accompli, qui avait formé un orchestre de danse dans les années 1930. Il jouait d'abord du saxophone, mais il prétendait qu'il avait dû arrêter après avoir été gazé dans les tranchées. Va savoir. On racontait tellement d'histoires autour de lui, et il savait s'entourer de mystère. Selon Bert, il avait servi dans l'intendance, logique puisqu'il était pâtissier, et il n'était jamais monté au front. Il faisait du pain, point barre. Bert m'a dit : « S'il a jamais été gazé, c'est par son four. » Pourtant, ma tante Marje, qui connaît absolument tout et est toujours en vie à l'heure où j'écris ces lignes, à quatre-vingt-dix et quelques, affirme que Gus avait été mobilisé en 1916 et qu'il était tireur d'élite. Selon elle, ses yeux s'emplissaient de larmes chaque fois qu'il évoquait ces années. Il n'avait jamais voulu tuer personne et avait été blessé à la jambe et à l'épaule soit dans la Somme, soit à Passchendaele. Comme il ne pouvait plus jouer du sax, il s'était remis au violon et avait appris la guitare, mais il avait du mal avec l'archet à cause de son bras endommagé et un tribunal lui avait accordé une pension de dix shillings par semaine pour blessures de guerre. C'était un grand pote de Bobby Howes, un chanteur et comédien de music-hall très réputé dans les années 1930, avec lequel il s'était lié pendant la guerre ; ensemble, ils avaient fait la cuisine et donné des spectacles au mess des officiers, si bien qu'ils étaient mieux nourris que le bidasse moyen. Voilà ce que raconte tatie Marjie.

Dans les années 1950, il dirigeait un orchestre de bal, Gus Dupree and his Boys, qui marchait assez bien quand ils jouaient le *hoedown* dans des bases américaines. Le jour, il travaillait dans une usine d'Islington et, le soir, il enfilait un plastron blanc sous sa veste et faisait de la musique. Il jouait dans les mariages juifs, les fêtes maçonniques – mes tantes se souviennent toutes des gâteaux qu'il rapportait dans son étui à violon. Mais il devait quand même tirer le diable par la queue parce qu'il n'achetait jamais de vêtements neufs, seulement des fripes et des chaussures au rabais.

Pourquoi ma grand-mère n'a pas eu une vie heureuse ? Si l'on excepte le fait qu'elle a passé vingt-trois ans de sa vie enceinte ou récemment sortie de couches ? Gus n'aimait rien tant que jouer du violon pendant qu'Emma l'accompagnait au piano. Mais pendant la guerre, elle l'a surpris en train de sauter une fille de la défense civile en plein black-out. Sur le piano, en plus ! Après ça, elle a refusé de se remettre au clavier pour lui. C'était le prix à payer. Elle était très têtue, en réalité tout à fait différente de Gus et pas du tout enamourée de son tempérament d'artiste. Il a bien essayé de se faire accompagner par ses filles mais, comme il me disait, « ça n'a plus jamais été pareil, Keith, plus pareil… » À l'entendre, on avait l'impression qu'Emma avait été une sorte d'Arthur Rubinstein. « Personne ne jouait comme elle, soupirait-il, personne… » Il avait fini par tourner ça en un grand amour déçu, un regret éternel, mais malheureusement ce n'était pas le seul cas d'infidélité conjugale. Plein de petites aventures et de fugues : Gus était un homme à femmes et Emma en avait eu marre.

C'est sûr que Gus et sa famille étaient des oiseaux rares, pour leur temps. Plus anticonformistes, on aurait eu du mal à trouver. Gus encourageait certes ses filles à ne pas se plier aux convenances, mais elles avaient déjà ça dans les gènes. Elles avaient toutes à des degrés divers des dispositions artistiques. L'une de mes tantes faisait du théâtre amateur, par exemple. Compte tenu de la mentalité de l'époque, c'était une famille très libre, à l'opposé du corsetage victorien. Gus était le genre de type à surgir au milieu du salon quand ses filles adolescentes recevaient leurs petits amis. Les garçons assis sur le canapé en face de la fenêtre et les filles installées de l'autre côté de la pièce. Mais d'abord il passait par les toilettes, le temps d'accrocher une capote usagée à un bout de ficelle qu'il balançait sous le nez des petits gars, le dos tourné pour que les petites ne puissent rien voir. Ils viraient au rouge avant d'éclater de rire, et les filles se demandaient ce qu'il leur prenait. C'était le style d'humour de Gus. Il aimait produire son petit effet. Doris n'a jamais oublié le ton outragé sur lequel sa mère lui avait confié que deux des sœurs de Gus, Henrietta et Felicia, qui habitaient ensemble à Colebrook, étaient – et elle baissait la voix en le disant – des « filles de mauvaise vie ». Les sœurs de Doris n'étaient pas toutes comme elle, elles n'avaient pas toutes son « langage piquant », je dirais, certaines d'entre elles étaient aussi réservées que leur mère, mais aucune n'a jamais démenti cette information.

Mes souvenirs les plus anciens de mon grand-père Gus, ce sont les promenades que nous faisions ensemble. Je pense que pour lui c'était avant tout une façon de s'échapper de cette maisonnée de femmes. Une bonne excuse, tout comme l'était le chien, qui répondait au nom de Mister Thompson Wooft. Gus n'avait jamais eu de garçon sous son toit, fils ou petit-fils, et je devais représenter pour lui une opportunité fantastique de s'éclipser. Dès qu'Emma cherchait à lui confier quelque tâche domestique, il répondait invariablement : « Ah, j'adorerais, Em, mais ça ne va pas être possible ! » puis il lui lançait un clin d'œil, lui faisait un petit signe de la tête et il entraînait le chien dehors en me poussant devant lui. On avalait des kilomètres et j'avais parfois l'impression qu'on marchait pendant des jours. Un soir où on était allés contempler le ciel étoilé sur la colline de Primrose, avec Mister Thompson bien entendu, il a soudain déclaré : « J'suis pas sûr qu'on puisse rentrer, cette nuit. » Et on a dormi sous un arbre.

« Allez, on va promener le chien. (C'était la phrase codée pour dire qu'il fallait se bouger.)

— D'accord.

— Prends ton imper.

— Mais il pleut pas !

— Je t'ai dit de prendre ton imper. »

Je devais avoir cinq ou six ans le jour où il m'a demandé, au cours de l'une de ces balades :

« Tu as un penny sur toi ?

— Ouais, Gus.

— Tu vois ce mioche là-bas au coin ?

— Ouais, Gus.

— Va le lui donner.

— Comment ?

— Vas-y. Sa vie est encore moins facile que la tienne. »

Je lui ai donné la pièce, Gus m'en a rendu deux et la leçon m'est restée toute ma vie.

Je ne m'ennuyais jamais avec lui. Un soir de brouillard à couper au couteau, près de la gare de New Cross, il m'a fait goûter ma première cigarette : « Personne n'en saura rien. » L'une de ses nombreuses particularités, c'était de saluer ses amis par la formule suivante : « Hello, reste pas con toute ta vie. » C'était dit d'un ton magnifiquement simple, familier juste comme il fallait. Je l'aimais, ce type, je... Pan, une chiquenaude sur mon crâne. « T'as rien entendu, compris ?

— Mais quoi, Gus ? »

Pendant qu'on marchait, il fredonnait des symphonies du début à la fin. Et on marchait, putain, on y allait ! Primrose Hill, Highgate, l'autre bout d'Islington, The Angel...

« Une saucisse, ça te dirait ?

— Oh oui, Gus !

— Pas possible ! Allons au Lyons Corner House.

— OK, Gus !

— Et pas un mot à ta grand-mère !

— Bien sûr que non, Gus ! Mais le chien, on en fait quoi ?

— Il connaît le chef, là-bas. »

Son affection m'enveloppait, son humour me gardait plié en deux une bonne partie de la journée et, à l'époque, il n'y avait pas vraiment de quoi rire à Londres. Et puis, il y avait la *musique* !

« Suis-moi. Il faut que je m'achète des cordes.

— D'ac, Gus. »

Je ne disais pas grand-chose. J'écoutais, surtout. Lui avec sa casquette, moi avec mon imper. C'est peut-être de lui que je tiens ce besoin de vagabonder. « Si tu as sept filles près de la rue des Sept-Sœurs et qu'avec ta bourgeoise ça fait huit, t'as envie d'aller voir ce qui se passe ailleurs. » Autant que je me souvienne, il ne buvait pas, on n'allait jamais dans les pubs, mais il devait forcément

« faire » quelque chose. Très souvent, il disparaissait un moment dans l'arrière-boutique pendant que j'examinais la marchandise avec des yeux brillants, puis il revenait et il disait à chaque fois :

« C'est bon, on y va. T'as le chien ?

— Ouais, Gus.

— Allez, Mister Thompson, suis-nous. »

On ne savait jamais où on allait atterrir. Des petits magasins autour de The Angel et d'Islington. Il disparaissait derrière le comptoir : « Attends-moi une minute, fiston. Tiens le chien. » Puis il revenait : « C'est bon. » Et on repartait, et on finissait dans le West End, dans les ateliers des grands magasins de musique comme Ivor Mairants et HMV. Il connaissait tous les artisans, tous les réparateurs. Il me faisait asseoir sur une étagère, au milieu des flacons de colle sur leurs réchauds et des instruments suspendus. Des types en blouse marron étaient penchés sur les établis, et il y en avait toujours un qui finissait par essayer l'instrument sur lequel il travaillait, il y avait toujours un peu de musique. Et puis des petits gars pressés qui semblaient sortir tout droit de la fosse d'orchestre déboulaient et lançaient : « Mon violon, il est prêt ? » Moi, je restais là avec ma tasse de thé et mon biscuit, entouré de pots de colle qui glougloutaient comme autant de sources volcaniques dans un parc Yellowstone miniature, blup, blup, blup, et j'étais en transe. Pas une seconde d'ennui. Violons et guitares arrivaient accrochés à un rail au plafond, et tous ces types s'affairaient, réparaient, construisaient, remontaient les instruments. Dans mes souvenirs, c'est une ambiance très repaire d'alchimiste, genre l'apprenti sorcier dans *Fantasia* de Disney. C'est là que je suis tombé amoureux des instruments de musique.

Au lieu de m'en coller un dans les mains en me disant : « Bon, ça marche comme ça », Gus m'a amené très subtilement à envisager l'idée de faire de la musique. Pour un gosse de mon âge, la guitare, c'était inatteignable. Ça s'admirait, on y pensait mais on n'aurait jamais osé y toucher. Je me rappellerai toujours celle qui trônait sur le piano droit de Gus, chaque fois que je leur rendais visite, à partir de mes cinq ans. Je croyais que c'était là qu'elle « vivait », qu'elle ne bougeait jamais de là, et je la regardais, et il le voyait mais il ne disait rien. Les années ont passé, je continuais à la contempler et un jour il m'a dit : « Tu sais, quand tu seras assez grand, tu pourras l'essayer. » C'est seulement après sa mort que j'ai découvert que, pendant tout ce temps, il ne la sortait et ne l'installait à cette place que quand je venais. C'était une tentation dont je n'avais pas conscience. Je crois qu'il étudiait mes réactions parce qu'il m'avait entendu chanter. Dès qu'il y avait une chanson à la radio, on la reprenait tous ensemble, comme ça, spontanément. Une vraie chorale.

Je ne sais plus bien à quel moment il a pris la guitare sur le piano et m'a dit : « Vas-y. » Je devais avoir neuf ou dix ans. J'ai donc commencé assez tard. C'était une guitare classique espagnole à cordes en boyaux, une jolie petite dame toute douce. Bon, je n'avais pas la moindre idée de ce que je devais faire avec, mais cette odeur… Même aujourd'hui, quand j'ouvre le caisson d'une vieille guitare en bois, j'ai envie de me coucher dedans et de refermer le couvercle. Gus n'était pas un expert de l'instrument, mais il connaissait les trucs de base et c'est lui qui m'a montré mes premiers enchaînements et motifs, les accords majeurs de *ré, sol* et *mi*. Il me disait : « Joue "Malagueña", tu peux jouer tout ce que tu veux. » Un jour, il m'a annoncé : « Tu commences à vraiment te débrouiller. » J'étais plutôt content.

Mes six tantes, dans le désordre : Marje, Beatrice, Joanna, Elsie, Connie et Patty. Incroyablement, cinq d'entre elles sont encore en vie à l'heure où j'écris. Ma préférée était Joanna, emportée par la sclérose en plaques dans les années 1980. C'était mon amie, ma complice. C'était une actrice. Une bouffée de glamour balayait la pièce quand elle arrivait avec ses cheveux très sombres, ses myriades de bracelets et son parfum. Surtout dans l'atmosphère morose des années 1950, il lui suffisait de se pointer et c'était comme si les Ronettes existaient déjà. Elle jouait du Tchekhov et des trucs dans le genre au Highbury Theatre. C'est aussi la seule des sept filles qui ne se soit jamais mariée. Elle avait des tas de petits copains et elle adorait la musique, comme nous tous. On chantait ensemble. Le moindre truc qui passait à la radio, on disait : « Essayons ça. » Je me revois vocaliser avec elle sur « When Will I Be Loved » des Everly Brothers.

Partir vivre sur Spielman Road, de l'autre côté de la voie ferrée, au milieu des terrains vagues, à Temple Hill, s'est révélé catastrophique pour moi et m'a valu au moins une année de danger et de peur. J'avais neuf ou dix ans et j'étais petit pour mon âge. C'est seulement quand j'ai eu quinze ans que je me suis mis à pousser. Si tu étais un gringalet comme moi, tu devais être tout le temps sur tes gardes. En plus, à cause de mon anniversaire, qui tombait le 18 décembre, j'avais un an de moins que le reste de ma classe, ce qui est énorme à ce stade de la vie. En fait, j'aimais le foot, j'étais un bon ailier gauche, j'étais rapide et je réussissais mes passes mais… j'étais quand même le minus de la bande. Un coup dans le dos et je me retrouvais le nez dans la boue, incapable de me défendre contre les assauts de gars plus vieux d'une année. Quand t'es petit et que les autres sont grands, t'es juste un autre ballon. Et ça ne changera jamais, ça sera toujours : « Salut, p'tit Richards. » On m'appelait « le singe », à cause de mes oreilles décollées. Tout le monde avait un surnom.

Le trajet de l'école, c'était la rue sans joie. Jusqu'à onze ans, j'allais au bahut en bus et je revenais à pied. Pourquoi je ne rentrais pas en bus ? À cause de ce putain de fric ! L'argent du billet, je le gardais pour moi. Et l'argent pour le coiffeur, pareil. Je me coupais les tifs tout seul devant la glace, tchic, tchic, tchic ! Résultat, je devais traverser la ville à pied, environ quarante minutes de marche. Et il n'y avait que deux itinéraires : Havelock Road ou Princes Road. Pile ou face ? De toute façon, je savais qu'un certain mec m'attendrait à la seconde où je sortirais de l'école. Et il devinait toujours par où je passais. J'essayais bien de découvrir de nouveaux parcours, mais je me retrouvais toujours coincé dans le jardin de quelqu'un. Je passais ma journée à me demander comment rentrer sans prendre une raclée. Dur. Cinq jours par semaine. Parfois, il ne m'arrivait rien en route mais n'empêche, t'es en cours et t'es rongé de l'intérieur : « Comment je vais l'esquiver, cet enfoiré ? » Il était implacable, inévitable, je ne trouvais pas de solution et je passais mes journées à me torturer. Très mauvais pour la concentration.

Si je récoltais un œil au beurre noir, Doris me demandait : « Qu'est-ce qui t'est arrivé ?

— Rien, je suis tombé... » C'était ça ou bien elle m'aurait harcelé : « Qui t'a fait ça ? », donc il valait mieux dire que j'avais fait une chute à vélo.

Pendant ce temps, mes notes dégringolaient et Bert me dévisageait : « Qu'est-ce qui se passe ? » Et tu ne peux pas expliquer que t'as perdu ta journée à te demander comment revenir chez toi sans prendre une tannée. C'est exclu. Seules les mauviettes font ça. C'est un truc qu'on doit régler tout seul. Les coups n'étaient pas tant le problème. J'avais appris à encaisser. En fait, je ne morflais pas tant que ça. On finit par savoir rester sur ses gardes, et aussi par faire croire à l'assaillant que les dégâts sont plus graves qu'il ne le pense. « AAAAAH ! » et il se dit : « La vache, je l'ai vraiment amoché, là. »

Et puis je suis devenu plus malin. Si seulement j'y avais pensé plus tôt... Il y avait un garçon très sympa dont le nom m'échappe maintenant, un peu lourdaud, pas vraiment fait pour les études, disons, mais bien bâti. Il habitait Temple Hill. Et il s'arrachait les cheveux pour ses devoirs. Un jour, je lui ai dit : « Écoute, je te les fais, tes foutus devoirs, mais on rentre ensemble. C'est pas un grand détour pour toi. » Et donc, en échange de son histoire-géo, j'avais brusquement un protecteur ! Je n'oublierai jamais la fois où le sale type, qui m'attendait comme d'habitude avec un copain, m'a soudain vu avec le costaud et qu'on leur a cassé la gueule. Deux ou trois rencontres de ce genre, quelques effusions de sang rituelles, et c'était réglé, j'avais gagné.

C'est seulement quand j'ai intégré le collège technique de Dartford que les choses se sont arrangées, surtout grâce au hasard. Mick avait rejoint le lycée de la ville – « Waouh, les frimeurs en uniforme rouge ! » L'année d'après, mon tour est venu de passer l'examen d'orientation et j'ai lamentablement foiré, mais pas assez lamentablement pour échouer dans ce qu'on appelait alors la « section moderne ». Tout a changé depuis, mais à l'époque, si tu te retrouvais là-dedans, tu pouvais t'estimer heureux de terminer ta vie à l'usine. À part les travaux manuels, tu n'apprenais rien de rien, les profs étaient nullissimes et seulement payés pour faire marcher tout le monde à la baguette. Moi, j'ai été aiguillé dans la voie médiane, l'« école technique », un terme plutôt vague, quand j'y repense. Ça voulait dire que tu ne faisais pas d'études classiques comme au lycée mais que ce n'était pas une complète perte de temps. Plus tard, tu te rendais compte que tu avais été évalué et étiqueté par un système complètement arbitraire qui ne considérait presque jamais ta personnalité dans son entier et qui pouvait décréter : « Bon, il ne fait pas trop d'étincelles en cours mais il se débrouille bien en dessin. » Ils ne voulaient même pas envisager que si tu t'ennuyais en classe, c'était peut-être parce que tu connaissais déjà ce dont il était question.

Le moment de vérité, c'était la cour de récréation. C'est là que se réglaient les questions en suspens. On disait « cour de récré » mais il aurait mieux valu parler de champ de bataille. C'était du sérieux. Deux mastards en train de battre comme plâtre un petit branleur ? « Oh, ils décompressent un peu, c'est tout ! » En ce temps-là, ça pouvait tourner très physique mais ça se limitait le plus souvent à des piques : « Hé, toi, l'pédé ! » et ainsi de suite.

Il m'a fallu longtemps pour comprendre comment mettre un type KO au lieu de me retrouver par terre. J'étais devenu expert en encaissement de mandales et ça durait depuis un peu trop longtemps lorsque, par un coup de bol complet, je me suis farci un bizuteur en chef. Ça a été un de ces moments magiques que vous réserve la vie. J'avais douze ou treize ans. La minute d'avant, je faisais office de punching-ball et l'instant d'après, grâce à un geste bien calculé, j'avais réglé son compte à la terreur du bahut. Il a glissé sur la bordure d'une petite plate-bande de fleurs, il est tombé et je me suis jeté sur lui. Quand je me bats, je vois littéralement rouge. C'est comme si un voile écarlate descendait sur mes yeux, oui. Je n'y vois que dalle mais je sais où je vais. Pas de quartier, mec, et vas-y que je le tatane ! Les surveillants ont dû s'y mettre à plusieurs pour me maîtriser. Le tyran était tombé ! Je ressens encore la surprise formidable quand je l'ai vu perdre pied, je revois la bordure de pierre et les pensées de toutes les couleurs sur lesquelles il est tombé, et après je ne l'ai pas laissé se relever.

Une fois qu'il a eu pris sa pâtée, l'ambiance de la cour de récré a changé du tout au tout. La réputation que ça m'a valu a dissipé d'un coup la peur et l'angoisse qui pesaient sur moi comme un énorme nuage, et c'est alors que j'ai compris qu'il était vraiment balèze, ce nuage. C'est le seul moment de ma vie où je me suis senti bien à l'école, en grande partie parce que j'ai enfin pu rendre les mêmes services que certains gars m'avaient rendus. Par exemple, il y avait un petit mecton laid comme tout, Stephen Yarde, surnommé « Boots » à cause de ses pieds gigantesques, qui était le souffre-douleur favori des bizuteurs. Ils ne lui laissaient pas une seconde de paix et moi, qui savais ce que c'est que d'attendre en permanence la prochaine vacherie, j'ai pris sa défense. Je suis devenu son protecteur. « Faites pas chier Stephen Yarde, point final. » Je n'ai jamais rêvé d'être grand pour taper sur les autres, je rêvais d'être grand pour faire en sorte que ça s'arrête.

Avec ce poids en moins, mes résultats se sont améliorés. On disait même du bien de moi ! Doris a conservé certains de mes bulletins : « Géographie, 59 %, bons résultats à l'examen. Histoire, 63 %, assez bon travail. » Mais le prof principal avait englobé toutes les matières scientifiques d'un coup de stylo et, sans laisser une lueur d'espoir dans cet ensemble, il avait écrit : « Aucun progrès » en maths, physique et chimie, tandis que le dessin technique restait selon lui « loin de toute compréhension ». Ce bilan résumait l'histoire d'une grande trahison, celle qui allait transformer le collégien plutôt bien intentionné que j'étais en terroriste et criminel scolaire, habité par une révolte tenace contre l'autorité.

Il existe une photo où je me tiens devant un bus avec mes camarades de classe, tout sourires face à l'objectif et flanqué de l'un de nos profs. Je suis au premier rang, en pantalon court. Âge : onze ans. Elle a été prise à Londres en 1955, on venait de chanter en présence de la reine à l'église St Margaret de l'abbaye de Westminster dans le cadre d'un concours de chorales scolaires. La nôtre venait de loin : une bande de péquenots de Dartford qui remportait des coupes et des médailles au niveau national ! Les trois sopranos, les stars du show, si on veut, c'était Terry, Spike et moi. Quant au directeur de la chorale, celui qu'on voit sur la photo, le génie qui avait forgé cette unité d'élite à partir d'un matériau si peu prometteur, il s'appelait Jack Clare. Un mystère ambulant, celui-là. Bien des années après, j'ai découvert qu'il avait été chef de chœur à Oxford, l'un des meilleurs du pays, mais qu'il avait été rétrogradé ou exilé pour avoir joué à touche-pipi avec des petits garçons. On lui avait permis de prendre un nouveau départ dans les colonies. Je ne veux surtout pas salir son nom et je dois préciser que c'est juste une histoire qu'on m'a racontée. C'est sûr qu'il devait avoir eu de bien meilleurs éléments que nous à diriger, et on pouvait se demander ce qu'il foutait dans un trou comme Dartford. En tout cas, il n'a jamais eu la main baladeuse avec nous, même s'il était réputé pour se tripoter à travers la poche de son pantalon. Et il s'était donné un mal du diable pour faire de nous l'une des meilleures chorales scolaires d'Angleterre. Dans cette troupe, il avait choisi les trois meilleurs sopranos dont il pouvait disposer. Et nous avons en effet remporté un certain nombre de récompenses qui s'alignaient sur des étagères dans la grande salle du collège. Question prestige, je n'ai jamais fait mieux que le concert à Westminster Abbey. On se faisait charrier, évidemment : « Alors comme ça t'es choriste ? Va donc, hé, tantouze ! » Je m'en foutais. C'était merveilleux, la chorale : on allait à Londres en car, on était dispensés de physique-chimie et, rien que pour ça, ça en valait la peine. J'ai aussi énormément appris sur le chant, la musique et le travail avec des musiciens. J'ai appris comment on crée un groupe musical – c'est pratiquement la même chose – et comment on le fait tenir. C'était super, donc, et puis l'énorme tuile est arrivée.

À treize ans, notre voix a mué, et les trois sopranos ont été mis au rancart. Mais ce n'était pas tout : on nous a obligés à redoubler. Rétrogradés parce qu'on n'avait pas eu assez de physique et de chimie, qu'on n'avait pas fait nos maths. « Attendez, c'est *vous* qui nous avez dispensés, à cause des répétitions ! Et on a bossé comme des malades, dans cette chorale ! » Plutôt raide, comme remercie-ment ! C'est là que la méga-déprime est arrivée. Brusquement, à treize balais, je devais reculer d'une case. Me taper toute une année de rab. Un coup sous la ceinture, complètement brutal. C'est à ce moment précis que Spike, Terry et moi sommes devenus des terro-ristes. J'étais vert de rage, consumé par un besoin de vengeance ter-rible. Je voulais foutre en l'air le pays et tout ce qu'il représentait.

J'ai passé les trois années suivantes à essayer de les baiser, par tous les moyens. S'ils avaient voulu fabriquer un rebelle, ils ne s'y seraient pas mieux pris. Plus un coup de ciseaux dans les cheveux. Deux paires de falzars, l'un ultra-moulant sous le pantalon en fla-nelle réglementaire que j'enlevais dès que j'avais franchi le portail de l'école. N'importe quoi pour les faire enrager. Ça ne m'a mené nulle part. Je me suis récolté plein de regards noirs de mon père mais ça ne m'a même pas arrêté. Ça ne me plaisait franchement pas, de décevoir mon paternel, mais… Pardon, p'pa.

Elle n'est toujours pas passée, cette humiliation. Le feu qu'elle a allumé brûle toujours. J'ai commencé à voir le monde autrement, surtout pas de *leur* manière. Je me suis aperçu qu'il y avait des brutes encore pires que les pires bizuteurs : *eux*, les détenteurs de l'autorité. Le feu s'est mis à couver, lent mais tenace. J'aurais pu facilement me faire renvoyer sous un prétexte ou un autre, mais j'aurais dû affronter mon père qui aurait pigé le truc sur-le-champ, pigé que j'avais manipulé la situation. Donc il fallait que ce soit une lutte aussi sourde qu'obstinée. J'ai simplement cessé d'accorder la moindre importance à l'autorité, d'essayer de me faire bien voir. Les bulletins scolaires ? S'ils étaient mauvais, je les trafiquais. Je suis devenu un faussaire accompli. « L'élève pourrait mieux faire » ? Je me débrouillais pour trouver la même encre et ça devenait : « L'élève ne pourrait pas mieux faire. » Mon paternel louchait là-dessus et disait : « Pourrait pas mieux faire ? Pourquoi il t'a donné qu'un B moins, alors ? » Je prenais des risques, mais personne n'a jamais rien remarqué. En réalité, j'aurais préféré que ça arrive, pour qu'on en finisse et que je sois viré, mais ou bien c'était trop parfait, ou bien ils se disaient : « Il va falloir que tu trouves autre chose, mon garçon. »

Quand la chorale a été terminée pour moi, j'ai perdu tout intérêt pour l'école. Le dessin technique, la physique, les maths ? Barbant, parce que malgré tous leurs efforts je n'y comprenais que dalle et je ne voyais pas pourquoi j'aurais dû. Avec un revolver sur la tempe, au pain, à l'eau et au fouet, j'aurais peut-être pigé, mais quelque chose en moi me disait que ça ne me servirait à rien et que si tu voulais vraiment apprendre ça devait venir de toi, de toi seul.

Lorsqu'on nous a jetés de la chorale, je suis resté d'abord très proche des deux gars avec qui j'avais chanté parce que nous partagions la même haine. Nous avions gagné toutes ces breloques qu'ils étalaient avec tant de fierté dans leur salle de réunion et, le temps de dire ouf, on se retrouvait à cirer leurs foutues pompes pour toute récompense.

Puisqu'on était rebelles, il fallait avoir le style. Pour ça, il y avait Leonard's, sur High Street. Ils vendaient des jeans pas chers du tout, alors que le jean n'en était qu'à ses débuts. Et en 1956, 1957, ils avaient des chaussettes fluo, oui, des chaussettes rock'n'roll qui luisaient dans l'obscurité, comme ça la fille savait toujours où tu étais, roses ou vertes avec des notes de musique noires dessus. J'en avais une paire de chaque couleur ou, encore plus gonflé, je mettais une rose à un pied et une verte à l'autre. C'était vraiment… waouh !

Dimashio's, c'était le café-glacier de Dartford. Le fils du vieux Dimashio était à l'école avec nous, un gros lard d'Italien qui se faisait quand même plein d'amis en les amenant au troquet de son père. Comme il y avait un juke-box, on s'y donnait rancard. Jerry Lee Lewis et Little Richard ! Beaucoup de daube aussi, mais c'était le seul bout d'Amérique qu'on pouvait avoir à Dartford. Une boutique mouchoir de poche avec le comptoir à gauche, le juke-box, quelques tables et chaises et la machine à glace. J'allais au cinéma au moins une fois par semaine, et presque à toutes les séances du samedi matin. Ou bien au Gem ou bien au Granada. « SHAZAM ! » comme disait Captain Marvel : si tu prononçais le mot magique comme il fallait, tu te transformais. Moi et mes potes au milieu d'un champ, à gueuler : « SHAZAM ! Non, on l'a pas bien dit ! » D'autres gamins se fichaient de nous dans notre dos, mais nous : « Ouais, vous allez pas rigoler longtemps si je le dis comme il faut. SHAZAM !!! » Flash Gordon, avec ses petits nuages de fumée et ses cheveux trop blonds. Captain Marvel. On ne se rappelait jamais l'histoire, exactement. Le principal, c'était la mutation : tu es un mec comme un autre, tu prononces le mot et, bam, t'es plus là. On se disait : « Faut découvrir comment ça marche, faut qu'on se barre d'ici. »

En grandissant et en s'étoffant un peu, on s'est mis à rouler un peu les mécaniques. Le côté le plus grotesque de Dartford Tech, c'était sa prétention à jouer à la *public school* – c'est comme ça qu'on appelle les écoles privées, en Angleterre. Les surveillants avaient un petit cordon doré sur leur casquette et on devait dire *East House* pour un bâtiment, *West House* pour l'autre. C'était une tentative pathétique de faire revivre un monde disparu, comme s'il n'y avait pas eu la guerre, un monde de cricket, de trophées sportifs et de fierté pour son établissement. Tous les profs étaient absolument imprésentables mais ils s'accrochaient à cet idéal comme si on avait été à Eton ou Winchester dans les années 1920, ou 1930, ou même au XIXe. Dans ce contexte, il y a eu une période d'anarchie qui m'a paru durer très longtemps, une ère chaotique survenue alors que j'étais à peu près au milieu de ma scolarité, peu après la catastrophe de la chorale. Ça n'a peut-être duré qu'un trimestre en fait, mais à un moment une foule de collégiens déchaînés se retrouvaient sur le terrain de sport. On devait être trois cents à courir et à sauter partout. C'est étrange que personne n'ait cherché à y mettre fin, quand j'y repense. On était sans doute trop nombreux à s'agiter comme ça, à faire les dingues. Et puis personne ne se blessait, mais ça générait une ambiance assez survoltée, au point que le jour où le surgé est finalement arrivé pour nous dire d'arrêter, on a failli le lyncher. C'était un obsédé de la discipline comme dans les bouquins, capitaine de l'équipe de sport, surveillant-chef, toujours le plus fort et le plus malin en tout, frimant un maximum, pouvant se montrer très autoritaire avec les plus jeunes, et donc on a décidé de lui rendre la monnaie de sa pièce. Il s'appelait Swanton, je me souviens de lui. Il pleuvait à seaux, ça caillait, ce jour-là, mais on lui a arraché ses fringues et on lui a donné la chasse jusqu'à ce qu'il grimpe dans un arbre. On l'a laissé là-haut avec sa casquette à cordon doré, c'est tout ce qu'il avait encore sur lui. Après être descendu de son perchoir, Swanton est devenu professeur d'histoire médiévale à l'université d'Exeter et a écrit un livre de référence, *La Poésie anglaise avant Chaucer*.

De tout le corps enseignant, le seul élément sympathique – il ne nous gueulait pas tout le temps dessus – était le prof d'instruction religieuse, Mr Edgington. Il était le plus souvent en costume bleu ciel, avec des taches de sperme sur la jambe de pantalon. Mr Edgington le branleur. Quarante-cinq minutes d'instruction religieuse. « Passons à Luc, maintenant », et nous on se disait qu'il s'était fait une pogne, ou qu'il venait de troncher dans un coin Mrs Mountjoy, la prof de dessin artistique.

J'avais adopté une mentalité de criminel. Tout pour les emmerder. Trois ou quatre fois, on a remporté la course de fond sans l'avoir courue : on prenait le départ, on se planquait pendant une heure en fumant et on se glissait dans le peloton de tête juste avant la fin. La troisième ou quatrième fois, ils ont fini par piger, ils ont posté des observateurs tout le long de la piste et on ne nous a pas repérés sur les dix kilomètres. Mon bulletin de l'année 1959 est assez explicite : « Il s'en est tenu à une faible performance », quelques mots laissant penser, avec raison, que j'avais déployé un certain effort à ne rien faire.

Sans le savoir, j'absorbais déjà plein de musique à cette époque. L'Angleterre était souvent dans le brouillard mais il y avait aussi un brouillard de mots qui persistait entre les gens. On ne pouvait pas exprimer ses sentiments. On ne parlait pas des masses, en fait, et quand on le faisait on ne parlait pas *de* mais *autour* de quelque chose. Tournures codées, euphémismes, sans compter les sujets qu'on ne pouvait pas aborder, pas même allusivement. C'était un reste de l'ère victorienne et tout ça a été brillamment décrit dans les films noir et blanc du début des années 1960 comme *Samedi soir et dimanche matin* ou *Le Prix d'un homme*. La vie était en noir et blanc, elle aussi : le Technicolor n'allait pas tarder, mais on ne l'avait pas encore vu, en 1959. Or, les gens veulent réellement se toucher, s'atteindre. Jusqu'au cœur. Et c'est pour ça que la musique existe. Si tu ne peux pas le dire, chante-le ! Écoutez les chansons de cette époque. Romantiques au point d'être lourdingues, elles essayaient d'exprimer des choses qu'on ne pouvait pas dire, ni même coucher sur le papier : « Ciel dégagé, sept heures et demie du soir, le vent est tombé, PS : je t'aime. »

Doris était différente. Elle avait l'esprit musical, comme Gus. À la fin de la guerre, j'avais trois ou quatre ans et j'écoutais Ella Fitzgerald, Sarah Vaughan, Big Bill Broonzy, Louis Armstrong… Ça me parlait, c'était ce que j'entendais tous les jours parce que ma mère écoutait ça. Mon oreille aurait fini par m'entraîner de ce côté-là, mais c'est ma mère qui lui a appris à se tourner vers le quartier black de la ville, sans même savoir ce qu'elle faisait. Je ne savais pas si les chanteurs et chanteuses que j'écoutais étaient blancs, noirs ou verts, mais au bout d'un moment, si vous avez l'oreille musicale, vous voyez bien qu'il y a une différence entre « Ain't That a Shame » interprété par Pat Boone et par Fats Domino. Ce n'est pas que Pat Boone était mauvais, non, c'était un très bon chanteur, mais sa version était aussi affectée et creuse que celle de Fats était naturelle. Doris aimait la même musique que son père. Il lui disait d'écouter Stéphane Grappelli, le Hot Club de Django Reinhardt avec cette merveilleuse guitare swing, et Bix Beiderbecke. Elle adorait le jazz swing. Plus tard, elle aimerait écouter la formation de Charlie Watts chez Ronnie Scott.

Comme nous n'avons pas eu de tourne-disque pendant longtemps, l'essentiel pour nous venait de la radio. Surtout la BBC. Ma mère savait tripoter le bouton des fréquences comme personne. Il y avait de très bons musiciens anglais, certains orchestres de danse du nord du pays et tous ceux qui participaient aux émissions de variétés. Des pros, pour beaucoup, pas des mariolles. S'il y avait quoi que ce soit de bon, Doris savait le trouver et donc j'ai grandi dans cette recherche constante de la musique. Elle distinguait les bons des mauvais, et tenait à éclairer de ses lumières le mouflet que j'étais. Elle était totalement *dans* la musique ! Elle entendait une voix et disait : « Piailleries » quand tous les autres pensaient que c'était magnifique. C'était avant la télé. Mon enfance a été exposée à de la musique souvent excellente, y compris un peu de Mozart et de Bach, ce qui me passait largement au-dessus de la tête mais que j'ai absorbé aussi. J'étais une éponge à musique, voilà. Et quand je voyais des gens jouer dans la rue ou un gars qui se mettait au piano dans un pub, j'étais fasciné. Mes oreilles suivaient note par note, et peu importe si les instruments étaient désaccordés ou s'ils jouaient à contretemps, il y avait des notes qui fusaient, des rythmes, des harmonies qui se mettaient à tourner dans ma tête. C'était comme une drogue. Une came beaucoup plus forte que l'héro – la preuve, c'est que je suis arrivé à lâcher l'héroïne mais jamais la musique. Une note vous emmène à la suivante, vous ne savez jamais vraiment ce qui va suivre et vous ne voulez pas savoir : c'est comme avancer sur une belle corde de funambule.

Si mes souvenirs sont exacts, le premier disque que j'ai acheté était « Long Tall Sally » de Little Richard. Fantastique, encore aujourd'hui. Les bons disques s'améliorent toujours en vieillissant. Mais ce qui m'a réellement scié, qui m'a explosé à la figure une nuit que j'écoutais Radio-Luxembourg sur ma petite radio alors que j'aurais dû dormir depuis longtemps, ça a été « Heartbreak Hotel ». Le choc. Je n'avais jamais rien entendu de pareil. Jamais entendu Elvis. C'est presque comme si j'attendais que ce moment arrive. Quand je me suis réveillé le lendemain matin, je n'étais plus le même.

Et brusquement, j'ai été submergé : Buddy Holly, Eddie Cochran, Little Richard, Fats... Radio-Luxembourg était une station notoirement difficile à capter et à garder. J'avais une petite antenne et je tournais autour de ma chambre en l'orientant d'un côté ou de l'autre, le poste collé contre l'oreille, essayant de ne pas trop faire de bruit pour ne pas réveiller mes parents. Quand je chopais la fréquence, je me glissais sous les couvertures avec la radio en laissant l'antenne au-dehors. Donc je suis là, je suis censé dormir, aller à l'école le lendemain matin, et il y a des tonnes de pubs pour James Walker, le « bijoutier de votre grand-rue », pour la loterie irlandaise avec laquelle Radio-Lux avait certainement un contrat, et la réception était parfaite, « et maintenant, voici Fats Domino dans "Blueberry Hill" ! » et, merde de merde, les premières notes disparaissent dans la friture.

Ensuite, il y a eu « Since My Baby Left Me ». Comme ça sonnait ! Ça été le dernier détonateur. Le tout premier rock'n'roll que j'aie entendu. C'était une façon complètement différente d'interpréter une chanson, un son absolument nouveau pour moi, dépouillé, cramé, pas de baratin, pas de violons et de trio de dames qui font « lalala », pas d'esbroufe. Différent, c'est le mot. Nu, branché direct sur des racines dont on devinait l'existence mais qu'on n'avait pas encore « entendues ». Je dois tirer mon chapeau à Elvis pour ça. Le silence, c'est ta toile, et ton cadre, ce sur quoi tu travailles. Alors il ne faut surtout pas essayer de le barbouiller avec trop de bruit. « Heartbreak Hotel » m'a appris ça. Jamais encore je n'avais entendu quelque chose d'aussi cru, d'aussi sincère. Et maintenant, il fallait que je retrouve ce que ce musicos avait fait avant. Par chance, j'ai saisi son nom. La fréquence de Radio-Luxembourg est soudain revenue : « C'était Elvis Presley dans "Heartbreak Hotel". » Merde !

Vers 1959, je devais avoir quinze ans, Doris m'a acheté ma première guitare. J'en jouais déjà chaque fois que je pouvais en tenir une, mais tant qu'on n'a pas son propre instrument, on ne peut que gratouiller. C'était une Rosetti et elle avait dû coûter dans les dix sacs. Comme elle n'avait pas de crédit, ma mère avait convaincu quelqu'un d'autre de la payer par traites et la personne avait cessé de les verser. Gros pataquès. Pour Bert et elle, c'était une somme énorme, et Bert a dû râler. Cordes en boyaux. Oui, j'ai commencé par où tout bon guitariste se doit de commencer : par le basique, la guitare acoustique et les boyaux. Après, on a tout le temps de passer à l'électrique, mais de toute façon je n'avais pas les moyens, à l'époque. Et j'ai découvert qu'en jouant sur cette bonne vieille guitare classique, en partant de là, ça me donnait les bases pour aller plus loin. Ensuite, tu tâtes de la corde métallique et ensuite, waouh, l'électricité ! Bon, si j'étais né quelques années plus tard, je me serais sans doute jeté sur une guitare électrique. Mais si tu veux arriver au sommet, il faut toujours commencer à la base. C'est pareil pour tout.

Y compris si tu diriges un bordel. Dès que j'avais un moment libre, je jouais. Les gens se souviennent de moi comme d'un ado qui oubliait tout ce qui se passait autour de lui, assis dans un coin avec sa gratte pendant une fête ou une réunion de famille, entièrement absorbé par son jeu. Une indication de cet amour pour mon nouvel instrument, c'est tante Marje qui me l'a racontée : quand Doris a dû être hospitalisée et que je suis allé vivre brièvement chez Gus, rien ne pouvait me séparer de ma guitare. Je l'emmenais partout avec moi et je l'enlaçais en dormant.

J'ai encore mon carnet de croquis et mon bloc-notes de cette année-là. Ça se situe autour de 1959, cette année cruciale où j'ai eu quinze ans. Ce sont des notations précises, ordonnées jusqu'à la maniaquerie, avec des colonnes et des rubriques nettement tracées au stylo-bille bleu. La page deux, après un développement sur le scoutisme – je vais y revenir dans un instant –, s'intitule « Liste de 45 t. ». Première ligne : « Titre : Peggy Sue Got Married. Musicien(s) : Buddy Holly. » En dessous, d'une écriture un peu moins appliquée, des noms de filles dans des cercles : Mary (barré), Jenny (souligné), Janet, Marilyn, Veronica, etc. Dans la liste des LP, il y a *The Buddy Holly Story, A Date with Elvis, Wilde about Marty* (il s'agit bien sûr d'un disque de Marty Wilde, pour ceux qui ne connaîtraient pas), *The « Chirping » Crickets...* On y trouve les incontournables, Ricky Nelson, Eddie Cochran, les Everly Brothers, Cliff Richard (« Travellin'Light »), mais aussi Johnny Restivo (« The Shape I'm In »), qui arrivait à la troisième place de ma liste, « The Fickle Chicken » par The Atmospheres, « Always » de Sammy Turner, ce genre de trésors oubliés. Et les titres du groupe The Awakening, les précurseurs du rock'n'roll sur les rives du Royaume-Uni. À ce stade, Elvis domine le paysage, au point qu'un chapitre spécial du carnet lui est consacré. Mon premier disque : « Mystery Train », « Money House », « Blue Suede Shoes », « I'm Left, You're Right, She's Gone », le nec plus ultra de ses enregistrements au Sun Studio de Memphis. Peu à peu, je me suis procuré d'autres albums, mais celui-là était mon petit chéri. Elvis me bluffait, d'accord, mais j'étais encore plus impressionné par Scotty Moore et le groupe. Même chose pour Ricky Nelson : je n'ai jamais acheté aucun de ses disques mais j'en avais un de James Burton. Les groupes derrière les chanteurs m'impressionnaient autant que les vedettes. Celui de Little Richard, par exemple, qui était à peu près le même que celui de Fats Domino et qui était en réalité la formation de Dave Bartholomew. J'étais au courant de tous ces détails. J'étais complètement épaté par la manière dont les interprètes se complétaient et se répondaient, par l'énergie collective, par cette fluidité apparemment dénuée d'effort. Cette aisance, cette magnifique désinvolture… Et bien sûr c'était encore mieux avec la formation de Chuck Berry. Depuis le début, pour moi, l'impact ne se résumait pas au chanteur : il fallait que je sois impressionné par les musiciens qui l'accompagnaient.

J'avais d'autres trucs dans ma vie, pourtant. Aussi incroyable que ça puisse paraître, les boy-scouts ont été l'une des meilleures expériences que j'aie vécues. Le fondateur du mouvement, Baden-Powell, était quelqu'un d'intrinsèquement bon qui comprenait d'instinct ce que les mioches aiment faire et était persuadé que l'Empire s'effondrerait sans les scouts. Mais quand je me suis retrouvé dans la 7ᵉ section de Dartford, patrouille des castors, il était clair que l'Empire partait en couille pour des raisons qui n'avaient rien à voir avec la force de caractère et l'art de faire des nœuds. Je crois que mon incursion dans le monde des scouts s'est produite juste avant que la guitare ne prenne le dessus dans ma vie, ou du moins avant que je n'en possède une. Parce que quand je me suis mis à vraiment toucher l'instrument, c'est devenu mon deuxième monde.

C'était un aspect de ma vie séparé de la musique. Je voulais apprendre comment survivre dans toutes les situations, j'avais lu l'intégralité des livres de Baden-Powell et il fallait maintenant que je m'initie à tous ces trucs de débrouille : être toujours capable de savoir où je me trouvais, de cuire quelque chose en l'enterrant dans le sol… Pour des raisons que je ne comprenais pas vraiment, je voulais acquérir ce savoir-faire, ça me semblait très important. J'avais déjà ma tente dans le jardin et j'y passais des heures, à bouffer des pommes de terre crues et autres exercices. Comment plumer une volaille, comment éviscérer une bestiole, quelles parties enlever et quelles autres laisser, et que faire de la peau ? Est-ce que ça pouvait servir à quelque chose ? Peut-être à confectionner une chouette paire de gants ? C'était un peu l'entraînement des commandos SAS en miniature, et surtout une occasion de se balader avec un couteau à la ceinture. Pour beaucoup d'entre nous, le couteau était la principale motivation. On ne pouvait pas en avoir un tant qu'on n'avait pas gagné plusieurs insignes.

La patrouille des castors avait sa propre base, l'une des cabanes du potager de mon père dont il ne se servait pas et que nous avions annexée pour nous réunir et planifier nos prochaines missions. Toi, t'es bon pour ça, toi pour ça. On causait pendant des plombes, on fumait une clope et on partait en reconnaissance à Bexleyheath ou Sevenoaks. Le chef de section, Bass, nous paraissait vieux comme Mathusalem alors qu'il devait avoir à peine la vingtaine. C'était un meneur très stimulant. Il disait : « OK, ce soir, c'est les nœuds. On fait le nœud queue-de-porc, le cabestan et le demi-cabestan. » Après, on devait s'entraîner à la maison. Comment allumer un feu sans allumettes, construire un four, avoir des braises sans fumée. Je bossais là-dessus toute la semaine, dans le jardin. Frotter deux branches l'une contre l'autre ? Dans ce climat, laisse tomber ! Ça marche peut-être en Afrique ou dans d'autres coins semi-désertiques, mais ici… Résultat, c'était la loupe et les brindilles sèches. Et puis, après trois ou quatre mois, j'ai soudain reçu quatre ou cinq insignes d'affilée et j'ai été promu chef de patrouille. J'avais des insignes partout, c'était dingue ! Je ne sais pas où est passée ma chemise de scout mais elle était couverte de galons, de barrettes et d'insignes. On aurait dit que j'étais dans un trip SM.

Tout ça, et notamment cette promotion si rapide, ne pouvait que me redonner confiance à un moment où j'en avais salement besoin, puisque je m'étais fait éjecter de la chorale. Je crois que ma période scoute a joué un rôle plus important que je ne l'aie jamais pensé. J'avais une bonne équipe. Je connaissais mes gars et on était crédibles.

Il y avait un peu de laisser-aller côté discipline, j'en conviens, mais quand on arrivait à « La mission d'aujourd'hui consiste à... », on y allait sérieux. Au grand camp d'été de Crowborough, notre patrouille a remporté le concours de construction de pont. Le soir, on a bu du whisky et on s'est bagarrés dans la tente. Dans le noir le plus complet, chacun moulinait, balançait des pêches au hasard, démolissait tout ce qui lui tombait sous la main, y compris soi-même : c'est en percutant le poteau central de la tente que je me suis fracturé mon premier os.

La seule fois où j'ai dû faire valoir mon rang, c'était vers la fin de ma carrière de scout. J'avais une nouvelle recrue, un vrai merdeux que personne ne pouvait sentir. Moi, je me disais : « Minute, j'ai une patrouille d'élite, là, et il faut que j'enrôle ce nul ? Je suis pas là pour moucher les morveux. Pourquoi vous vous défaussez sur moi ? » Il a fait une connerie et je lui ai simplement collé une baffe. Prends ça, connard. Avant que j'aie pu dire ouf, je me suis retrouvé devant le conseil de discipline. Ils m'ont cassé. « Un officier ne frappe pas ses hommes » et autres foutaises.

J'étais en tournée avec les Stones, dans ma chambre d'hôtel à Saint-Pétersbourg, quand je me suis retrouvé collé à la télé pour mater la cérémonie du centième anniversaire des boy-scouts. Ça se déroulait à Brownsea Island, là où Baden-Powell avait créé son premier camp. Tout seul dans ma piaule, je me suis levé, j'ai exécuté le salut à trois doigts et j'ai jappé : « Chef de la patrouille des castors, 7e section de Dartford, sir ! » En bon scout, j'avais compris que je devais me présenter au rapport.

Pour passer le temps, j'avais des boulots d'été qui consistaient généralement à me tenir derrière le comptoir d'une boutique quelconque ou à trimbaler du sucre. Je ne recommanderai à personne cette dernière activité. Dans l'aire de stockage d'un supermarché, tu as ces énormes sacs, le sucre te coupe salement et te colle partout. Une journée à trimbaler cette saloperie sur les épaules et tu saignes comme un cochon. Ensuite, il fallait le mettre dans des paquets. Ça aurait dû me dégoûter du sucre, mais non, pas du tout. Avant ça, j'avais fait le beurre. De nos jours, vous allez au magasin et vous avez ces jolis petits carrés bien présentés, mais de mon temps, il était livré en mottes gigantesques, qu'il fallait débiter et emballer dans l'arrière-boutique. On vous apprenait le double pli du papier, et le poids exact de chaque portion, et la disposition sur le rayon, et ensuite on s'extasiait : « C'est pas beau, ça ? » Ouais, mais pendant ce temps les rats couraient entre vos pattes...

J'ai aussi fait la boulangerie. La tournée de pain le week-end. Pour un gars de quatorze ou quinze ans, c'était formateur. On encaissait l'argent. Deux types dans une camionnette électrique et moi avec eux le samedi et le dimanche, à essayer de faire cracher les gens. J'ai vite compris qu'en réalité je faisais le guet quand ils disaient : « Euh, madame Machin, ça fait quinze jours, mainte-nant... » Parfois, je restais vingt minutes à me peler dans la caisse, et puis le boulanger ressortait de la maison en remontant sa braguette, la figure congestionnée. Il y avait donc différentes façons de payer son dû... Il y avait aussi certaines vieilles dames qui s'ennuyaient tel-lement que le grand moment de leur existence était la visite des livreurs de pain, alors elles nous servaient les gâteaux qu'elles venaient de nous acheter, on s'asseyait et on taillait gentiment le bout de gras autour d'une bonne tasse de thé jusqu'au moment où on se rendait compte qu'on venait d'y passer une heure et que la nuit allait tomber sans qu'on ait fini la putain de tournée. Pendant l'hiver, j'aimais bien ces arrêts parce que ces dames âgées vivaient dans un monde à part, genre *Arsenic et vieilles dentelles*.

Tandis que je m'escrimais sur mes nœuds d'accroche, je n'ai pas remarqué – c'est seulement des années plus tard que j'ai mis les indices bout à bout – que Doris était en train de changer rapidement de vie. Vers 1957, elle s'est rapprochée de Bill (Bill Richards, main-tenant), mon futur beau-père. Il l'a épousée en 1998 après avoir vécu avec elle depuis 1963. Il avait alors la vingtaine et elle avait dépassé les quarante ans. Tout ce dont je me souviens, c'est que Bill était là tout le temps. Il était chauffeur de taxi et il nous conduisait partout. Dès qu'il fallait prendre le volant, il était partant. Il nous trimbalait même les jours de fête, papa, maman et moi. J'étais trop jeune pour deviner quel genre de relation ils avaient. Pour moi, Bill était une sorte d'oncle. J'ignorais ce que Bert pouvait penser de lui et je ne le sais toujours pas. Je croyais que Bill était un copain de mon père, un ami de la famille.

En fait, il était disponible et il avait une voiture : en 1957, c'est en partie ce qui a emporté le morceau, pour Doris. Bill nous avait connus en 1947, ma mère et moi, au temps où il habitait en face de chez nous sur Chastilian Road et travaillait à la coopérative. Ensuite, il avait été embauché par une compagnie de taxis et n'avait refait surface que le jour où Doris l'avait aperçu à la gare de Dartford. Voici comment elle le raconte : « Je le connaissais seulement de vue, comme voisin. Un jour, il était à la station de tacots de la gare quand je suis descendue du train, je lui ai dit bonjour et il m'a couru après et il m'a dit : "Je vous ramène chez vous." J'ai répondu : "Bon, ce n'est pas de refus" parce que sinon j'aurais dû attendre le bus. Il m'a ramenée et ça a commencé, et je n'arrive toujours pas y croire. J'étais tellement… effrontée. »

Bill et Doris ont forcément dû se planquer, et si Bert s'est douté de quelque chose, ça me fait de la peine pour lui. Ils profitaient de la passion de Bert pour le tennis. Quand il était sur les courts, Doris et Bill étaient libres de se retrouver. Selon Bill, ils se plaçaient de telle sorte qu'ils pouvaient voir Bert repartir à vélo, et alors ils sautaient dans le taxi et Bill ramenait Doris à la maison avant son retour. Dans ses souvenirs, Doris dit : « Lorsque Keith a commencé avec les Stones, Bill le conduisait partout. Sans Bill, il aurait été coincé. Keith disait : "Mick m'a dit que je dois être à tel endroit", et moi : "Et comment tu vas y aller ?" Alors, Bill intervenait : "Je m'en occupe." » Voilà donc la contribution de Bill, jusqu'ici méconnue, à la naissance des Rolling Stones.

Mais bon, mon père restait mon père et je faisais dans mon froc à l'idée de lui annoncer que j'avais été vidé du bahut. C'est pour ça que j'ai mené une campagne de longue haleine, sans coup d'éclat dramatique. Il fallait juste que j'accumule les mauvaises notes et les avertissements et ils finiraient par comprendre que le temps était venu de me mettre dehors. Ce n'était pas des représailles physiques que j'avais peur, mais de sa désapprobation. Parce qu'avec Bert, ça aurait été le bannissement pur et simple. Brusquement, tu es seul et tu te démerdes. Il ne t'adresse pas la parole, il fait comme si tu n'étais pas là. C'était sa forme de punition et ce n'était pas la peine d'en faire plus. Il n'allait pas me fouetter le postérieur, rien de tout ça. Ça n'était pas son style. Aujourd'hui encore, la seule idée de décevoir ou de fâcher mon père a de quoi me faire pleurer. Ne pas répondre à ses attentes, c'était un déchirement.

Une fois qu'on avait subi le traitement silencieux, on voulait surtout que ça n'arrive plus jamais. Parce que pendant ces périodes on n'était plus rien, on n'existait plus. Il disait : « Eh bien, demain on n'ira pas au parc », c'est tout, alors que presque tous les week-ends on y allait ensemble pour taper dans un ballon. Quand j'ai découvert comment son propre père l'avait traité, j'ai pensé que j'avais beaucoup de chance parce que Bert ne m'a jamais frappé. Jamais. Il n'était pas du genre à exprimer ses émotions, et dans un certain sens je lui en suis reconnaissant. Plusieurs fois où je l'avais vraiment foutu hors de lui, j'aurais dû me prendre une tannée s'il n'avait pas été comme ça. C'est ce qui arrivait à la plupart des gosses de mon âge à l'époque. Ma mère était la seule à lever parfois la main sur moi, une claque sur l'arrière des jambes, et je le méritais, mais je n'ai jamais vécu dans l'angoisse du châtiment corporel. Chez nous, c'était psychologique. Même quand je me préparais à mes retrouvailles historiques avec Bert après vingt ans passés sans le voir, j'ai éprouvé à nouveau la vieille crainte. Et il en avait, des choses à me reprocher, vu ce qui s'était passé ! Mais j'aurai l'occasion d'y revenir.

Le truc qui m'a finalement valu le renvoi, c'est que Terry et moi avons choisi de ne pas participer à la grande réunion de fin d'année. On en avait vu plein, on préférait aller en griller une et donc on n'y est pas allés. Je crois vraiment que c'est la goutte d'eau qui a fait déborder le vase. Et bien entendu Bert a failli exploser lorsqu'il a appris la nouvelle. Sauf qu'à ce stade, je pense qu'il avait déjà décidé que j'étais irrécupérable pour la société, parce que je m'étais sérieusement mis à la guitare et lui n'avait pas le tempérament artistique. Tandis que moi, la seule chose qui m'intéresse, c'est la musique et l'art.

Ici je dois remercier quelqu'un, celle qui m'a sauvé de la fosse aux immondices, de l'ostracisme social, j'ai nommé notre fabuleuse prof de dessin (pas technique !), Mrs Mountjoy. C'est elle qui a glissé un mot en ma faveur au proviseur. Les autres étaient prêts à m'expédier à la bourse du travail, le proviseur a demandé : « Il est bon en quoi ? » et elle a répondu : « Il dessine bien. » Et donc je suis parti au Sidcup Art College, promotion 1959. Là, j'ai eu droit à une énorme bouffée de musique.

Bert n'était pas vraiment content. « Trouve-toi un vrai boulot.

— Comme quoi, p'pa ? Fabriquer des ampoules électriques ? » J'ai basculé dans le sarcasme et je le regrette, maintenant : « Des ampoules et des thermostats ? »

Mais bon, j'étais plein de grandes idées en ce temps-là, même si je ne voyais pas du tout comment les mettre en pratique. Pour ça, il faudrait que je rencontre d'autres gens. J'avais simplement l'intuition que j'étais assez malin pour échapper d'une manière ou d'une autre à la fatalité sociale et pour jouer ma partie comme je l'entendais. Mes parents appartenaient à la génération de la grande Dépression, pour eux toute la question était de s'accrocher à ce qu'on avait et de continuer comme ça. Bert était l'être le plus dénué d'ambition de toute la planète, et moi j'étais un gamin qui ne connaissait même pas le sens du mot « ambition ». Tout ce dont j'étais conscient, c'était des contraintes, des limites imposées. La société dans laquelle je grandissais, avec tous ses principes, était trop étriquée pour moi. Ce n'était peut-être que la montée de testostérone et la révolte de l'adolescence, mais je savais, j'étais sûr que j'allais trouver une sortie.

Chapitre Trois

Où il est question de mes études dans une école de graphisme
qui devient mon école de guitare. Je joue en public pour la première fois
et me retrouve dans les bras d'une fille le même soir. Je rencontre Mick
à la gare de Dartford, avec ses disques de Chuck Berry sous le bras.
On commence à se produire ensemble – le groupe s'appelle Little
Blue Boy and the Blue Boys. Nous faisons la connaissance de Brian Jones
au club d'Ealing. Je reçois l'approbation de Ian Stuart au Bricklayer's Arms,
un pub où nous répétons. Les Stones se créent autour de lui.
Nous voulons que Charlie Watts joue avec nous, mais n'avons
pas les moyens de le payer.

J e ne sais pas ce que je serais devenu si on ne m'avait pas viré de Dartford pour m'envoyer dans une école d'art. À Sidcup, c'était la musique plutôt que les arts plastiques qui nous branchait, et c'était pareil dans les autres écoles artistiques du sud de Londres, véritables pépinières de beatniks de banlieue, ce que j'étais en train de devenir. En matière d'art, il ne se passait pas grand-chose au Sidcup Art College. On avait vite fait de comprendre qu'on n'était pas destinés à devenir des Léonard. Régulièrement, des petits enfoirés en costard-nœud pap de chez J. Walter Thompson ou une autre grande agence débarquaient et nous en mettaient plein la vue tout en essayant de repérer qui parmi nous ferait l'affaire. Ils nous toisaient, et nous, on apprenait la pub.

J'ai ressenti une grande impression de liberté, en arrivant à Sidcup : « C'est vrai qu'on peut fumer ? » J'étais entouré d'artistes, même si

c'était plutôt des artistes en herbe. Il y avait toutes sortes de personnages, et pour moi c'était très important. Il y avait des excentriques,
des ambitieux, dans l'ensemble des gens plutôt intéressants – et Dieu
merci très différents de ce que j'avais vu jusque-là. On sortait tous
d'écoles de garçons, et soudain il y avait des filles en classe ! On se laissait pousser les cheveux parce qu'il n'y avait plus personne pour nous
l'interdire, et parce qu'on avait l'âge, et parce que ça nous allait bien.
Et on pouvait enfin s'habiller comme ça nous chantait : avant, tout le
monde était en uniforme. Le matin, je me levais et j'avais envie de
prendre le train pour Sidcup. Là-bas, j'étais « Ricky ».

Avec le recul, j'ai compris qu'on a profité des derniers feux d'une
noble tradition d'enseignement des arts plastiques qui datait d'avant-
guerre – gravure, lithographie, cours sur le spectre lumineux –, et
tout ça pour nous permettre d'inventer une pub pour du gin ! C'était
passionnant, et comme de toute façon j'aimais dessiner, j'ai appris
deux ou trois trucs. On ne se rendait pas compte que le but était de
faire de nous des « graphistes », c'est-à-dire des experts du Letraset,
mais on a fini par piger. La flamme était entretenue tant bien que
mal par des idéalistes épuisés comme notre professeur de nu,
Mr Stone, un ancien de la Royal Academy. Il descendait plusieurs
pintes de Guinness pendant son déjeuner et lorsqu'il arrivait en classe
– toujours très en retard, pieds nus dans ses sandales, qu'il pleuve ou
qu'il vente –, il était fait. On se marrait bien pendant ses cours. Une
adorable dame du cru bien enveloppée posait toute nue – ouah, des
nichons ! – et dans l'air flottait l'haleine chargée de Guinness de
Mr Stone, titubant, agrippé à ton tabouret. En hommage à l'Art avec
un grand A et à l'avant-garde chérie de nos profs, une photographie
de l'école imaginée par notre directeur nous montre dans un jardin à
la française comme dans *L'Année dernière à Marienbad* – le film de
Resnais, summum du cool existentialiste le plus m'as-tu-vu.

La routine était assez relax. On suivait les cours, on présentait
ses travaux et on glandait en jouant de la guitare dans un petit ves-
tiaire à côté des toilettes. C'est là que j'ai attrapé le virus et, à cet
âge-là, ça va vite. L'endroit était plein de guitaristes. À l'époque,
c'est-à-dire au moment où le rock à la sauce british prenait son

envol, les écoles de graphisme ont fourni une flopée de bons guita-ristes. C'était presque des ateliers de guitare – en gros on jouait du folk, surtout du Jack Elliott. Personne ne vous demandait si vous faisiez partie de l'école, alors on retrouvait aussi les musiciens du coin. Wizz Jones était un habitué, avec ses cheveux et sa barbe à la Jésus-Christ. Super guitariste folk, super guitariste tout court, il se produit toujours – je vois souvent des pubs pour ses concerts, et il n'a pas l'air d'avoir pris une ride, sauf qu'il n'a plus de barbe. Je lui ai à peine parlé, mais pour moi, Wizz Jones était… Wiiiizzzz ! Je veux dire, ce type jouait dans des clubs, il tournait dans le circuit folk. Et on le payait ! Il jouait comme un pro, et nous, on jouait dans les toilettes. Je crois bien que c'est lui qui m'a appris « Cocaine » – la chanson, pour le produit, c'est venu plus tard – avec son style de picking si typique de la période. Personne d'autre, vraiment personne, ne savait jouer dans le style de la Caroline du Sud. Il avait appris le morceau de Jack Elliott, qui lui-même l'avait appris du Reverend Gary Davis, à Harlem. À l'époque Wizz Jones était un homme suivi de près par des gens comme Clapton et Jimmy Page – je le tiens des intéressés.

Dans les toilettes, j'étais surtout connu pour mon interprétation de « I'm Left, You're Right, She's Gone ». On se moquait parfois de moi parce que j'aimais Elvis, et aussi Buddy Holly. Personne ne comprenait comment je pouvais étudier le graphisme, être fan de jazz et de blues, et aimer cette daube. « Pas de ça chez nous » : c'est un peu comme ça qu'on voyait les rockers, avec leurs photos brillantes et leurs tenues de scène ridicules. Mais pour moi, c'était juste de la musique. N'empêche, les frontières étaient très tran-chées, comme par exemple entre les mods et les rockers. Tout sépa-rait les beats, les mordus de la version british du dixieland (le « jazz traditionnel »), de ceux qui étaient branchés rhythm'n'blues. J'ai franchi la ligne pour Linda Poitier, une beauté qui s'habillait à la Juliette Gréco, long pull et collants noirs, regard dessiné au eye-liner. Je me serais farci tous les disques d'Acker Bilk (une des stars des jazzeux traditionnels) juste pour la regarder danser. Il y avait une autre Linda, une maigrichonne à lunettes, mais dont le regard était d'une beauté… Je lui faisais maladroitement la cour. Un doux baiser. C'est bizarre, ce baiser resté bien plus vif dans ma mémoire que tous ceux qui sont venus après. Et Celia, bien sûr, rencontrée un soir au club de Ken Colyer. Elle venait d'Isleworth. On a passé la nuit ensemble. On n'a rien fait, mais pendant ce bref instant, j'ai découvert l'amour. Purement et simplement. Elle habitait une grande maison, pas du tout dans ma catégorie.

Il m'arrivait encore de rendre viste à Gus. À l'époque, je jouais de la guitare depuis deux ou trois ans, alors un jour il m'a lancé : « Vas-y, balance-moi "Malagueña". » Je l'ai joué et il m'a dit : « C'est bon, tu l'as chopé. » Puis j'ai commencé à improviser, c'était un exercice. Et il m'a dit : « Ce n'est pas le morceau. » Et j'ai répondu : « Sans doute, grand-père, mais ça *pourrait* être le morceau.

— Je vois que tu commences à piger. »

En fait, au début, je ne me voyais pas devenir guitariste. C'était juste un moyen pour parvenir à une fin : produire un son. Mais j'ai fini par m'intéresser au jeu et aux notes. Je suis persuadé que si on veut devenir guitariste, il faut commencer par la guitare acoustique, puis passer à la guitare électrique. Il ne faut pas s'imaginer qu'on est le nouveau Townshend ou Hendrix parce qu'on sait faire oua-oua-oua avec sa pédale et qu'on connaît deux ou trois trucs électroniques. D'abord, il faut maîtriser cette saloperie d'instrument. Il faut dormir avec. Si t'as pas une nana sous la main, tu couches avec ta guitare. Ça tombe bien, elle a la forme qu'il faut.

Tout ce que je jouais, je l'apprenais dans les disques. Je pouvais jouer quelque chose immédiatement, sans passer par les contraintes terribles de la musique écrite, la prison des mesures et des cinq lignes. La musique enregistrée a libéré un paquet de musiciens qui ne pouvaient pas forcément s'offrir des cours de solfège, comme moi. Avant 1900, il y a Mozart, Beethoven, Bach, Chopin et tout le toutim. La musique enregistrée a été une libération. Si ce n'était pas vous, c'était quelqu'un dans votre entourage qui avait un appareil, et ça vous permettait d'écouter de la musique jouée par d'autres, et autre chose que des orchestres symphoniques et des trucs tout écrits. On pouvait presque entendre ce que les gens disaient, comme si on était avec eux !

Il y avait un paquet de daube, mais il y avait aussi de très bons trucs. C'était l'émancipation de la musique. Sinon, il y avait bien les concerts, mais qui pouvait se les offrir ? Ce n'est pas pour rien que le jazz et le blues ont conquis le monde dès que les disques sont apparus, en quelques années, comme ça. Le blues est universel, c'est pour ça qu'il n'est pas près de disparaître. Les enregistrements ont permis d'accéder à l'expression, au feeling de la musique. C'était comme si on avait levé un voile. Et ça se trouvait partout, et pour pas trop cher. Ce n'était plus telle ou telle communauté qui gardait pour elle telle ou telle musique, dont personne n'entendait jamais parler. Ça a donné naissance à un type entièrement nouveau de musiciens, en une génération. Je n'ai pas besoin d'un bout de papier, je peux jouer d'oreille, direct du cœur aux doigts. Je n'ai besoin de personne pour me tourner les pages.

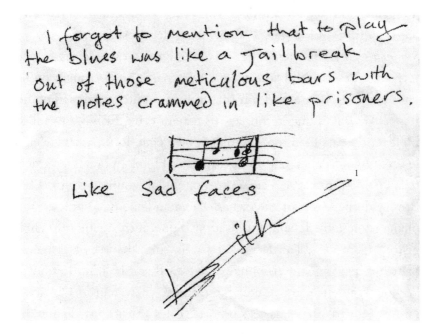

1. « J'ai oublié de mentionner que, pour moi, jouer le blues était un moyen de m'évader de l'alignement méticuleux des portées, avec leurs mesures comme autant de barreaux de prison et leurs notes entassées derrière comme des détenus à la mine triste – Keith. »

On trouvait de tout à Sidcup, c'était le reflet de l'incroyable explosion musicale de l'époque, de la musique en tant que style, de l'amour des choses américaines. J'écumais la bibliothèque municipale pour tout ce qui touchait à l'Amérique. Certains aimaient le folk, le jazz moderne, le jazz tradi, d'autres des trucs plutôt bluesy. Donc, on écoutait de la proto-soul. Toutes les influences étaient là. Et il y avait un son qui vous marquait – les tablettes de la loi, gravées pour la première fois dans le marbre musical : Muddy Waters. « Smokestack Lightning », chanté par Howlin' Wolf, et aussi Lightning Hopkins. Et un disque intitulé *Rhythm'n'Blues, vol. 1*. On pouvait y écouter Buddy Guy jouer « First Time I Met the Blues ». Il y avait un morceau de Little Walter. J'ai passé deux années à écouter Chuck Berry sans savoir qu'il était noir, bien avant de le voir jouer « Sweet Little Sixteen » dans le film qui a fait disjoncter mille musiciens, *Jazz on a Summer's Day*. De même, j'ai mis longtemps avant de savoir que Jerry Lee Lewis était blanc. Ce n'est pas parce qu'ils avaient un hit dans le « Top 10 » américain qu'on nous montrait leur trombine. Les seuls visages que je connaissais étaient ceux d'Elvis, de Buddy Holly et de Fats Domino. Ça m'était bien égal. L'important, c'était le son. Quand j'ai entendu « Heartbreak Hotel » pour la première fois, ce n'est pas que j'aie immédiatement voulu devenir Elvis Presley. Je ne savais même pas qui c'était, à l'époque. J'ai tout simplement entendu le son, l'utilisation d'une autre manière d'enregistrer. Comme je l'ai découvert par la suite, le responsable était Sam Philips, le génie visionnaire de Sun Records. L'utilisation de l'écho. L'absence de toute interférence extérieure. On avait l'impression d'être dans le studio avec les musiciens, d'entendre exactement ce qui s'était passé, sans chichi, sans rien, sans emballage. Ça m'a profondément marqué.

Dans le LP d'Elvis en question, il y avait tous les morceaux de Sun Records, et aussi un ou deux enregistrements RCA. On y trouvait tout, depuis « That's All Right » jusqu'à « Blue Moon of Kentucky » en passant par « Milk Cow Blues Boogie ». Pour un guitariste, confirmé ou en herbe, c'était le paradis sur terre. Je n'arrêtais pas de me demander : « Mais comment ils font ? » Je ne voulais peut-être pas devenir Elvis, mais pourquoi pas Scotty Moore ? Scotty était mon idole. C'était le guitariste d'Elvis sur tous les enregistrements de Sun Records, « Mystery Train », « Baby Let's Play House ». Depuis, j'ai rencontré le bonhomme, j'ai même joué avec lui. Je connais son groupe. Mais à l'époque, réussir à jouer « You're Left, She's Right, She's Gone », c'était le summum de l'art de la guitare. Et « Mystery Train » et « Money Honey » ? Je me serais damné pour jouer comme ça. Comment diable faisaient-ils ? C'est ça, ce que je jouais dans les toilettes de Sidcup, sur une Hofner Archtop à rosace en *f* que quelqu'un m'avait prêtée. C'était avant que la musique ne me guide vers les racines d'Elvis et de Buddy : le blues.

Scotty a un truc, un motif que je n'arrive toujours pas à jouer. Scotty ne veut pas me dire comment il fait. Ça dure depuis quarante-neuf ans. Il prétend qu'il ne voit pas de quoi je veux parler. Ce n'est pas qu'il ne veuille pas me montrer. Il dit : « Je ne vois vraiment pas de quoi tu veux parler. » On trouve le motif en question sur « I'm Left, You're Right, She's Gone ». Je crois que c'est en *mi* majeur. Il y a une descente, de *si* à *la*, puis à *mi*, avec une sorte de trille à la fin, et je n'ai jamais réussi à bien le faire. Scotty l'utilise aussi sur « Baby Let's Play House ».

Quand tu arrives sur *But don't you be nobody's fool/Now baby, Come back baby*, pile sur ce dernier couplet, il y a le motif en question. C'est sans doute tout con, mais ça va trop vite, et il y a un tas de notes. Quels doigts, dans quel ordre ? Je n'ai jamais entendu personne d'autre l'utiliser. Les Creedence Clearwater Revival ont enregistré une version de la chanson, mais quand on arrive au moment crucial, il n'y a rien. Scotty est un vieux renard, très pince-sans-rire. Chaque fois qu'on se voit, il ne peut pas s'empêcher de me chambrer : « Hé, le jeunot, t'as le trouvé le truc ? Pas grave, il te reste plein de temps. »

Le type le plus cool de tout Sidcup était Dave Chaston, une vraie célébrité à l'époque. Même Charlie Watts connaissait Dave, par le jazz. C'était l'arbitre du cool, il était si cool qu'il pouvait mettre en marche le tourne-disque rien qu'en le regardant. On mettait un 45-tours et on le jouait encore, encore et encore, en boucle. Il avait eu le premier Ray Charles avant tout le monde – il l'avait même vu sur scène. Ce disque, je l'ai moi-même entendu pour la première fois lors d'une de ces pauses-déjeuner.

On était tous obsédés par notre look, même si ça ne se voit pas encore trop sur la photo de première année, en 1959, car ça ne faisait que commencer. On avait tous l'air assez coincés, les mecs avec des pulls en V et les filles sapées comme des mémés de cinquante ans, on aurait dit des copies de nos (rares) profs femmes. On portait tous des pulls noirs trop grands, sauf Brian Boyle : en vrai mod, il changeait de tenue toutes les semaines. On se demandait où il trouvait l'argent. L'imper, le prince de galles, les cheveux. Par la suite, il s'est même acheté un scooter Lambretta avec une queue d'écureuil à la con accrochée au bout du guidon. C'est peut-être Brian qui a donné naissance à lui tout seul au mouvement mod, lequel après tout est parti des écoles d'art du sud de Londres. Brian avait été un des premiers à fréquenter un lycée privé et à s'habiller en mod. À l'époque, il était lancé à fond dans une course à la mode démente, il avait déjà remplacé la veste droite par le modèle court, un peu carré. Il avait aussi une longueur d'avance au rayon chaussures, les siennes étant pointues et à talons et non pas rondes – une grande révolution. Les rockers n'y sont venus que plus tard. Il avait demandé à un cordonnier de rajouter dix centimètres au bout de ses pompes, ce n'était vraiment pas de la tarte de marcher avec. Il y avait une intensité un peu désespérée dans ce défilé de mode incarné, mais c'était marrant à regarder – et lui, il était vraiment marrant.

Je n'aurais pas pu me payer une queue d'écureuil. J'avais déjà de la chance d'avoir un pantalon. À l'opposé de tous ces mordus de la mode, il y avait les rockers et les motards. Moi, personne n'aurait pu dire de quel côté j'étais. Je me débrouillais pour garder un pied dans chaque camp sans trop me casser les couilles. J'avais mon propre uniforme, été comme hiver. Veste en jean Wrangler, chemise mauve et pantalon noir droit. J'avais la réputation de me moquer du froid – normal, puisque je m'habillais toujours plus ou moins de la même manière. Et pour ce qui est de la drogue, mon heure n'avait pas encore sonné, mis à part l'ingestion occasionnelle de pilules contraceptives de Doris. À l'époque, les gens s'étaient mis à l'éphédrine, un truc horrible, qui n'a pas duré longtemps. Et il y avait aussi les inhalateurs nasaux bourrés de Dexedrine et parfumés à la lavande. On enlevait le capuchon, on trempait des bouts de coton et on faisait des petites pilules. Des amphés contre le rhume !

À côté de moi sur la photo, il y a Michael Ross. Impossible d'écouter certains disques sans penser aussitôt à Michael Ross. La première fois que j'ai joué en public, c'était avec lui, on avait fait un ou deux plans à l'école. C'était un type spécial, extraverti, talentueux, toujours partant pour tout, pourvu qu'il y ait du risque et de l'aventure à la clé. C'était aussi un illustrateur doué, il m'a appris des tonnes de trucs sur le travail de la plume et de l'encre. Et il était à fond dans la musique. Lui et moi, on aimait le même type de musique, une musique qu'on pouvait s'approprier, jouer nous-mêmes. Voilà pourquoi on s'est tournés vers la country et le blues, parce qu'on pouvait les jouer à deux. Un c'est bien, deux c'est mieux. Il m'a fait connaître Sanford Clark, un chanteur country énorme, très à la Johnny Cash, tout droit sorti des champs de coton en passant par l'Air Force avec un hit intitulé « The Fool ». De lui, on jouait surtout « Son of a Gun », parce que c'était la seule chanson que nos instruments pouvaient supporter, mais une super chanson quand même. On s'est même produits à une soirée de l'école, quelque part dans Bexley. On a chanté de la country, en s'efforçant de faire de notre mieux avec nos deux guitares. Si je me souviens de ce premier concert, c'est surtout parce qu'après on a levé deux nanas. On a passé la nuit dans un parc, sous un de ces abris avec banc et petit toit. On n'a pas fait grand-chose. Je lui ai caressé un sein, je crois. On s'est surtout serrés et embrassés, les langues comme des anguilles. On est resté là jusqu'au matin, et je me suis dit : « Mon premier plan, et je termine dans les bras d'une fille. Merde alors. Il y a peut-être un truc à creuser. »

On a continué à jouer avec Ross. Ça avançait tout seul, on ne peut pas dire qu'on réfléchissait beaucoup à ce qu'on faisait, mais la fois d'après, il y avait encore plus de monde… Et il n'y a rien de plus encourageant qu'un public. Je me dis que c'est là que tout a commencé.

Pendant toute ma scolarité, j'avais pensé au moment où je devrais faire mon service. J'étais programmé. D'abord l'école, ensuite l'armée. Et voilà qu'en novembre 1960, quelques jours avant mon dix-septième anniversaire, on le supprime. Pour toujours. (Bientôt, on verra dans les Rolling Stones une bonne raison de le rétablir.) Ce jour-là, un immense soupir de soulagement a parcouru l'école. Plus personne ne travaillait. Les gars de mon âge, on s'est tous regardés. On n'allait pas devoir vivre à bord d'un destroyer déglingué au milieu de l'océan, ou défiler en rond à la base militaire d'Aldershot. Bill Wyman a fait son service dans la RAF, en Allemagne, et il en garde un bon souvenir. Mais il est plus âgé que moi.

Et en même temps, on se disait : « Quelle bande d'enfoirés ! » Toutes ces années passées avec ce nuage au-dessus de nos têtes… Il y avait des types qui développaient tout d'un coup des tics et finissaient par simuler de dangereux troubles de la personnalité, prêts à tout pour se faire réformer. C'était un système, chacun avait son idée sur la manière de s'y prendre : « J'ai des cors au pied, je ne peux pas marcher. »

Le service, ça vous change un homme. J'ai des cousins, des amis plus âgés que moi, j'ai vu le résultat. Ils sont revenus changés. Gauche, droite, gauche, droite. Cet exercice, ça vous lave le cerveau. Vous pouvez le faire en dormant. D'ailleurs, certains types le faisaient en dormant. C'est tout leur esprit qui était changé, l'idée qu'ils se faisaient d'eux-mêmes, le plan sur lequel ils se situaient. « On m'a remis à ma place, et je sais où c'est.

— Vous êtes caporal, ne vous imaginez pas que vous allez être autre chose dans la vie. » J'étais frappé par ça, chez ces gars que je connaissais. C'était comme si on leur avait pompé l'énergie. Ils passaient deux années dans l'armée, et quand ils ressortaient c'était toujours des écoliers, sauf qu'ils avaient vingt ans.

On a eu l'impression qu'on nous avait donné deux années de liberté, mais c'était totalement faux, bien sûr. Même nos parents se sont demandé ce qu'ils allaient bien faire de ces deux années, parce qu'ils comptaient bien nous voir partir à dix-huit ans. Tout s'est passé très vite. Ma vie avançait tranquillement sur ses rails jusqu'au jour où on m'a dit qu'il n'y avait plus de service militaire. On n'allait pas me faire ça. On n'allait pas m'empêcher de me sortir de cette satanée mélasse, la vie de banlieue, l'horizon étroit. Si j'avais fait mon service, je serais probablement général aujourd'hui. On n'arrête pas un primate. Quand j'y vais, j'y vais à fond. Chez les scouts, je suis devenu chef de patrouille en trois mois. De toute évidence, j'aime bien donner des ordres. Confiez-moi un détachement, je ferai du bon boulot. Avec une compagnie, je ferai encore mieux. Et avec une division, je ferai des merveilles. J'aime motiver des types, et c'est assez bien tombé avec les Stones. Je suis vraiment doué pour faire se serrer les coudes à une bande de mecs.

Si je peux transformer une bande de rastas inutiles en un groupe viable, sans parler des Winos, une bande de sacrés fouteurs de merde[1], je dois avoir une petite compétence. Il ne suffit pas de faire claquer le fouet, il faut savoir être là, il faut faire ce qu'il faut, comme ça les gars voient que vous êtes en pointe, que vous commandez en première ligne, pas de l'arrière. Et pour moi, ce n'est

---

1. Voir le chapitre 12 pour l'histoire de cette formation.

pas juste pour montrer qu'on est le chef. C'est parce que comme ça, ça marche.

Peu avant la publication de ce livre, une de mes lettres de cette époque a refait surface. Ma tante Patty l'avait gardée cinquante ans durant, et personne n'en connaissait l'existence en dehors de ma famille. Patty était encore vivante lorsqu'elle m'a rendu ma lettre en 2009. J'y raconte – entre autres choses – ma rencontre avec Mick Jagger à la gare de Dartford, en 1961. La lettre est datée d'avril 1962, soit quatre mois après les faits, à un moment où on traînait déjà ensemble à essayer de faire en sorte que ça marche.

> *6 Spielman Rd*
> *Dartford, Kent*

Chère Pat,

Vraiment désolé de ne pas avoir écrit plus tôt (je plaide la démence), cela étant dit avec la voix du boy-scout Bluebottle[1], suivi par sortie à droite sous un tonnerre d'applaudissements.

J'espère que tu vas bien.

Nous avons survécu à un autre splendide hiver anglais. Quand commence déjà l'été cette année ? Je suis très occupé depuis Noël, en plus du travail pour l'école. Tu sais combien j'aime Chuck Berry, et je t'avais dit que je pensais être le seul fan à des kilomètres à la ronde, or l'autre matin à la gare de Dartford, j'avais un disque de Chuck à la main, et un gars que j'ai connu à l'école primaire, entre sept et onze ans, s'est approché de moi. Il a tous les disques de Chuck Berry, et ses potes aussi, c'est tous des fans du rhythm'n'blues, je veux parler du vrai R&B (pas les merdes comme Dinah Shore et Brook Benton), Jimmy Reed, Muddy Waters, Chuck, Howlin' Wolf, John Lee Hooker, tous les bluesmen de Chicago, tout ce qui se fait de mieux, merveilleux. Bo Diddley, c'est un autre grand.

---

1. Célèbre personnage comique dans la Grande-Bretagne des années 1950.

Donc, le type de la gare s'appelle Mick Jagger et plein de filles et de mecs se retrouvent tous les samedis matin dans une boîte, le Carousel, et un matin de janvier je passais par là et j'ai voulu voir s'il était là. Tout le monde voulait me parler, et je me suis fait inviter à une dizaine de fêtes. Mick est le meilleur chanteur de R&B de ce côté-ci de l'Atlantique et je pèse mes mots. Je joue de la guitare (électrique) à la Chuck. On a un bassiste et un batteur et une guitare rythmique et on répète deux ou trois soirs par semaine. ÇA SWINGUE.

Bien sûr ils ont tous de l'argent et vivent dans de belles baraques, il y en a même un qui a un valet de chambre ! Je suis allé le voir avec Mick (en voiture, bien sûr, la voiture de Mick, pas la mienne, bien sûr). LA VACHE, QUELLE LANGUE IMPOSSIBLE ON DOIT PARLER !

"Puis-je vous servir quelque chose, sir ?

— Une vodka citron, siouplaît.

— Certainement, sir."

J'avais l'impression d'être un lord, j'ai presque demandé ma couronne en partant.

Ici tout va bien.

Je n'arrête pas d'écouter Chuck Berry. J'ai acheté un de ses LP direct chez Chess Records, à Chicago, ça m'a coûté moins cher qu'un disque anglais.

Bien sûr, ici on a toujours les vieilles croûtes, tu vois qui je veux dire, Cliff Richard, Adam Faith et les deux nouvelles étoiles Shane Fenton et John Leyton. JAMAIS ENTENDU PAREILLE MERDE. Sauf pour ce Rital de Sinatra ha ha ha ha ha ha ha.

Au moins je ne m'ennuie plus. Samedi prochain je vais à une fête qui doit durer toute la nuit.

"J'ai maté ma toquante
Quatre plombes cinq,
Mec, j'savais plus vraiment
Si j'étais mort ou vivant."

Citation : Chuck Berry, "Reeling and a Rocking".

40 litres de bière, un tonneau de cidre, 3 bouteilles whisky, vin. Papa maman sont partis pour le week-end, je vais twister jusqu'à tomber raide (et j'en suis ravi).

Le samedi suivant, Mick et moi, on emmène deux filles dans notre club de rhythm'n'blues préféré, à Ealing, dans le Middlesex.

Il y a là un gars qui joue de l'harmonica électrique, Cyril Davies, fabuleux, toujours à moitié bourré, mal rasé, il joue comme un fou furieux, génial.

Bon, je n'arrive plus à trouver quelque chose d'ennuyeux à te raconter, alors j'arrête.

Bonne nuit, chers téléspectateurs. GRAND SOURIRE. Bises.

Keith xxxxx

Qui d'autre que moi pourrait écrire un tel tissu de conneries ?

Est-ce que Mick et moi, ça a collé ? Quand on monte en voiture avec un type qui se balade avec *Rockin' at the Hops* de Chuck Berry et *The Best of Muddy Waters* sous le bras, c'est obligé. C'est comme s'il possédait de l'or en barre. Un putain de magot. Je n'aurais pas su comment m'y prendre pour mettre la main dessus. Après, je me suis souvenu que j'avais déjà croisé Mick une fois devant la mairie de Dartford où il vendait des glaces pendant l'été. Il devait avoir quinze ans, c'était juste avant la fin de l'école, trois ans avant la création des Stones, et je me souviens qu'il m'avait dit que de temps à autre il chantait dans des soirées, du Buddy Holly et du Eddie Cochran. C'est resté gravé dans mon esprit, ce jour-là. Je lui ai acheté une glace au chocolat, je ne sais plus bien, peut-être un cône, de toute façon il y a prescription. Je ne l'ai pas revu avant le jour fatidique dans le train.

Et il avait de ces disques… « Où t'as déniché tout ça ? » Les disques étaient au centre de tout. Depuis que j'avais onze, douze ans, je recherchais la compagnie des gars qui avaient des disques. C'était des objets précieux. J'avais de la chance si je pouvais m'acheter deux ou trois singles tous les six mois, au mieux. Et il m'a répondu : « Ben, j'ai une adresse. » Il était en contact avec Chess Records à Chicago, avec le fils de Mr Chess lui-même, Marshall, que son père avait mis au courrier, et qui est devenu ensuite PDG de Rolling Stones Records. C'était une boîte de vente par correspondance, et il avait le catalogue, que je n'avais jamais eu sous les yeux. Et ça a accroché tout de suite. Il m'a dit qu'il continuait à chanter, des reprises de Buddy Holly dans un petit groupe. Ce que je ne savais pas. Je lui ai dit : « Moi aussi, je joue.

— Passe donc nous voir, on jouera des trucs. » J'ai failli rater mon arrêt parce que j'étais en train de copier les références des disques de Chuck et de Muddy. *Rockin' at the Hops* : Chess Records CHD-9259.

Mick avait vu Buddy Holly au Woolwich Granada. En soi, c'était une bonne raison pour rechercher sa compagnie, mais il avait aussi plein de contacts, ce qui me faisait défaut, et des putains de disques ! Je n'étais pas du tout dans le bain, à l'époque. On peut dire que j'étais un plouc, comparé à Mick. Lui, il connaissait Londres. Il suivait des cours à la London School of Economics, il rencontrait toutes sortes de gens. Moi, je n'en avais pas les moyens. Je n'avais pas la connaissance requise. Je lisais des magazines comme le *New Musical Express* : « Eddie Cochran se produit avec Buddy Holly. » Waouh, quand je serai grand j'achèterai un billet (et ils sont tous morts avant, bien évidemment).

On se connaissait à peine qu'on jouait déjà ensemble. On s'asseyait, il commençait à chanter et je l'accompagnais. Et on s'est dit : « Hé, c'est pas si mal ! » Ce n'était pas bien difficile, il n'y avait personne à impressionner, à part nous. Mais on apprenait. Au début, avec Mick, ça se passait comme ça. On mettait la main sur un nouveau disque, par exemple un Jimmy Reed, moi j'apprenais les morceaux à la guitare, lui recopiait les paroles, et on disséquait ça dans tous les sens. « C'est comme ça ?

— Ouais, on dirait ! » Et on se marrait en le faisant, je crois qu'on savait tous les deux qu'on était en train d'apprendre quelque chose, et c'était quelque chose qu'on avait envie d'apprendre, et c'était mille fois mieux que tous les cours. Comment ils faisaient ? Comment ils arrivaient à avoir ce son ? Nous aussi, on voulait avoir ce son classe et cool. Puis tu tombais sur d'autres mecs qui avaient les mêmes envies, et tu te disais : « Ouais, on peut y arriver. »

On a dû passer une année avec Mick à faire la chasse aux disques, jusqu'à ce que les Stones commencent un peu à prendre forme. Il y en avait d'autres qui écumaient les mêmes magasins. On s'y retrouvait, et si tu n'avais pas de thune, ça ne t'empêchait pas de rester pour discuter le bout de gras. Mais Mick avait des contacts dans le blues. Il connaissait des collectionneurs, des gars qui étaient en contact avec les Américains depuis avant tout le monde. Dave Golding, de Bexleyheath, avait ses entrées chez Su Records, et il nous a fait découvrir des artistes comme Charlie et Inez Foxx, de la soul de base, qui ont eu un hit avec « Mockingbird » peu de temps après. On racontait que Golding avait la meilleure collection de soul et de blues de la région de Londres, et comme Mick le connaissait, il passait le voir directement chez lui. Il n'empruntait pas de disques, il n'en volait pas non plus, il n'y avait ni magnétos ni cassettes, mais parfois on se débrouillait et quelqu'un copiait tels et tels morceaux sur bande magnétique, le plus souvent grâce à un appareil Grundig. Dans les années 1960, les amateurs de blues british valaient le détour. C'était de drôles d'oiseaux. Ils se réunissaient comme les premiers chrétiens dans des petites salles du sud-est de Londres. Le blues était leur seul point commun, il y avait des gens de tous les âges et de tous les bords. Ça faisait drôle d'entrer dans une pièce où la seule chose qui comptait, c'était le dernier disque de Slim Harpo qu'on était en train d'écouter – et tout le monde était d'accord.

On passait notre temps à échanger des références. On discutait des heures pour savoir si on avait bien la gomme-laque correspondant au premier pressage d'origine. Ensuite, tout le monde se disputait sur la question. Mick et moi, on échangeait des sourires en coin d'un bout à l'autre de la pièce, parce que la seule raison pour laquelle on était là, c'était pour en savoir un peu plus long sur cette nouvelle collection de disques qui venait d'arriver et dont on avait entendu parler. La phrase clé, c'était : « Bordel, j'aimerais pouvoir jouer comme ça. » Mais les gens qu'il fallait fréquenter pour obtenir le dernier petit disque ! Les puristes du blues étaient archi-coincés, ultraconservateurs, des *nerds* à lunettes qui vous prenaient de haut et pensaient être les seuls à savoir ce qu'était le vrai blues. Ah, ça, ils étaient persuadés de savoir ! Ils se la jouaient à Bexleyheath, Londres, ouais, mais ils ne connaissaient pas la moitié des chansons, ils ne comprenaient même pas de quoi ça parlait, et s'ils avaient su ils auraient fait dans leur froc. Ils avaient une idée toute faite du blues, ils pensaient que c'était un truc de culs-terreux américains qu'eux seuls pouvaient jouer. C'était leur passion, pour le meilleur et pour le pire.

C'était aussi ma passion, mais ça ne m'intéressait pas d'en parler avec eux. Je refusais d'en discuter ; je me contentais de demander : « Je peux ré-écouter ? Je sais comment ils jouent ça, j'ai juste besoin de vérifier. » C'était ça, notre but, en fait ; à ce moment, même une fille n'aurait pas réussi à me détourner du dernier B.B. King ou Muddy Waters.

Parfois, les parents de Mick lui prêtaient leur caisse, une Triumph Herald, et c'est comme ça qu'un week-end on est allés à Manchester pour un grand concert de blues. Il y avait Sonny Terry, Brownie McGhee, John Lee Hooker et Muddy Waters. C'est ce dernier en particulier qu'on voulait entendre, mais on avait aussi envie de voir John Lee. Il y en avait plein d'autres, comme Memphis Slim. Ils faisaient une grande tournée à travers toute l'Europe. Muddy est monté sur scène avec une guitare acoustique, et il a joué des trucs du Delta pendant une demi-heure merveilleuse. Puis il y a eu une pause, et il est revenu avec un groupe électrique. Et il s'est pratiquement fait sortir. Il avançait comme un bulldozer, comme Dylan un an plus tard au Manchester Free Trade Hall. Mais le terrain était miné, et j'ai compris alors que ces gens n'écoutaient pas la musique. Ils voulaient juste faire partie d'une petite clique qui se la pétait. Muddy jouait génialement, son groupe, c'était du feu de Dieu. Il y avait là Junior Wells, et Hubert Sumlin aussi. Mais pour ce public, le blues n'était du blues que si le gars montait sur scène en salopette et chantait que sa nana l'avait quitté. Aucun de ces puristes du blues n'était capable de jouer du moindre instrument. Mais pour eux, les Noirs devaient s'habiller en culs-terreux et dire : « Oui, missié. » Or c'était des gars de la ville ! Plus branchés qu'eux, tu n'aurais pas trouvé. Et qu'est-ce que ça pouvait bien foutre que les instruments soient électriques ? Après tout, le type jouait toujours les mêmes notes, non ? C'était juste un peu plus fort et puissant, voilà tout. Mais pour eux c'était : « Rock'n'roll ? Dégage. » Ils voulaient que tout soit figé, que rien ne change, et refusaient de comprendre que ce qu'ils écoutaient faisait partie d'un processus, d'un truc qui avait commencé bien avant eux et qui ne pouvait qu'avancer.

C'était tendu, à l'époque. Il n'y avait pas que les mods et les rockers, ou la haine des amateurs de jazz tradi pour les fans de R&B. Il y avait aussi des microdisputes qu'on a du mal à comprendre aujourd'hui. En 1961, au festival de Beaulieu, la BBC a dû interrompre la retransmission quand les tradis et les modernes ont commencé à se taper dessus. Les puristes estimaient que le blues faisait partie du jazz, et ils s'étaient sentis trahis quand les guitares électriques avaient fait leur apparition : leur sous-culture bohème était menacée par la meute en cuir. Il y avait aussi un arrière-plan politique. Alan Lomax et Ewan MacColl – deux célèbres chanteurs folk, qui recueillaient aussi beaucoup de morceaux et étaient les patriarches ou les idéologues du boom folk – adoptaient une ligne marxiste selon laquelle cette musique appartenait au peuple et devait donc être protégée contre la corruption capitalistique. C'est pourquoi « commercial » était un si vilain mot à l'époque. En fait, les duels à coups de phrases sibyllines dans la presse musicale ressemblaient à des polémiques politiques, farcies d'expressions comme « marchands de fripes », « meurtre légalisé », « vendus ». Il y avait des débats totalement débiles sur l'« authenticité ». Pourtant, c'est indiscutable, il y avait un public d'amateurs de blues en Angleterre. En Amérique, la plupart de ces artistes devaient jouer dans des spectacles de cabaret, mais ils ont vite compris qu'au Royaume-Uni c'était différent. Ici, on pouvait jouer du blues. Big Bill Broonzy a pigé qu'il pouvait ramasser plus de thune s'il laissait tomber le blues électrique et redevenait le bluesman folkeux que le public européen voulait entendre.

La moitié des Blacks en question ne sont jamais retournés aux États-Unis : là-bas, on les traitait comme de la merde, alors qu'en Europe, de belles Danoises blondes se bousculaient pour leur tomber dans les bras. Alors pourquoi rentrer ? Après la seconde guerre mondiale, les artistes noirs avaient découvert qu'ils étaient bien mieux traités en Europe, comme Josephine Baker, Champion Jack Dupree et Memphis Slim en avaient fait l'expérience à Paris. C'est aussi pour cette raison que le Danemark est devenu une sorte de refuge pour jazzmen dans les années 1950.

Mick et moi, on avait exactement les mêmes goûts musicaux. On n'avait jamais besoin de se poser de questions ni de s'expliquer. Tout était clair. On écoutait quelque chose, on se regardait tout de suite. Tout était dans le son. On écoutait un disque, et on se disait : « C'est pas bon. C'est bidon. » Ou : « Ça, c'est bon. » Et c'était comme ça pour tous les styles de musique. C'était très strict. Pour commencer, Mick et moi, on estimait que ça devait nous apprendre quelque chose, et il y en avait, des trucs à apprendre, comme on s'en est rendu compte quand on a découvert le rhythm'n'blues. On adorait la pop. On se serait damnés pour les Ronettes ou les Crystals. J'aurais pu écouter ça toute la nuit. Mais dès qu'on proposait de jouer un de ces morceaux sur scène, c'était : « Allez, dégage... »

Je voulais atteindre le cœur – la juste expression. Il n'y aurait pas eu de jazz sans le blues sorti de l'esclavage, la version récente et particulière de l'esclavage, pas ce que les pauvres Celtes ont connu sous la férule romaine. Ce qu'on a fait vivre à ces gens, c'est à peine croyable, et pas seulement aux États-Unis. Mais les survivants avaient intériorisé quelque chose de très fondamental. Ce n'est pas quelque chose que vous avez dans la tête, c'est quelque chose que vous avez dans les tripes. Ça dépasse la question de la musicalité, qui est très variable et flexible. Il y a toutes sortes de blues. Il y a un blues très léger, il y a un style de blues marécageux, et c'est dans le marécage que je suis chez moi. Écoutez John Lee Hooker. Il a une manière archaïque de jouer. La plupart du temps il ne change pas d'accord. C'est suggéré, mais c'est pas joué. S'il joue avec quelqu'un d'autre, les accords de l'autre changent, mais lui, il ne bouge pas. C'est implacable. Et l'autre chose importante en plus de la voix géniale et de la guitare implacable, c'est le tapement du pied, un truc reptilien. Il se servait d'un *woodblock* pour amplifier ses coups de pied. Bo Diddley était un autre bluesman qui aimait jouer un accord élémentaire, tout sur un accord, et la seule chose qui changeait, c'était la voix et la façon dont il jouait l'accord. J'ai compris tout ça plus tard. Et il y avait la voix incroyable de ces types, Muddy, John Lee, Bo Diddley. Elle n'était pas nécessairement puissante, mais elle venait de très, très loin. Tout le corps était impliqué, ils ne faisaient pas que chanter avec le cœur, ils chantaient avec les tripes. Ça m'impressionnait vachement. Et c'est pour ça qu'il y a une grande différence entre les bluesmen qui jouent d'un instrument, guitare ou piano, et ceux qui n'en jouent pas. Les premiers doivent trouver un moyen d'articuler appel et réponse. Tu chantes quelque chose, puis tu joues quelque chose qui répond ou qui pose une autre question, puis il y a la résolution. Ton placement et ton phrasé sont forcément différents. Si tu chantes en solo, tu te concentreras sur ton domaine, le plus souvent pour le mieux, mais il arrive que le chant divorce de la musique, en quelque sorte.

Un jour, peu de temps après nos retrouvailles, Mick et moi sommes allés à la mer et on a joué dans un pub. On a passé un week-end dans le Devon avec mon père et ma mère. J'invoque ici le fantôme de Doris pour le récit de cette étrange virée, parce que c'est assez confus dans mon souvenir. Mais si on s'est jetés à l'eau, c'est qu'on devait y croire.

Doris : Un été, Keith et Mick sont venus passer un week-end avec nous à Beesands, dans le Devon, ils avaient seize, dix-sept ans. Il y avait un car qui partait de Dartford. Keith avait sa guitare, et Mick s'ennuyait à mourir. « Il n'y a pas de filles, répétait-il. Il n'y a pas de filles. » C'est vrai qu'il n'y avait pas un chat. C'était un endroit merveilleux. On avait loué un cottage sur la plage. Les garçons pêchaient le maquereau juste devant notre porte. Ils les vendaient six pence la pièce. Il n'y avait pas grand-chose d'autre à faire. Nager… Ils allaient au pub parce que Keith avait sa guitare. Il les a épatés, avec sa façon de jouer. On les a ramenés en voiture, normalement il fallait huit ou dix heures. Mais la batterie nous a lâchés, bien évidemment, alors on n'avait plus de feux. Je me souviens qu'on s'est garés devant la maison de Mrs Jagger, au Close. « Où étiez-vous passés ? Pourquoi avez-vous mis si longtemps ? » Quel voyage épouvantable.

Mick fréquentait Dick Taylor, un camarade d'école primaire qui était aussi à Sidcup. Je me suis joint à eux vers la fin de 1961. Il y avait Bob Beckwith, qui jouait de la guitare et avait un ampli, ce qui faisait de lui quelqu'un de très important. Au début, le plus souvent on n'avait qu'un ampli et on branchait trois guitares dessus. On s'appelait Little Boy Blue and the Blue Boys. « Blue Boy », c'était ma guitare, une Hofner Archtop à rosace en *f*, c'était écrit dessus, et donc j'étais Blue Boy. C'était ma première guitare métallique. Vous ne la verrez que sur des photos prises lors de gigs, avant qu'on décolle. Je l'ai achetée d'occasion sur Oxford Street. On voyait qu'elle avait vécu parce qu'elle était rafistolée et il y avait des taches de sueur sur le manche. Ou bien le propriétaire précédent aimait jouer tout en haut du manche, ou bien c'était un amateur d'accords. C'était comme une carte, un relevé sismographique. Je l'ai perdue sur la ligne Victoria ou Bakerloo du métro londonien, je ne sais plus. Mais y avait-il meilleur endroit pour la perdre que la ligne Bakerloo[1] ? En tout cas, ça m'a miné.

On se retrouvait chez Bob Beckwith à Bexleyheath. De temps à autre on allait chez Dick Taylor. À l'époque, Dick travaillait dur, il était plutôt du côté des puristes, ce qui ne l'a pas empêché de former les Pretty Things quelques années plus tard. Son blues était quand même très strict, ce qui n'était pas plus mal parce qu'il faut bien dire que ça partait un peu dans tous les sens. Pour nous, c'était du pareil au même de jouer « Not Fade Away », « That'll Be the Day » ou « C' mon Everybody » ou encore « I Just Want to Make Love to You ». Tout ça, c'était le même genre de truc. Bob Beckwith avait un Grundig et c'est sur cet engin qu'on a fait nos premiers enregistrements. Mick m'a offert une copie qu'il a rachetée dans des enchères. Une bande magnétique avec un son épouvantable. Dans notre premier répertoire il y avait « Around and Around » et « Reelin' and Rocking » de Chuck Berry, « Bright Lights, Big City » de Jimmy Reed et, la cerise sur le gâteau, « La Bamba », chanté par Mick dans du pseudo-espagnol.

1. Bakerloo : surnom donné par les Londoniens à la ligne « marron » du métro de Londres, qui va de BAKER Street à WaterLOO Station.

Le rhythm'n'blues a été notre porte d'entrée. Chaque semaine, Cyril Davies et Alexis Korner organisaient des soirées au Jazz Club d'Ealing pour les mordus de R&B. Sans eux, il ne se serait peut-être rien passé. C'était un endroit où tout le réseau blues se donnait rendez-vous, tous les collectionneurs de Bexleyheath, cette banlieue de Londres. Il y avait même des gens de Manchester et d'Écosse qui descendaient célébrer la messe entre fidèles et écouter le groupe d'Alexis Korner, Blues Incorporated, dans lequel le jeune Charlie Watts jouait de la batterie et Ian Stewart faisait de temps à autre une apparition au piano. C'est là que je suis tombé amoureux de ces mecs. À l'époque, aucun club n'offrait ce type de musique. On se retrouvait pour échanger des idées, des disques, et glander. Le rhythm'n'blues était un genre important dans les années 1960. Ou bien on était blues et jazz, ou bien on était rock. Mais le rock était mort et avait dégénéré dans la pop – il n'avait plus rien dans le ventre. On s'est jetés sur le rhythm'n'blues à cause des groupes puissants qui sortaient de Chicago. Ils abolissaient les barrières. On retenait un peu nos coups pour ne pas faire fuir les puristes qui aimaient bien ce qu'on faisait, mais ne pouvaient approuver qu'en disant que ce n'était pas du rock mais du rhythm'n'blues. C'était totalement débile puisqu'il s'agit de la même chose, fondamentalement c'est juste une question de placement du *backbeat* et de style de jeu à la guitare.

Alexis Korner était le pape de la scène blues de Londres. Ce n'était pas un virtuose, mais sa générosité et ses efforts pour aider les autres compensaient largement ses défauts. C'était aussi une sorte d'intello de la musique. Il donnait des conférences sur le jazz et le blues dans des endroits comme l'Institut des arts contemporains. Il avait été DJ et animateur à la BBC, ce qui pour nous revenait à dire qu'il avait été assis à la droite de Dieu. Il savait de quoi il parlait et connaissait tous les musiciens qui valaient quelque chose. En partie autrichien, en partie grec, il avait grandi en Afrique du Nord. Il avait une tête de gitan avec de longs favoris, mais il parlait un anglais très précis, très « vieille école ».

Le groupe d'Alexis déménageait. Cyril Davies était un sacré harmoniciste, le meilleur même. Il avait été carrossier à Wembley, et ses manières et sa façon d'aborder les gens étaient exactement celles d'un carrossier de Wembley avec un goût immodéré pour le bourbon. Une aura flottait autour de lui parce qu'il était allé à Chicago et avait rencontré Muddy et Little Walter. Cyril n'aimait personne. Il ne nous aimait pas parce qu'il sentait que le vent tournait et il ne voulait pas le savoir. Il est mort peu de temps après, en 1964, mais il avait déjà quitté le groupe d'Alexis en 1963 pour former les R&B All-Stars. Il se produisait une fois par semaine au Marquee en 1962, quand on est passés là-bas pour la première fois.

Le club d'Ealing était un club de jazz tradi que Blues Incorporated squattait les samedis soir. Ça ne sentait pas très bon, la condensation dans la salle était telle qu'on avait de la flotte jusqu'aux chevilles. Le club se trouvait sous la gare d'Ealing, et le plafond au-dessus de la scène était un de ces trottoirs en verre de bouteille, de sorte qu'on te marchait sur la tête pendant que tu jouais. De temps à autre Alexis lançait : « Qui veut jouer ? » Et tu te retrouvais avec ta guitare électrique, les pieds dans l'eau, en espérant que tout était bien à la masse, parce qu'autrement il allait y avoir un sacré feu d'artifice. Mon instrument était toujours à la limite de lâcher. En passant aux cordes métalliques, j'avais découvert qu'elles étaient chères. Si j'en pétais une, je l'attachais à une autre corde cassée pour l'allonger et je la remontais – et ça marchait ! Si le fragment de corde était assez long, on faisait le nœud au-dessus du sillet, de manière à pouvoir l'accrocher à la clé pour l'accorder. Évidemment, avec une demi-corde par-ci, une demi-corde par-là, l'accordage n'était pas parfait... Mais j'étais reconnaissant aux scouts de m'avoir appris à faire des nœuds.

J'avais ce qu'on appelait à l'époque un micro DeArmond, et c'était génial. On le fixait sur la table d'harmonie et on le faisait coulisser le long d'une tige métallique. Il n'y avait pas de micro pour les basses ou les aigus. Si on voulait un son plus doux, on faisait glisser le micro vers le haut. Et si on voulait plus d'aigus, tu le redescendais. Bien sûr le câblage lâchait tout le temps. Je me trimbalais avec un fer à souder pour les urgences, parce que l'appareil était vraiment fragile. Je passais mon temps derrière l'ampli, un Little Giant grand comme une radio. J'ai été un des premiers à avoir un ampli. Avant, on se branchait sur les magnétos. Dick Taylor branchait sa gratte sur le tourne-disque de sa frangine. Mon premier ampli était une radio que j'avais entièrement démontée, et ma mère n'était pas contente. La radio n'a plus marché, mais j'ai réussi à en tirer un son. C'était formateur pour la suite, en fait, la recherche du son, le bon ampli pour la bonne guitare, etc. On n'y connaissait rien, aux lampes et à tout ça, mais on s'est aperçus que si on enlevait une lampe, on obtenait un son crade et rauque, parce qu'en poussant la machine on l'obligeait à faire des heures sup. Si on remontait la lampe, on obtenait un son beaucoup plus doux. C'est comme ça que je me suis électrocuté un nombre incalculable de fois. J'oubliais souvent de débrancher le putain de truc avant de fourrer mes mains à l'intérieur.

C'est au Jazz Club d'Ealing qu'on a fait la connaissance de Brian Jones. Il se faisait appeler « Elmo Lewis ». À l'époque il voulait ressembler à Elmore James. « Mec, va falloir que tu bronzes et que tu grandisses un peu ! » La guitare *slide* était une nouveauté en Angleterre. Ce soir-là, Brian en a joué sur « Dust My Broom », et on était sur le cul. Il était superbon. Il nous a beaucoup impressionnés. Je crois que c'est Mick qui lui a parlé en premier, Brian lui a dit qu'il avait un groupe, mais la plupart de ses membres l'ont quitté au cours des semaines suivantes.

Avec Mick, on avait joué quelques morceaux de Chuck Berry, ce qui énervait Cyril Davies car, pour lui, c'était du rock et de toute façon il ne savait pas jouer ça. Quand tu commences à peine à jouer en public et que tu es en compagnie de gars qui n'en sont pas à leur coup d'essai, tu es tout en bas de l'échelle et tu as tout le temps l'impression qu'on te met à l'épreuve. Il faut être à l'heure, il faut que ton matériel marche, ce qui était rarement mon cas. Il faut être à la hauteur. Tout d'un coup tu es dans la cour des grands, la récré est finie. Merde, c'est un plan pro. Ou plutôt semi-pro : pro, mais sans le fric.

À cette époque, j'ai terminé l'école. À la fin, le prof a dit : « Pas mal, pas mal », et on m'a décroché un rendez-vous chez J. Walter Thompson. Je savais déjà à quoi m'en tenir, il y avait trois ou quatre frimeurs en nœud pap. « Keith, c'est ça ? Heureux de vous rencontrer. Montrez-nous ce que vous savez faire. » Et tu déballes ton book. « Hmmm, pas mal, pas mal, très prometteur. Au fait, vous savez préparer le thé ? » J'ai répondu : « Oui, mais pas pour toi. » Je suis ressorti avec mon book, ils étaient verts, je m'en souviens. J'ai mis mon book à la poubelle devant la porte. C'était la dernière fois que j'essayais de m'intégrer sagement à l'ordre social. La dernière sommation. Je n'avais ni la patience ni le désir d'être un minus dans une agence de pub. J'aurais fini en préposé au thé – je ne m'étais vraiment pas bien tenu pendant l'entretien. En fait, je cherchais une excuse pour me retrouver tout seul avec la musique. Je me disais : « OK, j'ai deux années devant moi, pas dans l'armée. Je vais devenir bluesman. »

Je me suis rendu au Bricklayers Arms, un pub miteux de Soho, pour la première répétition de ce qui allait devenir les Stones. Je crois que ça s'est passé en mai 1962, une soirée de printemps délicieuse. Strip Alley, juste à côté de Wardour Street. Je me pointe avec ma guitare. Le pub vient à peine d'ouvrir. Typique serveuse blonde, pas beaucoup de clients, une odeur de bière rance. Dès qu'elle voit ma guitare elle me dit : « C'est en haut. » Et j'entends un piano boogie-woogie, des trucs incroyables à la Meade Lux et Albert Ammons. Ça me met dans tous mes états. Je n'ai même pas commencé et je sens déjà que je suis un musicien ! J'aurais pu me trouver à Chicago ou dans le Mississippi. Il faut que je monte et que je salue l'homme qui joue comme ça, et il faut que je joue avec lui. Et si je ne suis pas à la hauteur, j'arrête. C'est ce que je me disais en grimpant l'escalier grinçant. Quand je suis redescendu, j'étais un autre homme.

Ian Stewart était seul. Il y avait un sofa éventré, le rembourrage pendait mollement. Ian portait une culotte de peau tyrolienne. Il y avait aussi un piano droit et Ian jouait en me tournant le dos parce qu'il surveillait son vélo par la fenêtre, il ne voulait pas qu'on le lui abîme. En même temps, il reluquait les strip-teaseuses qui passaient d'un club à un autre avec leurs petits cartons à chapeaux et leurs perruques. « Waouh, mate-moi celle-là ! » Et pendant ce temps, tout un tas de trucs à la Leroy Can tombaient du bout de ses doigts. Je suis là, avec mon étui à guitare en skaï marron. Et je reste planté comme si j'étais dans le bureau du proviseur. J'espérais seulement que mon ampli marcherait.

Stu était allé au club d'Ealing parce qu'il avait vu une annonce que Brian Jones avait passée dans *Jazz News* au printemps 1962, à un moment où il recherchait des musiciens pour monter un groupe de R&B. Brian et Stu ont commencé à répéter avec un tas de musiciens différents, tout le monde se cotisait pour louer la salle d'un pub. Stu nous avait vus jouer deux ou trois fois avec Mick et nous avait invités. En fait, pour être juste avec Mick, Stu s'est souvenu qu'il était déjà venu aux répètes et Mick a dit : « Si Keith ne vient pas, comptez pas sur moi. »

« Alors, t'es venu ? » Et on s'est mis à jouer, et il m'a dit : « Tu ne vas pas jouer cette merde de rock'n'roll, hein ? » Stu était vraiment réservé vis-à-vis du rock. J'ai dit : « Ouais », et j'ai attaqué par du Chuck Berry. Stu : « Tu connais Johnnie Johnson ? » — c'était le pianiste de Chuck — et on a commencé à se lâcher, style boogie-woogie. On n'a joué que ça. Les autres commençaient à arriver. Outre Mick et Brian, il y avait Geoff Bradford, un super guitariste de blues qui accompagnait Cyril Davies à la slide, et Brian Knight, un autre fana de blues, dont le répertoire consistait en un seul et unique morceau, « Walk On, Walk On ». Il savait jouer ça et rien d'autre. Donc, Stu aurait pu jouer avec tous ces autres gars, et nous on était en troisième position, ils nous avaient fait venir pour voir ce qu'on valait. Ces mecs jouaient dans des clubs avec Alexis Korner, ils en savaient un rayon. À côté d'eux, on était des bleus. Mais j'ai aussi compris que Stu n'avait pas encore décidé s'il allait jouer avec ces folkeux plutôt traditionalistes, parce que jusque-là on avait joué du boogie-woogie et du Chuck Berry. Quand la soirée a touché à sa fin, je savais qu'un groupe était en train de se former. Rien n'avait été dit, mais je leur avais tapé dans l'œil, c'était clair. Par la suite, Geoff Bradford et Brian Knight ont formé un groupe de blues qui a très bien marché, les Blues By Six. Mais à la base c'était des tradis qui ne voulaient surtout pas jouer autre chose que ce qu'ils connaissaient : Sonny Terry et Brownie McGhee, Big Bill Broonzy. Après avoir joué « Sweet Little Sixteen » et « Little Queenie » avec Stu, on a fait un deal, sans se dire un mot. Ça avait bien marché. « Donc, je reviens ?

— À jeudi prochain. »

Ian Stewart. Je considère que je travaille toujours pour lui. Pour moi, les Stones, c'était son groupe. Sans ses compétences et son sens de l'organisation, sans les risques qu'il a pris, vu d'où il venait, en acceptant de jouer avec une bande de gosses, on ne serait rien. Je ne sais pas ce qui s'est passé entre Stu et moi, mais c'est lui qui a tout déclenché. J'avais l'impression que Stu était beaucoup plus vieux que moi – alors qu'en fait il n'avait que trois ou quatre ans de plus, mais il donnait cette impression. Et il connaissait plein de monde. Moi, je ne savais rien. Je sortais à peine de mon trou.

Je crois qu'il aimait bien traîner avec nous. Il sentait l'énergie. Donc les joueurs de blues sont partis et sont restés Brian, Mick, Stu, moi et Dick Taylor à la basse. C'était ça, la structure de départ, et on cherchait un batteur. On a dit : « On adorerait avoir Charlie Watts, si on pouvait le payer. » Et Stu a tâté le terrain et Charlie a dit qu'il adorerait jouer avec nous, mais qu'il avait besoin d'argent pour transporter ses fûts dans le métro. Il a dit : « Si vous arrivez à décrocher deux concerts sérieux par semaine, je suis partant. »

Stu était un roc, impressionnant, avec une mâchoire énorme mais beau mec. Je suis certain que son caractère a été en grande partie forgé par sa gueule, et par les réactions des gens à sa gueule, depuis qu'il était tout petit. Il était très détaché, très sec, il avait un grand sens pratique et disait tout le temps des trucs incongrus. Quand il roulait vite, par exemple, il disait : « Je me déplace à un nombre incroyablement élevé de nœuds. » Son autorité naturelle sur nous, qui n'a jamais fléchi, s'exprimait dans des phrases comme « Allez, mes petits anges », « mes petites merveilles à trois accords » ou « ma petite pluie de merde ». Il détestait certains morceaux de rock'n'roll que je jouais. Pendant des années, il a détesté Jerry Lee Lewis. À la fin, il a changé d'avis sur Jerry, il a baissé les bras et a reconnu que Jerry Lee avait une des meilleures mains gauches au monde. La flamboyance et la frime n'étaient pas son truc. On jouait dans des clubs, il n'y avait pas de place pour la frime.

Le jour, Ian enfilait un costard-cravate et bossait dans une boîte de chimie près du quai Victoria – c'est ça qui lui a permis par la suite de payer les studios de répétition. Il ne faisait jamais d'histoires pour de l'argent – c'est simple, il n'en parlait jamais. La seule excentricité qu'on lui connaissait était son insistance à soutenir qu'il était le seigneur héréditaire de Pittenween, un petit village de pêcheurs en face du terrain de golf de St Andrew. Il prétendait avoir été grugé, dépossédé de son titre pour de sombres histoires d'héritage à l'écossaise. On ne pouvait pas discuter avec un type comme ça. Vous trouvez que le pianiste ne joue pas assez fort ? Mais enfin, mon cher, vous vous adressez au maître de Pittenween ! Une fois, je lui ai demandé : « C'est comment, les couleurs du clan Stewart ? » Il a répondu : « Un damier noir et blanc avec différentes couleurs. » Stu avait un style un peu sec. Il savait voir le côté drôle des choses. Et c'est Stu qui remballait tout après le bordel. Il y avait des paquets de types qui avaient une meilleure technique que lui, mais son feeling à la main gauche était inégalable. C'était peut-être le maître de Pittenween, mais sa main gauche venait du Congo.

À l'époque, Brian avait déjà eu trois bébés avec trois femmes différentes. Il habitait Londres avec sa dernière, Pat, et son gamin, parce qu'il avait dû se trisser de Cheltenham le feu aux fesses. Ils vivaient dans un sous-sol humide sur Powis Square, avec de la moisissure aux murs. C'est là qu'il m'a fait écouter Robert Johnson, et je suis devenu l'élève de Brian et j'ai replongé dans le blues avec lui. Ce que j'entendais me laissait sur le cul. Le jeu de guitare, les paroles, l'interprétation, tout était à un autre niveau. Et c'était troublant, parce que ce n'était pas un groupe mais un type qui jouait tout seul. Je ne voyais pas comment on pouvait jouer ça. Et on a compris que les types qu'on jouait, comme Muddy Waters, avaient aussi grandi en écoutant Robert Johnson et l'avaient transformé en de la musique pour un groupe. Autrement dit, c'était juste une progression. Robert Johnson était un homme-orchestre. Certains de ses morceaux sont presque construits comme du Bach.

Malheureusement, il a déconné avec les nanas et sa vie a été brève. Mais quelle explosion d'inspiration ! Pour nous, c'était comme une rampe de lancement, sans doute comme pour Muddy et les autres types qu'on écoutait. Aujourd'hui, j'ai compris que rien ne vient jamais de nulle part.

C'était sans doute très fort, mais ce n'était pas juste un coup de génie. Ce type écoutait d'autres musiciens, et il a proposé sa variation sur tel ou tel thème. Et tu comprends soudain que tout le monde est connecté. Et plus tu remontes dans le temps – et avec le blues tu remontes jusqu'aux années 1920, c'est-à-dire aussi loin que le permettent les premiers enregistrements –, plus tu rends grâce à Dieu pour les enregistrements. C'est la plus grande invention depuis l'écriture.

La réalité faisait parfois irruption dans notre royaume enchanté, comme par exemple le soir où Mick, bourré, est passé voir Brian et, ne le trouvant pas, s'est tapé sa nana. La terre a tremblé, Brian était au trente-sixième dessous, et Pat l'a quitté. En plus, il s'est fait viré de son appart. Mick n'en menait pas large, alors il a dégotté une piaule dans un bungalow sordide à Beckenham, au fin fond de la banlieue, et on est partis là-bas. C'est là que je me suis installé quand je suis parti de chez moi. Ça s'est passé graduellement. Une nuit par-ci, par-là, puis une semaine, puis pour toujours. Il n'y a pas eu un moment qu'on aurait pu appeler « mon départ », où j'ai fermé le portail derrière moi.

Voici ce qu'en dit Doris :

Doris : À partir de dix-huit ans, jusqu'au moment où il est parti de la maison, à vingt ans, Keith passait d'un boulot à l'autre, ne faisait rien, c'est pour ça qu'il avait son père sur le dos. Coupe-toi les cheveux et trouve du boulot. J'ai attendu que Keith soit parti avant de partir moi-même. Je ne voulais pas tant qu'il était encore là. Je ne pouvais pas le laisser, ça n'aurait pas été bien. Je lui aurais brisé le cœur. Le jour où je suis partie, Bert est allé au travail, Keith n'était pas là. J'avais une facture d'électricité dans la main et je l'ai remise au courrier pour que Bert la trouve et puisse la payer. C'était gentil, non ? Bill a acheté un appartement en rez-de-chaussée parce que je lui ai dit que je devais partir. Ils étaient en train de finir de construire l'immeuble, il a frappé à la porte, conclu le deal avec le maître d'œuvre et on a emménagé. Bill avait un peu d'argent. Il l'a acheté cash. C'était la première fois que j'avais le téléphone. Un soir, j'ai appelé Keith. Je lui ai dit : « Keith, on a emménagé dans un appartement, j'ai le téléphone, tu peux le croire ? » Il n'était pas vraiment content.

C'est à Beckenham qu'un petit noyau initial de fans, dont Haleema Mohamed, mon premier amour, a commencé à se rassembler autour de nous. Il y a peu, j'ai racheté à quelqu'un le journal que je tenais en 1963, sans doute le seul journal que j'aie jamais écrit, plutôt une sorte de carnet de bord du progrès des Stones à leurs débuts difficiles. J'ai dû l'oublier dans un des apparts que j'ai occupés, et quelqu'un a mis la main dessus et l'a gardé des années durant. Sur la couverture arrière, il y avait une pochette dans laquelle j'ai retrouvé une photo de « Lee », comme je l'appelais. C'était une beauté, avec son air légèrement indien. J'étais fasciné par ses yeux et son sourire, et sur la photo ils sont tels que je m'en souviens. Elle avait deux ou trois ans de moins que moi, quinze, seize ans au plus, et sa mère était anglaise. Je n'ai jamais rencontré son père, mais je me souviens du reste de sa famille. Je les avais croisés quand je passais la prendre chez elle, à Holborn.

J'étais amoureux de Lee. Notre relation était innocente, touchante, sans doute parce que si on avait voulu aller plus loin, on aurait dû faire ça dans une pièce pleine de monde – entourés de gens comme Mick et Brian. Haleema était très jeune, elle habitait chez ses parents, enfant unique comme moi. Elle m'aimait énormément, mais je lui en ai quand même fait voir. On a rompu une fois, puis on s'est remis ensemble. « Deuxième tour », dit amèrement mon journal. Elle faisait partie d'une bande de filles qui traînaient avec nous en 1962. On n'a jamais su d'où elles sortaient, mais mon journal dit qu'on s'est vus au moins une fois au club de Ken Colyer. À l'époque, il n'y avait pas de fan-clubs. C'était la période pré-fan-club. Je ne sais même plus si on se produisait beaucoup. On passait notre temps à travailler, à répéter et à apprendre. Soudain, on a été envahis par une bande de gamines de Holborn et Bermondsey, des vraies cockneys. Elles parlaient un argot londonien ahurissant, elles étaient très jeunes et avaient décidé de prendre soin de nous. Rien d'extraordinaire. Elles débarquaient, nous faisaient à manger, lavaient notre linge et restaient dormir. Le sexe, à l'époque, ça consistait plutôt à se tenir serrés parce qu'il n'y avait plus de gaz et pas de pièces à mettre dans le compteur. J'ai été amoureux de Lee pendant un bon bout de temps. Elle était incroyablement gentille avec moi. Ce n'était pas vraiment sexuel, on s'est simplement découverts. Peut-être qu'on avait bu un soir, et comme la tension peut monter… Chaque fois qu'on se voyait, on se regardait et on savait qu'il se passait quelque chose entre nous, la question c'était de sauter ou de ne pas sauter le pas. Ça a donc fini par arriver. D'après mon journal, elle est revenue.

Elle était sans doute là lors de notre premier concert en tant que « Rolling Stones », un nom qui ne plaisait pas du tout à Stu. Après avoir calculé combien ça nous coûterait, Brian a appelé *Jazz News*, qui était une sorte de catalogue de tous les spectacles, et a dit : « On fait un concert à...

— C'est quoi, le nom de votre groupe ? » On s'est regardés. « Ça » ? « La chose » ? Attention, le compteur tourne. Muddy Waters à la rescousse ! La première chanson sur son album *Best Of* s'intitule « Rolling Stone ». La pochette est par terre. En désespoir de cause, Brian, Mick et moi plongeons sans réfléchir : « Les Rolling Stones. » Waouh ! On avait économisé six pence.

Enfin un plan. Alexis Korner devait faire un show en direct avec son groupe le 12 juillet 1962 à la BBC et il nous a demandé de le remplacer au Marquee. Ce soir-là, le batteur était Mick Avery – et non Tony Chapman, comme on le dit parfois à tort – et Dick Taylor était à la basse. Le noyau original des Stones, Mick, Brian et moi. On a joué notre *playlist* : « Dust My Broom », « Baby What's Wrong ? », « Doing the Crawdaddy », « Confessin' the Blues », « Got my Mojo Working ». Tu es là en train de jouer avec des types, et soudain tu te dis : « Oooh yeah ! » Il y a peu de sensations plus agréables que celle-là. À un moment donné, tu comprends que tu viens de quitter la planète Terre et personne ne peut t'atteindre là où tu es. Tu planes parce que tu joues avec une bande de types qui ont le même but que toi. Et quand ça marche, *baby*, ça donne des ailes. Tu sais que la plupart des gens ne ressentiront jamais ce que tu ressens, une sensation vraiment spéciale. Et ensuite, tout ce que tu veux, c'est recommencer, atterrir, repartir, puis réatterrir pour rerepartir, mais quand tu atterris, tu te fais coincer. Et tu n'as qu'une idée en tête : retourner là-bas. C'est comme voler sans permis.

Chapitre Quatre

Où il est question de Mick, Brian et moi à Edith Grove, été 1962. Apprentissage du blues de Chicago. Le Marquee, l'Ealing Club, le Crawdaddy. Incursions sur le turf du jazz traditionnel. Où Bill Wyman débarque avec son Vox. On prend Charlie Watts avec nous. Ça décoince au Station Hotel. Andrew Loog Oldham nous obtient un contrat avec Decca. Première tournée britannique avec les Everly Brothers, Bo Diddley, Little Richard, et on ne s'entend plus jouer, avec toutes ces émeutes. Les Beatles nous donnent une chanson. Où Andrew nous enferme dans une cuisine, Mick et moi, et nous composons notre premier titre.

L es Rolling Stones ont passé la première année de leur existence à essayer de rester au sec, à voler de la bouffe et à répéter. Ça nous coûtait, d'être les Rolling Stones. L'appart où on vivait, Mick, Brian et moi, au 102 Edith Grove à Fulham, était vraiment répugnant, et pour nous c'était presque une activité professionnelle d'aggraver encore son état, mais de toute façon, on n'avait pas les moyens de l'arranger. On y a posé nos sacs à l'été 1962 et on est restés un an, survivant à l'hiver le plus froid depuis 1740. Les quelques shillings qu'on glissait dans le compteur pour avoir un peu de chaleur, du gaz et de l'électricité n'étaient pas faciles à dénicher. Il y avait deux lits, des matelas à même le sol, pas de meubles pour ainsi dire, et un tapis usé jusqu'à la corde. On ne décidait jamais à l'avance qui dormirait où, et ce n'était pas très important parce qu'on finissait en général par se réveiller tous les trois par terre, à côté de l'énorme meuble radio-tourne-disque que

Brian avait apporté avec lui, superbe prouesse technologique des années 1950.

On répétait au Wetherby Arms, un pub de King's Road, à Chelsea. Souvent, je filais dans l'arrière-cour pour piquer leurs bouteilles vides que je leur revendais ensuite. Deux pence la bière, c'était rien à l'époque. On chourait aussi les bouteilles vides quand on nous invitait dans des soirées. L'un de nous entrait d'abord et les autres suivaient en formation serrée.

Drôle de baraque, le 102 Edith Grove. Trois filles se partageaient le rez-de-chaussée, des étudiantes en pédagogie originaires de Sheffield. Deux homos au-dessus de nous, qui avions l'étage du milieu. Qu'est-ce qu'on fabriquait à Chelsea, coincés en sandwich entre ces gens du Nord ? C'était vraiment « Bienvenue à Londres », parce que tout le monde venait d'ailleurs.

Aujourd'hui, nos voisines étudiantes sont sans doute directrices d'école, mais à l'époque elles aimaient la déconnade. On ne leur accordait pas beaucoup de temps, d'ailleurs, vu qu'on était toujours par monts et par vaux. Mick et Brian aimaient bien leur rendre visite, tandis que moi, je gardais mes distances. Elles ne me plaisaient pas trop mais elles nous rendaient service, en faisant la lessive, par exemple, quand ce n'était pas Bill qui nous rapportait le linge que maman lavait pour nous au cours de ses démonstrations. Nos voisins du dessus frayaient dans les pubs d'Earls Court avec leurs semblables australiens, qui à l'époque colonisaient le coin. Earls Court, c'était carrément l'Australie et ils étaient nombreux à venir y montrer leur quéquette, parce qu'il était plus facile d'être pédé à Londres qu'à Melbourne, Sydney ou Brisbane. Nos gars avaient fini par choper l'accent australien, et nous : « Comment tu causes ? Je croyais que tu étais de Buxton ? »

On avait un colocataire qui s'appelait James Phelge, ce qui nous a donné la moitié du nom d'emprunt sous lequel on a écrit nos premières chansons, « Nanker Phelge ». Un *nanker*, c'est une grimace, une contorsion du visage produite en se fourrant des doigts dans tous les orifices possibles, une grande spécialité de Brian. On avait annoncé qu'on cherchait un coloc au micro du Ealing Club. Phelge devait savoir où il mettait les pieds. C'était sans doute le seul être au monde capable de vivre dans ce taudis avec nous, et même de nous battre à plate couture sur le terrain du comportement antisocial et des trucs dégueu. En tout cas, personne d'autre ne semblait vouloir partager un toit avec une bande de tarés qui jouaient toute la nuit et apprenaient leur métier tout en cherchant des plans payés. Ensemble, on était tout simplement débiles. Encore des ados, même si on était dans la dernière tranche de cette classe d'âge. On se mettait tout le temps au défi : qui arriverait à être le plus dégueulasse de tous ? Tu crois que tu peux me donner la gerbe ? Je vais te montrer, moi ! On revenait d'un concert et Phelge nous attendait en haut de l'escalier, nu comme un ver avec son caleçon plein de merde sur la tête, et disait : « Bienvenue à la maison. » Ou bien il nous pissait dessus, ou glaviotait. Aucune sécrétion imaginable ne nous était épargnée. Son grand truc était d'arriver dans une pièce avec un gros filet de morve lui dégoulinant du nez, tout en faisant preuve d'une politesse exquise : « Bonjour, comment ça va ? Voici Andrea et elle, c'est Jennifer... » Nous avions trouvé des noms pour chaque type de crottes de nez qu'il était capable d'exposer, les « Green Gilberts », les « Scarlet Jenkins » et, les mieux de toutes, les « Special Yacht-Club », ces traces de glaire qui tombent du nez des gens sans qu'ils s'en aperçoivent et qui leur pendent sur le revers de la veste comme une médaille. Il y avait aussi les « V volants », quand on ratait son mouchoir... À cette époque, les gens étaient tout le temps enrhumés et ils avaient toujours des trucs qui leur sortaient du naze. C'était encore un peu trop tôt pour qu'on attribue ça à la coke. Je crois que c'était tout simplement l'horrible hiver anglais.

Comme on n'était pas vraiment débordés vu que les concerts étaient rares, on consacrait beaucoup de temps à l'étude du genre humain quand on n'était pas en train de chiper des trucs dans les autres appartements de la maison. On fouillait les tiroirs des filles quand elles n'étaient pas là, histoire de rafler un shilling ou deux. On avait mis les chiottes sur écoute, aussi. On branchait le magnéto quand quelqu'un y allait, surtout si c'était une des filles : « Je peux utiliser vos toilettes, chez nous c'est occupé ?

— Mais oui, bien sûr ! Hé ! Vite, mets en marche ! » À la fin de chaque « concert », après la chasse d'eau, c'était une salve d'applaudissements, et ensuite on écoutait ça en boucle, comme s'il s'était agi d'un dimanche soir live au Palladium !

Pour nos visiteurs, la pire abomination était sans nul doute l'amas de vaisselle sale dans la « cuisine », les champignons qui poussaient dans les assiettes, les pyramides de marmites pleines de graisse figée, une horreur dont personne n'aurait osé s'approcher. Un jour, pourtant, en contemplant ce spectacle, on s'est dit avec Phelge qu'il faudrait peut-être quand même s'attaquer à la porcherie. C'était une décision historique, venant d'un des types les plus crados de la planète, mais ce jour-là l'ampleur de la cata nous a fait céder – on a donc fauché une bouteille de détergent chez les filles.

C'était un temps où la pauvreté était permanente et apparemment insurmontable. Résister à l'hiver 1962, duraille. La caillante. Et puis Brian a eu la riche idée de ramener son copain Dick, qui touchait une solde en tant que réserviste et avec qui il s'est montré sans pitié. Nous, on s'en fichait puisqu'on profitait de l'aubaine. C'est comme ça, quand on n'a pas deux ronds en poche. Le pauvre Dick Hattrell, de Tewkesbury… C'était un copain d'école qui trottait derrière Brian comme un toutou, lequel l'a remercié en le laissant littéralement à poil sur le trottoir. Il le forçait à le suivre et à tout payer. Complètement impitoyable. Il l'obligeait à faire le pied de grue dehors pendant qu'on bouffait dans un pub, et ensuite il lui refilait la note. Même Mick et moi, pourtant assez cyniques, on trouvait ça un peu rude. Parfois, il avait le droit de se joindre à nous pour le dessert. Il avait un vrai fond de cruauté,

Brian. Un jour, il a laissé le pauvre naze sur le trottoir, pratiquement à poil ; il neigeait, l'autre suppliait et Brian se marrait et moi je n'arrivais même pas à regarder par la fenêtre tellement j'étais plié de rire. Comment peut-on se laisser fourrer dans une situation pareille ? Brian lui avait piqué ses fringues et l'avait mis dehors en caleçon. En pleine tempête de neige ! « Comment ça, je te dois vingt-trois sacs ? Va chier ! » Le mec venait de casquer pendant toute la soirée, on avait bamboché comme des princes. Vraiment terrible. J'ai dit : « Brian, c'est vache, quand même. » Un vrai enfoiré, Brian, mauvais comme la gale. Petit et blond, avec ça. Je me demande ce que Hattrell est devenu. S'il a survécu à ça, c'est qu'il pouvait survivre à n'importe quoi.

On était cyniques jusqu'à la grossièreté, on ne reculait devant rien. Par exemple, on allait souvent à la cafète du coin, qu'on appelait « Chez Ernie » parce que tous ceux qui se trouvaient là semblaient s'appeler Ernie. « Ernie » était devenu pour nous l'équivalent de « mec » : « Quel Ernie à la con, seigneur ! » Celui qui faisait son boulot sans te faire une fleur était un « Ernie de merde ». Ernie, c'était tous les types qui bossaient avec une seule idée en tête : gratter un shilling de plus.

Si on m'avait demandé de choisir une période de trois mois dans l'histoire des Stones dont j'aurais aimé retrouver une trace écrite, j'aurais pris celle-là, le moment où le groupe était sur le point d'éclore. Le gag, c'est donc que j'ai effectivement mis la main sur l'espèce de journal que je tenais à l'époque, entre janvier et mars 1963. Ces bouts de textes couvrent la période cruciale de l'apparition de Bill Wyman ou, pour être plus précis, de son ampli Vox et lui avec, ainsi que celle où on essayait de piéger – si je peux dire – Charlie Watts. Je tenais même les comptes de ce qu'on gagnait en jouant, au penny près, et souvent ça se résumait à zéro, quand on jouait pour quelques pintes de bière à une fête de bahut. La liste ressemble à quelque chose dans ce style : « 21 janvier, Ealing Club : 0 ; 22 janvier, Flamingo : 0 ; 1er février, Red Lion :

1 livre 10 shillings. » Un vrai engagement ! Du moment qu'on en avait un, la vie était fantastique. Ça voulait dire que quelqu'un nous avait appelés pour nous proposer un plan ! Donc, on devait tenir le bon bout ! Autrement, c'était vol à l'étalage, revente de bouteilles vides et rien à se mettre sous la dent. On mettait le fric en commun pour acheter des cordes de guitare et changer les lampes grillées des amplis. Rien que pour entretenir le peu de matériel qu'on avait, c'était des dépenses dingues.

Sur la couverture intérieure de ce petit carnet de notes, j'ai écrit en gras : « Chuck » (Berry), (Jimmy) « Reed », (Bo) « Diddley. » Voilà, c'est clair : on n'écoutait que ça, à l'époque. Du blues, du rhythm'n'blues, rien que du blues. Des heures et des heures assis devant les baffles, à essayer de comprendre comment on faisait cette musique. On s'écroulait sur le sol, la guitare encore dans les mains. C'est tout. On ne cesse jamais d'apprendre, mais à l'époque on tâtonnait totalement. Si tu voulais jouer de la guitare, tu devais produire le bon son. Le son du blues de Chicago ? On essayait de s'en approcher au maximum. Deux guitares, une basse, une batterie, un piano, et tous les disques de la marque Chess jamais commercialisés. Le blues de Chicago, on se le prenait entre les deux yeux. Bon, comme pour tout le monde, c'était le rock'n'roll qui avait formé notre oreille évidemment, mais pour nous, la priorité, c'était le blues, Chicago style. Tant qu'on était entre nous, on pouvait faire semblant d'être des Blacks, mais on aurait beau s'imprégner de cette musique, ça ne changerait pas notre couleur de peau. Certains en devenaient encore plus blancs en fait. Brian Jones ? Un Elmore James blond natif de Cheltenham. Et pourquoi pas ? Comme on n'allait pas tarder à s'en rendre compte, tes origines, ta couleur sont sans importance. D'accord, Cheltenham, c'est pousser le bouchon un peu loin. Là-bas, les bluesmen ne se bousculent pas au portillon. Et l'argent, on s'en moquait. On méprisait la thune, on détestait la propreté, on voulait juste être des putains de Noirs. Heureusement qu'on a réussi à dépasser ce stade, mais ça a été une formation essentielle. C'est à ce moment que le groupe est né.

C'est à cette époque que j'ai découvert l'art magique de la guitare synchro, l'interaction de deux guitares, le moment où tu saisis ce que tu peux produire en jouant avec un autre type, où tu t'aperçois que ça a la force de dix instruments et où tu y ajoutes encore d'autres musiciens. Il y a quelque chose de bouleversant quand une bande de types s'efforcent de créer de la musique ensemble, c'est quelque chose qui vous élève. Un petit monde merveilleusement complet, inattaquable. C'est du travail d'équipe, au sens le plus concret du terme. On se serre les coudes, dans un seul et unique but, et pendant un moment il n'y a pas d'arrière-pensée, pas de mouche dans le miel. Personne ne « dirige », chacun assure. C'est réellement… du jazz. Là est le grand secret. Le rock'n'roll, ce n'est rien d'autre que du jazz avec une base rythmique féroce.

Jimmy Reed a été une très grande inspiration, pour nous. Toujours ce truc des deux guitares. Presque un exercice de monotonie, à plein d'égards, jusqu'à ce qu'on pige comment ça marche. Jimmy Reed a eu quelque chose comme vingt titres classés au hit-parade avec une seule mélodie et deux tempos, mais il avait pigé la magie de la répétition, de la monotonie, oui, qui se transforme pour devenir quelque chose d'hypnotisant, de comparable à la transe. Ça nous fascinait, Brian et moi. On passait des heures à essayer de retrouver la sonorité de la guitare de Reed.

Jimmy Reed a passé sa vie pété. Lors d'un concert resté célèbre, il était monté sur scène avec près de deux heures de retard, avait annoncé : « Je vais vous jouer "Baby, What You Want Me to Do ?" », puis avait gerbé sur les deux premiers rangs. Et ça n'a pas dû se produire qu'une fois. Il avait tout le temps sa femme à côté de lui, qui lui chuchotait les paroles à l'oreille. On l'entend même sur certains disques : « Et monter… et descendre. » Mais ça marchait. Il avait une base solide de fans parmi les Noirs du Sud, et de temps à autre dans le reste du monde. Un exemple d'économie de moyens vraiment remarquable.

Le minimalisme a un certain charme. Vous vous dites : « C'est un peu toujours la même chose, non ? », mais quand ça s'arrête, vous en redemandez. Il n'y a rien de mal à la monotonie. On doit tous vivre avec. Et ces titres géniaux qu'il avait... « Take Out Some Insurance » : ce n'est pas tous les jours qu'on voit des titres comme ça. Et ses thèmes, ça se résumait toujours à sa meuf et lui se prenant le chou : « Bright Lights, Big City », « Baby, What You Want Me to Do ? », « String to Your Heart »... Un humour ravageur. L'une de ses expressions : « Faut pas qu'tu prennes le métro, j'te vois mieux dans un train. » Ce qui signifie que tu ne dois pas toucher à l'héro, pas descendre sous terre, qu'il est préférable de s'en tenir à la picole ou à la coke. Il m'a fallu des années et des années pour comprendre ce que ça voulait dire.

J'étais aussi très emballé par le guitariste de Muddy Waters, Jimmy Rogers, et par les frères Myers, qui accompagnaient Little Walter. C'était des maîtres, ils étaient à l'origine même de la synchro. La moitié de la formation était celle de Muddy Waters, avec Little Walter en personne, mais au moment où ce dernier a fait ces disques, il jouait avec un groupe plus restreint, Louis Myers et son frère David, les fondateurs des Aces et deux guitaristes hors pair. Pat Hare avait lui aussi joué avec Muddy Waters, et enregistré quelques titres avec Chuck Berry. L'un de ses enregistrements était intitulé « I'm Gonna Murder My Baby » (Je vais tuer ma chérie), qu'on a déniché dans les coffres de Sun Records alors qu'il venait précisément de mettre son projet à exécution, avant de flinguer le policier qui enquêtait sur le meurtre ; condamné à perpète au début des années 1960, il est mort dans une prison du Minnesota. Et puis il y avait Matt Murphy, Hubert Sumlin, d'autres bluesmen de Chicago, certains plus portés sur le solo que d'autres, mais si on s'en tient au jeu synchronisé, au travail d'équipe, les frères Myers étaient tout en haut de la liste. Incroyable aussi, Jimmy Rogers jouant en synchro avec Muddy Waters. Chuck Berry, absolument fantastique, était synchro avec lui-même : il a overdubbé[1] son propre jeu de guitare parce qu'il était trop radin pour engager un deuxième musicien. Mais ça, ça ne marche que sur les disques. On ne peut pas faire ça sur scène. Il n'empêche que son « Memphis, Tennessee » est sans doute l'un des exemples d'overdub et de tripatouillage les plus splendides qui existent. Et un très joli thème, en plus. Je ne pourrai jamais souligner assez à quel point ce type a été important dans mon développement. Jusqu'à ce jour, je suis bluffé par le nombre de chansons dont il a eu l'idée, et qu'il vous balançait avec une facilité et une élégance démentes.

Donc on en était là, à se cailler les miches et à disséquer des morceaux jusqu'à ce qu'il n'y ait plus de pièces dans le compteur d'électricité. On passe le dernier Bo Diddley au scalpel : t'as noté cet effet ? Et la section rythmique, qu'est-ce que ça cogne ! Les maracas, elles font quoi ? Il fallait tout décortiquer et réassembler en fonction de notre approche. On a besoin de réverb, non ? Maintenant on est « vraiment » dans la merde ! Il nous faut un ampli ! Mais bon, Bo Diddley était déjà vachement dans la technologie tandis que Jimmy Reed restait plus simple, plus dépouillé, sauf que... pour disséquer son jeu, il fallait s'accrocher ! J'ai dû attendre des années pour comprendre comment il s'y prenait pour jouer l'accord de quinte dans la tonalité de *mi*, c'est-à-dire *si*, le dernier des trois accords de résolution dans un blues en douze mesures. L'« accord de dominante », comme on dit. Quand il arrive à ce point, Jimmy Reed produit un refrain lancinant, une dissonance pleine de mélancolie. Même pour ceux qui ne jouent pas de la guitare, ça vaut la peine d'essayer de décrire ce qu'il fait : à la quinte, au lieu de faire un accord de *si* septième barré, ce qui serait normal même si ça demande un petit effort de la main gauche, il laisse tomber le *si* et fait sonner à la place un *la* prolongé tout en

---

1. *Overdubbing* : technique de superposition d'enregistrements successifs des différents instruments, rendue possible, dans les années 1960, par le développement des magnéto-phones multipistes.

amenant un doigt sur la corde de *si* jusqu'à la septième, ce qui produit une note dérangeante qui résonne avec le *la* maintenu. Donc, au lieu de se servir des notes fondamentales, il part sur une septième et, croyez-moi, petit a, c'est le truc le plus facile et le plus bâclé qu'on puisse faire dans cette situation, et petit b, c'est l'une des trouvailles musicales les plus géniales de tous les temps. Et voilà comment Jimmy Reed s'est débrouillé pour jouer le même air pendant trente ans sans que personne n'y trouve à redire. C'est un jeune Blanc, Bobby Goldsboro, un gars qui avait eu deux ou trois hits dans les années 1960, qui m'a montré le truc. Il avait joué avec Jimmy Reed, j'avais pigé l'essentiel de sa technique, mais il m'a fallu rencontrer ce mec dans un bus quelque part au milieu de l'Ohio : « J'ai passé des années sur la route avec Jimmy Reed et c'est comme ça qu'il fait l'accord de quinte.

— Putain, c'est tout ?

— Rien que ça, ducon. On vit pour apprendre. » Et paf, ça vous tombe dessus et vous avez chopé cette note obsédante, répétitive. Rien à battre de toutes les règles de la musique, ni du public, ni de quoi que ce soit. « C'est comme ça, mec. » Je crois que c'est son attitude qui nous bluffait chez Jimmy, encore plus que son jeu. Et la façon dont ses thèmes vous restaient gravés dans la tête. La construction a l'air simplissime, voire simpliste, mais essayez « Little Rain »…

L'une des premières leçons de guitare que tous ces musicos m'aient données, c'est que personne ne joue les accords comme sur le papier. Il y a toujours un ajout, une altération. Même pour un accord majeur. On amalgame, on déforme, on tend ici et on relâche là. Ce n'est pas « comme c'est écrit », c'est comme tu le sens. On aborde ça avec ses sensations. On vit dans un monde compliqué, pas « réglé ». J'ai surtout découvert, en pratiquant d'autres instruments, que ce que je jouais à la guitare aurait dû être exécuté sur autre chose qu'une guitare. Je me surprends tout le temps à jouer des lignes de sax. En apprenant à jouer tous ces blues, je me suis aperçu que c'était souvent une seule note jouée d'une certaine façon qui donnait toute l'ambiance, généralement un accord ouvert. Pas un accord complet mais un mélange d'accords, ce que j'adore faire encore aujourd'hui. Et si tu joues un accord complet, ce qui suit doit avoir quelque chose de modifié. Par exemple, si c'est un accord de *la*, il faut ajouter un zeste de *ré* ou, si l'ambiance de la chanson le demande, une touche de *sol* quelque part, ce qui en fait un accord de septième et t'amène à la suite. Les lecteurs qui préfèrent sauter ce « manuel de la guitare selon Keef » peuvent le faire. Ce que je divulgue là, ce sont des secrets basiques qui me conduiront aux riffs d'ouverture d'une époque plus tardive, ceux de « Jumpin' Jack Flash » ou de « Gimme Shelter ».

Il y a ceux qui cherchent à jouer de la guitare et ceux qui cherchent une sonorité. Moi, quand je travaillais avec Brian à Edith Grove, j'étais à la recherche d'un son. Un truc que trois ou quatre types pouvaient produire sans difficulté, sans perdre un seul instrument ou une seule nuance, un mur sonore que tu te prends en pleine figure. Je ne faisais que suivre les maîtres. La plupart des bluesmen des années 1950, les Albert King et les B.B. King, étaient des interprètes « à une seule note ». T-Bone Walker a été l'un des premiers à recourir à la double corde, c'est-à-dire à jouer sur deux cordes au lieu d'une, et Chuck Berry a été très influencé par lui. Musicalement, c'est impossible, et pourtant ça marche. Les notes se chevauchent, se contredisent. Tu grattes deux cordes en même temps et c'est comme si tu leur baissais la culotte. Il y a toujours quelque chose qui sonne en plus de la note ou de l'harmonie. Chuck, ce n'est que de la double corde. Il joue très rarement sur une seule corde. La raison pour laquelle des musicos comme T-Bone Walker et d'autres se sont mis à jouer comme ça était purement économique : ça permettait de se passer d'une section de cuivres. Avec une guitare amplifiée, on pouvait produire deux notes en harmonie et économiser l'argent de deux sax et une trompette. Et c'est pour ça, à cause de la double corde, qu'à Sidcup j'étais considéré comme un rocker incontrôlable plutôt qu'un joueur de blues sérieux. Tous les autres jouaient sur une seule corde à la fois. Pour moi, la double corde avait l'avantage de produire plus de son, ce qui était important parce que je jouais souvent seul, et puis ça ouvrait toutes ces possibilités de dissonance et de motif rythmique qu'on ne peut pas obtenir avec seulement une corde. De trouver les enchaînements. Les accords, c'est quelque chose qu'on doit chercher. Il y aura toujours l'« Accord perdu ». Personne ne l'a jamais trouvé.

Avec Brian on avait vraiment pigé le truc de Jimmy Reed. Quand on se mettait à travailler pour de bon, Mick se sentait un peu en dehors du coup. Il faut dire qu'il passait la majeure partie de la journée à la London School of Economics. Et puis il ne jouait d'aucun instrument, c'est pour ça qu'il s'est mis à l'harmonica et aux maracas. Brian avait été le premier à maîtriser l'harmonica, très vite, et je pense que Mick ne voulait pas se laisser distancer. Je ne serais pas surpris si tout ça avait été lié depuis le début à son besoin d'entrer en compétition avec Brian. Mais lui aussi voulait jouer un rôle dans le groupe en tant que musicien, et il s'est révélé géant à l'harmonica. Les soirs où il est en forme, je dirais qu'il fait partie des meilleurs joueurs de cet instrument au monde. On sait qu'il peut faire tout le reste, que c'est un showman exceptionnel, mais en tant que musicien, chapeau : Mick Jagger, grand joueur d'harmonica. Son phrasé est incroyable. Très Louis Armstrong ou Little Walter. Ce qui n'est vraiment pas rien, parce que Little Walter Jacobs a été l'un des plus grands chanteurs et harmonicistes de blues. Je n'arrive pas à l'écouter sans rester bouche bée. Sa formation, les Jukes, était très cool, très sympathique. Et son chant était éclipsé par son style phénoménal à l'harmonica, très inspiré par Louis Armstrong avec sa manière d'intercaler des motifs à la trompette. Si Little Walter entendait Mick jouer, il sourirait dans sa tombe. Mick et Brian avaient une approche diamétralement opposée de l'instrument : le premier aspirait, comme Little Walter, le second soufflait, comme Jimmy Reed, tous deux en déformant les notes. Quand on joue dans le style de Reed, c'est « lointain et solitaire », comme on dit, et ça vous va droit au cœur. Mick, lui, est l'un des meilleurs au blues « naturel » quand il prend l'harmonica. C'est une façon de jouer dans laquelle il n'entre pas le moindre calcul. Il m'arrive de lui demander : « Pourquoi tu ne chantes pas comme ça ? » Il dit que ce sont deux choses entièrement différentes. Pas d'accord : dans les deux cas, tu te sers de l'air que tu fais passer par ton bec.

Le groupe était très fragile. On ne se doutait pas qu'il marcherait. Je veux dire que bon, nous, on était anti-pop, anti-musique de bal, notre truc, c'était devenir la meilleure formation de blues de Londres et d'en remontrer à tous ces branleurs parce qu'on savait qu'on en était les meilleurs. Et donc il y avait ces petites bandes de loufoques qui venaient nous écouter et nous encourager. On ne savait même pas d'où ils sortaient ni comment ils avaient appris où on passait. On voulait juste rendre d'autres gens accros à Muddy Waters, Bo Diddley et Jimmy Reed. On n'avait pas l'intention de « devenir » quoi que ce soit. L'idée de faire un disque paraissait complètement exclue. À cette époque, on était des idéalistes avec une mission : promouvoir bénévolement le blues de Chicago. Tout pour la cause. Et étudier la technique intensément, avec une concentration monastique, en tout cas moi. Depuis le moment où je me réveillais jusqu'à celui où je m'écroulais, chaque instant était consacré à l'apprentissage, à l'écoute et à la recherche d'un peu de thune. Division du travail. L'idéal, c'était d'avoir assez pour croûter, quelques ronds en cas d'urgence et, en plus, des filles qui débarquaient à trois ou quatre, Lee Mohamed et ses copines faisaient le ménage, la bouffe et passaient un moment avec nous. Ne me demandez pas ce qu'elles pouvaient bien nous trouver, seul le diable le sait.

Notre seul souci était d'avoir du courant à l'appart et des trucs à manger qu'on piquait au supermarché. Les nanas arrivaient vraiment en troisième position : électricité, bouffe et, OK, après on pouvait tenter sa chance. On avait besoin de travailler ensemble, de répéter, d'écouter de la musique, de faire ce qu'on voulait. C'était maniaque. On n'avait rien à envier aux moines bénédictins. Celui qui quittait le nid pour un plan baise était un traître. On était censés passer tout notre temps à étudier Jimmy Reed, Muddy Waters, Little Walter, Howlin' Wolf et Robert Johnson. C'était notre trip et tout le reste était péché. C'est dans cette atmosphère, avec cette mentalité qu'on vivait. Les femmes tournaient autour, réellement périphériques. Il y avait chez nous une détermination incroyable à faire fonctionner le groupe. On potassait sans arrêt, pas dans le sens scolaire du terme mais pour choper l'essence du truc. Et puis je crois qu'un jour, comme tous les autres jeunes, on s'est rendu compte que le blues ne se faisait pas dans un monastère. Il fallait aller dans le monde, prendre des risques, avoir le cœur brisé et ensuite, quand tu reviens, c'est là que tu peux chanter le blues. Et si possible il fallait répéter le processus plusieurs fois. Pendant tout ce temps, on était focalisés sur l'aspect purement musical, on oubliait que tous ces grands mecs chantaient les sales coups ou les bons coups qui leur étaient arrivés. Pour commencer, il faut se trouver dans la merde. Et après, peut-être, tu t'en sors et tu chantes sur ce que tu as vécu. Moi, je croyais aimer ma mère et je l'avais abandonnée, mais elle faisait encore ma lessive ! Et j'ai eu ma part de chagrins d'amour, oui, mais pas tout de suite : à ce moment, j'avais encore des vues sur Lee Mohamed.

Les lieux de concert cités dans mon journal sont le Flamingo Club, sur Wardour Street, où se produisait le groupe d'Alexis Korner, Blues Incorporated, l'Ealing Club, dont j'ai déjà parlé, le Crawdaddy Club, à l'hôtel de la gare de Richmond, qui est la boîte où on a décollé pour de bon, ou bien le Marquee, qui à l'époque se trouvait encore sur Oxford Street et accueillait le groupe de Cyril Davies, les R&B All-Stars, après sa rupture avec Korner, sans oublier le Red Lion à Sutton, dans le sud de Londres, et le Manor House, un pub du nord de Londres. Les maigres sommes que je notais étaient la piètre récompense qu'on recevait pour avoir joué avec nos tripes, mais elles étaient en progression.

Je ne pense pas que le ciment des Stones aurait pris sans l'intervention de Ian Stewart. C'est lui qui a loué nos premières salles de répétition, qui disait aux uns et aux autres où et quand il fallait se trouver. Sans quoi, tout était dans les limbes. On était complètement largués, nous autres. Le groupe a été sa vision et c'est lui qui a choisi qui en ferait partie. Bien plus encore qu'on ne le dit, Stu a été l'étincelle, l'énergie et le moteur qui nous a fait tenir ensemble dans les premiers temps. On n'avait pas un flèche, mais on avait de l'espoir à revendre, la noble idée qu'on allait « amener le blues à l'Angleterre », qu'on avait une « mission sacrée » et autres naïvetés du même genre. Sur ce plan, Stu manifestait un enthousiasme incroyable. Il avait franchi le pas, il s'était séparé des gens avec qui il jouait et c'était un grand saut dans l'inconnu, sérieux. Ça n'allait pas dans le sens du vent. Ça l'a coupé de ses repères confortables dans le petit milieu des clubs. Sans lui, on aurait été paumés. Il fréquentait la scène musicale depuis bien plus longtemps que nous, qui n'étions que des blancs-becs.

L'une de ses tactiques initiales a été de déclencher une guérilla contre les tenants du jazz traditionnel. Ça a été une lutte sans merci, un affrontement culturel. Les orchestres de jazz tradi, ou dixieland comme on disait, étaient à moitié beatniks et marchaient très, très bien. Midnight in Moscow, Acker Bilk, toute cette fichue engeance cassait la baraque et inondait le marché. Ils avaient d'excellents musicos, Chris Barber et tout ça, ils tenaient le devant de la scène, mais ils n'arrivaient pas à comprendre un point important : les choses étaient en train de bouger et ils devaient diversifier leur musique. Mais comment causer à la mafia du dixieland ? Ils n'avaient pas un seul défaut dans la cuirasse, visiblement. L'idée de Stu a été de nous faire passer pendant l'entracte au Marquee, pendant que ce cher Acker allait se boire une bière. Pas d'argent, là-dedans, mais ça permettait de commencer à enfoncer le coin. C'est Stu qui a conçu cette percée stratégique. Il débarquait et il annonçait : « On ne touchera rien mais on fait l'entracte au Marquee », ou au Manor House, et brusquement l'entracte devenait plus intéressant que le concert ! Parce que les types de l'entracte, ils jouaient du Jimmy Reed. Quinze minutes. Et en quelques mois le monopole du jazz tradi a commencé à se fissurer. Ça ne s'est pas passé en douceur : « On n'aime pas votre musique ! Allez jouer dans les bals !

— Allez-y vous-mêmes, nous on reste ! » Sauf qu'on n'avait pas idée du tremblement de terre qui s'annonçait. On n'était pas arrogants. On était simplement contents d'être sur scène, même pour un quart d'heure.

Si on veut se faire une idée de la transformation du rapport de force entre le jazz et le rock, il faut regarder *Jazz on a Summer's Day*, un film hyper-important pour les rockers qui débutaient à l'époque, notamment parce qu'on y voyait Chuck Berry interpréter « Sweet Little Sixteen » au festival de jazz de Newport, en 1958. Dans ce documentaire, on a Jimmy Giuffre, Louis Armstrong, Thelonious Monk, mais pour Mick et moi, il y avait surtout *le* Chuck. Cette veste noire qu'il avait ! Il était monté sur scène avec Jo Jones, un pari très gonflé parce que Jones, batteur de Count Basie et de bien d'autres, était une sommité du jazz. Je pense que ça a été le plus grand moment de fierté pour Chuck, quand il s'est retrouvé là-haut. Ce n'est pas une version inoubliable de « Sweet Little Sixteen », loin de là, mais l'important, c'est l'attitude des musiciens qui sont derrière lui. Leur hostilité devant son look, ses gestes est palpable. Ils se moquent de lui. Ils font tout pour qu'il foire. Jo Jones laisse passer quelques mesures avant de lever ses baguettes et il a l'air hilare comme si tout ça était une farce. Chuck sait qu'il n'a pas une chance et, à l'écouter, il ne s'en tire pas très bien, mais il tient le coup jusqu'au bout. Les mecs derrière lui veulent le désarçonner, mais il fait quand même son boulot. Là, sur la pellicule, on voit Jo Jones tout gâcher. Au lieu de lui planter un couteau dans le dos, il aurait pu lui donner le soutien rythmique qu'il fallait, mais Chuck a quand même trouvé le moyen de s'en sortir.

À ma grande surprise, une autre lettre à ma tante Patty a refait surface pendant que j'écrivais ce livre. J'y décris le début de nos concerts, ainsi que ma stupéfaction ravie devant le fait que nous commencions à être un groupe actif :

Keith Richards
6 Spielman Road
Dartford

Mercredi 19 décembre
Chère Patty,

Merci pour la carte d'anniversaire, arrivée juste le bon jour, 18 déc., bravo.

J'espère que vous allez tous bien et ainsi de suite.

Pour moi c'est la fête, je vis surtout dans l'appartement de copains à Chelsea et notre musique commence à devenir un petit business profitable. Ici, le rhythm'n'blues est le dernier cri et tout le monde nous réclame. Cette semaine, on a décroché un contrat pour jouer régulièrement au Flamingo, un night-club de Wardour Street. On commence le mois prochain. Lundi, on va parler à un agent qui dit qu'on a un son très commercial, donc si tout se passe bien et si ce n'est pas encore un magouilleur on pourrait très bientôt se faire 60 ou 70 £ par semaine. Il y a aussi une compagnie de disques qui s'est mise à nous envoyer des lettres pour une séance d'enregistrement dans les mois à venir. À nous le Top 100 !

Mais bon, j'arrête mes singeries. Tout le monde se rétablit plutôt bien ici, à part que j'ai toujours la lèpre, que papa souffre de Parkinson et que maman s'est chopé la maladie du sommeil.

Je vois rien à ajouter, donc à plus et encore super joyeux Noël.

Keef qui t'aime XX

C'est la première apparition de mon surnom, « Keef », ce qui montre qu'il n'a pas été inventé par les fans. Dans ma très grande famille, on m'appelait souvent « cousin Beef » et ça a naturellement évolué en « Keef ».

La courte période couverte par mon journal s'arrête au moment précis où notre avenir a été assuré, c'est-à-dire quand nous avons obtenu un engagement régulier au Crawdaddy, ce dont tout le reste a découlé. La célébrité en un mois et demi. Pour moi, Charlie Watts a été l'ingrédient secret de tout le truc. Ce qui nous ramène à Ian Stewart et à son « Faut qu'on ait Charlie Watts ! », ainsi qu'à toutes les prises de tête pour arriver à l'enrôler dans nos rangs. On s'est littéralement privés de bouffe pour se le payer. Oui, on a volé à l'étalage rien que pour avoir Charlie Watts. On a réduit nos rations de survie, on le voulait tellement, le mec, et maintenant on ne pourrait plus se débarrasser de lui !

Au début, pourtant, on n'avait ni Charlie ni Bill, bien que ce dernier soit mentionné dans la deuxième entrée du carnet-journal :

Mercredi 2 janvier 1963.
> *Essai nouveau bassiste avec Tony. L'une des meilleures répètes. La basse donne plus de puissance aux sons. Avec bassiste vient ampli Vox 100 gns. Programme pour Marquee décidé. Décrocher un endroit plus grand serait la folie.*

Bill avait un ampli ! Bill arrivait tout équipé ! C'était le paquet-cadeau. À l'époque on jouait avec un dénommé Tony Chapman, rien de plus qu'un bouche-trou, et je ne sais plus si c'est Stu ou Tony – à son détriment, si c'est lui – qui a dit : « Je connais un bassiste », et c'était Bill. Il s'est pointé avec son ampli qui, vous me croirez ou pas, était protégé par une caisse en Meccano, avec caout-

chouc vert sur les vis ! Un Vox AC30 que nous aurions été inca-
pables d'acheter, même dans nos rêves. Sorti de l'usine Jennings
à... Dartford. Ça a été notre divinité, ce machin. On se prosternait
devant. L'ampli, c'était fondamental. Au début, mon idée était de
séparer Bill de son ampli, mais c'était avant qu'il commence à
jouer avec Charlie :

Jeudi 3.
> *Marquee avec Cyril.*
> *Sets 1 heure ou 2 ½, 10-12 £.*
> *Très bon set. « Bo Diddley » accueilli par applaudissements*
> *impressionnants. 612 pers. dans salle. 1ʳᵉ partie, bon échauffe-*
> *ment, 2ᵉ, comme sur des roulettes. Types super-importants très*
> *impressionnés. Reçu 2 £. Paul Pond : « À tomber ! »*
> *Harold Pendleton veut nous serrer la pogne.*

Harold Pendleton, le proprio du Marquee ! J'ai essayé de tuer ce
type à deux reprises, en lui envoyant ma guitare à la tête. Il détestait le rock'n'roll et il avait toujours un sourire satisfait.

Vendredi 4.
> *Publicité Flamingo : « Le son R&B original de Chicago avec*
> *les Rollin'Stones. »*

Et dire qu'on n'était jamais allés plus loin que Watford !

> *On fait le Red Lion. Sutton. Micro dessoudé sur ma gratte.*
> *Red Lion : jeu faiblard mais réaction enthousiaste, surtout*
> *« Bo Diddley » et « Sweet Little 16 ». Tony diabolique. Dis-*
> *cussion présentation pour Flamingo.*
> *Bonne critique dans M.M. (Melody Maker).*
> *Revenu après-midi. Perdu portefeuille avec +/- 30 dedans.*
> *Devrait être rapporté.*

Et là, une toute première allusion à un enregistrement :

Samedi 5.

Récupéré portefeuille.

Richmond. Chiasse. Mon micro complètement out. Brian a joué de l'harmonica et j'ai pris sa guitare. « Confessin' the Blues », « Diddley-Daddy », « Jerome » et « Bo Diddley » passent bien. Engueulade monstre avec promoteur à propos fric. Refusent de rejouer là-bas. Discussion nouvelle maquette disque. Bouclée cette semaine, avec de la chance. « Diddley-Daddy » très chouette, avec Cleo et copines en choristes. Recettes groupe cette semaine, 37 £.

Trente-sept livres pour cinq gus !

Lundi 7.

Flamingo.

Nécessité affiner Stu, Tony & Gorgonzola.

Ma guitare totalement retapée. Première vue, Flamingo assez mort mais Johnny Gunnell plus que satisfait. Tony doit dégager. Ça signifie Bill + Vox. « Confessin' the Blues » bien passé. Lee est venue. J'ai mis ma marque.

Là, je semble me draper dans la cape de directeur musical. Les frères Ricky et Johnny Gunnell, c'était les patrons du Flamingo. Et Bill et son ampli sont sûrs, maintenant. Un jour historique. La dernière phrase est une citation de Muddy Waters : *I've got my brand on you* (J'ai mis ma marque sur toi). J'en pinçais pour Lee, c'est clair.

Jeudi 8.

30, 10 £ !!!
Ealing.
Assez bien joué. « Bo Diddley » déménage à fond. Si on peut le refaire pareil au Marquee, ça sera de la rigolade.
Début au Ealing le samedi soir. « Look What You've Done » correct.
Environ 6 £!!!!! 50 % en hausse sur semaine d'avant.

Jeudi 10.

12 £. Tony Meehan (le batteur des Shadows) sent bien le groupe.
Marquee. 1ʳᵉ partie 8 h 30 ou 9 h, très bien musicalement mais salle pas vraiment accrochée. 2ᵉ, 9 h 45-10 h, balance beaucoup mieux. Brian et moi dégoûtés par manque volume en raison problèmes centrale électrique. « Bo Diddley », comme toujours, réactions énormes. Lee et les filles sont là. Sonde Charlie pour travail base régulière.

On est à la moitié du programme et soudain plus de courant ! Baisés ! Alors qu'on faisait tomber les murs ! Et ensuite ils nous mettent sur alimentation réduite « en raison d'un mouvement social parmi le personnel de la compagnie d'électricité »… Et nous, on se regarde, on regarde nos amplis, on regarde le ciel, on regarde le plafond.

Vendredi 11.

Bill OK pour rester même si on vire Tony.

Lundi 14.

Tony viré !!

Flamingo.

Surprise !!! Rick & Carlo ont joué. Positif : les Rollin' Stones groupe le plus fantastique de tout le pays ce soir ! Rick & Carlo, 2 des meilleurs. Truc principal, public différent de la semaine dernière. Argent pas aussi génial : 8 £. N'empêche, pression devrait monter maintenant.

Rick et Carlo ! Carlo Little était un tueur, un batteur d'enfer, super énergie. Et Ricky Fenson à la basse, vraiment chouette. Pour ce gig, ils s'étaient teint les cheveux en blond ! Et pour qui ils travaillaient, dans la vraie vie ? L'innommable Screaming Lord Sutch[1] ! Ils nous rejoignaient de temps à autre, à l'époque où Charlie n'était pas encore avec nous, et c'est exactement la raison pour laquelle il a décidé de se joindre à la formation, parce qu'il avait entendu parler de cette section rythmique qui brûlait les planches. Quand Ricky et Carlo partaient dans un solo, ils mettaient le turbo et la salle décollait avec. Ils nous éjectaient presque de la scène, tellement ils étaient bons. Les deux ensemble. Carlo s'attaquait à la grosse caisse et je sais ce dont je parle, c'était… rock'n'roll ! Pour des jeunots comme nous, jouer avec ces zigues qui n'avaient que deux ou trois ans de plus mais se produisaient depuis longtemps, c'était quelque chose. La première fois où ils m'ont affranchi : « OK, on y va », je me suis retrouvé d'un coup avec une section rythmique d'enfer derrière moi, et baoum ! trois pieds au-dessus du sol et droit dans la stratosphère. C'était avant Charlie et Bill, avant tout le reste.

Depuis le tout début, j'étais à l'aise sur scène. Évidemment, on est nerveux avant de monter là-haut devant tout un tas de gens,

---

1. Musicien et activiste excentrique, David Edward Sutch (1940-1999), dit « Screaming Lord Sutch », est un vieux cauchemar des Stones puisque dans leur « Get Off My Cloud » c'est lui qui fait irruption dans la chambre de Mick Jagger « sapé comme l'Union Jack ».

mais pour moi c'était plutôt « Allons-y, lâchez les fauves ». Une autre forme de trac, peut-être. Le fait est que j'ai toujours été chez moi sur les planches. Même quand je merdais. Ça a toujours été comme le chien qui marque son territoire en pissant tout autour. Dès que je suis là-haut, plus rien n'existe. Tout ce qui peut arriver, c'est que je foire. Pour le reste, éclatons-nous !

Le jour suivant, c'est la première mention de Charlie jouant avec nous :

Jeudi 15.
Tout l'argent du groupe au cours des 2 prochaines semaines au moins consacré achat ampli et micros.
Ealing – Charlie.
Je trouve qu'on sonne pas comme il faut, peut-être à cause de ma grippe. Mick, Brian + moi, tous encore abrutis par frissons & fièvre !!!
Charlie swingue mais il a pas encore le son juste. Rectifier ça demain !
Public minable. Pas d'argent, tout claqué. Un jour off. Rick & Carlo doivent jouer sam. & lundi.

Donc Charlie a fait son entrée. On devait essayer de trouver le moyen de séparer Bill de son ampli et de s'en sortir, mais en même temps Charlie et lui commençaient à jouer ensemble et il se passait un truc, c'est sûr. Bill est un joueur de basse incroyable, aucun doute là-dessus. Je le découvrais peu à peu. Tout le monde était en train d'apprendre, aucun d'entre nous n'avait une idée arrêtée de ce qu'on voulait faire et on avait tous un passé différent. Charlie était un musicien de jazz. Et Bill sortait de la Royal Air Force… Enfin, il avait été à l'étranger au moins.

Charlie Watts a toujours été le socle sur lequel je m'appuie, musicalement parlant, et je n'en crois pas mes yeux quand je relis cette note sur la nécessité de « rectifier » son son. Mais comme Stu, il était venu au rhythm'n'blues par le jazz. Quelques jours après,

voici ce que j'écrivais dans mon carnet : « Charlie swingue joliment mais peut pas faire du rock. Type fabuleux, par ailleurs... »
Il n'avait pas encore intégré le rock'n'roll à cette époque. Je voulais qu'il tape plus fort, je le trouvais trop jazzy. On savait que c'était un grand batteur mais, pour jouer avec les Stones, il s'est mis à étudier Jimmy Reed et Earl Phillips, qui tenait la batterie pour Reed. Simplement pour choper le feeling, arriver à ce jeu dépouillé, minimal. Et une fois qu'il l'a eu, il l'a attrapé, il ne l'a plus lâché. Charlie était le batteur qu'on voulait, mais est-ce qu'on avait les moyens de le prendre avec nous, primo et, deuxio, est-ce qu'il allait renoncer à une part de son jazzisme pour nous ?

Mardi 22.

0 £.

Ealing – Charlie.

Foirade n° 2 : seulement 2 gus présents à 8 h 50, donc on est rentrés à la maison.

On a tout de même joué deux titres, dont un avec maracas, tambourin et guitare qui pleure & Charlie produisant un super tempo jungle, ce qui prouve qu'il peut le faire ! Arrêté par les flics en revenant à l'appart. Fouillé. Enfoirés de râleurs. Pas de boulot avant samedi.

Le « super tempo jungle », c'était un motif de Bo Diddley : *shave and a haircut, two bits* (coupe et rasage, deux temps), c'est comme ça qu'on l'appelle et c'est comme ça qu'il sonne. « Bo Diddley, Bo Diddley, t'as entendu ? Ma jolie p'tite dit que c'est un oiseau. »

Quant à la fouille, ma première réaction en relisant ça a été : « Quoi, déjà ? » On n'avait rien ! Même pas de thune. Pas étonnant que j'aie été prêt quand ils m'ont cherché des crosses pour de bon, après. Fouille au corps sans la moindre raison. Et je réagis toujours pareil : enfoirés de merde. Ils râlent tout le temps. Tu peux pas être flic si tu râles pas. « Allez, écarte les jambes, mains au mur. » À l'époque, il n'y avait rien à trouver. J'ai été fouillé au moins une centaine de fois avant de finir par me dire : « Bon Dieu, j'ai quelque chose sur moi ! »

Jeudi 24.

Pas de Marquee.

Cyril a la trouille de notre succès, d'après Carlo & Rick. Pas de boulot pour un mois. Si rien se présente entre-temps, on reviendra. Passé la journée à m'exercer. En vaut la peine, j'espère ! Dois persévérer sur travail doigts. Grand potentiel là-dedans, je sens. Mais duraille. Peux pas les contrôler. Comme des foutues araignées, ils sont.

Samedi 26.

16 £.

Ealing – Rick & Carlo.

Groupe un peu rouillé. Assez bon, quand même. Public en hausse. Ça sue et ça se bouscule. Génial !!!

2 £.

Lee était là.

Bizarre, visiblement pas moyen de caser dans mon jeu toutes les phrases juste apprises. Pas assez détendu. Potes un peu cyniques, ces derniers temps.

Lundi 28.

Sœur de Toss dit Lee meurt d'envie de revenir mais veut pas perdre la face, est-ce que je peux l'aider ? Me suis pas mal débrouillé je crois.

On avait rompu, Lee et moi, et là c'était la réconciliation, d'un commun accord. « Toss » était l'abréviation de Tosco, une copine de Lee.

Samedi 2.
16 £.
Ealing.
Charlie & Bill.
Fantastique soirée, grosse assistance. On a retrouvé notre son, et comment ! Charlie fantastique.

Le 2 février, donc, on jouait avec le groupe définitif, Charlie et Bill à la section rythmique : les Stones !

Sans Charlie, je n'aurais jamais été capable de progresser et de développer mes possibilités. Le principal truc avec lui, c'est qu'il dégage de super bonnes vibrations. Il avait ça dès le début. Il a une énorme personnalité et beaucoup de subtilité dans son jeu. Si vous regardez son matériel, vous remarquez qu'il est ridiculement petit, comparé à celui de la plupart des batteurs d'aujourd'hui. C'est un château fort qu'ils ont devant eux, une muraille formidable de caisses et tambours. Charlie s'en tire rien qu'avec l'assortiment classique. Rien de prétentieux. Vous l'écoutez et il n'a pas besoin d'en faire plus. Il y a de l'humour dans son jeu aussi. J'adore regarder son pied à travers le plastique transparent de la grosse caisse. Même si je ne peux pas l'entendre, j'arrive à jouer avec lui rien qu'en le regardant. Son autre truc, c'est une astuce qu'il a reprise de Jim Keltner ou d'Al Jackson, je crois. La plupart des batteurs jouent les quatre temps sur le charleston, mais sur le deuxième et quatrième temps, qui forment le « backbeat », un élément fondamental du rock'n'roll, Charlie s'arrête en position levée, il fait mine de le toucher et se retire. C'est donc la caisse claire qui domine à ce moment, au lieu de créer une interférence. Quand vous le regardez faire ça, il y a de quoi choper une arythmie cardiaque. Il fait un mouvement de plus qui a l'air complètement superflu. À cause de ce petit effort supplémentaire, on dirait qu'il suspend le tempo. Une partie du feeling alangui de son jeu vient de ce geste apparemment inutile qu'il effectue un temps sur deux. C'était très compliqué à faire, arrêter le battement sur un temps puis reprendre. Ça tient aussi à la constitution de ses bras et de ses jambes, cette façon de ressentir le rythme. Le style de chaque batteur est déterminé par ce décalage infime entre le charleston et la caisse claire. Charlie traîne sur la caisse claire et est parfaitement en place sur le charleston. Cette façon de faire durer la mesure un peu plus longtemps, et ce que nous faisons par-dessus ça, c'est l'un des secrets du son des Stones. C'est essentiellement un batteur de jazz, ce qui veut dire que, dans un certain sens, le reste du groupe est une formation de jazz. Il fait partie des plus grands, les Elvin Jones, les Philly Joe Jones. Il a le feeling, la décontraction, le dépouillement, mais il a fait beaucoup de mariages et de bar-mitsva dans le temps, et donc il sait aussi ajouter la note sentimentale. Il a commencé tôt, il a pratiqué le public des boîtes très jeune, ça vient de là. Il sait se mettre un peu en avant tout en sachant qu'il n'est pas la vedette. Bah-BAM. Et je me suis totalement habitué à jouer avec ce type. Quarante ans que ça dure et on est si proches l'un de l'autre qu'on n'a plus besoin de rien dire, on ne s'en rend même plus compte. Je veux dire que c'en est au point qu'on peut même se permettre d'essayer de s'embrouiller l'un l'autre, sur scène.

Pour en revenir aux années 1960, je n'arrêtais pas d'enquiquiner Stu et Charlie à propos du jazz. On était censés être à fond dans le blues et il m'arrivait de les surprendre en train d'écouter du jazz en loucedé : « Arrêtez cette merde ! » Je voulais juste les sortir de leurs habitudes, j'essayais de faire fonctionner un groupe, nom de nom ! « Faut que vous écoutiez du blues, point ! Faut que vous écoutiez Muddy, bordel ! » Je ne les laissais même pas écouter un disque d'Armstrong, et pourtant j'adore Armstrong.

Bill avait toujours l'impression qu'on le prenait de haut. Peut-être parce que son vrai nom de famille était Perks, et qu'il était coincé dans un boulot de merde au fin fond du sud de Londres, et qu'il était marié. Brian avait une conscience de classe très aiguisée, voyez-vous. « Bill Perks », pour lui, c'était un blaze des faubourgs. Notre coloc, Phelge, se souvient de l'avoir entendu dire : « Si seulement on pouvait se trouver un nouveau bassiste, celui-là n'est rien qu'un putain d'Ernie, avec ses tifs gominés. » Bill avait un peu l'allure blouson noir, à cette époque, surtout à cause de la banane, mais tout ça était tellement superficiel… Tandis que Brian, bon, c'était le prince de toute cette bande de rats.

En février, on s'est mis à rembourser des traites. J'avais acheté deux guitares en l'espace d'un mois.

25 janvier.

> *Jour libre.*
> *Acheter nouvelle gratte. Harmony ou Hawk ?*
> *Harmony : bon prix, mais est-ce qu'il y a une garantie ? Hawk en a une, en plus l'étui est offert.*
> *Chaque modèle à 84 £.*
> *Pris deux médiators pouce. Acheté Harmony avec 2 micros, finition laque, caisse 2 couleurs, 74 £.*

Mercredi 13 (février).

> *Répétition.*
> *Pris nouvelle gratte chez Ivor ! Magnifique instrument !! Quel son !!!*
> *Nouveaux thèmes au répertoire, « Who Do You Love ? », « Route 66 », super ! Repris « Crawdaddy », fabuleux (idées de Brian).*

Je lui reconnais ce mérite, au moins. Et là, l'activité commence à s'emballer :

Samedi 9.

> *18 £.*
> *Rappel paiement ampli.*
> *Ealing.*
> *Nocturne au Collyers ? (Barré.)*
> *Super chaud, salle à craquer, pratiquement un record.*
> *Groupe en pleine forme. Vrai fan-club petites nanas.*
> *2 £.*
> *Passe par l'appart. Verse 6 £ à Bill pour Vox.*

Lundi 11.

Libre. Chiant comme la mort.

Les deux dernières notes du carnet donnent la clé de ce qui était en train de se passer, brusquement : on était sur le point d'enregistrer et de rafler la scène de Richmond.

Jeudi 14.

Manor House.

Pas mal. Public réduit. « Blues By 6 » les a fait partir en courant.

Nouvelle gratte sert beaucoup. Ajouts répertoire passent bien.

Stu dit que Glyn Johns va nous enregistrer lun. ou mar. prochains, but étant vendre les bandes à Decca.

1 £.

Vendredi 15.

Red Lion.

Pas moyen de capter un son là-dedans.

Bagarre pendant le set.

Proposition Station Hotel Richmond chaque dim. à partir prochain. L'occase.

Au revers de la couverture du carnet, ces mots : « Ça se décoince. » Et à côté, dans la rubrique « En cas d'accident, merci de prévenir… », j'ai écrit : « Maman. » Sans autre renseignement.

« Ça se décoince » faisait allusion à tous ces gens qu'on voyait danser dans les coins, se pendre aux poutrelles, péter les boulons. « Qu'est-ce qui leur prend ?

— Ils se décoincent, non ?

— En tout cas, nous, on les fait se décoincer ! » Ça voulait dire que la thune rentrait, que les concerts devenaient très chauds, bourrés à bloc. On était portés par une lame de fond qui balayait

Londres. Quand la queue fait trois fois le tour du pâté de maisons, que toute cette foule attend pour rentrer, c'est qu'il se passe un truc. Ce n'est plus nous qui quémandons un concert. Ensuite, tout ce qui reste à faire, c'est de se débrouiller pour que ça ne retombe pas.

Les salles étaient petites et ça nous convenait parfaitement. Surtout à Mick. Son talent était mis en valeur dans des endroits aussi serrés, peut-être plus encore que par la suite. Je pense qu'une part de sa gestuelle vient du fait qu'on a joué sur des scènes vraiment étriquées. Une fois l'équipement installé, il restait un carré pas plus grand qu'une table pour évoluer. Les musiciens étaient à moins d'un mètre de Mick, il était en plein milieu du groupe, il n'y avait pas d'effet de décalage, pas de séparation, et comme il jouait très souvent de l'harmonica, il faisait réellement partie de la formation. Je ne connais pas d'autre chanteur qui tenait à la fois l'harmonica et la voix lead, à cette époque en Angleterre. Parce que cet instrument était – et reste encore – un élément important de la sonorité du groupe, surtout quand on fait du blues.

Donnez à Mick Jagger une scène grande comme une table et il en tirera parti mieux que quiconque, sauf peut-être James Brown. Et ça remue, et ça pirouette, et il te secoue les maracas, vas-y, baby ! La plupart du temps on jouait assis sur des tabourets, et il se casait entre nous parce qu'il n'y avait plus d'espace pour bouger. Tu balançais ta guitare sur le côté et tu donnais un coup à quelqu'un dans la figure. Il avait quatre maracas dans les mains pendant qu'il chantait. Ça fait longtemps que je ne lui ai pas rappelé ça, d'ailleurs. Il touchait sa bille aux maracas, et j'étais sidéré de tout ce qu'il arrivait à faire avec si peu de place. Il me bluffait déjà, à l'époque. On aurait dit un danseur espagnol.

C'est à Richmond qu'on a appris à chauffer une salle. C'est là qu'on a compris qu'on déménageait, qu'on était capables de libérer les gens pendant quelques heures et de créer un échange entre la scène et le public. Parce que ce n'est pas qu'un spectacle, quoi qu'en pense Mick Jagger…

En repensant à ce temps, mon endroit préféré était le Station Hotel de Richmond, sans doute parce que c'est là que tout a commencé. Le Ricky Tick Club de Windsor était une superbe salle pour se défoncer à la guitare, et l'Eel Pie était fantastique aussi, puisqu'en fin de compte c'était toujours le même public qui nous suivait de club en club.

Un autre nom de cette période résonne encore, Giorgio Gomelsky, qui a joué un rôle crucial dans le décollage des Stones. C'est lui qui nous a obtenu les engagements au Marquee et au Station Hotel. C'était un Russe bâti comme un ours, il avait une détermination et un enthousiasme incroyables. Brian lui avait fait croire qu'il était le manager *de facto* d'un truc qui à nos yeux n'avait pas besoin d'être managé et Giorgio a réalisé des miracles, il nous a poussés en avant, nous a trouvé des concerts, à un moment où il n'y avait rien d'autre à espérer. On lui disait : « On a besoin de gigs ! Dégotte-nous quelque chose ! Fais passer le mot ! » Et très tôt Giorgio a joué un rôle majeur, mais dès que Brian a senti qu'il y avait encore plus gros en perspective, il l'a éjecté. C'est incroyable à quel point Brian tirait les ficelles, manipulait tout le monde, quand on y repense. Il faisait des promesses à des gens sans consulter personne et donc, quand on ne les tenait pas, on passait tous pour des salauds. Ça ne le gênait pas de promettre la lune, Brian. Par la suite, Giorgio est devenu l'imprésario des Yardbirds au moment où ils commençaient à se produire dans notre foulée, et ensuite d'Eric Clapton quand celui-ci a quitté les Yardbirds et est revenu tel Dieu sur terre après un break de six mois, expérience qu'il n'a pas encore fini de digérer.

Mick a énormément changé. Il me suffit de penser à cette période, aux premières années des Stones, pour regretter la complicité totale qui régnait alors au sein du groupe. Pour commencer, on ne discutait même pas du but à atteindre, où on voulait aller, quelle tonalité on cherchait, tout ça était tellement clair qu'il ne restait plus qu'à trouver le moyen d'y parvenir. Pas besoin de parler de l'objectif, on l'avait sous le nez et ça se résumait à devenir un groupe capable de faire des disques. La cible s'est élargie au fur et à mesure, évidemment : au début, le but des Stones c'était d'être la meilleure formation de R&B de Londres, avec des tas de concerts chaque semaine, mais le principal objectif était déjà de sortir un disque, de franchir la porte magique, d'entrer dans le Saint des saints qu'est le studio d'enregistrement. Comment progresser si on ne peut pas se retrouver devant un micro et un magnétophone, dans un vrai studio ? Notre réputation grimpait et le palier suivant, c'était quoi ? Faire des disques, coûte que coûte ! John Lee Hooker, Muddy Waters ou Howlin' Wolf n'avaient rien à prouver, zéro compromis, ils voulaient simplement enregistrer, et moi aussi ! C'était l'un des trucs qui me reliaient à eux : j'aurais fait n'importe quoi pour un enregistrement. C'était du narcissisme, par certains aspects. On voulait entendre la musique qu'on faisait. Se réécouter, pas pour le plaisir mais pour s'évaluer. En ce temps-là, se faire accepter par un studio et en ressortir avec une galette d'acétate, c'était une sorte de consécration. « Vous êtes maintenant des officiers », au lieu de rester simples soldats. Faire de la scène était la chose la plus importante au monde mais les disques représentaient un blanc-seing. Signé, tamponné, expédié.

Stu était le seul à avoir les contacts qui pouvaient nous ouvrir la porte d'un studio tard dans la nuit et nous laisser y rester une heure. À cette époque, c'était comme entrer à Buckingham Palace ou recevoir un laissez-passer pour le QG de la Marine. Les studios d'enregistrement étaient pratiquement inaccessibles. Aujourd'hui, n'importe qui peut faire un disque n'importe où et le mettre sur internet, ce qui est complètement bizarre, mais dans les années 1960 c'était comme marcher sur la Lune. Un rêve impossible. Le premier où j'ai mis les pieds était le studio IBC, sur Portland Place, juste en face de la BBC, mais c'était informel, bien sûr : Glyn Johns, qui travaillait là-bas comme ingénieur du son, nous avait obtenu un peu de temps, et ça ne s'est produit qu'une fois.

Et puis est arrivé le jour où Andrew Loog Oldham est venu nous écouter à Richmond et, à partir de là, tout s'est enchaîné à une vitesse sidérante. Deux semaines plus tard, on avait un contrat d'enregistrement en poche. Andrew avait travaillé avec Brian Epstein, il avait énormément contribué à créer l'image des Beatles. Epstein l'avait viré après une dispute débile et Andrew s'était mis à son compte : « OK, je vais te montrer, moi ! » On a été l'instrument de sa vengeance. On était la dynamite, Oldham le détonateur. Le plus marrant, c'est que lui, le grand architecte de la personnalité publique des Stones, pensait au début qu'on serait désavantagés si les gens nous percevaient comme des chevelus crados et mal embouchés. À l'époque, il était très propre sur lui. Il continuait à marcher à fond dans l'idée des Beatles, de leurs uniformes, l'apparence soignée et standardisée. Pas nous. Et il a essayé de nous mettre en uniforme, nous aussi. Pour l'émission de télé « Thank Your Lucky Stars », on avait des saletés de vestes pieds-de-poule ou pieds-de-coq qu'on s'est empressés d'enlever en gardant les gilets en cuir qu'il nous avait dégottés chez un fripier de Charing Cross. « Où est ta veste ?

— Sais pas. Je l'ai refilé à ma copine. » Le fait est qu'il a pigé très vite qu'il devait se résigner. Qu'est-ce qu'il y pouvait, de toute façon ? Les Beatles étaient partout, telle la putain de vérole sur le bas clergé, il y avait un autre bon groupe, donc surtout pas question d'essayer de remâcher le style Beatles ! Il fallait qu'on soit l'opposé des Beatles. On n'allait pas jouer aux quatre garçons dans le vent, fringués pareil et toutes ces conneries. Et Andrew a joué cette carte à fond : ils sont trop proprets, ils sont en uniforme, c'est rien que du showbiz. Au bout du compte, c'est Andrew qui a totalement démoli l'image convenue, qui a pris tout le monde à contre-pied, en tout cas les conventions du showbiz et de la presse.

Nous, on ne se rendait absolument pas compte de ce qui se passait, évidemment : « On est trop bons pour cette merde, mec. On est des bluesmen, tu piges, du haut de nos dix-huit balais. On a descendu le Mississippi, on connaît Chicago comme notre poche. » On se la racontait, quoi, mais le truc était réellement en train de nous arriver en pleine poire. Et le timing était parfait. Il y a les Beatles, les mamans en sont folles, les papas les adorent, mais laisseriez-vous votre fille épouser *ça* ? Le positionnement des Stones a été un coup de génie, franchement. Je ne veux pas dire qu'Andrew ni quiconque d'entre nous ait été génial, mais le coup a fait mouche et quand c'est parti, on a pu se lancer dans le jeu du show-business tout en restant nous-mêmes. Genre « J'ai pas forcément à avoir la même coupe de douilles que lui ou lui ». J'ai toujours pensé qu'Andrew était la personnification de l'excellence en matière de relations publiques. Un cador. Je l'aimais beaucoup, aussi névrosé et sexuellement largué qu'il ait été. C'était un ancien de Wellingborough, une école privée huppée, mais il n'avait pas de meilleurs souvenirs de bahut que moi. Surtout en ce temps-là, il était toujours un peu tendu, fragile comme du cristal, mais en même temps, et en dépit de ça, il était absolument sûr de lui et de ce qu'on avait à faire. Il assurait un max, son esprit me plaisait, sa façon de penser, et comme j'avais étudié un peu la pub pendant mon passage à Sidcup, j'ai tout de suite compris ce qu'il essayait de faire.

Donc, on a signé un contrat avec Decca et, quelques jours plus tard, on était aux studios Olympic, et on était même payés pour être là ! Mais on a surtout enregistré à cette époque au Regent Sounds Studio, une petite pièce tapissée de boîtes à œufs, avec un magnéto Grundig accroché à un mur au lieu d'être sur une table, histoire de faire pro. Leur seule activité consistait à produire des jingles publicitaires : « Pastilles Murray, pastilles Murray, à savourer sans arrêt. » Un petit studio très basique, c'est sûr, mais c'est justement ça qui m'a permis de m'initier facilement aux rudiments de l'enregistrement. L'une des raisons qui nous l'ont fait choisir, c'était qu'ils travaillaient en mono. Comme ça, pas d'erreur sur la marchandise : tu avais exactement ce que tu entendais. C'était un magnétophone à deux pistes et j'ai appris à faire de l'overdub dessus, une méthode qu'on appelait le *ping-ponging* : tu mets ce que tu viens d'enregistrer sur une piste et tu overdubbes. Évidemment, tu perds en netteté en faisant ça, en finesse. Tu repasses le tout dans la machine encore une fois… On s'est rendu compte que ce n'était pas une si mauvaise idée. Notre premier album, plus une bonne partie du second, plus « Not Fade Away » qui a été notre grande percée en nous propulsant à la troisième place du hit-parade en février 1964, tout ça a été fait au milieu de boîtes à œufs. Ces premiers disques ont été enregistrés dans différents studios, avec des participations aussi impromptues qu'incroyables, par exemple Phil Spector tenant la basse dans « Play with Fire », ou Jack Nitzsche au clavecin. Bo Diddley s'est aussi joint à nous, et Gene Pitney, qui allait enregistrer l'un des premiers titres que j'aie composés avec Mick, « That Girl Belongs to Yesterday ».

Mais le deal avec Decca impliquait que Stu devait quitter le groupe. Six, c'était un de trop, et le pianiste était logiquement celui qui se trouvait sur le siège éjectable. C'est toute la brutalité de ce business. Il revenait à Brian de lui annoncer la mauvaise nouvelle, puisqu'il se présentait comme le leader de la formation. Stu ne s'est pas montré plus surpris que ça. Je crois qu'il avait déjà préparé sa réaction au cas où la question se poserait. Il a complètement pigé. Nous, on s'attendait à : « Allez vous faire foutre, et merci encore ! » C'est là qu'on a pu voir quel grand cœur il avait. Il a dit : « OK, je prendrai le volant quand vous irez quelque part. » Il est resté dans tous les enregistrements. Ce qui l'intéressait, c'était la musique et rien d'autre. Pour nous, il n'a jamais été viré et il comprenait très bien ça. « J'ai pas la même dégaine que vous, pas vrai ? » Il avait une tête énorme, il faut le reconnaître. Mais il avait joué un rôle fondamental dans la formation du groupe et il n'allait certainement pas nous laisser tomber parce qu'il était relégué au second plan.

Le premier 45-tours est sorti rapidement après la signature du contrat. Tout se comptait en jours, pas en semaines. On avait fait un choix délibérément commercial : « Come On », de Chuck Berry. Je ne pensais pas que c'était ce qu'on pouvait faire de mieux mais j'étais certain que ça allait laisser une marque. Comme enregistrement, c'est meilleur que ce que je croyais à l'époque. Mais j'ai l'impression qu'on se disait alors que ce serait notre première et dernière chance. C'était un thème qu'on ne jouait même pas dans les clubs, qui n'avait rien à voir avec notre répertoire. Un vent de purisme soufflait sur le groupe, dont je n'étais évidemment pas à l'origine. J'adorais le blues, oui, mais je voyais les potentialités d'autres trucs et j'appréciais la pop, aussi. Assez cyniquement, je voyais dans ce titre un moyen de gagner notre place en studio et d'en tirer quelque chose de vendeur. Notre version n'a pas grand-chose à voir avec celle de Chuck Berry : elle est plutôt dans la veine Beatles, pour dire les choses franchement. Quand on enregistrait en Angleterre, à cette époque, on ne fignolait pas : on mettait le truc en boîte en une session. Je pense que tout le monde a trouvé que c'était un bon coup d'essai. Dans le groupe proprement dit, l'ambiance c'était : « On fait un disque, tu peux croire ça ? » On avait aussi la trouille de la suite : « Bon Dieu, si l'album marche, on a deux ans devant nous et terminé ! Après, on fait quoi ? » Parce que personne ne durait longtemps. On restait dans les bacs pendant deux ans, deux ans et demi au plus, et puis c'était fini. C'est encore plus rapide aujourd'hui. À part Elvis, personne n'avait fait mentir cette règle.

Le plus bizarre, c'est qu'à la sortie de ce premier disque, on n'était encore qu'un groupe qui faisait les clubs. Je ne me rappelle pas qu'on ait tenté de jouer dans une seule salle plus grande que le Marquee. Mais le single est monté tout doucement jusqu'au « Top 20 » et brusquement, en une semaine et quelque, on s'est retrouvés transformés en pop stars. Pas une mutation évidente pour une bande de mecs qui étaient du genre « Arrête ta frime, va t'faire ! ». Et là, du jour au lendemain, on se retrouve affublés de putains de vestes pieds-de-poule et on est emportés par la vague.

Un tsunami, même. La minute d'avant, on te dit : « Hé, vous voulez faire un disque ? » et la minute d'après : « C'est gagné, vous êtes dans le foutu "Top 20" et maintenant vous allez passer dans "Thank Your Lucky Stars". » Remerciez votre bonne étoile, ouais. La téloche, un truc auquel on n'avait jamais pensé. On est propulsés en plein showbiz alors qu'on déteste ça, c'est vraiment la douche froide, ça suffit, cette merde, et puis on se rend compte qu'il va falloir faire des concessions.

Maintenant qu'on était lancés, la question était de savoir comment on allait continuer. Les vestons ont fait long feu : c'était peut-être une bonne idée pour le premier disque mais pour le numéro deux, pas question ! Il y avait tellement de monde au Crawdaddy maintenant que Gomelsky avait dû transférer le club au centre sportif de Richmond. En juillet 1963, on fait notre tout premier concert à l'extérieur de Londres, à Middlesbourgh, dans le Yorkshire, qui a été aussi notre première expérience de chahut. Pendant les trois années suivantes, jusqu'en 1966, on a joué pratiquement tous les soirs, parfois deux fois dans la même journée. Un bon millier d'apparitions en tout, sans lever le pied, avec un total de peut-être dix jours libres pendant toute cette période.

Si on avait gardé nos pieds-de-poule et qu'on avait été bien pomponnés, on n'aurait peut-être pas scandalisé à ce point la fraction masculine du public à la halle aux grains de Wisbech, dans le comté de Cambridge, toujours au mois de juillet 1963. On était des gars de la ville, dont la musique était le dernier truc à la mode à Londres, mais faites monter Mick Jagger sur scène à Wisbech, en 1963, et vous obtiendrez une réaction assez différente. Ces ploucs mâchaient littéralement de la paille dans leur halle aux grains, au milieu de leur satanée cambrousse. Une émeute a éclaté, les gars du cru n'ont pas supporté de voir leurs nanas péter les plombs pour une bande de « pédales londoniennes ». Excellente mêlée à laquelle nous avons eu la chance d'échapper.

Par l'un de ces raccourcis saisissants dont l'histoire du rock'n'roll est friande, nous avions joué la veille lors d'un bal de débutantes à Hastings, à la demande d'une certaine Lady Lampson, un plan que nous avait trouvé Andrew Oldham. Ça se passait dans les sources thermales de la ville. Un ramassis atroce de snobinards s'était encanaillé dans les cavernes de Hastings, qui entre parenthèses sont assez vastes. On nous avait fait comprendre on ne peut plus clairement que nous n'étions là que pour la musique : entre deux sets, on était censés se tenir derrière le buffet, parmi le personnel. Ça nous a pas mal hérissé le poil mais on l'a pris avec calme, jusqu'au moment où l'un des aristos s'est approché de Stu et lui a demandé : « Dites-moi, mon petit bonhomme, savez-vous jouer "Moon River" au piano ? » Bill lui en a collé une qui l'a étalé, et Lord Lampson, si c'était bien lui, s'est mis à piailler : « Qui est cet ignoble avorton ? » On pouvait jouer pour eux, mais on ne valait pas mieux que des Noirs… Moi, ça m'était bien égal, j'étais très fier, j'adore être considéré comme un Black, mais c'était Stu qui s'était fait insulter : « Dites-moi, mon petit bonhomme… »

Au début, notre public était plutôt féminin, mais la chose s'est équilibrée vers la fin des années 1960. Le déferlement de filles déchaînées et prédatrices a pris des proportions hallucinantes vers le milieu de notre première tournée anglaise, à l'automne 1963. L'affiche était incroyable : les Everly Brothers, Bo Diddley, Little Richard, Mickie Most… Pour nous, c'était Disneyland, ou dans le plus beau parc d'attractions qu'on puisse imaginer, on nous donnait l'occasion de nous frotter aux meilleurs musiciens. Dire que peu de temps avant on se pendait aux cimaises du Gaumont ou de l'Odeon pour apercevoir Little Richard, Bo Diddley ou les Everly en action.

En cinq semaines on est allés un peu partout, Bradford, Cleethorpes, l'Albert Hall, Finsbury Park, grandes salles, petites boîtes… C'était fabuleux, cette sensation. On se disait : « C'est pas possible, je suis *vraiment* dans cette loge avec Little Richard ! » Tu es partagé en deux, d'un côté comme un fan qui se contente de répéter : « Nom de Dieu, nom de Dieu » et, de l'autre, une voix intérieure te dit : « T'as intérêt à assurer, mec, t'as vu qui est là ? » La première fois où on est montés sur une vraie scène, celle du New Victoria Theatre de Londres, la foule remplissait tout l'espace devant nous jusqu'à l'horizon. Cette impression de densité humaine, l'échelle de tout ça était à couper le souffle. On s'est sentis vraiment minus, là-haut. On devait être plutôt bons, vu les réactions du public, mais on s'est tous dévisagés, en état de choc, et puis les rideaux se sont ouverts et c'était le Colisée ! On s'y habitue vite, on apprend vite, mais je me suis senti réellement tout petit ce premier soir. En plus, on n'avait pas le même son que dans un club riquiqui, évidemment : brusquement, on avait l'impression de sonner comme des petits soldats de plomb. Il y avait une masse de trucs à assimiler, très vite. C'était l'épreuve absolue. On a sans doute joué comme des manches pendant certains de ces concerts, mais heureusement il y avait du barouf dans la salle. Le public faisait plus de bruit que nous et ça aidait. Des bandes de filles glapissantes : super accompagnement vocal ! Notre apprentissage s'est fait au milieu d'un vacarme infernal.

L'entrée en scène de Little Richard était quelque chose d'insensé, de sidérant. On ne savait jamais de quel côté il allait surgir. Il faisait jouer « Lucille » par l'orchestre pendant près de dix minutes, ce qui est beaucoup pour ce riff. Tout s'éteignait. On ne voyait plus que les veilleuses des issues de secours. Soudain, il émergeait à l'autre bout de la salle, ou bien il entrait en courant sur scène, disparaissait, puis revenait. C'était différent à chaque fois ou presque, et on se rendait compte que Little Richard avait visité les lieux avant le concert, parlé aux éclairagistes : « D'où je peux arriver ? Il y a une porte là-bas ? » et décidé quelle entrée serait la plus efficace. Bang, me voilà, ou laisser les musiciens reprendre le thème pendant cinq minutes et se pointer là où on ne l'attendait pas. Du coup, ça n'avait plus rien à voir avec la configuration d'un club, où la présentation n'a aucune importance et où on ne peut rien essayer de toute façon, puisqu'on n'a pas la place de bouger. C'était renversant de voir ce travail de mise en scène, et avec Bo Diddley aussi. C'était comme si tu t'étais élevé vers des hauteurs inconnues, que tu avais été emporté par un miracle et autorisé à tutoyer les dieux… « Lucille » continuait et continuait, à fond la caisse, au point qu'on se demandait s'il allait vraiment finir par arriver, et puis un projecteur s'allumait et, boum, c'était parti, le révérend Richard Penniman était là, en chair et en os ! On a appris leur art du spectacle, donc, et on aurait difficilement pu trouver meilleur maître que Little Richard.

J'ai utilisé ce type d'effet quand je jouais avec les X-Pensive Winos. La scène était plongée dans le noir, le groupe était assis en cercle, en train de fumer des pétards et de boire des coups. Les gens ne savaient pas qu'on était là, et soudain c'était un flot de lumière et on attaquait. Directement inspiré de Little Richard.

Quand les Everly Brothers commençaient leur set, la lumière était très douce, le groupe jouait tout doucement et c'était leurs voix, le magnifique refrain, si beau, presque mystique, *Dream, dream, dream…*, repris à l'unisson. Il y avait des tonnes de *blue-grass*, chez ces garçons. Don Everly avait le meilleur jeu de guitare rythmique que j'aie jamais entendu. Personne n'y pense mais sur ce plan ils étaient parfaits, la guitare merveilleusement placée, en harmonie totale avec la partie vocale. Ils étaient très polis et très discrets, les frères Everly. J'ai bien connu leurs musiciens, Joey Page à la basse, Don Peake à la guitare et Jimmy Gordon à la batterie, qui à l'époque sortait à peine du lycée et qui sera aussi le batteur de Delaney & Bonnie, ainsi que de Derek and the Dominos. Il a fini par trucider sa mère dans un accès de schizophrénie et a pris perpète en Californie mais c'est une autre histoire. Par la suite, j'ai appris que les frères avaient des problèmes et en avaient depuis toujours. Il y a une petite ressemblance entre leur situation et la relation fraternelle qui me liait à Mick : on survit ensemble à toutes les galères et puis le succès arrive, énorme, et alors on a un peu plus de temps et de recul pour comprendre ce qu'on n'aime pas chez l'autre… Bon, je reviendrai là-dessus.

Il y a une scène en coulisses que je n'oublierai jamais. J'aimais bien Tom Jones et c'est au cours de cette tournée avec Little Richard que j'ai fait sa connaissance. On faisait la route depuis trois semaines ou un mois, Little Richard était d'un abord facile – il l'est toujours – et on se marrait bien avec lui. Mais à Cardiff, Tom Jones et son groupe, The Squires, ont débarqué, et ils avaient cinq ans de retard. Ils se sont pointés un soir dans la loge de Little Richard avec leurs manteaux en léopard avec col en velours noir, capes, tout l'attirail des teddy boys, en procession présenter leurs respects. Tom Jones va jusqu'à poser un genou à terre devant lui comme s'il s'agissait du pape. Bien entendu, Richard saute sur l'occasion : « Mes garçons ! » Les visiteurs n'ont aucune idée qu'il est pédé comme un foc, donc ils ne savent pas comment prendre ça. « Oh, baby, t'es une vraie beauté, toi ! » Choc culturel total, mais ils sont tellement bluffés par Richard qu'ils sont prêts à tout accepter. Là, il me lance un clin d'œil et un petit signe de tête : « Oh, j'adore mes fans ! Je les adore ! Oooh, baby ! » Le révérend Richard Penniman : ne jamais oublier qu'il est issu de l'Église du gospel, comme la plupart de ces gars. On finit tous par chanter « Alléluia », à un moment ou un autre. Al Green, Little Richard, Solomon Burke, ils ont tous été prédicateurs. La bonne parole n'est pas imposable. Ça a très peu à voir avec Dieu et beaucoup avec le fric.

Jerome Green jouait des maracas pour Bo Diddley. Il avait fait tous ses disques avec lui. C'était un soûlard pas méchant, l'un des plus braves enfants de salaud qui soient. Il vous tombait dans les bras. Presque l'associé de Bo. Ils avaient tout connu ensemble et il y avait plein de sous-entendus entre eux : « Hé, mec, ta femme, elle est tellement moche que j'ai dû la virer à coups de trique. » Jerome devait compter pour Bo, puisqu'il le gardait à ses côtés, mais il était incroyable aux maracas, quatre dans chaque main, huit en tout. Très africain. Et, pinté ou non, il avait une sonorité fabuleuse. Il avait l'habitude de dire : « J'peux pas jouer, j'suis pas bourré. »

Si j'en suis venu à lui servir de coach pendant la tournée, c'est qu'on s'aimait beaucoup et qu'il était marrant comme tout. C'était un grand costaud qui ressemblait un peu à Chuck Berry. Brusquement, ça s'affolait en coulisses : « Quelqu'un a vu Jerome ? » Et moi : « Je te parie que je sais où le trouver. » Au pub le plus proche de l'entrée des artistes. En ce temps-là, je n'étais pas encore très célèbre, on ne me reconnaissait pas. Je filais au pub en question et il était là, en train de bavarder avec les gens du cru qui lui payaient tous à boire parce que ce n'était pas tous les jours qu'ils tombaient sur un Noir d'un mètre quatre-vingts originaire de Chicago. J'étais son ange gardien : « Ça va être à vous, Jerome. Bo te cherche.

— Oh, nom de Dieu ! J'arrive tout de suite. »

À la fin de la tournée, il ne se sentait pas bien du tout. J'ai commencé à appeler les toubibs pour lui prendre des rendez-vous, ce qui était entièrement nouveau pour moi. Et il est venu habiter à la maison. « J'arrête la bouffe anglaise, mec. Où est-ce que je peux trouver de quoi becter normalement, comme en Amérique ? Y m'faut un putain de hamburger ! » Bon, je cours au Wimpy's d'à côté et je lui en rapporte un. « T'appelles ça un hamburger ?

— Désolé, Jerome. » Je crois que je faisais tout ça parce qu'il était trop tordant et que c'était réellement un type charmant. Ça ne le dérangeait pas de te taper de quelques billets non plus, mais il te donnait l'impression que si tu n'étais pas là, il allait terminer sous un bus ou dans la cuvette des chiottes. Peu après, il a quitté la formation de Bo.

Ça a été étrange, cette première tournée. J'avais des doutes sur mon jeu, mais je savais que nous nous en tirions plutôt bien en tant que groupe et que quelque chose était en train de se produire. D'abord on a fait l'ouverture du show, ensuite on est passés à la fin de la première partie, ensuite on a fait la reprise après l'entracte et, au bout de six semaines, les Everly Brothers nous disaient pratiquement : « Les gars, vous feriez mieux d'être en tête d'affiche. » En six semaines ! Un truc a eu lieu pendant qu'on sillonnait le pays. Les filles se sont mises à crier, à faire un raffut du diable, toutes ces nanas à couettes ! Pour les « bluesmen » sérieux qu'on pensait être, c'était inquiétant, carrément déprimant : on ne voulait pas être des simili-Beatles à la con. On avait bossé dur pour devenir une très, très bonne formation de blues, merde ! Mais l'argent rentrait bien et brusquement, rien qu'à cause du public, on n'était plus un groupe de blues, on devenait un groupe pop et on méprisait ça...

En moins de deux mois, on est passés de rien du tout à un retour triomphal à Londres. Comme les Beatles ne pouvaient pas occuper toutes les places au hit-parade, on a rempli les trous pendant la première année. Comme l'a dit Bob Dylan, les temps étaient en train de changer, ça se sentait, ça se humait dans l'air. Et ça allait très vite. Les Everly Brothers, je les aimais vraiment, mais ils avaient compris eux aussi que le vent tournait, qu'un truc était en train de se passer, ils étaient très bons, mais que pouvaient-ils faire face à trois mille zigues qui scandaient : « On veut les Stones, on veut les Stones » ? Ça allait très vite. Et Andrew Loog Oldham a su saisir le moment, il a tout vu venir. On devinait qu'on avait mis en branle quelque chose que je n'arrive toujours pas à contrôler aujourd'hui, très franchement.

On était sur la route jour après jour, avec parfois un break pour voyager d'un point à l'autre. C'était de plus en plus énorme, de plus en plus dingue, au point que notre principal souci était de réussir à monter sur scène et à repartir en un seul morceau. La musique proprement dite devait occuper cinq ou dix minutes, maxi. Je dirais qu'on n'a pas pu terminer un seul concert normalement au cours des dix-huit mois suivants. La seule question était de savoir comment ça allait finir, si ça allait dégénérer en émeute, si les flics allaient intervenir, s'il allait y avoir beaucoup de gens amochés. Et comment se casser, bien sûr. On passait le plus clair de la journée à calculer comment on allait entrer dans la salle et comment on allait se tirer. Le concert lui-même, on ne savait jamais trop quoi en penser dans un délire pareil. On y allait pour écouter le public ! Rien de tel que quinze minutes de hurlements féminins non-stop pour couvrir toutes vos fautes. Ou trois mille petites nanas se jetant sur vous. Ou de quitter les lieux sur des civières. Toutes ces tignasses permanentées en désordre, toutes ces jupes relevées jusqu'à la taille, tous ces visages rouges et suants, tous ces yeux déjantés... Allez-y, les filles ! C'est comme ça qu'on vous aime ! Les thèmes qu'on jouait à l'époque, ou plutôt qu'on aurait dû jouer ? « Not Fade Away », « Walking the Dog », « Around and Around », « I'm a King Bee »...

Parfois, la police locale concoctait des plans grotesques. Je me rappelle qu'un soir à Chester, après un concert qui avait fini en mêlée générale, je me suis retrouvé à suivre le flic en chef sur les toits de la ville comme dans un film de Disney, le reste du groupe derrière moi. Mais il se perd, on erre sur les toits de Chester tandis que la « grande évasion » se casse la figure, et il se met à pleuvoir, et voilà qu'on se croirait dans *Mary Poppins*, et l'autre avec sa matraque et sa casquette qui a du mal à garder l'équilibre... À cette époque, et à l'âge que j'avais, on croyait que les flics étaient capables de faire face à tout, on était censés croire ça, sauf qu'on a vite compris que ces gus n'avaient jamais été confrontés à un truc pareil. C'était aussi nouveau pour eux que pour nous. On était tous des Petits Chaperons rouges perdus dans la forêt.

À cette époque il nous est arrivé de jouer le thème de « Popeye » et personne ne s'en rendait compte puisqu'on n'entendait rien. Ce n'était donc pas la musique qui les faisait réagir. Le rythme peut-être ? Parce qu'on arrive toujours à sentir la pulsation de la batterie, mais alors rien que ça. Ils ne pouvaient pas entendre les voix, ni les guitares. Impossible. Ce qui les mettait dans cet état, c'était de se retrouver dans un espace clos avec nous, avec cette… illusion, moi, Mick et Brian. La musique était la gâchette ; quant à savoir de quoi la balle était faite, personne n'en avait la moindre idée. En général, c'était assez inoffensif, mais pas toujours. Il y a eu des mauvais coups, et quelques spectateurs sont morts. Une fois, une fille s'est jetée du troisième balcon, a salement blessé la personne sur laquelle elle est tombée et s'est elle-même tuée en se cassant le cou. Il se passait parfois des trucs durs, mais ce qui se produisait invariablement, chaque soir, c'est que des gens s'évanouissaient, qu'on évacuait sous notre nez alors qu'on jouait depuis à peine dix minutes. Parfois, on les empilait sur un côté de la scène tellement il y en avait. On se serait cru au front. Et dans les provinces reculées, un territoire complètement nouveau pour nous, ça pouvait virer franchement mauvais. À Hamilton, dans la périphérie de Glasgow, ils ont dû nous protéger derrière un grillage de poulailler à cause des pièces taillées en pointe et des bouteilles de bière que nous lançaient les gars qui n'aimaient pas que les filles perdent la boule à cause de nous. Et, derrière le grillage, des chiens de garde. C'était un dispositif qu'on a souvent vu dans certaines régions, notamment les environs de Glasgow. Mais les mêmes problèmes existaient dans le Sud ou le Midwest, et depuis un bout de temps. Sur scène, Wilson Pickett avait un porte-fusil installé à droite, un autre à gauche, et ce n'était pas pour la déco : ces flingues étaient chargés, probablement avec du gros sel, pas de la grosse mitraille, mais leur vue suffisait à dissuader les gens de balancer des projectiles ou de péter les boulons. Une mesure de prévention, disons.

Un soir, quelque part dans le Nord, on a décidé d'attendre deux heures après la fin du concert avant de quitter la salle, le temps de dîner et de laisser tout le monde aller se coucher. Je me rappelle avoir fait quelques pas sur la scène qu'on venait de nettoyer de toutes les petites culottes et autres. Il y avait un vieux type, le gardien de nuit, qui m'a dit : « Très bon show. Pas un seul siège sec ! »

Ça arrivait peut-être à Frank Sinatra ou à Elvis Presley mais je ne pense pas que le phénomène ait atteint l'ampleur qu'il a eu au temps des Beatles et des Stones, du moins en Angleterre. C'est comme si on avait ouvert une vanne. Les nanas de notre génération avaient été élevées très collet monté et tout ça, mais il y a eu comme une révélation, un moment où elles ont brusquement décidé de se laisser aller. Et puisque l'occasion de se déboutonner se présentait, qui allait les en empêcher ? Tout ça dégoulinait de pulsion sexuelle, même si elles ne savaient pas trop quoi en faire, et puis soudain le barrage cède et c'est le délire. Une force incroyable, une fois lâchée. Tu avais autant de chances de t'en tirer que dans un fleuve rempli de foutus piranhas. Elles étaient sorties de leurs gonds. Plus elles-mêmes. Ces filles se déchaînaient dans les salles, en sang, les fringues déchirées, elles pissaient littéralement dans leur culotte, et ça se répétait tous les soirs, au point qu'on a fini par s'y habituer. C'était la fête. N'importe qui d'autre que nous aurait pu déclencher la même chose, honnêtement. Elles se contrefoutaient de savoir que j'essayais d'être un bluesman.

Pour un gars comme Bill Perks, qu'une explosion pareille se produise juste là, à deux pas de nous, c'était incroyable. À Sheffield ou à Nottingham, je ne sais plus, on l'a surpris un jour sur un tas de charbon avec une nana. Ils avaient tous les deux l'air de sortir d'*Oliver Twist*. « Hé, Bill, faut qu'on y aille… » C'est Stu qui l'a trouvé. À cet âge, qu'est-ce que tu voulais faire si la majeure partie de la population féminine adolescente du moindre bled s'était mise en tête que tu étais ce qu'elle voulait ? Le rentre-dedans était hallucinant. Six mois plus tôt, je n'arrivais pas à tirer un coup, j'aurais dû payer pour ça, toutes les nanas détournaient la tête en faisant : « Ta ta ta », et brusquement elles sont là à te renifler les basques, et tu dis : « La vache, j'ai bien fait de changer d'aftershave, Habit Rouge c'est mille fois mieux qu'Old Spice ! » Mais bon, c'est quoi qu'elles veulent, exactement ? La gloire ? Le fric ? Ou bien c'est pour de vrai ? Quand tu n'as jamais eu trop de chance avec les belles nanas, tu te méfies, forcément.

Il n'empêche, j'ai été sauvé par des filles plus souvent que par des mecs. Parfois, c'était juste une étreinte, un petit baiser et rien d'autre : tiens-moi chaud pour la nuit, restons juste dans les bras l'un de l'autre, la vie est dure, c'est un sale moment à passer. Et alors je disais : « Mais merde, pourquoi tu t'occupes de moi alors que tu sais que je suis un enfoiré et que je serai parti demain ?

— Je sais pas. Sans doute parce que tu en vaux la peine.

— Bon, je vais pas dire non… » J'en ai d'abord fait l'expérience avec les petites nanas du nord de l'Angleterre, pendant cette fameuse première tournée. Après le show, tu finis au pub ou au bar de l'hôtel et puis, sans savoir comment, tu te retrouves dans une chambre avec une fille vraiment adorable qui étudie la sociologie à l'université de Sheffield et qui a résolu d'être vraiment, vraiment gentille avec toi. « Attends, je croyais que tu étais une fille avec du plomb dans la tête. Je joue de la guitare, moi. Je suis dans cette ville que pour une nuit !

— Ouais, mais tu me plais. » Et, parfois, se plaire est mieux que s'aimer.

À la fin des années 1950, les ados étaient un nouveau marché à conquérir, une aubaine publicitaire. Le concept d'adolescent vient de la publicité, une fabrication assez cynique puisque le simple fait de les étiqueter de cette façon a conduit les jeunes de cette tranche d'âge à se revendiquer comme tels. Ça a créé un marché non seulement pour les fringues et les cosmétiques mais aussi pour la musique, la littérature et tout le reste. Un panier à part. Ça a été une déflagration, une énorme vague de puberté. La beatlemania et la folie entourant les Stones viennent de là. Ces filles auraient tout donné pour connaître enfin quelque chose d'autre. Quatre ou cinq mecs maigrichons leur ont fourni une issue, mais elles l'auraient trouvée ailleurs, de toute façon.

La force de ces nanas de treize, quatorze, quinze ans lorsqu'elles sont en bande m'a toujours fait peur. Elles ont failli me tuer. Personne ne m'a fait plus craindre pour ma vie que ces adolescentes. Si tu te laissais prendre dans leur déferlement, elles t'étouffaient, te déchiraient en lambeaux… Pas facile de décrire la trouille qu'elles pouvaient te flanquer. Tu aurais été mieux dans une tranchée en première ligne que de te faire emporter par cette marée de désir surchauffé, cette pulsion incompréhensible – même pour elles. Les flics se barrent en courant et tu te retrouves seul face à ce délire d'émotions débridées et sauvages.

Je crois que ça s'est passé à Middleborough. Je n'arrivais pas à monter dans la voiture. Une Austin Princess. J'essayais de me réfugier à l'intérieur, quand les furies m'ont taillé en pièces. Parce que si elles te mettent la main dessus, elles ne savent pas quoi faire de toi. Elles m'ont pratiquement étranglé avec un collier que je portais. Une l'a attrapé d'un côté, une deuxième de l'autre, elles criaient : « Keith, Keith ! » et pendant ce temps elles m'ont presque sectionné le cou. J'ai fini par saisir la poignée de la portière, qui m'est restée dans la main. La caisse a démarré en trombe et je suis resté là avec la putain de poignée. Ce jour-là, j'ai été livré à la meute de hyènes. Le chauffeur avait paniqué. Le reste du groupe était monté dans sa voiture et il n'avait pas voulu attendre plus longtemps. Ensuite, trou noir et je me réveille devant l'entrée des artistes, dans la ruelle que les flics avaient bouclée après avoir visiblement dispersé tout le monde. J'étais tombé dans les pommes. Asphyxié. Elles étaient toutes sur moi. Mais maintenant que vous m'avez attrapé, qu'est-ce que vous allez faire ?

Je me souviens d'un contact avec ces filles, un moment complètement inattendu dont j'ai gardé une image très précise. Ciel au ras des toits. Une journée libre ! Brusquement, les nuages crèvent et c'est le déluge. Par la fenêtre, je vois trois fans qui préfèrent mourir plutôt que rentrer chez elles. Leurs permanentes s'effondrent sous les éléments déchaînés, mais elles restent !

Qu'est-ce qu'un brave garçon comme moi peut faire ? « Allez, rentrez donc, cinglées que vous êtes ! » Ma chambre grande comme une boîte à chaussures est envahie par trois pétasses trempées. Elles frissonnent, de la vapeur sort de leurs fringues, elles inondent la piaule. Leurs permanentes sont foutues. Elles tremblent de froid mais aussi parce qu'elles sont soudain en présence de leur idole, ou d'une de leurs idoles. Elles ne savent pas comment réagir : doivent-elles se tasser dans un coin ou se mettre à sauter sur place ? Je suis tout aussi largué. C'est une chose de jouer sur scène pour elles et leurs semblables, c'en est une autre de se retrouver face à face. La question des serviettes prend une grande importance, et aussi celle des toilettes. Elles tentent assez piteusement de retrouver leur excitation mais elles sont tendues, nerveuses. Je leur sers du café corsé d'une larme de bourbon mais il n'y a rien de sexuel dans l'air. On s'installe, on bavarde et on rigole jusqu'à ce que la bourrasque passe. Je leur appelle un taxi. On se quitte bons amis.

Septembre 1963. Pas un titre, en tout cas rien qui pourrait nous placer au hit-parade. Rien de ce qui reste dans le tonneau du rhythm'n'blues, dans lequel on a copieusement puisé, ne semble susceptible de marcher. On répète au Studio 51, près de Soho. Un jour, Andrew décide de faire un tour pour échapper à la morosité ambiante et tombe sur John et Paul qui descendent d'un taxi sur Charing Cross Road. Ils prennent un verre ensemble et les deux Beatles perçoivent le malaise d'Andrew. Il leur explique : pas de chanson. Ils reviennent au studio avec lui et nous en donnent une qui est sur leur prochain album mais ne doit pas sortir en single, « I Wanna Be Your Man ». Ils la jouent avec nous et Brian y va d'une jolie intervention de guitare slide. Du coup, on lui donne une teinte définitivement Stones et il devient clair qu'on tient un hit avant même que John et Paul repartent.

C'est un choix délibéré, pour eux. Ce sont des compositeurs de chansons, ils veulent les fourguer, c'est un business, et ils se sont dit que ce thème nous conviendrait. Et on fonctionnait dans l'admiration réciproque aussi. Mick et moi, on était impressionnés par leurs harmonies et leur aisance à composer, tandis qu'eux nous enviaient notre liberté de mouvement et notre image. Ils voulaient se joindre à nous. Entre les Beatles et nous, il y avait une vraie relation d'amitié et tout était très astucieusement calculé également, parce qu'à l'époque nos 45-tours sortaient toutes les six ou huit semaines, alors on essayait de programmer les sorties pour ne pas se marcher mutuellement sur les pieds. Je me souviens de John Lennon me passant un coup de fil : « On n'a pas encore fini le mixage, ici.

— Nous, on en a un prêt à rouler.

— OK, allez-y en premier. »

Au moment de notre premier décollage, on était trop accaparés par les tournées pour écrire nos propres morceaux. À vrai dire, ça ne nous était même pas venu à l'esprit. On considérait que ce n'était pas notre boulot. Pour Mick et moi, la composition était une activité inconnue dont d'autres se chargeaient : je monte le cheval, c'est pas à moi de le ferrer. Nos premiers disques ont tous été des reprises, « Come On », « Poison Ivy », « Not Fade Away »… On jouait de la musique américaine pour les Anglais, c'est tout, et on la jouait sacrément bien, au point que certains Américains tendaient l'oreille. On était déjà complètement estomaqués d'être parvenus là où on était, on se satisfaisait très bien d'interpréter la musique qu'on aimait et on ne voyait pas de raison de changer. Mais Andrew était convaincu du contraire, lui. Imparable logique du business : il vous arrive un truc incroyable, mais si vous n'avez plus de chansons, et de préférence quelque chose de nouveau, vous êtes cuits. Il faut voir si vous êtes capables d'en pondre une, sinon on dégottera des gens qui écriront pour vous. Parce que vous ne pourrez pas survivre qu'avec des reprises. Le saut qualitatif consistant à créer notre propre répertoire a pris des mois, et pourtant ça a été beaucoup moins difficile que je ne le pensais.

L'histoire selon laquelle Andrew nous a enfermés un jour dans une cuisine à Willesden et nous a dit : « Allez, pondez un morceau » n'est pas une légende. Ça s'est vraiment passé comme ça. Pourquoi il a choisi Mick et moi pour composer et non Mick et Brian, ou Brian et moi, je ne sais pas. On a vu par la suite que Brian n'arrivait pas à composer, mais ça, Andrew l'ignorait encore. J'imagine que c'est parce que Mick et moi, on traînait tout le temps ensemble à cette époque. C'est comme ça qu'Andrew l'a expliqué par la suite : « J'ai supposé que puisque Mick était capable d'écrire des cartes postales à Chrissie Shrimpton[1] et que Keith pouvait gratter une guitare, ils devaient être fichus de composer des chansons. » Donc on a passé toute la nuit dans cette cuisine de merde, et bon, on était les Rolling Stones, quasiment les rois du blues, et on avait à manger, et on pouvait pisser par la fenêtre ou dans l'évier, alors c'était pas la fin du monde. Et j'ai dit à Mick : « Écoute, si on veut sortir d'ici, on a intérêt à pondre quelque chose. »

On s'est assis et j'ai commencé à plaquer des accords. *It is the evening of the day*, ça pourrait être de moi. *I sit and watch the children play*, je n'aurais certainement pas pu trouver ça. Bon, on avait deux vers et un enchaînement d'accords intéressants, mais ensuite, à un point quelconque du processus, il y a eu une transformation, quelque chose a pris le dessus. Je ne veux pas employer le mot « mystique », mais c'est une expérience qu'on ne peut pas décrire ou expliquer. Disons qu'une fois que tu as eu l'idée, le reste vient tout seul. C'est comme quand tu mets une graine dans le sol, tu l'arroses un peu et brusquement ça explose hors du sol et c'est : « Hé, regardez-moi ! » L'ambiance s'est établie à un certain point de la chanson. Regrets, amour déçu... Peut-être que l'un de nous venait de rompre avec une copine ? Dès qu'on trouve l'amorce qui fait démarrer l'idée, la suite est

---

1. Mannequin et actrice anglaise qui était alors la petite amie de Mick Jagger.

facile. C'est la première étincelle qui compte. Et d'où ça vient, Dieu seul le sait.

Avec « As Tears Go By », on n'essayait pas d'écrire un titre de pop commercial. Ça nous est venu comme ça. Je savais ce qu'Andrew voulait : ne me refilez pas un blues, ne me faites pas une parodie ou une copie, sortez quelque chose qui n'appartient qu'à vous. Une bonne chanson pop, ce n'est pas si facile que ça à écrire. Et ça a été un choc de voir s'ouvrir ce monde nouveau de la composition, cette découverte d'un talent que je ne soupçonnais même pas. Un moment à la William Blake, une révélation, une épiphanie.

C'est Marianne Faithfull qui a enregistré en premier « As Tears Go By » et qui en a fait un hit quelques semaines à peine après la scène dans la cuisine. Ensuite, on a écrit des tonnes de chansons d'amour idiotes pour midinettes et des trucs qui ne fonctionnaient pas, mais quand on les a donnés à Andrew, il a fait enregistrer la plupart de ces machins par d'autres artistes, à notre grande stupéfaction. Mick et moi, on refusait de jouer ces saloperies avec les Stones. La tempête de rires nous aurait forcés à quitter la salle. Andrew attendait. Il attendait qu'on ponde « The Last Time ».

Il fallait trouver du temps pour ce travail. Parfois, c'était seulement possible après un concert. Sur la route, il ne fallait même pas y penser. Stu tenait le volant et il était sans pitié. On s'entassait à l'arrière du Volkswagen, enfermés avec seulement une fenêtre, le cul au-dessus du moteur. Le plus important, c'était l'équipement, les amplis, les pieds de micro, les guitares, et ensuite, quand tout ça était rentré : « Allez, faufilez-vous là-dedans. » On se casait comme on pouvait et pas question de faire une pause-pipi. Il faisait semblant de ne pas entendre. Il avait une stéréo gigantesque, un *sound-system* avec quarante ans d'avance sur ce qui se fait maintenant. Deux méga-haut-parleurs JBL près de ses oreilles dans la cabine du conducteur. Une prison roulante.

Début 1963, les Ronettes étaient le groupe féminin le plus chaud de la planète et elles venaient de sortir l'un des meilleurs titres jamais enregistrés, « Be My Baby », produit par Phil Spector. Nous avons fait avec elles notre deuxième tournée britannique et je suis tombé amoureux de Ronnie Bennett, la chanteuse principale du groupe. Elle avait vingt ans et elle était extraordinaire à écouter, à regarder et à côtoyer. Je suis tombé amoureux d'elle en silence, et elle de moi. Nous étions aussi timides l'un que l'autre et il n'y avait pas beaucoup de communication, mais l'amour était là, c'est sûr. Il fallait aussi faire gaffe parce que Phil Spector était déjà connu à l'époque pour être incroyablement jaloux. Elle devait rester tout le temps dans sa chambre, au cas où il l'appellerait. Je crois qu'il a vite repéré que le courant passait entre Ronnie et moi : il téléphonait aux gens de la tournée et leur demandait d'empêcher Ronnie de voir qui que ce soit après le concert. Mick avait un faible pour sa sœur Estelle, qui n'était pas chaperonnée aussi strictement. Elles venaient d'une famille très nombreuse. Leur mère, qui avait six sœurs et sept frères, habitait Spanish Harlem. Ronnie avait fait ses débuts sur la scène de l'Apollo quand elle avait quatorze ans. Par la suite, elle m'a raconté que Phil faisait des complexes parce que son crâne se dégarnissait et qu'il ne pouvait pas voir en peinture ma tignasse fournie. Son manque d'assurance maladif allait prendre des proportions dramatiques, au point qu'après avoir épousé Ronnie en 1968, il l'a pratiquement emprisonnée dans son manoir de Californie, l'empêchant de mettre un pied dehors sauf en cas d'extrême urgence, de chanter, d'enregistrer et évidemment de partir en tournée. Dans son livre de souvenirs, elle raconte que Phil l'a emmenée un jour au sous-sol, lui a montré un cercueil en or, avec un couvercle en verre transparent et l'a prévenue que c'est là qu'elle finirait si elle ne se pliait pas à ses règles draconiennes. Bien que très jeune, Ronnie avait beaucoup de caractère, mais ça n'a visiblement pas suffi à la tirer des griffes du bonhomme. Pourtant, je me rappelle l'avoir entendue dire à Phil, pendant un enregistrement aux studios Gold Star : « Ta gueule, je sais ce qu'il faut faire ! »

Elle a évoqué ainsi cette tournée qui nous a réunis :

Ronnie Spector : Keith et moi, on arrivait à trouver le moyen d'être ensemble. Je me rappelle qu'à un moment de la tournée en Angleterre il y avait tellement de brouillard que le car avait dû s'arrêter. On est descendus tous les deux et on a marché jusqu'à une petite ferme, et là, une vieille dame est venue sur le pas de la porte, assez enveloppée, très gentille. J'ai dit : « Bonjour, je suis Ronnie, des Ronettes. » Et Keith : « Je suis Keith Richards, des Rolling Stones, et notre car a dû s'arrêter parce qu'on n'y voit rien de rien… » Alors, elle : « Oh ! Entrez, les enfants, entrez, je vais vous préparer quelque chose ! » Elle nous a servi des scones et du thé, ensuite elle nous en a donné en plus pour qu'on en apporte à ceux qui étaient restés dans le car et, franchement, c'étaient les plus beaux jours de toute ma carrière.

Nous avions vingt ans et nous étions amoureux. Qu'est-ce qu'on peut faire quand on entend un disque comme « Be My Baby » et que brusquement c'est de toi qu'il s'agit ? Mais c'est toujours la même histoire, personne d'autre ne devait savoir, et donc c'était super dur, d'une certaine façon, mais au fond de quoi s'agissait-il ? Les hormones et le fait qu'on était en phase. Sans réfléchir, on a compris qu'on était tous les deux dans la même galère, qu'on dérivait sur la mer d'un succès fulgurant, mais que ce n'était pas nous qui tenions le gouvernail et qu'on n'aimait pas ça. Sauf qu'on n'y pouvait pas grand-chose. Pas en tournée, pas sur la route. D'un autre côté, nous ne nous serions jamais rencontrés si nous n'avions pas été dans cette situation bizarroïde. Ronnie ne voulait que du bien aux gens et n'a jamais été payée en retour, mais elle avait le cœur sur la main. Tôt un matin, je suis allé la trouver au Strand Palace Hotel. Juste pour lui dire un petit bonjour. On devait partir à Manchester ou je ne sais plus où, tout le monde devait monter dans le car, donc je m'étais simplement dit que j'irais la chercher. Il ne s'est rien passé ce jour-là. Je l'ai aidée à faire son sac, c'est tout, mais pour moi c'était un truc très gonflé, parce que je n'avais jamais fait d'avances à une fille. On s'est retrouvés peu après à New York, j'y reviendrai. Et j'ai toujours gardé le contact. Le 11 septembre 2001, on se trouvait tous les deux à New York, pour enregistrer une chanson intitulée « Love Affair »… C'est toujours en chantier.

Dans le prisme de l'arrogance de la jeunesse, devenir une rock star ou une pop star représentait une régression par rapport au statut de bluesman jouant dans les clubs. Pendant un petit moment, en 1962 et 1963, l'idée qu'on allait donner dans le commercial était carrément repoussante. Au départ, les Rolling Stones avaient une ambition limitée : être le meilleur putain de groupe de Londres. On se foutait de la province. Notre état d'esprit était très londonien. Mais quand le monde entier a commencé à réagir, il n'a pas fallu longtemps pour qu'on laisse tomber les préjugés. Brusquement, toute la planète nous écoutait. Les Beatles avaient déjà prouvé que c'était possible. Ce n'est pas si facile d'être célèbre. Tu ne veux pas d'abord, mais il faut rester cohérent avec ce que tu as entrepris, et puis tu te rends aussi compte que tu as déjà fait le choix au moment vital, à la croisée des chemins. Personne ne t'a prévenu, mais après quelques semaines ou quelques mois, tu piges que tu as déjà fait le choix et que tu es maintenant sur un autre chemin, pas celui de ton idéal esthétique. Tout cet idéalisme adolescent, tout ce purisme, c'est des conneries. Maintenant tu es engagé sur cette voie, et c'est celle de tous les gens que tu voulais suivre de toute façon, des artistes comme Muddy Waters et Robert Johnson. Il est fait, le foutu choix, et donc il faut y aller, tout comme tes frères, tes sœurs et tes ancêtres y sont allés. Tu es sur la route.

Chapitre Cinq

Où les Stones effectuent leur première tournée aux États-Unis. Je fais
la connaissance de Bobby Keys à la foire de San Antonio. Visite chez
Chess Records, à Chicago. Je retrouve la future Mrs Ronnie Spector
et passe une soirée à l'Apollo de Harlem. En Angleterre, la presse
à scandale (et Andrew Oldham) peaufinent notre nouvelle image :
chevelus, odieux et sales. Avec Mick, on écrit une chanson que
les Stones peuvent jouer. On se rend à Los Angeles pour enregistrer
avec Jack Nitzsche chez RCA. Je compose « Satisfaction » dans
mon sommeil, et nous avons notre premier numéro un au hit-parade.
Allen Klein devient notre manager. Linda Keith brise mon cœur.
J'achète mon manoir, Redlands. Brian commence à disjoncter
— et rencontre Anita Pallenberg.

Notre premier voyage aux États-Unis, pendant l'été 1964,
a été une montée au paradis. Chacun de nous a abordé
les States à sa façon. À New York, Charlie est allé au Metropole,
où à l'époque ça swinguait encore, écouter Eddie Condon. Pour
ma part, je me suis précipité chez Colony, le magasin de disques,
où j'ai acheté tous les albums de Lenny Bruce sur lesquels j'ai pu
mettre la main. Le côté vieux jeu, européen, de New York,
m'étonnait beaucoup, très différent de ce que j'imaginais.
Grooms, maîtres d'hôtel et tout le bastringue. Autant de frou-
frous inutiles comme des cheveux sur la soupe, à croire que
quelqu'un avait édicté les règles en 1920 et que rien n'avait
changé depuis. Mais en même temps c'était l'endroit le plus
moderne, le plus palpitant au monde.

Et la radio ! Débarquant d'Angleterre, j'étais sur le cul. Écouter la radio en voiture, alors qu'une véritable explosion musicale est en marche, c'est mieux que monter au paradis. Tu tournes le bouton et il y a dix stations de country, dix stations black, et si tu es sur la route et que tu perds le signal, tu tournes à nouveau le bouton et, hop, une autre chanson géniale. La musique black était en effervescence. C'était de l'énergie pure. Motown était une usine, mais c'était pas des robots. Sur la route, on tétait du Motown, on guettait le dernier morceau des Four Tops ou des Temptations. Motown était notre aliment, en voiture ou en ville. De la radio mille miles durant, en se rendant d'un concert à l'autre, l'Amérique dans toute sa splendeur. On en avait rêvé, maintenant on le vivait.

L'humour de Lenny Bruce n'était peut-être pas la tasse de thé de tous les Américains, mais ça me permettait de comprendre les secrets de leur culture. C'était mon introduction à la satire américaine, Lenny était mon guide. Je connaissais son « humour dérangé[1] » depuis un bon bout de temps. Ça ne m'a donc pas surpris qu'Ed Sullivan interdise à Mick de chanter « Let's Spend the Night Together » (Passons la nuit ensemble) dans son show télé – c'est devenu « Let's Spend Some Time Together » (Passons un moment ensemble). Tout était dans la nuance, mais ça voulait dire quoi ? Que les nuits n'existaient pas chez CBS ? Dément. Ça nous a bien fait marrer, c'était du Lenny Bruce pur jus : « "Nichon" est un gros mot. Attendez voir, c'est le mot ou la chose qui dérange ? »

Avec Andrew on s'est pointés au Brill Building, le nouveau Tin Pan Alley[2] de la chanson américaine, pour tenter de rencontrer le

---

1. Le célèbre humoriste (1925-1966) s'était notamment fait connaître hors de ses frontières par son disque *The Sick Humor of Lenny Bruce* (L'humour dérangé de Lenny Bruce).
2. Tin Pan Alley (la ruelle des casseroles en étain) est le nom donné, à New York, au « block » de la 28e rue Ouest compris entre la cinquième et la sixième avenue, où s'étaient regroupés les éditeurs de musique. Par extension, le terme en est venu à désigner la musique populaire américaine.

grand Jerry Leiber, et il n'a pas voulu nous recevoir. Quelqu'un nous a reconnus et fait entrer. On a écouté un tas de chansons et on est ressortis avec dans la poche « Down Home Girl », un super thème funk de Leiber et Butler, que nous avons enregistré en novembre 1964. Une de nos grandes aventures a été de trouver les bureaux de Decca à New York : on a fini dans un motel à l'angle de la 26e Rue et de 10e Avenue en compagnie d'un Irlandais bourré nommé Walt McGuire, cheveux ras, tout droit sorti de la Navy. C'était le patron de la branche américaine. Et on a pigé : la grande compagnie de disques Decca à New York, c'était un entrepôt quelque part. Un sacré tour de passe-passe. « Oui, oui, nous avons de beaux bureaux à New York. » Ouais, tu parles, sur les docks, à côté du West Side Highway…

On adorait les groupes de filles, la soul de Harlem, le *doo-wop* : les Marvelettes, les Crystals, les Chiffons, les Chantels, on s'en mettait plein les oreilles et on en redemandait. Les Ronettes, bien sûr, le plus chaud de tous les groupes de filles. Mais aussi les Shirelles, qui chantaient « Will You Love Me Tomorrow ». Shirley Owens, leur chanteuse *lead*, avait une voix dingue, parfaitement équilibrée, naturelle, avec une fragilité et une simplicité étonnantes, comme si elle venait d'apprendre à chanter. Dans tout ce qu'on entendait, c'était évident, les Beatles avaient une influence, les Isley Brothers faisaient même « Please Mr Postman » et « Twist and Shout ». Si on avait essayé de jouer dans ce style au Richmond Station Hotel, on se serait fait jeter. Notre public voulait du Chicago blues hardcore, et à ça on était les meilleurs. Ils ne voulaient certainement pas entendre les Beatles. Au Richmond, c'était un devoir professionnel de ne pas s'égarer.

Notre tout premier show américain a eu lieu au Swing Auditorium de San Bernardino, en Californie. Bobby Goldsboro, celui-là même qui m'a montré le truc de Jimmy Reed à la guitare, devait jouer, et aussi les Chiffons. Mais avant on a eu droit à la présentation de Dean Martin lors de l'enregistrement d'un show télé,

« Hollywood Palace ». Aux States, à l'époque, si t'avais des cheveux longs, t'étais une tapette – et un débile. Dans la rue, ça n'arrêtait pas : « Hé, les tarlouzes ! » Dean Martin nous a annoncés comme « ces merveilles aux cheveux longs qui débarquent d'Angleterre, les Rolling Stones… À cet instant, ils s'épouillent en coulisses ». Sarcasme lourdingue et grands roulements d'yeux. Et il a ajouté : « Ne me laissez pas seuls avec eux », accompagnant la parole d'un geste d'horreur dans notre direction. Et c'était Dino qui disait ça, Dean Martin, le rebelle du Rat Pack, celui qui faisait semblant d'être bourré pour emmerder le monde. Ça nous a vraiment sciés. En Angleterre, on se foutait de nous dans la rue – et le showbiz n'en pensait sans doute pas moins –, mais on ne nous assimilait pas à un numéro de cirque pour demeurés. Après notre chanson, Dino a enchaîné sur les King Sisters et leur numéro d'éléphants dressés. J'adore Dino. C'était un type vraiment marrant, même s'il a loupé la relève de la garde.

Ensuite on a sillonné le Texas, avec d'autres shows encore où on avait l'impression d'être des clowns. À la foire de San Antonio on a même joué devant un bassin d'otaries savantes. C'est là que j'ai fait la connaissance de Bobby Keys, saxophoniste de génie, mon meilleur pote (on est nés à quelques heures d'intervalle). Une grande âme du rock'n'roll, un vrai roc et aussi un maniaque invétéré. Il accompagnait George Jones[1]. Ils déboulaient sur scène dans un nuage de poussière, comme une bande de cow-boys. Mais quand George s'y mettait, on se disait : « Waouh, il y a un maestro sur scène. »

Il faut voir la tête de Bobby Keys quand on lui demande si c'est grand, le Texas. J'ai mis trente ans à le convaincre que son État résultait d'un braquage organisé par Sam Houston et Stephen Austin[2]. « Je t'interdis de dire ça ! Comment tu oses ? » Il devenait

1. Célèbre chanteur de country music.
2. Sam Houston et Stephen Austin sont deux hommes politiques américains ayant joué un rôle déterminant dans le rattachement du Texas aux États-Unis.

tout rouge. Alors je lui ai offert deux ou trois livres sur ce qui s'est réellement passé entre le Texas et le Mexique, et six mois plus tard il m'a dit : « Ton histoire n'est pas totalement dénuée de fondement. » Je te comprends, Bob. Moi-même, dans le temps, je croyais que Scotland Yard était blanc comme neige.

Je vais laisser Bobby raconter notre histoire, puisque c'est une histoire texane. C'est flatteur, mais pour une fois je laisse passer :

Bobby Keys : J'ai rencontré Keith Richards pour la première fois à San Antonio, au Texas, et j'étais plutôt mal prédisposé à son égard. Les Stones jouaient « Not Fade Away », un morceau écrit par Buddy Holly, un Texan de Lubbock, comme moi. Je m'étais dit : « Hé, c'est une chanson de Buddy, ça ! De quel droit ces tronches de cake avec leurs cannes maigrichonnes et leur accent bizarre se permettent de jouer ça, ici ? Je vais les fracasser ! » Je me moquais pas mal des Beatles, même si en cachette j'aimais bien ce qu'ils faisaient, mais pour moi ils avaient tué le saxophone, et sous mes yeux ! Ces mecs n'avaient pas de sax dans leurs groupes ! J'allais finir ma vie à jouer des conneries à la Tijuana Brass. Alors quand j'ai vu leur nom, je n'ai pas du tout pensé : « Génial, on va faire partie du même show. » À l'époque, j'accompagnais un certain Bobby Vee, qui avait eu un hit avec « Rubber Ball (I Keep Bouncing Back to You) ». La tête d'affiche, c'était nous. Jusqu'au moment où les Stones ont débarqué et nous ont piqué la place. On était au Texas, mec. C'était mon turf.

On logeait tous au même hôtel. Brian et Keith, peut-être Mick, jouaient sur le balcon. J'ai prêté l'oreille et je me suis dit : « Tiens, c'est du vrai rock'n'roll, ça, si vous voulez mon humble avis. Et je sais de quoi je parle, vu que le rock a été inventé au Texas. J'étais même là quand ça s'est passé. » Et ces mecs étaient vraiment, mais vraiment bons, et ils jouaient « Not Fade Away » mieux que Buddy lui-même. Je ne leur ai rien dit de tout ça, mais je voyais que je les avais jugés trop sévèrement. Donc, le lendemain, on a joué trois fois et après la troisième on s'est retrouvés dans les loges, ils discutaient entre eux de la partie américaine du show, comment les musiciens se changeaient avant de monter en scène. C'était vrai. On arborait tous des vestes noires en mohair, chemise blanche et cravate, ce qui était crétin parce qu'il faisait neuf cents degrés dehors, l'été à San Antonio, quoi. L'un d'eux a dit : « Pourquoi on ne se changerait pas aussi ? » Et les autres ont répondu : « Ouais, super idée. » Je pensais qu'ils allaient sortir des costards et des cravates, mais ils ont juste échangé leurs vêtements ! J'ai trouvé ça génial.

Il faut comprendre que l'image du rock US à l'époque – 1964 –, c'était chemise-cravate-veste noire en mohair. Il fallait être propre sur soi, très « bon gars du coin ». Et voilà que cette bande de resquilleurs anglais débarque en chantant du Buddy Holly ! Merde ! Je n'entendais pas très bien ce qu'ils faisaient sur scène, les amplis et les haut-parleurs n'étaient vraiment pas top, mais je sentais la musique, elle me faisait vibrer, et elle me faisait sourire et danser. Ils n'étaient pas en uniforme, ils ne faisaient pas des sets, ils brisaient toutes les putains de règles, mais ça marchait – et ça m'a totalement éclaté. Ça a dû m'inspirer, parce que le lendemain j'ai sorti mon costume en mohair, et quand j'ai mis mon pantalon, mon gros orteil a déchiré la toile de haut en bas. Je n'avais rien d'autre à mettre, alors j'ai enfilé ma chemise et ma cravate par-dessus une paire de bermudas et des bottes de cow-boy. Et je ne me suis pas fait virer. J'ai juste eu droit à : « Oh, putain… T'as pas froid aux yeux ! T'es malade ou quoi, mec ? » Pour moi, ça a changé un tas de choses. La scène musicale américaine, avec ses idoles pour adolescentes, ses gentils garçons bien proprets avec leurs chansonnettes bien ficelées, tout ça est passé par-dessus bord dans le sillage de ces gars ! Et la presse a donné un coup de main, avec leurs « Laisseriez-vous votre fille… », le fruit défendu, etc.

Quoi qu'il en soit, ils ont vu qui j'étais, j'ai vu qui ils étaient et on s'est croisés sans vraiment faire connaissance. Puis je suis tombé à nouveau sur eux à Los Angeles et j'ai découvert que Keith et moi on était nés le même jour, le 18 décembre 1943. Il m'a dit : « Bobby, tu sais ce que ça veut dire ? On est moitié homme, moitié cheval, on a le droit de chier dans la rue. » Ça, c'était une nouvelle !

L'âme et le cœur de ce groupe, c'est Keith et Charlie. C'est évident, il suffit de le voir pour le savoir, même si tu n'as pas la moindre fibre musicale. C'est la salle des machines. Je suis un autodidacte, je n'ai pas de formation musicale à proprement parler, je ne sais pas lire les notes. Mais je sens les choses, et quand j'ai entendu Keith jouer de la guitare, ça m'a tout de suite fait penser à l'énergie de Buddy et d'Elvis. Impossible de se tromper, c'était du sérieux. Même s'ils jouaient du Chuck Berry. Et je connais un paquet de guitaristes sortis de Lubbock qui ne sont pas vraiment des manchots. Orbison était de Vernon, à quelques heures de là, j'allais l'écouter, et Buddy jouait à la piste de patinage, et Scotty Moore et Elvis passaient régulièrement dans le coin, alors j'en ai entendu, des mecs qui jouaient. Et il y avait quelque chose chez Keith qui m'a aussitôt fait penser à Holly. Ils ont le même gabarit, Buddy était un gars tout maigre, il avait des dents pourries. Keith était un putain de désastre. Mais certains types ont un éclat dans le regard, et il avait l'air dangereux, je ne raconte pas d'histoires…

On a découvert quelque chose de tout con à propos de l'Amérique : c'était civilisé sur le bord, mais dès que tu t'éloignais de n'importe quelle grande ville américaine, New York, Chicago, L.A. ou Washington, t'entrais dans un autre monde. Dans le Nebraska et des coins de ce genre, les gars n'arrêtaient pas de nous balancer des « Salut, les filles ». On a fini par s'habituer, on les ignorait. Ils nous trouvaient menaçants parce que leurs femmes

nous regardaient en se disant : « Tiens, intéressant. » Ça les changeait de leurs ploucs habituels, rougeauds et bourrés à la bière. Ils
étaient super agressifs, mais au fond ils étaient plutôt sur la défensive. Nous, tout ce qu'on voulait, c'était des pancakes ou des œufs
au bacon avec une tasse de café, pourtant il fallait s'attendre à se
faire rabrouer. Nous ne faisions que jouer de la musique, mais on
voyait bien que ça renvoyait à des questions sociales et à des enjeux
importants. Ça reflétait un certain manque d'assurance. Les Américains, impétueux et arrogants ? Tu parles... C'était juste une
façade. Surtout les hommes, ils ne comprenaient rien à ce qui se
passait. Et ça bougeait vite. Ça ne m'étonne pas que certains mecs
aient eu du mal à piger.

Les seuls qui étaient systématiquement hostiles, c'était les
Blancs. Les *brothers* noirs, musiciens ou non, nous trouvaient
curieux mais intéressants, au minimum. On pouvait parler. Avec
les Blancs, c'était bien plus difficile. On avait toujours l'impression
qu'on les menaçait. Et pourtant on demandait juste où se trouvaient les toilettes. « Pour garçons ou pour filles ? » Qu'est-ce que
t'allais faire, sortir ta queue ?

En Angleterre on était numéro un, mais dans l'Amérique profonde, on n'était rien du tout. Leur style, c'était plutôt les Dave
Clark Five ou les Swinging Blue Jeans. Parfois l'hostilité allait
loin, on nous jetait des regards vraiment meurtriers. D'autres fois
on avait juste l'impression qu'on allait se faire passer à tabac, sur-
le-champ. On se tirait dare-dare dans notre camion conduit par
notre *road manager*, Bob Borris, un type formidable. Il avait fait la
route avec des nains, des singes savants, certains parmi les plus
grands numéros de tous les temps. Il nous a présenté l'Amérique
en avalant sept cent cinquante kilomètres par jour.

En 1964 et 1965, on raccrochait souvent notre wagon à des tournées qui étaient déjà en place. Pendant deux semaines, c'était Patti
LaBelle et les Bluebelles, les Vibrations, plus un contorsionniste,
l'« incroyable homme élastique ». Puis on changeait de circuit. La

première fois que j'ai vu quelqu'un chanter sur un enregistrement, c'était les Shangri-Las, sur « Remember ». Trois New-Yorkaises très bien foutues et tout ça, mais soudain tu te rends compte qu'il n'y a pas de groupe, et qu'elles chantent accompagnées par un groupe enregistré. On a aussi eu droit aux Green Men, de l'Ohio, je crois. Ils se peignaient en vert ! Ça changeait tout le temps, mais c'était tous des super musiciens, surtout dans le Midwest et le Southwest. Ces petits groupes jouaient tous les soirs dans des bars, ils ne perceraient jamais et d'ailleurs ils s'en foutaient, c'est ça qui était génial. Et il y avait des guitaristes formidables parmi eux. C'était une mine de talents. Des types qui jouaient bien mieux que moi. Parfois on était en haut de l'affiche, pas toujours, mais souvent. Avec Patti LaBelle et les Bluebelles, il y avait aussi la jeune Sarah Dash, toujours suivie par une femme habillée comme pour la messe du dimanche, qui ne la lâchait pas d'une semelle et t'assassinait du regard si tu la matais. On l'appelait « Inch » (Pouce). Elle était gentille et courte sur pattes. Vingt ans plus tard elle refera surface dans mon histoire.

Bien sûr, au début 1965, j'ai commencé à me défoncer – une habitude qui perdure –, ce qui stimulait ma perception des choses. À l'époque je ne faisais que fumer de l'herbe. Les types sur la route, les musiciens des groupes black avec qui on partageait l'affiche, étaient des mecs plus vieux que nous, trente sinon quarante ans. On ne dormait presque pas, on enchaînait les gigs et on débarquait avec nos mines de déterrés au milieu de tous ces Blacks sapés comme des dieux, gominés, rasés de près dans leurs costards avec gilet et gousset. Un jour que j'étais vraiment lessivé, j'ai vu ces mecs frais comme des gardons – alors que, merde, on avait exactement les mêmes horaires ! – et j'ai demandé à l'un d'entre eux, un des cuivres : « Putain, comment vous faites pour avoir toujours l'air en forme ? » Il a entrouvert son manteau, pris quelque chose dans la poche de son veston et m'a dit : « T'en prends un comme ça, et t'en fumes un comme ça. » Un des meilleurs conseils qu'on m'ait jamais donnés. Il m'a confié un petit cachet blanc, avec une petite croix dessus, et un joint. Et il m'a dit : « C'est comme ça qu'on fait : t'en avales un, t'en fumes un. »

« Mais surtout, sois discret. » C'est le conseil qu'il m'a donné avant de sortir. « Maintenant que tu sais, garde ça pour toi. » C'était comme si on m'avait admis au sein d'une société secrète. « Je peux en parler à mes potes ?

— Ouais, mais gardez ça pour vous. » En coulisses, c'est comme ça depuis l'aube des temps.

Le joint m'a bien plu. Ça m'a tellement plu que j'ai oublié de prendre les amphés. On dégottait du bon speed, à l'époque. Oh oui, du pur. Ça se trouvait là où il y avait des camionneurs, c'était de gros consommateurs. Tu te garais entre les camions et tu demandais Dave. Pour moi, un Jack Daniel's avec de la glace et un petit sachet. Moi, ça sera un pied de cochon et une pinte de bière.

Au 2120 South Michigan Avenue, à Chicago, chez Chess Records, on a foulé la Terre promise. Andrew Oldham nous avait dégotté un créneau à la dernière minute, au moment où notre première tournée US semblait virer au désastre. Là, dans le meilleur des studios d'enregistrement, dans la pièce même où tout ce qu'on aimait écouter était fabriqué, contents d'être là et sans doute aussi parce que des types comme Buddy Guy, Chuck Berry et Willie Dixon n'arrêtaient pas d'aller et venir, on a enregistré quatorze morceaux en deux jours. L'un d'eux s'intitulait « It's All Over Now », de Bobby Womack, qui a été notre premier numéro un. Certaines personnes, dont Marshall Chess, jurent que j'ai inventé l'histoire suivante, mais vous pouvez vérifier auprès de Bill Wyman, il confirmera. Quand on est arrivés chez Chess Records, il y avait un type en salopette noire qui repeignait le plafond. C'était Muddy Waters, il avait de la peinture sur la figure et était perché en haut d'une échelle. Marshall Chess a dit : « Ça n'est jamais arrivé, il n'a jamais fait le peintre chez nous. » Mais à l'époque, Marshall était un gamin, il travaillait au sous-sol. Et Bill Wyman m'a raconté que Muddy Waters s'était aussi chargé de prendre nos amplis dans la voiture, il s'en souvient comme si c'était hier. Je ne sais pas s'il faisait ça pour rendre service ou si ses disques ne marchaient pas, mais je connais toutes les combines de ces enfoirés de frères Chess : si tu veux être payé, t'as intérêt à travailler. Le plus bizarre, c'est que tous ces types qu'on rencontrait, nos héros, nos idoles, étaient très modestes et très encourageants. « Montre-moi ça encore une fois », et le type qui te dit ça, c'est Muddy Waters en personne. Bien sûr, on a fini par devenir vraiment potes. Au fil des années, j'ai créché souvent chez lui. Pendant ce premier voyage, je crois me souvenir que j'ai dormi chez Howlin' Wolf, mais Muddy était là. Passer la soirée à Chicago, dans le South Side, en compagnie de ces deux géants. Et la vie de famille, avec des tas d'enfants et de parents qui n'arrêtent pas d'entrer et sortir. Willie Dixon aussi était là…

Un jour, Bobby Womack m'a dit : « La première fois qu'on vous a entendus, on a pensé que vous étiez noirs. "Mais d'où ils sortent, ces enfoirés ?" » Je n'en sais trop rien moi-même. Pourquoi Mick et moi on a réussi à trouver un tel son, dans notre ville pourrie ? C'est peut-être qu'à force de baigner dedans aussi intensément que nous, à longueur de journée, dans un immeuble londonien sordide, on finit par baigner dedans un peu comme à Chicago. Comme on n'écoutait rien d'autre, on a fini par avoir ce son. On ne sonnait pas comme des Anglais. Je pense qu'on était même les premiers surpris.

Chaque fois qu'on jouait – je précise que ça m'arrive encore –, je me retournais vers Charlie et disais : « C'est juste toi et moi, tout ce barouf ? » C'est un peu comme chevaucher un étalon sauvage. Et il va sans dire qu'on a la chance de travailler avec Charlie Watts. Il joue vraiment dans le style des batteurs noirs qui accompagnaient Sam and Dave, les groupes de la Motown ou d'autres batteurs soul. Il a exactement ce toucher. Très correct, la plupart du temps, avec les baguettes glissées entre les doigts – comme tant de batteurs jouent aujourd'hui. Mais quand on se lâchait, on s'envolait. C'est comme dans le surf, quand tu es en haut de la vague : tout est OK, tant que tu restes là-haut. Et parce que Charlie avait ce style particulier, je pouvais jouer comme lui. Dans un groupe, une chose fait avancer l'autre, il faut que ça fusionne. C'est fondamentalement du liquide.

Le plus bizarre de l'histoire, c'est qu'après avoir réalisé ce que nos petits cerveaux d'adolescents anglais puristes s'étaient mis en tête de faire, à savoir brancher les gens sur le blues, on a fini par rebrancher les Américains sur leur propre musique. À mes yeux, c'est notre plus grande contribution. On a chamboulé la tête et les oreilles de l'Amérique blanche. Sans vouloir dire pour autant qu'on était les seuls – sans les Beatles, personne n'aurait pu passer la porte. Et c'était vraiment pas des bluesmen.

La musique noire américaine avançait à un train d'enfer. Côté blanc, après la mort de Buddy Holly et Eddie Cochran et le départ d'Elvis à l'armée, on écoutait les Beach Boys et Bobby Vee. On se raccrochait au passé. Le passé, c'était six mois plus tôt, ça ne faisait pas long. Mais tout a changé. Les Beatles sont passés par là. Et puis les Fab Four eux-mêmes se sont retrouvés enfermés dans leur cage dorée. Et immanquablement il y a eu les Monkees et tous les autres ersatz de merde. Il y avait quand même un vide dans la musique américaine de l'époque.

Aux States en général, et à L.A. en particulier, il n'y en avait que pour les Beach Boys à la radio, et ça nous faisait bien marrer, ces histoires de voitures et de surf, assez mal jouées, avec un paquet de motifs à la Chuck Berry. *Get around, round, round, I get around*, je trouvais ça génial. C'est plus tard seulement, en écoutant « Pet Sounds » – bon, c'est un peu surproduit à mon goût –, que j'ai compris que Brian Wilson avait un truc. « In My Room », « Don't Worry Baby ». Je préférais leurs faces B, c'est là qu'il glissait ces morceaux. Ça n'avait rien à voir avec ce qu'on faisait, alors je pouvais aborder ça à un autre niveau. Je me disais : « C'est des chansons très bien foutues. » Je m'adaptais facilement au langage de la pop. J'ai toujours écouté de tout, et en Amérique t'avais accès à tout – on écoutait même des hits locaux. On a fini par connaître le moindre label, les groupes du pays, c'est d'ailleurs comme ça qu'on a découvert « Time Is on My Side », à Los Angeles, chantée par Irma Thomas. C'était la face B d'un single de chez Imperial Records, un label qu'on aimait bien parce qu'il était indépendant, prospère et basé sur le Sunset Strip.

Depuis lors, j'ai eu l'occasion de demander à des musiciens blancs, Joe Walsh par exemple, le guitariste des Eagles, ce qu'ils écoutaient quand ils étaient jeunes, et c'était souvent des trucs provinciaux, un choix réduit, lié à la programmation d'une station FM locale, blanche en général. Bobby Keys prétend qu'il peut savoir d'où vient quelqu'un en l'interrogeant sur ses goûts musicaux. Joe Walsh a découvert les Stones quand il était au lycée et il m'a dit que ça avait été énorme pour lui parce qu'il n'avait jamais rien entendu de pareil – pour la simple et bonne raison qu'il n'y avait rien d'autre à écouter, à part de la doo-wop. Il ne savait pas qui était Muddy Waters. Le plus dingue, c'est qu'il aurait découvert le blues grâce à nous ! Il a aussi décidé sur-le-champ qu'il était fait pour une vie de troubadour – et aujourd'hui on ne peut plus mettre les pieds dans un *diner* sans entendre le fameux riff d'« Hotel California ».

Jim Dickinson, le gars du Sud qui joue du piano sur « Wild Horses », a découvert la musique noire en écoutant la seule – et puissante – radio noire, WDIA, quand il était gamin à Memphis. Plus tard, quand il s'est retrouvé en fac au Texas, il avait une culture musicale qui dépassait de loin celle de tout le monde. Mais il n'a jamais rencontré un seul musicien noir, alors qu'il habitait Memphis, sauf le jour où il a vu dans la rue le Memphis Jug Band avec Will Shade et Good Kid au *washboard*, alors qu'il avait neuf ans. Mais les barrières raciales étaient si imperméables qu'il ne pouvait tout simplement pas approcher ces musiciens. Par la suite, Furry Lewis – Jim a joué lors de ses funérailles – et Bukka White ainsi que d'autres encore ont refait surface *via* le revival du folk. Peut-être bien que les Stones ont incité les gens à tripoter un petit peu plus le bouton de leur poste FM.

Quand on a sorti « Little Red Rooster », un blues hardcore de Willie Dixon avec guitare slide et tout, c'était audacieux pour le moment, c'est-à-dire novembre 1964. Tout le monde a froncé les sourcils, aussi bien la compagnie de disques que notre management, et le reste du monde avec. Mais on avait l'impression d'être sur la crête de la vague et donc de pouvoir faire ce qu'on voulait. C'était presque une marque de défiance vis-à-vis de la pop. Avec notre arrogance habituelle, on en a fait une espèce de question de principe. *I am the little red rooster, too lazy to crow for a day.* Et tu vas faire grimper ça en haut des charts, enfoiré, une chanson à propos d'un poulet ? Mick et moi, on s'est levés et on a dit : « Tu parles, qu'on va le faire. C'est ce qu'on fait. » Et la digue cède, et voilà que Muddy et Howlin' Wolf et tous les autres se remettent à bosser, à avoir des gigs. Ça a été une formidable avancée. Et notre chanson est devenue numéro un. Je suis persuadé que notre travail a permis à Berry Gordy, chez Motown, d'élargir son public et que ça a donné un coup de jeune au blues de Chicago également.

J'ai des carnets dans lesquels je note des ébauches et des idées de chansons. J'y ai trouvé ceci :

Dans un *juke-joint*... Alabama ? Géorgie ?

> *Enfin dans mon élément ! Un groupe dément se lamente sur une scène décorée à coups de peinture fluo, la piste de danse bouge comme un seul homme, tout comme la sueur et les spare ribs qui rôtissent dehors, derrière l'immeuble. La seule chose qui me distingue, c'est que je suis <u>blanc</u>.*
> *Mais personne ne semble remarquer ce détail aberrant. On m'accepte. Une sensation de chaleur m'enveloppe. Je suis au ciel.*

Dans la plupart des villes, disons Nashville côté blanc, à dix heures du soir il n'y avait plus une âme dans la rue. On travaillait avec des Blacks, The Vibrations, Don Bradley, si je me souviens bien. « Qu'est-ce que vous faites, après ? » Une invitation. Donc je monte dans un taxi et on traverse la voie de chemin de fer et ça ne fait que commencer. Il y a à manger, tout le monde swingue, tout le monde s'éclate, et le contraste avec les quartiers blancs est dingue, c'est resté gravé dans ma mémoire. Tu pouvais rester des heures, à manger, à boire, à fumer. Et les énormes mammas nous couvaient du regard comme des petits gars frêles et chétifs. Elles nous maternaient, et ça ne me posait aucun problème de me retrouver coincé entre une énorme paire de seins. « Tu veux un p'tit massage, mon garçon ?

— OK, mamma, tout ce que tu veux. » La liberté et la décontraction de tout ça. Tu te réveilles dans une maison pleine de gens adorables, t'arrives pas à le croire, tu te dis : « Merde, si seulement c'était comme ça à la maison. » Tu te réveilles et tu te demandes : « Où suis-je ? » Et tu es chez une grosse mamma, au pieu avec sa fille, mais elle t'apporte le petit déjeuner au lit.

La première fois que j'ai regardé un flingue dans les yeux, c'était dans les toilettes pour hommes du Civic Auditorium d'Omaha (je crois), dans le Nebraska. Un grand flic énervé le serrait dans son poing. On était en coulisses avec Brian, on vérifiait le son. À l'époque, on buvait du scotch avec du coca. On a ressenti l'appel de la nature et on y est allés, nos gobelets à la main. On était là, en train d'éclabousser gentiment la porcelaine, lorsque derrière nous la porte s'est ouverte et une voix a dit dans un sifflement : « OK, maintenant retournez-vous doucement.

— Va te faire voir, a répondu Brian.

— J'ai dit maintenant », a repris la voix sifflante. On a secoué les dernières gouttes et on s'est retournés. Un flic mastoc armé d'un flingue gigantesque nous regardait d'un air menaçant.

Un silence pesant s'est installé tandis qu'avec Brian on fixait le trou noir. « Ceci est un bâtiment public, les boissons alcoolisées y sont interdites ! Vous allez vider le contenu de vos gobelets dans les toilettes ! Faites-le maintenant ! » On avait envie d'éclater de rire, mais on a fait ce qu'il nous demandait. Après tout, il était maître de la situation. Brian a marmonné qu'il avait peut-être la main un peu lourde, ce qui a mis le vieux con hors de lui au point que le canon du pistolet a commencé à trembler. Alors on s'est excusés de ne pas être au fait de l'arrêté municipal, ce à quoi il a répondu en aboyant que nul n'était censé ignorer la loi. J'allais lui demander comment il savait qu'on buvait de l'alcool mais je me suis ravisé. On avait une autre bouteille dans notre loge.

Peu de temps après j'ai acheté mon premier Smith & Wesson, un .38 Special. C'était le Far West, et ça l'est toujours ! Je l'ai payé vingt-cinq dollars, sans compter les munitions, dans un bouge pour camionneurs. C'est ainsi qu'a débuté ma relation illégale avec cette firme vénérable. Certains types avec qui on voyageait étaient armés, des durs à cuire, ces gus. On ne peut pas nier cet aspect des choses : le sang qui coule sous la porte d'une loge, tu comprends qu'un mec est en train de se faire rectifier le portrait et tu préfères ne pas savoir. Le pire, c'était les descentes de flics. Fallait voir l'action en coulisses. Certains groupes disparaissaient tout simplement. Un certain nombre de ces mecs étaient recherchés par la justice, sans doute pour des délits mineurs, pension alimentaire impayée ou vol de voiture. On ne travaillait pas avec des saints. Ils jouaient bien, ils faisaient un gig et se fondaient parmi les troubadours. Ils connaissaient la rue comme personne. En coulisses, une brigade de flics qui débarque avec un mandat d'arrêt pour le guitariste d'un des groupes. Nom de Dieu, il fallait voir la panique ! Le pianiste d'Ike Turner qui dévale les escaliers…

À la fin de cette première tournée américaine, on s'est dit qu'on avait raté le coche. Avec nos cheveux longs, on était considérés comme un numéro de cirque. Et puis on a joué au Carnegie Hall, à New York, et on se serait crus en Angleterre, face à une horde d'adolescentes déchaînées. L'Amérique se réveillait enfin. On a compris que ça ne faisait que commencer.

Avec Mick, on n'allait pas quitter New York sans se rendre à l'Apollo. J'ai appelé Ronnie Bennett. On est partis à la plage avec toutes les Ronettes à bord d'une Cadillac rouge. Le téléphone sonne, c'est la réception : « Une dame vous attend. »

— Allez, on y va. » Cette semaine-là, il y avait James Brown. Je vais laisser Ronnie décrire pour vous notre côté petits Anglais bien élevés – pas du tout ce que vous pensez.

Ronnie Spector : Quand Keith et Mick sont venus aux États-Unis la première fois, ils n'étaient pas encore connus, ils couchaient dans le séjour chez ma mère, à Spanish Harlem. Ils n'avaient pas un rond, ma mère leur servait des œufs au bacon au petit déjeuner et Keith disait toujours : « Merci beaucoup, madame Bennett. » Je les ai emmenés écouter James Brown à l'Apollo, et je pense que ça les a changés. Ils sont rentrés chez eux, et la fois suivante, c'était des superstars. Parce que je leur ai montré ce que je faisais, comment j'ai grandi, et comment j'allais à l'Apollo depuis que j'avais onze ans. Je les ai fait entrer en coulisses et ils ont rencontré toutes ces stars du rhythm'n'blues. Je me souviens de Mick, tremblant littéralement devant la loge de James Brown.

La première fois que je suis monté au paradis, c'est quand je me suis réveillé et que Ronnie Bennett (plus tard Mrs Spector !) dormait à mes côtés avec un sourire aux lèvres. On était des gamins. On ne fait jamais mieux par la suite, ça devient juste plus raffiné. Qu'est-ce que je peux vous dire ? On a fait chez ça ses parents, dans sa chambre. Plusieurs fois, mais ça c'était la première fois. Et je n'étais qu'un guitariste. Vous voyez ce que je veux dire ?

James Brown se produisait à l'Apollo pendant toute la semaine. James Brown à l'Apollo ? Je veux, ouais, comment refuser ? C'était un vrai numéro, ce mec. Hyper-strict. Et dire qu'on pensait être un groupe carré ! La discipline qu'il faisait régner m'a laissé baba. Sur scène, il claquait des doigts quand un des musiciens ratait son entrée ou faisait un pain, et tu voyais la tronche du mec s'allonger. Tout en chantant, James indiquait le montant de l'amende d'un geste de la main. Les mecs ne quittaient pas ses mains des yeux ! Ce soir-là, j'ai vu Maceo Parker, le sax qui était l'architecte du groupe, se prendre une amende de cinquante dollars (plus tard, on a joué ensemble dans les Winos). C'était un show dément. Mick étudiait tous les pas, il scrutait ce que faisait James bien plus que moi, ce soir-là – chanteur lead, danseur, c'est le maître à bord.

Ensuite, en coulisses, James a voulu nous en mettre plein la vue. Il s'était retiré dans sa loge avec son groupe, les Famous Flames, il a envoyé un des mecs lui chercher un hamburger pendant qu'un autre lui cirait les pompes, littéralement : ça l'éclatait d'humilier son propre groupe devant nous. Pour moi, les Famous Flames était le groupe dont James Brown était le chanteur. Mais Mick était fasciné par cette façon de dominer son entourage et ses musiciens.

On est rentrés au pays et nos vieux potes musiciens, déjà sidérés qu'on soit devenus les Rolling Stones, nous disaient à présent : « Vous êtes allés aux States, les mecs ! » On a soudain compris qu'on avait changé de catégorie parce qu'on était passés par l'Amérique. Les fans anglais étaient vraiment énervés. C'est arrivé aux Beatles aussi. On n'était plus à eux. Il y avait du ressentiment dans l'air, comme on a pu le constater à l'Empress Ballroom de Blackpool, quelques jours après notre retour. On est retournés devant la foule, une bande d'Écossais imprégnés d'alcool et assoiffés de sang. À l'époque, on appelait ça la « semaine écossaise ». Toutes les usines de Glasgow fermaient et la population de la ville se ruait vers le bord de mer, à Blackpool.

On a commencé à jouer, c'était plein à craquer, il y avait beaucoup de monde, beaucoup de mecs endimanchés et très bourrés. Je suis en train de jouer et soudain un petit enfoiré de rouquin me crache dessus. Je m'éloigne, il me poursuit et remet ça, sauf que cette fois je me prends le glaviot en pleine figure. Je me retrouve à nouveau en face de lui et voilà qu'il recommence, mais, à cause de la scène, sa tête était juste à la hauteur de ma chaussure, alors j'ai pété un plomb et j'ai shooté dedans avec la grâce de Beckham tirant un penalty. Le mec n'a jamais dû remarcher normalement. Ensuite, ça a été l'émeute. Ils ont tout cassé, y compris le piano. On n'a pas récupéré un seul bout de matériel de plus de dix centimètres de long, avec les câbles qui pendaient. On s'est sortis de là *in extremis*, par la peau des fesses.

Peu de temps après notre retour, on a participé à « Juke Box Jury », une émission très populaire présentée par un pro nommé David Jacobs. Un jury de célébrités votait sur les disques qu'on lui faisait écouter : hit ou bide ? Pour nous, ça a été un de ces moments clés dont on n'a même pas compris qu'il était en train de se produire. Après, les médias en ont fait une sorte de déclaration de guerre générationnelle, la source de beaucoup de haine, de peur et de détestation. Le jour même, on avait enregistré notre passage à l'émission «Top of the Pops » pour la promo de notre dernier single, « It's All Over Now », un titre de Bobby Womack. À présent, le play-back ne me gênait plus du tout : c'était comme ça qu'on faisait. Il y avait très peu de shows live. On devenait un peu cyniques sur la question du marché aux bestiaux. On avait fini par comprendre qu'on était dans un des business les plus pourris au monde, à part peut-être celui de truand. Dans ce business, si les gens se marraient, c'est qu'ils venaient d'entuber quelqu'un. On commençait à piger quel rôle nous était destiné et on n'y pouvait rien ; de toute façon c'était un rôle que personne n'avait joué avant nous et ça pouvait être marrant. Et on s'en tapait totalement. Dans son livre *Rolling Stoned*, Andrew Oldham raconte notre prestation sur « Juke Box Jury » :

Andrew Oldham : Sans la moindre incitation de ma part, ils se sont conduits comme des goujats et ont justifié une fois pour toutes, en vingt-cinq minutes à peine, l'épouvantable opinion que la nation avait d'eux. Ils poussaient des grognements, rigolaient entre eux, se moquaient de la musique qu'on leur faisait écouter et agressaient l'imperturbable Mr Jacobs. Ce n'était pas un coup de pub préparé. Brian et Bill ont fait quelques efforts pour rester polis, mais Mick, Keith et Charlie étaient déchaînés.

On n'était pas particulièrement drôles. On s'est contentés de démolir tous les disques qu'on nous a fait écouter. Pendant les morceaux, on disait : « Je suis incapable de donner un avis là-dessus. Sérieux, vous écoutez cette daube ? » David Jacobs a essayé de rattraper le coup. Il avait l'air très imbu de lui-même, mais en fait c'était un type vraiment sympa. Jusque-là, tout avait été facile. Suffisait d'inviter Helen Shapiro, Alma Cogan[1], des gens comme il faut, très Variety Club, ou une autre de ces associations du showbiz dont tout le monde faisait partie. Et voilà que, boum, on débarque sans crier gare. Je suis sûr que David a dû penser : « Merci infiniment, la BBC, je mérite une augmentation pour avoir supporté cette bande. » On ne pouvait pas faire pire ? Attends de voir les Sex Pistols, mon pote...

À l'époque, le Variety Club était le premier cercle du showbiz. Ça avait l'air d'une maçonnerie ou d'une œuvre de bienfaisance, alors que c'était juste une petite clique qui œuvrait en coulisses. Bizarrement archaïque, la mafia du showbiz anglais... On s'est retrouvés dans cette arène et on y a mis le feu. Ils jouaient encore

---

1. Alma Cogan (1932-1966), chanteuse très populaire en Angleterre dans les années 1950 et 1960, deviendra l'égérie des Beatles. Helen Shapiro (née en 1946), chanteuse et actrice, allait chanter au jubilé d'argent de la reine en 1976.

à leur petit jeu, les Billy Cotton et autres Alma Cogan. Ces célébrités – pas des plus talentueuses – avaient une influence démente. C'est elles qui décidaient si les portes s'ouvraient ou se fermaient, décrétaient qui pouvait jouer où et quand. Dieu merci, les Beatles les avaient déjà pas mal remises à leur place et, quand ces gens ont eu affaire à nous, ils n'ont pas compris ce qui leur arrivait.

La seule raison pour laquelle on a signé avec Decca, c'est parce que Dick Rowe avait raté les Beatles. EMI les avait récupérés et il ne pouvait pas se planter une deuxième fois. Decca était aux abois – c'était même étonnant que le gars ait réussi à garder son job. À l'époque, tout le monde pensait que le « divertissement populaire » n'était qu'une affaire de mode, comme tout le reste d'ailleurs, un passage chez le coiffeur et on rentrerait dans le rang. S'ils nous ont signés, c'est parce qu'ils n'avaient pas le choix, ils ne pouvaient pas se permettre de merder une deuxième fois. Autrement, ils ne nous auraient même pas pris avec des pincettes. Pur préjugé. Leur structure était très Variety Club, tout en clins d'œil et petits coups de coude allusifs. Ça avait sans doute fonctionné à une certaine époque, mais tout d'un coup, ils n'ont plus compris ce qui leur arrivait et, bang, bienvenue au XXᵉ siècle, on est déjà en 1964.

À partir du moment où Andrew a surgi, tout est allé très vite. J'avais le sentiment qu'on ne contrôlait rien. On avait mis le doigt dans l'engrenage et il fallait faire avec. J'ai résisté un peu au départ, mais Andrew sait bien que ça n'a pas duré. On était sur la même longueur d'onde : comment se servir de la presse ? Un petit incident au cours d'une séance photo a mis en branle la machine, après qu'un des photographes a dit à Andrew : « Ils sont vraiment crades. » C'est à ce moment qu'Andrew a décidé qu'on leur donnerait ce qu'ils voulaient. Il a perçu subitement la beauté des contraires. Il avait déjà travaillé pour les Beatles avec Epstein, alors il avait de l'avance sur moi. Mais je me suis révélé un partenaire disponible, je dois avouer. Dès le départ, il s'est passé un truc entre nous. Par la suite on est devenus amis, mais à l'époque je pensais de lui ce qu'il pensait de nous : « Ces enfoirés font l'affaire. »

Ça a été facile de manipuler les médias, il a suffi de faire ce qui nous passait par la tête. On s'est fait virer d'un hôtel, on a pissé dans la rue, devant un garage. En fait, ce coup-là était involontaire : quand Bill a envie de pisser, il y en a pour une demi-heure. Nom de Zeus, comment ce petit bonhomme arrive-t-il à emmagasiner tout ce liquide ? À Bristol, en revanche, on est descendus au Grand Hotel dans la ferme intention de se faire virer. Andrew s'est chargé d'alerter la presse : « Si vous voulez voir les Stones se faire jeter du Grand Hotel, soyez sur place tel jour à telle heure » – tout ça parce qu'on n'avait pas une « tenue correcte ». Andrew menait ce petit monde par le bout du nez, ils rappliquaient pour le moindre truc, la langue pendante. Et, bien sûr, ça a donné lieu à des cocasseries dans le style « Laisseriez-vous votre fille épouser un de ces types ? ». Je ne sais pas si Andrew a planté cette idée dans l'esprit de quelqu'un ou si ça a été le résultat d'un déjeuner de travail bien arrosé.

On était infâmes. Mais les gens se laissaient faire. Ils ne comprenaient pas ce qui leur arrivait. C'était un vrai blitzkrieg, une attaque en règle contre l'establishment de la com'. Tout d'un coup on a compris que ce monde existait, que ces gens avaient besoin de s'entendre dire ce qu'ils devaient faire.

Pendant qu'on exécutait notre numéro, Andrew se faisait conduire par Reg, son chauffeur pédé body-buildé, dans une Impala Chevrolet. Reg était un mauvais. À l'époque, le *Musical Express* nous snobait, c'était à peine si on arrivait à obtenir quatre lignes, mais ça comptait parce que les places étaient chères à la radio et encore plus à la télé. Un journaliste du *Record Mirror*, Richard Green, avait gâché cette occasion précieuse en déblatérant sur mon teint de peau. Il voyait des boutons là où, franchement, je n'en avais même pas. Andrew a pris l'affaire très au sérieux, c'était un peu la goutte d'eau. Il a déboulé avec Reg dans le bureau du gars. Pendant que Reg maintenait les mains du gars sous la fenêtre à guillotine grande ouverte, Andrew l'a entrepris comme suit (je cite encore Andrew) :

Andrew Oldham : Mon ami, ce matin j'ai reçu un appel de Mrs Richards, vraiment outrée, et blessée. Vous ne connaissez pas Mrs Richards, c'est la mère de Keith. Elle m'a dit :
« Monsieur Oldham, pouvez-vous faire quelque chose pour que cet homme cesse de dire n'importe quoi sur l'acné de mon fils ? Je sais bien que vous ne pouvez pas les empêcher d'écrire ces sottises sur leur propreté, mais Keith est un garçon sensible, même s'il ne le montre pas. S'il vous plaît, monsieur Oldham, pouvez-vous faire quelque chose ? » Alors, mon cher, voici la situation. Si tu recommences à déblatérer sur Keith, n'importe quoi qui fasse du mal à sa maman, car je me sens une responsabilité envers la maman de Keith, je reviendrai te voir avec Reg, tes mains seront posées là où elles se trouvent en ce moment, à une différence près : mon ami Reg aura fermé la fenêtre sur tes sales paluches et tu ne pourras plus écrire avant longtemps, espèce d'étron malveillant, et tu ne pourras pas dicter tes textes non plus, parce que ta mâchoire aura été recousue après que Reg l'aura fracassée.

À la suite de quoi ils seraient repartis. Je ne savais même pas, avant de lire les mémoires d'Andrew, que celui-ci vivait encore chez sa maman à l'époque de ces dingueries. Il y avait peut-être un rapport, d'ailleurs. Il était plus intelligent et plus vif que les crétins qui dirigeaient les médias ou les compagnies de disques, qui ne comprenaient rien à ce qui se passait. Tu prenais rendez-vous pour boire le thé et tu repartais avec le coffre-fort. C'était un peu comme dans *Orange mécanique*. On se foutait de « changer la société », on n'avait pas de plan, mais on savait que les choses bougeaient et qu'on pouvait donner un coup de pied dans la fourmilière. Tout le monde était trop à l'aise dans ses pompes. Tout le monde était trop content de soi. Pour nous, la question était : « Comment on se lâche, cette fois ? »

Bien sûr, on s'est pris l'establishment dans la gueule. Mais c'était plus fort que nous. C'est comme quand on te dit quelque chose et que tu as la plus brillante des reparties toute prête. Tu sais qu'il vaudrait mieux la boucler, que ça va te foutre dans la merde. Mais la repartie est trop bonne, tu ne peux pas la garder pour toi. T'aurais l'impression d'être un lâche.

Oldham avait pour modèle Phil Spector, à la fois en tant que producteur et en tant que manager, mais à la différence de Spector, il n'avait pas le génie du studio d'enregistrement. Andrew ne se vexera pas si je dis qu'il n'a pas un grand sens musical. Il savait ce qu'il aimait et ce que les gens aimaient, mais si tu lui disais : « *Mi 7* », l'accord de septième de dominante en *mi*, il ne savait pas de quoi tu voulais parler. Pour moi, le producteur, c'est le gars qui obtient que tout le monde se dise, une fois qu'on a fini de bosser : « C'est dans la boîte. » L'apport musical d'Andrew était minimal et le plus souvent concernait les chœurs. « Ça serait bien de faire "lalala" ici.

— OK, faisons ça. » Il n'interférait jamais dans notre travail, qu'il soit d'accord ou pas. Mais en tant que véritable producteur, censé connaître la musique et les techniques de studio, il ne valait pas un clou. Il avait un bon sens du marché, surtout après notre première tournée aux States. On y avait à peine posé les pieds qu'il savait déjà ce qu'on pouvait atteindre, et il nous laissait faire ce qu'on avait à faire. C'était ça, le génie d'Andrew en tant que producteur : il nous laissait faire nos disques. Et il avait une énergie et un enthousiasme inépuisables. Quand t'en es à la trentième prise et que tu commences à caler un peu, tu as besoin de ça : « Allez, une dernière, on la tient, on y est presque… »

Quand j'étais gosse, il ne me serait pas venu à l'esprit que je pourrais voir du pays. Mon père l'avait bien fait, mais c'était avec l'armée et il avait eu une jambe bousillée pendant le Débarquement. Bien sûr, il y avait des choses qui te donnaient des idées. Tu lisais des trucs sur les autres pays, tu voyais des images à la télé et dans le *National Geographic*, des nénettes noires avec les nichons à l'air et des cous démesurés. Mais tu ne pensais pas une seconde que ça pourrait t'arriver. Je n'aurais même jamais pensé à économiser de l'argent pour le faire.

Après les States, je me souviens de la Belgique : toute une aventure, ça aurait pu être le Tibet. Et l'Olympia, Paris. Et soudain tu te retrouves en Australie, t'as fait le tour du monde, et en plus tu es payé ! Mais je me souviens aussi de moments sinistres.

Prenons Dunedin, en Nouvelle-Zélande, par exemple, la ville presque la plus australe du monde. On se serait cru à Tombstone, dans le Far West. Il y avait même des poteaux pour attacher les chevaux. Je me souviens d'un dimanche, un dimanche sombre et humide à Dunedin en 1965. Je ne pensais pas qu'il existait au monde un endroit aussi déprimant. Le jour le plus long de ma vie, qui m'a paru durer une éternité. En général, on trouvait de quoi s'occuper, mais même Aberdeen a des allures de Las Vegas à côté de Dunedin. On ne déprimait jamais tous ensemble, le plus souvent l'un de nous craquait et les autres le réconfortaient. Mais à Dunedin tout le monde était au fond du trou. Pas de rédemption par le rire ici. Même l'alcool restait sans effet. C'était dimanche, on a entendu frapper aux portes : « Église dans dix minutes. » Un terrible dimanche gris comme ceux de mon enfance, un jour glauque à n'en pas finir, avec rien à l'horizon. Pour moi, l'ennui est une maladie, et je n'en souffre pas, mais ce jour-là j'ai chopé le virus. « Je vais faire le poirier, pour voir si j'arrive à recycler la dope. »

Heureusement, il y avait Roy Orbison ! Pour commencer, c'était à cause de lui, notre tête d'affiche, qu'on était là. Un phare brillant de tous ses feux dans l'obscurité australe. Un de ces Texans capables de survivre à tout, y compris à sa propre vie tragique. Ses gosses étaient morts dans un incendie, sa femme dans un accident de voiture, tout était allé de travers dans la vie de « Big O. », mais je n'ai jamais connu de gentleman plus doux, d'homme plus stoïque. Il avait un talent fou, qui le faisait paraître deux fois plus grand dès qu'il entrait sur scène. Une véritable métamorphose. Après avoir passé la journée au soleil, il était rouge comme un homard en short. On était assis là à jouer de nos grattes, ça papotait, ça fumait, ça buvait. « Bon, ben, c'est à moi dans cinq minutes. » On assiste à son numéro d'ouverture. Et déboule sur scène ce truc totalement transformé qui semble avoir doublé de taille, avec une présence et un ascendant déments. Attends, mec, il était en short il y a deux minutes, comment il a fait ? C'est la magie de la scène. En coulisses, il n'y a qu'une bande de clodos. Puis quelqu'un dit : « Mesdames et messieurs » ou : « J'ai l'honneur de vous présenter », et tu deviens un dieu.

Avec Mick on a passé des mois et des mois à composer avant de pondre quelque chose de présentable aux Stones. On a commis des chansons avec des titres horribles comme « We Were Falling in Love » et « So Much in Love », sans oublier « (Walkin'thru the) Sleepy City » (un plagiat de « He's a Rebel »). Certaines ont connu un petit succès : Gene Pitney, par exemple, a chanté « That Girl Belongs to Yesterday », même s'il a amélioré les paroles et le titre, qui était à l'origine « My Only Girl ». J'ai écrit un joyau oublié intitulé « All I Want Is My Baby », que le chanteur de folk rock West Coast Bobby Jameson a ensuite enregistré. J'ai écrit « Surprise, Surprise », chanté par Lulu. On a mis fin à une succession ininterrompue de hits de Cliff Richard avec notre « Blue Turns to Grey » – l'une des rares fois où l'un de ses disques n'entrait « que » dans le « Top 30 ». Et lorsque les Searchers ont chanté « Take It or Leave It », ça les a plombés aussi. Nos compositions avaient donc une double fonction : rapporter de l'argent et handicaper la concurrence. Mais on a eu l'effet contraire sur Marianne Faithfull. Sa version de « As Tears Go By » a fait d'elle une star – Andrew Oldham en avait changé le titre en s'inspirant du thème du film *Casablanca*, « As Time Goes By ». On l'avait écrit sur une guitare à douze cordes et on avait pensé : « Quelle daube senti-mentale ! » On l'a fait écouter à Andrew et il nous a dit : « C'est un hit. » On l'a vendu et ça nous a rapporté un paquet de fric. Avec Mick on se disait : « Tout ce pognon pour quelques vieilles ficelles ! »

Mais le job qu'on s'était fixé, c'était d'écrire des chansons pour les Stones. Ça nous a pris huit ou neuf mois pour sortir « The Last Time », et celle-là, on s'est dit qu'on pouvait la donner aux gars sans se faire jeter. Si j'avais fait écouter aux Rolling Stones « As Tears Go By », ils auraient répondu : « Dégage, et surtout ne reviens pas. » Avec Mick on essayait tout le temps de s'améliorer. On pondait des ballades à la chaîne, rien à voir avec notre musique. Donc il y a eu « The Last Time ». On s'est regardés et on s'est dit : « Faisons écouter ça aux gars. » On peut y entendre le premier riff de guitare typique des Stones – quant au solo, il est tiré de la version des Staple Singers, « This May Be the Last Time ».

On pouvait travailler dans cette voie, mais avec de bonnes paroles. Ce coup-ci, elles avaient un côté Stones, c'était sans doute le bon moment – ça parle de prendre la route après avoir largué une nana. *You don't try very hard to please me* (Tu ne te foules pas vraiment pour me plaire). Pas votre sérénade habituelle pour l'inaccessible objet du désir. C'est là que ça a fait clic, avec cette chanson, parce que Mick et moi on avait suffisamment gagné en assurance pour en parler à Brian, Charlie et Bill, et surtout à Stu, arbitre des élégances. Avec l'une de nos autres chansons on se serait fait foutre dehors. Celle-ci était faite pour nous, et elle est devenue numéro un au Royaume-Uni.

Andrew avait opéré une transformation étonnante dans mon existence. Je n'avais jamais pensé écrire des chansons. Il m'a forcé à apprendre le métier et ça m'a permis de me dire : « Ouais, je touche ma bille. » Et cet autre monde s'est ouvert à moi, parce que je n'étais plus un simple interprète, ou un gars qui essaye de jouer comme machin. Je ne dépendais plus de la création de quelqu'un d'autre. Je m'exprimais par moi-même, j'écrivais ma propre musique. J'avais été frappé par la foudre.

On a enregistré « The Last Time » aux studios RCA d'Hollywood pendant une période magique qui a duré près de deux ans, par intermittences, de juin 1964 à août 1966. Le résultat a été l'album *Aftermath*, dont Mick et moi – les « Glimmer Twins » (les Jumeaux étincelants), comme on s'est autoproclamés par la suite – avions composé tous les titres. C'est pendant cette période qu'on a changé de braquet en termes de composition, d'enregistrement et de spectacle – et c'est à ce moment que Brian a commencé à dérailler.

On travaillait très dur, c'était intense. Quand on terminait un concert, on n'avait pas fini pour autant. On rentrait à l'hôtel et on se mettait à bosser sur les chansons, à les améliorer. Et quand on revenait de la tournée, on avait quatre jours pour mettre en place les morceaux, une semaine au plus. Il fallait trente ou quarante minutes pour enregistrer une piste. Ça se passait plutôt bien, parce qu'on était bien rodés, on tournait beaucoup. Et on avait dix, quinze chansons. Mais c'était du boulot non-stop, sous haute pression, ce qui était sans doute une bonne chose. Quand on a enregistré « The Last Time » en janvier 1965, on rentrait de tournée et tout le monde était sur les genoux. On était entrés en studio juste pour enregistrer le single. À la fin, les seuls Stones qui tenaient debout, c'était Mick et moi. Phil Spector était présent – Andrew l'avait invité pour avoir son avis – et aussi Jack Nitzsche. Il y avait là un homme de ménage, qui balayait silencieusement dans un coin de l'immense studio, pendant que le groupe rangeait ses instruments. Spector a pris la basse de Bill Wyman, Nitzsche s'est installé aux claviers, et la face B a été mise en boîte avec seulement la moitié des Stones et une formation exceptionnelle.

Quand on est arrivés à Los Angeles lors de ce deuxième voyage aux States, Sonny Bono nous attendait à l'aéroport avec une voiture, car il s'occupait de la promo pour Phil Spector. Un an plus tard, Sonny et Cher seraient le centre de toutes les attentions, présentés au monde par Ahmet Ertegun lors d'une soirée au Dorchester. Mais à ce moment, comme il savait qu'on cherchait un studio, il nous a suggéré de parler avec Jack Nitzsche, lequel a tout de suite mentionné les studios RCA. On n'a pas traîné pour s'y rendre, et on est entrés direct dans le monde des limousines stretch et des piscines après trois jours de tournée en Irlande – surréaliste, un vrai choc culturel. Jack était tout le temps fourré avec nous, ce qui lui permettait entre autres d'échapper à Phil Spector et à l'énorme travail que demandait la mise en place de son « mur de son ». C'était Jack le génie, pas Phil. Le génie de Phil avait été de mettre la main sur ce personnage excentrique pour lui sucer la moelle. Jack Nitzsche était un arrangeur taiseux et il se faisait à peine payer – pour des raisons que je ne comprends toujours pas, il faisait peut-être ça pour s'amuser –, arrangeur, musicien, rassembleur de talents, un homme d'une importance énorme pour nous à l'époque. Il assistait à nos sessions et faisait des suggestions. Quand l'envie le prenait, il jouait d'un instrument. On l'entend sur « Let's Spend the Night Together » – il a joué ma partie de piano pendant que je prenais la basse. C'est juste un exemple de son apport. J'adorais ce mec.

Je sais que ça va paraître difficile à croire, mais même à la fin 1964 on n'avait toujours pas de thune. Notre premier album, *The Rolling Stones*, caracolait en haut des charts et s'était vendu à cent mille exemplaires, mieux que les Beatles eux-mêmes. Mais où était donc l'argent ? On en était à se dire que si on arrivait à ne pas perdre d'argent, ce serait cool. Mais on savait aussi qu'on avait à peine effleuré l'énorme marché qu'on avait ouvert. Le système voulait qu'on touche la recette des ventes anglaises un an après la sortie du disque, un an et demi pour les ventes à l'étranger. Les tournées américaines ne rapportaient pas d'argent. On créchait chez les uns et les autres. Oldham dormait sur le canapé de Spector. À la fin 1964, on a fait le T.A.M.I. Show – celui où on a joué après James Brown – pour payer nos billets de retour en Angleterre. On a gagné vingt-cinq mille dollars. Autant que Gerry and the Pacemakers, et Billy J. Kramer and the Dakotas. À peine croyable...

La première fois que j'ai vraiment vu de l'argent, c'est après le carton de « As Tears Go By ». Je m'en souviens très bien. Je n'arrêtais pas de regarder les billets ! Je les comptais, puis je recommençais à les regarder. Puis je les prenais et je les touchais. Je n'ai rien fait avec. J'ai rangé le fric dans ma cassette en pensant : « J'ai une énorme quantité d'argent ! Putain ! » Je n'avais pas envie de quelque chose en particulier, ni de flamber. Pour la première fois de ma vie, j'avais de l'argent... J'allais peut-être m'acheter une nouvelle chemise, ou un jeu de cordes pour ma gratte. Mais au fond de moi-même, je n'arrivais pas à y croire. Il y a la tête de la reine sur tous les billets, et c'est le bon gus qui a signé, et tu as plus de fric que t'en as jamais eu, plus que ce que ton père gagne en un an en se ruinant la santé. Je veux dire : c'était toute une histoire pour moi, ce que j'allais en faire. Parce qu'en même temps il y a un autre concert qui arrive, et il faut travailler. Mais je dois dire que la sensation d'avoir en main quelques centaines de billets tout neufs n'était pas pour me déplaire. Il m'a fallu du temps pour décider comment j'allais les dépenser. C'était la première fois que j'avais l'impression d'avoir pris de l'avance. Je n'avais fait qu'écrire une ou deux chansons, et voilà.

On a eu une grosse déconvenue quand Robert Stigwood nous a arnaqués sur une tournée. Si on s'était renseignés, on aurait su que c'était habituel chez lui. Le fric tardait à venir, et quand on a compris qu'il ne nous paierait jamais, on l'a traîné en justice. Mais avant ça, malheureusement pour lui, on s'est retrouvés un soir au club le Scotch of St James, d'où il sortait au moment où Andrew et moi on arrivait. On l'a coincé dans l'escalier et j'ai essayé de lui faire cracher ce qu'il nous devait. C'est pas évident de latter un mec dans un escalier en colimaçon, mais je lui ai quand même mis un coup de genou pour chaque millier de dollars qu'il nous devait – seize au total. Et, même là, il ne s'est pas excusé. Je n'ai sans doute pas frappé assez fort.

Quand j'ai eu un peu plus d'argent, je me suis occupé de maman. Doris et Bert s'étaient séparés un an après mon départ de la maison. Papa, c'est papa, mais j'ai acheté une maison à ma mère. J'étais toujours en contact avec Doris. Mais pour elle ça voulait dire que je ne pouvais plus être en contact avec Bert, parce qu'ils étaient séparés. Je n'avais pas envie de prendre parti. Et en plus je n'avais pas beaucoup de temps à leur consacrer, parce que j'avais une vie vraiment frénétique. Je devais être partout à la fois, j'avais d'autres choses à faire. Les histoires de mon père et de ma mère ne me préoccupaient pas au plus haut point.

Et puis « Satisfaction » est arrivé, le morceau qui nous a fait accéder à la gloire totale. J'étais entre deux filles à l'époque, dans mon appart de Carlton Hill, à St John's Wood. D'où peut-être l'ambiance de la chanson. J'ai écrit « Satisfaction » dans mon sommeil. Je ne le savais pas moi-même, c'est mon petit enregistreur à cassette Philips qui me l'a dit. Je ne sais pas ce qui m'a pris de vérifier la cassette ce matin-là, elle était toute neuve, j'avais donc dû la glisser dedans la veille au soir, et elle était à la fin. J'ai rembobiné et j'ai écouté « Satisfaction ». Ce n'était qu'une ébauche. Il y avait la structure de la chanson et le son n'y était pas, bien sûr, parce que j'avais utilisé une guitare acoustique. Après, on m'entendait ronfler pendant quarante minutes. Mais la structure, c'est tout ce dont on a besoin. J'ai gardé cette cassette pendant un bon bout de temps, je regrette de ne plus l'avoir.

Mick a composé les paroles au bord d'une piscine à Clearwater, en Floride, et quatre jours plus tard on l'enregistrait – d'abord une version acoustique chez Chess, à Chicago, puis avec la pédale *fuzz* aux studios RCA à Hollywood. Je n'exagérais pas quand j'ai écrit sur une carte postale que j'ai envoyée de Clearwater à ma mère : « Salut, m'man. Je travaille comme un forcené, comme toujours. T'embrasse. Keith. »

Et tout ça à cause d'une petite pédale fuzz Gibson, une petite boîte qu'ils venaient de mettre sur le marché. Je n'ai utilisé une pédale qu'à deux reprises – l'autre fois, c'était pour « Some Girls », à la fin des années 1970 –, la pédale XR avait un joli écho *hillbilly* à la Sun Records. Les effets, ce n'est pas trop mon truc. Je m'intéresse davantage à la qualité du son. Est-ce que je veux que ce soit net, dur et tranchant, ou bien chaleureux et enveloppé ? Le choix est simple : Fender ou Gibson ?

En composant « Satisfaction », j'avais pensé à des cuivres, j'avais essayé d'en imiter le son pour pouvoir le rajouter ensuite sur la piste, quand on l'enregistrerait. J'avais le riff dans ma tête, dans le style de ce qu'Otis Redding a fait ensuite – je me disais : « Les cuivres vont faire comme ça. » Mais on n'avait pas de cuivres et je me suis donc contenté d'enregistrer le riff à la guitare en me disant qu'on rajouterait les cuivres plus tard. La pédale fuzz tombait à pic : ça donnait une forme à ce que les cuivres joueraient ensuite. Mais comme on n'avait jamais entendu un son pareil à l'époque, ça a frappé les esprits. Et un jour, on est sur la route quelque part dans le Minnesota, et voilà qu'on passe notre putain de morceau à la radio, qui est le « hit de la semaine », et on n'est même pas au courant qu'Andrew a sorti le disque ! D'abord, j'étais mortifié.

Dans mon esprit, c'était juste une maquette. Et après dix jours de route, on est numéro un aux States ! Le tube de l'été 1965. OK, plus rien à dire. J'ai appris la leçon : le mieux est parfois l'ennemi du bien. Ce qui plaît n'est pas forcément ce qui vous plaît.

« Satisfaction » était une collaboration typique entre Mick et moi à l'époque. Pour résumer, en règle générale je trouvais la chanson, l'idée de base, et Mick se tapait le dur labeur de remplir les vides pour rendre la chose intéressante. J'ai trouvé : *I can't get no satisfaction... I can't get no satisfaction... I tried and I tried and I tried, but I can't get no satisfaction*, et puis on s'y est mis ensemble et Mick est intervenu : *Hey, when I'm riding in my car... Same cigarettes as me* (Hé, quand je suis au volant... Même cigarettes que moi), et puis on a joué sur cette idée. À l'époque, on procédait comme ça. *Hey you, get off my cloud, hey you* (Hé, sors-toi de mon nuage, toi), c'est moi. « Paint It Black » : la mélodie, c'est moi, Mick s'est chargé des paroles. Souvent, je ne sais plus exactement lequel de nous deux a écrit ceci ou a fait cela. Mais les riffs, c'était surtout moi. Je suis le maître du riff. Le seul que j'ai loupé et que Mick a trouvé, c'est « Brown Sugar », et je dis chapeau. Là, il m'a bluffé. Je l'ai arrangé un petit peu, mais c'est bien lui, paroles et musique.

« Satisfaction » est un morceau spécial, pas évident à jouer sur scène. Pendant des années et des années, on n'y a pas touché d'ailleurs, ou très rarement, jusqu'à il y a une quinzaine d'années environ. Ça ne sonnait pas bien, c'était faiblard. On en a mis du temps à trouver la manière de jouer « Satisfaction » sur scène. On a commencé à l'apprécier après la reprise d'Otis Redding. Avec la version d'Aretha Franklin, produite par Jerry Wexler[1], ça nous a permis d'entendre le morceau qu'on avait écrit pour commencer.

---

1. L'un des ténors de la scène musicale américaine de l'après-guerre, le producteur Jerry Wexler (1917-2008) a produit ou fait produire les plus grands artistes, d'Otis Redding à Led Zeppelin. C'est lui qui aurait inventé le terme de « rhythm'n'blues ».

On s'est mis à jouer le morceau parce que les meilleurs interprètes de la soul chantaient notre chanson.

En 1965, Oldham a rencontré Allen Klein, le manager beau parleur à la pipe et il nous a branchés sur lui. Je pense que c'est la meilleure chose qu'il ait faite. Andrew avait fait sienne l'idée de Klein selon laquelle aucun contrat ne valait le papier sur lequel il était rédigé, ce que la suite de nos relations avec Mr Klein lui-même nous a permis de vérifier douloureusement. À l'époque, je pensais qu'Eric Easton, l'associé d'Andrew et notre agent, en avait marre. En fait, il était malade. On a franchi le pas, et quoi qu'il ait pu arriver par la suite avec Allen Klein, c'était un génie pour faire tourner la pompe à cash. Et il a tout de suite remis les pendules à l'heure avec les compagnies de disques et les tourneurs qui se servaient grassement sans jouer le jeu.

Une des premières initiatives de Klein a été de renégocier le contrat avec Decca. Un jour, on débarque chez eux. Une petite mise en scène orchestrée par Klein, avec l'intrigue la plus *cheap* qui soit. On avait reçu notre feuille de route : « On a rendez-vous chez Decca aujourd'hui et on va se payer ces enfoirés. On va négocier un deal et on va ressortir avec le meilleur contrat au monde. Portez des lunettes noires et fermez-là, nous a dit Klein. Restez dans le fond de la pièce et fixez du regard ces vieux cons gâteux. Ne dites rien. C'est moi qui parle. »

On était juste là pour leur faire peur, en gros. Et ça a marché. Sir Edward Lewis, le président de Decca, était assis à son bureau – et il bavait ! Pas sur nous, évidemment, mais il bavait tout de même. Un de ses collaborateurs s'approchait de lui de temps à autre et lui essuyait la bouche avec un mouchoir. Il était au bout du rouleau, c'était clair. Nous, on se tenait debout avec nos lunettes noires. La vieille garde contre la jeune garde. Ils ont tout accepté et on est ressortis avec un meilleur deal que les Beatles. Et là, j'ai dit chapeau à Allen Klein. Ensuite, les cinq voyous sont retournés au

Hilton avec leur manager pour faire péter le champagne. Quant à Sir Edward Lewis, il bavait peut-être, mais il n'était pas idiot. Il a gagné beaucoup d'argent avec ce deal lui aussi. C'était un très bon deal pour les deux parties, ce qui est la définition même d'un bon deal. On touche encore des sous sur ce contrat, on l'appelle le « filon Decca ».

Pour nous, Klein a joué le rôle du colonel Tom Parker avec Elvis – je m'occupe de tout, si vous avez besoin de quoi que ce soit, il suffit de me demander, vous l'aurez –, il était très patricien dans sa manière de nous gérer, et de gérer l'argent. Il ne faisait jamais d'histoires pour te donner du fric. Si tu voulais une Cadillac dorée, il te l'obtenait. Quand je lui ai demandé quatre-vingt mille livres pour acheter une maison sur les docks de Chelsea, près de chez Mick, pour qu'on puisse passer plus de temps ensemble à écrire des chansons, je les ai eues le lendemain. Le seul hic, c'est que tu n'étais pas au courant de la moitié de ce qu'il faisait. C'était une forme de management paternaliste qui ne marcherait plus à présent, mais à l'époque c'était courant. Quand on pense qu'aujourd'hui tu dois avoir une facture pour le moindre médiator de guitare, c'était un autre état d'esprit. C'était rock'n'roll.

Klein a fait un boulot magnifique. La tournée américaine suivante, qu'il a organisée, était d'un tout autre tonneau. Un avion privé, d'énormes panneaux publicitaires sur Sunset Boulevard. Du sérieux.

Quand tu sors un hit, si tu n'en as pas un autre tout de suite, tu commences à perdre de l'altitude. À l'époque, il fallait pondre à la chaîne. « Satisfaction » est un hit planétaire, on est là à se regarder avec Mick, à se dire : « Ça, c'est cool. » Puis, boum-boum-boum, on frappe à la porte : « Où est le suivant ? Vous avez quatre semaines ! » On était sur la route, deux shows par jour, et il fallait un nouveau single tous les deux mois, il fallait être prêt à dégainer. Et le son devait être nouveau. Un autre riff fuzz après « Satisfaction », ça nous aurait coulés. Nombreux sont les groupes qui ont échoué sur ce récif. « Get Off My Cloud » était une réponse au toujours plus des compagnies de disques – « Foutez-moi la paix ! » –, mais c'était aussi un nouvel angle d'attaque. Et ça a cartonné.

On est devenus une usine à thèmes. Une fois que tu commences à penser comme un auteur de chansons, une fois que tu prends le pli, tu le gardes pour toute la vie. Ça tourne tout seul dans ton inconscient, dans ta façon d'écouter. Les paroles de nos chansons ressemblaient de plus en plus à l'image qu'on se faisait de nous : cyniques, méchants, sceptiques, mal élevés. De ce point de vue, on était en avance sur notre temps. L'Amérique était en effervescence : les jeunes Américains étaient expédiés au Vietnam. C'est pour ça que tu entends « Satisfaction » dans *Apocalypse Now*. Parce que les gamins nous emportaient dans leurs bagages. Les paroles et l'atmosphère des chansons collaient à la désillusion des gamins, et pendant un moment on était presque les seuls fournisseurs, la bande-son de la révolte qui gronde, ceux qui avaient mis le doigt là où ça grattait. Je ne dirais pas qu'on était les premiers, mais l'atmosphère de révolte avait un feeling anglais, grâce à nos chansons, même si elles étaient marquées par l'influence américaine. La vieille tradition anglaise des fouteurs de merde.

Cette vague d'enregistrements et de compositions a culminé dans l'album *Aftermath*, et nombre de nos chansons de cette époque avaient ce qu'on pourrait appeler des paroles « anti-filles » – et aussi des titres « anti-filles » : « Stupid Girl », « Under My Thumb », « Out of Time », « That Girl Belongs to Yesterday » et « Yesterday's Paper ». *Qui s'intéresse à la fille d'hier ?... Personne.*

On leur remontait les bretelles, mais peut-être certaines de ces chansons leur ont ouvert un peu le cœur, ou l'esprit, à l'idée « On est des femmes, on est fortes ». Je suis certain que les Beatles et les Stones en particulier ont affranchi les filles de ce côté « Je ne suis qu'une petite nana ». On n'a pas fait exprès, c'est juste devenu évident qu'on jouait pour elles. Lorsque vous vous trouvez face à dix mille filles qui vous jettent leur petite culotte à la figure, vous savez que vous avez déchaîné une force incontrôlable. Tout ce qu'on leur interdisait de faire depuis toujours, elles pouvaient le faire pendant un concert de rock.

Pour nous, ces chansons naissaient également d'un grand sentiment de frustration. Tu partais en tournée pour un mois, tu rentrais, et ta nana était partie avec un autre. La garce ! Ça marchait dans les deux sens. On comparait aussi les filles anglaises qui nous rendaient dingues et les filles qu'on rencontrait pendant les tournées, qui étaient beaucoup plus à la coule. Avec une Anglaise, ou bien tu la draguais, ou bien c'est elle qui te draguait, point barre. Avec les Noires, j'ai découvert que ce n'était jamais vraiment un souci. C'était juste bien, et s'il se passait des trucs par la suite, OK. Ça faisait partie de la vie. Elles étaient géniales, c'était des filles mais elles ressemblaient plus à des mecs que les filles anglaises. C'était OK si elles restaient après. Je me souviens une fois, à l'Ambassador Hotel, j'étais avec cette nana noire, Flo, que je voyais à l'époque. Elle s'occupait bien de moi. C'était pas de l'amour, mais du respect, ouais. Je me souviendrai toujours d'elle parce qu'on a éclaté de rire en écoutant les Supremes chanter : *Flo, she doesn't know*, alors qu'on était au lit. Et ça nous faisait toujours rigoler. Tu prends un petit bout de cette expérience, et une semaine après tu es de nouveau sur la route.

Pendant cette période RCA, de la fin 1965 à l'été 1966, on savait qu'on testait les limites, même si c'était de manière plus soft. Avec « Paint It Black », par exemple, enregistré en mars 1966, notre sixième numéro un en Angleterre. Brian Jones, transformé en poly-instrumentiste après avoir « décidé de ne plus jouer de la guitare », jouait du sitar. C'était un style tout à fait différent de tout ce que j'avais fait jusque-là. C'était peut-être le Juif en moi qui parlait. Je lui trouvais un côté « Hava Naguila », presque gitan. Ça venait peut-être de mon grand-père. En tout cas, c'est un morceau très différent de tous les autres. J'avais voyagé, je n'étais plus un bluesman de l'école de Chicago *stricto sensu*, je devais élargir mes horizons, trouver d'autres mélodies et idées, même si on n'a jamais joué à Tel-Aviv ou en Roumanie. Mais j'avais commencé à faire attention à d'autres choses. La composition est une expérimentation constante. Je n'ai jamais fait ça de manière délibérée, en me disant : « Il faut que j'explore tel ou tel truc. » Le centre de toutes nos attentions devenait l'album – le LP était la forme dans laquelle devait s'inscrire la musique, au lieu du single. Pour faire un LP, il fallait deux ou trois hits et leurs faces B, puis du remplissage. Un single devait durer deux minutes et vingt-neuf secondes, sinon il ne passait pas à la radio. Je discutais de ça dernièrement avec Paul McCartney. On a tout chamboulé : chaque morceau était un single en puissance, il n'y avait pas de remplissage. Et s'il y en avait, c'était pour expérimenter. On utilisait le temps que nous avions en plus sur un album pour donner plus de force à notre position.

Sans les LP, ni les Beatles ni nous-mêmes n'aurions duré plus de deux ans et demi. Il fallait toujours condenser, réduire ce qu'on voulait dire pour plaire au distribueur. Autrement le morceau ne passait pas à la radio. « Visions of Johanna », de Dylan, a constitué une percée. Quant à « Goin'Home », sur *Aftermath*, il durait onze minutes. « Ce n'est pas un single. Est-ce qu'on peut étendre et élargir le produit ? C'est faisable ? » C'était ça, la principale expérimentation. On disait : « Vous ne couperez pas ce morceau : c'est comme ça, à prendre ou à laisser. » Je suis sûr que Dylan pensait pareil pour « Sad-Eyed Lady of the Lowlands » ou « Visions of Johanna ». Le disque était de plus en plus dense – mais qui allait écouter tout ça ? Ça dure plus de trois minutes. Pouvez-vous conserver votre public ? Et ça a marché. Les Beatles et nous-mêmes avons fait de l'album le but de l'enregistrement et précipité la mort du single. Ça ne s'est pas passé en un clin d'œil : il fallait toujours produire des singles. C'est venu sans qu'on s'en rende vraiment compte.

Quand tu joues tous les jours, parfois deux ou trois fois par jour, tu débordes d'idées. Une chose en amène une autre. Tu es peut-être en train de nager, ou de faire l'amour à ta nana, mais quelque part dans ta tête t'es en train de penser à une séquence d'accords ou à des paroles, ou autre chose encore. Peu importe le contexte. Tu es peut-être en train de te faire canarder et soudain tu t'exclames : « Bien sûr ! C'est ça, le pont ! » Et tu n'y peux rien, parce que tu ne te rends compte de rien. C'est totalement subconscient, ou inconscient. Le radar est allumé, que tu le veuilles ou non. Tu ne peux pas l'éteindre. Tu entends un fragment de conversation à l'autre bout de la pièce : *I just can't stand you anymore*... Bingo, c'est une chanson. Tu absorbes tout. Et l'autre chose, quand tu commences à écrire, quand tu t'aperçois que tu es devenu un compositeur, c'est que pour trouver des munitions tu commences à observer, à prendre tes distances. Tu es tout le temps sur tes gardes. C'est une faculté qui s'aiguise au fil des ans : observer les gens, comment ils sont, ce qu'ils font. Et tu commences aussi à sentir une distance bizarre. Ce n'est pas normal de faire ça ; en fait, tu es un voyeur. Tu observes autour de toi, tout peut être le point de départ d'une chanson. Une phrase banale devient une idée. Et tu te dis : « J'arrive pas à croire que personne n'y ait jamais pensé. » Heureusement, il y a plus de phrases que de chansonniers, globalement.

Linda Keith m'a brisé le cœur, une première. C'était de ma faute. Je l'avais bien cherché, alors je l'ai trouvé. Le premier regard avait été incroyablement profond, je l'observais, avec tous ses trucs et ses mouvements, effrayé, de l'autre bout de la pièce, et je sentais la chaleur particulière du désir, et je me disais que nous ne jouions pas vraiment dans la même catégorie. Au début d'une histoire, j'étais souvent impressionné par les femmes avec qui je me retrouvais, parce qu'elles étaient la crème de la crème, et moi je sortais droit du caniveau. Je ne pouvais pas croire que ces femmes merveilleuses voulaient me rencontrer, encore moins coucher avec moi ! J'ai fait la connaissance de Linda lors d'une soirée organisée par Andrew Oldham pour un disque signé Jagger-Richards dont j'ai oublié le nom. Linda avait dix-sept ans, c'était une véritable beauté, des cheveux noirs, le look parfait des sixties, une bombe, très sûre d'elle en jean et T-shirt blanc. Elle était dans les magazines, elle travaillait comme modèle, David Bailey la photographiait. Ce n'est pas que ça l'intéressait vraiment, elle avait juste besoin de faire quelque chose, de sortir de chez elle.

J'étais sidéré quand elle m'a approché. J'ai déjà eu l'occasion de le dire : ce sont les filles qui me draguent. Elle m'a mis dans son pieu, pas l'inverse. Elle a fondu sur moi. Je suis tombé totalement, éperdument amoureux d'elle, elle a craqué pour moi. Et j'ai été encore plus étonné d'apprendre que j'étais son premier grand amour, le premier garçon pour qui elle avait le béguin. Jusque-là, elle avait été poursuivie par toutes sortes de types qui ne lui disaient rien. À ce jour, je ne comprends toujours pas comment ça s'est produit. Linda était la meilleure amie de Sheila Klein, qui était presque la femme d'Andrew Oldham. Ces splendides filles juives étaient une force culturelle puissante dans la bohème de West Hampstead qui est devenue mon turf – et aussi celui de Mick – pendant deux, trois ans. Le centre en était Broadhurst Gardens, où Decca avait son siège, et quelques endroits du coin où on se produisait. Le père de Linda était Alan Keith, qui depuis quarante-quatre ans présentait une émission intitulée « Your Hundred Best Tunes ». Linda avait eu une enfance très libre, sauvage. Elle aimait la musique, le jazz, le blues – c'était une puriste du blues, en fait, qui désapprouvait les Rolling Stones. Elle nous critiquait ferme, et je parie qu'elle n'a pas changé. Quand elle était très jeune, à l'époque où elle arpentait Londres pieds nus, elle fréquentait un club black qui s'appelait The Roaring Twenties.

Le groupe jouait tous les soirs, on était tout le temps sur la route, mais on a quand même réussi à vivre une histoire d'amour. On a d'abord habité sur Mapesbury Road, puis à Holly Hill avec Mick et sa girl-friend Chrissie Shrimpton, puis enfin tous les deux à Carlton Hill, dans mon appart de St John's Wood. On ne s'est jamais occupés de la déco, nos affaires s'empilaient le long des murs, il y avait un matelas par terre, plein de guitares et un piano droit. Ça ne nous empêchait pas de vivre comme un couple marié. On se déplaçait en métro, jusqu'au jour où j'ai offert à Linda une Jaguar Mark 2 équipée d'un mange-disque sur lequel elle refusait d'écouter les Stones. On traînait à Chelsea, au Casserole, au Meridian, au Baghdad House. Notre restaurant préféré de Hampstead existe toujours – le Cellier du Midi – et la carte n'a probablement pas changé en quarante ans. De l'extérieur, en tout cas, tout semble identique.

Ça ne pouvait pas durer, en partie à cause de mes absences prolongées, mais surtout parce qu'on était sans repères – soudain on vivait une vie dont personne, et certainement personne de mon entourage, ne connaissait le mode d'emploi. On était jeunes et on improvisait au fur et à mesure. « Je pars trois mois aux States. Je t'aime, ma chérie. » Et entre-temps tout changerait, surtout nous. Par exemple parce que j'y retrouvais Ronnie Bennett et passais plus de temps avec elle sur la route qu'avec Linda. On se retrouvait, bien sûr, mais pendant la période dont je vous parle le groupe n'a pas pris plus de dix jours de congé en trois ans. Avec Linda on a réussi à s'échapper brièvement dans le sud de la France, mais Linda soutient aujourd'hui qu'elle avait fui Londres pour se cacher à Saint-Tropez, où elle faisait la serveuse, et que je l'avais retrouvée et installée dans un hôtel, où je lui avais fait couler un bain chaud. Linda avait aussi commencé à se défoncer beaucoup. Je désapprouvais. Je sais, ça peut paraître ironique, mais c'est la vérité : je désapprouvais.

Aujourd'hui Linda est l'heureuse épouse d'un producteur de disques réputé, John Porter. On se revoit de temps à autre, et elle se souvient de ma désapprobation. À l'époque, je me contentais de fumer de l'herbe, mais Linda avait passé la vitesse supérieure et on voyait que ça ne lui faisait pas du bien. En 1966, pendant notre cinquième tournée américaine, elle m'a accompagné à New York. On logeait à l'Americana Hotel, mais elle passait tout son temps avec son amie Roberta Goldstein. Quand je débarquais, elles planquaient le matos, les calmants, le Tuinal, auxquels je n'aurais même pas touché – vous pouvez croire ça ? –, et laissaient traîner des bouteilles de vin pour se justifier si elles titubaient un peu trop.

Et elle a rencontré Jimi Hendrix. Elle l'a vu jouer et a fait de sa carrière une croisade personnelle, essayant de lui obtenir un contrat avec Andrew Oldham. Elle m'a raconté que dans son enthousiasme, au cours d'une longue soirée passée avec Jimi, elle lui a offert une Fender Stratocaster qui se trouvait dans ma chambre d'hôtel. Et, toujours d'après ses dires, Linda aurait dégotté chez moi une démo d'un single, « Hey Joe », chanté par Tim Rose, et l'aurait fait écouter à Jimi, qui se trouvait chez Roberta Goldstein. Ça fait partie de l'histoire du rock : Jimi aurait découvert cette chanson grâce à moi.

On est repartis sur la route et, à notre retour, Londres s'était soudain transformé en ville hippie. On avait déjà vu la vague montante aux États-Unis, mais je ne m'attendais pas à trouver ça à la maison. En quelques semaines, la scène avait totalement changé. Linda prenait de l'acide et je m'étais fait larguer. Difficile pour quelqu'un de son âge d'attendre tranquillement pendant quatre mois avec tout ce qui se passait autour d'elle. J'aurais dû m'en douter. J'avais été présomptueux de penser qu'elle m'attendrait à la maison comme une petite vieille bien sage pendant que je faisais le tour du monde en m'éclatant, alors qu'elle avait dix-huit, dix-neuf ans. J'ai appris que Linda s'était maquée avec un poète, et j'ai disjoncté. J'ai roulé à travers Londres à sa recherche, de St John's Wood à Chelsea, pleurant toutes les larmes de mon corps, hurlant : « Putain, dégage de là ! »

aux conducteurs, grillant les feux rouges. J'ai failli avoir plusieurs accidents, ça je m'en souviens, et j'ai manqué de me faire renverser. J'avais du mal à le croire, je voulais en être sûr, je voulais voir ça de mes yeux. J'ai demandé à mes potes l'adresse du fils de pute, je me souviens même de son nom : Bill Chenail. Un poète, soi-disant. Ce petit enfoiré se la pétait avec un numéro à la Dylan. Il ne jouait même pas d'un instrument. Ersatz de branché, ouais. J'ai suivi Linda une ou deux fois, mais je me demandais : Qu'est-ce que je vais lui dire ? La scène finale de la pièce, celle où je faisais face à mon rival, n'était pas encore au point. Dans un fast-food ? Un restaurant ? J'ai même marché jusqu'à chez eux, à l'autre bout de Chelsea, presque Fulham, et je suis resté sur le trottoir. (C'est une histoire d'amour.) Et j'ai vu le théâtre de leurs ombres se dessiner sur le rideau : elle, à l'intérieur, avec lui. C'était fini. Je n'étais qu'un voleur dans la nuit.

C'est la première fois que j'ai senti la morsure de la lame. L'avantage, quand on écrit des chansons, c'est que même quand on se fait baiser, on peut vider son sac, se consoler en composant. Tout est connecté. Ça devient une expérience, une émotion, ou la fusion de différentes expériences. Pour dire les choses simplement, « Ruby Tuesday », c'est Linda.

Nous n'en avions pas fini pour autant. Après m'avoir quitté, Linda est allée de mal en pis. Elle était passée du Tuinal à de la dope beaucoup plus dure. Elle est repartie à New York, s'est remise à la colle avec Jimi Hendrix, et il lui a peut-être brisé le cœur comme elle a brisé le mien. Elle était très amoureuse, tous ses amis vous le diront. J'étais persuadé qu'elle avait besoin d'aide – elle s'approchait de la zone à haut risque, comme elle l'a reconnu elle-même par la suite, et j'étais impuissant parce que j'avais brûlé les ponts. J'ai parlé à ses parents et je leur ai donné tous les numéros de téléphone de tous les endroits où ils pourraient la trouver : « Votre fille ne va pas bien. Elle ne veut pas le reconnaître, mais il faut faire quelque chose. Moi, je ne peux pas. Je suis *persona non grata*. Et je suis sans doute en train d'enfoncer le dernier clou dans le cercueil de notre histoire, mais il faut que vous preniez les choses en main parce que demain je repars sur la route. » Le père de Linda l'a récupérée dans un night-club à New York et l'a ramenée en Angleterre, où un juge l'a placée sous tutelle après lui avoir confisqué son passeport. Pour elle, j'étais un traître, et on ne s'est plus vus ni parlé pendant de longues années. Par la suite, elle a replongé dans la mouise à cause de la dope, mais elle a survécu, s'est désintoxiquée et vit aujourd'hui à La Nouvelle-Orléans avec sa famille.

Lors d'une de mes rares journées de liberté entre deux tournées, j'ai trouvé le temps d'acheter Redlands, la maison qui m'appartient toujours près de la baie de Chichester, dans le Sussex, théâtre d'une célèbre descente de flics, deux fois ravagée par des incendies, et que je porte dans mon cœur comme au premier jour. On s'est vus et on s'est aimés. Une jolie maison de deux étages avec toit de chaume, ceinte d'un fossé. Je suis tombé dessus par mégarde, dans ma Bentley. Je faisais la tournée des maisons que j'avais repérées sur une brochure. Je me suis trompé de chemin et je me suis retrouvé dans la propriété. Un type est sorti, très sympa, et il m'a dit : « Vous cherchez quelqu'un ? » J'ai répondu : « Désolé, j'ai dû me tromper. » Il a dit : « C'est possible, vous cherchiez la route de Fishbourne ? » Et tout de suite : « Vous cherchez peut-être une maison à acheter ? » Il avait un côté très ex-commodore de la Navy. J'ai répondu oui. Et il a dit : « Je n'ai pas mis de panneau, mais la maison est à vendre.

— Combien ? » Parce que j'avais eu le coup de foudre. Je ne pouvais pas croire que quelqu'un pouvait vouloir vendre cette baraque. C'était trop beau, idéal. Il a dit : « Vingt mille. » Il était dans les treize heures et les banques fermaient à quinze. J'ai dit : « Vous serez là ce soir ? » Il a répondu : « Oui, bien sûr.

— Je viendrai avec les vingt mille, on fait affaire ? » Je suis retourné à Londres à toute blinde, j'étais à la banque pile avant l'heure, je me suis fait remettre le cash – vingt mille livres dans un sac en papier kraft – et le soir même j'étais de retour à Redlands. On a signé l'acte de vente devant la cheminée. Et il m'a remis les titres de propriété. Un peu comme au bon vieux temps : une poignée de main et l'argent posé sur un tonneau.

Fin 1966, on était à bout. On faisait du non-stop depuis presque quatre ans. Le pétage de plombs s'annonçait. On avait déjà frôlé la catastrophe avec le formidable mais fragile Andrew Oldham à Chicago, en 1965, pendant qu'on enregistrait chez Chess. Andrew aimait beaucoup le speed, mais ce soir-là il était bourré en plus, et très mal dans ses pompes parce qu'il avait des problèmes avec Sheila, sa régulière. On était dans ma chambre, à l'hôtel, et il a dégainé un flingue, qu'il a agité dans tous les sens. On n'avait vraiment pas besoin de ça. Je n'étais pas venu jusque-là pour finir sous les balles de cet enfoiré avec sa dégaine d'écolier à la con qui pointait son arme sur moi – expérience inquiétante, par ailleurs, la vue du petit trou noir. Avec Mick, on l'avait un peu secoué, puis mis au lit après l'avoir débarrassé de son calibre. Affaire classée sans suites. Je ne sais même plus ce qu'on a fait du flingue, un automatique. Il est sans doute parti par la fenêtre. Les choses commençaient à peine pour nous. Disons que rien n'est arrivé.

Brian, c'était une autre paire de manches. Ses illusions de grandeur, qui existaient chez lui avant même de devenir une star, avaient quelque chose de comique. Pour des raisons bizarres, il pensait que le groupe lui appartenait. On en a eu la preuve pour la première fois quand on a appris qu'il se faisait cinq livres de plus que nous par semaine sous prétexte qu'il avait réussi à convaincre Eric Easton qu'il était notre « chef ». Si une chose était claire dans le groupe, c'est qu'on partageait tout à parts égales, comme les pirates. Butin sur la table et des tas identiques. « Putain de merde, j'écris des chansons et tu touches cinq livres de plus que moi par semaine ! Mais pour qui tu te prends ! » Ça a commencé par des petits incidents de ce style, lesquels ont fini par aggraver les tensions à mesure que son comportement devenait de plus en plus délirant. Lors des premières négociations pour les Stones, Brian se rendait toujours seul aux rendez-vous, en tant que « chef ». On n'avait pas le droit de l'accompagner – c'est-à-dire qu'il nous l'interdisait. Je me souviens de Mick et moi en train de l'attendre au pub du coin.

Tout est allé très vite. Après nos premiers shows télé, Brian est devenu avide de notoriété, de gloire et d'attention. Mick, Charlie et moi, on essayait de garder la tête froide. Ça faisait partie des choses qu'il fallait endurer pour faire des disques. Mais Brian – qui était loin d'être un idiot – est tombé en plein dans le panneau. Il adorait l'adoration. Nous, on trouvait ça pas mal, mais il ne fallait pas tomber là-dedans. Je sentais les vibrations. Je savais qu'il se passait un truc important. Certains gars ne se remettent jamais de la première caresse. « Caressez-moi encore, et encore, et encore », et soudain : « Je suis une vedette. »

Je ne connais personne que la gloire ait altéré à ce point. Deux ou trois de nos disques avaient eu du succès et, patatras, il était Vénus et Jupiter à la fois. Énorme complexe d'infériorité qu'on n'avait pas remarqué jusque-là. Dès que les minettes ont commencé à hurler, il est devenu un autre, au moment même où on en avait le moins besoin, à l'instant précis où notre seul souci devait être de se serrer les coudes, de ne pas perdre les pédales. Je connais des gens à qui le succès est monté à la tête. Mais du jour au lendemain, aussi brutalement, aucun.

« Ça n'est pas la gloire, mec. C'est juste de la chance. » Ça lui a pris la tête et pendant les années qui ont suivi, ces dures années de boulot sur la route, au milieu des années 1960, on ne pouvait plus compter sur lui. Il se défonçait trop, il était à la masse. Il se prenait pour un intello, un philosophe mystique. Il était fasciné par les vedettes, mais seulement parce que c'était des vedettes, pas à cause de ce qu'elles avaient fait. Il était vraiment pénible, une sorte d'appendice en décomposition qu'on trimbalait avec nous. Quand vous passez trois cent cinquante jours par an sur la route avec un tel poids mort, ça finit par vous porter sur le système.

On faisait le Midwest, Brian avait eu une crise d'asthme et était à Chicago, à l'hôpital. Bon, quand un mec tombe malade, on assure à sa place, c'est normal. Vous imaginez nos têtes quand on l'a vu en photo, faisant le paon à Chicago, à la fête de machin, aux côtés de trucmuche avec un petit nœud à la con autour du cou ? On venait de faire trois, quatre gigs sans lui. Hé, mec, je fais double service, là. On est cinq, et toute l'organisation du groupe tourne autour des deux guitares. Et soudain il n'y en a plus qu'une ? J'ai été obligé de me débrouiller, de réinventer la manière dont on jouait toutes ces chansons. Parce qu'il fallait que je joue les parties de Brian. C'est comme ça que j'ai appris à jouer deux parties en même temps, à distiller l'essence de la partie manquante tout en jouant la mienne sans oublier quelques motifs en passant, mais c'était vraiment du boulot. Et il ne m'a jamais remercié, jamais, de l'avoir remplacé. Il s'en foutait. « Je ne me sentais pas bien », voilà ce à quoi j'avais droit. OK, mec, dans ce cas je peux toucher ton fric ? C'est à ce moment-là que j'ai commencé à avoir une dent contre lui.

Sur la route, les vacheries fusent vite, et ça peut rapidement virer au lourd. « Ta gueule, pauvre con. C'est mieux quand t'es pas là. » Il était incapable de la boucler, rabâchant à l'infini des histoires qui nous hérissaient le poil. « Quand j'ai joué avec bidule... » Il était totalement aveuglé par le star-system. « J'ai vu Bob Dylan hier. Il ne t'aime pas trop. » Il ne voyait pas du tout à quel point il était odieux. Et c'était parti : « Ta gueule, Brian. » Ou bien on se moquait de la manière dont il rentrait la tête dans son cou inexistant. Et on s'est mis à lui jouer des tours. Il avait une voiture, une Humber Super Snipe, mais comme c'était un mec assez petit, il avait besoin d'un coussin pour conduire. Avec Mick, on le lui piquait pour le faire chier. Des trucs cruels, dignes d'une bande d'écoliers. À l'arrière du car, on se lâchait, on faisait comme s'il n'était pas là : « Quelqu'un a vu Brian ? T'as vu comment il s'était sapé hier ? » C'était la pression du boulot, mais on se disait aussi qu'une « thérapie de choc » lui remettrait peut-être la tête à l'endroit. On n'avait pas le temps de dire : « Asseyons-nous tranquillement, essayons de régler cette histoire. » Avec Brian, c'était une relation d'amour-haine. Il pouvait être vraiment drôle. Avant, j'aimais bien traîner avec lui, à essayer de comprendre comment Jimmy Reed ou Muddy Waters faisaient ceci, ou T-Bone Walker faisait ça.

Ce que Brian n'a pas avalé, c'est que Mick et moi on écrive des chansons. Il a perdu son statut, puis il s'est désintéressé du groupe. L'idée de se pointer au studio pour apprendre à jouer une chanson que Mick et moi avions écrite lui cassait le moral. C'était comme une blessure béante. Pour lui, la seule solution était de se raccrocher à l'un de nous deux, ce qui créait des conflits triangulaires. Il nous en voulait, comme il en voulait à Andrew Oldham, persuadé qu'il existait un complot pour le virer. C'était totalement faux, mais il fallait bien que quelqu'un écrive les chansons. Si t'as envie, pas de problème, on s'y met tous les deux. Montre-moi un peu ce que tu as pondu. Mais quand on s'y mettait, lui et moi, ça ne faisait pas des étincelles. Ensuite, il a proclamé : « Je n'aime plus la guitare. Je veux jouer de la marimba. » On verra ça un autre jour, mon pote, pour l'instant on a une tournée à assurer.

Il n'était pas souvent là, mais quand il se pointait, c'était miraculeux. Quand il revenait à la vie, il était incroyable. Il pouvait ramasser n'importe quel instrument qui traînait par là et en tirer quelque chose. Le sitar sur « Paint It Black », la marimba sur « Under My Thumb ». Mais après le fils de pute disparaissait pendant cinq jours et il fallait finir le disque. On a programmé des séances : où est Brian ? Introuvable, et quand on mettait enfin la main sur lui, il était dans un état lamentable.

Les dernières années, il ne jouait presque plus de la guitare. Les deux guitares, c'était notre truc, tout tournait autour de ça. Quand l'un des deux guitaristes n'est pas là la moitié du temps, ou que ça ne l'intéresse plus, on commence à faire de l'overdubbing. Sur les disques de cette période, c'est moi qu'on entend jouer quatre choses différentes. C'était formateur pour ce qui est de la technique de studio, en plus j'ai appris à faire face à l'imprévu. Et simplement en faisant des réenregistrements, en parlant avec les ingénieurs du son, j'en ai appris beaucoup sur les micros, les amplis et l'art de modifier le son d'une guitare. Quand un seul guitariste joue toutes les parties, si on ne fait pas gaffe, ça sonne exactement comme ça. Ce qu'il faut, c'est que chacune ait un son différent. Sur des albums comme *December's Children* ou *Aftermath*, je jouais des parties qui auraient été du ressort de Brian. Parfois, je jouais huit parties de guitare et je gardais peut-être une mesure d'une prise ici, une autre là au mixage. Et à la fin on a l'impression qu'il y a deux ou trois guitares, on ne sait plus très bien. Mais en fait il y en a huit, c'est juste qu'on en a gardé des bouts au mixage.

Après, Brian a rencontré Anita Pallenberg. Ça s'est passé en coulisses, en septembre 1965, lors d'un show à Munich. Elle nous a accompagnés à Berlin, où il y a eu une émeute spectaculaire, et puis peu à peu, au fil des mois, elle a commencé à sortir avec Brian. Elle travaillait beaucoup comme modèle et voyageait énormément, mais elle a fini par s'établir à Londres et elle a commencé une relation avec Brian assez rapidement entrecoupée d'épisodes d'une rare violence. Brian a laissé tomber sa Humber Snipe pour une Rolls – mais il avait toujours besoin d'un coussin.

L'acide a fait son apparition dans le tableau à peu près à la même époque. Brian a disparu à la fin 1965 en pleine tournée, avec les excuses de santé habituelles, et a refait surface à New York, tapant le bœuf avec Bob Dylan, traînant avec Lou Reed et le Velvet Underground, le tout imbibé d'acide. L'acide avait sur Brian un effet particulier. Pour nous, à l'époque, la dope n'était pas un truc important. On fumait de l'herbe et on prenait un peu de speed pour tenir le coup. L'acide donnait à Brian l'impression qu'il faisait partie d'une élite. Brian voulait toujours faire partie de quelque chose, mais ne savait jamais de quoi. Je ne me souviens de personne d'autre annonçant comme ça à tout le monde qu'il prenait de l'acide. Pour lui, c'était comme si on l'avait décoré de la Légion d'honneur. Après t'avais droit à un exposé : « Tu peux pas savoir, mec, j'ai fait un de ces trips. » Et l'habillement, la coupe de cheveux, terribles. Les petits travers qui deviennent si agaçants. C'est le truc typique de la dope : on pense qu'on est quelqu'un de spécial. C'est le club des grosses têtes. Tu croises des gens qui te demandent : « Et toi, t'es une grosse tête ? », et ça te donne un statut particulier. Les gens qui se défonçaient à quelque chose que tu n'avais pas encore goûté. Leur élitisme, c'était vraiment n'importe quoi. Ken Kesey[1] porte une lourde responsabilité.

Je me souviens très bien de l'épisode qu'Andrew Oldham raconte dans ses mémoires, auquel il donne une résonance symbolique particulière, ce jour de mars 1966 au studio RCA, où Brian s'est effondré sur sa guitare, qui bourdonnait et interférait avec le son. Quelqu'un a débranché l'ampli et, dans le récit d'Andrew, c'est comme si on avait débranché Brian. Je me souviens du bruit énervant et je me souviens aussi qu'on n'était pas vraiment surpris, parce que depuis des jours Brian se cassait la figure un peu partout. Il abusait des tranquillisants, Seconal, Tuinal, Desbutal, toute la gamme. Tu crois que tu joues comme Segovia et que ça fait bling-bling-bling alors qu'en réalité ça fait doum-doum-doum. On ne peut pas travailler avec un groupe cassé. Si tu as des problèmes

---

1. L'auteur de *Vol au-dessus d'un nid de coucou* (1962).

de moteur, il faut essayer de le réparer. À l'époque, dans le groupe, on ne pouvait pas dire : « Et merde, t'es viré. » En même temps, les choses ne pouvaient pas durer dans un tel état de tension et de rancœur. Et alors Anita a présenté à Brian l'autre bande, les Cammell et toute cette clique. On aura à en reparler, hélas.

Chapitre Six

Où la police fait une descente à Redlands. Je me barre au Maroc
dans ma Bentley. Fugue au clair de lune avec Anita Pallenberg.
Ma première apparition devant un tribunal, ma première nuit
au trou et l'été à Rome.

*« Aucun groupe n'a de pires manières de table. Les ravages laissés
par leur petit déjeuner, avec des œufs, du jambon et du miel partout,
sont exceptionnels. Avec eux, le mot "désordre" prend un sens nouveau.
Le batteur des Stones, Keith (sic), redingote, long manteau noir en
velours et pantalon incroyablement moulant... Tout est de mauvaise
qualité, mal fichu, les coutures ne tiennent pas. Keith a cousu lui-
même son pantalon lavande et vieux rose avec une pièce de cuir mal
rafistolée séparant les deux couleurs. Brian se présente en pantalon
blanc, avec un énorme carré noir derrière. C'est très chic mais les coutures sont en train de craquer. »*

Cecil Beaton, au Maroc en 1967[1]

C'est en 1966 que tout a basculé, que les coutures ont lâché.
On avait le sentiment que quelque chose allait se produire,
et ça a fini par arriver, avec les émeutes dans la rue et tout ça. La
tension était palpable. C'est comme les ions positifs et négatifs
avant l'orage, on a du mal à respirer, ça va péter. En fait, ça a juste
craqué.

1. Extrait de *Self-Portrait with Friends : The Selected Diaries of Cecil Beaton, 1926-1974*,
New York Times Books, 1979, le journal du célèbre photographe de mode Sir Cecil
Walter Hardy Beaton (1904-1980).

On venait de finir une tournée d'été, une virée américaine épuisante, et on ne reprendrait pas la route avant deux ans. À ce stade, quatre années après les débuts du groupe, on n'avait pas pris deux jours de repos entre les concerts, les déplacements et le travail en studio. On était tout le temps sur la route.

J'avais l'impression qu'avec Brian on touchait à la fin de l'épisode. En tout cas, on ne pouvait pas continuer comme ça. Mick et moi, on s'était salement lâchés sur lui quand il s'était métamorphosé en clown, quand il avait déserté le groupe sur la route. Mais ça n'allait déjà pas fort. La tension existait bien avant que Brian ne devienne un trou du cul. À la fin 1966, pourtant, je pensais encore qu'on pouvait arranger le coup. Après tout, on était un groupe. J'étais libre comme l'air, ma relation avec Linda Keith avait pris fin. Quand Brian ne travaillait pas, il était plus facile. Je me suis rapproché de lui – et d'Anita – à Courtfield Road, près de Gloucester Road.

On se marrait bien, on est redevenus potes, on prenait de la dope ensemble. Au début, c'était merveilleux. J'ai fini par m'installer chez eux. Mais Brian a vu dans mes efforts pour le ramener vers le centre l'occasion de déclencher une vendetta contre Mick. Brian se cherchait toujours des ennemis, et ce coup-ci, c'était Mick, lequel l'avait outrageusement offensé et maltraité. C'est vrai que je traînais chez lui, aux premières loges pour observer les gens qui gravitaient autour d'Anita, une bande haute en couleur. Au début, je rentrais chez moi à pied, de Gloucester Road jusqu'à St John's Wood, vers six heures du matin, pour mettre une chemise propre, mais ça n'a pas duré.

À l'époque, il ne se passait rien entre Anita et moi, strictement rien. Elle me fascinait, mais je faisais de mon mieux pour garder mes distances. Je me disais que Brian était un sacré veinard. Je me demandais comment il avait fait pour lui mettre le grappin dessus. On voyait que c'était une forte femme, et comment. Brillante aussi, c'est une des choses qui m'a tout de suite plu. On ne s'ennuyait jamais avec elle, et elle était incroyablement belle. Et drôle. Jusque-là, je ne savais pas ce que « cosmopolite » voulait dire. Elle parlait trois langues. Elle avait habité un peu partout, c'était très exotique pour moi, j'adorais son esprit, mais elle était aussi capable de manœuvrer, de manipuler, de tirer les ficelles. Tu n'avais pas une seconde de répit. Je disais : « C'est sympa » et elle répliquait : « *Sympa ?* Je déteste ce mot. Comment peut-on être aussi cliché ? » On n'allait quand même pas s'empaffer parce que j'avais dit « sympa » ? Ça ne me serait pas venu à l'esprit. Son anglais n'était pas parfait et elle passait à l'allemand dès qu'un mot lui échappait. : « Je suis désolée, demandez donc à quelqu'un de vous traduire ça. »

Anita, putain de garce sexy. Une des plus belles femmes au monde. La tension montait à Courtfield Gardens. De temps à autre Brian s'effondrait, et Anita et moi, on se regardait. Mais c'était la nana de Brian, bas les pattes. Point barre… Piquer la nana d'un mec du groupe ne faisait pas partie de mes projets. Et le temps a passé.

Et un jour, je regarde Anita, et je regarde Brian, et je reregarde Anita, et je me dis : « Je n'y peux rien. Elle est faite pour moi. Je l'aurai ou elle m'aura. Peu importe. » Ça n'a pas arrangé la situation. Pendant des mois, il y a eu un paquet d'électricité dans l'air, avec Brian qui perdait chaque jour un peu plus les pédales. J'ai été très patient. Parfois, je passais trois ou quatre jours chez eux, puis je rentrais en marchant jusqu'à St John's Wood. J'avais besoin d'air, ça se voyait trop, ce que je ressentais. D'un autre côté, ils étaient constamment entourés de gens, c'était une fête permanente. Brian avait toujours besoin d'être au centre de tout. Plus on lui en donnait, plus il en redemandait.

Je n'ai pas tardé à comprendre comment ça se passait entre eux. Certaines nuits ça chauffait, et le lendemain Brian se pointait avec un œil au beurre noir. Brian cognait les nanas. Mais s'il y avait une nana au monde avec qui il n'avait pas intérêt à essayer, c'était bien

Anita Pallenberg. Elle avait toujours le dessus, et Brian refaisait surface couvert de bleus et de pansements. Mais ça n'avait rien à voir avec moi. Moi, j'étais là pour faire le con avec Brian.

Anita était issue d'une famille d'artistes et elle était pétée de talent. Elle s'y connaissait, ce n'était pas de la blague, elle était à tu et à toi avec les plus grands artistes et se sentait comme chez elle dans le monde du pop art. Son grand-père et son arrière-grand-père étaient peintres, mais on racontait que la famille avait sombré dans une flambée de syphilis et de démence. Anita savait tenir un crayon. Elle avait grandi dans l'imposante demeure de son grand-père à Rome, puis avait passé son adolescence dans une école munichoise décadente pour aristos allemands d'où elle s'était fait virer pour avoir fumé, bu et – pire que tout – fait de l'auto-stop. À seize ans, elle avait dégotté une bourse pour une école d'arts graphiques à Rome, près de la piazza del Popolo, et à ce tout jeune âge elle fricotait déjà avec l'intelligentsia romaine dans les cafés. « Fellini et toute la bande », comme elle aimait dire. Anita, c'était la grande classe. Elle avait aussi un don incroyable pour réunir, rassembler, mettre en rapport les gens. À Rome, c'était l'époque de la dolce vita. Elle connaissait tous les cinéastes, Fellini, Visconti, Pasolini, et à New York elle fréquentait Warhol, le milieu du pop art et les poètes beat. Ses multiples talents faisaient d'Anita une passerelle étincelante entre des gens et des mondes très différents. Elle avait une manière incroyable de catalyser l'époque.

Si on retraçait la genèse de la scène branchée londonienne, celle qui faisait la réputation de la ville en ce temps-là, Anita et Robert Fraser, le galeriste et marchand d'art, seraient tout en haut de la liste, aux côtés de Christopher Gibbs, antiquaire et bibliophile, et de deux ou trois autres. En grande partie du fait de leur imposant réseau social. Anita avait rencontré Robert Fraser en 1961, à l'époque où elle venait de connaître les premiers artistes pop par l'intermédiaire de son petit ami Mario Schifano, une figure importante du pop art à Rome. Fraser l'a lui-même présentée à Sir Mark Palmer, l'authentique « baron tsigane », à Julian et Jane Ormsby-Gore, ainsi qu'à Tara Browne (le jeune aristo dont la mort a inspiré la chanson des Beatles « A Day in the Life »), point de départ d'une rencontre entre la musique – qui a joué un rôle important dans l'underground artistique dès le début – et les aristos, même si ce n'était pas tout à fait vos aristos habituels. Fraser, Gibbs et Palmer avaient fréquenté Eton, mais les deux premiers n'y avaient pas fini leur scolarité, et ils avaient chacun des talents singuliers, excentriques, ainsi qu'une forte personnalité. Ils n'avaient pas vocation à moutonner. Mick et Marianne faisaient des pèlerinages dans le Hertfordshire avec l'écrivain John Mitchell, le Merlin du groupe, pour observer les soucoupes volantes et tout ça. Anita avait une vie parisienne, toutes les nuits fourrée chez Régine, où elle entrait sans payer, et une vie romaine tout aussi pleine de glamour. Elle travaillait comme modèle et jouait dans des films. Elle se mêlait à l'avant-garde hardcore à une époque où le hardcore n'existait presque pas.

C'est à ce moment que la culture de la drogue a explosé. Il y a d'abord eu le Mandrax et l'herbe, puis l'acide à la fin 1966, puis la coke courant 1967, et enfin l'héro, bien évidemment. Je me souviens de David Courts, le mec qui a fabriqué ma bague à tête de mort, un ami proche, sortant d'un pub près de Redlands. Il avait pris du Mandrax avec d'autres cachets et il était sur le point de s'écrouler. La seule raison pour laquelle je m'en souviens, c'est parce que Mick l'a porté sur son dos jusqu'à la voiture. Il ne ferait jamais un truc pareil aujourd'hui, et en notant ça je m'aperçois que Mick a changé il y a très, très longtemps. Mais c'est une autre histoire.

Ces gens étaient fascinants. Le capitaine Fraser avait été en poste en Ouganda dans les King's African Rifles, le bras armé de l'autorité coloniale en Afrique orientale, et avait eu sous ses ordres le sergent Idi Amin Dada. Depuis, il s'était transformé en « Strawberry Bob », déambulant la nuit en babouches et pantalon du Rajasthan, sapé le jour comme un gangster, costard gris et cravate à pois. Sa galerie était vraiment à la pointe de l'avant-garde. Il exposait Jim Dine, il représentait Lichtenstein. C'est lui qui a monté la première expo de Warhol à Londres et projeté « Chelsea Girls ». Chez lui, il a accroché Larry Rivers, Rauschenberg... Robert a tout vu venir, il était à fond dans le pop art, agressivement avant-gardiste. J'aimais l'énergie qui vibrait là, mais pas forcément tout ce qui se faisait – il flottait dans l'air un parfum de « Tout est possible ». À part ça, la prétention sidérante du monde de l'art était aussi insupportable qu'une crise de manque – et je n'avais même pas goûté à l'héro à l'époque ! Allen Ginsberg était de passage chez Mick, et j'ai eu droit à une soirée entière de ce vieux sac à pets pontifiant sur tout. À l'époque, Ginsberg jouait – mal – du concertina en éructant des sons bizarres, et faisait semblant de ne pas voir les mondanités qui l'entouraient.

Le capitaine Fraser adorait Otis Redding, Booker T. and the MG's. Parfois, après une nuit blanche, je débarquais chez lui et je lui faisais écouter leur dernier album. Mohammed, son serviteur marocain en djellaba, nous préparait deux pipes et je lui passais « Green Onions », ou « Chinese Checkers », ou encore « Chained and Bound ». Robert prenait de l'héro. Il avait un dressing plein de vestons croisés, que du sur-mesure, avec des tissus déments, et de chemises, aussi du sur-mesure mais usées jusqu'à la corde au col et aux manches. Ça faisait partie de son look. Et dans la poche de certaines de ses vestes il y avait sa réserve d'héro : des *jacks*, des cachets que tu dissolvais dans l'eau – six jacks pour un « grain » d'héroïne –, alors il était tout le temps fourré dans ses dressings à la recherche du jack oublié. L'appartement de Robert était plein d'objets incroyables, crânes tibétains recouverts d'argent, ossements dont l'extrémité était sertie d'argent, lampes art nouveau de chez Tiffany et partout des tissus et des matières sublimes. Il déambulait dans des chemises en soie bigarrées qu'il avait rapportées d'Inde. Robert aimait vraiment la défonce : « haschich merveilleux », « afghan primo ». L'homme était un étonnant mélange d'avant-gardisme et de suranné.

L'autre chose qui me plaisait vraiment chez Robert, c'est qu'il n'avait aucun a priori. Il aurait facilement pu se cacher derrière Eton et le style patricien, mais il s'intéressait à ce qui se passait et insistait pour exposer des artistes qui ne faisaient pas partie de la Royal Academy. Et bien sûr il était gay, donc à part. Il n'en faisait pas étalage mais il ne s'en cachait pas non plus. Il avait un regard d'acier, et j'ai toujours admiré son courage. C'est sans doute les African Rifles, l'Afrique, qui lui avaient ouvert les yeux. Capitaine Robert Fraser, retraité. Si nécessaire, il savait en imposer. Mais j'ai toujours eu le sentiment que Robert supportait de plus en plus mal la manière dont l'establishment de l'époque se raccrochait à quelque chose qui se délitait. J'admirais son attitude, son côté « Ça ne peut pas durer ». C'est parce qu'il était comme ça qu'il s'est rapproché de nous, des Beatles et des artistes de l'avant-garde.

Fraser et Christopher Gibbs étaient à Eton en même temps. Lorsque Anita a rencontré Gibby, bien avant de me connaître, il avait dans les dix-huit ans et sortait de prison pour avoir volé un livre chez Sotheby's. C'était un collectionneur passionné, il avait un sacré coup d'œil. J'ai rencontré Gibbs par l'intermédiaire de Robert, parce que Mick avait décidé qu'il voulait vivre à la campagne. Robert n'était pas trop campagne, alors il lui a présenté Gibby. Gibbs a baladé Mick et Marianne à travers l'Angleterre et il leur a fait visiter toutes sortes de maisons et de domaines. J'ai toujours bien aimé Gibby, d'une certaine manière. Il m'est arrivé de crécher chez lui, dans son appartement de Cheyne Walk, au bord de la Tamise. Il avait une bibliothèque démente. Je restais là des heures à feuilleter de belles éditions originales, à regarder des illustrations et des peintures magnifiques et d'autres choses encore auxquelles je n'avais pas le temps de m'intéresser parce que je vivais sur la route. Toujours en train de colporter sa marchandise, de très belles pièces, il en faisait subtilement la promotion. « J'ai ce merveilleux coffre du XVIe siècle… » Toujours en train de te vendre quelque chose, le Chrissie, ou de te montrer quelque chose qu'il venait de récupérer. Et il avait un côté vraiment ouf. C'était le seul gars au monde qui se faisait péter un *poppers* de nitrite d'amyle dans les narines au réveil. Même *moi*, je n'aurais pas pu. Il y en avait toujours sur sa table de chevet. Une petite ampoule jaune et, hop, on est réveillé. Je l'ai vu de mes yeux. Ça m'a scotché. J'aimais bien les poppers, mais quand même…

Robert Fraser et Christopher Gibbs avaient quelque chose en commun : du cran. À eux deux, ils avaient plus de façade que le grand magasin Selfridges. Tout en étant de vrais fils à maman. Grosse trouille de la mère, chez ces deux mecs. Ce n'est pas pour rien qu'ils étaient tantouzes. Strawberry Bob faisait dans son froc dès que sa mère pointait le bout du nez. « Ma mère débarque !

— Oui, et alors ? »

Ça ne veut pas dire que c'était des lâches ou qu'ils étaient sous la coupe des femmes. C'est le respect qu'ils avaient pour leur mère qui les subjuguait. Leurs mères étaient de fortes femmes, parce que ces mecs étaient de sacrés mecs. J'ai appris il y a peu que la mère de Gibby avait été reine mondiale des girl-scouts, la principale dirigeante du mouvement à l'étranger. On n'en a jamais parlé. Je ne mesurais pas bien l'influence de ce duo, mais ils ont changé le paysage et profondément influencé le style de l'époque.

Gibbs et Fraser étaient les noms sur la devanture. Autour et derrière, il y avait des Lampson et des Lambton, des Sykes et Michael Rainey. Il y avait Sir Mark Palmer, page de Sa Majesté et romanichel invétéré, paix à son âme, avec ses dents en or et ses lévriers qui trottaient derrière les caravanes avec lesquelles il sillonnait la campagne avant de se poser dans la propriété d'un de ses amis. J'imagine qu'après avoir passé une partie de sa vie à tenir la traîne de la reine, une roulotte de gitan doit finir par avoir son charme. Tout ça, c'est très bien tant qu'on n'a pas de poil autour de la bite, mais après, quoi ? « Qu'est-ce que vous faites dans la vie ?

— Oh, je porte la traîne de la reine. »

Soudain, la moitié de l'aristocratie nous courait après, les jeunes héritiers au nom prestigieux, les Ormsby-Gore, les Tennant, la totale. Je n'ai jamais vraiment su s'ils s'encanaillaient ou si nous nous anoblissions. Comme ils étaient plutôt sympa, j'ai décidé que je m'en foutais. Je vous intéresse ? Bienvenus ! Vous aimez ma compagnie ? Pas de problème. À mon sens, c'est la première fois qu'une clique de ce type courait en masse après des musiciens. Eux aussi avaient compris que quelque chose flottait dans le vent, comme disait Bob[1]. Ça les embêtait d'être là-haut, ces gens titrés, ils avaient l'impression de rater quelque chose s'ils n'y participaient pas. C'est la fascination de la très haute pour les bas-fonds qui a donné naissance à cette étonnante mixture d'aristos et de gangsters. C'était particulièrement vrai de Robert Fraser : il aimait fréquenter les voyous. C'était peut-être une forme de révolte contre ses origines étouffantes, contre la répression de l'homosexualité. Autour de lui gravitaient des gens comme David Litvinoff, un homme avec un pied dans le monde de l'art et l'autre dans le demi-monde, proche des frères Kray, les gangsters sadiques de l'East End. Il n'y avait pas que des gentils. Comme Tony Sanchez, dit « Spanish Tony », Tony l'Espagnol. Sanchez avait aidé Robert à se sortir d'une histoire de dettes de jeu, c'est comme ça qu'ils s'étaient connus. Et que Tony est devenu son intermédiaire – il s'occupait des méchants pour lui – et son dealer.

Tony tenait un casino cheap à Londres, un after. C'était un dealer et un gangster, et il roulait dans une Jaguar Mark 10 bicolore, dans le style maquereau. Son père était le propriétaire d'un restaurant italien célèbre de Mayfair. Spanish Tony était un dur. Bing-bang, c'était sa manière. Un type génial, jusqu'au moment où

---

1. Allusion à la chanson « Blowing In the Wind » de Bob Dylan.

il est devenu un sale type. Le problème, pour lui comme pour tant d'autres, c'est qu'on ne peut pas être un dur *et* un junkie. Ça ne colle pas ensemble. Un dur est un malin qui reste sur ses gardes : c'est ce qu'était Tony, et ce qu'il aurait dû rester. Tu ne peux pas te permettre d'être accro à ta came. Ça te ralentit. En vendre, c'est OK, c'est comme ça que ça marche, mais il ne faut jamais y toucher. Il y a une grande différence entre un dealer et un consommateur. Pour être dealer, il faut avoir plusieurs coups d'avance sur tout le monde, sinon tu finis par faire des conneries, et c'est précisément ce qui est arrivé à Tony.

Il s'est servi de moi, deux ou trois fois. À mon insu, je m'en suis rendu compte par la suite, il m'a utilisé comme chauffeur sur un braquage de bijoux à Burlington Arcade. « Hé, Keith, tu veux essayer ma Jag ? » Il avait besoin d'une voiture propre, ouais – et d'un chauffeur propre. Et de toute évidence Tony avait raconté à ses complices que j'étais un as de la conduite de nuit. Alors j'ai attendu à l'extérieur sans piger ce qui se passait. Tony était un bon pote, mais ça ne lui posait pas le moindre problème de me manipuler.

Je traînais pas mal avec un autre copain, Michael Cooper. Photographe génial. Il tenait le coup pendant des heures, c'était incroyable ce qu'il pouvait ingurgiter. C'est le seul photographe que j'aie rencontré qui avait la tremblote – et pourtant il ne ratait pas beaucoup de photos. « C'est quoi, ton secret ? Tu sucres les fraises, ça devrait être totalement flou. » Et lui : « J'appuie toujours au bon moment. » Michael a tenu une sorte de chronique par l'image de la vie des Stones aux premiers temps du groupe. C'est simple, il n'arrêtait pas de mitrailler. La photo, c'était un mode de vie pour Michael. Il était totalement absorbé par les images – ou plutôt c'est les images qui l'avaient absorbé.

D'une certaine manière, Michael était une créature de Robert. Robert avait un côté diabolique et il était très attiré par Michael, à tous les points de vue, mais il admirait sincèrement l'art de

Michael et se chargeait de sa promotion. Michael était un homme de réseau. Il était le ciment qui nous liait tous, toutes ces différentes sphères de Londres, les aristos, les voyous et les autres.

Quand tu ingurgites la quantité de trucs qu'on se tapait, tu parles de tout sauf de boulot. Michael et moi, on passait des heures à discuter dope. Deux bons amis qui se demandent comment ils vont pouvoir s'exploser encore mieux le coup d'après, sans trop de dégâts. Pas question de discuter de la prochaine « grande œuvre » que je vais réaliser, ou que toi ou n'importe qui va pondre, c'est secondaire. Je savais qu'il travaillait dur, c'était un obsédé du boulot, ça se voyait. Mais Michael avait aussi des moments où il s'enfonçait dans une dépression profonde, inquiétante, son « chien noir ». Le poète de l'objectif était plus fragile qu'on ne l'imaginait. Il chutait en piqué vers le point de non-retour. Pour le moment, toutefois, on était surtout des gangsters. On n'était pas des braqueurs, loin de là, mais on faisait partie d'une petite bande élitiste. Flamboyants et scandaleux. On testait toutes les limites, je le reconnais. Il fallait bien que quelqu'un s'en charge.

Il n'y a pas grand-chose à dire sur l'acide, à part que c'est vraiment un trip[1]. On s'aventurait dans un espace incertain et inconnu. En 1967-1968, les choses bougeaient très vite, il y avait beaucoup de confusion et d'expérimentation. Le truc le plus dingue dont je me souvienne sous acide, c'est un vol d'oiseaux – des oiseaux, des nuées d'oiseaux de paradis que je regardais passer et repasser devant mes yeux, sauf qu'ils n'étaient pas là. En fait, c'était les feuilles d'un arbre agitées par le vent. On était sur un chemin de campagne, tout était très vert et je pouvais presque voir chaque battement d'ailes individuel. C'était décomposé au point que j'aurais pu dire : « Hé, moi aussi, je peux ! » C'est pour ça que

1. Littéralement : un voyage.

ça ne m'étonne pas que des gars sautent par la fenêtre de temps à autre : parce que tu as l'impression d'avoir compris d'un coup comment on fait. Il aurait fallu une demi-heure à un de mes oiseaux pour traverser mon champ de vision, incroyables battements d'ailes, et je pouvais voir la moindre plume. Ils me regardaient tous comme s'ils me disaient : « Allez, toi aussi, essaie ! » Merde, il y a certaines choses que je ne peux pas faire.

Il fallait être en bonne compagnie pour prendre de l'acide, sinon gare ! Brian sous acide, par exemple, était totalement imprévisible. Il pouvait être détendu et marrant, mais aussi t'envoyer dans la mauvaise direction au mauvais moment. C'est à ces occasions-là que tu te retrouves à faire le clown dans Paranoia Street. Sous acide, c'est assez difficile à gérer. Qu'est-ce qui me prend ? Je n'ai pas envie d'aller dans son trou noir. Je vais revenir en arrière, retrouver le bon chemin. Je veux revoir les oiseaux et avoir des idées musicales de génie, et trouver l'Accord perdu, le saint Graal de la musique, très à la mode à l'époque. Il y avait un tas de néopréraphaélites comme les Ormsby-Gore qui s'agitaient dans tous les sens dans des tenues en velours avec des foulards attachés aux genoux : ils cherchaient le saint Graal, la cour du roi Arthur, les ovnis et les alignements mystiques.

Impossible de savoir si Christopher Gibbs prenait de l'acide, parce qu'il était naturellement shooté. Christopher était peut-être *toujours* sous acide, c'était un garçon qui n'avait pas froid aux yeux. Il était prêt à sauter à pieds joints dans l'inconnu, même si c'était la vallée de la mort. Il était prêt à tout regarder en face, s'il y avait quelque chose à essayer. Je n'ai jamais vu Gibbs déstabilisé par de l'acide, je ne l'ai jamais vu faire un mauvais trip. Mon souvenir de Christopher, c'est qu'il planait toujours à un mètre du sol, comme un ange. Peut-être qu'on faisait tous pareil, allez savoir.

L'acide était une énorme inconnue. Tout le monde tâtonnait dans le noir. Je trouvais ça intéressant mais, d'un autre côté, il y avait des gens qui le supportaient assez mal, et tu n'as vraiment pas

Maman et Papa, fin des années 1930.   À l'école primaire, huit ans. 1951.

À quatre ans, sur mon premier tricycle, à Southend-on-Sea.

Sur la côte du Sud de l'Angleterre, à l'âge de douze ans.

À Beesands, dans le Devon, avec mes parents, dans les années 1950.

Haleema, mon premier amour.

À droite : 1964.

Assis, de droite à gauche : Doris, grand-père Gus, grand-mère Emma, tante Marjorie.
Debout, de gauche à droite : mes tantes Elsie, Joanna, Patty, Connie et Beatrice.

Aux studios RCA, à Hollywood, avec Mick et Andrew Oldham, en 1965.

Munich, le 14 septembre 1965. Premier voyage en RFA. Le soir où Brian a rencontré Anita.

1963.

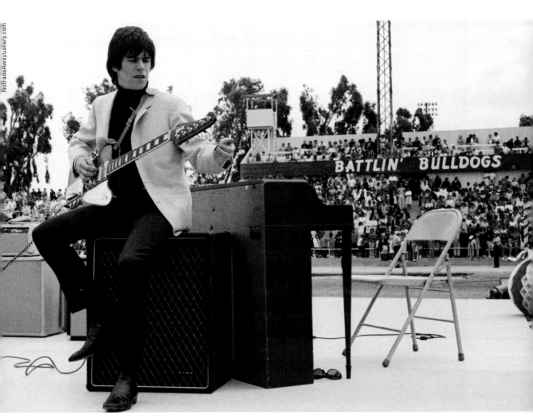

Un de nos premiers concerts américains, pendant lesquels le public était sagement tenu à distance. Au Ratcliffe Stadium de Fresno, en Californie, mai 1965.

Aux studios RCA, au coin de Sunset et Ivar, à Hollywood, en 1965, pendant la production d'*Aftermath*.

Avec Mick, à Redlands, en 1967.

Juillet 1965 : une bonne tasse de thé avec Charlie après notre inculpation
pour « comportement insultant » – on avait uriné dans la cour d'un garage.

Salutations amicales du Jack Tar Hotel, Clearwater, Floride, mai 1965.

1965 : tournée US. Le shérif avait arrêté le spectacle pour « débordements ».
La photo a été prise juste avant qu'on recommence à jouer – ça ne s'est pas arrangé.

Blue Lena, ma Bentley Continental Flying Spur.

Pendant la promo de *Between the Buttons*.

À la sortie du tribunal, après avoir choisi d'aller en procès à la suite d'une descente de police à Redlands, le 10 mai 1967.

Installés dans la boutique d'Ahmed, à Tanger. Au fond : Marianne et Mick. Au milieu, de gauche à droite : Robert Fraser, Brian Jones, Ahmed. Devant, tournant le dos à l'appareil photo : Anita.

Avec Anita à la Mostra de Venise, peu de temps après la sortie du film *Barbarella*, dans lequel elle jouait.

Californie, 1968. De gauche à droite : moi, Gram Parsons, Tony Foutz, Anita et Phil Kaufman, le manager de Gram.

Les Stones et leur nouveau guitariste, Mick Taylor, en 1969.

Naissance de Marlon, au King's College Hospital
de Londres, le 10 août 1969.

Concert au Madison Square Garden, juillet 1972, à la fin de la tournée *Exile*.

Avec Gram Parsons, à Nellcôte, en 1971.

L'équipe d'*Exile* (à l'exception de Charlie), 1972. De gauche à droite : Mick Jagger, Mick Taylor, Bill Wyman, Nicky Hopkins, Bobby Keys et moi.

Au fort d'Alamo, au Texas, en 1975. Ron Wood s'est imprégné de l'atmosphère du lieu.

Angela, âgée de cinq ans. 1977.

En 1977, avec Marlon, pendant mes problèmes à Toronto. On se change les idées en faisant des courses de petites voitures sur un des lits de l'hôtel.

On est nés à quelques heures l'un de l'autre : lui à Lubbock, au Texas, moi à Dartford, dans le Kent. Mon meilleur pote, Bobby Keys.

Avec Ron Wood, en 1975.

La tournée de 1972, quelque part aux États-Unis.

1973, tournée européenne.

besoin de ça quand tu prends ton pied, un mec qui fait un mauvais trip. Les gens changeaient d'un coup, devenaient parano, ou se renfermaient, ou paniquaient. Brian était un spécialiste. Ce n'était pas toi qui faisais un mauvais trip mais ça t'atteignait quand même, et ton trip virait mal. C'était le problème avec l'acide. Tu ne savais pas si tu reviendrais ou pas. J'ai eu deux ou trois très mauvais plans. Je me souviens que Christopher a essayé de me calmer : « Tout est cool, tout va bien. » Il était comme un infirmier, un infirmier de nuit. Je ne me souviens même pas de ce qui m'arrivait, mais c'était désagréable. De la parano, peut-être — comme avec la marijuana, qui peut avoir cet effet sur les gens. C'est avant tout de la peur, mais tu ne saurais pas dire de quoi. Tu es sans défense et plus tu t'enfonces, plus tu as la trouille. Parfois on est obligé de se donner des baffes.

Ça ne m'a jamais empêché de recommencer. Toujours l'idée des limites à repousser. C'était assez idiot, dans le fond : « Sale trip la dernière fois ? Pas grave, il n'y a qu'à recommencer. Quoi, t'as peur ? » C'était le foutu « Test à l'Acide » de Ken Kesey. Ça revenait à dire : « Si t'as pas osé ça, t'as rien fait », ce qui était vraiment crétin. Des tas des gens se croyaient obligés de prendre de l'acide alors qu'ils n'en avaient pas envie, parce qu'il fallait en prendre pour être dans le coup. C'était un truc de groupe. Mais si tu ne faisais pas attention, ça pouvait te secouer méchamment, et ça ne s'est pas produit qu'une fois. Un seul trip pouvait te foutre en l'air. C'est trop explosif.

Un moment épique de cette période est un voyage qu'on a fait sous acide avec John Lennon, un épisode tellement bizarre que je n'en ai pas deux souvenirs qui tiennent debout. On a passé deux ou trois jours à naviguer entre Torquay et Lyme Regis[1] dans une voiture avec chauffeur. Johnny et moi, on était tellement barrés que des années plus tard, à New York, il me demandait encore : « Tu

---

1. Deux villes distantes de trente-trois kilomètres.

te souviens vraiment pas de ce qui s'est passé pendant ce trip ? »
On était avec Kari Ann Moller, aujourd'hui Mrs Chris Jagger, je
crois que les Hollies ont écrit une chanson sur elle, ou était-ce sur
Marianne ? Très gentille fille, elle avait un appart sur Portland
Square où je suis descendu pendant deux ans environ quand
j'allais à New York. Au cours de la rédaction de ce livre, je lui ai
demandé si elle se rappelait notre voyage. Ses souvenirs sont assez
différents des miens, mais au moins ils ont l'air de souvenirs.

À l'époque, on n'avait pas l'impression d'être surmenés mais,
par la suite, je me suis rendu compte qu'on n'avait pas un instant
de répit. Trois jours d'inactivité inhabituelle suffisaient à nous
déchaîner. Je me souviens d'être monté à bord d'une voiture avec
chauffeur, mais Kari Ann dit qu'il n'y avait pas de chauffeur.
C'était une petite caisse à deux portes et il y avait un autre passager
non identifié, alors après tout on avait peut-être un chauffeur…
Selon Kari Ann, on a commencé chez Dolly, un night-club à la
mode, précurseur du Tramp, on a fait plusieurs fois le tour de
Hyde Park Corner sans savoir où on allait, puis on est partis à la
maison de campagne de John, toujours d'après Kari, pour dire
bonjour à Cynthia, et ensuite Kari Ann a décidé de rendre visite à
sa mère à Lyme Regis. Chouettes visiteurs pour sa maman, deux
fêlés à l'acide qui n'avaient pas dormi depuis quarante-huit heures.
On serait arrivés là-bas pour le lever du soleil. On a refusé de nous
servir un café dans un troquet minable, ils n'ont pas reconnu
John ! Et Kari Ann a compris qu'on ne pouvait pas rendre visite à
sa mère parce qu'on était totalement à côté de la plaque. Ensuite,
il manque un certain nombre d'heures parce qu'on a débarqué
chez John alors qu'il faisait déjà nuit. Il y avait des palmiers, et j'en
déduis qu'on a dû rester des heures assis sur la grande esplanade
bordée de palmiers de Torquay, perdus dans notre petit monde à
nous. On est rentrés à la maison, et tout le monde était content.
C'est une des fois où John avait envie de prendre plus de came que
moi. Il y avait un énorme sac d'herbe, du shit et de l'acide. Pour

ma part, je faisais attention aux endroits où je prenais de l'acide et je préférais ne pas circuler en plein trip, si je pouvais l'éviter.

J'aimais beaucoup John. C'était un doux dingue par bien des côtés. Je lui reprochais de porter sa guitare trop haut, au niveau de la poitrine, ce qui gêne tes mouvements. C'est comme avoir des menottes. « Tu as ta putain de guitare sous ton putain de menton, pour l'amour de Dieu ! C'est pas du violon que tu joues ! » Je crois qu'il pensait que ça faisait cool. Gerry and the Pacemakers, tous les groupes de Liverpool faisaient pareil. On se vannait sur le sujet : « Achète-toi une sangle plus longue, John. Plus la sangle est longue, mieux c'est. » Il faisait oui de la tête, comme s'il m'avait entendu, et la fois d'après la sangle était un peu moins courte. Je lui disais : « Pas étonnant que tu swingues pas, mec. Pas étonnant que ça soit juste du rock, pas du rock'n'roll. »

John pouvait être assez brutal. La seule chose désagréable qu'il m'ait jamais dite concernait mon solo dans « It's All Over Now » : pour lui, c'était nul. Il s'était peut-être levé du mauvais pied ce jour-là. C'est vrai, j'aurais sans doute pu mieux faire. Mais il était facile à dérider aussi : « Ouais, c'est pas ce que j'ai fait de mieux, John. Désolé. Désolé que ça passe pas, mon pote. Tu peux le jouer comme tu veux. » Le simple fait qu'il se donne la peine de t'écouter prouvait à quel point il s'intéressait. C'était un type d'une candeur totale. Chez quelqu'un d'autre, ça aurait pu être gênant, mais John avait une sincérité dans le regard qui te faisait l'aimer. Une intensité aussi. Il était à part. On se ressemblait à cet égard. On était bizarrement attirés l'un par l'autre. La rencontre de deux alphas : dès le départ, ça a été clair.

Post-acide : telle est l'ambiance qui régnait à Redlands en cette froide matinée de février 1967. Post-acide : tout le monde redescend sur terre, façon de parler, après avoir passé la journée à faire des trucs dingues et à se gondoler. On se balade sur la plage et on est frigorifié. T'as pas de chaussures et tu te demandes pourquoi t'as des engelures ! Chacun atterrit à sa façon. Il y en a qui disent : « Si on remettait ça ? » D'autres disent : « Assez, ça suffit. » Et tu n'es jamais à l'abri du flash qui te fait repartir en plein trip sans crier gare, ça peut arriver n'importe quand.

On frappe à la porte. Je regarde par la fenêtre et il y a plein de nains dehors, tous habillés pareil ! Des policiers, mais ça, je ne le sais pas encore. Pour moi, c'est juste des petits personnages tout de bleu vêtus avec des trucs qui brillent et des casques. « Géniale, la tenue ! On a rendez-vous ? Entrez donc, ça pèle, dehors. » Ils voulaient me faire la lecture du mandat de perquisition. « Géant, mec, mais ça caille vraiment, entrez donc, on va lire ça devant la cheminée. » Je ne m'étais jamais fait arrêter – et je tripais toujours. Soyons amis ! Faisons l'amour ! Ça ne me serait pas venu à l'esprit de leur dire : « Je vous défends de mettre les pieds chez moi tant que je n'aurai pas parlé à mon avocat. » Au contraire, faites comme chez vous. J'ai eu tout le temps de déchanter par la suite.

Pendant qu'on redescend doucement de notre nuage d'acide, ils envahissent la maison, s'affairent un peu partout, et nous, on essaye de faire comme s'ils n'étaient pas trop là. Bien sûr, aucun d'entre nous n'avait l'esprit vraiment tranquille, mais on n'y pouvait rien. On les a donc laissés se promener partout et tout inspecter, jusqu'aux cendriers. Aussi incroyable que ça puisse paraître, ils n'ont réussi à dénicher que quelques mégots de joints et le contenu des poches de Mick et Robert, à savoir un tout petit peu d'amphétamines achetées légalement en Italie par Mick, et dans le cas de Robert quelques cachets d'héroïne. Tout le monde a continué comme si de rien n'était.

Bien sûr, il y a eu l'incident avec Marianne. Après une rude journée sous acide, elle s'était fait couler un bain et elle était en train de se sécher quand ils ont débarqué, et comme il y avait là une sorte de couverture en fourrure – des peaux de lapin, je crois –, elle s'est enveloppée dedans. Il me semble qu'elle portait une serviette en dessous, bref elle se reposait sur le canapé après un bon bain. Comment la barre de Mars est apparue dans l'histoire, je n'en sais trop rien. Il devait y en avoir une sur la table, parce que sous acide tu as des fringales et tu as soudain besoin d'un truc sucré. Et voilà comment cette légende est née, et ça lui colle à la peau jusqu'à ce jour : Redlands est devenu l'endroit où la police a trouvé la barre de Mars *dans* Marianne. Ça ne la démonte pas, elle fait face. Mais la manière dont l'histoire a pris cette tournure, et dont la presse a réussi à monter en épingle la barre de Mars et Marianne dans sa couverture en fourrure, c'est devenu une sorte de classique du genre. En fait, pour une fois, Marianne était habillée plutôt chastement. En général, quand tu lui disais bonjour, tu t'adressais directement à son décolleté. Et elle le savait. Une sacrée coquine, la petite chérie. La couverture était son moment le plus habillé de la journée. Une femme policier est montée avec elle à l'étage et lui a fait lâcher la fourrure. « Vous avez besoin de voir autre chose ? » Et de là on passe aux titres de la presse – et ça vous montre leur tournure d'esprit : « Fille nue à la party des Stones ». Directement pris à la source policière. Mais la barre de Mars en tant que *sex toy* ? Il faut de l'imagination pour en arriver là. Le plus étrange avec ces légendes, c'est qu'elles vous poursuivent pour toujours, même si elles sont manifestement fausses. Ça marche peut-être justement parce que c'est délirant, grossier, puant et qu'il paraît impossible que ce soit inventé. Imaginez l'idée de laisser un groupe de policiers, hommes et femmes, découvrir ces preuves, exhibées sous leur nez alors qu'ils se promènent dans toute la maison : « Excusez-moi, monsieur l'agent, je pense que vous avez loupé quelque chose, regardez un peu ici... »

Il y avait d'autres personnes à Redlands ce jour-là, dont Christopher Gibbs et Nicky Kramer, un oisif de la haute qui se liait d'amitié avec tout le monde, un type assez inoffensif. Ce n'est pas lui qui nous avait balancés, mais ça, on ne l'a su qu'une fois que David Litvinoff l'a suspendu à une fenêtre par les chevilles, juste pour se faire une opinion. Et il y avait aussi Mr X, bien sûr, comme on l'a appelé par la suite devant le tribunal, David Schneiderman. Schneiderman, alias le roi de l'Acide, nous procurait du matos de très bonne qualité, des marques comme Strawberry Fields, Sunshine et Purple Haze. Eh oui, où croyez-vous que Jimi ait trouvé ce titre ? Toutes sortes de mixtures, bref, et c'est comme ça que Schneiderman s'est fait admettre, parce qu'il avait ce super acide. En ces jours lointains d'innocence perdue, personne ne se méfiait du mec cool, le dealer du coin. Une seule et grande fête, ouais. En fait, notre mec cool à nous était un flic infiltré. Il a débarqué, les poches pleines de bonnes choses, dont de la DMT qu'on n'avait jamais encore essayé, de la diméthyltryptamine, un des composants de la liane *ayahuasca* et un hallucinogène très puissant. Il était de toutes les fiestas pendant une quinzaine jours, puis il a disparu subitement et on ne l'a jamais revu.

La descente était un coup monté par les flics avec la collaboration du torchon *News of the World*, mais l'étendue de la collusion – puisque même le juge était de la partie – n'est devenue apparente que lorsqu'on est passés en procès, des mois plus tard. Mick avait menacé d'attaquer le canard à scandale en diffamation pour l'avoir confondu avec Brian Jones et l'avoir décrit en train de se droguer dans un night-club. Ils avaient donc besoin de preuves contre Mick pour se défendre en justice. C'est Patrick, mon chauffeur belge, qui nous a vendus à *News of the World*, qui ont passé l'info aux flics, qui ont mis Schneiderman sur le coup. Je paie généreusement mon chauffeur et c'est lui la balance, tu peux croire ça ? *News of the World* avait réussi à le retourner. Ça ne lui a pas vraiment réussi, d'après ce qu'on m'a dit, il n'a jamais remarché normalement. Mais il nous a fallu du temps pour reconstituer le tableau dans tous ses détails. Sur le moment, l'atmosphère était assez détendue. Merde, tout ce qu'on pouvait faire, on l'avait déjà fait. C'est seulement le lendemain, quand on a commencé à recevoir des courriers d'avocats, du gouvernement de Sa Majesté, etc., qu'on s'est dit : « C'est sérieux. »

On a décidé de quitter l'Angleterre et de ne revenir que pour le procès. Et on s'est dit que ce serait bien de trouver un endroit où on pourrait se défoncer sans avoir de pépin avec la justice. La décision a été prise comme ça, sur un coup de tête : « Prenons la Bentley et filons au Maroc. » C'était début mars. On avait du temps et la meilleure voiture au monde, « Blue Lena », ma Bentley bleu marine, ma Continental Flying Spur 53, une automobile rare, édition limitée de quatre-vingt-sept exemplaires. Je l'avais baptisée en l'honneur de la chanteuse Lena Horne, à qui j'avais même envoyé une photo ! Le simple fait de posséder cette voiture me causait déjà des soucis : j'avais transgressé une règle non écrite de l'establishment, je conduisais une voiture à laquelle ma naissance ne me donnait pas droit. Blue Lena nous a véhiculés lors de nombreux trips. J'y avais apporté des aménagements, dont un compartiment secret pour dissimuler les substances illicites. Elle avait un capot énorme et, pour prendre un tournant, il fallait de la place. Il fallait vraiment avoir l'œil, dans certaines situations critiques, parce qu'elle était plus large à l'avant qu'à l'arrière. Il vaut mieux bien connaître sa caisse, c'est certain. Trois tonnes de mécanique. Une voiture faite pour rouler vite, la nuit.

Brian et Anita avaient visité le Maroc l'année précédente, en 1966. Ils étaient descendus chez Christopher Gibbs, qui avait dû conduire Brian à l'hôpital avec un poignet cassé après une tentative de coup dans la figure d'Anita qui s'était terminée dans l'encadrement d'une fenêtre de l'hôtel El-Minzah, à Tanger. Entre Anita et lui, le courant ne passait pas vraiment bien. J'ai appris par la suite le niveau de violence que Brian avait atteint avec elle à mesure que sa chute s'accélérait. Elle lui lançait des couteaux, des verres, le tout assorti de coups de poing, et le pauvret était obligé de se planquer derrière les canapés. Anita avait eu une enfance très sportive, voile, natation, ski, tous les sports de plein air imaginables. Brian ne faisait tout simplement pas le poids, physiquement ou mentalement. Elle avait toujours le dessus. Et les crises de Brian la faisaient marrer, du moins au début, parce qu'après il n'était plus drôle du tout, et dangereux. Plus tard, Anita m'a confié que l'année précédente, à Torremolinos, en route vers Tanger, ils s'étaient violemment disputés. Brian avait atterri en prison et Anita aussi, pour une fois, parce qu'elle avait volé une voiture en sortant d'un club. Elle passait son temps à sortir Brian de taule, hurlant aux flics : « Vous ne pouvez pas le garder enfermé. Laissez-le sortir ! » Ils avaient même fini par se ressembler, vêtements identiques, même coupe de cheveux. Ils avaient fusionné, du moins d'un point de vue stylistique.

Brian, Anita et moi, on s'est envolés en direction de Paris pour y rejoindre Deborah Dixon, une vieille amie d'Anita. Deborah était un numéro, une beauté texane qui avait fait toutes les couvertures de magazine au début des années 1960. Brian et Anita s'étaient rencontrés sur une tournée des Stones, mais c'est chez Deborah, à Paris, qu'ils s'étaient mis à la colle. Quant à Blue Lena, elle nous rejoindrait par la route, conduite par le nouveau chauffeur qui avait remplacé Patrick la balance. Il s'appelait Tom Keylock, c'était un dur à cuire londonien qui deviendrait bientôt l'homme providentiel des Stones. Et nous voilà partis vers le soleil.

J'ai envoyé une carte postale à ma mère :

Chère m'man,

Désolé, j'ai pas pu appeler avant mon départ, mais mes lignes ne sont vraiment pas sûres. Tout va bien se passer, ne t'inquiète pas. Je vais très bien, je t'écris dès qu'on sera arrivés là où on va. Je t'aime, ton fils fugitif.

Keef

Brian, Deborah et Anita étaient installés à l'arrière ; moi, j'étais devant à la place du mort, où je me chargeais de changer les

45-tours sur le petit mange-disque Philips de la voiture. Je ne saurais dire ni pourquoi ni comment la tension est montée dans la caisse. Sans doute l'humeur odieuse et capricieuse de Brian, plus pénible que d'habitude. Tom était un vieux soldat, il avait combattu à Arnhem et dans d'autres batailles, mais même lui supportait mal la tension ambiante. Depuis qu'Anita avait refusé d'abandonner son travail pour se consacrer à plein temps aux tâches domestiques en tant que geisha personnelle, chanteuse de louanges, punching-ball ou partenaire des partouzes de Brian – il n'avait jamais réussi à l'embarquer là-dedans –, leur relation baignait dans une aigreur jalouse. Pendant le voyage, Brian ne cessait de se plaindre et de geindre qu'il se sentait mal, qu'il ne pouvait pas respirer. Personne ne le prenait au sérieux. Brian avait certes de l'asthme, mais c'était aussi un sacré hypocondriaque. En attendant, je faisais le DJ. Je devais alimenter la machine avec nos sons favoris de l'époque, surtout du Motown. Anita m'a raconté qu'elle avait vu dans mes choix, des chansons du moment comme « Chantilly Lace » et « Hey Joe », des tas de signes et de sous-entendus. Toutes les chansons sont comme ça, on peut toujours interpréter les paroles dans un sens qui vous convient.

La première nuit de notre traversée de la France, on a tous dormi dans la même chambre, une sorte de dortoir au dernier étage d'une maison, le seul logement qu'on avait réussi à trouver si tard dans la nuit. Le lendemain, on est arrivés à Cordes-sur-Ciel, un adorable petit village perché sur une colline que Deborah voulait absolument visiter, et au moment où on allait passer sous le mur d'enceinte médiéval, une ambulance est sortie et Brian nous a ordonné de la suivre jusqu'à l'hôpital le plus proche, qui se trouvait à Albi. Là, les médecins lui ont diagnostiqué une pneumonie. Avec Brian, c'était toujours difficile de savoir ce qui était vrai et ce qui était du pipeau. Il a ensuite été transféré à Toulouse, où il a été hospitalisé plusieurs jours. On a décidé de le laisser sur place. On lui a dit : « Tout va bien se passer, mec. On va traverser l'Espagne en voiture, tu n'auras qu'à nous rejoindre à Tanger en avion. » Bien plus tard, j'ai appris qu'il avait demandé à Deborah de ne jamais nous laisser seuls, Anita et moi.

On a donc poursuivi notre route, et en arrivant à Barcelone on a décidé de passer la soirée dans un club de flamenco connu sur les Ramblas. À l'époque, cette partie de la ville était plutôt mal famée, et quand on est ressortis vers trois heures du mat, il y avait un attroupement, presque une émeute, autour de ma Bentley, sur laquelle les gens jetaient tout ce qui leur tombait sous la main. Dès qu'ils nous ont vus, c'est devenu encore pire, allez savoir pouquoi. Parce qu'on était riches ? Parce qu'on était nous ? Parce que le drapeau du Vatican flottait sur la voiture ? Blue Lena avait un petit porte-drapeau et j'aimais en arborer de toutes les sortes. La police a fini par embarquer tout le monde et on s'est retrouvés au tribunal, en pleine nuit. C'était une salle basse de plafond avec un sol en carrelage et un juge qui présidait ces drôles d'assises nocturnes. En face de lui, il y avait un grand banc sur lequel s'alignaient un paquet de types, dont moi à une extrémité. Soudain les flics sont entrés et ils ont commencé à cogner par-ci, par-là, des coups de matraque sur la tête. Tout le monde y a eu droit. Les autres avaient l'air de s'y attendre d'ailleurs, comme si ça faisait partie du processus normal. Tu te retrouves la nuit au tribunal, tu te fais tabasser, la routine quoi. Et moi tout au bout du banc. Tom était parti chercher mon passeport, il a mis des plombes et, quand il est enfin revenu, je l'ai brandi sous le nez du juge : « Je suis un citoyen de Sa Gracieuse Majesté... » À cet instant, ils ont fracassé le type assis juste à côté de moi. Mon tour arriverait bientôt, je n'allais pas y couper. Mais je me trompais. Le juge voulait me demander d'identifier les coupables parmi les suspects habituels qu'ils avaient raflés pour pouvoir les accuser d'avoir attaqué ma voiture et déclenché une émeute. J'ai refusé. J'ai préféré payer une amende pour stationnement illégal : j'ai signé un bout de papier, l'argent a changé de mains, mais on a quand même passé la nuit au trou.

Le lendemain, j'ai fait réparer le pare-brise et on est repartis le cœur léger, mais sans Deborah qui, lassée des tensions et de la police, avait décidé de rentrer à Paris. Débarrassés de toute surveillance, on a continué la route avec Anita et, quelque part entre Barcelone et Valence, on a fini par s'avouer qu'on en pinçait vraiment l'un pour l'autre.

Pas une fois dans ma vie je n'ai fait le premier pas avec une fille. J'en suis incapable. Mon instinct me dit toujours de laisser faire la fille. C'est un peu étrange, j'en conviens, mais je ne sais pas balancer des « Alors, baby, ça roule ? Amène-toi un peu par ici ». Les mots ne viennent pas. Toutes les nanas avec lesquelles je suis sorti ont dû me faire du rentre-dedans. Ma méthode opère à un autre niveau : elle consiste à créer une atmosphère d'expectative insoutenable. Il faudra bien que quelqu'un se jette à l'eau, au bout d'un moment. Que la fille pige ou ne pige pas, je ne ferai pas le premier pas, parce que je ne sais pas faire. J'ai toujours été à l'aise avec les filles, ayant eu plus de cousines que de cousins dans mon enfance. Si une nana s'intéresse à moi, elle fera le premier pas. C'est ce que j'ai découvert.

Et Anita a pris l'initiative. C'était la nana d'un pote — même si ce dernier se conduisait comme un connard — et je n'aurais jamais pu y aller moi-même, de toute façon. J'ai un petit sir Galaad dans la tête. Anita était très belle. On s'est rapprochés sur la banquette, encore et encore, et soudain, comme son mec n'était pas dans les parages, elle a brisé la glace en disant : « Et merde ! » À l'arrière de la Bentley, quelque part entre Barcelone et Valence, on s'est regardés, la tension était terrible, et sans que je comprenne trop comment ça s'est passé, Anita m'a fait une pipe. Et la tension s'est dissipée. Pfff !! Sans échanger un mot. Tout d'un coup j'étais détendu, soulagé, parce que quelque chose s'était enfin débloqué.

On avait beau être en février, c'était déjà le printemps en Espagne. En Angleterre, et pendant la traversée de la France, on s'était caillés, c'était encore l'hiver, mais à peine avait-on franchi les Pyrénées que le printemps était déjà là, et à Valence c'était carrément l'été. Je me souviens encore de l'odeur des orangers. Quand tu baises pour la première fois avec Anita Pallenberg, tu as tendance à te rappeler les détails… On a passé la nuit à Valence, en s'inscrivant à l'hôtel sous le nom du comte et de la comtesse Ziguepuss, et on a fait l'amour. De là, on a continué vers Algésiras – on était le comte et la comtesse Castiglione, maintenant –, on a mis Blue Lena sur le ferry, on a débarqué à Tanger et on s'est installés à l'hôtel El-Minzah. Sur place, on a retrouvé Robert Fraser, Bill Burroughs[1], Brion Gysin, un ami de Burroughs appartenant aussi au gratin londonien, et Bill Willis, un décorateur spécialisé dans les palaces d'exilés. Nous attendait également une pile de télégrammes de Brian sommant Anita de revenir le chercher. Pas question de quitter la Casbah pourtant. Pendant une semaine, ça a été la baise permanente, dans notre petit coin du Maroc, et on était comme des lapins mais on se demandait aussi comment on allait faire face. Parce que Brian allait débarquer d'un jour à l'autre. Après tout, on l'avait juste déposé pour qu'il se fasse soigner. Avec Anita, on en parlait à demi-mot, on se donnait le change : « Quand Brian sera là, on fera ci, on fera ça.

— Et si on lui passait un coup de fil, pour voir comment il va ? », etc. Et en même temps c'était la dernière personne à qui on voulait penser. On se disait : « Merde, Brian va débarquer et il faudra faire comme si rien ne s'est passé.

— Ouais, j'aimerais qu'il crève. » Brusquement, tout revenait à Anita : était-elle avec lui ou avec moi ? On s'est dit qu'on était en train de se mettre dans une « situation ingérable », qui menacerait

---

1. William Burroughs (1914-1997), écrivain et peintre américain, grande figure de la *beat generation* et du postmodernisme, ainsi qu'expert autoproclamé en drogues (voir chapitre 7).

peut-être même la survie du groupe. On a décidé de se calmer, d'opérer un repli stratégique. Anita ne voulait pas abandonner Brian. Elle ne voulait pas des cris et des pleurs. Elle redoutait les conséquences pour le groupe, parce que c'était une méga-trahison qui pouvait tout remettre en cause.

Dans la chanson « Can't Be Seen », je dis :

I just can't be seen with you...
It's too dangerous, baby...
I just can't be, yes I got to chill this thing with you.

(Pas possible d'être vu avec toi...
Trop dangereux, baby...
Pas possible, non, faut que je calme ce truc avec toi.)

On est allés voir le légendaire Ahmed, un marchand de hasch en cette époque pionnière de la came. Anita le connaissait déjà de son séjour précédent, par Chrissie Gibbs. C'était un petit Marocain qui se promenait avec un vase chinois sur l'épaule, faisait signe aux gens de le suivre dans la médina, gravissait la colline en direction du Minzah et vous conduisait à une petite boutique qui ne contenait que quelques bijoux marocains et un stock impressionnant de haschisch.

Son magasin se trouvait escalier Waller, un passage qui descend le long du Minzah, l'une des petites boutiques basses adossées sur la droite aux jardins de l'hôtel. Ahmed avait commencé avec une échoppe, puis il en avait acheté deux autres juste au-dessus. Elles étaient reliées par des marches, c'était un véritable labyrinthe, et celles du haut étaient meublées avec quelques lits tendus de brocart sur lesquels on pouvait s'écrouler et rester un jour ou deux si on avait trop fumé. Et quand t'émergeais, il te donnait encore plus de shit et tu sombrais à nouveau. On aurait dit une grotte dont les murs étaient tapissés de tous les trésors de l'Orient, des caftans, des tapis et des lanternes magnifiques... La grotte d'Aladin. C'était une bicoque mais il la décorait comme un palace.

On l'appelait « Ahmed tête trouée » parce qu'il faisait si souvent sa prière qu'il avait un trou au milieu du front. C'était un bon commerçant. D'abord un thé à la menthe, ensuite une pipe. Il était branché sur la spiritualité : en te passant la pipe, il te racontait une aventure palpitante du Prophète dans le désert. Bon ambassadeur de sa religion, toujours joyeux, il pouvait aussi te rouler dans la farine sans hésiter. Il lui manquait des dents, mais son sourire était génial. Quand il commençait à sourire, ça ne s'arrêtait plus. Et il te regardait tout le temps. Et son hasch était exceptionnel, tu voyais couler des rivères de lait et de miel. Après quelques pipes, c'était presque comme si t'avais pris de l'acide. Ahmed n'arrêtait pas d'aller et venir, il apportait des pâtisseries, des bonbons. C'était très difficile de repartir de là. On se disait : « Allez, encore une petite pipe rapide et après on fera autre chose », mais on finissait par ne plus décoller. On pouvait y passer ses journées, ses nuits, voire sa vie. Et en bruit de fond permanent, le grésillement de Radio Le Caire.

La spécialité marocaine, c'était le kif, la feuille de chanvre mélangée à du tabac qu'on fumait dans de longues pipes – appelées des *sebsi* – avec un petit récipient au bout. Quelques bouffées le matin, avec une tasse de thé à la menthe... Mais surtout, Ahmed avait en grandes quantités un haschich particulier auquel il avait donné une touche de glamour inattendue. On appelait ça du « hasch » parce que ça se présentait en blocs, mais ce n'en était pas à proprement parler. Le hasch est fabriqué à partir de la résine de chanvre alors que là il s'agissait d'une poudre légère comme du pollen, extraite des fleurs séchées de la plante et comprimée. La couleur, très verte, était caractéristique. On m'a raconté que pour le récolter, on badigeonnait des enfants de miel et on leur disait de se promener tout nus à travers les champs d'herbe ; ensuite, on grattait le pollen qui s'était collé sur eux. Ahmed en avait trois ou quatre variétés différentes, qui étaient sélectionnées selon la finesse du bas de soie dans lequel le pollen était filtré. Ça allait du basique et épais, à la qualité supérieure qui passait dans le bas le plus fin, vingt-quatre deniers – mesure proche du dirham, la monnaie marocaine.

C'était mon premier contact avec l'Afrique. À un saut de puce de l'Espagne, tu entrais dans un autre monde. On aurait pu être mille ans en arrière. Tu pouvais trouver ça zarbi ou tu te disais : « Géant, c'est absolument géant. » On adorait le dépaysement. Comme on était de gros fumeurs de shit, on aurait pu appeler ça notre « tournée d'inspection ». On en prenait des quantités démentes. « Il faut peut-être revoir nos idées sur la drogue, écrit Cecil Beaton dans son journal. Ces garçons sont très portés dessus, et pourtant ils ont l'air en excellente santé, très en forme. L'avenir le dira. »

Outre son attachement passionnel et destructeur à Brian et le sentiment de culpabilité dû au fait de le tromper, le problème d'Anita était qu'elle se sentait tenue de s'occuper de lui parce que Brian était mal en point. Elle est donc rentrée le chercher, l'a conduit de Toulouse à Londres où il a fini de se rétablir et après, avec Marianne qui devait rejoindre Mick à Marrakech pour le week-end, elles l'ont ramené à Tanger. Brian prenait beaucoup d'acide et il était dans une piètre forme physique à cause de sa pneumonie ; pour le requinquer, façon de parler, les infirmières Anita et Marianne lui ont fait prendre un acide dans l'avion. Elles avaient passé elles-mêmes la nuit sous acide et, selon Anita, lorsqu'elles sont enfin arrivées à Tanger, il y a eu un lézard chez Ahmed : son sari, le seul vêtement qu'elle avait emporté avec elle, a commencé à se déchirer et elle s'est retrouvée nue en pleine Casbah, ce qui les a fait paniquer, surtout Brian qui est rentré en courant à l'hôtel, mort de trouille. Ils ont fini dans un couloir du Minzah, sur des tapis, en proie aux

hallucinations. Pas la meilleure manière d'entamer une convalescence.

Ensuite, toute la bande a rejoint Mick à Marrakech. Beaton
s'agitait autour de nous, admirant notre art du petit déjeuner et
mon « buste magnifique ». Il était hypnotisé par Mick (« J'étais
fasciné par les fines lignes concaves de son corps et de ses
membres… »).

Quand Brian, Anita et Marianne sont arrivés à Marrakech,
Brian a dû se rendre compte tout seul que quelque chose s'était
passé puisque Tom Keylock, qui était le seul à être au courant
pour Anita et moi, ne lui aurait jamais rien dit. Avec Anita, on
gardait nos distances : « Le voyage était génial, Brian. Tout s'est
bien passé. On a visité la Casbah. Valence, c'était délicieux. » La
tension était presque insupportable et Michael Cooper l'a captée
dans l'une de ses photographies les plus révélatrices (celle figurant
au début de ce chapitre), et saisissante avec le recul, la dernière
photo de Brian, Anita et moi ensemble. Je ressens encore l'électricité dans l'air : Anita fixe l'objectif, Brian et moi regardons chacun
de notre côté, le visage fermé, et il a un joint à la main. Sur celle
que Cecil Beaton a prise de Mick, Brian et moi, Brian agrippe son
magnétophone Uher, il a des valises sous les yeux, la mine mauvaise et déprimée. Pas étonnant qu'on n'ait pratiquement pas travaillé. Je ne me souviens pas d'avoir écrit ou composé quoi que ce
soit avec Mick, ce qui n'était pas courant à l'époque. On était trop
préoccupés.

Anita et Brian étaient au bout du rouleau, c'était clair. Ils se
détruisaient mutuellement. Ça n'avait plus aucun sens. Je n'ai
jamais vraiment compris quel était le problème. Si j'avais été
Brian, j'aurais fait l'effort d'être un peu plus cool pour ne pas
perdre ma nana. Mais c'était une dure à cuire, Anita. C'est elle qui
m'a appris à me conduire en homme, c'est sûr. Toutes ses histoires
d'amour avaient été agitées, violentes, et avec Brian c'était comme
ça depuis le tout premier jour : elle s'enfuyait en hurlant, les

larmes aux yeux, avec Brian aux trousses. Elle y était tellement habituée que c'était presque rassurant et normal pour elle. Il n'est pas facile de se libérer d'une relation destructrice, de savoir y mettre fin.

Brian a recommencé ses conneries habituelles à l'hôtel Es Saadi, ces matchs de boxe en quinze rounds au cours desquels il essayait d'avoir le dessus sur Anita. Je ne sais pas à quel point il captait ce qui se passait entre Anita et moi, mais il s'en est suivi une escalade dans la violence. Résultat pour lui : deux doigts et une côte cassés, si je me souviens bien. Et moi, je suis le témoin de ça, je vois tout, j'entends tout. Brian allait finir par se faire jeter, tout en nous aidant, Anita et moi, à franchir le pas. Ma non-intervention n'avait vraiment plus aucun sens. On était coincés à Marrakech, la femme que j'aimais manquait de se faire casser la figure et j'aurais dû renoncer à elle pour des convenances à la con ? Tous mes projets de reconstruire ma relation avec Brian étaient tombés à l'eau. Dans son état, il n'y avait rien à sauver. J'avais fait de mon mieux. À présent, c'était juste insupportable. Un jour Brian a ramené deux putes tatouées – « des filles vraiment poilues », selon Anita – dans leur chambre et a cherché à l'humilier devant elles pour la faire chier. Il prenait de la bouffe sur un des nombreux plateaux qu'il s'était fait monter dans la chambre et la jetait sur Anita. Elle s'est réfugiée dans ma chambre.

Je voyais bien qu'elle n'avait qu'une idée en tête, partir, et si je lui proposais un plan, j'étais sûr qu'elle serait d'accord. Sir Galaad encore, le vrai chevalier servant. Je voulais la récupérer, j'en avais marre. J'ai dit : « Tu n'es quand même pas venue à Marrakech pour passer ton temps à te demander combien de côtes tu as cassées à ton mec, qui gît inanimé dans la baignoire. Je ne peux plus supporter ça. Je ne peux plus l'entendre te taper, et vos bagarres, et toute cette merde. Ça n'a pas de sens. Tirons-nous. Laissons-le. C'est bien mieux sans lui. Ça a été très, très dur pour moi, toute cette semaine à penser que tu étais avec lui. » Anita était en larmes.

Elle ne voulait pas l'abandonner mais elle savait que j'avais raison : Brian finirait par essayer de la tuer.

J'ai préparé notre fugue au clair de lune. Quand Cecil Beaton a pris la photo de moi allongé à côté de la piscine, j'étais en train d'y réfléchir. Je me disais : « OK, Tom tiendra la Bentley prête, et dès qu'il fera nuit, on se tire. » La grande évasion de Marrakech à Tanger était lancée.

On s'est servis de Brion Gysin : Tom Keylock lui a demandé d'accompagner Brian sur la place des Morts, là où se trouvaient les acrobates et les musiciens, pour qu'il les enregistre avec son Uher, le prétexte étant de donner à manger à la meute de journalistes qui le poursuivaient. Pendant ce temps, on prendrait la clé des champs avec Anita. On s'est enfuis dans la nuit, Tom avait pris le volant. Mick et Marianne étaient déjà partis. Gysin a raconté comment un Brian dévasté l'avait appelé dès son retour à l'hôtel. « Viens vite ! Ils sont partis, ils m'ont abandonné ! Je ne sais pas où ils se sont barrés, il n'y a pas de message. L'hôtel ne sait rien. Je suis seul, mec ! Aide-moi ! Viens ! » Gysin écrit : « Je l'ai rejoint dans sa chambre. Je l'ai mis au lit. J'ai appelé le médecin pour qu'il lui fasse une piqûre et j'ai attendu qu'elle agisse. Je ne voulais pas qu'il saute du dixième étage dans la piscine. »

Avec Anita, on s'est réfugiés dans mon petit appart de St John's Wood où je mettais rarement les pieds depuis ma rupture avec Linda Keith. C'était un changement pour nous, après Courtfield Gardens. On se cachait, on ne voulait pas que Brian nous retrouve et ça a duré un certain temps. Brian et moi, on était obligés de travailler ensemble et il a bien fait quelques tentatives désespérées pour récupérer Anita, mais ça ne risquait pas d'aboutir. Quand Anita a pris une décision, elle s'y tient. Pourtant, on a continué à se planquer pendant un bon moment tout en parlementant avec Brian, ce qui était pour lui encore un prétexte pour faire n'importe quoi. On dit que je lui ai piqué Anita, je préfère penser que je l'ai sauvée. En fait, dans un sens, j'ai aussi sauvé Brian. Je les ai sauvés tous les deux, parce qu'ils filaient un très mauvais coton.

Brian s'est tiré à Paris, où il a fait une scène à l'agent d'Anita, lui hurlant dessus qu'on l'avait tous abandonné, qu'on l'avait envoyé se faire foutre et qu'on s'était cassés. Il ne m'a jamais pardonné, normal. Très vite il a trouvé une autre nana, Suki Poirier, et on a quand même réussi à partir en tournée ensemble en mars-avril.

Ce printemps et cet été-là, entre la descente des flics et les procès, je suis allé à Rome avec Anita, qui devait tenir le rôle de la Reine noire dans *Barbarella* aux côtés de Jane Fonda, le film étant dirigé par le mari de cette dernière, Roger Vadim. Le monde romain d'Anita gravitait autour du Living Theater, la célèbre troupe anarcho-pacifiste dirigée par Judith Malina et Julian Beck qui existait depuis des années[1] mais connaissait alors un certain succès avec la vague de militantisme et de manifestations. Le Living Theater était particulièrement dément, provoc, ses membres se faisaient souvent arrêter pour outrages aux bonnes mœurs. Dans l'une de leurs pièces, ils récitaient sur scène une liste de tabous et la soirée se terminait souvent au poste. Le principal acteur, un beau Black nommé Rufus Collins, était un ami de Robert Fraser et appartenait au réseau Andy Warhol-Gerald Malanga. Tout le monde se connaissait dans cette petite élite avant-gardiste dont le Living Theater était le centre, souvent réunie par un même amour de la défonce. La drogue, à l'époque, il n'y en avait pas encore des quantités hallucinantes. Le Living Theater était extrême, mais toujours avec glamour. Toute une bande de *beautiful people* gravitait autour d'eux, comme par exemple Donyale Luna, le premier modèle noir à devenir célèbre aux États-Unis, et Nico aussi, et tout un tas d'autres filles. Donyale Luna sortait avec l'un des acteurs de la troupe. Tu parles d'une tigresse ! Une femme-léopard, ouais,

1. Le Living Theater a été fondé à New York en 1947.

une nana sinueuse comme je n'en ai pas vu beaucoup. J'ai juste regardé, pas touché, elle avait des projets bien à elle. Et tout ça à Rome, où tout est plus intense...

Pendant le tournage de *Barbarella*, Anita s'est retrouvée en prison. Un soir elle était sortie en compagnie de gens du Living Theater et les flics, qui l'avaient prise pour un travesti, l'ont arrêtée et fouillée en cherchant de la drogue. Ils l'ont jetée dans une cellule et, dès qu'ils ont ouvert la porte, tous ceux qui étaient déjà dedans se sont mis à beugler : « Anita ! Anita ! » Tout le monde l'avait reconnue : plus connectée que ça, tu meurs ! Et elle de siffler entre ses dents : « Vos gueules ! », parce que son histoire, c'était qu'en tant que Reine noire elle ne pouvait être arrêtée, un truc théâtral qu'elle venait d'inventer pour impressionner ou tout du moins divertir les Romains branchés. Comme elle avait avalé une boulette de shit au moment de son arrestation, elle planait complètement. Ils l'ont mise dans la cellule des travelos, la *Black Queen* ! Le lendemain, ils ont fini par la libérer. À l'époque, la police ne comprenait pas les finesses du *cross-dressing* et tout ça. C'était un peu trop pour leur petit cerveau.

Comme toujours, le groupe qui gravitait autour d'Anita était très *hip*, par exemple l'acteur Christian Marquand qui allait réaliser *Candy*, le film sur lequel elle devait enchaîner cet été-là et dont le casting comptait un nombre impressionnant de vedettes, y compris Marlon Brando. Celui-ci a kidnappé Anita un soir pour lui lire de la poésie. Voyant que ça ne marchait pas, il nous a dragués tous les deux, Anita et moi : « Bon, on verra ça une autre fois, mon pote. » Il y avait Paul et Talitha Getty, qui avaient un opium exceptionnel. Je me suis acoquiné avec quelques réprouvés comme l'écrivain Terry Southern et l'une des figures les plus incroyables et picaresques de la période, le « prince » Stanislas Klossowski de Rola, Stash pour les intimes, le fils du peintre Balthus. Stash connaissait Anita de Paris et Brian l'avait envoyé pour tenter de

récupérer sa belle. Au lieu de quoi il est devenu pote avec le cha-
pardeur – moi, en l'occurrence. En termes de blabla, Stash avait
tous les certificats d'authenticité que demandait l'époque : un brin
de mysticisme et des propos élevés sur l'alchimie et l'occultisme, le
tout au service de parties de jambes en l'air. Les filles avalaient
vraiment n'importe quoi. C'était un roué et un play-boy qui se
considérait comme une sorte de Casanova. Ce personnage ébou-
riffant avait joué avec Vince Taylor, un rocker américain qui
avait débarqué en Angleterre sans jamais vraiment percer mais avait
connu un certain succès en France. Stash faisait partie de son
groupe, où il tenait le tambourin d'une main gantée de noir. Il
adorait la musique, il adorait danser à sa façon étrange, aristocra-
tique. J'avais toujours l'impression que Stash était sur le point de
se lancer dans un menuet. Il voulait être à la coule mais il savait
aussi faire son numéro de prince Machin-Chose. Beaucoup de
vent, quoi.

On logeait ensemble dans un palais splendide, la villa Médicis,
avec des jardins magnifiques, l'un des bâtiments les plus élégants
au monde, où Stash avait réussi à se dégotter une piaule. En fait
son père, Balthus, avait décroché un poste diplomatique par
l'intermédiaire de l'Académie, propriétaire du palazzo, où il
avait un appartement de fonction qu'on a occupé en son absence.
Pour déjeuner, il suffisait de descendre les escaliers de la piazza
di Spagna. Le soir on sortait en boîte, le jour on traînait à la villa
Médicis ou dans les jardins de la villa Borghese. C'était mon idée
de la belle vie. Il y avait aussi une pulsation de révolution dans
l'air. Tout était politique et tout était foireux. La révolte allait
éclater à Paris un an plus tard, mais les étudiants romains avaient
déjà occupé l'université et je suis allé les voir. Comme ils étaient
barricadés à l'intérieur du bâtiment, on m'a fait entrer en
cachette. En tant que révolutionnaires, pourtant, ils étaient assez
bidon.

Je ne faisais pas grand-chose. Parfois, je me rendais à Cinecitta pour assister au tournage. Anita avait du boulot, pas moi. J'avais l'impression d'être un maquereau romain. Ta femme travaille, toi, tu glandes. Ça me faisait drôle. Ce n'était pas désagréable, mais en même temps ça me démangeait. Je me disais que je ferais peut-être mieux de m'activer. En attendant, Tom Keylock était là avec Blue Lena. La caisse avait des haut-parleurs derrière la grille du radiateur et Anita aimait terroriser les Romains en imitant la voix d'une femme flic pour annoncer les numéros d'immatriculation des automobilistes auxquels elle ordonnait de se garer immédiatement. En plus, la Bentley arborait le drapeau du Vatican, avec les clés de saint Pierre.

Marianne et Mick sont passés nous voir. Voici ce que Marianne a à dire sur le sujet :

Marianne Faithfull : Voilà un voyage que je n'oublierai jamais. Moi, Mick, Keith, Anita et Stash sous acide pendant une nuit de pleine lune à la villa Médicis. C'était absolument magnifique. Et je me souviens du sourire d'Anita. Il était resplendissant, à cette période. Plein de promesses. Quand elle s'amusait, tout lui semblait possible. Elle avait ce sourire incroyable, qui pouvait être assez effrayant aussi, avec toutes ces dents. Comme un loup, comme un chat qui vient de chaparder du lait. Pour un homme, c'était puissant. Elle était sublime parce qu'elle était toujours merveilleusement habillée, toujours impeccable.

Anita a exercé une influence énorme sur le style de l'époque. Elle pouvait enfiler n'importe quoi et ça lui allait. Je me suis mis à porter ses vêtements la plupart du temps. Je me réveillais et j'enfilais ce que je trouvais. Parfois c'était à moi, parfois à elle, mais on avait les mêmes mensurations, alors ce n'était pas bien grave. Si je couche avec quelqu'un, j'ai au moins le droit d'utiliser sa garderobe ! Mais quand j'ai commencé à devenir une icône de la mode en piquant les fringues de ma nana, ça a vraiment énervé Charlie Watts, dont la garde-robe débordait de costumes faits sur mesure à Savile Row. Le reste du temps, je vivais du pillage, du butin que je récupérais parmi les trucs qu'on nous balançait sur scène ou que je trouvais ailleurs. Ça m'est arrivé de dire à quelqu'un : « Hé, j'aime ta chemise », et le gars se croyait obligé de me la donner, allez savoir pourquoi. Je m'habillais avec des frusques que je récupérais sur d'autres gens !

Mon look ne m'a jamais vraiment intéressé, mais en disant ça je mens peut-être un peu. Je passais des heures à recoudre ensemble des bouts de vieux pantalons pour leur donner un autre air. J'achetais quatre paires de pantalons de marin, je les découpais à hauteur des genoux, je prenais un bout de cuir, puis je découpais un bout de tissu d'une autre couleur sur un autre pantalon et je recousais le tout. « Lavande et vieux rose », comme dit Cecil Beaton. Je n'avais pas remarqué qu'il faisait attention à ces bêtises.

J'avoue que j'aimais bien glander avec Stash et ses acolytes dégénérés – hé, c'est moi qui dis ça ? Ils couvraient mes foutus arrières. Je n'avais pas particulièrement envie d'être introduit dans ce milieu, la hauté société européenne à la con. Je me servais d'eux quand ça se présentait. Je n'ai pas envie de dire du mal de Stash, j'ai toujours aimé sa compagnie, mais c'est vrai qu'il est creux au point que tu pourrais presque prendre un bain de pieds dedans, et Stash sait exactement ce que je veux dire, et il sait que j'ai raison, le petit enfoiré. Je lui ai pas mal donné et j'ai aussi décidé de laisser passer deux ou trois trucs. Je sais exactement jusqu'où il peut aller. Un coup de pied au cul et il n'y a plus personne.

Autrefois, je croyais en la loi, en l'ordre et en l'Empire britannique. Je pensais que Scotland Yard était incorruptible. Génial, j'avais tout gobé.

Les flics auxquels je me suis heurté m'ont ouvert les yeux. Étonnant que ça ait pu me choquer, mais c'est la vérité, ça m'a secoué.

Nos arrestations s'étaient déroulées sur un arrière-plan de corruption massive dans la police, une situation qui durait depuis des années et a culminé avec la mise à la porte, publiquement, d'un nombre importants d'officiers et des poursuites entamées contre d'autres.

C'est seulement après Redlands qu'on a compris à quel point toute la structure était fragile. « Tiens, ils pètent de trouille maintenant, parce qu'ils ne savent pas quoi faire de nous. » Ça m'a ouvert les yeux. Qu'est-ce qu'ils pouvaient nous reprocher ? Un peu de speed italien que Mick avait acheté avec une ordonnance et un peu d'héro dans les poches Robert Fraser. C'est tout. Comme il y avait des mégots de joints dans le cendrier, j'ai été accusé d'avoir permis à des gens de fumer de la marijuana chez moi. C'était pour le moins ténu... Ça ne les a menés nulle part, enfin si : droit dans le mur.

Le jour même, presque exactement à l'heure où Mick et moi étions mis en accusation, le 10 mai 1967, la police arrêtait Brian Jones chez lui à Londres. La manœuvre avait été orchestrée et synchronisée avec une précision rare. Mais par un de ces imprévus de la mise en scène, les médias, dont la télévision, étaient arrivés un peu *avant* que la police ne frappe chez Brian avec un mandat. Ils ont dû se frayer un chemin jusqu'à la porte au milieu des photographes qu'ils avaient convoqués. Mais personne ou presque n'a remarqué cette collusion dans la farce qui s'est ensuivie.

Le procès de Redlands a eu lieu à la fin juin, à Chichester, où c'était encore les années 1930 en termes de procédure judiciaire. La cour était présidée par le juge Block, un homme d'une soixantaine d'années. C'était ma première prestation devant un tribunal et on ne sait jamais comment on va réagir, dans ces cas-là. Mais je n'ai pas eu à me poser trop de questions. Le juge était totalement insultant, il essayait visiblement de me provoquer pour parvenir à ses fins. Parce qu'on avait fumé de la résine de cannabis chez moi, il m'a traité de « racaille » et de « saleté ». Il a ajouté : « Des gens comme vous ne devraient pas se promener en liberté. » Donc, quand le procureur m'a dit que je devais bien être au courant de ce qui se passait, vu qu'une fille nue se trimbalait chez moi, enveloppée dans une couverture, ce qui était en gros ce qu'on avait à me reprocher, je n'ai pas répondu : « Je suis désolé, votre honneur. »

Voici comment s'est déroulé l'échange :

Morris (le procureur) : Nous savons qu'il y avait une jeune femme sur un fauteuil enveloppée d'une simple couverture. Ne diriez-vous pas qu'en règle générale une jeune femme devrait se sentir gênée de se retrouver vêtue d'une simple couverture en compagnie de huit hommes, dont deux sont des parasites et le troisième un serviteur marocain ?

Moi : Pas du tout.

Morris : Vous trouvez donc cela tout à fait normal.

Moi : On n'est pas des vieux. On se moque de votre morale étriquée.

Ça m'a valu un an de prison. Je n'ai fait qu'une journée en fait, mais ça reflète bien ce que le juge pensait de mon discours. Il m'a collé la plus lourde peine qu'il a pu. Par la suite, j'ai découvert que le juge Block était marié à l'héritière de la pâte de poissons Shippam's. Si j'avais su pour sa femme poissarde, j'aurais trouvé une meilleure repartie. Mais on en est restés là.

Le 29 juin 1967 on m'a déclaré coupable et condamné à douze mois de prison. Robert Fraser a pris six mois et Mick trois. Mick se trouvait à Brixton. Fraser et moi, on a couché en prison.

Quelle décision démente ! Quelle haine ! Je me demande qui avait informé le juge. S'il avait pris conseil auprès de gens avisés, il m'aurait mis dehors avec une amende de vingt-cinq livres, car l'affaire ne reposait sur rien. Rétrospectivement, le juge nous a rendu service. Il a réussi à transformer toute l'histoire en une super opération de relations publiques, mais j'aurais quand même préféré me passer de mon séjour en taule, même s'il n'a duré que vingt-quatre heures. Le juge a réussi à faire de moi un héros populaire du jour au lendemain. Depuis, je m'efforce de soigner ma réputation.

Le revers de la médaille, c'est qu'on était devenus l'abcès de fixation d'un establishment nerveux. Les autorités ont deux manières de réagir face à ce qu'elles perçoivent comme une menace : absorber ou écraser. Ils étaient obligés de laisser les Beatles tranquilles parce qu'ils les avaient déjà décorés. Nous, on a voulu nous écraser. C'était plus sérieux que je ne le pensais. J'ai été en prison pour avoir fait tourner en bourrique le pouvoir. Je ne suis que le guitariste d'un groupe de rock, mais le gouvernement britannique et sa sale police me cherchent des poux dans la tête, laissant paraître l'étendue de leur peur ! On a gagné deux guerres mondiales et ces gens font dans leur putain de froc ? « Nos enfants finiront comme ça si on n'arrête pas ça de suite. » Il y avait beaucoup d'ignorance des deux côtés. On n'avait pas l'impression de faire quelque chose qui allait provoquer la ruine de l'Empire britannique, et eux fouillaient nos sucriers sans savoir ce qu'ils cherchaient.

Ça ne les a pas empêchés de recommencer, encore et encore, dix-huit mois durant. Ils commençaient à s'y connaître un peu mieux en drogue. Avant, ils ne savaient même pas ce que c'était. Je descendais Oxford Street avec une brique de shit grande comme un skateboard sous le bras et je ne me donnais même pas la peine de l'emballer. On était en 1965-1966, cette brève parenthèse de liberté totale. On ne savait même pas que c'était illégal, ce qu'on faisait. Et ils n'y connaissaient absolument rien. Mais vers 1967, ils ont commencé à se réveiller. Ça pouvait servir, pour se faire un peu de fric, ou obtenir une promotion, ou tout simplement faire plus d'arrestations, rien de tel qu'embarquer un hippie. Et ils ont pris l'habitude de nous planter un ou deux joints dans les poches. C'était si courant qu'on était surpris quand ça ne se produisait pas.

La première journée à Wormwood Scrubs, cette prison historique d'Angleterre, était consacrée pour l'essentiel à la procédure d'admission. Tu entrais avec les nouveaux détenus, tu prenais une douche et on t'aspergeait d'un produit contre les poux. T'en as une belle, fiston ! L'endroit est conçu pour t'intimider au maximum. Le mur d'enceinte est imposant, six mètres de hauteur, mais quelqu'un m'a donné une tape sur l'épaule et m'a dit : « Blake a réussi à l'escalader. » Neuf mois plus tôt, les amis de l'espion George Blake avaient balancé une échelle par-dessus le mur et l'avaient expédié à Moscou – une évasion spectaculaire. Mais quand on a des amis russes pour vous aider à disparaître, c'est plus facile. Je tournais en rond avec les autres gars et j'avais tellement de trucs dans la tête que j'ai mis un peu de temps à réaliser que quelqu'un me tapait sur l'épaule. « Keef, enfoiré, t'es libéré sous caution. » J'ai dit : « Vous avez des messages à faire passer, les gars ? Donnez-moi ça maintenant. » J'ai dû remettre une dizaine de mots à des familles. Déchirant. Il y avait des vrais méchants aux Scrubs, et les pires étaient certains matons. Alors que je montais dans ma Bentley, le chef m'a dit : « Tu reviendras. » J'ai répondu : « Compte pas dessus, pas de ton vivant. »

Nos avocats avaient fait appel et on m'avait libéré en attendant. Avant l'appel, le *Times*, grand défenseur des moins que rien, a volé à notre secours de manière inattendue. « On peut se demander, écrivait l'éditorialiste William Rees-Mogg dans un article intitulé "Le papillon et la roue", si Mr Jagger n'a pas été condamné plus sévèrement que ne l'aurait été un prévenu moins connu. » Lisez : vous avez déconné et donné une mauvaise image de la justice britannique. En fait, Rees-Mogg nous a vraiment sauvés, parce qu'à ce moment je me sentais en effet comme un pauvre papillon qu'on allait disloquer sur la roue. Si l'on se souvient de la façon dont s'est déroulée l'affaire Profumo, un truc aussi vicieux qu'une intrigue à la John le Carré où tous les personnages gênants ont été accusés à tort et persécutés, je suis même étonné que les choses n'aient pas été plus loin. Avant la fin du mois, ma peine a été cassée et celle de Mick maintenue mais réduite. Robert Fraser a eu moins de chance, car il avait plaidé coupable. Il a dû manger son pain noir. Mais je pense que son expérience dans l'armée a eu plus d'effet sur lui que les Scrubs. Lui qui avait envoyé des tas de gars au trou, ou plutôt à creuser des tranchées et améliorer les latrines, il connaissait quand même un peu la détention et la punition. Et je suis sûr qu'en Afrique, c'était plutôt pire qu'ailleurs. Il est allé en taule avec beaucoup de panache. Il n'a jamais craqué. Et il en est sorti tout aussi crânement, avec nœud pap et porte-cigarette. Je lui ai dit : « Viens, on va se défoncer. »

Le jour même de notre libération, le débat télévisé le plus étrange qu'on aurait pu imaginer a eu lieu entre Mick, déposé en hélicoptère sur une pelouse anglaise quelque part, et des représentants de l'establishment. On aurait dit des personnages tirés d'*Alice au pays des merveilles*, ou des pièces d'échecs : un évêque, un jésuite, un procureur général et Rees-Mogg. On leur avait confié une mission, celle d'agiter le drapeau blanc et de vérifier si la nouvelle culture des jeunes était une menace pour l'ordre établi. Ils voulaient combler le fameux fossé générationnel, alors bonne chance ! Ils étaient sincères, maladroits et ridicules. En fait, ils n'avaient qu'une question à la bouche : « Mais que voulez-vous donc ? » On a bien rigolé, sous cape. Ils essayaient de faire la paix avec nous, comme Chamberlain avec son petit bout de papier, « la paix pour notre temps, la paix dans l'honneur[1] »... Tout ce qui les intéressait, c'était de protéger leurs positions. Mais cette merveilleuse franchise britannique, cette préoccupation pour les jeunes générations, il fallait le voir pour le croire. Seulement, tu sais que ces gars pèsent lourd, qu'ils peuvent t'occasionner des emmerdements de première ; la curiosité amusée de façade masquait pas

---

1. Paroles prononcées par le Premier ministre britannique Neville Chamberlain à son retour de la conférence de Munich en 1938.

mal d'agressivité. D'une certaine manière, ils suppliaient Mick de leur donner des réponses. Il s'en est plutôt bien tiré, j'ai trouvé. Il n'a pas cherché à leur répondre, il a juste dit : « Vous vivez dans le passé. »

Toute cette année-là, on s'est efforcés tant bien que mal d'enregistrer *Their Satanic Majesties Request*. Personne n'avait vraiment envie de faire cet album, mais il en fallait un nouveau dans les bacs. Comme *Sgt Pepper's* venait juste de sortir, on avait un peu l'impression d'arnaquer le monde. Mais on a quand même réalisé la première couverture en 3D de l'histoire. C'était l'acide, ça aussi. On a créé le décor nous-mêmes. On est allés à New York, chez un Japonais qui possédait le seul appareil photo au monde qui fasse de la 3D. De la peinture, des collages, des découpages, du polystyrène, quelques plantes ! Bonne idée, allons au marché aux fleurs ! C'est le moment où Andrew Oldham est parti. Le pilote s'est éclipsé. Il filait vraiment un mauvais coton, on lui avait prescrit des électrochocs pour l'aider à surmonter une souffrance mentale qui avait à voir avec les femmes. Il passait aussi beaucoup de temps à s'occuper de son label, Immediate Records. Les choses auraient pu continuer comme ça, mais il y avait un problème entre Mick et lui qu'on n'arrivait pas à résoudre et que je n'ai jamais bien compris. Ils n'étaient plus en phase. Mick, qui était de plus en plus sûr de lui, voulait voir comment ça se passerait sans Oldham. Pour être juste avec Mick, je dois reconnaître qu'Andrew avait un peu la folie des grandeurs. Remarquez, il y avait peut-être de quoi. Un ou deux ans plus tôt, personne ne le connaissait et maintenant il voulait être le nouveau Phil Spector ! Mais tout ce dont il disposait, c'était un groupe de rock composé de cinq types. Une fois que les tubes ont commencé à se succéder, il a passé un temps considérable à essayer de produire des albums à la Spector. Et il ne se concentrait plus sur les Stones. Ajoutez-y le fait qu'on n'avait plus besoin d'attirer l'attention comme Andrew l'avait fait, parce qu'au lieu de chercher les gros titres on essayait au contraire de les éviter, et donc un boulot assuré par Oldham avait disparu. Sa boîte à malices était vide.

Avec Anita, on est repartis au Maroc pour Noël 1967, flanqués de Robert Fraser qui venait d'être libéré. Chrissie Gibbs a loué une maison qui appartenait à un coiffeur italien. Il y avait un grand jardin sauvage, empli de paons et de fleurs blanches qui poussaient au milieu des mauvaises herbes. À Marrakech il fait très sec, et quand arrivent les pluies la végétation se déchaîne. Il faisait froid et humide, il y avait souvent du feu dans la cheminée. Et on fumait un max. Gibbs avait un grand pot de *majoun*, la sucrerie marocaine à base d'herbe et d'épices. Il l'avait acheté à Tanger, et Robert était très intéressé par un type que Brion Gyson nous avait présenté, un certain Mr Verygood, qui fabriquait du majoun. Il travaillait à l'usine de confitures locale et nous préparait de la confiture d'abricots spéciale le soir.

En chemin, on était passés voir Ahmed à Tanger. Maintenant, les murs de sa boutique étaient couverts de collages des Stones. Il avait découpé de vieux catalogues de semences et nos visages se détachaient au milieu d'une forêt de jacinthes et de pois de senteur. À l'époque, on pouvait envoyer de la dope par la poste de différentes manières. Le meilleur hasch, si tu arrivais à mettre la main dessus, c'était l'afghan primo, dont il existait deux variétés : en forme de soucoupe volante avec un sceau dessus, ou comme une sandale ou la semelle d'une sandale. Et il y avait des veines blanches dedans, qui étaient paraît-il de la crotte de chèvre, une partie du liant. Pendant deux ou trois ans, Ahmed nous a expédié de grosses quantités de shit dissimulées dans le pied de grands chandeliers. Il a bientôt eu quatre boutiques et des voitures américaines avec des filles au pair norvégiennes qui tombaient dès qu'on ouvrait une portière. Il ne lui arrivait que des choses merveilleuses. Et puis, deux ans après, j'ai appris qu'il était au trou et qu'on lui avait tout pris. Gibbs s'est occupé de lui jusqu'à sa mort, sans jamais perdre le contact.

Tanger était le rendez-vous des fuyards et des suspects, et tous ces marginaux faisaient semblant de vivre une autre vie. Un jour de ce même voyage, on a avisé sur la plage deux mecs à l'étrange dégaine, en costume comme les Blues Brothers. C'était les terribles jumeaux Kray. Ronnie aimait les petits Marocains et Reggie le laissait faire. Ils traînaient derrière eux un peu de l'ambiance du Southend, mouchoir noué sur la tête et bas de pantalon retroussés. Et au même moment tu lisais dans la presse dans quelles conditions ils avaient assassiné untel et tous ces gens qu'ils avaient cloués au plancher. Doux en surface, durs dedans. Paul Getty et sa femme Talitha, morte si jeune, venaient d'acheter un immense palais à Sidi Mimoun, où on a passé la nuit. Il y avait aussi un zigue appelé Arndt Krupp von Bohlen und Halbach et, si je me souviens de son nom, c'est parce qu'il était l'héritier bigarré de la fortune Krupp, et un siphonné à côté duquel je pâlissais. Je pense qu'il était dans la voiture quand j'ai eu un de mes face-à-face les plus terrifiants avec la mort.

En tout cas, Michael Cooper se trouvait dans la caisse, lui, j'en suis sûr, et peut-être aussi Robert Fraser, et quelqu'un d'autre, sans doute Krupp, ce qui est ironique vu ce qui s'est passé, car après tout il était l'héritier d'un empire de munitions. On était partis pour Fès à bord d'une Peugeot de location et, la nuit tombée, on rentrait vers Marrakech. Il fallait traverser l'Atlas et je conduisais. Là-haut, à mi-parcours, juste à la sortie d'un virage en épingle à cheveux, deux motards sont apparus d'un coup. Des militaires, j'ai distingué leur uniforme. Ils se dirigeaient droit sur nous et ils prenaient toute la largeur de la route. J'ai réussi à les éviter, avec un précipice de cinq cents mètres sur le côté, et j'ai continué pour me retrouver nez à nez avec un énorme camion et d'autres types en moto, et là j'ai pensé : « Cette fois, on tombe dans le ravin. » À la place, j'ai accroché un des motards en esquivant le machin de justesse. Ça les a rendus dingues. Et en passant, j'ai vu qu'il y avait un énorme missile sur le camion, une fusée. On a pris le virage suivant, on s'en était sortis, j'avais eu une roue au-dessus du vide mais j'avais réussi à nous tirer de là. Quelques secondes plus tard, boum, le camion avait basculé. On a entendu un énorme boucan, puis une explosion. C'est allé si vite qu'ils n'ont pas dû comprendre ce qui leur arrivait. C'était un putain de poids lourd, gigantesque, avec une remorque. Je ne sais pas comment on a fait, mais on s'est tirés et on n'en a plus jamais entendu parler. On a poursuivi notre chemin, le pied au plancher, enchaînant les virages. J'étais un as de la conduite nocturne, c'était la réputation que j'avais à l'époque. En arrivant à Meknès, on a changé de caisse. Je suis allé au garage et je leur ai dit : « La voiture a des problèmes, on peut en louer une autre ? » On s'est cassés aussi vite qu'on a pu. Je m'attendais à avoir au moins l'Otan au cul, je pensais qu'il y aurait une réaction immédiate de l'armée, hélicoptères, projecteurs et ainsi de suite. Les jours suivants, on a cherché dans les journaux. Rien, pas une ligne. Tomber dans un précipice en chevauchant une fusée tiers-mondiste aurait été une triste fin, mais sans doute appropriée pour l'héritier de la fortune des canons Krupp...

Je souffrais d'une hépatite pendant ce voyage, et je suis rentré pratiquement en rampant, mais ma bonne étoile veillait toujours sur moi et j'ai atterri entre les mains d'un des grands Dr Feelgood de la médecine, le Dr Bensoussan, à Paris. Anita avait obtenu ses coordonnées par Catherine Harle, un agent de mannequins adepte du soufisme, une incroyable bonne femme qui avait un carnet d'adresses dément. C'était en quelque sorte la mère spirituelle d'Anita, dont elle s'occupait à chaque fois que ça n'allait pas fort. C'était elle également que Brian était allé voir quand Anita l'avait quitté, pour tenter de la récupérer. Catherine m'avait mis en rapport avec le Dr Bensoussan. Le nom à lui seul me bottait, sans doute d'origine algérienne, et j'espérais que j'aurais droit à autre chose que de la médecine conventionnelle. C'était un habitué de l'aéroport d'Orly, où il se rendait régulièrement pour

remettre sur pied des cheikhs, princes et autres rois en transit, toujours disponible pour donner un petit coup de main, à toute heure
du jour ou de la nuit. J'avais une hépatite carabinée et ça me pom-
pait vraiment, j'étais épuisé. Il m'a fait une piqûre qui a mis vingt
minutes à faire effet. C'était un mélange de vitamines, que des
trucs bons pour toi, et d'autres choses très agréables. J'avais du mal
à marcher en allant à son cabinet et, en sortant, j'ai pensé : « J'ai
envie de rentrer à pied. » Incroyable injection, incroyable cocktail.
Je ne sais pas ce qu'il mettait dedans, mais chapeau. En six
semaines, j'étais revenu à la normale. Et il a non seulement réglé
son compte à mon hépatite mais il m'a retapé et m'a laissé en
pleine forme. Il faut dire que j'ai un système immunitaire incroyable.
Je me suis guéri d'une hépatite C sans rien faire. Je suis un cas
rare. Je connais très bien mon corps.

   Le seul souci, c'est qu'avec toutes ces préoccupations et interrup-
tions, les problèmes légaux, les allées et venues en avion et notre
relation de plus en plus boiteuse avec Oldham, on avait la tête
ailleurs au lieu de se concentrer sur l'essentiel. C'était maintenant
une évidence préoccupante : les Rolling Stones étaient en panne de
jus.

Robert Altman/altmanphoto.com

Chapitre Sept

Où je découvre l'*open tuning* et l'héroïne à la fin des années 1960.
Je me lie à Gram Parsons. Voyage en Amérique du Sud. Je deviens père.
Enregistrement de « Wild Horses » et « Brown Sugar » à Muscle Shoals.
Survivre à Altamont. Nouvelle rencontre avec le saxophoniste Bobby Keys.

On était vidés. Je ne pense pas en avoir eu conscience à l'époque, mais on aurait très bien pu s'effondrer à ce moment, la fin naturelle d'un groupe monté en flèche. C'est arrivé peu après *Satanic Majesties*, un album assez bidon selon moi, et c'est là qu'est entré en scène celui qui deviendrait notre nouveau producteur, Jimmy Miller. Une collaboration fantastique. Après cette dérive, *Beggars Banquet* hisserait les Stones à un niveau supérieur. C'était un moment où il fallait vraiment sortir du bon matos, et c'est ce qu'on a fait.

Je me souviens encore de notre première rencontre. Mick a joué un rôle essentiel dans ce rapprochement. Originaire de Brooklyn, Jimmy avait passé sa jeunesse dans l'Ouest américain, son père ayant été directeur des spectacles dans les plus grands hôtels-casinos de Las Vegas comme le Sahara, le Dunes, le Flamingo… On s'est pointés à l'Olympic Studio et on a dit qu'on allait essayer quelques trucs, histoire de voir comment ça tournait. On a joué tout ce qui nous passait par la tête. Ce n'était pas une vraie séance d'enregistrement, ce jour-là : on voulait simplement sentir le studio et tester les réactions de Jimmy, qui nous testait aussi. J'aimerais pouvoir revenir à ce moment comme une souris dans son petit coin. Tout ce que je me rappelle, c'est que j'avais un très, très bon feeling en quittant les lieux douze heures plus tard. Je jouais ou j'allais en régie, l'aller-retour habituel qui me permettait d'entendre en play-back ce qu'on faisait dans le studio. Parfois, ce qu'on joue devant les micros et ce qu'on entend à la console est totalement différent, mais Jimmy faisait très attention à la manière dont le groupe sonnait et c'est pour ça que ça a tout de suite marché entre nous, dès le premier jour. Il était naturellement attiré par notre son parce qu'il travaillait déjà avec des musiciens anglais, des formations comme Traffic ou Blind Faith, qu'il avait produit des choses comme « I'm a Man » et « Gimme Some Lovin », du Spencer Davis Group, qu'il bossait aussi avec des musicos noirs et surtout, surtout, parce que c'était un excellent batteur. Jimmy Miller pigeait l'ambiance, pas de doute. Il était à la batterie dans « Happy » et sur la première prise de « You Can't Always Get What You Want ». Il m'aidait à installer l'atmosphère, à poser le tempo, et ça marchait bien avec Mick, à qui il donnait cette confiance sans laquelle il n'y a pas de vraie collaboration.

Notre truc, c'était le blues de Chicago. C'était là qu'on avait appris tout ce qu'on savait. Chicago, c'était notre point de départ. Pensez au Mississippi, d'où il part et où il va, suivez le fleuve jusqu'au bout et vous arriverez à Chicago. Et songez aussi à la façon dont les bluesmen enregistraient : ils ne suivaient aucune règle. Si on s'en tient aux normes habituelles de l'enregistrement, ces gars-là faisaient tout de travers, sauf que l'important n'est pas la conformité aux règles, mais ce qui atteint l'oreille. Le blues de Chicago, c'était de la musique brute, avec une pêche incroyable. Essayez d'enregistrer ça « proprement » et il n'en restera pas grand-chose. La plupart des enregistrements de blues de Chicago sont une accumulation délirante de couches et de couches de sono-rités superposées. Quand vous écoutez un disque de Little Walter, il lance la première note sur son harmonica et on n'entend plus sa formation jusqu'à ce que cette note s'arrête, tellement il la charge à l'enregistrement. Faire un disque, c'est chercher essentiellement à déformer les sons. C'est la liberté que le studio d'enregistrement te donne, celle de déconner avec les sonorités. Et ce n'est pas une question de volume mais d'expérimentation, d'innovation : « Hé, c'est un chouette micro qu'on a là, pourquoi ne pas le rapprocher de l'ampli, et puis utiliser un ampli moins puissant, et maintenant tu mets le micro juste devant, et tu le couvres d'une serviette, et voyons voir ce que ça donne… » Ce qu'on recherche, c'est le point où les sons se fondent dans la pulsation rythmique tandis que tout le reste se distord et trouve sa place. Si chaque élément est séparé, ça devient insipide. Le but, c'est la puissance *sans* le volume, une sorte de pouvoir intérieur, une façon d'assembler tout ce que pro-duisent les musiciens dans le studio et d'en faire une sonorité unique. Donc, on ne parle pas de deux guitares, d'une basse, d'un piano et d'une batterie ici, mais d'un seul élément. Pas cinq, mais un. On devient les créateurs d'une seule force.

C'est Jimmy qui a produit *Beggars Banquet, Let It Bleed, Sticky Fingers*, tous les disques des Stones jusqu'à *Goat's Head Soup* en 1973, soit la colonne vertébrale de tout le truc, mais ce qu'on a fait de mieux ensemble a été « Jumpin' Jack Flash ». Ce thème, ainsi que « Street Fighting Man », est issu des toutes premières séances avec lui aux studios Olympic, au printemps 1968, pendant que Paris s'enflammait, pour ce qui allait devenir l'album *Beggars Ban-quet*. Soudain, une conception entièrement nouvelle émergeait, quelque chose de décapant et d'innovant, et ça a été de plus en plus marrant de travailler ensemble.

Mick se montrait très créatif, bourré d'idées et de chansons excellentes comme « Dear Doctor », à laquelle Marianne Faitfhfull n'a pas dû être étrangère, je pense, et « Sympathy for the Devil », même si ce thème a évolué dans une direction qu'il n'avait pas prévue. C'est dans le film de Godard, sur lequel je reviendrai par la suite, que l'on peut voir et entendre la transformation de « Sympathy ». Il y a eu aussi « Parachute Woman » avec sa sonorité bizarre qui fait penser à une mouche ou un moustique en train de vous bourdonner dans l'oreille. On l'a mis en boîte en deux temps trois mouvements, alors que je m'attendais à des problèmes parce que j'avais trouvé le concept de ce son mais sans être sûr que ça marcherait. Mick a bondi sur l'idée et on a l'a enregistré en un rien de temps. Pour « Salt of the Earth », je crois que c'est moi qui ai trouvé le titre et l'impulsion essentielle et que c'est Mick qui a écrit toutes les paroles. C'était typique de notre fonctionnement : je donnais l'étincelle du truc, *let's drink to the hardworking people, let's drink to the salt of the earth* (buvons à tous ceux qui travaillent dur, buvons au sel de la terre), et après le bébé est à toi, Mick, et parvenu à la moitié du processus, il disait : « Bon, et pour la transition, comment on fait ? Où on met le pont ? » Il développait l'idée pendant tout ce temps, jusqu'à parvenir au point où il revenait vers moi et m'annonçait qu'il fallait penser au changement de registre dans la chanson. Ah, le pont ! C'est une question en partie technique, un choix à discuter, et en général ça se passait vite et facilement.

Il y a beaucoup de country et de blues dans *Beggars Banquet*. « No Expectations », « Dear Doctor », « Parachute Woman », « Prodigal Son », « Stray Cat Blues », « Factory Girl » et même « Jigsaw Puzzle » sont des thèmes de blues ou de folk. Mais notre état d'esprit, c'était : « Hé, donnez-nous une chanson cool et on en fera ce qu'il faut. On a la sonorité, on sait qu'on est capables de la retrouver si on a le bon thème, on lui courra après autour du studio, on montera la décrocher au plafond ! On sait qu'on l'a, on ne la lâchera pas et c'est tout ce qui compte. »

J'ignore pourquoi tout marchait aussi bien à l'époque. Peut-être une question de timing ? Nous avions à peine exploré la musique qui nous avait fait triper au départ. « Dear Doctor », « Country Honk » et « Love In Vain » étaient plus ou moins une manière de rattraper le train, des trucs que nous *devions* faire. La rencontre des musiques blanche et noire d'Amérique ouvrait un énorme espace à explorer.

Nous savions aussi que les fans des Stones pigeaient ce qu'on faisait, et ils étaient déjà très, très nombreux. Sans même y réfléchir, nous étions sûrs qu'ils allaient aimer nos nouveaux morceaux. Il nous suffit de tracer dans la direction qu'on a choisie et ils apprécient. C'est le truc, avec les Stones : quand on aime ce qu'on produit, il y a quelque chose de spécial qui passe. Ces nouveaux titres étaient de la bombe, et nous, on ne laisse pas s'échapper un bon thème une fois qu'on a mis la main dessus.

Je crois que je peux parler au nom des Stones la plupart du temps, et je dirais donc qu'on ne se braquait pas sur ce que le public voulait. C'était l'un des charmes du groupe. Pour nous, il y avait assez de rock'n'roll comme ça dans *Beggars Banquet*. Ça se résume à « Sympathy » et « Street Fighting Man », dans cet album, et peut-être « Stray Cat », qui est un peu funk. Pour le reste, ce sont des morceaux folk. On ne savait pas travailler sur commande, se dire : « Bon, il faudrait un titre de rock'n'roll ici. » Plus tard, Mick essaierait de faire ça avec quelques imbécillités. Ce n'était pas le plus intéressssant chez les Rolling Stones, le rock'n'roll pur. On en jouait beaucoup en concert, oui, mais ce n'était pas ce qu'on enregistrait en priorité, sauf quand on tenait des perles comme « Brown Sugar » ou « Start Me Up ». C'était une manière de faire ressortir encore davantage les thèmes à tempo enlevé, ce fond de petites ballades vraiment adorables comme « No Expectations ». En d'autres termes, l'essentiel n'était pas de balancer un coup de poing entre les yeux. On ne faisait pas du heavy metal, mais de la musique.

« Jumpin' Jack Flash » !… Quel titre, la vache ! Tout ça est né d'un seul coup sur un magnéto à cassette. Avec ce titre et « Street

Fighting Man », j'ai découvert une nouvelle sonorité à la guitare acoustique. Cette tonalité méchamment lancinante est née dans les petits motels pourris où le seul truc que tu pouvais faire c'était enregistrer sur ce qui était alors la dernière invention technologique, le magnétophone à cassette. On n'embêtait personne comme ça. Brusquement, tu avais un mini-studio dans ta chambre. Si tu saturais le magnéto Philips jusqu'à la distorsion, ta guitare acoustique sonnait sur la bande exactement comme une guitare électrique. Tu te servais du magnéto comme d'un micro et d'un ampli en même temps. Tu rentrais de la guitare sèche là-dedans et le résultat était électrique comme pas possible. Une guitare électrique, c'est un machin vivant entre tes mains, une anguille électrifiée, tandis qu'une gratte acoustique est très sèche justement, on n'en joue pas pareil, mais si tu arrives à électrifier cette sonorité-là, tu obtiens des tonalités et des couleurs incroyables. Moi, j'aimais la guitare acoustique depuis toujours, j'adorais en jouer et je me suis dit que si j'arrivais à lui donner un peu plus de puissance sans passer complètement à l'électrique, j'obtiendrais un son unique. Il y a un petit frissonnement dans les notes, c'est inexplicable, mais à l'époque ça me fascinait complètement.

Une fois en studio, je branchais le magnéto sur un petit baffle devant lequel je posais un micro pour ajouter un peu de souffle et de profondeur, et c'était ça que j'enregistrais. C'était la base du morceau. Dans « Street Fighting Man », il n'y a pas un seul instrument électrique, sauf la basse que j'ai mixée ultérieurement. Rien que de l'acoustique. Dans « Jumpin' Jack Flash », pareil. J'aimerais pouvoir encore utiliser ce procédé, mais on ne fabrique plus d'appareils comme ça. Peu après cette période d'expérimentation, les magnétos à cassette ont été équipés d'un limiteur qui t'empêchait de saturer l'enregistrement. Toujours la même chose : dès que tu t'éclates avec un truc, on te met un cadenas dessus. Le reste du groupe se disait que j'avais pété les boulons tout en me laissant faire, mais moi, je savais que ce son passerait bien et Jimmy a immédiatement pigé. « Street Fighting Man », « Jumpin' Jack Flash » et la moitié de « Gimme Shelter » ont été réalisés comme ça, au magnéto à cassette. J'ajoutais couche après couche de guitare. Parfois, il y a au moins huit guitares sur ces bandes ! Il suffisait de les mélanger. Pour « Street Fighting Man », Charlie Watts a joué sur un de ces petits kits d'exercice datant des années 1930 qui tenaient dans une mallette riquiqui, une cymbale minuscule, une sorte de petit tambourin qui servait de caisse claire : c'était fait sur de la camelote, dans des chambres d'hôtel avec nos petits jouets à la gomme.

Si cette découverte a été magique, celle des riffs, ces riffs fantastiques et déterminants qui me venaient de je ne sais où, ne l'était pas moins. C'est un don et chez moi il est apparemment inépuisable. Quand un riff comme « Jumpin' Jack Flash » te sort des doigts, ça te procure une exultation fantastique, une joie sauvage. Évidemment, c'est une autre paire de manches de persuader les gens que c'est aussi grandiose que tu le sens et il faut supporter les mines sceptiques. « Flash », c'est essentiellement « Satisfaction » en sens inverse. Ces riffs sont souvent très proches les uns des autres, mais si on me disait : « OK, tu as le droit de n'en jouer qu'un seul pour le restant de tes jours », je répondrais : « Je prends "Flash". » J'aime beaucoup « Satisfaction », c'est sûr, mais sur le plan de la composition ce sont des enchaînements d'accords assez convenus, alors que « Flash » est un thème particulièrement intéressant. *It's alllllll right now* : c'est presque de la musique arabe ou quelque chose de très ancien, d'archaïque, de classique, une structure qu'on n'entend que dans le chant grégorien ou quelque chose d'approchant. Un mélange bizarre de rock'n'roll *roots* et d'échos d'une musique venue du fin fond du temps que tu ne connais même pas. C'est plus vieux que moi et c'est génial ! Comme le souvenir de quelque chose dont je suis incapable de définir l'origine.

Je sais d'où viennent les paroles, par contre. Ça s'est passé lors d'un petit matin blême, à Redlands. On venait de passer une nuit

blanche, Mick et moi, dehors il pleuvait et il y a eu un bruit de pas
près de la fenêtre, les lourdes bottes en caoutchouc de mon jardinier, Jack Dyer, un vrai type de la campagne du Sussex. Mick a
tendu l'oreille : « Qu'est-ce que c'est ? » et j'ai dit : « Oh, c'est Jack.
"Jumping Jack". » J'ai commencé à travailler le motif sur la guitare qui était en accordage ouvert, tout en chantant : « Jumping
Jack, Jumping Jack », Mick a dit : « Flash » et brusquement on
s'est retrouvés avec cet enchaînement de mots qui sonnait trop
bien, et le rythme qui allait avec. Il ne restait plus qu'à bosser et à
l'écrire.

Chaque fois que je joue ce thème, je sens le groupe décoller derrière moi. C'est super chargé en énergie : tu sautes sur le riff et il
se joue tout seul. On est chauds ? OK, on y va. Daryl Jones sera à
la basse, juste à côté de moi : « Qu'est-ce qu'on fait maintenant,
"Flash" ? D'ac, c'est parti, un, deux, trois… » À ce moment, même
plus besoin de se regarder, on sait tous qu'on est lancés. Le thème
nous conduit à le jouer différemment à chaque fois, en fonction du
tempo dans lequel on se trouve.

Lévitation : c'est sans doute le mot qui décrit le mieux ce que je
ressens quand j'ai trouvé le tempo, et ça vaut aussi pour le groupe
derrière moi, que l'on joue « Jumpin' Jack », « Satisfaction » ou
« All Down the Line ». Tu décolles comme à bord d'un Learjet. Je
ne sens plus mes pieds toucher le sol, j'entre dans une autre dimension. On me demande souvent : « Pourquoi tu ne t'arrêtes pas ? »
Je prendrai ma retraite quand j'aurai cassé ma pipe. Je crois qu'ils
ne calculent pas vraiment ce que la musique représente pour moi.
Je ne fais pas ça pour l'argent, ni pour vous. Je fais ça pour moi.

Un autre grand moment – ça devait se passer fin 1968, début
1969 – a été la découverte de l'*open tuning*, l'accordage ouvert,
sur une guitare à cinq cordes. Ça a changé ma vie, cette technique
que j'utilise dans les riffs et les airs les plus connus des Stones,
« Honky Tonk Women », « Brown Sugar », « Tumbling Dice »,

« Happy », « All Down the Line », « Start Me Up », « Satisfaction » et aussi « Jumpin' Jack Flash ».

J'avais atteint une sorte de palier. Je tournais en rond avec ma guitare accordée normalement. Je n'apprenais plus rien et je n'arrivais pas à obtenir la sonorité que je recherchais. Ça faisait un moment que j'expérimentais d'autres accordages. Très souvent, c'était parce que j'avais l'air dans ma tête, mais je n'arrivais pas à le jouer dans l'accordage traditionnel. Et je voulais aussi revenir vers le blues traditionnel, me servir de choses que jouaient les vieux gratteux, les transposer à la guitare électrique tout en gardant leur simplicité et leur franchise, cette pulsation continue à la guitare qui est la marque du blues acoustique, des sons simples et obsédants, très puissants.

C'est là que je suis tombé sur cette histoire de banjo. En gros, l'accordage ouvert à cinq cordes est né au début des années 1920, quand les magasins Sears-Roebuck ont commencé à vendre la guitare Gibson pour un prix modique. Avant ça, c'était surtout les banjos qui se vendaient. Mais la Gibson était un instrument vraiment correct, alors tous les mecs se sont rués dessus et l'ont accordée comme leur banjo, sur cinq cordes, parce que c'est ce qu'ils savaient faire. En plus, tu faisais des économies puisque tu n'étais pas obligé d'acheter la sixième corde, la plus grosse (sinon, tu pouvais t'en servir pour étrangler ta bourgeoise ou autre chose). La grande majorité de l'Amérique rurale faisait ses achats sur le catalogue Sears. C'était la base du commerce de cette chaîne, parce que dans les villes il n'y avait que l'embarras du choix, alors que dans le Sud profond, le Texas, le Midwest, l'Amérique plouc en général, on recevait son catalogue Sears-Roebuck et on commandait. C'est comme ça qu'Oswald, l'assassin de Kennedy, a acheté sa carabine.

D'habitude, l'accordage banjo était utilisé pour la guitare slide ou *bottleneck*. L'open tuning signifie simplement que l'instrument a été préréglé sur un accord majeur quelconque, mais il y a plein de configurations différentes. J'avais bossé les accordages ouverts en *ré* et *mi*, quand j'ai appris que Don Everly, l'un des meilleurs joueurs de guitare rythmique, avait utilisé l'open tuning sur « Wake Up Little Susie » et « Bye Bye Love » : il se servait juste de l'accord barré, le doigt à travers le manche. Ry Cooder est le premier gus que j'aie vu de mes propres yeux utiliser l'accordage en *sol* et je dois ici lui tirer mon chapeau parce que c'est lui qui me l'a montré, mais pour sa part il l'utilisait exclusivement pour la slide et il gardait la sixième corde. Alors que la plupart des guitaristes de blues n'utilisaient l'accord ouvert que pour jouer de la guitare slide, je trouvais ça trop contraignant, et en plus je ne voyais pas l'utilité de la dernière corde. Après un moment, j'ai découvert que c'était mieux de s'en passer, parce qu'elle se désaccordait tout le temps et qu'elle ne m'apportait rien en termes de sonorité. Je l'ai enlevée et j'ai pris la cinquième, le *la*, comme corde la plus basse. Ça me débarrassait d'un souci et je ne risquais plus de me retrouver avec des harmoniques dont je ne voulais pas.

J'ai commencé à rechercher les accords avec l'open tuning et je me suis retrouvé en territoire inconnu. Tu changes une corde et tout un univers s'ouvre sous tes doigts. Tout ce que tu as appris jusque-là s'en va par la fenêtre. Personne n'essaye trop de jouer des accords mineurs avec un open tuning majeur, parce que ça t'oblige à trouver des tas d'astuces pour contourner les problèmes. Tu dois tout repenser, comme si on avait inversé ton piano et que les touches noires étaient devenues les blanches et vice versa. J'ai dû réaccorder ma pensée et mes doigts tout autant que ma guitare. Dès que tu accordes une guitare ou tout autre instrument sur un accord particulier, tout est à repenser. Tu quittes la sphère de la musique normale. Tu remontes le Limpopo – et tu as la fièvre jaune.

La beauté majestueuse de l'open tuning en *sol* sur cinq cordes tient à ce que l'on n'a que trois notes, deux d'entre elles étant chacune répétée à l'octave : *sol-ré-sol-si-ré*. Comme certaines cordes vibrent pendant toute la chanson, on obtient un bourdonnement constant qui est aussi réverbéré lorsque l'instrument est électrifié. Trois notes, pas plus, mais grâce au décalage des octaves, elles tapissent de son l'espace entre les basses et les aigus, ce qui donne une résonance magnifique. En bossant, j'ai compris qu'il y avait des milliers d'endroits où je n'avais pas besoin de poser mes doigts, parce que les notes sonnaient déjà. Certaines cordes peuvent être laissées entièrement libres. C'est en trouvant les intervalles entre elles que cette technique marche, et si tu as plaqué le bon accord, tu en entendras un autre juste derrière, un accord que tu n'as pas joué mais qui est tout de même présent. Ça défie l'entendement. Il est là et il te dit : « Vas-y, prends-moi. » Et ça marche comme le vieil adage, cette histoire : l'important, c'est ce qu'on omet. Il faut laisser chaque note s'harmoniser avec la suivante. Tu n'as pas changé la position de tes doigts, mais elle continue à sonner et tu peux la laisser s'attarder. La « note bourdon », on l'appelle, en tout cas moi je l'appelle comme ça. Le sitar bourdonne de façon similaire, par « cordes sympathiques », comme on dit, ou par notes sympathiques. Logiquement, ça ne devrait pas marcher, mais quand tu joues et que la note se prolonge alors que t'as changé d'accord, tu comprends qu'elle est le fondement même de tout le truc que tu essayes d'obtenir. Le bourdon.

J'ai dû réapprendre la guitare et ça m'a fait un bien fou. Comme si je jouais d'un nouvel instrument, et pas qu'au figuré puisque j'ai dû me faire fabriquer des guitares à cinq cordes. Sauf à mes débuts, quand je voulais être Scotty Moore ou Chuck Berry, je n'ai jamais cherché à jouer comme d'autres. Et après l'expérience de l'open tuning, j'ai résolu de découvrir ce que la guitare ou le piano pouvaient m'apprendre.

La cinq-cordes m'a conduit aux tribus d'Afrique occidentale. Ils ont un instrument très ressemblant, là-bas, à mi-chemin entre la cinq-cordes et le banjo, et ils utilisent la même note bourdon pour installer les voix et les percussions. En permanence, il y a cette note fondamentale de bout en bout du morceau. Et puis tu écoutes ces constructions bien léchées de Mozart ou de Vivaldi et tu te rends compte qu'ils avaient pigé le truc, eux aussi, qu'ils savaient à quel moment laisser une note lambiner là où elle n'aurait pas dû être, la laisser se balancer dans le vide et transformer quelque chose de mort en beauté vivante. Mon grand-père Gus avait souvent attiré mon attention là-dessus : « Écoute seulement cette note unique qui se prolonge, tout ce qui se passe en dessous est de la merde, elle seule rend l'ensemble sublime. »

Nous avons tous une manière élémentaire, primordiale, de réagir aux pulsations. Nous existons sur un rythme de soixante-douze battements par minute. Le train a certes transporté le blues du Delta jusqu'à Detroit, mais il est surtout devenu un élément crucial de l'inspiration des bluesmen à cause du rythme créé par la machine et les rails – le train change de voie et le tempo change, mais le même écho résonne encore dans le corps humain. Dès qu'il y a une machine ou un bourdonnement soutenu dans les parages, une musique existe déjà en nous. L'organisme humain perçoit des rythmes même lorsqu'il n'y en a pas. Écoutez « Mystery Train » d'Elvis Presley : un des plus grands thèmes de rock'n'roll de tous les temps et pas un instrument de percussion ! C'est seulement suggéré, puisque le corps humain fournira lui-même le tempo. Et c'est bien ça : le rythme doit être évoqué, pas imposé. C'est pour cette raison qu'on se goure quelque part quand on dit « rock » : c'est le « roll » qui compte, pas le « rock ».

La cinq-cordes m'a débloqué. Elle m'a fourni les motifs, m'a inspiré les textures. Tu peux presque jouer la mélodie en passant les accords, grâce aux notes que tu ajoutes, et brusquement tu n'as plus deux guitaristes qui dialoguent, tu as un putain d'orchestre ! Et tu ne sais même plus qui joue quoi et, si jamais c'est excellent, on ne voudra même pas savoir, c'est fantastique et point final. C'est comme si les yeux et les oreilles se débouchaient en même temps, comme si le barrage cédait.

« Mes petits magiciens du trois-accords », nous charriait affectueusement Ian Stewart, et c'est un titre dont il n'y a pas du tout à rougir. OK, ce thème repose sur trois accords mais la bonne question est : qu'est-ce que vous êtes capables d'en faire ? Voyez John Lee Hooker, dont la plupart des compositions sont basées sur *un* accord ! Même chose pour Howlin' Wolf et pour Bo Diddley. C'est en écoutant ces musiciens que j'ai compris que le silence était la toile sur laquelle il fallait peindre. Se dépêcher de le combler entièrement de sons n'a jamais été mon idée de la musique, ni de celle que je voulais faire, ni de celle que j'aimais écouter. La cinq-cordes t'oblige à ne pas en faire trop. Tu as un cadre et tu travailles dedans. « Start Me Up », « Can't You Hear Me Knocking », « Honky Tonk Women », tous ces thèmes laissent des trous entre les accords. C'est l'effet que « Heartbreak Hotel » a produit sur moi, je crois : l'impression d'entendre pour la première fois quelque chose d'aussi dépouillé, et même si je ne me le disais pas comme ça à l'époque, c'est ce qui m'a le plus frappé. La profondeur incroyable, plutôt que de remplir chaque vide par des fioritures. Pour un gamin de mon âge, c'était forcément impressionnant. La cinq-cordes a ouvert pour moi un nouveau chapitre, une nouvelle histoire que je continue encore à explorer.

Mon pote Waddy Wachtel, guitariste de génie, interprète de mes tâtonnements musicaux et atout majeur dans la manche des X-Pensive Winos, a quelque chose à dire sur le sujet. Le micro est à toi, Waddy :

Waddy Wachtel : On a une approche très comparable de la guitare, Keith et moi. C'est marrant. Un soir, je causais avec Don Everly, qui éclusait sec en ce temps-là, et je lui ai dit : « Faut que j'te demande quelque chose, Don. Je connais tous les thèmes que vous autres avez joués… » Et c'était vrai, c'est comme ça qu'ils m'ont pris dans leur groupe, parce que je connaissais tout leur répertoire, chant et guitare. « … Mais il y a un truc que j'ai jamais

compris sur votre premier single, "Bye Bye Love", et c'est l'intro.
C'est quoi, cette sonorité, bordel ? Qui est-ce qui tient la guitare
au début de la chanson ? » Et Don me répond : « Oh, ça, c'était
juste le tuning en *sol* que Bo Diddley m'avait montré. » Et moi :
« Euh, pardon, t'as dit quoi, là ? » Il avait une guitare avec lui. Il
l'accorde comme il avait expliqué et il ajoute : « En fait, c'était
moi », et il se met à jouer, et moi : « Ah, putain de mes os, j'ai
pigé ! C'est toi ! C'était toi ! »

Je me rappelle quand j'ai découvert cet étrange accordage (du
moins pour moi, à l'époque) que Keith avait adopté. Au début des
années 1970, j'étais en Angleterre avec Linda Ronstadt[1]. Nous
sommes allés voir Keith chez lui à Londres et je suis tombé sur
une Strato debout sur son support avec… seulement cinq cordes.
J'ai réagi genre : « Qu'est-ce qui est arrivé à cette gratte ? Qu'est-
ce qu'elle a ? », et lui me sort : « C'est ce que je fais maintenant. »
Quoi donc ? « Je joue de la cinq-cordes ! De la cinq-cordes
accordée en *sol* ! » Là, j'ouvre l'œil : « Attends une minute, Don
Everly m'a parlé d'un truc comme ça ! Toi aussi, tu joues comme
ça ? » Il faut comprendre. Quand on commence à la guitare, on
apprend les thèmes des Stones pour pouvoir les jouer dans des
bars, mais on se dit tout de suite que quelque chose cloche, qu'il
manque un truc. Moi, je n'avais jamais joué de folk, je n'avais pas
toute leur connaissance du blues. Alors quand Keith m'a dit ça, ça
a été la révélation, j'ai lâché : « C'est pour ça que ça ne sonne
jamais comme il faut ! Passe-moi un peu cette gratte ! » Et ça
rend tout tellement facile… « Can't You Hear Me Knocking »,
par exemple : impossible de jouer correctement ce machin si tu
n'es pas accordé comme il faut. Le morceau sonne bizarrement.
Mais avec une gratte convenablement accordée et customisée,
c'est super simple. Tu abaisses la première corde, la plus aiguë,

---

1. Linda Ronstadt, née en 1946, chanteuse américaine surnommée un temps la « First
Lady of Rock », a travaillé avec des artistes aussi divers que Frank Zappa ou Philip
Glass.

d'un ton, et la cinquième n'arrête pas de vibrer pendant tout le morceau. C'est ça, ce qui produit ce bourdonnement inimitable… en tout cas quand c'est Keith qui joue.

Rien qu'avec ces deux cordes sur lesquelles il se balade de haut en bas, on peut faire plein de choses. Un soir, on monte sur scène avec les Winos, on se prépare à jouer « Before They Make Me Run », Keith commence l'intro et brusquement : « Argh, je ne sais plus laquelle je dois jouer ! » Parce qu'il a des tas et des tas d'introductions basées sur la même structure. La corde de *si* et celle de *sol*, ou la *si* et la *ré*… Il dit : « On fait quoi, alors ? Je suis largué dans la mer des intros… » Il en a tellement ! C'est le derviche tourneur du riff, de l'accordage ouvert en *sol*.

Quand on est vraiment devenus proches avec Gram Parsons, pendant l'été 1968, j'ai découvert un filon musical que je n'ai pas fini d'explorer à ce jour et qui a élargi le spectre de tout ce que j'avais joué ou écrit précédemment. Notre amitié fut immédiate, profonde, une de celles dont on a l'impression qu'elle a toujours été là. C'était comme découvrir un frère caché, j'imagine, puisque je n'en ai jamais eu. Gram était quelqu'un de très, très spécial pour moi et il continue à me manquer. Au début de cette année 1968, il avait intégré les Byrds, qui avaient cartonné avec « Mr Tambourine Man » et tout ça, mais ils venaient juste d'enregistrer ce classique qu'est *Sweetheart of the Rodeo* et c'est Gram qui les avait totalement transformés, les faisant passer d'un groupe pop à une formation country et développant radicalement leur personnalité. Cet album, qui avait bluffé tout le monde à sa sortie, allait exercer une influence considérable en ce qu'il marquait la naissance d'un nouveau genre, celui du country rock. Ils étaient en tournée, en route pour l'Afrique du Sud, quand je les ai vus au Blaises Club de Londres. Je m'attendais à entendre « Mr Tambourine Man », mais on a eu droit à tout à fait autre chose. Après, je suis allé les saluer en coulisses et j'ai fait la connaissance de Gram.

« T'aurais pas quelque chose ? » a sans doute été la première question qu'il m'a posée, ou plus discrètement : « Hum, tu ne saurais pas où on trouve de la... ? » Et moi : « T'inquiète, je vais t'arranger ça... » Je crois qu'on a passé la soirée chez Robert Fraser à se faire quelques doses. À cette époque, je prenais de l'héroïne et lui-même ne crachait pas dessus. Il l'appelait *doodgy*. Entre nous, la complicité musicale a été instantanée, mais notre goût pour la même substance nous a aussi rapprochés. Gram aimait faire des pauses, comme moi, et comme moi il avait des exigences de qualité. Sa coke était meilleure que celle des pontes des cartels ! C'était un gars du Sud, très chaleureux et très résistant à la came. Il avait un passé complexe, très Sudiste ténébreux, Savannah, jardin du bien et du mal et tout ça.

Chez Fraser, ce soir-là, on a parlé de leur tournée et Gram m'a demandé : « C'est quoi, cette *vibe* que je reçois depuis qu'on est en Angleterre ? Chaque fois que je dis qu'on va jouer en Afrique du Sud, les gens me regardent d'un air pas possible. » Il ignorait tout de l'apartheid et du reste. C'était la première fois qu'il sortait des États-Unis. Alors, quand je lui ai raconté le régime raciste, les sanctions, le boycott, sa réaction a été : « Ah, comme au Mississippi ? », et tout de suite après : « Qu'ils aillent se faire foutre, alors. » Le soir même, la veille de leur départ en Afrique du Sud, il a quitté la tournée et le groupe. Je lui ai proposé de rester en Angleterre et c'est ainsi que nous avons profité de Gram pendant des mois et des mois, en tout cas jusqu'à la fin de l'été 1968 et principalement à Redlands.

Au bout d'un ou deux jours, j'ai eu l'impression que je le connaissais depuis toujours. L'entente mutuelle a été immédiate. Tout ce qu'on aurait pu faire si on s'était rencontrés plus tôt... On s'est assis ensemble un soir et cinq nuits après on était toujours à jacter et à évoquer le bon vieux temps, c'est-à-dire cinq soirs plus tôt ! Et on n'arrêtait pas de faire de la musique aussi. On se mettait au piano ou on prenait des guitares et on se tapait tout le répertoire country, ainsi que quelques blues, avec pas mal d'idées nouvelles en prime. C'est Gram qui m'a appris la country, la façon dont ça fonctionnait, la différence entre le style de Bakersfield et celui de Nashville… Il jouait tout au piano, Merle Haggard, « Sing Me Back Home », George Jones ou Hank Williams. Grâce à lui, je me suis initié au piano et j'ai commencé à m'en servir pour composer. Nombre de graines country qu'il a semées sont restées en moi, ce qui explique que je puisse enregistrer un duo avec George Jones sans la moindre crainte, parce que j'ai eu un bon maître en la matière. Gram a été mon pote et j'aurais aimé en profiter bien plus longtemps. Ce n'est pas souvent que tu peux t'affaler sur un lit avec un mec aussi en manque de came que toi et rester quand même en bons termes. Mais ça, c'est une histoire qui viendra plus tard.

De tous les musiciens que j'ai connus personnellement – et ça vaut aussi pour Otis Redding, que je n'ai jamais rencontré –, les deux qui avaient le même rapport à la musique que moi étaient Gram Parsons et John Lennon. Et ça consistait en quoi ? La boîte dans laquelle l'industrie musicale veut te fourrer n'a aucune importance, c'est simplement un argument de vente, une simplification. Ce truc te bouffe mais permet aux commerciaux d'inventer des classements et de décider qui va vendre le plus. Gram et John, eux, étaient des musiciens purs. Tout ce qu'ils aimaient, c'était la musique, mais ils se sont fait happer par le système et, quand ça t'arrive, ou bien tu joues le jeu, ou bien tu résistes. Il y a même des artistes qui ne comprennent jamais comment ça marche. Et Gram ne faisait pas de compromis. Ce type n'a jamais eu de hit, seulement quelques bonnes ventes, rien d'exceptionnel, et pourtant son influence est aujourd'hui plus notable que jamais : pour résumer, on n'aurait jamais eu Waylon Jennings et tout le mouvement *outlaw country* sans Gram Parsons. C'est lui qui leur a montré une nouvelle approche de cette musique, qui a prouvé que la country n'était pas seulement un style réservé aux plouchs. Et il l'a fait tout seul. Ce n'était pas un militant de la country, il ne prêchait rien. Simplement, il aimait ce genre de musique mais il n'appréciait pas trop le business qui se faisait autour d'elle et il ne pensait pas qu'elle devait être uniquement ciblée sur Nashville. La musique dépasse ces petites cases, elle doit atteindre tout le monde.

Gram a composé des thèmes excellents, bourrés d'idées, comme « A Song For You », « Hickory Wind » ou « Thousand Dollar Wedding ». Il était capable de vous écrire un truc qui n'avait l'air de rien et vous prenait aux tripes. « J'ai fait une chanson sur un type qui construit des voitures »... Bon, vous écoutez ça, « The New Soft Shoe », et c'est une histoire entière qu'il vous raconte, celle de Mr Cord, le créateur de la magnifique automobile Cord, un type super doué qui avait fabriqué son prototype en puisant dans ses économies et avait été éliminé sans pitié par le trio infernal de Ford, Chrysler et General Motors. En plus de ce talent de conteur, Gram avait un don spécial que je n'ai jamais retrouvé chez quiconque : il arrivait à faire pleurer les garces les plus endurcies. Même les serveuses du bar Palomino, qui n'étaient pourtant pas des tendres, écoutaient ça jusqu'au bout, les larmes aux yeux, touchées par cette mélancolie du désir qu'il savait si bien rendre. Il pouvait sérieusement secouer les mecs aussi, mais son effet sur les nanas était purement phénoménal. Et ce n'était pas du mélo, c'était la corde sensible qu'il savait atteindre comme personne, cette corde spéciale qu'est le cœur féminin. D'avancer dans ces torrents de larmes, j'en avais les pieds trempés.

Je me souviens de notre pèlerinage à Stonehenge un matin, avec Mick, Marianne, et Gram sous la houlette de Christopher Gibbs, une virée photographiée par Michael Cooper. Ces photos sont aussi un écho du début de mon amitié avec Gram. Gibby évoque cette journée en ces termes :

Christopher Gibbs : On s'est mis en route très tôt, partis d'une boîte de nuit de Kensington. Il était deux ou trois heures du matin quand on est montés dans la Bentley de Keith. Ensuite, on a marché de Wilsford, là où Stephen Tennant[1] vivait, jusqu'à Stonehenge en empruntant un chemin pour arriver sur le site avec toute la solennité requise, et on a assisté au lever du soleil sur les pierres. L'acide nous faisait tous déblatérer. Après, on a pris le petit déjeuner dans un pub de Salisbury, une bande de *freaks* pétés qui essayaient d'enlever les arêtes de leurs harengs fumés. Imaginez le spectacle, si vous pouvez. Comme toujours sous acide, ça a paru durer des heures alors qu'en réalité l'opération a dû prendre trente secondes. On n'a jamais vu hareng nettoyé aussi vite et bien.

Il n'est pas facile de reconstituer ces années 1960 parce que personne n'avait vraiment idée de ce qui se passait. Un brouillard d'un type différent était tombé, et il y avait beaucoup d'énergie dans l'air, mais personne ne savait vraiment quoi en faire. Bien sûr, à force d'être constamment défoncé et d'explorer toutes ces nouvelles voies, tout le monde, y compris moi, avait des idées plutôt vagues, mi-cuites. Genre « Les choses changent, ouais, mais pour quoi, et dans quelle direction ? ». En 1968, ça a pris une tonalité politique qu'il était impossible d'ignorer. Et c'est devenu vilain aussi. Les gens se prenaient des coups sur la tête. La guerre du Vietnam jouait un rôle important dans ces changements : lors de ma première visite aux États-Unis, ils commençaient à appeler les jeunes sous les drapeaux et, entre 1964 et 1966, puis en 1967, l'attitude de la jeunesse américaine s'est radicalement transformée. Et puis il y a eu la tuerie de Kent State en mai 1970 et l'ambiance s'est nettement tendue. Les retombées affectaient toute la société, et nous avec : vous n'auriez jamais eu « Street Fighting

---

1. Stephen Tennant (1906-1987), aristocrate excentrique ayant appartenu à la mouvance des *bright young people* dont il a été question au chapitre précédent, avait, selon une légende tenace, passé les dix-sept dernières années de sa vie au lit dans son manoir de Wilsford.

Man » sans la guerre du Vietnam. Une certaine réalité finissait par s'imposer.

Ensuite, on s'est retrouvés avec un bon vieux « eux contre nous ». Je n'arrivais pas et je n'arrive toujours pas à croire que l'Empire britannique ait pu se retourner contre une petite poignée de musiciens. Où était la menace, franchement ? Vous avez vos marines, vos armées, et vous allez lâcher vos sales petites troupes sur une bande de troubadours ambulants ? Pour moi, ça a été la révélation de la trouille chronique dont les nantis et les gouvernements sont affligés, au-delà des apparences. Leur réaction s'est avérée disproportionnée devant quelque chose de très simple. Dès qu'ils se sentent en danger, ils se mettent à chercher l'ennemi intérieur sans se rendre compte que la moitié du temps, l'ennemi, c'est eux ! Nous attaquions effectivement la société, à cette époque. Nous étions partis à l'assaut de l'establishment du showbiz, et après « Street Fighting Man », les autorités ont commencé à nous prendre au sérieux.

Pour un bon aperçu de la période, on peut lire *Dance with the Devil : les véritables aventures des Rolling Stones* de notre ami Stanley Booth[1], le chroniqueur assidu de nos premières tournées. Un jour, vers la fin des années 1960 ou au début des années 1970, il a ramassé un tract à Oakland, Californie, et voici ce qui était écrit dessus : « Les salauds au pouvoir savent que nous vous écoutons sur nos petits transistors, ils savent qu'ils ne peuvent pas échapper au sang et au feu de la révolution anarchiste en marche. Chers Rolling Stones, des fanfares rock'n'roll joueront votre musique quand nous attaquerons les prisons, libérerons les détenus et distribuerons des armes aux pauvres, quand nous tatouerons "Burn, Baby, Burn" sur le fessier des matons et des généraux. » C'était pousser « Street Fighting Man » ou « Gimme Shelter » un peu loin.

---

1. Stanley Booth, né en 1942, journaliste musical américain, auteur de plusieurs ouvrages sur les Stones.

Une drôle de génération, c'est sûr. Et le truc encore plus paradoxal, c'est que c'était ma génération et que, brusquement, je me suis retrouvé observateur plutôt que participant. J'ai vu tous ces types devenir adultes et beaucoup d'entre eux mourir. Quand je suis allé pour la première fois aux States, j'ai rencontré plein de gars formidables, des jeunes qui m'ont donné leur numéro de téléphone, mais à mon retour deux ou trois ans plus tard, lorsque je les ai appelés, plusieurs étaient des macchabées rapatriés du Vietnam. Nombre d'entre eux se sont brûlés les ailes là-bas, on le sait tous. C'est là que j'ai vraiment compris la gravité du merdier : hé, le petit blondinet supersympa et excellent guitariste, on s'était bien marrés ensemble, mais la fois suivante il n'était plus de ce monde...

Dans les années 1960, en 1964 ou 1965, le Sunset Strip était pratiquement interdit aux bagnoles. C'était si noir de monde que personne ne se serait poussé pour laisser passer une voiture. On traînait dans la rue, on se mêlait à la cohue. Ça me rappelle Tommy James, du groupe The Shondells : six disques d'or avant de s'effondrer. Un jour, j'essayais d'atteindre le Whisky a Go Go en caisse et un type se pointe : « Hé, *man* !

— Qui t'es, toi ?

— Tommy James, man, tu me remets ? » Aujourd'hui, je trouve que son « Crimson and Clover » déménage toujours autant. Il m'a beaucoup parlé de la conscription, ce jour-là. Il avait l'air persuadé qu'il serait bientôt enrôlé pour aller faire leur putain de guerre. C'était le temps du Vietnam. Tout un tas de jeunes qui avaient assisté à nos concerts de la première tournée n'en sont jamais revenus. Mais ils écoutaient les Stones jusque dans le delta du Mékong.

Que ça nous plaise ou pas, la politique s'est chargée de venir à nous en la personne assez bizarre de Jean-Luc Godard, le grand révolutionnaire du cinéma. Fasciné par ce qui se passait à Londres cette année-là, il a voulu réaliser un film complètement différent de ce qu'il avait fait jusque-là. Pour se mettre dans l'ambiance, il a sans doute goûté à des substances qui n'ont pas dû trop lui réussir : question d'habitude. Très franchement, je crois que personne n'a jamais été capable de calculer où il voulait en venir avec son film *Sympathy for the Devil*[1]. Il s'agit pour l'essentiel de l'enregistrement du morceau du même nom par nous en studio. Au fil des différentes prises, on passait d'une ballade folk plutôt ampoulée, un peu bob-dylanesque, à une sorte de samba rock – et d'une chansonnette à un hit – par un changement de rythme, le tout filmé au fur et à mesure par Jean-Luc. Pendant les premiers essais, on entend Jimmy Miller se lamenter : « Où est le groove ? » Il n'y en avait pas, à ce stade. C'est un titre qui a vu des échanges d'instruments assez inhabituels entre nous : je suis à la basse, Bill Wyman tient les maracas et Charlie Watts va même jusqu'à prêter sa voix au chœur des « wouwou », tout comme Anita et peut-être Marianne. Jusque-là ça allait, et je suis content qu'il ait filmé ces répètes, mais Godard, quel numéro ! Je n'en croyais pas mes yeux : on aurait dit un employé de banque français ! Qu'est-ce qu'il pensait faire de ce machin ? Il n'avait aucun plan précis, à part quitter la France et choper l'ambiance de la scène londonienne. Le film est un tissu de conneries, avec des jeunes vierges sur une péniche de la Tamise, des giclées de sang et une scène faiblarde dans laquelle des soi-disant militants des Black Panthers échangent maladroitement des flingues dans une décharge à Battersea. Jusque-là, ses films étaient plutôt maîtrisés, presque hitchcockiens, mais c'était une année où on faisait tout et n'importe quoi, avec pas mal de n'importe quoi. Je veux dire que, bon, quel besoin Jean-Luc Godard avait-il de s'intéresser à la petite révolution hippie en cours chez les Anglais pour essayer de montrer que c'était quelque chose d'autre ? Mon explication, c'est que quelqu'un

1. Sorti en 1968 dans une version plus courte, intitulée *One + One*.

avait mis de l'acide dans son café et qu'il a passé cette année foireuse en surchauffe idéologique permanente.

Il s'est même débrouillé pour mettre le feu aux studios Olympic ! Le studio 1, celui où on travaillait, était très grand, c'était une ancienne salle de ciné, et pour tamiser la lumière Godard avait fait scotcher du papier de soie sur les projecteurs brûlants au plafond. Au milieu de la scène – je crois qu'on peut le voir sur des plans qui ont été coupés au montage –, tout le papelard et le plafond se sont embrasés à une vitesse sidérante. On se serait cru à bord du dirigeable *Hindenburg*. Et les supports des lampes de s'écraser sur le sol, parce que les câbles avaient été bouffés par le feu, et des étincelles partout dans le studio plongé dans l'obscurité. Tu parles de sympathie pour le putain de diable[1] ! On se casse, ouais ! C'était la chute de Berlin, avec bunker et tout. L'apocalypse. La fin. *The end.*

J'ai écrit « Gimme Shelter » par un jour d'orage, planqué dans l'appartement de Robert Fraser à Mount Street. À l'époque, Anita tournait dans *Performance*[2] et le plateau n'était pas loin, mais il était hors de question que j'y mette les pieds. Dieu seul savait ce qui pouvait s'y passer. Par exemple, Spanish Tony, dans un développement mineur du scénario, avait essayé de voler le Beretta utilisé comme accessoire pendant le tournage... Mais si j'évitais de m'y montrer, c'est surtout parce que je ne pouvais pas souffrir le réalisateur, Donald Cammell, un tordu manipulateur dont la seule passion dans la vie était de niquer la vie des gens, et que je voulais rester à l'écart des relations entre Anita et lui. Dépendant des chantiers navals de la famille Cammell, décadent, beau gosse, il avait un esprit affûté comme un rasoir et imprégné de vitriol. Il s'était adonné à la peinture à New York mais, dès qu'il croisait quelqu'un d'intelligent et de doué, il devenait fou et cherchait à le

---

1. Allusion au titre du film, *Sympathy for the Devil*.
2. Sorti en France sous le titre *Vanilla*, mais plus connu sous son titre original.

détruire par tous les moyens. C'était le petit salaud le plus destructeur que j'aie jamais connu, et aussi un hypnotiseur-né, un préda-
teur sans scrupule qui s'y entendait comme personne pour fasciner
et manipuler les femmes. Il lui arrivait de se moquer de Mick à
cause de son accent du Kent et parfois de moi, le plouc de Dartford. Ça ne me dérange pas de me faire vanner de temps en temps,
et je pratique moi-même, mais chez lui c'était presque une obsession, de rabaisser les autres. Il éprouvait le besoin de remettre tout
le monde à sa place. Quoi que tu fasses devant lui, il te ridiculisait.
Dans le fond, il avait un complexe d'infériorité assez balèze.

Quand j'ai entendu parler de lui la première fois, il vivait en
ménage à trois avec Deborah Dixon et Anita. C'était bien avant
que je ne me lie à Anita et ils s'entendaient comme larrons en
foire. Cammell était un maquereau, un organisateur d'orgies et de
parties carrées, mais je ne pense pas qu'Anita l'ait vu sous ce jour.

L'un des premiers accrocs entre Anita et moi est parti de
l'embrouille autour de *Performance*. Cammell voulait me niquer,
parce qu'il avait été avec elle avant Deborah Dixon et qu'il se
réjouissait très clairement à l'idée de foutre la merde entre elle et
moi. C'était un coup monté, de faire interpréter un couple à Mick
et Anita. Je sentais bien d'où venait le vent. Je connaissais Mouche
(Michèle Breton, qui joue l'autre nana dans la scène de la baignoire). Je ne suis pas complètement dans les choux. Je savais
qu'elle avait gagné de l'argent dans des « performances » de
couple avec son petit ami. Anita m'a confié que Michèle se faisait
des injections de Valium avant chaque prise. Bref, Cammell voulait tourner un porno de troisième catégorie et, avec *Performance*, il
avait une bonne histoire. C'est le seul film ayant un tant soit peu
d'intérêt qu'il ait pondu dans toute sa vie, grâce à ses célébrités et
à Nicolas Roeg, qui tenait la caméra, ainsi qu'à James Fox, qu'il a
tourné en bourrique du début à la fin du tournage. L'acteur au ton
d'habitude si châtié ne pouvait s'empêcher de parler tout le temps
comme un gangster de Bermondsey, sur le plateau et en dehors –,

jusqu'au moment où il a été embrigadé par les Navigators, une secte chrétienne qui allait accaparer toute son attention pendant les vingt années suivantes.

Donald Cammell s'intéressait plus à la manipulation qu'à la direction d'acteurs. C'est la trahison amoureuse qui le faisait bander et c'est ce qu'il voulait mettre en scène dans *Performance*, autant que faire se pouvait. Il n'a réalisé que quatre films et trois d'entre eux finissent de la même manière : le personnage principal descend ou se fait descendre par quelqu'un dont il est très proche. Le voyeur total. Michael Lindsay-Hogg, qui a dirigé les premières émissions musicales de la série « Ready Steady Go ! », et plus tard le « Rock'n'Roll Circus » des Stones, m'a raconté qu'un jour pendant le tournage de *Let It Be*, le chant du cygne des Beatles sur leur toit, son regard a glissé vers un autre toit. Et sur qui il est tombé ? Donald Cammell, plus vautour que jamais. Son dernier film est une longue vidéo de lui-même se tirant une balle dans la tête, à nouveau la scène finale de *Performance*, un spectacle élaboré avec un soin extrême. La personne dont il était très proche, en l'occurrence, était sa femme, qui se trouvait dans la pièce voisine.

Plus tard, je l'ai rencontré à L.A. et je lui ai dit : « Tu sais, Donald, je ne connais personne au monde qui ait tiré quoi que ce soit de positif de toi et je me demande si tu sais même ce que ça veut dire. Tu n'as nulle part où aller, tu n'as plus personne. La meilleure chose pour toi serait de partir en gentleman. » Ça se passait au moins deux ou trois ans avant qu'il finisse par se supprimer.

Il m'a fallu des lustres pour découvrir ce qui s'était passé entre Mick et Anita, et pourtant je le sentais. L'indice le plus criant, c'était que Mick ne manifestait justement rien de particulier. La bourgeoise rentre tard à la maison en se plaignant du tournage, de Donald, et blablabla, mais en même temps je la connais, la bourgeoise, et les fois où elle ne rentre pas du tout, je m'en vais de mon côté et je vois une autre copine.

Je n'ai jamais rien attendu d'Anita. Pour commencer, je l'avais chipée à Brian. Donc, comme ça tu t'es tapé Mick ? C'était comment ? C'était vraiment « Peyton Place[1] », à l'époque, plein d'échangisme, les femmes, les petites amies, et ensuite… Ah, il *fallait* que tu essaies ce mec ? OK. Que pouvais-je attendre dans cette situation ? Ta femme s'appelle Anita Pallenberg et tu voudrais que les autres types n'essaient pas de la brancher ? J'entendais des rumeurs mais je me disais : « Si elle décide de lui sauter dessus, bonne chance, Mick. Il tiendra pas le coup plus d'une fois. » Moi, je devais vivre avec. Anita, c'est un numéro. Probable qu'elle a failli lui casser l'échine !

Je ne suis pas trop jaloux, comme mec. Je savais qui était Anita, d'où elle venait avant moi, et encore avant, quand elle était l'amie de Mario Schifano, un peintre connu, et aussi d'un marchand d'art new-yorkais. Je n'avais pas l'intention de lui passer la moindre bride. Et si cette histoire a creusé un peu plus le fossé entre Mick et moi, c'est surtout pour lui, pas pour moi. Et probablement pour toujours.

Je n'ai pas réagi, je ne lui ai rien dit. J'ai décidé de voir comment les choses évolueraient. Ce n'était pas la première fois qu'on se retrouvait en concurrence pour une nana, même pour une nuit en tournée. Qui c'est qui va l'avoir, celle-là ? C'est qui, Tarzan ? On était comme deux mâles alphas s'affrontant et, pour être franc, on l'est encore. Comme base pour une relation saine, c'était pas vraiment l'idéal, non ? J'aurais pu faire chier Anita avec cette histoire, mais à quoi ça aurait servi, honnêtement ? On était ensemble. J'étais tout le temps sur la route. À cette époque, j'étais assez cynique sur le sujet : puisque je l'avais enlevée à Brian, je ne pouvais pas reprocher à Mick de se l'être tapée, surtout sous la supervision « cinématographique » de Donald Cammell. Je ne suis pas du tout sûr que ça serait arrivé sans Cammell. D'un autre côté,

1. Célèbre série américaine sentimentale des années 1960.

pendant que tu faisais ça, moi je me tapais Marianne, mon pote. Qui va à la chasse perd sa place, non ? En fait, il a fallu que je décampe en catastrophe, quand le zigue est revenu. Notre seule fois ensemble. Très physique, très chaud. On était en plein dans les « dernières lueurs », comme Mick le dit dans « Let Me Down Slow », ma tête bien calée entre ces deux magnifiques nichons, et brusquement on entend sa voiture arriver. Ça a été une grosse agitation, j'ai filé dans le jardin par la fenêtre après avoir attrapé mes grolles, quand je me suis aperçu que j'avais oublié mes chaussettes. Bon, c'est pas le genre de type à chercher des chaussettes, lui. On plaisante encore là-dessus, Marianne et moi. Elle m'envoie des messages du style « Toujours pas retrouvé tes chaussettes ».

Anita est une joueuse, par nature. Mais une pro de la roulette se goure parfois. La simple idée du statu quo, en ce temps-là, était complètement *verboten* pour elle. Tout devait changer tout le temps. Et on n'était pas mariés, on était libres, si tu veux appeler ça comme ça. Tu es libre tant que tu me racontes ce qui se passe. Mais bon, elle ne se marrait pas avec le petit bandard. Je sais qu'il a une énorme paire de couilles, mais ça ne comblait pas le vide, si ? Ça ne m'a pas surpris. Je m'y attendais même, jusqu'à un certain point, et c'est pourquoi, chez Robert Fraser, j'ai écrit : « Je sens qu'aujourd'hui l'orage menace ma vie même[1]. » Il nous avait loué son appart pendant qu'Anita tournait le film en question, mais au bout du compte il n'a jamais bougé. Et donc, alors qu'elle était au boulot, je suis resté là avec Strawberry Bob et Mohammed, certainement les premiers à qui j'aie joué « Gimme Shelter » :

War, children, it's just a shot away...

Ce n'était qu'une horrible journée avec les éléments qui se déchaînaient sur Londres, un orage dément et moi cloîtré chez

---

1. Les premiers mots de « Gimme Shelter ».

Robert, et donc je suis entré dans ce *mood* rien qu'en regardant par la fenêtre tous ces passants qui se faisaient happer leur parapluie par le vent et couraient après comme des fous. C'est là que l'idée m'est venue. On a du pot, parfois : il faisait un temps de merde et je n'avais rien de mieux à faire. Bien sûr, ça devient beaucoup plus métaphorique quand on relie ça à tout le reste, mais la vérité, c'est que ce jour-là je ne me suis pas dit : « *Oh, my God,* il y a ma nana qui tourne un film dans une baignoire avec Mick Jagger ! » Je pensais aux orages qui occupaient l'esprit des autres, pas le mien. Ça s'est juste présenté comme ça, au bon moment. C'est seulement après que je me suis rendu compte que la chanson allait prendre une signification plus large que ce que j'avais alors à l'esprit. « Aujourd'hui l'orage menace ma vie même » : on sent pas mal le danger, je crois. Ça met les foies. Quant aux accords, ils s'inspirent de Jimmy Reed, toujours le même truc obsédant, monter les frettes en gardant le bourdon continu de la note de *mi*. Je progresse comme ça, *la* majeur, *si* majeur, et on se dit : « Bon, on va terminer où, comme ça ? » *Do* dièse mineur, OK ! C'est un accord très inattendu à la guitare, mais il faut savoir reconnaître les surprises quand on les entend. Très souvent, comme dans ce cas, c'est le fruit du hasard.

C'est aussi à cette époque qu'on a basculé dans l'héroïne, Anita et moi. On en sniffait depuis un an ou deux, combinée à de la coke non coupée. Des *speedballs*. Il y avait alors une loi merveilleusement bizarre, dans le cadre du système de santé publique : si tu étais un junkie, tu t'enregistrais auprès de ton toubib, tu devenais « officiellement » dépendant de l'héro et on te donnait des petites pastilles de came pure, avec en rab une petite ampoule d'eau distillée pour te l'injecter. Évidemment, n'importe quel camé va doubler la dose dont il a vraiment besoin. En même temps, que vous le vouliez ou non, ils vous refilaient l'équivalent en cocaïne, selon la théorie que la coke annulerait l'effet de la merde et ferait peut-être des junkies des membres respectables de la société, étant entendu que s'ils se contentaient de prendre de la came de mauvaise qualité, ils ne feraient que traîner sur leur plumard, méditer, lire, chier et puer. Alors les camés revendaient la coke, bien entendu, et comme ils avaient gonflé leur besoin en héro, ils avaient aussi la moitié de leur dose à refourguer, plus toute la cocaïne. Fantastique plan ! Et c'est seulement quand ce programme a été supprimé que la Grande-Bretagne a commencé à avoir un réel problème de drogue, mais en attendant les junkies n'en revenaient pas : on essaie de réduire, mec, et ils nous offrent tout ce matos haut de gamme ! Tout le monde payait son loyer en revendant sa coke, qui intéressait peu à l'époque, ou bien ils en gardaient pour se donner un coup de fouet de temps en temps. C'est à cette époque que j'ai essayé ma première coke, pharmaceutique cent pour cent, May & Baker, juste sortie du flacon. L'étiquette vantait ses « cristaux purs et aériens ». Ça faisait partie du packaging ! Et, à côté, une tête de mort avec les tibias et la mention « Poison ». Magnifique ambiguïté ! C'est comme ça que je suis tombé dedans, avec Spanish Tony, Robert Fraser... C'est comme ça que tout a commencé. Parce qu'ils avaient le contact avec les junkies. Et si je suis encore là aujourd'hui, c'est sans nul doute parce qu'on ne prenait que la meilleure qualité disponible, autant que possible. La coke m'a accroché parce que l'effet produit était entièrement chimique : boum ! Quand je me suis mis à la dope, elle était toujours pure, pure, pure. On n'avait pas à s'inquiéter des saloperies avec lesquelles elle pouvait être coupée, ni à passer par tout le truc des dealers de rue. Bien sûr, à partir du moment où la came te tenait par la peau des fesses, ça t'arrivait forcément de tomber au plus bas. Avec Gram Parsons, on s'est enfilé vraiment n'importe quoi. De la sous-merde mexicaine. Mais en général mon initiation à la came s'est faite avec *la crème de la crème*[1].

---

1. En français dans le texte.

Du coup, tout le monde finissait par avoir son junkie préféré. Steve et Penny étaient un couple de fournisseurs patentés chez lesquels Spanish Tony m'a probablement emmené la première fois. Ils habitaient un sous-sol glauque à Kilburn. Après deux ou trois mois, ils ont commencé à dire : « On voudrait se casser d'ici, on rêve de vivre à la campagne » et moi : « J'ai une petite maison, justement ! » Et donc Anita et moi les avons installés dans le cottage en face de Redlands, où j'habitais alors. Une fois par semaine, c'était : « Steve ! », lequel filait à Chichester, passait une tête chez le pharmacien et je recevais la moitié de son héro. Steve et Penny formaient un couple charmant, très timide et discret. Pas du tout l'air de voyous. Lui était du genre ascétique, avec une petite barbe, un philosophe toujours plongé dans Dostoïevski et Nietzsche. Grand, mince, rouquin, avec une moustache et des lunettes. On aurait dit un putain de prof, à part l'odeur. Ça a duré comme ça environ un an. Toujours gentils et prévenants : « Une tasse de thé, peut-être ? » Très civilisé. Rien à voir avec l'image classique du junkie. De temps en temps, j'allais au cottage et, parce qu'ils se piquaient, je disais : « Est-ce que Steve est encore en vie, Penny ? – Je le pense, très cher. Prenez donc une tasse de thé et ensuite je le réveillerai. » Parfaitement distingué. Pour chaque caricature de junkie, je peux en exhiber dix autres qui mènent une existence tout à fait ordonnée, des banquiers, etc.

C'était l'âge d'or de la came. Jusqu'en 1973 ou 1974, au moins, tout était complètement légal, c'est ensuite qu'ils ont dégainé la matraque et il y a eu la méthadone, qui est pire ou en tout cas pas meilleure. Drogue synthétique. Un jour, les camés se sont réveillés et ils n'avaient plus droit qu'à la moitié de leur dose d'héroïne pure, le reste étant remplacé par de la méthadone. Ça a contribué à développer le marché parallèle et à lancer l'ère du drugstore nocturne permanent à Piccadilly. Moi, je me garais un peu plus loin, mais dehors, il y avait toujours une queue de mecs qui attendaient que leurs fournisseurs ressortent pour partager le matos. La demande était tellement forte que ça ne pouvait plus vraiment durer. L'Angleterre était en train de devenir un pays de junkies !

Je ne me souviens pas précisément de la première fois où j'ai pris de l'héroïne. Elle était sans doute mélangée à de la coke, un « speedball ». Si tu fréquentais des gens qui avaient l'habitude de faire ça, tu ne savais même pas que tu avais pris de l'héro. Tu l'apprenais après. « C'était très bon, hier soir, c'était quoi ? Ah bon ? » C'est comme ça qu'on tombe dedans. On ne se souvient de rien, justement. Et soudain, l'héro est là.

Ça ne s'appelle pas « héroïne » pour rien. C'est une séductrice. Tu peux en prendre pendant un mois et t'arrêter, ou aller quelque part où il n'y en a pas sans que ça te chiffonne trop. Pendant un jour t'as l'impression d'être grippé mais le lendemain tout va bien. Et puis tu y touches à nouveau, tu en reprends, les mois passent et, la fois d'après, c'est comme si tu avais une bonne grippe pendant deux ou trois jours. Rien de méchant. C'est quoi, toutes ces histoires qu'on raconte ? C'est ça, le manque ? Donc ça ne m'a jamais vraiment inquiété, jusqu'au jour où je me suis retrouvé accro pour de bon.

C'est très subtil : ça t'attrape lentement. C'est après la troisième ou quatrième fois que tu reçois le message. Et là, tu commences à économiser en te piquant, mais je n'ai jamais été un fan de la piquouse, moi. Le cérémonial qui l'entoure n'a jamais été mon truc. Je cherchais quelque chose qui me soutienne constamment, pas un flash. Si tu l'injectes, c'est une décharge incroyable, mais au bout de deux heures tu en redemandes. Et ça laisse des marques, ce que je ne pouvais pas me permettre. En plus, je n'arrivais jamais à trouver une veine. J'ai des veines très petites, même les toubibs ont du mal à les trouver. Donc je me piquais dans un muscle. J'y plantais l'aiguille, ça ne me faisait pas mal du tout. Et si tu t'y prends bien, l'effet est encore plus impressionnant qu'en intraveineuse, parce que la réaction est immédiate et que l'aiguille ne fait qu'entrer et sortir. C'est particulièrement intéressant dans la fesse. Mais pas politiquement correct.

Ça a été une période très fertile, créative. *Beggars Banquet, Let It Bleed*, quelques chansons excellentes ont vu le jour, mais je n'ai jamais pensé que la drogue était responsable de ma productivité. Ça a pu changer quelques accords ou quelques paroles ici et là, mais dans mon activité je n'ai jamais senti ni que ça me handicapait ni que ça me boostait. Je ne considérais pas l'héro comme une aide ou une nuisance. J'aurais sans doute écrit « Gimme Shelter », héro ou pas. Ça n'affecte pas ta lucidité mais, dans certains cas, ça te permet de mieux te concentrer, de suivre une idée avec plus de ténacité que tu l'aurais fait autrement, d'éviter de te dire : « Ah, je peux pas débrouiller ce truc maintenant, je verrai ça plus tard. » Avec l'héro, tu pouvais parfois t'accrocher et t'accrocher jusqu'à ce que tu trouves la solution. Je n'ai jamais gobé l'histoire selon laquelle les saxophonistes prennent de la came parce qu'ils croient que c'est ce qui explique le génie de Charlie Parker. Comme pour le reste, ou bien c'est bon pour toi, ou bien c'est mauvais, et ça peut avoir une utilité. Un tas d'héro sur une table, c'est complètement inoffensif. La différence, c'est : est-ce que tu vas en prendre ? Moi, j'ai essayé des tonnes d'autres drogues que je n'ai pas aimées et que j'ai laissées tomber pour toujours.

Je pense que l'héroïne m'a aidé à améliorer ma concentration, à mener des choses à terme plus efficacement. Je ne conseille pas pour autant d'en prendre. Personne ne veut de l'existence du camé. J'avais beau donner dans le haut de gamme, j'étais quand même tombé assez bas. Ce n'est certainement pas la clé du génie musical ni de rien du tout. C'est du funambulisme. J'ai des milliers de trucs à régler, cette chanson est intéressante, je veux en faire d'autres comme ça et j'y passe cinq jours non-stop, totalement maître de la situation grâce à la combinaison coke-héro. Le problème, c'est qu'au sixième ou septième jour, je perds le sens de l'équilibre, et la balance commence à pencher du mauvais côté. Parce qu'il faut sans cesse penser à se réapprovisionner. Si j'ai survécu, c'est que j'arrivais à contrôler mon rythme.

Je n'ai jamais vraiment donné dans l'excès. Bon, je ne devrais pas dire « jamais » : il m'est arrivé de me retrouver quasiment dans un putain de coma. Pourtant, je pense que c'est devenu vraiment un outil, pour moi. Je voyais les choses comme suit : j'ai du carburant alors que les autres n'en ont pas ; ils essaient de garder le rythme, tandis que je crame tout ce que je peux ; je peux continuer comme ça parce que je fonctionne à la coke pure, pas à la merde de catégorie Z, j'ai le plein d'octane, et si je force trop, si j'ai besoin de réduire un peu la pression, un petit coup d'héro et, hop, c'est reparti... Ça a l'air crétin aujourd'hui, mais c'est vrai que les speedballs étaient mon carburant. Mais j'insiste, pour ceux qui sont en train de me lire : c'était de la cocaïne exceptionnelle, de l'héroïne pure, pas de la sous-merde de trottoir, le vrai truc. Et je me sentais comme Sherlock Holmes. Et, oui, c'était une question d'équilibre, de pouvoir faire face à sa morbidité ou à sa légèreté en même temps, et ça me permettait de garder le même rythme pendant des jours et des jours, sans voir que j'épuisais les types autour de moi.

On avait fini par devenir potes, avec John Lennon, et on se voyait assez souvent. Il arrivait avec Yoko, on passait un moment ensemble, mais le problème avec John, c'est que malgré toute sa frime il ne tenait pas vraiment la route. Il voulait essayer tout ce que je prenais, mais il n'avait pas mon solide entraînement. Moi, je prenais un peu de ceci, un peu de cela, des barbis, des amphètes, de la coke et de l'héro, et je pouvais me mettre au boulot, j'étais en roue libre. Mais John finissait invariablement la tête dans la cuvette de mes chiottes. Avec Yoko en fond sonore : « Il ne devrait pas faire ça, quand même. » Et moi : « Je sais, mais je ne l'ai pas forcé ! » Et il revenait toujours, et il recommençait, où que je sois. Je me souviens d'une nuit au Plaza, il s'est pointé dans ma

chambre et soudain il n'était plus là. Nous, on papotait et soudain :
« Où est passé John ? » Je l'ai trouvé dans les toilettes, affalé par
terre. Trop de vin rouge, avec un peu d'héro par-dessus. Un bâille-
ment en Technicolor, puis : « Laisse-moi là, ce carrelage est trop
beau. » Il était d'un vert effrayant. Parfois, je me demandais si tous
ces gars venaient pour me voir ou s'il y avait une sorte de concours
dont je n'étais pas au courant. Je ne pense pas que John ait jamais
quitté ma maison autrement qu'à l'horizontale, ou en tout cas avec
de l'aide pour tenir debout.

Peut-être que le rythme frénétique auquel je vivais expliquait
tout ça. Pour me réveiller, je prenais un barbiturique, qui procure
un trip bénin comparé à l'héro mais pas inoffensif pour autant.
C'était mon petit déj : une petite gélule de Tuinal percée avec une
aiguille pour que le produit passe plus vite dans le sang, puis une
tasse de thé brûlant avant de décider si on va se lever ou pas. Plus
tard, en cas de besoin, un Mandrax ou un Quaalude. Sans ça,
j'avais trop d'énergie à brûler. Donc je me réveillais doucement,
puisque j'avais le temps. Quand l'effet des calmants s'atténue, au
bout de deux heures, on est détendu, on grignote quelque chose et
on peut commencer à bosser. De temps en temps, j'en prenais juste
pour continuer à travailler. Si j'étais réveillé, je savais que ça
n'allait pas me faire somnoler puisque j'avais déjà dormi, évidemment ! Ils servaient simplement à lisser la route pendant les trois
ou quatre jours suivants. Je n'avais pas l'intention de pioncer pendant un bout de temps et je savais que j'avais tellement d'énergie
en moi que si je ne ralentissais pas un peu, j'allais tout brûler avant
d'avoir terminé ce que je voulais boucler, par exemple en studio. Je
me servais des drogues comme d'un levier de vitesses, très rarement pour le plaisir. Enfin, c'est à présent l'excuse que je me
trouve. La came aplanissait le terrain devant moi.

N'allez pas essayer tout ça. Aujourd'hui, moi-même je ne pourrais plus suivre ce régime, mais le fait est que les tranquillisants et
les somnifères ne sont plus ce qu'ils étaient. Brusquement, au milieu

des années 1970, les fabricants ont décidé qu'il fallait des médicaments qui vous endorment sans vous faire planer. J'irais dans l'endroit le plus reculé du globe pour quelques boîtes de bons vieux barbituriques. Ça doit se trouver, au Moyen-Orient, dans certains coins d'Europe. J'adorais les barbis. Je suis tellement en effervescence permanente que j'ai besoin de me refréner. Si tu ne voulais pas dormir mais seulement planer un peu, tu restais éveillé et tu écoutais de la musique. C'est ce que je dirais des barbituriques : ça avait de la personnalité. Tous ceux qui ont mérité leur dose savent de quoi je parle. Et ils ne m'abrutissaient pas, non : ils me maintenaient à un certain niveau. D'après moi, les seules drogues raisonnables sont les pures : Tuinal, Seconal, Nembutal. Le Desbutal était probablement l'une des meilleures qui aient jamais existé, une capsule d'une drôle de couleur rouge et crème. Les versions plus récentes sont moins bonnes, parce qu'elles agissent sur le système nerveux. Avant, on les rejetait en pissant après vingt-quatre heures, ils ne s'attardaient pas dans les terminaisons nerveuses.

En décembre 1968, Anita, Mick, Marianne et moi avons embarqué à Lisbonne pour Rio. À peu près dix jours en mer. On s'était dit : « Allons à Rio, mais avec style, comme au bon vieux temps. » C'était un cargo avec des passagers, très années 1930. On s'attendait à voir Noel Coward[1] surgir d'une cabine. Si l'un ou l'autre d'entre nous avait été sérieusement accro à cette époque, nous n'aurions bien sûr pas choisi ce moyen de transport. On ne faisait encore que goûter, sauf peut-être Anita, qui allait voir le médecin de bord de temps en temps pour lui demander de la morphine. Comme il n'y avait rien à faire, on se baladait avec une caméra Super 8. La pellicule existe toujours et je crois qu'on y voit même « Spiderwoman », ainsi qu'on l'avait surnommée. C'était une

---

1. Célèbre acteur, chanteur, compositeur et dramaturge anglais.

nana couverte de bracelets, avec permanente, robes de grands couturiers, fume-cigarette et tout. On avait l'habitude de descendre au bar pour la regarder faire son cinoche et lui offrir un verre à l'occasion. *Fascinating, darling !* C'était une sorte de version féminine de Stash, pleine de vent. Le bar était rempli d'Anglais de la haute qui éclusaient sec leurs *pink gins* et leurs *pink champagnes* tout en devisant comme avant guerre. J'avais une djellaba transparente, des chaussures mexicaines et un chapeau militaire tropical. Délibérément trop. Quand ils ont découvert qui on était, ça les a perturbés. Ils se sont mis à nous poser des questions : « Que cherchez-vous, exactement ? Pouvez-vous nous expliquer à quoi tout cela rime ? » On ne répondait pas, et un jour Spiderwoman a insisté : « Oh, je vous prie, donnez-nous au moins un indice, *a glimmer* (une lueur). » Mick s'est tourné vers moi et il a dit : « On est les "Glimmer Twins" (Jumeaux lumineux). » Baptême sur l'équateur : Glimmer Twins est le nom que nous avons utilisé plus tard pour produire nos propres disques.

À ce stade, on avait déjà rencontré Rupert Loewenstein, qui allait bientôt prendre en main nos affaires et nous avait réservé des chambres dans le meilleur hôtel de Rio. Et voilà qu'Anita se jette sur l'annuaire du téléphone sans rien dire. Je lui demande ce qu'elle cherche et elle me répond : « Un docteur.

— Un docteur ?

— Ouais.

— Pourquoi ?

— T'inquiète pas. »

Et quand elle revient plus tard dans l'après-midi, elle m'annonce : « Je suis enceinte. » Et c'était Marlon.

Bon… super ! J'étais très heureux, mais on ne voulait pas interrompre le voyage. On est partis dans le Mato Grosso, on a passé quelques jours dans un ranch et c'est là que Mick et moi avons écrit « Country Honk », assis sous le porche, les bottes de cow-boy sur la balustrade, comme si on était au Texas. C'était la version country de ce qui deviendrait le single « Honky Tonk Women », lors de notre retour à la civilisation. On a choisi de mettre « Country Honk » également sur l'album *Let It Bleed*, sorti quelques mois plus tard, à la fin 1969. On l'a composé à la guitare acoustique et je me souviens bien de l'endroit parce qu'à chaque fois qu'on allait aux chiottes, il y avait des grenouilles noires aveugles qui jaillissaient de la cuvette, une image intéressante.

Marianne a dû rentrer faire soigner son fils, Nicholas, qui était tombé malade pendant la traversée et n'avait pratiquement pas quitté sa cabine. Mick, Anita et moi, on a continué notre périple par Lima, puis Cuzco, qui se trouve à trois mille quatre cents mètres d'altitude. Là-bas, tout le monde a un peu de mal à respirer. En arrivant à l'hôtel, on a vu d'énormes bouteilles d'oxygène alignées tout autour de la salle. On est montés dans nos chambres, et pendant la nuit, comme les toilettes ne marchaient pas, Anita a voulu pisser dans le lavabo, qui s'est décroché du mur sous elle et s'est fracassé par terre tandis que l'eau jaillissait d'un méga-tuyau. Marx Brothers total, panique, serviettes pour essayer de colmater la fuite, appels à l'aide… Le lavabo était en morceaux mais, à notre grande surprise, les Péruviens se sont montrés très cool quand ils sont finalement arrivés à la rescousse. Pas du tout le genre « Qu'est-ce que vous avez fait ? Comment avez-vous cassé ce lavabo ? ». Ils se sont contentés de tout nettoyer et ils nous ont donné une autre chambre. Et moi qui m'attendais à les voir débarquer avec les flics !

Le lendemain, on est allés faire un tour, Mick et moi. On s'est assis sur un banc et on a fait comme tout le monde à longueur de journée : on a mâché des feuilles de coca. De retour à l'hôtel, on a trouvé un carton d'invitation déposé par coursier, comme une invitation du consul britannique : « Le général Machin… serait *honorable* par votre présence. » C'était le gouverneur militaire qui nous invitait à dîner chez lui et il était évidemment impossible de décliner, parce qu'il contrôlait tout dans le coin, distribuait les laissez-passer et les sauf-conduits. Comme il devait s'ennuyer à mourir dans cette province perdue, il nous avait convoqués dans sa villa aux abords de Cuzco. Il vivait avec un DJ allemand, un petit blond. Je n'oublierai jamais le décor. Tout le mobilier avait été commandé au Mexique ou venait directement des States. C'était le genre de type qui gardait les meubles sous des housses en plastique, sans doute à cause des insectes qui auraient tout bouffé. Des meubles hideux, mais la maison elle-même était très chouette, dans le style vieille mission espagnole si je me rappelle bien. Le général était charmant, il s'est montré un hôte prévenant et nous a servi un bon repas, mais ensuite il y a eu la pièce de résistance de la soirée, confiée à son petit ami, le DJ allemand. Ils ont commencé à passer des disques de twist horrible ou de pseudo-soul – on était en 1969, tout de même –, et le général a ordonné à ce pauvre garçon de faire une démonstration de *swim*, un style de danse tellement dépassé que je m'en souvenais à peine. Il s'est étendu par terre pour exécuter des mouvements de brasse à la con. On s'est regardés, Mick et moi. C'est quoi, ce délire ? Comment se tirer de là ? On se retenait pour ne pas rigoler, parce que le gus se démenait comme un fou, il faisait de son mieux, il pensait avoir le meilleur swim au sud du Pecos. Ouais, vas-y, chauffe, man ! Et il obéissait à toutes les consignes du général. « Maintenant, fais le *mashed-potato* », et c'était parti. On avait vraiment l'impression d'avoir été ramenés cent ans en arrière.

On s'est rendus à Urubamba, un village proche de Machu Picchu sur une rivière du même nom. Une fois que tu es là-bas, tu es loin de tout, mec. Il n'y avait rien. Pas d'hôtel, pour sûr : le coin n'existait pas sur notre carte touristique. Les seuls Blancs qu'ils voyaient, c'était des types qui s'étaient paumés, et ça décrivait assez bien notre situation. Finalement, on a trouvé un bar et on a bien bouffé, crevettes, riz et haricots, et ensuite on a dit : « Bon, on n'a que cette voiture pour dormir, nous. Y aurait pas de la place quelque part ? » Au début, il y a eu plein de non dans la salle, et puis ils ont remarqué qu'on avait une guitare et, avec Mick, on leur a joué la sérénade pendant près d'une heure, en essayant de se remémorer les trucs les plus vieux qu'on pouvait connaître. Apparemment, il fallait obtenir une majorité des votes pour être autorisé à pieuter dans le village et, comme Anita était enceinte, je tenais à ce qu'elle dorme dans un vrai lit. On a dû faire bonne impression. J'ai joué un bout de « Malagueña », plus quelques airs vaguement espagnols que Gus m'avait appris dans le temps, et le patron a fini par nous annoncer qu'on pouvait avoir deux chambres à l'étage. C'est la seule fois où Mick et moi ayons chanté pour un plumard.

C'était une bonne période, pour la composition. Les thèmes venaient tout seuls. « Honky Tonk Women », qui est sorti en single en juillet 1969 avant notre album suivant, *Let It Bleed*, a été le couronnement de tout ce qu'on savait si bien faire à l'époque. C'est funky, trash, et ça a été la première utilisation massive de l'open tuning, où les riffs et la guitare rythmique fournissent la mélodie. Il y a là tout le blues et la musique black à partir de Dartford, et sur ce titre Charlie est proprement incroyable. De l'ambiance, pas de doute, et le genre de chanson qu'on sait destinée au numéro un du hit-parade avant même d'avoir fini de mettre en boîte le foutu truc. En ce temps-là, je définissais les riffs, les titres et l'accroche, et Mick se chargeait du reste. Ça fonctionnait comme ça, essentiellement. On ne se torturait pas trop, on n'avait pas besoin de méditer des plombes. Allez, l'histoire de celle-là, c'est : « J'ai connu une salope de première dans tel bled. » À toi de jouer avec ça, Mick. Je t'ai donné le riff de départ, baby. Pendant que tu trouves, je vais essayer d'en pondre une autre. Et il sait écrire, le Mick ! Donne-lui une idée et il t'en fera un roman.

On utilisait aussi ce qu'on appelait finement le *vowel movement*[1]. Très important pour les compositeurs de chansons. Ça consiste à

---

1. Jeu de mots sur *bowel movement*, « transit intestinal ». Le « mouvement des voyelles », littéralement.

chercher les sonorités vocales qui collent. Plein de fois, tu ne sais pas quel mot est le bon mais seulement qu'il doit contenir une voyelle particulière, un son précis. Il peut arriver que des paroles aient l'air impec sur le papier mais ne sonnent pas comme il faut. Tu te mets à ajouter les consonnes autour des voyelles. Il y a une place pour le « ooh » et une pour le « daah », et si tu t'emmêles les pinceaux le résultat est merdique. Ce n'est pas forcément la rime qui compte, à ce stade, mais le fait de savoir que telle ou telle voyelle est importante pour telle chanson.

« Gimme Shelter » et « You Got the Silver » sont les premiers thèmes que nous avons enregistrés aux studios Olympic pour *Let It Bleed*, l'album qui nous a occupés pendant l'été 1969, l'été où Brian est mort. « You Got the Silver » n'est pas mon premier solo vocal enregistré avec les Stones – c'est « Connection » en fait –, mais c'est un des premiers que j'aie écrits tout seul avant de le donner à Mick. Si je l'ai chanté, c'est juste parce qu'il fallait se répartir le boulot. J'avais l'habitude de chanter en harmonie avec Mick, comme les frères Everly, ce n'était donc pas comme si j'avais commencé la veille. Comme pour mes autres chansons, je n'ai pourtant jamais eu l'impression que celle-ci était particulière-ment de moi. Je suis sacrément doué pour capter des thèmes qui sont dans l'air, c'est tout. « Midnight Rambler », par exemple, d'où ça sort ? Je n'en sais rien. C'était comme si le bon vieux temps essayait de me mordre la nuque : « Hé, vieux, nous oublie pas ! Écris-nous un putain de bon blues. Écris-en un qui secoue un peu le cocotier. » « Midnight Rambler » est un blues de Chi-cago, peut-être pas la séquence d'accords, mais la sonorité si, du pur Chicago. Je savais quel rythme ça devait avoir, c'était lié au changement rapide des accords, *ré*, *la* et *mi*. Ce n'était pas une séquence typiquement blues et pourtant ça sonnait vraiment comme du blues. C'est certainement l'un des blues les plus origi-naux des Stones. Le titre et le sujet sont tirés d'un gros titre de tabloïd. Tes yeux tombent sur un journal et tu lis : *Midnight ram-*

bler on the loose again (Le promeneur de minuit frappe encore). OK, je prends !

Qu'on puisse donner cette saveur unique aux paroles en incorporant des bribes d'actualités ou des banalités de la vie quotidienne, c'était très éloigné de la sensibilité pop, autant que de Cole Porter ou Hoagy Carmichael. *I saw her today at the reception* (Je l'ai vue à la réception aujourd'hui), l'ouverture de « You Can't Always Get What You Want », est très simple, sans dynamique, sans indication de ce qui va suivre. Je crois qu'on s'est regardés, Mick et moi, et qu'on s'est dit : « Après tout, si John et Paul le font... » Les Beatles et Bob Dylan ont profondément modifié l'écriture des chansons et l'attitude des gens vis-à-vis de la partie vocale. Bob n'a pas une voix vraiment géniale, mais elle est très expressive et il sait la placer, ce qui est plus important que la beauté du timbre ou la virtuosité technique. C'est presque de l'anti-chant, et en même temps ce que vous entendez sonne vrai.

« You Can't Always Get What You Want », c'est presque entièrement du Mick. Je le revois arriver au studio en annonçant : « J'ai une chanson. » Je lui ai dit : « Et des paroles ? » Et lui : « Oui.

— Mais musicalement c'est comment ? » Parce qu'il l'avait composée sur une guitare et, au départ, ça ressemblait à un air folk. Il fallait trouver un rythme, une idée. J'ai testé le thème sur le groupe, en jouant une séquence par-ci, une autre par-là, en me disant que Charlie saurait peut-être par où aller. C'était de l'expérimentation, toujours. Et ensuite, très délibérément, on a ajouté le chœur à la fin. Et si on mettait une vraie chorale là-dedans ? En d'autres termes, essayons de toucher aussi d'autres gens, par là-bas. C'était assez risqué. Mick et moi, on était à fond pour ce côté gospel, parce qu'on avait joué avec des chanteurs d'église noirs en Amérique. Et ensuite, admettons qu'on prenne l'une des meilleures chorales d'Angleterre, tous ces chanteurs blancs aux voix angéliques, et qu'on leur dise de le faire dans le style gospel, qu'est-ce qu'on obtiendrait ? Un peu décalé, avec un brin de swing, vous savez ? *You caaaan't always...* Très belle juxtaposition.

Pendant ce mois de juin où on bossait tous les jours aux studios Olympic, j'ai fait trois tonneaux avec la Mercedes et Anita dedans, enceinte de sept mois. Elle a eu la clavicule cassée. Je l'ai emmenée au St Richard's Hospital, où des professionnels remarquables se sont occupés de nous et l'ont retapée en une demi-heure pendant que je patientais. Dehors, pourtant, des inspecteurs de Brighton nous attendaient et nous ont conduits direct au poste de police de Chichester pour un interrogatoire. J'ai sur les bras une femme enceinte avec une fracture de la clavicule et il est trois heures du mat, pour l'amour du ciel ! Mais ils s'en foutaient. Plus j'ai affaire à des flics, et surtout des flics anglais, je dois dire, plus je me dis qu'il y a quelque chose qui cloche dans leur formation. Mon comportement n'a pas dû aider, c'est sûr, mais j'étais censé leur faire de la lèche, peut-être ? Laisse tomber ! Ils cherchaient de la drogue et il y en avait, évidemment. Ils auraient mieux fait de regarder dans le chêne au coin d'une certaine rue. Ils ont commencé avec : « Pourquoi votre voiture s'est-elle retournée ? Étiez-vous dans un état normal ? » Ben oui, justement. Dans un virage, pas loin de Redlands, un voyant rouge s'était allumé et soudain plus rien n'avait marché, ni les freins ni la direction. Panne hydraulique. La caisse avait glissé sur le talus, mouillée et capotée (parce que c'était une décapotable). Trois tonnes posées sur le pare-brise et les arceaux du toit décapotable. Le miracle, c'est que le pare-brise ait tenu. J'ai appris plus tard que c'était parce que la voiture avait été construite en 1947 avec des pièces de panzer et de l'acier blindé, juste après la guerre, quand les Allemands récupéraient tout ce qu'ils pouvaient trouver sur les champs de bataille. Du blindage ! En fait, je conduisais un tank avec un toit en toile ! Pas étonnant qu'ils aient occupé la France en six semaines, et qu'ils aient failli s'emparer de la Russie. Les panzers m'ont sauvé la vie.

Je suis sorti de la Mercedes. Je voyais la scène d'en haut, comme si je planais à trois ou quatre mètres du sol. Croyez-moi, ça existe, on peut sortir de son corps. Moi qui essayais de le faire depuis toujours, c'était la première fois que ça m'arrivait. Avec un détachement irréel, j'ai maté la caisse tournebouler au ralenti, trois fois. Je n'étais qu'un observateur, je ne ressentais aucune émotion : t'es déjà mort, pas de souci ! Mais pendant ce bref instant, avant de tomber dans les pommes pour de bon, j'ai eu le temps de remarquer que le châssis était monté avec trois croisillons rivetés, et qu'ils avaient l'air super solides... Au ralenti, toujours. Comme si j'avais retenu mon souffle pendant des plombes. Je savais qu'Anita était toujours dans la voiture, mais une autre partie de mon esprit se demandait si elle n'était pas elle aussi en train de flotter là-haut et de regarder. J'étais plus inquiet pour elle que pour moi, puisque je n'étais plus dans la bagnole, je m'étais échappé, j'étais ailleurs, dans cet endroit imprécis où tu crois être lorsqu'un choc pareil se produit en moins d'une seconde. Et puis elle est retombée brutalement sur les roues, après trois tours sur elle-même, et s'est arrêtée dans une haie, et soudain j'étais à nouveau derrière le volant.

C'est ainsi que Marlon a eu son premier accident de voiture deux mois avant sa naissance. On comprend qu'il n'ait jamais conduit, ni même passé son permis. Marlon Leon Sundeep, pour donner tous ses prénoms. Brando avait téléphoné pendant qu'Anita était à la maternité afin de la féliciter pour *Performance*, et après : « Marlon, c'est un beau nom. Pourquoi on ne l'appelle pas Marlon ? » Quand il est arrivé à notre maison de Cheyne Walk, le pauvre bébé a dû subir toute une cérémonie religieuse, riz, pétales de fleurs, chants sacrés et toutes ces foutaises. Bon, Anita était la maman, pas vrai ? Qui j'étais pour dire non ? Tout ce que tu voudras, mère. Tu viens de donner le jour à notre fils. Alors, on a eu droit à des Bauls du Bengale, grâce à Robert Fraser, lequel lui avait fait fabriquer un superbe berceau, un qui se balançait et tout. Donc, son nom complet : Marlon Leon Sundeep

Richards. Ce qui est le truc le plus important. Le reste n'est que prétexte.

Étant donné qu'on avait dû débrancher Brian en studio trois ans plus tôt, quand il gisait comateux à côté de son ampli bourdonnant, on a du mal à croire qu'il jouait encore dans des enregistrements au début de 1969, l'année de sa mort. De l'autoharpe sur « You Got the Silver », des percussions dans « Midnight Rambler ». Où avait-il trouvé ça ? C'était une dernière fusée de détresse tirée depuis l'épave.

En mai de la même année, Mick Taylor, son remplaçant, travaillait déjà en studio avec nous. Il intervient dans « Honky Tonk Women », où sa partie réenregistrée appartient à la postérité. Il était super bon et ça ne nous surprenait pas du tout. Il s'est intégré naturellement au groupe. On l'avait déjà tous entendu, parce qu'il jouait dans le groupe de John Mayall, les Bluesbreakers. Tout le monde guettait ma réaction du coin de l'œil, vu que j'étais l'autre guitariste, mais moi, j'étais prêt à essayer avec n'importe qui. C'est seulement en jouant qu'on verrait ce que ça donnerait. Et ensemble on a écrit certains des meilleurs moments de l'histoire des Stones, parmi les plus géniaux. Il avait un jeu incroyablement complet, la sensibilité mélodique, une magnifique façon de soutenir les notes et une vraie compréhension des thèmes. Il avait un son merveilleux, quelque chose de très profond. Il arrivait toujours avant moi là où je voulais aller. Quelquefois, j'avais le souffle coupé en l'écoutant, notamment à la slide : dans « Love In Vain », entre autres. Souvent, j'étais baba juste en m'échauffant avec lui, on jammait un peu et waouh. C'est sans doute de là que venait toute cette émotion. J'adorais ce type, j'adorais travailler avec lui, mais il était très timide, très distant. J'arrivais à me rapprocher de lui quand on bossait ensemble, et il était très marrant dès qu'il baissait la garde, mais j'ai toujours eu du mal à aller plus loin ; au fond, je n'en ai jamais su beaucoup plus sur lui qu'au premier jour. Dans le documentaire *Gimme Shelter*, sorti en 1970, son visage reste tout le temps figé : il se battait contre quelque chose, et on n'y peut pas grand-chose avec des mecs comme ça, on ne peut pas les aider à se libérer d'eux-mêmes, ils doivent continuer à lutter avec leurs démons personnels. Tu arrivais à dérider Mick Taylor pendant une heure ou deux, une soirée, voire une nuit, mais le lendemain il s'était de nouveau claquemuré. Pas vraiment le joyeux luron, pour résumer. Mais bon, il y a des personnes dont il faut respecter l'espace, avec qui tu peux passer une journée et, au bout du compte, c'est tout ce que tu apprendras d'eux, pour toujours. L'exact opposé de Mick Jagger.

Quand Brian est mort, il ne faisait déjà plus partie des Stones depuis deux ou trois semaines. On était arrivés au bout, et avec Mick on a donc pris le chemin de la maison de Winnie l'Ourson. Brian avait racheté Cotchford Farm, l'ancienne propriété d'A.A. Milne, le créateur du personnage. Ça ne nous faisait pas plaisir, mais il fallait le faire. On lui a dit : « Hé, Brian, c'est fini, mon pote. »

On était au studio en train de bosser sur un enregistrement avec Mick Taylor quand le téléphone a sonné. Il existe toujours un enregistrement d'une minute trente de « I Don't Know Why », un thème de Stevie Wonder, interrompu par un appel nous apprenant que Brian était mort.

J'ai connu Frank Thorogood, l'homme qui a « confessé sur son lit de mort » qu'il aurait noyé Brian Jones dans la piscine où son corps a été retrouvé quelques minutes à peine après avoir été vu en vie. Je me méfie toujours de ce genre de témoignage, ça repose exclusivement sur la personne qui a recueilli la confidence en question, un oncle, une cousine ou quelqu'un d'autre. « Il a avoué avoir tué Brian en rendant son dernier souffle » : vrai ou faux, je n'en sais rien. Brian était sérieusement asthmatique et il prenait plein de calmants, du Quaalude et du Tuinal, ce qui n'est pas idéal quand on veut piquer une petite tête. Très facile de s'étouffer avec ça. Il tenait bien la dope, il faut le reconnaître, mais il faut aussi tenir compte du rapport du médecin légiste établissant qu'il avait une pleurésie, une hypertrophie cardiaque et un foie malade. Mais j'imagine très bien un scénario dans lequel il aurait été tellement puant avec Thorogood et son équipe d'ouvriers qui travaillaient à la rénovation de sa maison qu'ils se seraient mis à déconner avec lui, juste comme ça. Il serait tombé à l'eau et ne serait pas remonté. Mais de là à dire : « J'ai buté Brian », moi j'appellerais ça un homicide involontaire, au plus. D'accord, tu l'as peut-être poussé à la baille mais tu n'étais pas venu l'assassiner. Il avait fait chier les ouvriers, ce pleurnicheur de merde, mais qu'ils aient été là ou non n'aurait rien changé : il était à un point de sa vie où il n'en avait plus vraiment.

Trois jours plus tard, le 5 juillet, nous avons donné notre premier concert depuis plus de deux ans, à Hyde Park. Entrée libre, fantastique show devant un demi-million de personnes, mais ce qui comptait surtout pour nous, c'était de nous produire en public après une longue absence, et avec une formation renouvelée puisque c'était notre premier gig avec Mick Taylor. Le concert était prévu de longue date, mais on a voulu marquer le coup, évidemment, et c'est pour ça qu'on l'a transformé en hommage à Brian. On voulait lui dire au revoir en grande pompe. On avait eu des hauts et des bas avec le mec, d'accord, mais puisque son heure était venue, il fallait lâcher les colombes, ou dans son cas des sacs de papillons blancs.

En novembre 1969, on est partis en tournée aux États-Unis avec Mick Taylor. Il y avait B.B. King et Ike et Tina Turner en ouverture, ce qui était déjà un show en soi. En plus, c'était la première fois que je lâchais mes riffs en open tuning, ce nouveau son dingue, sur le public. Celui qui n'en est vraiment pas revenu, c'est Ike Turner, qui était fasciné comme je l'avais été quand j'avais découvert cette technique. À San Diego, il m'a pratiquement poussé dans sa loge : « Hé, toi, montre-moi cette saloperie de cinq-cordes ! » Pendant près de trois quarts d'heure, je lui ai expliqué les bases, et peu de temps après Ike et Tina ont sorti *Come Together*, le très bel album dont toute la musique est fondée sur l'accordage à cinq cordes. Il avait pigé le truc en quarante-cinq minutes ! Mais pour moi, le plus dément, c'est que j'avais montré ça à *Ike Turner*. Entre musicos, il y a un mélange bizarre de respect et de soif de reconnaissance. Quand des types viennent te trouver pour te dire : « Hé, mec, montre-moi comment tu fais ce motif », et que ce sont des mecs que tu écoutes depuis des années, tu te dis : « Je fais vraiment partie des bons. » Genre « OK, c'est incroyable mais je suis maintenant sur la ligne de front, parmi les meilleurs ». Et l'autre chose extra avec les musiciens, ou du moins la plupart d'entre eux, c'est qu'ils sont généreux. « T'as pigé ce petit saut, là ?

— Ouais, ça se fait comme ça. » Il n'y a presque pas de secrets, les idées s'échangent librement. « Comment t'as trouvé ça ? » L'autre te le montre et tu t'aperçois que c'est vraiment simple.

Bien huilés et chauffés à bloc, on a atterri en décembre, aux fameux Muscle Shoals Sound Studios de Sheffield, en Alabama. C'était pratiquement la fin de la tournée, pas tout à fait puisqu'il y avait encore Altamont, quelques jours après. À Muscle Shoals, on a mis en boîte « Wild Horses », « Brown Sugar » et « You Gotta Move ». Trois plages en trois jours dans ce studio d'enregistrement à huit pistes, un endroit génial pour travailler, dépourvu de toute prétention. On pouvait entrer et enregistrer tout de suite, sans le tralala de « Ah, on peut d'abord vérifier la basse, là-bas ? ». Le meilleur du meilleur, outre qu'il s'agissait d'une cahute perdue au milieu de nulle part. Le studio avait été monté par une super bande de gars du Sud, Roger Hawkins, Jimmy Johnson et deux ou trois autres, des musiciens respectés qui avaient fait partie de la section rythmique de l'orchestre du studio FAME de Rick Hall, d'abord installé dans la ville de Muscle Shoals proprement dite.

Leur entreprise était déjà entourée d'un parfum de légende parce que plusieurs grands disques de soul étaient sortis de là au cours des dernières années, Wilson Pickett, Aretha Franklin, « When a Man Loves a Woman » de Percy Sledge... C'était comme chez Chess Records, sauf qu'on était au milieu de nulle part et qu'on aurait préféré enregistrer à Memphis. Mais je laisse Jim Dickinson, notre pianiste sur « Wild Horses », décédé depuis, raconter lui-même ce qui s'est passé, puisque c'était un gars du Sud, et donc un bon conteur :

Jim Dickinson : C'est un bout de l'histoire que personne ne connaît, parce que même Stanley Booth a choisi, pour des raisons inconnues, de ne pas le rapporter dans son livre, et pourtant c'est par lui qu'ils sont arrivés à Muscle Shoals. Il voyageait avec eux parce qu'il préparait leur biographie et il m'a téléphoné en pleine nuit. Ma femme et moi, on avait fait sa connaissance à Auburn, lors d'un de leurs concerts, mais on n'imaginait pas le revoir de sitôt. Pourtant, une semaine ou dix jours plus tard, voilà qu'il m'appelle et me dit : « Tu connais un endroit à Memphis où les Stones pourraient enregistrer ? Ils ont trois jours à la fin de leur tournée, ils viennent de jouer ensemble sur la route, ils sont chauds et ils ont de nouvelles chansons. » À cette époque, en tant que groupe étranger, tu pouvais recevoir de la fédération américaine des musiciens soit un permis de tournée, soit un permis d'enregistrement, mais pas les deux. Et ils s'étaient déjà fait interdire d'enregistrement à Los Angeles. On m'avait raconté que Leon Russell avait tenté de mettre sur pied une session à L.A. et avait été mis à l'amende par le syndicat. Donc, ils cherchaient un endroit qui n'apparaîtrait pas sur le radar syndical et ils avaient pensé à Memphis. Bon, les Beatles aussi avaient essayé, chez Stax, mais ils s'étaient fait jeter pour des raisons d'assurance ou je ne sais quoi, et il n'y avait nulle part à Memphis où ils pouvaient bosser sans se faire repérer. J'ai dit tout ça à Stanley, qui s'est fâché tout rouge : « Alors, qu'est-ce que je suis censé leur dire, bordel ? » Je lui ai répondu : « Dis-leur d'aller à Muscle Shoals. Personne ne les connaît, là-bas. » Et ça s'est révélé exact, mais Stanley l'a mal pris. Il a dit : « Je ne connais pas ces ploucs, comment je vais faire… ? » Je l'ai coupé : « Appelle Jerry Wexler. Il s'occupera de tout. » Ce que j'ignorais alors, et je n'étais pas le seul, c'est que le contrat des Stones avec EMI avait expiré. Enfin, je parie que Wexler le savait, lui, et il a tout arrangé en un clin d'œil. Une semaine ou dix jours passent et Stanley me rappelle, encore en pleine nuit : « Sois à Muscle Shoals jeudi. Les Stones vont enregistrer, mais il ne faut le dire à personne. » Du coup, j'ai pris la voiture de ma femme pour qu'on ne puisse pas reconnaître la mienne. J'arrive là-bas, le vieux studio était de l'autre côté de l'autoroute, en face du cimetière. En fait, le bâtiment était une ancienne fabrique de cercueils. Vraiment pas grand. Je frappe à la porte et Jimmy Johnson l'entrouvre à peine, me regarde et dit : « Qu'est-ce que tu veux, Dickinson ? » J'explique que je suis venu pour la session des Stones, et lui : « Bordel, est-ce que tout Memphis est au courant ? » Je l'ai rassuré : « Non, Jimmy, personne ne sait, t'inquiète. » Il n'y avait pas un chat au studio, ils n'étaient pas encore arrivés. Mais quand ils se sont pointés, c'était dans le plus gros avion à s'être jamais posé à l'aéroport de Muscle Shoals ! Et comme j'étais avec Stanley, j'ai pu rester. Par la suite, on a entendu plein de gens raconter qu'ils étaient là aussi, mais c'est faux, il n'y avait personne d'autre que nous. On m'a souvent demandé si Gram Parsons était là. Bon Dieu, s'il avait été là, je n'aurais certainement jamais joué du piano ! Ça aurait été lui. Donc absolument personne d'extérieur, non. Et Keith et moi, on a accroché tout de suite, et en attendant Jagger ou je ne sais qui on s'est mis à jammer. Aujourd'hui encore, les gens pensent que je suis un pianiste country. Je ne sais pas exactement pourquoi, parce que je peux à peine jouer de la country. Je connaissais quelques motifs de Floyd Cramer, bon. Mais je crois que c'est à cause de Gram Parsons. Keith venait juste de devenir pote avec lui et il avait l'air pas mal fasciné par la country. Donc, cet après-midi-là, on s'est installés et on a joué du Hank Williams et du Jerry Lee Lewis, et ils m'ont laissé rester.

Quand Mick a chanté « Brown Sugar », l'annonce du refrain devait être différente à chaque couplet. J'étais en régie avec Stanley et j'ai dit : « Il a oublié une super ligne ! » Et là, j'entends une voix derrière moi, là où il y avait un canapé. Charlie Watts était là, je ne l'avais pas vu, sinon je n'aurais pas dit ça ! Charlie m'a lancé : « Dis-lui ! » Et moi : « Pas question ! » Alors, Charlie tend le bras, appuie sur la touche du micro et répète : « Dis-lui ! » Et donc, moi : « Euh, Mick, t'as oublié une ligne, je crois. Avant le premier refrain, tu avais chanté jusque-là : "Hear him whip the women just around midnight" (Entendez-le fouetter les femmes autour de minuit, qui est une très belle ligne…) » Et Jagger lâche une vague sorte de rire et dit : « Ah ouais ? Qui c'est qui parle, c'est Booth ? » Et Charlie Watts intervient : « Non, c'est Dickinson. » Et Jagger : « Ah, c'est pareil. » Je ne sais pas trop ce qu'il voulait dire. Un autre petit malin du Sud, j'imagine. Donc, si j'ai droit à une note de bas de page dans la grande histoire du rock'n'roll, nom de Dieu, c'est parce que sans moi Mick ne chanterait pas : « Hear him whip the women ».

Dickinson était un formidable pianiste. Je l'ai peut-être pris pour un musicien country à l'époque, mais c'est sans doute parce qu'il était du Sud ; j'ai vite compris que son registre était bien plus vaste que ça. Jouer avec des mecs comme lui était un vrai coup de chance. Autrement, on était pris dans le statut de « star », il y avait tous ces musicos dont tu entendais parler et avec qui tu aurais voulu jouer, mais tu n'en avais jamais l'occasion. Donc c'était merveilleux de travailler avec Dickinson, et de sentir le Sud réel, et d'être aussitôt accepté. Ils disaient : « T'es de Londres, toi ? Où t'as appris à jouer comme ça ? »

Jim Dickinson, le seul musicien présent en dehors des Rolling Stones et de Ian Stewart, était perplexe quand on a commencé à répéter « Wild Horses » le troisième jour et que Stu est resté à l'écart. Le thème commençait sur un accord en *si* mineur, or Stu refusait de jouer en mineur, il appelait ça de la « putain de musique chinoise ». C'est comme ça que Dickinson a eu l'occasion de jouer avec nous sur ce thème.

« Wild Horses » s'est composé presque tout seul. Une fois encore, l'expérimentation avec l'accordage y était pour beaucoup. J'ai d'abord trouvé les accords sur une douze-cordes, ce qui donne sa personnalité et son ambiance à la chanson. La douze-cordes convient bien à l'expression d'une certaine sensation de tristesse esseulée. Je crois que j'ai commencé par l'accorder en *mi* sur six cordes, l'accordage classique, qui sonnait joliment, mais certains jours on a de ces idées, et j'ai pensé : « Et si j'accordais une douze-cordes en open tuning ? » Tout ce que j'avais en tête, c'était de transposer ce que Blind Willie McTell faisait sur une douze-cordes slide en mode cinq-cordes, ce qui suppose une guitare à dix cordes. J'en ai deux ou trois fabriquées spécialement pour ça, maintenant. Ça a été l'un de ces moments magiques où tout se met en place. Comme « Satisfaction » : tu le rêves et brusquement c'est là, sous tes doigts. Une fois que tu as eu la vision de *wild horses* (chevaux sauvages), quels sont les mots qui vont suivre ? Forcément *couldn't drag me away* (pouvaient pas m'emporter). C'est l'un des trucs fabuleux de la composition de chansons : ce n'est pas une expérience intellectuelle. On peut évidemment avoir à se servir de son cerveau ici et là mais, au fond, c'est surtout la capacité à saisir des moments. Jim Dickinson – que sa mémoire soit bénie, car il est mort le 15 août 2009, pendant que j'écrivais ce livre – a voulu expliquer plus tard de quoi « parlait » « Wild Horses », mais je n'y crois pas. Je n'ai jamais conçu la composition de chansons comme une façon de tenir un journal intime, même si avec le recul tu t'aperçois que c'est en partie pareil.

Qu'est-ce qui pousse à écrire des chansons ? D'une certaine façon, on a envie de se glisser dans le cœur des gens, de s'y installer ou au moins de le faire résonner, et c'est là que les gens s'avèrent être un instrument plus puissant que celui dont vous jouez. Ça devient presque une obsession, ce besoin d'émouvoir les autres. Écrire une chanson dont on se souvienne et qui touche profondément, ça établit une connexion, un contact, un lien avec chacun de nous. Un coup au cœur, oui. Parfois, je me dis qu'écrire des chansons, c'est comme tendre au maximum les cordes sensibles de chacun sans aller jusqu'à la crise cardiaque.

Le récit de Dickinson m'a remis en mémoire la vitesse à laquelle on a travaillé. On était chauds à cause de la tournée, mais quand même, Jim se souvenait que « Brown Sugar » et « Wild Horses » avaient été bouclés en deux prises, ce qui ne s'est jamais reproduit par la suite, quand je passais au peigne fin quarante ou cinquante versions d'un thème à la recherche de l'étincelle. L'avantage du studio huit pistes, c'est que tu y vas pour emballer le truc. Et c'était un format idéal pour les Stones : tu arrives et tu sais tout de suite où tu vas installer la batterie et comment elle va sonner. Peu après sont apparus les seize-pistes, puis les vingt-quatre, avec tout le monde s'escrimant sur ces consoles gigantesques, et faire un disque n'en est devenu que plus difficile. La toile est énorme, on a du mal à se focaliser. Pour enregistrer un groupe de quatre, cinq ou six musiciens, le huit-pistes est mon format préféré.

Voici une dernière observation de Jim sur cette séance d'enregistrement peut-être historique, puisque nous jouons encore aujourd'hui ces mêmes titres :

Jim Dickinson : Le premier soir, ils ont commencé à jouer
« Brown Sugar », mais sans enregistrer. J'ai regardé Mick écrire
les paroles. Ça a dû lui prendre trois quarts d'heure, au plus.
C'était dégueulasse ! Il écrivait aussi vite que sa main pouvait
aller. J'avais jamais rien vu de pareil. Sur un bloc-notes jaune
banal, un couplet par page, et dès qu'il a eu trois pages pleines, ils
ont attaqué. Incroyable !

Si vous écoutez les paroles sur le disque, il dit : *Skydog slaver*
(Chien du ciel esclavagiste), même si dans les versions écrites c'est
toujours : *Scarred old slaver* (Vieil esclavagiste balafré).
Pourquoi ? À Muscle Shoals, on surnommait le guitariste Duane
Allman « Skydog », parce qu'il planait sans arrêt. En entendant
le mot, Jagger a trouvé ça cool et s'en est servi. Il écrivait sur le fait
de se trouver dans le Sud, pour de bon. C'était hallucinant, de le
regarder faire. Et ça a été pareil avec « Wild Horses ». Keith
avait écrit une berceuse, une chanson à propos de Marlon et
de sa réticence à partir loin alors qu'il venait d'avoir un fils. Mais
Jagger a réécrit le tout et c'est devenu quelque chose qui parlait
assez clairement de Marianne Faithfull. Il était comme un ado
amouraché quand il pensait à elle et c'est ce qu'exprime la
chanson. Ça lui a demandé un peu plus de temps, mais pas trop :
une heure, disons.

Ça se passait comme ça. Keith lâchait quelques mots, puis des
grommellements et des grognements. Et quelqu'un demandait à
Mick : « T'as compris ? » Et Jagger le regardait fixement et
répondait : « Bien sûr. » On aurait dit qu'il était en train de
traduire !

Elles étaient incroyables, les parties vocales. Le dernier soir, ils
se sont mis tous les deux devant le même micro, côte à côte, et en
se repassant un quart de bourbon ils ont chanté le *lead* et la
deuxième voix. Ils ont fait les trois thèmes, aussi vite qu'ils
pouvaient.

Et après, nous sommes passés de Muscle Shoals au circuit auto d'Altamont, du sublime au grotesque.

Altamont a été quelque chose d'étrange, notamment parce qu'on était plutôt décontractés après la tournée et la session en studio. « Un concert gratuit ? Ouais, sûr, pourquoi pas ? Merci tout le monde ! » Et là, les Grateful Dead sont entrés dans le tableau. On les avait invités parce qu'ils faisaient tout le temps le même show. On s'est simplement branchés sur eux et on leur a demandé : « Vous pensez qu'on pourrait monter quelque chose ensemble d'ici deux ou trois semaines ? »

Sans la stupidité totale des abrutis et des obstinés du conseil municipal de San Francisco, on n'aurait jamais choisi de jouer à Altamont. Le plan, c'était de faire le concert dans l'endroit qui tenait lieu de Central Park à San Francisco. La scène était déjà montée quand les bureaucrates ont repris les autorisations et les ont déchirées. Et après : « Oh, vous trouverez bien ailleurs ! » Pendant ce temps, nous, on était quelque part en Alabama, en train d'enregistrer, et on a dit : « Ah bon, c'est vous qui voyez, les gars, nous on viendra jouer. »

Au final, le seul endroit disponible était le circuit d'Altamont, un bled paumé de chez paumé. Aucun service d'ordre à part les Hell's Angels, si on peut appeler ça de l'ordre. Mais on était en 1969, l'anarchie couvait et les flics préféraient ne pas trop s'aventurer sur le terrain. Je crois qu'on a dû voir trois policiers en tout et pour tout au milieu d'un demi-million de personnes. Je ne doute pas qu'il y en ait eu plus mais c'était le service minimum, certainement.

Altamont, c'était une gigantesque communauté qui s'est étalée sur les lieux pendant deux jours. Très médiéval, question look et ambiance, avec des types qui agitaient des clochettes en psalmodiant : « Haschich, peyotl... » On peut voir tout ça dans le film

Gimme Shelter. La rencontre d'une marée hippie et d'une situation qui dégénère. Je suis encore étonné que les choses n'aient pas davantage dégénéré.

Meredith Hunter a été tué. Trois autres personnes sont mortes accidentellement. Lors d'un show de cette ampleur, le bilan peut être de quatre ou cinq morts piétinés ou étouffés. Pensez aux Who et à leur concert de Cincinnati, parfaitement autorisé mais où onze spectateurs ont péri. Altamont, c'était la face obscure de la nature humaine, le voyage au cœur des ténèbres, un retour à l'âge de pierre en quelques heures à peine grâce à Sonny Barger[1] et à sa bande d'Angels. Et la faute au mauvais rouge, des marques Thunderbird et Ripple, les pires piquettes qui existent au monde, et à l'acide trafiqué. En ce qui me concerne, ça a aussi été la fin du rêve. Le *flower power* (la contre-culture), ou l'aspiration à l'instaurer, existait, même si c'était assez loin de nous. Je suis sûr qu'habiter les quartiers riches et alternatifs de San Francisco entre 1966 et 1970, et même après, devait être assez cool. Tout le monde s'entendait et désirait vivre différemment. Mais l'Amérique était un pays extrême, attiré tantôt par la morale quaker, tantôt par l'amour libre, et c'est toujours le cas. À l'époque, l'ambiance était antimilitariste. Pour résumer : « Oubliez-nous, on veut juste planer ».

Après avoir inspecté les lieux, Stanley Booth et Mick sont rentrés à l'hôtel, mais moi, je suis resté. C'était intéressant, je ne voulais pas retourner au Sheraton pour ne revenir que le lendemain. J'étais là pour tout le festival, je me disais. J'avais quelques heures pour capter ce qui se passait, et c'était fascinant. On sentait que tout pouvait arriver. La Californie étant ce qu'elle est, la journée avait été belle, mais il s'est mis à cailler vraiment dès que le soleil s'est couché. Et là, un enfer à la Dante a commencé à se mettre en place. Il y avait tous ces gens, ces hippies, qui essayaient

1. Ralph Hubert « Sonny » Barger, né en 1938, cofondateur de la section des Hell's Angels d'Oakland, Californie.

avec acharnement d'être sympa, gentils. Un besoin d'amour presque désespéré, d'essayer de rendre ça crédible.

La présence des Hell's Angels n'a certainement pas aidé. Ils avaient leur propre but : profiter le plus possible de l'occasion. Tu parles d'un service d'ordre. Certains de ces mecs, tu les voyais rouler des yeux, se mordre les lèvres. Et, en plus, la provoc délibérée de garer leurs motos au pied de la scène. Parce qu'apparemment on n'a pas le droit d'effleurer la bécane d'un Angel. Totalement verboten. Donc, ils ont édifié une barrière avec leurs motos en interdisant aux gens de les toucher, ce qui est devenu impossible quand la foule a commencé à pousser. Si vous regardez *Gimme Shelter*, il y a un Angel dont la tronche résume toute la situation : il a l'écume à la bouche, il a tout l'attirail, les tatouages, les cuirs et la queue de cheval, et il se contente d'attendre que quelqu'un bouscule sa précieuse machine pour se mettre au boulot. Ils étaient plutôt bien équipés, queues de billard coupées et tout, et bien sûr ils portaient tous des couteaux, mais moi aussi. Sauf que le sortir et s'en servir, c'est une autre histoire. C'est le dernier recours.

Quand la nuit est tombée et qu'on est montés sur scène, l'ambiance était épouvantable, franchement flippante. Stu, qui était là, l'a dit tout de suite : « Ça devient un peu flippant, Keith. » Et moi : « Faut qu'on l'ignore, Stu. » Une foule immense et on ne distinguait que le cercle immédiatement devant nous à cause des lumières qu'on avait aussi dans les yeux, parce que c'est toujours comme ça, les lumières de scène, et du coup tu es à moitié aveuglé, incapable de voir et d'évaluer tout ce qui se passe. Tu croises les doigts, c'est tout.

Bon, qu'est-ce qu'on pouvait faire ? Les Stones jouaient, alors de quoi je pouvais les menacer ? J'ai dit : « On ne joue plus. Ou vous vous calmez, ou on arrête de jouer. » À quoi ça rimait, trimballer son cul jusqu'ici et y voir que dalle ? Mais à ce stade, certaines choses étaient déjà impossibles à stopper.

La vraie merde a commencé peu après. Dans le documentaire, on voit Meredith Hunter brandir un pistolet et on distingue le coup de couteau. Il portait un costard vert pâle et un chapeau. Il avait la bave aux lèvres, lui aussi. Aussi cinglé que les autres. Agiter un flingue sous le nez des Hells Angels, c'était... exactement ce qu'ils attendaient ! Le détonateur. Je ne crois pas que l'arme était chargée, mais il voulait faire sa frime. Au mauvais endroit et au mauvais moment.

Quand c'est arrivé, personne n'a compris qu'il avait été mortellement blessé. Le concert a continué. Gram était là, lui aussi. Ce jour-là, il jouait avec les Flying Burrito Brothers. On s'est tous entassés dans un hélico surchargé. C'était comme la fin de n'importe quel autre show. Merci, mon Dieu, on se casse, parce que c'était *vraiment* flippant. On avait l'habitude d'être évacués en catastrophe. Cette fois, c'était l'échelle qui était plus imposante, et on ne connaissait pas l'endroit, mais au fond ce n'était pas plus flippant que de se tirer de l'Empress Ballroom de Blackpool. Pour être très franc, s'il n'y avait pas eu ce mort, on aurait trouvé que le show avait été assez cool, quoiqu'un peu limite. C'était aussi la première fois qu'on jouait « Brown Sugar » en public, un baptême du feu infernal dans le rugissement d'une nuit californienne. On n'a rien su de ce qui s'était passé avant notre retour à l'hôtel, ni même jusqu'au lendemain matin.

La participation de Mick Taylor à la tournée de 1969 avait indubitablement ressoudé les Stones, et on a donc enregistré avec lui l'album *Sticky Fingers*. Et notre musique a changé aussi, de manière plus ou moins consciente. J'ai commencé à écrire en pensant à Mick Taylor, peut-être sans m'en rendre compte, parce que je savais qu'il était capable de trouver quelque chose de différent, je me disais : « Tu dois lui donner une partie où il prendra vraiment son pied. » Pas toujours la même rengaine, comme ça devait être le cas avec les Bluesbreakers de John Mayall. Je cherchais des nouveaux trucs, en me disant que si j'arrivais à faire bander les musiciens, on ferait bander le public. Certaines des compositions de *Sticky Fingers* sont basées sur ma conviction que Taylor allait nous donner quelque chose de grand.

À notre retour en Angleterre, on avait « Sugar », on avait « Wild Horses » et « You Gotta Move ». Le reste, on l'a enregistré dans la propriété de Mick, Stargroves, dans notre nouveau studio mobile, le Mighty Mobile, et aussi aux studios Olympic en mars et avril 1970. « Can't You Hear Me Knocking » est sorti comme une fusée : je venais de trouver l'accordage et le riff, j'ai commencé à jouer et Charlie a chopé le rythme en un clin d'œil, et on s'est dit : « Hé, ça swingue », et donc tout le monde avait la banane. C'est un thème facile pour un guitariste, haché, avec un staccato de rafales d'accords, très direct et ramassé. « Sister Morphine » porte la marque de Marianne. Je connais l'écriture de Mick, ils habitaient ensemble à l'époque, et rien qu'au style je sais que certaines lignes sont de Marianne. « Moonlight Mile », c'est Mick de A à Z. Si je me rappelle bien, il a débarqué avec tout le morceau en place et le groupe n'a eu qu'à trouver la manière de le jouer. Et il sait écrire, Mick ! C'est incroyable, comme il était prolifique. Parfois, tu te demandais s'il n'y avait pas moyen de fermer le foutu robinet. Quand il se pointait avec encore d'autres textes, c'était : « Tu satures la bande passante, petit. » Ce n'était pas un reproche. Être capable de ça, c'est beau. Ce n'est pas comme de la poésie, ce ne sont pas juste des paroles des chansons : il faut que ça cadre avec ce qui a déjà été créé. C'est ça, un auteur lyrique : un type à qui on donne un morceau de musique et qui définit la partie vocale qui ira le mieux avec. Pour ça, Mick est génial.

C'est à ce moment qu'on a commencé à réunir des musiciens pour le travail en studio, ceux qu'on appelle les « super accompagnateurs », dont certains bossent toujours avec nous. Nick Hopkins est là depuis le début ou presque. Ry Cooder nous a suivis pendant un bon moment. Pour *Sticky Fingers*, on a renoué avec Bobby Keys, le remarquable saxophoniste texan, et avec son partenaire, Jim Price. On l'avait croisé une fois depuis notre première tournée aux States pendant qu'il enregistrait avec le duo Delaney & Bonnie aux studios Elektra. Quand on travaillait là-bas sur *Let It Bleed*, Jimmy Miller l'avait invité à jouer un solo dans « Live

With Me ». C'était du rock'n'roll brut de décoffrage, du sur-mesure pour Bobby. Une longue collaboration était née. Price et lui ont joué des cuivres à la fin de « Honky Tonk Women », mais ils ont été mixés si bas qu'on les entend seulement pendant la toute dernière seconde et demie du fade. Chuck Berry avait un saxo juste à la fin de « Roll Over Beethoven » ; on avait adoré l'idée d'un autre instrument intervenant au dernier moment.

Keys et Price étaient en Angleterre pour des sessions avec Eric Clapton et George Harrison, et Mick était tombé sur eux dans une boîte de nuit, donc c'était : « Profitons-en tant qu'ils sont là. » Ils formaient la super section de cuivres dont on avait besoin selon Mick, et j'étais d'accord. Le bouledogue texan m'a dévisagé : « On a déjà joué ensemble, a-t-il déclaré avec son accent inimitable.

— Oui ? Où ça ?

— Fête des jeunes à San Antonio.

— Quoi, tu y étais ?

— Un p'tit peu, bordel ! »

Là, tout de suite, je me suis dit : « Merde, allons-y. » Un grand sourire chaleureux, une poignée de main à broyer de la pierre. Salopard de Bobby Keys ! Et en décembre 1969 on a fait cet enregistrement où Bobby fait rugir son sax sur « Brown Sugar », une proclamation des temps nouveaux comme il n'y en avait pas beaucoup à la radio.

Pendant cette période, j'ai fait plusieurs tentatives de sevrage avec Gram, toutes infructueuses. Je ne comptais plus les crises de manque par lesquelles je passais. Chaque fois une semaine d'enfer, mais je prenais ça plutôt bien. Je me disais que ça faisait partie du trip dans lequel je m'étais embarqué. Mais la crise de manque, franchement, une seule suffit. En même temps, je pensais que j'étais increvable et je devenais un brin chatouilleux quand les gens commençaient à me dire ce que mon corps pouvait absorber.

Même complètement stone, j'ai toujours assuré pour le boulot. Là où je me suis enflé la tête, c'est en pensant que je pouvais contrôler l'héroïne, que je pouvais arrêter quand je voulais. Mais son pouvoir de séduction est bien plus grand qu'on ne l'imagine, parce que tu peux arrêter pendant un moment, d'accord, sauf que c'est chaque fois plus difficile. Et malheureusement ce n'est jamais toi qui décides d'arrêter. C'est facile d'en prendre, c'est pénible d'arrêter, et tu ne veux pas te retrouver dans la situation où on enfonce ta porte pour te dire : « Allez, suivez-nous », pour te rendre compte que tu n'as plus le choix et que le dernier truc que tu souhaites, c'est te retrouver en pleine crise de manque chez les flics. Tu réfléchis à tout ça et un jour tu comprends qu'il y a un moyen simple de ne pas en arriver là : ne pas y toucher.

Le problème, c'est qu'il y a toujours un million de raisons différentes pour continuer à en prendre. C'est peut-être lié au fait de bosser sur scène. Tu atteins de tels niveaux d'énergie et d'adrénaline que tu as besoin d'une sorte d'antidote. J'ai cru que pour moi c'était l'héro. Pourquoi t'infliger ça, alors ? Je n'ai jamais particulièrement apprécié d'être devenu une star. La dope me permettait de me comporter plus facilement en public, mais c'était aussi vrai pour l'alcool. Ce n'est sans doute pas toute la réponse, mais je crois que je me camais en partie pour *ne pas* être une pop star. Il y avait tout un aspect qui me déplaisait vraiment : le blabla. C'était difficile, pour moi, et je réagissais mieux quand j'étais sous héro. Mick, lui, a choisi la flatterie, ce qui est en réalité très similaire à la dope puisque ça te permet de fuir la réalité. Moi, j'ai choisi la dope. Et puis j'étais avec ma meuf, Anita, qui était aussi insatiable que moi. Je crois que nous voulions simplement explorer la voie des drogues. Au début, on avait l'intention de faire juste quelques tours de piste, mais on a fini par y aller à fond.

Avec Gram on a tenté une thérapie anti-héroïne de choc. Bill Burroughs m'a aidé à trouver de l'apomorphine et c'est Smitty, l'infirmière infernale, qui s'est chargée de nous administrer le traitement. Smitty adorait son rôle : « C'est l'heure, les garçons ! » Parsons et moi, dans mon lit : « Merde, revoilà Smitty ! » On avait décidé de se purger juste avant le « Farewell Tour » de 1971. Gram et sa future femme, Gretchen, se trouvaient en Angleterre et on avait continué avec nos petites habitudes. C'est Bill Burroughs qui avait recommandé cette horrible bonne femme pour nous injecter l'apomorphine, un traitement sur lequel il était intarissable mais qui était plutôt inefficace. Burroughs, lui, ne jurait que par ça. Je ne le connaissais pas très bien, on ne faisait que parler de dope : comment s'en sortir ou comment s'en procurer de la bonne. Smitty était son infirmière préférée, une sadique originaire de Cornouailles qui vous injectait cette saloperie et vous surveillait ensuite. Faites ce que je dis ! Discutez pas ! « Assez pleurniché, mon gars. Tu n'as qu'à t'en prendre à toi-même, si tu en es là. » Nous avons suivi la cure à mon domicile de Cheyne Walk, Gram et moi dans mon grand lit, le seul type avec qui j'aie jamais dormi, sauf qu'on n'arrêtait pas de tomber du plumard, à cause de ce mélange de la tremblante du mouton et de la danse de Saint-Guy que nous foutait le traitement. On gerbait dans un seau dès qu'on arrêtait de trembler assez longtemps. « Le seau est de ton côté, Gram ? » Quand on réussissait à se lever, notre seule distraction était de descendre jouer du piano et chanter le plus longtemps possible, pour tuer le temps. Je ne recommande cette méthode à personne. Je me suis demandé si Burroughs ne nous avait pas joué un sale tour en nous recommandant le pire traitement qu'il avait essayé.

Ça n'a pas marché. Trois jours à se pisser et se chier dessus, à s'agiter dans tous les sens, c'est long. Après, ton organisme est nettoyé, d'accord, mais en attendant, l'héro que tu as prise a endormi toutes les endorphines. Elles se disent : « Ah, il a pas besoin de nous, puisqu'il y a cette autre substance » et il leur faut soixante-douze heures pour se réveiller et reprendre leur boulot. Et en général, quand c'est terminé, tu retournes à la came : « Après tout ça, après cette semaine atroce, j'ai besoin d'un fix. » Ce qui explique le nombre de fois où j'ai subi le manque pour recommencer tout de suite après. Parce que la crise de manque, c'est l'horreur.

Les autorités n'ont pas réussi à briser le papillon sur la roue, mais Dieu sait qu'elles ont essayé. Chez moi, à Cheyne Walk. Je me suis habitué à me faire plaquer contre l'entrée de ma propre maison quand je rentrais d'une boîte à trois heures du mat. J'avais à peine atteint le portail qu'ils surgissaient des buissons avec des matraques. Ah, d'accord, ça recommence, jouons le jeu. « Contre le mur, Keith. » Cette familiarité bidon me crispait, ils voulaient te voir en colère, mais je connaissais la routine. « Tiens, c'est la volante...

— On ne vole pas aussi haut que toi, Keith. » Et toutes ces conneries. Ils n'avaient même pas de mandat, mais ça n'avait pas l'air de les déranger. « On t'a bien eu, cette fois, mon couillon. » Leur joie mauvaise en se disant qu'ils m'avaient coincé. « Qu'est-ce que t'as dans les poches, Keith ? » Je savais que j'étais complètement clean, mais ils y allaient fort parce qu'ils voulaient voir s'ils faisaient craquer une grande star du rock'n'roll. Va falloir faire des progrès, les mecs. Voyons jusqu'où vous pouvez aller. Des policiers partout, examinant minutieusement le contenu de mes poches, commençant à s'inquiéter de la réaction des journaux quand on saurait qu'on m'avait encore arrêté, se demandant si leur chef n'en faisait pas un peu trop dans son obsession de débarrasser la planète de tous les guitaristes junkies.

C'était aussi vraiment chiant de se réveiller tous les matins avec des flics plein le jardin, de se lever en se disant qu'on est un criminel. Au bout d'un moment, on finit par raisonner comme un criminel, justement. Il y a une différence entre se réveiller en pensant : « Belle journée en perspective ! » et entrouvrir les rideaux pour vérifier s'il y a des voitures banalisées dehors, ou se sentir soulagé parce que personne n'est venu frapper à la porte pendant la nuit. Quelle prise de tête, tout ça ! On ne cherchait pas à détruire les fondements moraux de la nation, mais eux pensaient que si, et donc au bout du compte on était poussés à l'affrontement.

Lorsqu'il est devenu clair qu'il fallait en finir avec les magouilles d'Allen Klein, Chrissie Gibbs s'est chargé de faire le lien entre Mick et Rupert Loewenstein. Rupert était un banquier d'affaires très distingué et digne de confiance, et même si je ne l'ai rencontré en personne qu'environ un an après qu'il a commencé à travailler pour nous, j'ai tout de suite eu un bon feeling avec lui. Comme il avait découvert que j'aimais lire, il a commencé à m'envoyer des livres, et au fil des ans ça m'a permis de constituer toute une bibliothèque.

Rupert n'aimait pas le rock. Il pensait que pour « composer » il fallait une plume et du papier, comme Mozart. Il n'avait jamais entendu parler de Mick Jagger quand Chrissie a mentionné son nom la première fois. En dix-sept ans, on a intenté sept procès à Allen Klein et ça a fini par devenir une farce, chaque camp adressant des petits signes à l'autre et bavardant dans le tribunal, comme des collègues autour de la machine à café. Mais ça a au moins permis à Rupert d'apprendre le jargon du métier, même s'il ne s'est jamais intéressé à notre musique.

Il nous a fallu un moment pour comprendre qu'Allen Klein nous avait dépouillés pour son propre compte. En Grande-Bretagne, on avait une société appelée Nanker Phelge Music, dont chacun de nous possédait une part. Ensuite, à New York, on avait signé un accord pour fonder une société du même nom qui gérerait tous nos profits. Nous pensions que c'était juste notre boîte avec une raison sociale américaine, Nanker Phelge USA. Mais après un moment, on a découvert que la société gérée par Klein aux States n'avait aucun rapport avec Nanker Phelge Grande-Bretagne, et qu'elle appartenait entièrement à Klein ! Et tout notre fric partait là-bas ! Quand Mick a cherché une maison près de la mienne à Cheyne Walk, il a dû attendre dix-huit mois pour avoir l'argent, parce qu'Allen était en train d'essayer d'acheter la MGM.

Klein était un avocat manqué. Il aimait les formulations juridiques et se grisait du fait que la justice et la loi soient deux choses totalement différentes. C'était un jeu pour lui. Il a réussi à devenir propriétaire des droits et des bandes originales de tout notre répertoire, de tout ce que nous avions écrit et enregistré pendant notre contrat avec Decca. Celui-ci, qui arrivait normalement à échéance en 1971, avait pris fin un an plus tôt avec l'album *Get Yer Ya's Out !*. De sorte que Klein contrôlait les chansons en projet ou inachevées jusqu'en 1971, et c'était le point de contentieux. La bataille se déroulait pour déterminer si les chansons créées ou ébauchées entre cet album et l'année 1971 lui appartenaient. Au final, on lui en a lâché deux, « Angie » et « Wild Horses ». Il a obtenu le copyright et nous un pourcentage sur les droits.

Il est toujours propriétaire de « Satisfaction » aussi, ou plutôt ses héritiers puisque Klein est mort en 2009, mais je n'en ai rien à battre. Ça nous a servi de leçon. Quoi qu'il ait fait, il nous a poussés en avant, il a fait fonctionner le truc même si « Satisfaction » a bien sûr aidé. Je me suis fait plus de fric en renonçant au copyright de cette chanson, et je n'ai jamais fait quoi que ce soit pour le fric, de toute façon. Au départ, si je gagnais assez pour m'acheter des cordes de guitare, c'était bon. Ensuite, la question est devenue : « Est-ce qu'on gagne assez pour monter le genre de show dont on a envie ? » Et je pense que pour Charlie et Mick c'était pareil. Surtout dans les premiers temps. On ne crachait évidemment pas sur le fric, mais on réinvestissait presque tout. Pour résumer, Allen Klein est à la fois le mec qui nous a faits et qui nous a baisés.

Marshall Chess avait débuté comme coursier et avait gravi tous les échelons jusqu'à prendre la présidence de Chess Records après la mort de son père. Il venait de vendre sa boîte et envisageait de lancer un nouveau label. Avec lui, nous avons fondé Rolling Stones Records en 1971, puis nous avons signé un accord de distribution avec Atlantic Records, et c'est là qu'Ahmet Ertegun est entré en scène. Ahmet ! Un élégant Turc qui, avec son frère Nesuhi, a obligé l'industrie musicale à reconsidérer entièrement ce que les gens avaient envie d'écouter. L'écho de l'idéalisme des Stones, aussi naïf ait-il été, résonnait dans sa démarche. Merde, il me manque, l'enfoiré ! La dernière fois que je l'ai vu, c'était à New York, dans les coulisses du Beacon Theatre. « C'est où, les chiottes ? » Je lui ai montré, il a mis le loquet, je suis monté sur scène et après le concert j'ai appris qu'il avait glissé sur le carrelage. Il ne s'en est jamais remis. J'adorais Ahmet. C'était quelqu'un qui encourageait le talent. Et c'était un homme de terrain aussi. Sa boîte n'était pas comme EMI ou Decca, ces mastodontes. Il l'avait montée par amour de la musique, pas du fric. Et Jerry Wexler, c'était pareil. Il y avait un esprit d'équipe, un truc familial presque. Faut-il que j'égrène la liste ? Aretha, Ray... Ils sont trop nombreux pour qu'on les nomme tous.

Mais en 1970, on avait un gros problème. On était dans une situation ridicule : Klein nous prêtait de l'argent que nous n'avions pas les moyens de rembourser parce qu'il n'avait pas payé nos impôts et parce que de toute façon on le claquait. À cette époque, le taux d'imposition sur les très gros revenus était de quatre-vingt-trois pour cent, et ça passait à quatre-vingt-dix-huit pour les investissements et les soi-disant « revenus indirects ». On allait être obligés de quitter le pays.

Et là, je tire mon chapeau à Rupert pour avoir trouvé le moyen de nous sortir de cet endettement colossal. Il nous a conseillé de devenir des non-résidents fiscaux, la seule et unique solution si on voulait retomber sur nos pieds financièrement, un jour.

Quand les autorités nous ont matraqués avec leur super-méga-impôt, je pense qu'ils s'attendaient à tout sauf à ce qu'on dise : « OK, on se tire. On va se joindre à tous ceux qui ne vous paient pas ces sommes dingues. » Ils n'avaient tout simplement pas prévu le coup. Ce choix nous a hissés plus haut que jamais et a produit *Exile on Main Street*, peut-être le meilleur disque des Stones. Ils ont pensé qu'on ne pourrait pas continuer sur la même voie si on quittait l'Angleterre. Et, pour être franc, on s'interrogeait, nous aussi. On ne savait pas si on allait s'en sortir, mais que faire, sinon essayer ? Rester au pays, où on nous laisserait garder royalement un penny pour chaque livre sterling qu'on gagnerait ? On n'avait pas envie de se faire dépouiller, alors on a surenchéri et on s'est cassés en France.

Dominique Tarlé

Chapitre Huit

Où nous partons pour la France au printemps 1971 et je loue une villa
sur la Côte d'Azur, Nellcôte. Nick se marie à Saint-Tropez.
On met sur pied notre studio mobile pour enregistrer *Exile on Main Street*,
et très vite on adopte un programme d'enregistrements nocturnes
prolifiques. Virées en Italie à bord de mon bateau, le *Mandrax 2*.
L'open tuning en *sol* sur la guitare à cinq cordes devient mon truc.
Gram Parsons arrive et Mick devient possessif. Je m'isole
avec l'aide de la dope. On se fait arrêter par les flics.
Je revois une dernière fois Gram à L.A. et je me fais salement accrocher
par de la mauvaise came. Je me réfugie en Suisse avec Anita
pour une cure, j'endure les horreurs du manque et compose « Angie ».

Dès que j'ai vu Nellcôte, je me suis dit qu'une saison en exil ne
me ferait peut-être pas de mal. C'était la plus incroyable des
villas, au pied du cap Ferrat, avec vue sur la baie de Villefranche-sur-
Mer. Elle avait été construite vers 1890 par un banquier anglais, il y
avait un immense jardin à l'abandon derrière une grande grille en fer
forgé. Magnifiques proportions. Si tu te réveillais fracassé le matin,
un tour dans ce château étincelant suffisait à te remettre d'aplomb.
C'était comme un palais des glaces, avec plus de quatre mètres de
hauteur sous plafond et des colonnes en marbre, des escaliers. Je me
réveillais en pensant : « C'est chez moi, ici ? »

On n'avait pas prévu d'enregistrer à Nellcôte. On s'était dit
qu'on trouverait un studio dans les environs de Nice ou de
Cannes, même si la logistique n'était pas évidente. Comme Charlie

Watts louait une maison à des kilomètres de là, dans le Vaucluse, il devait faire plusieurs heures de route pour nous rejoindre. Bill Wyman s'était retiré dans l'arrière-pays, à Saint-Paul-de-Vence. Très vite, il était devenu pote avec Marc Chagall, qui aurait pu croire ça ? Tu parles d'un couple improbable : Bill Wyman et Marc Chagall ! Ils étaient voisins, Chagall se pointait chez lui pour prendre une tasse de son horrible thé. Mick a d'abord logé au Byblos de Saint-Tropez, en attendant son mariage, ensuite il a loué une villa appartenant à l'oncle du prince Rainier, puis la villa d'une certaine dame Tolstoï. La suite de son histoire d'amour avec la jet-set européenne, ou plutôt de la fascination qu'il exerçait sur les pseudo-aristos. Mais au moins ils nous accueillaient à bras ouverts.

Un petit escalier permettait d'accéder à une jetée, à laquelle j'ai bientôt amarré le *Mandrax 2*, une vedette Riva surpuissante en acajou, la crème de la crème. *Mandrax* était en fait une anagramme du nom d'origine. J'avais ôté certaines lettres et déplacé d'autres. C'était impossible de ne pas lui donner ce nom. Je l'ai racheté à un type, rebaptisée et j'ai pris la mer. Pas de permis bateau, on ne t'en demandait même pas, même pas pour la forme, si tu savais barrer. Il paraît qu'aujourd'hui il faut passer tout un tas d'examens pour naviguer en Méditerranée. Moi, dès que Bobby Keys a débarqué, ainsi que Gram Parsons et d'autres, je me suis jeté à l'eau, à la conquête de la Côte d'Azur. Mais c'est venu après. D'abord, il y a eu le mariage de Mick et Bianca, sa fiancée nicaraguayenne, qui a eu lieu au mois de mai, quelques semaines après notre arrivée. Marianne était sortie de sa vie en 1970, l'année précédente, le début de sa décennie perdue.

Mick voulait organiser un mariage discret – et il a donc logiquement choisi Saint-Tropez au plus fort de la saison estivale. Pas un journaliste n'a manqué le rendez-vous. En ce temps où la sécurité n'était pas omniprésente, les mariés et leurs hôtes se frayaient un chemin entre les photographes et les touristes de la mairie à l'église, un vrai corps à corps, pire que l'approche du comptoir d'un pub au moment de la dernière commande. Je me suis éclipsé et j'ai laissé Bobby Keys, qui était proche de Mick à l'époque, lui servir de deuxième témoin. Roger Vadim était son témoin principal.

Si je mentionne mon pote saxophoniste Bobby, c'est que la demoiselle d'honneur de Bianca était l'adorable Nathalie Delon, sur le point de divorcer d'Alain Delon, et que Bobby s'est pris pour elle d'une passion aussi intense que dangereuse. Le couple Delon avait été au centre d'un scandale qui atteignait le milieu de la politique, notamment le Premier ministre français Georges Pompidou et sa femme, aussi bien que le milieu tout court, de Marseille à Paris. Le garde du corps yougoslave de Delon, avec qui Nathalie avait eu une brève aventure, s'était fait buter et son corps avait été retrouvé dans une décharge de banlieue. Personne n'a jamais été arrêté. Delon avait plaqué Nathalie pour la comédienne Mireille Darc. C'était une affaire compliquée et très dangereuse. Derrière tout ça s'agitaient de puissantes figures du milieu marseillais, à deux pas de là, ainsi qu'une bande de truands yougoslaves. De toute évidence il y avait beaucoup de haine et de rancœur dans l'air, le tout doublé de coups tordus politiques à foison. Nathalie avait découvert un jour qu'on avait dévissé les roues de sa voiture. Ce n'était peut-être pas le meilleur moment pour devenir son amoureux.

Bobby, qui ignorait tout ça, a eu le coup de foudre pour Nathalie et s'est démené dans tous les sens pour attirer son attention pendant la fête. Il la bouffait du regard. Il est reparti à Londres, puis est revenu pour bosser sur le disque à Nellcôte. Nathalie était toujours là, chez Bianca. Et que pensez-vous qu'il arriva ? Bon, ils sont tous les deux encore en vie aujourd'hui, mais je ne sais pas bien pourquoi. Toute cette histoire a mis des semaines à nous exploser à la figure.

En m'éclipsant du mariage, je suis d'abord passé par les toilettes de l'hôtel Byblos. J'étais en train de pisser quand j'ai entendu un reniflement dans un des box. « Sois plus discret, mec, j'ai dit, ou partage-la.

— T'en veux ? » C'est ainsi que j'ai rencontré Brad Klein, qui est devenu un grand pote. Sa spécialité, c'était le transfert de marchandises, faire passer de la dope d'ici à là-bas. C'était un garçon très bien élevé, propre sur lui, et il se servait de cette image pour tailler sa route dans le marigot. Plus tard, il s'est mis à dealer de la coke et il a plongé un peu trop profond pour son propre bien, mais quand je l'ai connu, son truc, c'était l'herbe. Brad est décédé depuis. C'est la même vieille rengaine : si tu gagnes ta vie avec cette merde, tu ne dois pas y toucher. Il n'a pas suivi ce principe et n'a pas su se retirer au bon moment. Mais ce jour-là, Brad et moi, on s'est cassés du mariage et on est partis se marrer ensemble.

J'ai mis du temps à apprécier Bianca. Mick n'aime pas que je fréquente ses femmes. Tôt ou tard elles finissent par se confier à moi, le jour où elles découvrent qu'il est incapable de fidélité. Qu'est-ce que je peux y faire ? « Euh, l'aéroport n'est pas tout près, chérie… Laisse-moi réfléchir. » Elles ont toutes pleuré sur mon épaule, Jerry Hall, Bianca, Marianne, Chrissie Shrimpton, toutes. Je ne compte plus les chemises qu'elles m'ont bousillées. Tout ça pour savoir « ce que j'en pensais » ? Mais j'en sais rien, moi ! C'est pas moi qui baise avec lui ! Un jour, Jerry Hall m'a mis sous le nez une note laissée par une nana. C'était écrit à l'envers – génial, le code, Mick ! « Je serai ta maîtresse pour toujours. » Il suffisait de placer le texte devant un miroir pour le lire. « Ce type est un vrai salaud ! » « Tonton Keith », ce n'est pas un rôle qui me convient. Je ne sais pas, ça ne colle pas trop avec moi.

Au début, je prenais Bianca pour une *bimbo*. Comme elle était assez hautaine, ça ne la rendait pas très sympathique. Mais j'ai appris à l'apprécier, et j'ai découvert que c'est non seulement une femme brillante mais surtout une forte tête, et ça, ça m'épate. Elle a été porte-parole d'Amnesty International et fait le globe-trotter pour sa propre ONG de défense des droits de l'homme, ce qui n'est pas rien. Très mignonne, et tout ça, mais un vrai caractère. Sans doute trop pour Mick. Le seul vrai problème, c'est qu'elle a autant d'humour qu'un bloc de marbre. Je cherche encore quelque chose qui pourrait la dérider. Mec, si elle avait eu le sens de l'humour, c'est moi qui l'aurais épousée !

Mick s'est mis en couple avec Bianca au moment où on s'apprêtait à quitter l'Angleterre. Le schisme était déjà en place, une vraie ligne de faille. Bianca trimballait dans ses bagages toute une vie sociale à laquelle Mick s'est intégré avec aisance mais qui n'intéressait que lui – je suis sûr qu'aujourd'hui Bianca elle-même ne s'y intéresse plus du tout. Je n'avais rien contre Bianca, c'était l'effet qu'elle et son milieu avaient sur Mick qui me déplaisait. Ça l'éloignait du groupe, alors que naturellement Mick cherche toujours à se distinguer. Il se barrait quinze jours en vacances et après il faisait l'aller-retour de Paris. Bianca était enceinte de Jade, leur fille qui est née à l'automne, à Paris. Bianca n'aimait pas la vie à Nellcôte, et je la comprends. Mais Mick était écartelé.

Au début, à Nellcôte, on faisait des balades dans les criques, ou bien on descendait jusqu'à Villefranche-sur-Mer, où Anita prenait un pastis au café Albert. On était totalement repérables, vu l'endroit, mais on avait l'habitude et on se moquait du qu'en-dira-t-on. De toute façon, la violence surgit de manière totalement imprévisible. Spanish Tony, qui très vite nous avait rejoints, m'a sauvé la vie deux, trois fois – pas forcément littéralement, sauf à Beaulieu, pas loin de Nellcôte, où c'était pour de vrai. On était descendus dans ma Jaguar E avec Marlon et Tony, et on venait à peine de se garer lorsque deux types qui avaient l'air d'employés du port nous ont dit que c'était interdit. L'un d'eux s'est approché et nous a fait signe de les suivre dans un bureau. Tony et moi, on est sortis de la voiture. Marlon est resté à l'intérieur. Je me disais qu'il y en avait pour une ou deux minutes. Et je gardais l'œil sur lui.

Tony a tout de suite compris, pas moi. Deux pêcheurs français, des hommes d'âge mûr. L'un nous tournait le dos. Il a fermé la porte à clé et Tony m'a regardé. Il n'a dit qu'une chose : « Couvre-moi. » Il est parti comme l'éclair, m'a passé une chaise, est monté sur la table avec une autre chaise et leur est rentré dedans. Les éclats de bois volaient. Les types avaient un peu trop bu, trop bouffé, il y avait encore des restes sur la table. J'ai marché sur le cou de l'un d'entre eux pendant que Tony réglait son compte à l'autre. Ensuite, Tony est revenu finir le mien, qui faisait dans son froc de peur, ce qui n'a pas empêché Tony de lui en mettre un dernier. « Allez, on se casse. » Il a enfoncé la porte d'un coup de pied, c'était fini en l'espace de quelques secondes. Et les autres gémissaient sur le sol, du vin rouge partout, les meubles en morceaux. Le dernier truc auquel ils s'attendaient, c'était de se faire agresser – c'était des baraques, ces marins, pas le genre à prendre des gants, et ils avaient décidé de se marrer, de nous mettre quelques torgnoles en passant. Histoire de rigoler avec les chevelus. Marlon était toujours dans la Jaguar. « Où t'étais passé, p'pa ?

— Tout va bien, ne t'en fais pas. » Vroom ! « On n'est plus là ! » Tony, chapeau l'artiste. Ça a été un vrai ballet, sa plus belle œuvre. Douglas Fairbanks pouvait aller se rhabiller. Je n'ai jamais vu personne agir plus rapidement et pourtant j'en ai vu, de l'action... J'en ai sacrément pris de la graine, ce jour-là : quand tu sens la merde arriver, agis, n'attends jamais que ça commence.

Trois jours plus tard, les flics sont venus me chercher. Ils n'avaient que mon nom, puisque Tony n'était pas connu et que de toute façon il était déjà rentré en Angleterre. Ça a été toute une histoire, c'est monté assez haut dans la hiérarchie des magistrats, mais au deuxième ou troisième échelon, ils avaient déjà compris que les charges ne tenaient pas. Quand il a été établi qu'on avait cherché à nous intimider, qu'il y avait un enfant dans la voiture et que ces types n'avaient aucun droit de nous demander de les suivre dans le bureau, les accusations se sont évaporées subitement, comme par miracle. Ça m'a sûrement coûté quelque chose, mais au bout du compte les deux marins ont préféré ne pas se pointer devant le tribunal pour raconter comment ils s'étaient fait allumer par deux Anglais détraqués.

Je n'étais pas totalement clean en arrivant à Nellcôte. Toutefois, il y a une différence entre ne pas être totalement clean et être totalement accro. Tu es accro quand tu mets tout en stand-by tant que tu n'as pas ta came : toute ton énergie y passe. J'avais sur moi une petite dose pour fonctionner, oui, mais dans mon esprit j'étais clean. Peu de temps après notre arrivée, en mai, on a fait du karting à Cannes. Ma machine s'est retournée et m'a traîné sur près de cinquante mètres, ce qui a eu pour résultat de me peler le dos comme on épluche une pomme. C'était à vif, presque jusqu'à l'os. Juste au moment où on allait enregistrer un disque. Je n'avais vraiment pas besoin de ça. Le docteur m'a dit : « Ça va être très douloureux, monsieur. Il faut garder la plaie propre. Quelqu'un doit venir chaque jour la nettoyer et changer le pansement. » Chaque matin, l'infirmier passait. Il avait fait l'Indochine, brancardier sur le front. Il avait été à Diên Biên Phu, en Algérie aussi, et il avait vu pas mal de sang. Il avait un style carré qui lui allait bien. Il me faisait une piqûre de morphine par jour, et j'en avais méchamment besoin. Après chaque injection, il lançait la seringue comme une fléchette sur un portrait au mur, toujours pile dans l'œil. Petit mec malin, dur comme un roc. Ensuite le traitement a cessé, bien sûr, et je me suis retrouvé accro à la morphine, juste au moment où j'étais clean. Et donc, maintenant, la priorité était : « J'ai besoin de dope. »

« Gros Jacques », notre cuisinier, s'est avéré être la connexion marseillaise dont j'avais besoin. Il avait une bande de comparses, une équipe de cow-boys, et on avait décidé que c'était sans doute plus sage de les occuper à quelque chose ; comme ils savaient « faire les courses », on les payait pour ça. Jacques est entré dans l'histoire parce que j'ai demandé un peu à tout le monde comment je pouvais me procurer de la came. Il était jeune, grassouillet et transpirait beaucoup. Un jour, il a pris le train et nous a rapporté de Marseille un charmant petit sachet de poudre blanche et une énorme quantité de lactose, presque l'équivalent d'un sac de ciment, pour couper la poudre. Là, il m'a expliqué dans son mauvais anglais – il a même dû l'écrire sur un papier – qu'il fallait mélanger quatre-vingt-dix-sept pour cent de lactose et trois pour cent d'héroïne. L'héro était pure. Normalement, celle que tu trouves est déjà coupée. Mais là, c'était de la nitroglycérine, il fallait être très précis. Même diluée comme ça, c'était de la bombe. Je m'installais dans la salle de bains avec mes deux balances et je faisais un mélange de quatre-vingt-dix-sept pour trois. Je faisais extrêmement attention, ma nana en prenait, et deux ou trois autres personnes aussi. Si on se mettait du quatre-vingt-six pour quatre, c'était bonsoir. Quant à la prendre pure, boom... Bye bye.

L'achat en gros présentait des avantages évidents. Le prix n'était pas délirant. Ça venait direct de Marseille, donc pas trop loin. Pas de frais de transport, hormis le billet de train de Jacques. Plus tu passes de temps à courir après la dope, plus tu risques de merder. Mais il ne faut pas non plus mettre la barre trop haut, parce que si la quantité est trop importante, ça peut attirer l'attention. Il faut acheter juste ce qu'il faut pour quelques mois, comme ça t'es pas obligé de courir dans tous les sens. Ce lot-là, en tout cas, semblait ne jamais devoir prendre fin. « Dès qu'il n'y en a plus, on se remet la tête à l'endroit. » Disons les choses comme elles sont : ça nous a bien duré de juin à novembre et on en a laissé sur place en partant.

J'étais bien obligé de faire confiance aux instructions qu'on m'avait données. Et de toute évidence elles étaient bonnes, parce qu'il n'y a pas eu le moindre pépin, pas la moindre plainte. J'avais accroché la formule au mur : « 97 % / 3 %. » Bien sûr, ça m'a donné l'idée d'une chanson, mais après je me suis dit que ce n'était pas forcément judicieux de crier ça sur les toits. Je passais l'après-midi dans la salle de bains, à veiller à ce que tout se passe selon les règles de l'art. J'avais deux vieilles balances merveilleuses, de beaux objets en cuivre et en acajou, très, très précises, et une sorte de petite pelle pour le lactose. Tu pèses quatre-vingt-dix-sept grammes. Tu poses ça là. Tu plonges ta petite spatule dans le sachet d'héro, trois grammes. Puis tu mélanges le tout. Pour mélanger, il faut secouer. J'étais souvent fourré là-haut, je mixais la dope nécessaire pour deux, trois jours, rarement plus.

On a cherché un studio à Cannes et dans la région, calculé combien de fric les Français allaient nous pomper. Nellcôte avait un vaste sous-sol, et nous on avait notre propre studio mobile, le Mighty Mobile, déjà en service à Londres. C'était un camion équipé de matériel d'enregistrement sur huit pistes que Stu avait monté. On en avait eu l'idée bien avant de décider de prendre du champ en France. C'était un des rares studios mobiles au monde, mais on ne se doutait pas de sa valeur. Très vite, on l'a loué à la BBC et à ITV – forcément, elles n'en avaient qu'un chacune. Un autre de ces merveilleux trucs, magiques et chanceux, qui sont arrivés aux Stones.

Donc un jour de juin le camion a franchi le portail, on l'a garé devant l'entrée principale et on a débarqué et branché le matériel. Depuis ce jour, je n'ai jamais travaillé autrement. Quand tu as l'équipement adéquat avec les gars qu'il faut, tu as le studio idéal. Il n'y a guère que Mick pour s'obstiner à vouloir enregistrer dans un « vrai » studio, seul moyen selon lui de faire un disque qui soit « vraiment » un disque. Notre dernier en date à ce jour – *A Bigger Bang*, au moment où j'écris ces lignes – prouve d'ailleurs qu'il a tort à cent pour cent, puisqu'on a tout fait dans un petit château en France. On a mis les morceaux en place et après il a dit : « Bon, maintenant on va refaire ça dans un vrai studio. » Don Was et moi on s'est regardés, Charlie m'a regardé. « Faut pas déconner. On a tout ce qu'il faut, ici, mec. Pourquoi tu veux dépenser toute cette thune ? Pour pouvoir dire que ça a été monté au studio Machin, avec une belle régie vitrée ? On ne bouge pas de là. » Il a cédé.

Les sous-sols de Nellcôte étaient très grands, cloisonnés en une série de petits bunkers. Le tout pas très bien ventilé, d'où « Ventilator Blues ». Le plus bizarre, c'est qu'on y perdait les cuivres. Bobby Keys et Jim Price déambulaient en cherchant le bon son, et il s'est avéré que le meilleur endroit était au fond d'un couloir étroit, debout, dos au mur, là où Dominique Tarlé[1] les a photographiés, les câbles des micros serpentant à leurs pieds. On a fini par les peindre en jaune, leurs câbles. Si tu voulais parler aux cuivres, tu suivais les câbles jaunes et voilà. Et tu n'avais pas la moindre idée de l'endroit où tu te trouvais. C'était une villa immense. Parfois, Charlie se trouvait dans une pièce et je devais faire quatre cents mètres pour lui dire un truc. Mais dès que tu avais pigé que c'était comme des oubliettes, c'était plutôt marrant d'y travailler.

Tous les secrets des sous-sols ont été découverts par les autres. Pendant la première semaine, Charlie changeait constamment de box, du coup on ne savait pas trop où il avait posé ses fûts. Jimmy Miller lui a conseillé le fond du couloir mais Charlie a répondu : « C'est à mille bornes, mec, j'ai besoin d'être près de l'action. » Alors on a inspecté la moindre petite pièce. On faisait aussi attention à ne pas ajouter d'échos électroniques indésirables, on cherchait un son naturel, et dans ces sous-sols il se passait des trucs vraiment étranges. Je me souviens d'avoir joué dans une pièce avec du carrelage, j'avais tourné l'ampli vers un coin de la pièce pour voir ce que reprenaient les micros. Je me rappelle avoir fait ça pour « Rocks Off », et peut-être sur « Rip This Joint ». C'est vrai que c'était bizarre d'enregistrer là, surtout au début, mais après une semaine ou deux, on s'est adaptés et c'est devenu totalement naturel. Personne, ni le groupe, ni les autres, ni Jimmy Miller, ni

1. Jeune photographe français qui a été admis dans l'intimité des Stones durant cette période.

Andy Johns, l'ingénieur du son, n'a jamais dit : « C'est vraiment bizarre de faire un disque comme ça. » Non, c'était bon. Le reste était juste une question de boulot. Acharné.

On commençait à enregistrer dans l'après-midi et ça durait jusqu'à cinq, six heures du matin, et tout d'un coup il faisait jour, et j'avais mon bateau ! On descendait les marches qui conduisaient directement du sous-sol à la jetée. « Hé, si on se faisait un petit déj en Italie ? » On montait à bord du *Mandrax*, Bobby Keys, Mick, moi, tous ceux qui voulaient se joindre à nous. On se rendait à Menton, une ville italienne devenue française par les hasards imprévus d'un traité. Pas de passeport, on laisse Monaco sur notre gauche dans les rayons du soleil levant, la musique résonne dans nos oreilles. « Prends le lecteur de cassettes, mec, et repasse le deuxième mix de tout à l'heure. » Puis tu accostes gentiment et un bon petit repas italien t'attend. On adorait la façon dont les Italiens cuisinaient les œufs, et leur pain. Et en plus tu franchissais des frontières sans que personne n'en sache rien et ne fasse rien, ça te donnait une sensation supplémentaire de liberté. On faisait écouter notre cassette aux Italiens, histoire d'avoir leur avis. Si on arrivait au bon moment, on pouvait acheter du homard aux pêcheurs pour le déjeuner.

On aimait aussi descendre à Monte-Carlo. On papotait avec la bande à Onassis, ou bien la bande à Niarchos, ils avaient des gros yachts et ils se détestaient mutuellement. On s'attendait à les voir dégainer des flingues. C'est pour ça qu'on a choisi d'appeler l'album *Exile on Main Street*. Quand on en a eu l'idée, on s'est dit que ça marcherait pour les Américains : là-bas il y a des Main Streets (Grand-rues) partout. Mais pour nous, c'était ce bout de la Côte. Et on était des exilés. Ça sonnait juste et ça disait tout ce qu'on avait à dire.

La côte méditerranéenne, c'est une connexion très ancienne, une sorte de Main Street sans frontière. J'ai vu Marseille et tout ce qu'on m'avait dit sur cette ville était vrai, et l'est sans doute encore aujourd'hui. C'est comme la capitale d'un pays qui va de la côte espagnole à la côte nord-africaine en passant par tout le pourtour de la Méditerranée. C'est un pays à part, une bande large de quelques kilomètres. Tous les habitants de la côte – les pêcheurs, les marins, les contrebandiers – appartiennent à une communauté indépendante, y compris les Grecs, les Turcs, les Égyptiens, les Tunisiens, les Libyens, les Marocains, les Algériens et les Juifs. C'est une confluence qui remonte à des siècles et qui ne pourrait être remise en cause par des frontières et des pays.

On traînait un peu partout. On aimait bien Antibes. On descendait aussi à Saint-Tropez, pour mater les nanas. Le *Mandrax* pouvait nous mener loin. Il avait un moteur surpuissant et, quand la Méditerranée est calme, ça blinde. L'été 1971 était un de ces étés méditerranéens où chaque jour est parfait. Tu n'avais pas vraiment besoin de savoir naviguer, il suffisait de suivre la côte. Je ne me suis jamais servi d'une carte. Anita refusait de monter à bord parce que je n'avais pas la moindre idée du relief marin, de là où se trouvaient les hauts-fonds, etc. Elle restait à terre et attendait qu'on lance des fusées de détresse quand le réservoir était à sec. S'il y avait eu un porte-avions dans la baie, je l'aurais piloté. Le seul point sur lequel je me sois un peu formé, c'est l'accostage, comment s'amarrer quelque part. Pour un bateau, la terre, c'est ce qu'il y a de plus dangereux. Le seul moment où l'on puisse dire que je pratiquais l'art vénérable de la navigation, c'était quand j'accostais. Le reste du temps, c'était n'importe quoi.

La baie de Villefranche est vraiment profonde et les bateaux de la flotte américaine stationnaient souvent là. Un jour, on a émergé de notre cave et il y avait un immense porte-avions au milieu de la rade : l'US Navy en visite de courtoisie. L'été, la flotte faisait le tour de la Méditerranée en agitant des petits drapeaux. En passant à côté de l'engin, on a senti une forte odeur de marijuana, on voyait carrément la fumée qui sortait d'un des hublots. Totalement malades, les mecs. Bobby Keys était là, on a pris notre petit déjeuner et, en rentrant, on a fait le tour du porte-avions et il y avait tous ces marins tellement contents de ne pas être au Vietnam. Et moi à bord de mon petit *Mandrax*. On a humé l'air. « Salut les mecs, chouette odeur… » Ils nous ont passé un sac d'herbe. En échange, on leur a indiqué les meilleurs bars à putes, le Cocoa Bar et aussi le Brass Ring.

Quand la flotte était là, les petites ruelles obscures de Villefranche s'animaient comme Las Vegas au milieu du désert. Il y avait un bar qui s'appelait le Dakota, un autre le Nevada, le moindre nom américain faisait l'affaire. Les rues de Villefranche s'habillaient de lumière et toutes les entraîneuses de la Côte, de Nice, bien sûr, mais aussi de Cannes et de Monte-Carlo, s'y donnaient rendez-vous. Normal, avec deux mille bandards fous à bord d'un porte-avions, tous prêts à se lâcher. C'était une affaire régionale. Sinon, quand il n'y avait pas de marins dans le port, Villefranche était déserte.

Je trouve assez bluffant que les morceaux enregistrés dans les sous-sols de Nellcôte soient encore appréciés, si l'on songe à l'accueil plutôt mitigé quand l'album est sorti. En 2010, près de quarante ans plus tard, on a réédité l'ensemble des prises d'*Exile on Main Street*. Si en 1971 j'avais écouté de la musique enregistrée quarante ans plus tôt, ça aurait été des trucs à peine audibles. Peut-être du Armstrong première période, du Jelly Roll Morton. Je suppose que si on intercale une guerre mondiale, ça change la perception.

« Rocks Off », « Happy », « Ventilator Blues », « Tumbling Dice », « All Down the Line », c'est de la cinq-cordes, open tuning à fond. Je commençais à avoir ma marque de fabrique, il m'a fallu quelques jours à peine pour écrire ces morceaux. D'un coup, grâce à la cinq-cordes, les chansons semblaient couler toutes seules. Ma première vraie tentative avait été « Honky Tonk Women », deux années plus tôt. Je m'étais dit : « Ça, c'est intéressant. » Et puis il y avait eu « Brown Sugar », qui était sorti au moment où on quittait l'Angleterre. Quand on a commencé à enregistrer *Exile*, je venais de trouver tous ces autres doigtés, comment produire des accords mineurs, des accords ouverts. J'avais compris que la cinq-cordes était encore plus intéressante si on utilisait un capodastre. J'avais certes moins de place pour manœuvrer, surtout si le capo était placé sur la cinquième ou la septième frette, mais ça donnait un timbre, une résonance impossible à obtenir par d'autres moyens. La question, c'était de savoir s'en servir au bon moment, et aussi de savoir ne pas s'en servir.

Sur une chanson de Mick, par exemple, je n'utilisais pas tout de suite la cinq-cordes. Je me servais d'un guitare accordée normalement pour l'apprendre et l'intégrer, en style classique. Mais si Charlie poussait un peu le tempo ou lui donnait un feeling différent je disais : « Laisse-moi essayer la cinq-cordes, pour voir comment ça fait. » Bien sûr, la cinq-cordes simplifie le son, dans la mesure où elle t'impose une contrainte. Mais si tu trouves le bon son, comme dans « Start Me Up », tu as ta chanson. J'ai entendu des milliers de groupes essayer de jouer « Start Me Up » avec un accordage normal. Ça ne peut pas marcher, mon pote.

On a amené à Nellcôte beaucoup de matériel sur lequel on travaillait depuis un moment. Je lançais le titre ou l'idée. « Ça s'appelle "All Down the Line", Mick. *I hear it coming, all down the line...* À toi de jouer. » J'avais deux, trois idées de chansons par jour. Certaines marchaient, d'autres pas. Mick crachait les paroles à une cadence infernale, du rock'n'roll fûté, avec toutes ces phrases accrocheuses et ces répétitions. « All Down the Line » vient tout droit de « Brown Sugar », que Mick avait écrit. Le gros de mon boulot, c'était de trouver des riffs et des idées qui brancheraient Mick. D'écrire des chansons dont il pouvait faire quelque chose. Elles devaient cartonner sur disque, mais il devait aussi pouvoir les chanter en public. J'étais le boucher, je découpais la barbaque. Et parfois ça ne lui plaisait pas trop. Il n'aimait pas « Rip This

Joint » : il trouvait ça trop speed. On a peut-être fait mieux depuis, mais en termes de tempo, « Rip This Joint » est une sorte de record mondial. Little Richard a peut-être fait plus rapide, mais de toute façon on n'était pas là pour battre des records ! Certaines chansons qu'on n'a pas gardées pour l'album avaient des titres vraiment bizarres : « Head in the Toilet Blues », « Leather Jackets », « Windmill », « I Was Just a Country Boy », « Dancing in the Light » (celle-là, c'est Mick), « Bent Green Needles », « Labour Pains », « Pommes de terre » (pourquoi pas, après tout on était en France !).

Il y avait aussi « Torn and Frayed », qu'on a rarement jouée par la suite, mais dont la pertinence est assez évidente :

Joe's got a cough, sounds kinda rough
Yeah, and the codeine to fix it
Doctor prescribes, drugstore supplies
Who's gonna help him to kick it ?

(Joe tousse, ça a l'air plutôt dur
Ouais, et il faut de la codéine pour l'arranger
Le docteur prescrit, la pharmacie fournit
Mais qui va l'aider à la lâcher ?)

À part « Sister Morphine » et quelques références à la coke en passant, la drogue n'a jamais été le thème de nos chansons, elle pointait le bout de son nez ici et là, pas plus que dans la vie réelle. Il y a toujours des rumeurs et tout un folklore au sujet des chansons : pour qui elles ont été écrites, de quoi ça parle réellement, etc. Les gens pensent que « Flash » parle de l'héro et je peux comprendre, je vois le rapport avec « Jack », sauf que « Jumpin' Jack Flash » n'a vraiment rien à voir avec l'héro. Mais les mythes ont la peau dure. Quoi qu'on dise, quoi qu'on fasse, ce sera mal interprété, quelqu'un soutiendra qu'il y a un message secret dans les paroles. D'où les théories conspirationnistes. Quelqu'un a cassé sa pipe. Mon Dieu ! Qui va-t-on accuser cette fois-ci ? Mais voyons, le type s'est juste écroulé ! Le propre d'une bonne conspiration, c'est qu'on n'en sait jamais rien, et donc l'absence de preuves maintient les conspirationnistes en vie. Personne ne saura jamais si je me suis fait changer le sang. Ce n'est pas une question de preuves ou d'absence de preuves, ou de démentis de ma part, si tant est que cette histoire soit vraie. Mais poursuivez votre lecture. Ça fait des années que je m'interdis d'envisager cette brûlante question.

« Tumbling Dice », le « dé qui roule », avait peut-être un rapport avec le véritable tripot qu'était devenu Nellcôte : ça jouait aux cartes et à la roulette. Monte-Carlo était à deux pas. Bobby Keys et d'autres y ont mis les pieds une ou deux fois. On jouait aux dés, ça oui. Pour moi, c'est une chanson de Mick, mais elle était issue d'une forme antérieure, intitulée « Good Time Women ». Parfois, tu as toute la musique, un superbe riff, mais tu n'as pas de sujet. Il suffit de deux types en train de discuter le bout de gras dans une pièce et l'un dit : « On a joué au craps, hier soir », et une chanson est née.

Aujourd'hui, il est clair qu'*Exile* a été réalisé dans des circonstances très particulières, en utilisant des moyens techniques novateurs, mais à l'époque on ne pensait vraiment pas à ça. Nos seules obsessions : la qualité du morceau et la sonorité. Tout le reste était périphérique. Sur mes prises, on m'entend souvent dire : « Bon, j'ai plus d'idées, l'histoire s'arrête là pour l'instant. » Mais quand on te passe la balle et que tout le monde te regarde en se demandant ce qui va se passer, tu es obligé de t'étonner toi-même. Tu as le dos au mur – mettez-moi le bandeau sur les yeux, donnez-moi la dernière cigarette, et allons-y. Et tu es surpris par ce que tu es capable de sortir avant de tomber, criblé de balles. Surtout quand tu sais que le groupe n'y voit que du feu, parce qu'ils pensent que tu sais très exactement ce que tu es en train de faire, alors qu'en fait tu n'en as pas la moindre idée. Dans ces situations, il ne faut pas douter de soi. Quelque chose va sortir. Il te suffit d'une ligne de guitare, donne-leur une ligne de guitare, et une autre suivra. C'est ça, ton talent, après tout. Tu n'es pas en train de construire un putain de Spitfire.

Il m'arrivait de m'écrouler vers dix heures du mat, mais pas tous les jours. J'émergeais vers quatre heures de l'après-midi, plus ou moins. De toute façon, personne ne se pointait avant le début de la soirée. J'avais toujours deux, trois heures pour réfléchir ou écouter les enregistrements de la veille et reprendre là où on s'était arrêtés. Et si on avait fini, la question était de décider de ce qu'on ferait quand les gars seraient là. Il m'arrivait de flipper quand je me rendais compte que je n'avais rien à leur offrir. Les mecs s'attendaient à ce que ça tombe du ciel, comme un cadeau, alors qu'en fait tout venait de Mick et moi. Lorsqu'on regarde le documentaire sur *Exile*, on a l'impression d'une sorte de jam-session improvisée dans le bunker, qui dure tant qu'on n'a pas trouvé quelque chose, tant qu'on n'arrive pas à faire une prise, comme si on attendait un signal venu d'en haut. C'est peut-être l'impression que ça donne, ça s'est peut-être parfois passé comme ça, mais demandez donc à Mick. On se regardait et on se disait : « Qu'est-ce qu'on a à leur donner aujourd'hui ? Quels biscuits on met sur la table, baby ? Parce qu'on sait que ça ne marchera que si on a une chanson à leur proposer. » Ça nous est peut-être arrivé de craquer et de réenregistrer par-dessus quelque chose qu'on avait fait la veille. Mais avec Mick on pensait que c'était un peu notre devoir de trouver une nouvelle chanson, un nouveau riff, une nouvelle idée, ou deux si possible.

On était prolifiques. On avait le sentiment que ça ne posait aucun problème d'avoir une nouvelle idée tous les jours, ou tous les deux jours. C'était ce qu'on faisait, et même s'il y avait à peine l'ossature d'un riff, c'était déjà quelque chose, et pendant qu'on cherchait le son, ou qu'on essayait de donner forme au thème, la chanson se mettait en place comme par enchantement. Une fois que tu as les premiers accords, le socle rythmique, et que tout roule, tu peux te poser d'autres questions : par exemple, faut-il un pont au milieu, plus tard ? Très délicate, la question du pont. On vivait au jour le jour, en fait. On ne préparait rien. Mais où est le problème ? C'est comme ça qu'on fait du rock ! On part d'un riff, on ajoute la batterie et on regarde ce qui se passe. C'est le côté immédiat du processus qui, rétrospectivement, le rendait vraiment intéressant. On n'avait pas le temps de trop réfléchir, de labourer deux fois le même sillon. C'était plutôt : « Ça fait comme ça » et on voyait ce que ça donnait. C'est là que tu comprends qu'avec un bon groupe tu as juste besoin d'une étincelle, d'un début d'idée, et à la fin de la soirée ce sera une belle chose.

Mais ça nous est arrivé d'être à sec. On a pondu « Casino Boogie » avec Mick alors qu'on était essorés. Mick me regarde et je dis : « Je ne sais plus, mec. » Et pile à ce moment j'ai pensé à la bonne vieille méthode de Bill Burroughs. Découpons des titres dans la presse et des pages dans des livres, jetons-les en l'air et voyons comment ça retombe. Hé, mec, on n'est vraiment pas en état de travailler comme d'habitude, alors changeons de méthode. Et sur « Casino Boogie », ça a marché. Honnêtement, je m'étonne qu'on n'ait jamais réessayé. Il faut dire que ce jour-là on était désespérés. Une phrase qui rebondit sur une autre, et tout d'un coup ça prend du sens même si les phrases n'ont pas le moindre rapport, mais elles ont un même feeling, ce qui est une bonne façon de définir l'écriture des paroles d'une chanson rock ou pop :

Grotesque music, million dollar sad
Got no tactics, got no time on hand
Left shoe shuffle, right shoe muffle
Sinking in the sand
Fade out freedom, steaming heat on

Watch that hat in black
Finger twitching, got no time on hand.

(Musique grotesque, tristesse à un million de dollars
Plus de tactique, plus de temps devant soi
Le pied gauche s'agite, le droit s'écrase
S'enfonce dans le sable
La liberté s'efface, chaleur démente
Surveille ce mec en noir
Les doigts s'agitent, pas de temps devant soi.)

Au début, ça m'avait un peu démonté, quand Charlie avait décidé de s'installer à trois plombes de route de moi. J'aurais voulu qu'il soit dans les parages pour pouvoir l'appeler et lui dire : « J'ai une idée, mec, tu veux pas passer ? » Mais l'endroit où Charlie avait décidé de crécher, parce que ça correspondait à la manière dont il voulait vivre, se trouvait à deux cents kilomètres, dans le Vaucluse, au-dessus d'Aix-en-Provence. Il descendait à Nellcôte du lundi au vendredi, et là je l'avais sous la main, mais j'aurais aimé l'avoir un peu plus. Et Mick passait beaucoup de temps à Paris. La seule chose dont j'aie eu peur en enregistrant *Exile*, c'est que ceux qui se trouvaient loin finissent par perdre la concentration. Quand ils étaient là, je voulais qu'ils soient là entièrement. Je n'avais jamais habité là où je travaillais, mais puisque c'était fait, j'ai dit : « Merde, les mecs, c'est comme ça : je fais ce qu'il faut, je mets ma maison à disposition, alors vous pouvez bien faire l'effort de vous rapprocher un peu. » Mais pour Charlie, il n'en était pas question. Ce garçon a un tempérament d'artiste. Pour lui, c'est juste le contraire du cool de vivre sur la Côte d'Azur en été. Il y a trop de mondanités et trop de blabla. Remarquez, je comprends parfaitement. Charlie est le genre de gars qui préfère la Côte l'hiver, quand c'est horrible, désert. Il avait donc trouvé un endroit qui lui plaisait et ça ne se trouvait pas sur la Côte, tu parles, et encore moins dans la région de Cannes, Nice, Juan-les-Pins, Cap-Ferrat ou Monte-Carlo. Charlie fuit ce genre d'endroit.

Un exemple sublime de chanson qui a surgi du néant est « Happy ». On a fait ça en un après-midi, quatre heures de boulot et c'était plié, dans la boîte. À midi, le morceau n'existait même pas, et à quatre heures, c'était fini. Mais on ne peut pas vraiment dire que ce soit les Stones, sur ce morceau. Il y a bien le nom dessus mais, au départ, c'était juste Jimmy Miller à la batterie et Bobby Keys au sax baryton. Après, j'ai ajouté la basse et de la guitare. On était là à attendre les autres pour commencer vraiment la session qui durerait toute la nuit, et on s'est dit : « Puisqu'on est là, on peut peut-être trouver quelque chose ? » Je venais d'écrire les paroles. On l'a fait tourner et ça swinguait. Comme tout était prêt, on s'y est mis en se disant qu'on retravaillerait ça plus tard avec les autres. J'ai pris la cinq-cordes slide et, en deux temps, trois mouvements, on avait le morceau. Comme ça. Quand les autres sont arrivés, c'était terminé. Quand t'as mis un truc en boîte, tu passes à autre chose.

> *Well, I never kept a dollar past sunset*
> *Always burned a hole in my pants*
> *Never made a school mama happy*
> *Never blew the second chance*
> *Oh no I need a love to keep me happy.*

(J'ai jamais su garder un dollar jusqu'au coucher du soleil
Ça me troue la poche du pantalon
Jamais réussi à rendre heureuse une chouette mamma
Jamais raté ma seconde chance
Ouais, j'ai besoin qu'on m'aime pour être heureux.)

C'est venu comme ça, d'un coup, comme si ça tombait de ma bouche. Quand on écrit des trucs pareils, il faut coller sa gueule au micro et tout lâcher. Quelque chose en sortira. J'ai écrit les paroles de « Happy », mais je ne sais pas où j'ai trouvé ça. C'était juste des allitérations, j'essayais d'inventer une histoire. Il faut une intrigue, aussi ténue soit-elle, même si dans pas mal de mes chansons tu auras du mal à la trouver. Mais voilà, je n'ai pas un flèche et il fait nuit. Je voudrais sortir mais je ne peux pas. Je suis fini avant d'avoir commencé. J'ai besoin qu'on m'aime pour être heureux, car l'amour véritable ne coûte rien ! Pas un sou à débourser. J'ai besoin qu'on m'aime parce que j'ai claqué toute ma thune et il ne me reste rien, et il fait nuit et j'aimerais bien m'éclater, mais je suis à sec. J'ai besoin qu'on m'aime pour être heureux. Baby, baby, aime-moi ma chérie.

J'aurais été heureux que plus de chansons se passent comme « Happy ». « Ça commence comme ça. » Les grands thèmes s'écrivent tout seuls. Tu te laisses mener par le bout du nez. Le savoir-faire, c'est de ne pas trop interférer. Ignore l'intelligence, ignore tout, va là où ça te mènera. Tu n'as pas vraiment ton mot à dire et, soudain, c'est là devant toi, la chanson. « Ouais, je vois comment ça va continuer », et tu n'y crois pas, parce que tu sais que ça ne se passe pas comme ça. Tu penses immédiatement : « J'ai copié qui ? » Non, non, c'est original – plus original, tu trouveras pas. Et tu réalises que les chansons s'écrivent d'elles-mêmes, tu n'es que le livreur.

N'allez pas penser que je n'ai pas bossé dur. Parfois, j'ai fini sur les genoux. Certaines de ces chansons ont plus de quarante ans, et elles ne sont pas tout à fait achevées. Parce que ça ne s'arrête pas quand tu as la musique et les paroles. La question, c'est : quel son, quel tempo, quelle tonalité, et est-ce que ça groove pour tout le monde ? Il a fallu des jours de boulot pour que « Tumbling Dice » sonne juste. Je me rappelle avoir travaillé l'intro plusieurs après-midi de suite. Quand tu écoutes de la musique, tu ne peux pas dire quelle partie est calculée et quelle partie improvisée. Tu ne peux pas improviser tout le temps. La question est de savoir quelle part de calcul tu peux te permettre, plutôt que l'inverse. Il faut bien dompter la bête d'une manière ou d'une autre. Mais comment ? Gentiment ou à coups de trique ? Je vais te niquer, je vais te prendre en moins de temps qu'il ne m'a fallu pour t'écrire. C'est le genre de relation que tu développes avec les chansons. Tu leur parles ! Et tu n'en as pas fini tant que tu n'as pas mis le point final, OK ? Et tout ce genre de truc. Non, ce n'était pas censé partir dans cette direction. Parfois tu te surprends à lui demander pardon : « Je suis vraiment désolé de ça. Non, je n'aurais pas dû te faire ça. » Ce sont de drôles de bêtes, les chansons. Des bébés.

Une chanson doit venir du cœur. Je ne réfléchissais pas. Je prenais la guitare ou je me mettais au piano et je laissais venir les idées. Et il me venait toujours quelque chose. Et si ça ne venait pas, je jouais les chansons de quelqu'un d'autre. Je n'ai jamais connu de moment où je me suis dit : « Maintenant je vais écrire une chanson. » Ça ne s'est jamais passé comme ça. Quand je me suis rendu compte que j'étais capable d'en composer une, je me suis demandé si je serais capable d'en écrire une autre. Et j'ai découvert qu'elles tombaient comme des perles du bout de mes doigts. Je n'ai jamais eu de mal à écrire des chansons. C'est du plaisir pur. Et un don merveilleux dont j'ignorais l'existence. Je n'en suis toujours pas revenu.

Gram Parsons a débarqué à Nellcôte en juillet, accompagné de sa jeune fiancée, Gretchen. Il travaillait déjà sur les chansons de son premier album solo, *GP*. On était potes depuis un moment et je savais que cet homme était sur le point de produire quelque chose de remarquable. En fait, il a révolutionné la country – hélas, il n'était plus là pour le voir. L'année suivante il a enregistré ses premiers chefs-d'œuvre avec Emmylou Harris, « Streets of Baltimore », « A Song for You », « That's All It Took », « We'll

Sweep Out the Ashes in the Morning »... Dès qu'on se retrouvait, on faisait de la musique. On jouait tout le temps, on écrivait des chansons. L'après-midi on travaillait ensemble, on chantait des chansons des Everly Brothers. C'est difficile de décrire le profond amour de Gram pour sa musique. C'était sa vie. Et pas seulement sa musique, la musique en général. Il était comme moi, il se réveillait en écoutant du George Jones, se rendormait, puis se réveillait à nouveau avec du Mozart. Gram m'a montré tellement de choses, comment tourner les mélodies et les paroles dans le style de Bakersfield, si différent de la douceur de Nashville – la tradition de Merle Haggard et Buck Owens, les paroles inspirées par le monde ouvrier, celui des immigrés dans les fermes et les puits de pétrole californiens, c'est là que c'est né, dans les années 1950 et 1960. Cette influence country perçait dans certains morceaux des Stones. Vous pouvez l'entendre dans « Dead Flowers », « Torn and Frayed », « Sweet Virginia » et « Wild Horses », qu'on a donné à Gram pour l'album *Burrito Deluxe* des Flying Burrito Brothers, avant de l'enregistrer nous-mêmes. Avec Gram, on avait des projets, ou au moins de grandes ambitions. Tu travailles avec quelqu'un de doué comme ça, tu te dis : « On a des années devant nous, mec, pas de panique, on peut vraiment faire du bon boulot ensemble, ça va déménager. » On pensait avoir tout le temps.

Mick en voulait à Gram. J'ai été le dernier à comprendre ce qui était évident pour tout le monde autour de moi. Ils voyaient comment il lui pourrissait la vie, draguant Gretchen pour le faire chier, lui donnant clairement à comprendre qu'il n'était pas le bienvenu. Stanley Booth dit que Mick dansait comme une « tarentule » autour de Gram. Il ne supportait pas que j'écrive des chansons avec quelqu'un d'autre, c'était une trahison insupportable, même s'il ne l'a jamais dit comme ça. Et je n'ai rien vu, ça ne m'a pas traversé l'esprit. J'avais juste élargi mon cercle de relations. J'ai rencontré quelqu'un, etc. Mais ça n'empêchait pas Mick de jouer et chanter avec Gram. De toute façon, c'est tout ce que tu avais envie de faire, dès que Gram était là. C'était un morceau après l'autre, ça n'arrêtait pas.

Gram et Gretchen se sont tirés parce que l'ambiance n'était pas cool, mais Gram n'était pas non plus dans une grande forme physique. Je ne me souviens vraiment pas bien de ce qui s'est passé au moment de son départ. Je me barricadais contre les psychodrames de cette maison surpeuplée. Je suis convaincu aujourd'hui que Mick était très jaloux de mes amis hommes, que c'était un problème bien plus grave pour lui que les femmes ou n'importe quoi d'autre. Il m'a fallu du temps pour capter que Mick traitait toujours mes amis avec suspicion, voire hostilité. Tous les types dont je me rapprochais finissaient par me confier : « J'ai l'impression que Mick ne m'aime pas. » Mick et moi, on est très proches, on en a vu des vertes et des pas mûres ensemble. Mais il a une tendance possessive bizarre. Pour moi, c'était juste de vagues vibrations, mais d'autres gens l'ont remarqué : Mick veut être mon seul ami. Cette exclusivité est peut-être liée à sa propre mentalité d'assiégé. Ou alors il pense peut-être me protéger ? « Qu'est-ce que ce connard veut à Keith ? » Très franchement, je n'en sais rien. Les gens qui se rapprochaient trop de moi, il essayait de les accaparer comme s'il s'agissait de petites amies plutôt que d'amis.

Mick a-t-il eu le sentiment qu'on l'excluait, Gram et moi ? Ça ne me serait pas venu à l'idée. Tout le monde allait et venait, on rencontrait tous des gens différents et on expérimentait des trucs inédits. Je ne suis pas sûr que Mick serait d'accord avec moi, mais je pense qu'il estimait que je lui appartenais. Et je ne me rendais compte de rien. Il m'a fallu des années pour simplement pouvoir envisager cette idée. Parce que j'aime tendrement ce mec, on est potes à la mort. Mais ce n'est pas tous les jours facile d'être son ami.

La plupart des mecs que je fréquente sont de sacrés enfoirés, certains remportent même la palme, mais ce n'est pas le problème. L'amitié n'a rien à voir avec ça. La seule question qui compte : est-ce qu'on peut se retrouver, bien s'entendre, discuter de ceci ou cela sans jamais avoir l'impression qu'on s'éloigne l'un de l'autre ? L'amitié, c'est réduire la distance entre des personnes. C'est ça, l'amitié pour moi, et c'est une des choses les plus importantes au monde. Mick n'aime pas trop faire confiance. Moi, je te ferai confiance tant que tu ne m'auras pas prouvé que tu ne le mérites pas. C'est peut-être la principale différence entre nous. Je ne vois pas comment dire ça autrement. Ça a peut-être à voir avec le fait d'être Mick Jagger, de devoir gérer le fait d'être Mick Jagger. Il ne peut pas faire autrement qu'être Mick Jagger, tout le temps. C'est peut-être sa maman intérieure.

Bobby Keys s'était installé dans un appart non loin de Nellcôte, et un jour il y a eu un petit problème parce qu'il avait balancé ses meubles par la fenêtre dans une tentative typiquement texane d'affirmation de soi. Mais la belle Nathalie Delon l'a rapidement converti aux mœurs françaises. Elle logeait chez Bianca depuis le mariage, pas loin de chez nous. Quand j'ai demandé à Bobby de me raconter ce qui s'était passé, le souvenir de leur rencontre était vif comme au premier jour.

Bobby Keys : Je me demande pourquoi elle était encore là. Elle se planquait, peut-être. Mick s'était installé avec Bianca dans une villa au nord de Nice, et je faisais le chemin sur ma nouvelle moto pour aller voir Nathalie. Mick et moi, on s'est acheté une moto en même temps, il a pris une 450, et soudain j'ai vu la 750, ses sept cylindres et ses quatre putains de pots d'échappement. « Donne-moi celle-là, mec, j'ai besoin de ces quatre pots, parce qu'une star française va s'asseoir là-dessus ! » On avalait la Côte d'Azur à toute blinde en faisant hurler le moteur, de Nice à Monaco par la moyenne corniche, Nathalie vêtue de trois fois rien et moi gonflé à bloc avec un réservoir rempli à ras bord. C'était rock'n'roll, nom de Dieu, et du vrai ! On se barrait dans l'arrière-pays, les petits villages français, une bouteille de vin, un sandwich, et Nathalie essayait de m'apprendre un peu la langue. C'est des choses que je n'oublierai jamais, ces petites routes de l'arrière-pays niçois. On était vraiment bien ensemble. Elle était très drôle, à sa manière tranquille, et on se donnait aussi un petit coup de seringue dans le derrière, un tout petit shoot. C'était comme être dans un Disneyland pour grandes personnes. C'était une beauté. Elle m'a brisé le cœur mais je l'aime toujours. Comment faire autrement ?

Je me dois d'ajouter que Bobby était marié à l'époque, même si ça n'a pas duré, et que sa femme l'attendait dans son appartement pendant qu'il faisait le joli cœur avec Nathalie. Bobby a dû établir une sorte de record marital en découchant quatre nuits de suite pendant qu'on rassurait tous sa femme avec des histoires.

L'idylle a pris fin quelques mois plus tard, quand Nathalie lui a dit que c'était terminé et qu'il ne devait plus jamais l'appeler ou chercher à la revoir. Bobby en a eu le cœur brisé. Il n'avait jamais été viré comme ça, sans la moindre explication, par quelqu'un dont il avait été si proche. Il a porté ce mystère en lui pendant des décennies, jusqu'à un jour récent où un journaliste qui connaissait l'histoire a expliqué à Bobby que c'était trop dangereux pour Nathalie de se montrer avec lui. Son fils, Anthony, bénéficiait d'une protection policière. On n'a jamais su qui avait tué le garde du corps avec qui Nathalie avait eu une aventure. Elle était harcelée par les potes yougoslaves du type. Bobby se rappelle qu'elle lui avait parlé du danger mais il n'avait pas fait attention. « Si Nathalie avait de l'affection pour toi, elle n'aurait pas pu prolonger la liaison », c'est ce que le journaliste a dit à Bobby. Pour lui, ça a été comme une révélation. Il habitait chez moi et, quand il est descendu pour le petit déjeuner le lendemain, il se sentait bien, reconnaissant envers Nathalie de l'avoir protégé et aussi de ne rien avoir dit à l'époque, sinon il aurait pu se prendre au jeu du « C'est quoi ces fils de pute de Français ? Je suis texan, j'en bouffe au petit déj, des connards comme ça » – je le cite. Mais ça n'aurait pas marché.

Bobby a survécu pour continuer à verser son âme dans bien d'autres « Brown Sugar », tout en vivant dangereusement, comme on aura l'occasion de le voir.

Comment a-t-on réussi à produire une telle quantité de musique – deux chansons par jour ? J'étais accro à l'héro et c'était comme de l'énergie pure. Quels que soient ses nombreux dangers – et je ne conseillerai à personne d'en prendre –, l'héro peut avoir son utilité. La dope aplanit toutes les difficultés, de bien des manières. Une fois que tu y es, peu importe ce qui t'arrive, tu peux faire face. Notre mission, c'était de faire tenir toute l'opération des Rolling Stones dans cette maison du sud de la France. On avait un disque à produire et, si on échouait, les Anglais auraient notre peau. Notre campement bédouin comptait en permanence entre trente et quarante personnes, mais ça ne m'a jamais dérangé, grâce aux stimulants dont je disposais : je restais concentré sur la musique.

Mais ça gênait Anita. Ça la faisait même grimper aux murs. C'était une des rares personnes à parler le français – et l'allemand (qu'elle pratiquait avec notre gouvernante autrichienne). Alors elle s'est faite videur : elle se chargeait de mettre dehors les gens qui dormaient sous des lits ou qui avaient dépassé les bornes de l'hospitalité. Il y avait des tensions, c'est certain, et de la parano – je l'ai souvent entendu, le récit de sa saison en enfer comme cerbère –, et il y avait aussi beaucoup de drogue. Et plein de bouches à nourrir : un jour, un groupe de saints hommes vêtus de robes orange nous a rendu visite, ils se sont installés à table avec nous et se sont rués sur la bouffe. En deux temps trois mouvements, ils ont tout mangé, tout nettoyé. Côté gestion des ressources humaines, Anita gesticulait de manière menaçante dans la cuisine. Mais elle redoutait vraiment les cow-boys qui nous entouraient.

Gros Jacques était installé à deux pas de la villa, dans la cuisine qui se trouvait dans un autre bâtiment. Un jour, on a entendu une explosion terrible, un énorme boum assourdi. On était tous à table, dans la grande salle à manger. Jacques a surgi dans l'entrée, le poil roussi et couvert de suie comme dans une bande dessinée. Il avait fait sauter la cambuse, laissé le gaz ouvert trop longtemps avant d'y porter une allumette. Il nous a annoncé qu'il n'y avait plus de dîner : il avait littéralement traversé le plafond.

L'héro confortait ma mentalité d'assiégé. C'était mon rempart contre tous les tracas quotidiens. Plutôt que d'y faire face, je préférais fermer la porte, me concentrer sur ce que j'avais à faire. Ça me permettait de circuler à l'abri de tout. Autrement, je ne sais pas comment j'aurais fait pour entrer dans telle pièce et régler tel truc, comme ça m'arrivait de devoir le faire. Avec, pas de souci, je faisais face avec beaucoup d'aplomb, très cool. Ensuite, je retournais bosser à ma guitare. Tout devenait possible. Quand j'étais net, je ne sais pas, il se passait trop de trucs en même temps. Normalement, tu habites un monde dans lequel les gens obéissent au rythme de la lune et du soleil. Ils se réveillent, s'endorment. Si tu brises ce cycle en restant éveillé pendant quatre, cinq jours, tu perçois ces gens qui viennent de se lever, qui se sont donc écroulés à un moment, de très loin. Tu es en train de travailler, d'écrire des chansons, de faire de l'overdub, et ces gars débarquent, ils ont dormi et tout ! Ils ont mangé ! Et toi, tu es assis à ton bureau avec ta guitare, du papier et un stylo. « Putain, où vous étiez passés ? » J'en suis arrivé au point où je me demandais comment je pouvais aider ces pauvres types qui avaient besoin de dormir tous les jours.

Pour moi, le temps ne compte pas pendant un enregistrement. Il change. Je m'aperçois seulement de son existence lorsque les gens autour de moi commencent à tomber de fatigue. Sinon je pourrais continuer et continuer. Mon record personnel, c'est neuf jours. Bien sûr, tôt ou tard tu finis par t'effondrer. Mais la perception du temps... Einstein avait raison : tout est relatif.

Ce n'est pas seulement à la qualité supérieure de ma dope que j'attribue ma survie. Je surveillais de près ma consommation. Je n'en prenais jamais un petit peu plus pour être un petit peu plus défoncé. C'est sur ce point que la plupart des utilisateurs déconnent. Ce besoin d'en prendre plus, je n'en ai jamais vraiment souffert. Les gens pensent que s'ils sont déjà défoncés, le fait de reprendre un peu de dope va renforcer l'effet. C'est faux. Surtout avec la coke. Une ligne de très bonne coke doit te permettre de tenir la nuit. Mais, non, il y a des gens qui après dix minutes reprennent une ligne, puis encore une, et ainsi de suite. C'est ouf, parce que ça ne te défonce pas plus. C'est une question de self-control. Mais je suis peut-être exceptionnel à cet égard. J'ai peut-être un avantage par rapport aux autres sur ce point.

J'étais le chef de chantier. À l'époque, j'avais une détermination dingue. Si j'ai une idée, et si elle est bonne, il faut la noter *maintenant*. Cinq minutes plus tard, je l'aurais peut-être perdue. J'ai aussi découvert que c'était parfois utile de me pointer en faisant la gueule sans que l'on sache bien pourquoi. Les gars se remuaient deux fois plus. Ils se disaient : « Oh, il est zarbi aujourd'hui, faut le caresser dans le sens du poil. » Mais au bout du compte, ce que j'avais décidé pour l'enregistrement ou la chanson se matérialisait. Je ne faisais pas ça trop souvent, seulement lorsque ça me semblait nécessaire. Et ça me donnait quarante minutes de répit dans les toilettes pour me faire un fixe pendant qu'ils réfléchissaient à ce que j'avais dit.

On avait un emploi du temps bizarre. On a fini par l'appeler le « temps selon Keith », ce qui exaspérait un peu Bill Wyman. Rassurez-vous, pas au point de se plaindre. Au début, on avait dit qu'on commencerait à deux heures, mais ça ne s'est jamais produit. Alors on a dit qu'on s'y mettrait à six, mais en pratique c'était le plus souvent à une heure du mat. Ça n'avait pas l'air de gêner Charlie. Mais Bill était vraiment atteint. Je peux comprendre. Je jouais à la star. Je m'enfermais dans les chiottes pour me faire un fix et réfléchir à la chanson, et quarante-cinq minutes plus tard j'y étais toujours. J'aurais dû dire : « Hé, les mecs, on fait un break, je vais réfléchir. » Mais je ne le faisais pas. C'était mal de ma part, indélicat.

Quand je disais : « Je vais mettre Marlon au lit », ça voulait dire que j'allais m'éclipser durant plusieurs heures. Andy Johns raconte que Mick, Jimmy Miller et lui s'installaient en bas des marches et palabraient : « Qui se dévoue pour le réveiller ? J'en ai plein le cul de tout ça.

— Pas question que je mette un pied là-haut. Andy, vas-y toi !

— Hé, les mecs, je ne suis que le petit Andy, sérieusement, je ne peux pas me charger de ça. » Tout ce que je peux dire, c'est que c'est devenu pire vers la fin des années 1970. En tournée, Marlon est devenu la seule personne qui avait le droit de me réveiller.

Mais ça a marché – je ne sais pas trop comment. Je laisse Andy, notre infatigable ingénieur du son, apporter son témoignage :

Andy Johns : On était en train de bosser « Rocks Off », et tout le monde était parti. Keith m'a dit : « Repasse-moi ça, Andy. » Il devait être quatre, cinq heures du mat, et il est parti se coucher pendant que je lui faisais réécouter la prise, et j'ai pensé : « Génial ! Je vais pouvoir me casser. » Je suis donc rentré me coucher à la villa que Keith avait la gentillesse de louer pour moi et Jim Price. Au moment où je sombre dans le néant, dring, dring, dring… « Putain, où t'es passé, mec ? Je viens d'avoir une idée géniale. » Il y avait une demi-heure de route à faire. « Désolé, Keith, j'arrive. » J'ai repris la voiture, je suis retourné à Nellcôte et Keith m'a joué une nouvelle partie à la Telecaster, et c'est la raison pour laquelle il y a cet échange des deux guitares sur « Rocks Off », ce qui m'étonne encore aujourd'hui. Et on a fait juste une prise. Boum, c'était plié. Ça fait vraiment plaisir.

Et puis tout le cirque est parti, et je suis resté à Nellcôte avec Anita, Marlon et une petite bande de gens jusqu'à la fin de l'automne, quand les nuages ont commencé à s'amonceler, le ciel à devenir gris et orageux, les couleurs à changer. Après l'hiver est arrivé et c'était plutôt tristounet, surtout quand on repensait à l'été. Et il n'y a pas que le climat qui est devenu menaçant : on avait la brigade des stups aux fesses. Ils avaient mené l'enquête, s'étaient renseignés auprès de leurs « suspects habituels » sur l'intense activité à Nellcôte, non seulement la mienne et celle des cow-boys, mais aussi celle de tous les autres « consommateurs de stupéfiants » de notre groupe. Ils nous surveillaient et nous espionnaient, ce qui n'était pas bien difficile. En octobre, on s'est fait cambrioler et on m'a volé un grand nombre de guitares. Je voulais partir mais les autorités françaises nous en empêchaient. On nous a expliqué qu'on faisait l'objet d'une enquête car de lourds soupçons pesaient sur nous, et qu'un juge allait nous auditionner à Nice, histoire de nous faire part de toutes les rumeurs et accusations rassemblées par la police en mettant la pression sur les gens qui fréquentaient Nellcôte. On était vraiment dans le pétrin. Il n'y a pas d'*habeas corpus* en France, l'État a presque tout pouvoir. On pouvait se retrouver en prison pour des mois si le juge estimait les charges suffisantes, et peut-être même s'il ne le pensait pas. Et c'est ici que la structure – balbutiante à l'époque – mise en place par notre manager, le prince Rupert Loewenstein, est entrée en action pour la première fois. Par la suite, on allait établir un réseau international d'avocats, de porte-flingues juridiques de haut vol, pour nous protéger ; en attendant, Rupert s'était attaché les services d'un avocat nommé Jean Michard-Pellissier. On n'aurait pas pu trouver mieux. Il avait travaillé pour de Gaulle et venait d'être nommé conseiller auprès du Premier ministre Jacques Chaban-Delmas, qui était un de ses amis proches. Qui plus est, notre porte-parole était aussi le conseiller juridique du maire d'Antibes, et au cas où ça n'aurait pas suffi, le talentueux Me Michard-Pellissier était un pote du préfet, lequel supervisait la police. Bien joué, Rupert. Nous avons été entendus à Nice et

Rupert a joué les interprètes. Je me souviens de lui disant, après l'audition, que les accusations de la police étaient « épouvantables ». Mais c'était aussi très drôle, hilarant même, une comédie française à la Peter Sellers, un film dans lequel un détective tapait lentement et solennellement à la machine pendant que le juge comprenait tout de travers. Il était persuadé qu'on était à la tête d'un réseau de prostitution, que la drogue était livrée et vendue par des types sinistres parlant allemand et un guitariste anglais, votre serviteur. « Le juge d'instruction souhaite savoir si vous connaissez un certain Alphonse Guérini », ou un autre truc dans le genre. « Je n'en ai jamais entendu parler. » Celui ou ceux qui nous avaient balancés avaient dû rajouter des couches d'exagération et de pure invention pour faire plaisir à la gendarmerie. En fait, toutes leurs informations étaient fausses. Loewenstein a dû expliquer au juge que j'étais un acheteur, pas un marchand, et que des voleurs cherchaient le moyen de me faire payer, deux ou trois fois le tarif normal. Finalement, la machine Michard-Pellissier s'est mise en branle. Donc, au lieu de nous retrouver au trou pour quelques années, une possibilité tout à fait réelle, on a négocié un de ces nombreux compromis judiciaires qui par la suite m'ont sauvé la mise *in extremis*. Je devais quitter le territoire français et avais interdiction d'y revenir jusqu'à nouvel ordre, mais je devrais continuer de louer Nellcôte pour deux mille quatre cents dollars la semaine. Une sorte de dépôt de garantie.

La presse a eu vent de l'histoire, et dès que les accusations de trafic d'héroïne sont sorties, ça a déclenché une tempête. Ah, il y a donc un problème d'héroïne dans le groupe, et dans l'industrie du disque en général. Plus les calomnies habituelles : Anita aurait vendu de la drogue à des mineurs et autres conneries, et une véritable rumeur s'est répandue sur les choses horribles qui se passaient à Nellcôte. Côté français, je n'avais pas fini d'en entendre parler. On est partis à Los Angeles, mais à la mi-décembre, la police a perquisitionné Nellcôte en notre absence et trouvé ce qu'ils cherchaient. Il leur a fallu une bonne année pour nous inculper et lancer un mandat d'arrêt contre Anita et moi. Un tribunal nous a condamnés à une amende pour détention d'héroïne et nous a interdits de séjour en France pendant deux ans. Toutes les accusations de trafic avaient été abandonnées et j'ai enfin pu cesser de payer le loyer de Nellcôte, des milliers de dollars jetés par la fenêtre.

On était partis de France avec le matériel brut pour *Exile*, le squelette à proprement parler, sans les finitions. Sur presque toutes les chansons, on avait dit : « Il faudra ajouter un solo ici, il faudra des nanas par-ci, plus de percus par-là. » On prévoyait déjà, sans rien noter. On s'est donc retrouvés à L.A. pour habiller le squelette de chair. Pendant quatre mois et demi au début 1972, on a enregistré ce qui manquait et mixé *Exile on Main Street*. Je me revois assis sur le parking des disques Tower ou des studios Gold Star, ou sur Sunset, dans la voiture, à attendre le moment précis où notre DJ favori allait envoyer à l'antenne un morceau inédit pour qu'on puisse juger le mix. Ça passait bien ? Est-ce qu'on avait un single ? On a fait ça avec « Tumbling Dice », « All Down the Line » et beaucoup d'autres. On appelait Jack Wolfman ou un autre DJ de la station KRLA et on lui envoyait un *dub* tout juste monté, on partait en caisse pour écouter le morceau et un type restait à côté du DJ pour le récupérer et le rapporter. *Exile on Main Street* a démarré lentement. Dans le métier, on disait que c'était suicidaire de faire un double album. Forcément, pour les compagnies, ça complique les histoires de prix, de distribution. Mais on a tenu bon, c'était audacieux, on a dit : « Écoutez, c'est comme ça, et s'il faut un double album, ce sera un double album », et tout le monde nous a prédit le plantage. Au début, on a cru qu'ils avaient eu raison et puis ça a démarré, ça s'est emballé, et les critiques étaient démentes. De toute façon, si tu ne fais pas preuve d'un peu d'audace, tu ne vas nulle part. Il faut repousser les limites. On était allés en France pour faire quelque chose et on avait réussi, donc autant aller jusqu'au bout.

Quand tout a été fini, on s'est installés à Stone Canyon avec Anita et j'ai retrouvé Gram. C'est la dernière fois que je l'ai vu. Stone Canyon, c'était bien, mais il y avait le problème de la dope. J'ai une photo de Gram et moi sur sa Harley, moi derrière lui avec des lunettes, on partait en chasse. « Hé, Gram, où on va ?

— Dans un endroit de la ville où personne ne va. » En effet, c'était des coins dont je ne soupçonnais même pas l'existence. Beaucoup de dealers étaient des nanas, si mes souvenirs sont bons. Des femmes junkies, des FJ, comme on les appelait dans le business. Une ou deux fois c'était un mec, mais les connexions de Gram étaient plutôt féminines. Il les trouvait plus cool que les mecs, pour te fournir la dope et se rendre disponibles.

« J'ai la dope, mais pas le matos pour faire un fix.

— Pas de souci, je connais une nana… » Il connaissait des filles au « Riot House », « le grand foutoir », l'hôtel Continental Hyatt qui se trouve sur Sunset, bon marché, très prisé des groupes, qui pouvaient garer leurs cars. Et il y avait toujours une nana mignonne, totalement junkie, qui te prêtait sa seringue. C'était avant le sida, on n'avait pas ce souci à l'époque. C'est alors que Gram a rencontré Emmylou Harris, l'a entendue chanter pour la première fois, même s'il a fallu plus d'un an avant qu'il n'enregistre ses grands duos avec elle. Mais je suis sûr que ce n'est pas l'idée de faire des vocalises avec elle qui l'a attiré vers Emmylou. Un sacré chaud lapin, l'enfoiré.

La mauvaise nouvelle, c'est qu'on ne trouvait pas d'héro de bonne qualité sur la côte Ouest. On en était réduits à prendre de la merde mexicaine. On appelait ça la SMM, « super merde mexicaine ». Ça ressemblait à de la merde et parfois c'en était, et il fallait faire un test pour voir à quoi on avait affaire. Tu en chauffais un peu dans une cuillère, histoire de voir si ça se dissolvait, et tu reniflais le résultat. Ça a une odeur caractéristique, quand tu chauffes l'héro. Si tu sentais une bonne odeur de lactose, c'était bonnard, parce que la vraie héro, pas celle de la rue, était coupée au lactose. Mais notre merde mexicaine était épaisse. Parfois, tu avais du mal à la faire passer dans l'aiguille. On était tombés bien bas.

En règle générale, je ne laissais jamais les choses atteindre le stade où je me retrouvais privé de bonne dope. La came de la rue, c'était ma ligne jaune. J'ai décidé d'arrêter. Mauvais matos, j'ai pas besoin de ça. Ça sert à peine à faire tourner le moteur. Un jour, tu te réveilles et il y a un changement de plan, on t'attend quelque part où tu ne pensais pas devoir te rendre, et la première chose que tu te dis, c'est : « Comment je vais faire pour la dope ? » La première chose sur la liste, ce ne sont pas tes slibards ou ta guitare, c'est la dope. « Est-ce que je prends le risque d'en embarquer sur moi ? Est-ce que je me procure deux ou trois numéros de téléphone, pour être sûr d'en avoir en arrivant ? » J'en étais là pour la première fois, parce qu'on avait effectivement prévu une tournée. Je n'avais plus vraiment le choix. Pas question de me retrouver coincé au milieu de nulle part sans dope. C'était ma hantise, je préférais me nettoyer avant de partir sur la route. C'est pénible de se désintoxiquer, mais l'idée que je pouvais compromettre la tournée si je n'y arrivais pas m'était insupportable…

De toute façon on devait partir, car mon visa arrivait à expiration. Le moment était venu pour nous de quitter L.A. Anita était enceinte d'Angela, il fallait se mettre clean. Anita n'était pas accro comme moi, elle s'en passait assez bien à l'époque, n'en prenant que de temps à autre. Et notre robuste Angela est la preuve vivante que le risque pour sa santé n'était pas sérieux. Moi, en revanche, j'étais totalement accro. C'était dur. On était sur le fil du rasoir, mais on n'a pas vraiment hésité. Il fallait juste décider d'y aller. Ça ne me faisait pas peur. C'était la chose à faire, et ça ne servait à rien de traîner. Je ne pouvais pas faire ça en Angleterre, ni en France, puisque je n'avais pas le droit d'y remettre les pieds. La Suisse est donc devenue notre destination.

Je me suis bien explosé avant de monter dans l'avion, parce qu'à l'arrivée c'était le manque direct, sans possibilité de retour car je n'avais pas de contact en Suisse. Ça a été très dur. Mes souvenirs sont imprécis. Je crois qu'on m'a mis dans une ambulance et qu'on a filé de l'hôtel à la clinique. June Shelley, qui s'était occupée de nos affaires à Nellcôte et surveillait également le déroulement de cette opération, raconte dans ses mémoires qu'elle a cru que j'allais claquer dans l'ambulance. En tout cas, je devais avoir l'air très mal en point. Je ne me souviens pas de grand-chose d'autre. Je me laissais trimballer. « Amenez-moi à la clinique, ça suffit comme ça, faut y aller, donnez-moi des calmants pour que je puisse dormir autant que possible pendant les soixante-douze heures d'enfer qui vont suivre. »

C'est un certain Dr Denber, dans une clinique de Vevey, qui s'est occupé de ma cure de désintoxication. C'était un Américain qui avait l'air d'un Suisse, rasé de près, avec des petites lunettes cerclées à la Himmler. Mais il avait un accent du Midwest. En fait, le traitement du Dr Denber s'est avéré ne servir à rien ! Et c'était aussi un sacré tordu. J'aurais préféré me désintoxiquer avec l'aide de Smitty, l'infirmière préférée de Bill Burroughs, la vieille matrone poilue. Mais le Dr Denber était le seul à parler anglais. Je n'y pouvais donc rien : ce type est en manque, il est à toi.

Les gens n'ont aucune idée de ce qu'on ressent quand on est en manque. C'est épouvantable, vraiment horrible. Pour donner une idée, c'est un peu mieux que perdre une jambe dans les tranchées. Ou que mourir de faim. Mais personne ne ferait ça pour essayer. Ton corps se retourne comme un sac et se fait la guerre à lui-même trois jours durant. Après ça se tasse, mais ce sont les trois jours les plus longs de ta vie, et tu n'arrêtes pas de te demander pourquoi tu t'infliges ça alors que tu pourrais être en train de vivre ta putain de vie normale de rock star bourrée de fric. Mais non, tu as choisi de vomir tes tripes et de grimper aux murs. Pourquoi tu t'infliges ça ? Je me le demandais bien. Et je me le demande toujours. Ça grouille de bêtes sous ta peau, tes intestins se révoltent, tu ne peux pas empêcher tes membres de s'agiter dans tous les sens, tu te dégueules et te chies dessus simultanément, et il y a de la merde qui s'écoule de ton nez et de tes yeux. Si tu es raisonnable, la première fois que tu vis ça, t'es bien obligé de reconnaître : « Je suis accro. » Mais ça ne t'empêchera quand même pas de replonger, aussi raisonnable sois-tu.

Anita a accouché à deux pas de la clinique où j'étais hospitalisé, donnant naissance à notre fille Angela. Lorsque les trois jours d'horreur ont été derrière moi, comme j'avais emmené une guitare, je me suis mis à écrire et j'ai composé « Angie ». Ça s'est passé en un après-midi, sur mon lit, je pouvais enfin bouger mes doigts normalement et les poser au bon endroit, je ne chiais plus dans mes draps, je ne grimpais plus aux murs, je ne me débattais plus comme un diable. J'ai chantonné : « Angie, Angie. » Ça ne parlait pas de quelqu'un en particulier, c'était juste un prénom, comme dans « Oooh Diana ». Quand j'ai écrit « Angie », je ne savais même pas qu'on allait appeler notre fille Angela. À l'époque, on ignorait le sexe de l'enfant jusqu'à ce qu'il apparaisse. Anita, elle, voulait l'appeler Dandelion (Pissenlit). On a ajouté Angela parce qu'à l'hôpital catholique où elle est née, ils ont insisté pour qu'on lui donne un « vrai » nom. Mais dès qu'Angela a grandi, elle nous a dit : « Ne m'appelez plus jamais "Dandy" ! »

Chapitre Neuf

Où nous entamons notre grande tournée de 1972. Dr Bill ouvre
sa sacoche à malices et Hugh Hefner nous héberge à Chicago.
Je fais la connaissance de Freddie Sessler. Nous déménageons en Suisse,
puis en Jamaïque. Avec Bobby Keys on se retrouve dans la mouise
sur la route et on est sauvés par le roi de l'ananas à Hawaii.
Je m'achète une maison à la Jamaïque. Anita est arrêtée là-bas,
et expulsée. Gram Parsons meurt d'une overdose, et moi je suis
le prochain sur la liste de « ceux qui vont y passer à coup sûr ».
Ronnie Wood se joint au groupe.

« L'éléphantesque tournée 1972 des Stones a commencé le 3 juin. On comprend qu'une personne sensible comme Keith ait besoin de médicaments, mais ces choses-là ne m'ont pas remonté le moral. J'espérais mieux que ça. L'idéalisme de la tournée de 1969 s'était achevé sur un désastre.

Le cynisme qui a présidé à la tournée de 1972 était incarné par Truman Capote, Terry Southern, la princesse Lee Radziwill et Robert Frank, à qui on aurait pu ajouter William S. Burroughs si le Saturday Review *avait pu payer la pige qu'il avait exigée. Les autres attractions de la tournée comportaient un médecin ambulant, des hordes de dealers et de groupies, et de grandes scènes de sexe et dope. Je pourrais vous décrire dans le moindre détail les saccages et les orgies dont j'ai été le témoin — et auxquels j'ai participé — au cours de cette tournée, mais quand on a vu assez de nouilles sur la moquette, de flaques d'urine sur les tapis et d'organes sexuels giclant en vagues, tout finit par se confondre. Façon de parler. On en a vu un, on les a tous vus. Les nuances sont marginales. »*

Stanley Booth, *Keith : Standing in the Shadows.*

« Je n'ai jamais rien vu de pareil. J'ai déjà voyagé avec des gens extraordinaires mais pas égocentriques à ce point. Ici, le monde extérieur est totalement exclu. Ils ne sortent jamais, ne savent jamais dans quelle ville ils se trouvent... Je n'arrive pas à m'y habituer. »

Robert Frank, photographe
et réalisateur de *Cocksucker Blues*

La tournée de 1972 est connue sous différents noms : la « tournée cocaïne et tequila sunrise », ou la STP, pour « Stones Touring Party », une fiesta permanente autour du monde. Toute une légende s'est bâtie à son propos, dans la lignée des excès énumérés par Stanley Booth ci-dessus. Pour ma part, je n'ai jamais rien vu de tout ça. Je pense que Stanley a exagéré, ou qu'il était très naïf à l'époque. Mais il est vrai qu'on en était arrivés au point où aucun autre hôtel qu'un Holiday Inn de base n'acceptait de nous accueillir. C'est à ce moment-là qu'on a commencé à louer toutes les chambres d'un étage, qu'on transformait en zone d'accès restreint parce que certains d'entre nous – dont moi-même – avaient besoin d'un peu d'intimité et de sécurité. C'était pour nous la seule façon de s'assurer qu'on garderait le contrôle de la situation quand on décidait de s'éclater, ou du moins qu'on serait avertis si des ennuis se profilaient.

On avait toute une cohorte avec nous. Il y avait de tout, des roadies et des techniciens, des parasites et des groupies. Pour la première fois, on avait notre propre avion, un jet sur le fuselage duquel on avait fait peindre la bouche ouverte avec la langue pendante. On était devenus une nation pirate, on traversait des distances énormes, sous notre propre drapeau, avec un cortège d'avocats, de clowns et d'assistants. Les types qui faisaient marcher cette organisation se débrouillaient avec une machine à écrire déglinguée, des piaules d'hôtel et des cabines publiques pour passer leurs coups de fil et faire jouer les Stones dans trente villes américaines. Une prouesse logistique qu'on devait à notre nouveau *tour manager*, Peter Rudge, général à quatre étoiles perdu au milieu des anarchistes. On n'a jamais raté un concert mais ça a failli arriver. Le gus qui faisait la première partie dans presque toutes les villes était Stevie Wonder, qui avait alors à peine vingt-deux ans.

À un moment où on tournait en Europe avec le super groupe de Stevie, on racontait des histoires sur lui. Des mecs disaient : « Il voit, l'enfoiré ! Tu entres avec lui dans un hôtel tout neuf, il prend sa clé à la réception et se dirige direct vers l'ascenseur. » Par la suite, j'ai découvert qu'il avait mémorisé le plan d'un hôtel Four Seasons. Cinq marches ici, deux marches jusqu'à l'ascenseur… C'était pas compliqué pour lui. Il faisait ça juste pour emmerder le monde.

Le groupe assurait méchamment, pendant cette tournée. Je préfère laisser un autre écrivain accompagnateur, Robert Greenfield, vous faire part de ses impressions. Il y avait un paquet de journalistes sur cette tournée, c'était devenu une espèce de campagne politique, en termes de couverture médiatique. Notre vieil ami Stanley Booth s'est retiré, dégoûté par la cohue des beautiful people et autres auteurs célèbres qui dénaturaient la pureté de notre démarche, « *The ballrooms and smelly bordellos/And dressing rooms filled with parasites* » (Les salons de bal et les bordels puants/ Et les antichambres remplies de parasites). Mais la musique ne pouvait pas s'arrêter.

Robert Greenfield : À Norfolk, comme à Charlotteville et Knoxville, ça déménage de bout en bout, les musiciens totalement soudés, et à l'heure, comme une équipe de championnat dans ses moments les plus parfaits, les plus fluides. Seuls ceux qui écoutent, Ian Stewart, par exemple, ou les Stones eux-mêmes et les musiciens qui les accompagnent sur scène, savent qu'il y a de la magie dans l'air. Les autres sont occupés à régler des problèmes de logistique ou à trouver un moyen de se défoncer.

Appelons Dr Bill le médecin accompagnateur que Stanley a mentionné plus haut, pour lui donner une touche de Burroughs. Théoriquement, sa spécialité, c'était la médecine d'urgence. Mick s'inquiétait à raison pour sa sécurité – il avait été menacé, des malades faisaient une fixette sur lui, des gens l'abordaient dans la rue et le frappaient, les Angels voulaient sa mort – et il avait donc souhaité la présence d'un médecin qui le maintiendrait en vie au cas où on lui tirerait dessus sur scène. Le Dr Bill, pour sa part, était surtout là pour le cul. Et comme il était jeune et plutôt beau gosse, il en profitait un max. Il s'était fait fabriquer des cartes de visite sur lesquelles il avait écrit quelque chose comme « Dr Bill, médecin des Rolling Stones ». Il se promenait dans le public avant le début du spectacle et distribuait vingt ou trente de ses cartes aux filles les plus belles, les plus sexy, même si elles étaient avec un mec. Au dos, il inscrivait le nom de notre hôtel, le numéro de la suite. Et il arrivait que des nanas maquées rentrent d'abord chez elles, puis reviennent nous voir. Elles donnaient la carte aux gardes, et le Dr Bill savait que sur les six ou sept filles qui se pointeraient, il y en aurait toujours une ou deux avec lesquelles il parviendrait à ses fins s'il leur promettait de nous les présenter. Son truc, c'était de baiser toutes les nuits. Et il avait une sacoche bourrée de tout type de produits, du Demerol, tout ce que tu voulais. Il pouvait faire des ordonnances dans toutes les villes. On envoyait des nanas récupérer sa sacoche dans sa chambre. Il y avait carrément une file d'attente, avec un sac poubelle plein de seringues usagées qui se remplissait pendant qu'il fournissait le Demerol.

À Chicago, on a eu un sérieux problème de chambres d'hôtel, ce qui n'a pas arrangé notre impopularité auprès des services de réservation. Il y avait un congrès de quincailliers, un congrès McDonald's, un congrès de marchands de meubles, les hôtels étaient pleins de gens avec des badges. Hugh Hefner, le patron de *Playboy*, s'est dit que ça serait marrant d'inviter certains d'entre nous chez lui, à la villa Playboy. Il l'a regretté. Hugh Hefner, quel cinglé ! J'ai rencontré toutes sortes de maquereaux, du plus vil au plus sophistiqué. Le plus sophistiqué, c'était lui, mais il n'en était pas moins mac. Il nous a accueillis à bras ouverts et on est restés plus d'une semaine. Une succession de séances de sauna, avec des « bunnies » dans tous les coins. En gros, c'était un bordel géant, ce que je n'aimais vraiment pas. Je dois avouer que mes souvenirs sont quand même très, très flous. Mais je sais qu'on s'est bien marrés. On a explosé l'endroit. Hefner s'était fait tirer dessus juste avant notre visite et la maison ressemblait au palais d'un dictateur des Caraïbes, avec des gardes lourdement armés partout. Bobby et moi, on préférait éviter ça, ainsi que les touristes qui venaient nous guetter dans la villa Playboy, et on s'est concentrés sur nos propres divertissements.

Le docteur était avec nous. On lui ramenait une bunny, le deal était : « Tu nous laisses prendre ce qu'on veut dans ta sacoche et tu peux t'amuser avec Debbie. » Je me disais que puisque le scénario était écrit d'avance, autant le jouer jusqu'au bout. Bon, on y est allés un peu fort en mettant le feu à la salle de bains. Enfin, c'est pas nous, c'est la dope. Pas de notre faute. Bobby et moi, on était juste assis dans les toilettes, des toilettes vraiment sympa, confortables, assis par terre avec la sacoche du docteur, et on était en train de se faire un petit buffet campagnard. « Je me demande ce que c'est, ces cachets. » Bong. Et à un moment donné... Tu parles d'un brouillard ! Bobby a dit : « Il y a de la fumée dans l'air. » J'ai regardé Bobby et je ne le voyais plus. Et les tentures étaient en flammes, ça flambait en grand. Au point que je ne le voyais plus, il avait disparu dans le brouillard. « Ouais, en effet, c'est un peu enfumé ici. » Une réaction vraiment à retardement. Et soudain ça s'agite à la porte et les alarmes d'incendie se mettent à sonner, bip, bip, bip... « C'est quoi, ce tintouin, Bob ?

— J'en sais rien. Si on ouvrait la fenêtre ? » Quelqu'un de l'autre côté de la porte nous a crié : « Ça va, là-dedans ?

— Ouais, mec, impec. » Puis plus rien, et on est restés là à se demander ce qu'on devrait faire. Peut-être qu'on pourrait se tirer tranquillement et payer pour les réparations ensuite ? Et après il y a eu des coups à la porte et des types en noir avec des seaux d'eau. Ils ont enfoncé la porte, et nous on était assis par terre, avec des pupilles pas plus grandes qu'une tête d'épingle. J'ai dit : « On aurait pu s'en charger ! Comment osez-vous interrompre une réunion privée ? » Peu de temps après, Hugh a mis les voiles et s'est installé à Los Angeles[1].

Je sais que je me suis vraiment lâché au cours de certaines soirées parce qu'on me l'a dit, mais je ne me souviens de presque rien ! Une fête réussie, c'est une fête dont on ne garde aucun souvenir. « Comment, tu te souviens pas du flingue ? Retourne le tapis, tu verras les trous dans le plancher, mec ! » J'étais un peu honteux et confus. « Tu te souviens pas de ça ? Quand t'as sorti ta queue, agrippé au lustre. Alors qui en veut ? Allez, emballez-moi ça dans un billet de cinq livres ! »

C'est très difficile à expliquer, tous ces excès. On ne disait pas : « OK les mecs, on va faire la teuf ce soir. » Ça arrivait, c'est tout. On recherchait l'anéantissement, je suppose, mais pas de manière délibérée. Quand tu fais partie d'un groupe célèbre, tu te fais souvent embarquer, et plus tu es célèbre, plus t'as l'impression d'être enfermé dans une cage. Tu fais des contorsions démentes juste pour ne pas être toi-même pendant quelques heures.

Je suis capable d'improviser même quand je suis inconscient. Il paraît que c'est un de mes meilleurs numéros. J'essaye de garder le contact avec le Keith Richards que je connais, mais je

---

1. Voici ce qu'il a écrit dans un mémo daté du 28 juin 1972 : « Pour votre information suit une liste des dégâts dus à la visite des Rolling Stones : le tapis blanc dans la salle de bains des chambres bleue et rouge a été brûlé et a dû être remplacé, le siège des toilettes a également été brûlé et a dû être remplacé ; le fauteuil et le sofa de la chambre rouge sont tachés, sans doute au point qu'il faudra les retapisser ; le couvre-lit de la chambre rouge est très taché. On espère pouvoir faire partir ça au nettoyage. » (Note des auteurs)

sais qu'il en existe un autre qui rôde dans les parages et se manifeste occasionnellement. Certaines des meilleures histoires que l'on raconte sur moi se sont produites alors que je n'étais pas vraiment là, du moins pas consciemment. De toute évidence, je suis encore opérationnel, bien trop de gens me l'ont confirmé, mais il m'arrive d'atteindre un point, surtout si je prends de la cocaïne depuis plusieurs jours, à partir duquel je craque, tout simplement. J'ai l'impression d'être en train de dormir, hors circuit, mais en fait je fais des choses démentes. Ça s'appelle « pousser le bouchon un peu loin », mais personne ne m'a dit que le bouchon était démesuré. À partir d'un certain point tout s'arrête parce que tu es allé trop loin, mais c'est trop marrant, et tu es en train d'écrire une chanson, et il y a plein de nanas, et tu vas à ce truc de rock'n'roll et il y a des tas d'amis et ils t'aident à tenir, et à partir d'un certain moment l'interrupteur se met sur stop mais tu continues à bouger. C'est comme si un générateur de secours se mettait en marche, sauf que la mémoire et la raison sont totalement absentes. Mon ami Freddie Sessler aurait des tonnes de choses à dire là-dessus, paix à son âme.

J'ai quand même un souvenir à propos d'un autre lustre, un incident où je l'ai échappé de justesse. J'ai raconté l'histoire dans un de mes carnets sous le titre « Un fusil à pompe céleste ».

Je divertissais si agréablement une dame (sans nom) que celle-ci a voulu me divertir à son tour pour me remercier. Elle s'est mise toute nue, s'est suspendue d'un bond au lustre de la pièce, puis a effectué toutes sortes de figures acrobatiques dans un scintillement de lumières. C'était très divertissant. Puis, avec la même agilité, elle s'est laissée tomber sur le canapé à mes côtés. À cet instant précis, le lustre s'est décroché du plafond et s'est écrasé sur le sol. On s'est serrés l'un contre l'autre en riant comme des hystériques, dans une pluie de bouts de cristal. Et ensuite c'est devenu encore plus divertissant entre nous.

Il y a eu une histoire avec Truman Capote, l'auteur de *De sang-froid*, qui faisait partie du groupe de célébrités que Mick avait invitées sur la tournée, dont la princesse Lee Radziwill. On l'appelait « Princesse Radi », et Truman c'était « Truby ». Il devait écrire un article pour je ne sais plus quel magazine de haut vol et il faisait de son mieux pour faire savoir qu'il travaillait. En coulisses, Truby avait fait une remarque, il s'était plaint... en fait il s'était conduit comme un vieux con, râlant à propos du volume sonore. C'était juste une petite remarque de tapette vicelarde, parfois je m'en fous, parfois je le prends mal. Quand il a lancé sa pique, j'étais en orbite stratosphérique. L'enfoiré avait besoin d'une leçon. L'attitude typique du New-Yorkais qui pète plus haut que son cul. On était à Dallas. Ça a chauffé. Je me souviens d'avoir défoncé la porte de sa chambre d'hôtel à coups de latte. Je l'avais préalablement aspergée de ketchup avec une bouteille que j'avais trouvée sur un chariot. « Tu vas sortir de là, espèce de vieille tante ? Pour qui tu te prends ? Tu veux du sang, tu vas en avoir, mais pas du froid ! On est sur la route, mec ! Ce que tu as à dire, tu me le dis ici, dans le couloir ! » Tiré du contexte, on a l'impression que c'est du Johnny Rotten avant la lettre, mais bon, Truby avait dû sacrément me chauffer.

Le truc le plus hilarant, c'est que, pour une raison qui m'échappe, Truman faisait une fixette sur Bobby. À la fin de sa petite virée avec les Stones, il est passé à l'émission de Johnny Carson et celui-ci lui a demandé ce qu'il avait pensé de tous ces trucs rock'n'roll et zarbi. Et Truman : « Oh oui, j'ai fait la route avec les Rolling Stones. » Et Bobby est en train de regarder ça à la télé. Johnny a continué : « Eh bien, racontez-nous certaines de vos expériences. Qui avez-vous rencontré pendant cette tournée ?

— Oh, j'ai fait la connaissance d'un jeune Texan absolument charmant... » Et Bobby est en train de se dire : « Non, arrête, fais pas ça ! » Et là, le téléphone de Bobby s'est mis à sonner. C'était la ligue des gentlemen du Texas : « Alors comme ça, toi et Truman, hein ? »

Je me souviens bien du concert de Boston le 19 juillet 1972 pour deux raisons. La première, c'est l'escorte de motards que la police de Boston nous a donnée pour nous accompagner jusqu'au stade, alors que leurs collègues de Rhode Island venaient d'essayer de nous mettre au trou. On avait atterri à Providence en provenance du Canada, et pendant qu'ils fouillaient nos bagages, je me suis endormi contre l'aile d'un camion de pompiers, un de ces modèles à l'ancienne avec de gigantesques garde-boue. Soudain, j'ai ressenti une explosion de chaleur – le flash d'un appareil photo tout près de mon visage. J'ai bondi et attrapé l'appareil. « Va te faire foutre. » Et j'ai latté le photographe. On m'a embarqué. Mick, Bobby Keys et Marshall Chess ont tous demandé à être arrêtés en même temps. Je dois lui reconnaître ça, à Mick. Mais ce jour-là, à Boston, les Portoricains s'étaient énervés dans leur partie de la ville et ça avait pété. Et le maire de Boston avait dit aux mecs de Rhode Island : « Rendez-moi un service et foutez-moi la paix avec ces enfoirés, il y a déjà une émeute en ville, je n'ai pas besoin d'une autre au sujet des Rolling Stones le même jour ! » On nous a donc laissés filer, et on nous a même escortés jusqu'à Boston à toute blinde, avec fanfare et tout.

L'autre raison pour laquelle cette journée m'est restée en mémoire, c'est qu'à un moment, on a frappé à la porte de ma chambre d'hôtel et ça a été ma rencontre avec Freddie Sessler. Je ne sais pas comment il s'était retrouvé là, mais à l'époque tout le monde savait où était ma chambre. Ça ne se passe plus comme ça, aujourd'hui, je ne supporterais plus ce manège, mais je ne faisais rien de particulier quand il s'est pointé et le type m'a paru intéressant. Dégaine de Juif totale et ridiculement fringué. Un sacré personnage. « J'ai quelque chose pour toi », il m'a dit. Et il a sorti un flacon qui devait contenir une trentaine de grammes de cocaïne pure, des laboratoires Merck, avec le capuchon encore scellé et

tout. De la vraie de vraie. « C'est un cadeau. J'adore votre musique. »
Cette dope, quand tu ouvres le flacon, elle s'envole presque, wouf !
J'aimais bien la coke à l'époque, mais tout ce que tu trouvais en
Angleterre, c'était de la merde de la rue, tu ne savais jamais si on
ne te refilait pas des amphétamines. À partir de ce moment, une
fois par mois, Freddie m'apportait mon flacon de cocaïne. L'argent
ne changeait pas de mains. Freddie ne voulait pas être un « four-
nisseur ». Ce n'était pas un dealer, un mec qu'on appelait pour lui
demander s'il en avait.

Ça allait bien plus loin. Freddie et moi, on a accroché tout de
suite. C'était un personnage incroyable. Il avait vingt ans de plus
que moi. Son histoire, même comparée à l'expérience moyenne de
n'importe quel Juif ayant survécu à l'invasion de la Pologne par les
nazis, était un concentré d'horreur et de chance presque miracu-
leuse. Seuls trois des cinquante-quatre membres de sa famille ont
survécu. Sa saga fait penser à celle du jeune Roman Polanski,
lequel a dû se débrouiller par ses propres moyens pour échapper
aux nazis qui avaient envoyé le reste de sa famille dans les camps.
Je n'ai pas connu l'histoire de Freddie tout de suite, mais il est
rapidement devenu un habitué de la tournée. Pendant dix ou
quinze ans il a été pour moi une sorte de deuxième père, et il ne
s'en doutait probablement pas. J'ai aussitôt reconnu quelque chose
en lui. C'était un pirate, un aventurier, un outsider, et il avait un
carnet d'adresses dément. Il était très drôle, vif comme une lame
de rasoir, avec en plus une sacrée expérience de la vie. Il avait fait
fortune au moins cinq fois, avait tout perdu et était reparti de zéro
à chaque fois, la première en vendant des crayons. Il s'était dit :
« Qu'est-ce qui raccourcit chaque fois qu'on s'en sert ? » Il avait
gagné un paquet de fric dans les fournitures de bureau. Et il avait
eu une autre idée, il avait survolé New York en hélico pendant
une heure, observant les immeubles et les lumières, et il s'était dit :
« Celui qui vend toutes ces ampoules doit être en train de se rem-

plir les poches. » Deux semaines plus tard, c'était lui. Des idées très simples. D'autres l'étaient moins, ou rencontraient moins de succès. Du venin de vipère pour guérir la sclérose en plaques, par exemple. Il a investi un paquet de fric dans le désastreux projet Amphicar, le véhicule amphibie dont la presse a dit que c'était « la voiture qui pourrait révolutionner la noyade ». Ça n'a pas vraiment marché. OK, Dan Aykroyd en a une, mais à part lui, qui a besoin d'une voiture permettant de traverser des fleuves quand il y a des ponts ? Freddie était une sorte de Léonard de Vinci, mais pour gérer ses affaires, laisse tomber. Dès que ça marchait, il s'ennuyait à mourir et foutait tout en l'air.

Mick, bien sûr, n'a pas accroché avec Freddie, et pas mal d'autres gens non plus. Il était trop imprévisible. Gram avait enfoncé un coin plus grand entre Mick et moi à cause de la musique. Mais Mick détestait Freddie. Il le supportait parce que s'en prendre à lui, c'était s'en prendre à moi. Je crois que Mick et Freddie ont réussi à se marrer ensemble une ou deux fois, mais c'était rare. Freddie rendait des services à Mick dont il ne me parlait même pas, comme le brancher avec une pute, le présenter à une belle salope. Il mettait de l'huile dans les rouages pour lui. Mick l'appelait quand il avait besoin de quelque chose et Freddie s'efforçait de le satisfaire.

Les gens cassaient du sucre sur son dos, disaient qu'il était grossier, insultant, vulgaire. Et alors ? On pouvait penser ce qu'on voulait de lui, mais Freddie est l'un des meilleurs hommes qu'il m'ait été donné de rencontrer. Absolument épouvantable, révoltant. Excessif dans tout, parfois stupide, mais solide. Je ne connaissais personne de plus costaud mentalement que lui. À l'époque, j'étais moi-même stupide, et passablement excessif. Je provoquais Freddie pour le forcer à être plus outrancier qu'il n'avait vraiment envie de l'être, c'est moi le responsable et je l'assume, mais je savais que ce mec avait un truc : tout lui était égal, il se foutait de tout. Il s'estimait mort depuis l'âge de quinze ans. « Je suis mort de toute façon, même si je suis encore en vie. Tout ce qui est venu après, c'est cadeau, même si c'est de la merde. On va faire en sorte que cette merde soit un vrai cadeau. » C'est comme ça que j'interprétais son attitude de base, qui était : « Je vous emmerde. » À quinze ans il avait vu son oncle et son grand-père, la personne qu'il respectait le plus au monde, se faire torturer et assassiner par deux officiers nazis sur la place du village, pendant que lui s'agrippait à sa grand-mère terrifiée. Son grand-père avait été soumis à ce châtiment terrifiant parce qu'il était le chef de la communauté juive du coin. Après, Freddie a été embarqué et c'est la dernière fois qu'il a vu sa famille. Ils ont tous été déportés.

Freddie a écrit un récit autobiographique qu'il m'a dédié, ce qui me gêne parce que l'autre destinataire en est Jakub Goldstein, son grand-père martyrisé. Il y décrit toutes les horreurs qu'il a vécues, mais c'est aussi l'histoire fascinante d'une survie, une trajectoire qui pourrait être du Pasternak, et ça m'a permis de comprendre comment cet homme dont je me sentais si proche s'était construit. Au début de son récit, il raconte le dernier été de sa famille, en 1939, une famille aisée de la bourgeoisie juive de Cracovie, qui passait ses dernières vacances dans la maison de campagne familiale. Une gitane est apparue un jour et leur a tiré les cartes ; elle leur a prédit que la famille serait anéantie, sauf trois de ses membres. Deux d'entre eux ne se trouvaient alors pas en Pologne et le troisième était Freddie, à qui la gitane a annoncé qu'il ferait un voyage à l'est, en Sibérie.

Les Allemands sont arrivés en septembre 1939. Freddie a été envoyé dans un camp de travail en Pologne, une prison organisée à la hâte dont il s'est évadé. Il a erré pendant plusieurs semaines dans les bois gelés, courant la nuit et se cachant le jour, volant dans des fermes, pour essayer d'atteindre la partie orientale de la Pologne, occupée par les Soviétiques. Il a traversé une rivière gelée en pleine nuit alors que les balles pleuvaient autour de lui, et s'est retrouvé aux mains de l'Armée rouge. C'était l'époque du pacte

Hitler-Staline, mais tout était préférable aux Allemands. Freddie a été déporté en Sibérie, au goulag, exactement ce qu'avait prédit la diseuse de bonne aventure.

Il avait seize ans. Cette histoire d'épreuves implacables et de désespoir, les conditions sibériennes auxquelles Freddie a réussi à survivre, font penser à *Candide*. Quand je l'ai connu, Freddie faisait encore des cauchemars dont il se réveillait en hurlant.

Quand les Allemands ont envahi l'URSS, Freddie et d'autres Polonais ont été libérés. Avec des milliers d'autres prisonniers, il est parti vers la voie de chemin de fer qui se trouvait à une centaine de kilomètres de son camp. Seuls trois cents ont survécu.

Il s'est engagé dans l'armée polonaise à Tachkent, il a attrapé le typhus et, après s'être rétabli, il a rejoint la marine polonaise en 1942. Il était opérateur radar et passait des heures à fixer un écran. C'est le médecin de bord qui lui a fait connaître la cocaïne pharmaceutique. Après ça, les choses ont commencé à s'améliorer.

Siegi, le frère de Fred et le seul autre survivant de leur famille de sept enfants, étudiait à la Sorbonne lorsque les Allemands ont envahi la Pologne. Il a rallié l'armée polonaise et s'est retrouvé en Angleterre. Freddie l'a rejoint à Londres après la guerre. Siegi a ouvert des restaurants et des boîtes devenus célèbres. Il était copropriétaire des Ambassadeurs, lieu de rencontre des généraux à quatre étoiles et des vedettes hollywoodiennes qui se produisaient pour les troupes en Europe. Quand il a ouvert le Siegi's, son nightclub de Charles Street à Mayfair, en 1950, il était déjà l'ami de gens comme Frank Sinatra, Ronald Reagan et Bing Crosby. Le club est devenu l'endroit favori de la princesse Margaret, de l'Aga Khan et d'autres encore. D'où l'incroyable carnet d'adresses de Siegi, et de Freddie par voie de conséquence. Je sais que ça a rendu service à ce dernier en au moins deux occasions. Une fois, il s'est fait arrêter à l'aéroport à New York avec du matos dans sa valise, il aurait dû finir au trou mais en fin de compte il ne s'est rien passé, toute l'histoire est tombée aux oubliettes. Bien plus tard, en 1999, pendant la tournée « No Security », il a été arrêté pour détention de stupéfiants à Las Vegas, jeté au trou, tout le bastringue. Freddie a passé un seul coup de fil – révélation de Jim Callaghan, mon garde du corps à l'époque – et trois heures plus tard, il recevait une lettre d'excuses du maire de Las Vegas, et on lui rendait le matos et le fric.

Quand j'ai rencontré Freddie, il dirigeait un « institut d'extension capillaire » à New York, qui lui avait été inspiré par les mèches postiches qu'il se fabriquait pour lui-même. Son truc, c'était la coke et le Quaalude, et il avait ce qui se faisait de mieux. L'astuce avait été de monter à Miami un centre où on soignait l'obésité avec des anorexigènes et du Quaalude. C'était devenu par la suite l'Institut de Traitement des Maladies Dégénératives par le Venin de Serpent, et la FDA, qui contrôle l'industrie alimentaire et pharmaceutique aux États-Unis, l'avait fait fermer. Freddie l'a transféré en Jamaïque, où il a fini par avoir là aussi des problèmes avec les autorités. Freddie avait ses propres pharmacies. Il s'était mis des médecins dans la poche, des spécialistes stratégiquement répartis à travers New York, qui lui donnaient des ordonnances qu'on lui préparait dans ses propres pharmacies ! Il était allé jusqu'à racheter une petite papeterie avec imprimerie pour pouvoir fournir en blocs d'ordonnances un vieux médecin à sa solde. Chaque semaine, l'équivalent de vingt mille dollars de produits pharmaceutiques circulaient entre ses différentes affaires. Il ne vendait jamais de drogues « récréationnelles », mais il aimait faire profiter ses amis de ses sources d'approvisionnement, il aimait leur « épargner la galère de se fournir dans la rue », comme il disait. Ça le bottait totalement de contribuer au plaisir de quelqu'un ou à l'épanouissement du rock'n'roll.

Sa façon de se fringuer était épouvantable. Il adorait porter ses costards en nylon sixties avec des bottes de cow-boy dans lesquelles il rentrait le pantalon. « Qu'est-ce que t'en penses, hein ? Pas mal, non ? » Ou bien une putain de veste en soie et un petit falzar dans le coup qui faisait ressortir son gros pétard. Freddie avait des idées démentes sur la mode. Son style était… polonais. Il avait des petites copines, et elles faisaient exprès de l'habiller n'importe comment en lui disant : « T'es super classe ! » La tenue typique, c'était chemise hawaïenne, costard de chanteur country avec pantalon dans les bottes de cow-boy, et un chapeau melon pour couronner le tout. Freddie s'en foutait en fait, il savait très bien ce qui se passait. Il était toujours à l'affût des jeunes filles et des groupies qui zonaient dans le lobby de l'hôtel. Parfois il me dégoûtait et me révoltait. Trois gamines dans sa chambre qui n'avaient pas du tout l'air majeures : « Freddie, fais-les sortir. Pas de ça, mon gars. »

Une fois, à Chicago, il y avait une grande fiesta dans ma chambre d'hôtel et des tas de bimbos, les groupies de Freddie. Elles étaient là depuis douze heures, je commençais à en avoir marre, je n'arrêtais pas de leur dire de se barrer, mais elles refusaient. Je voulais que tout le monde dégage et personne ne faisait attention à moi. Mais cassez-vous donc, putain ! J'ai essayé et essayé, et à un moment, boum, j'ai tiré une balle dans le plancher. Ronnie et Krissie, sa première femme, étaient là aussi, donc il n'y avait heureusement personne dans leur chambre, qui était juste en dessous de la mienne. Ça a fait le vide dans un grand remue-ménage de minijupes et de soutiens-gorge. Le plus suprenant, c'est qu'ensuite, alors que j'avais planqué le flingue et m'attendais à voir débarquer la sécurité ou les flics, personne n'est venu ! Je ne compte pas le nombre de fois où j'ai tiré un coup de feu dans une chambre d'hôtel, et personne, ni le service de surveillance, ni la police, ni qui que ce soit, n'est venu voir ce qui se passait. Du moins pas aux States. Je dois avouer que j'étais un peu porté sur les flingues à l'époque, et j'avais tendance à m'en servir trop facilement. Je me suis débarrassé de cette manie quand j'ai arrêté la came pour de bon.

Beaucoup de gens n'aimaient pas Freddie. Nos managers le détestaient : « Ce type ne fait pas de bien à Keith. » Peter Rudge, notre manager, ou Bill Carter, notre avocat, voyaient en lui un vrai danger. Mais Freddie n'était pas juste un hédoniste forcené cherchant à planer par tous les moyens. Il avait une approche étrangement belle de la vie : « Soyons nous-mêmes, on s'en tape. » Freddie faisait partie des sixties, par sa témérité, son envie de constamment dépasser les bornes. Pourquoi devrait-on s'aplatir devant le moindre enfoiré de flic, la plus infime convenance sociale ? Entre parenthèses, tout ça s'est aggravé, depuis ; Freddie détesterait vivre aujourd'hui. Son truc, c'était : « Grattons la surface, voyons voir ce qui se cache chez ces gens. » Et le plus souvent on se rend compte qu'il n'y a pas grand-chose, derrière : dès que vous leur faites face, il n'y a plus personne.

Freddie et moi, on savait ce que chacun pouvait offrir à l'autre. Il me protégeait. Il avait un don pour tenir les gens à distance. Je comprends que Freddie Sessler ait pu être perçu par certains comme une menace. Pour commencer, c'était un de mes proches, et on ne pouvait donc simplement pas lui dire d'arrêter. En gros, ça représentait quatre-vingt-dix pour cent de l'obstacle. Et il y avait aussi ces histoires que j'entendais tout le temps comme quoi il me volait, me soutirait des places de concert et ainsi de suite. Et alors ? Ça représente quoi, comparé à l'esprit et à l'amitié ? Vas-y mon pote, sers-toi autant que tu voudras.

Pendant les quatre années suivantes, la Suisse est devenue ma base. Je ne pouvais pas vivre en France pour des raisons légales, ni en Angleterre pour des raisons fiscales. En 1972, on s'est installés à Villars, dans les collines au-dessus de Montreux, à l'est du lac Léman, un tout petit patelin à l'écart de tout. On pouvait skier — oui, je skiais — jusqu'à la porte de la maison. Claude Nobs, mon grand pote qui a fondé le festival de jazz de Montreux, m'a déniché la maison. J'ai fait d'autres connaissances. Sandro Sursock est devenu un très bon ami. C'était le filleul de l'Aga Khan, un type adorable. Il y en avait un autre qui s'appelait Tibor, dont le père avait quelque chose à voir avec l'ambassade tchèque. Le Slave typique. Un sacré petit enfoiré. Il vit à San Diego à présent, où il élève des chiens. Ils étaient potes, avec Sandro. Ils guettaient la fin des cours à l'école de filles du coin et ils choisissaient celles qu'ils voulaient. Bourrés de thune. Et on faisait tous un barouf dément avec nos caisses – moi, j'avais une Jaguar E.

J'ai jadis donné une interview où je disais quelque chose qui mérite d'être repris ici : « Jusqu'au milieu des années 1970, Mick et moi étions inséparables. On prenait toutes les décisions pour le groupe. On passait beaucoup de temps ensemble, on jouait avec des idées, on écrivait toutes nos chansons. Mais on s'est éloignés, j'ai pris la route descendante qui mène à Dopeland et Mick, lui, s'est envolé vers Jetsetland. C'était le résultat de l'accumulation de toutes sortes de problèmes, liés à ce qu'on était et à ce qu'avaient été les sixties. »

Mick venait me voir de temps à autre en Suisse et me causait de « restructuration économique ». On passait la moitié du temps à parler de nos avocats fiscalistes ! Les complexités de la loi fiscale hollandaise comparées aux lois anglaise et française. On avait une bande de détrousseurs à nos basques. J'essayais de me convaincre que tous les ennuis allaient disparaître. Mick était plus réaliste. « Les décisions que nous allons prendre vont affecter blablabla... » Mick courait après des solutions, moi après de la dope. L'effet des cures ne durait jamais longtemps, dès que je n'étais pas sur la route ou que je ne travaillais pas.

Anita décrochait quand elle tombait enceinte, elle reprenait de plus belle aussitôt après l'accouchement. Au moins on faisait la route ensemble avec les enfants. En novembre 1972, on est partis pour la Jamaïque à l'occasion de notre tournée « Goat's Head Soup ».

J'étais déjà allé là-bas en 1969, dans un endroit appelé French-man's Cove. On sentait le rythme pulser dans l'air. Du free reggae, du rock pur et dur, du ska... Mais là où on était, on n'était pas près de la population locale, il n'y avait que des Blancs, et si on voulait rencontrer les gens du cru, il fallait aller à leur recherche. J'ai connu des types géniaux. J'écoutais beaucoup Otis Redding à l'époque, et des mecs s'approchaient de moi et me disaient : « Super cool. » J'ai découvert qu'en Jamaïque ils captaient deux stations américaines dont le signal était assez fort pour traverser toute cette distance. L'une se trouvait à Nashville et diffusait surtout de la musique country, bien sûr. Et l'autre était basée à La Nouvelle-Orléans. Quand je suis retourné en Jamaïque à la fin 1972, j'ai compris que les gars du coin avaient mélangé le son des deux stations. Écoutez « Send Me the Pillow That You Dream On », la version reggae interprétée par les Bleachers qui était sortie à l'époque : la section rythmique, c'est du New Orleans, la voix et la chanson, c'est du Nashville. C'était comme le rockabilly, une fusion du blanc et du noir, mais très étonnante. Les mélodies de l'un et le rythme de l'autre. C'est de ce même mélange que le rock'n'roll était déjà issu. Et je me suis dit : « Mince alors, je suis presque d'ici ! »

À l'époque, la Jamaïque n'était pas ce qu'elle est devenue. En 1972, c'était un pays florissant. Les Wailers avaient signé chez Island Records. Marley se laissait pousser des locks. Jimmy Cliff était dans les salles de cinéma avec *The Harder They Come*. À St Ann's Bay, on a tiré sur l'écran pendant le générique, un geste typique de rébellion jouissive, j'en connais un rayon. L'écran était déjà troué, peut-être à cause des westerns spaghetti qui faisaient alors fureur. Il y avait plein de porte-flingues à Kingston. La ville débordait d'une énergie exotique, un feeling très chaud dont une bonne partie provenait des studios Dynamic Sounds où officiait l'incontournable Byron Lee. L'endroit était une véritable forteresse, avec une barrière en bois blanc, on peut le voir dans le film. La bande-son de *The Harder They Come* a été montée par Jimmy Cliff dans le même studio où on a enregistré une partie de *Goat's Head Soup*, avec le même ingénieur du son, Mikey Chung. Un superbe studio quatre pistes. Ils savaient où il fallait installer la batterie pour qu'elle sonne bien, et pour le démontrer ils avaient cloué le tabouret du batteur au sol !

On s'était tous installés au Terra Nova, l'hôtel qui était l'ancienne résidence familiale de Chris Blackwell à Kingston. À ce moment, Mick et moi, on n'arrivait pas à obtenir de visas pour les États-Unis, d'où notre séjour à la Jamaïque. On s'est rendus à l'ambassade américaine à Kingston. L'ambassadeur était un gars de la bande à Nixon. Il avait reçu des ordres et on voyait qu'il ne pouvait pas nous piffer. Alors qu'on voulait juste obtenir un visa. Le moment où on a mis les pieds dans son bureau, on a compris que c'était râpé, mais on a quand même dû subir le discours fielleux de ce mec : « Les gens comme vous… » Il nous a fait la leçon. Mick et moi, on se regardait : « On n'a pas déjà entendu ça quelque part ? » Par la suite, lorsque Bill Carter a pris en main les négociations, on a découvert que leur dossier sur nous était pratiquement vide, quelques coupures de presse pourrie, quelques récits journalistiques de scandales comme la fois où on avait pissé dans la rue. L'ambassadeur a fait semblant de feuilleter le dossier, a dit quelque chose sur l'héroïne, nous a bien fait sentir ce qu'il pensait de nous.

En attendant, il fallait qu'on corse un peu *Goat's Head Soup*, notre « soupe de tête de chèvre ». La qualité des studios Dynamic Sounds et la ferveur du moment ne suffisaient pas. Je pense qu'avec Mick, on était un peu à sec, après *Exile on Main Street*. On venait de faire une tournée aux States et, hop, un autre album ! Après *Exile*, dont tous les morceaux collaient si bien ensemble, c'était difficile pour nous de refaire quelque chose d'aussi dense. On n'était pas retournés en studio depuis un an. Mais on avait de bonnes idées : « Coming Down Again », « Angie », « Starfucker », « Heartbreaker ». Ça m'a botté, de produire cet album. Notre façon de travailler a changé au cours de l'enregistrement, et je suis progressivement devenu de plus en plus jamaïcain, au point que je ne suis pas reparti. Il y avait aussi de mauvais côtés. Jimmy Miller était accro lui aussi, à présent, et Andy Johns également, et je regarde tout cela se produire et je me dis : « Merde, vous êtes censés faire ce que je dis, pas ce que je fais ! » J'étais toujours accro moi-même, bien sûr. Il n'y a pas si longtemps, j'ai dit à propos de « Coming Down Again » que je n'aurais pas pu l'écrire sans l'héroïne. Je ne sais pas si ça parle de ça, c'était juste une chanson mélancolique. Je suis toujours à la recherche de riffs, de grooves géants, de rock'n'roll, mais il y a aussi cette autre facette de moi qui veut revenir là d'où est sorti « As Tears Go By », à la ballade. J'avais aussi beaucoup exploré le champ de la country, surtout avec Gram, et cette « mélancolie du cow-boy solitaire » fait vibrer les cordes du cœur. Ça donne envie de les pincer encore un peu plus fort.

Certains pensent que « Coming Down Again » parle de la manière dont j'ai piqué Anita à Brian, mais au moment où je l'ai composé, beaucoup d'eau avait coulé sous les ponts. Dans la vie, il y a des hauts et des bas. Je suis plutôt en haut la plupart du temps, et même très haut, mais quand je suis bas, c'est très, très bas. J'ai toujours eu beaucoup de joie et de bonheur à bosser dur. Mais quand ça pétait, c'était toujours du sérieux. Et épuisant. Pendant très longtemps, quand je n'étais pas devant un tribunal, on essayait de m'y traîner, ou bien il y avait un problème de visa. C'était sans cesse la même rengaine. Alors, j'appréciais simplement le bonheur de pouvoir m'enfermer dans le studio et de me lâcher, tout oublier l'espace de quelques heures. Je savais quelle merde m'attendait dehors, sous une forme ou une autre.

Quand l'enregistrement a été fini, comme on avait décidé de rester en Jamaïque avec Anita et les enfants, on s'est installés sur la côte nord, à Mammee Bay, entre Ocho Ríos et St Ann's Bay. On n'avait plus de dope. Le manque au paradis, j'étais partant. Il y a des endroits pires pour décrocher, mais quand même, c'était juste le climat qui était plus clément, pas le sevrage. Sauf qu'il fallait le faire. Assez rapidement, on s'est remis à fonctionner comme des êtres humains, et on a fait la connaissance de certains brothers rastas. Il y a d'abord eu Chobbs – Richard Williams, selon son certificat de naissance. C'était un de ces types directs, francs du collier que tu rencontrais sur la plage. Il vendait des noix de coco, du rhum et tout ce qu'il pouvait trouver. Il a emmené les enfants en promenade sur son bateau. Et de fil en aiguille : « Hé, man, t'aurais pas de la beu ? » Voilà comment ça a commencé. Puis j'ai rencontré Derelin, et Byron, et Spokesy, qui s'est tué plus tard dans un accident de moto. Ils vendaient des trucs aux touristes de Mammee Bay et vivaient pour la plupart à Steer Town. Et peu à peu on s'est rapprochés et on a commencé à parler musique. Warrin (Warrin Williamson), Jackie « Iron Lion » (Vincent Ellis), Neville (Milton Beckerd), un mec à dreadlocks qui vit aujourd'hui encore dans ma maison en Jamaïque. Il y avait Tony (Winston « Blackskull » Thomas) et Locksley Whitlock, « Locksie », qui était leur chef, leur *boss man*. On l'appelait « Locksie » parce qu'il était atteint d'une forme aiguë de dreadlocks. Locksley aurait pu être un joueur de cricket de haut niveau. C'était un sacré batteur. J'ai une photo de lui quelque part. On l'avait invité à faire partie de la meilleure équipe jamaïcaine, mais il a refusé de couper ses locks. Le seul qui vivait de sa musique était Justin Hinds. Le regretté roi du ska. Un superbe chanteur : Sam Cooke réincarné. En 1963, l'un de ses meilleurs titres, intitulé « Carry Go Bring Come », par Justin Hinds et les Dominos, avait été un énorme hit en Jamaïque. Dans les années précédant sa mort en 2005, il a enregistré des albums avec son groupe, le Jamaica All Stars. Et il est resté jusqu'au bout un de mes brothers de Steer Town, un bled dangereux juste à l'intérieur des terres où je ne me serais jamais aventuré seul – disons que je n'y aurais pas été bien accueilli – avant de les rencontrer. Ça s'est passé en douceur, grâce à Chobbs, et ils ont fini par m'autoriser à assister à leur *alliance*, ainsi qu'ils appelaient leurs rassemblements itinérants.

« Viens à notre alliance, tu seras le bienvenu, brother. » Je ne savais pas bien ce que ça représentait pour eux, mais quand on m'invite, j'y vais. La vérité, c'est qu'on n'y voyait que dalle, l'endroit était rempli de fumée. Ils fumaient dans un « calice », une noix de coco avec une cruche en terre cuite posée dessus et à l'intérieur une demi-livre d'herbe et un tuyau en plastique au bout. C'était un putain de concours : qui fumerait plus que tous les autres ? Ces petits téméraires remplissaient la noix de coco de rhum blanc et s'en servaient comme d'une sorte de pipe à eau. Tu allumais le récipient de terre cuite, il y avait des flammes et de la fumée : « Le feu a pris, grand Jah merveilleux ! » Qui j'étais pour m'opposer à la coutume locale ? « OK, les mecs, je vais essayer de vous suivre. » Elle était forte, leur herbe. Mais j'ai tenu le coup, et je pense que c'est pour ça que je les ai impressionnés. Je fumais depuis un bout de temps, mais jamais de telles quantités. C'était une sorte de défi, à qui serait le dernier à s'écrouler. Genre « Regardez, le 'tit Blanc s'est étalé ! ». Je me répétais : « Pas tomber par terre, toi pas tomber par terre. » Je me suis mis debout et je suis resté avec eux. Mais je me suis étalé plus tard, quand je suis sorti.

On aurait dit que tous les habitants de Steer Town étaient des musiciens. Ils avaient de très beaux hymnes, accompagnés aux tambours. J'étais au paradis. Ils chantaient à l'unisson, sans harmoniser les voix, et les seuls instruments, c'était ces tambours – un son très puissant. Des tambours et des voix. Les chansons dataient d'un siècle ou plus, de vieux hymnes et psaumes qu'ils réécrivaient à leur goût. Quant aux mélodies, elles sortaient tout droit de l'église, et de nombreuses congrégations jamaïcaines utilisaient également des tambours. Ils y passaient la nuit ! Hypnotique. Transe. Rythme impitoyable. Et il y avait toujours d'autres chansons. Certaines étaient vraiment pointues. Les tambours appartenaient à Locksley, il avait un tambour grave tellement puissant qu'on disait que le son pouvait te tuer. Pas mal de gens racontaient avoir été témoins d'une histoire où un flic était entré dans une maison de Steer Town, Locksley l'avait regardé – ils étaient dans une petite pièce – et avait dit : « Allumons le feu », ce qui était une façon de prévenir les autres qu'il allait faire sonner son tambour et de leur donner le temps de se couvrir les oreilles. Puis il avait frappé le tambour et le flic s'était écroulé, inconscient. Ensuite, il avait été dépouillé de son uniforme et sommé de ne jamais revenir.

À l'époque, Steer Town était un village rasta. Maintenant, c'est devenu une agglomération bien plus importante, mais autrefois, pour se rendre là-bas, il fallait une sorte de laissez-passer. Ça se trouvait sur la route de Kingston, à un croisement où il y avait un tas de bicoques, deux ou trois tavernes. Mais tu n'y mettais pas les pieds. Parce que même si tu disais : « Je le connais, lui, et lui aussi », il suffisait que d'autres gars ne te connaissent pas pour que tu te fasses planter. C'était leur bastion, et ils ne répugnaient pas à utiliser leurs machettes. En fait ils avaient peur, et ils avaient toutes les raisons pour ça. Ils avaient tellement la trouille qu'ils se sont fait une réputation de férocité pour que les flics ne mettent jamais les pieds chez eux. Le temps n'était pas loin où la flicaille ne se gênerait plus pour descendre des rastas : quand ils en voyaient deux ensemble, ils en flinguaient un et laissaient l'autre emporter le cadavre. Ces rastas ne bronchaient pas sous les balles. Je les ai toujours admirés à cause de ça.

Le rastafarisme était une religion, mais une religion de fumeurs. Le principe fondamental était : « Ignore leur monde, vis en dehors de la société. » Ce n'était pas possible, évidemment. Le rastafarisme était voué à l'échec mais, en même temps, ça a été un échec plein de beauté. Au moment où les fers et les barreaux se refermaient sur les sociétés un peu partout, les rastas s'en sont libérés. Ces mecs ont trouvé un moyen à eux d'atteindre la spiritualité en se dégageant de ce qui les entourait. Ils n'acceptaient pas l'intimidation. Même s'ils devaient mourir, ce qui est arrivé à pas mal d'entre eux. Ils refusaient de travailler dans le cadre du système économique. Ils n'allaient pas bosser pour Babylone, pas pour le pouvoir en place ! Pour eux, c'était comme d'être mis en esclavage. Ils voulaient avoir leur espace.

Si tu t'intéresses à leur théologie, tu es rapidement largué. « On est la tribu perdue de Juda. ». OK, mec, si tu le dis… Pourquoi cette bande de Blacks jamaïcains se considèrent comme des Juifs, c'est une vraie question. Il y avait une place de tribu à prendre et celle-là faisait l'affaire. J'ai l'impression que ça s'est passé comme ça. Ensuite, ils ont trouvé une divinité disponible en la personne irréelle et médiévale de Haïlé Sélassié, avec tous ses titres bibliques. Sélassié, le lion de Judée. Quand il y avait un coup de tonnerre et un éclair, tout le monde se levait : « Jah ! Rendons grâce et célébrons ! » C'était le signe que Dieu était à l'œuvre. Ils connaissaient leur Bible par cœur, pouvaient citer phrase après phrase de l'Ancien Testament. J'adorais leur flamme, parce qu'au-delà de tout ce truc religieux, l'important était qu'ils avaient décidé de vivre en marge et en prenant des risques. Ils n'avaient que leur fierté, rien d'autre. Au fond, ce dans quoi ils étaient engagés n'était pas de la religion : c'était la dernière résistance contre Babylone. Tous ne respectaient pas les préceptes de la loi rastafarienne à la lettre. Ils étaient très souples. Ils avaient toutes ces règles qu'ils étaient prêts à transgresser sans problème. C'était étonnant d'assister à une de leurs disputes à propos d'un point de doctrine. Il n'y avait ni parlement, ni sénat, ni conseil des anciens. La politique rasta – le « raisonnement fondamental » – ressemblait beaucoup à la buvette de la Chambre des communes, avec un paquet de mecs défoncés et d'énormes quantités de fumette.

Ce qui me plaisait vraiment, c'est qu'il n'y avait pas de toi et moi, mais juste moi et moi. Comme ça, la distinction entre qui tu es et qui je suis est abolie. *Nous* ne pouvons pas nous parler, mais moi, je peux parler avec moi. Nous sommes un. C'est beau.

C'était l'époque où le mouvement rasta était presque à son apogée. Juste quand je me disais que cette secte bizarre et mal connue me plaisait, Bob Marley et les Wailers ont émergé et les rastas sont soudain devenus à la mode dans le monde entier. Un phénomène mondial qui s'est produit en une année à peine. Avant de virer rasta, Marley essayait de faire comme les Temptations, comme tout le monde dans la musique. Il avait déjà une longue carrière, du *rocksteady*[1], du ska, etc. Mais les mecs disaient : « Hé, Marley, il a jamais eu de locks avant, tu sais ? Il s'est fait rasta que quand il est devenu malin ! » Quelque temps plus tard, lorsque les Wailers sont venus en Angleterre, je les ai entendus par hasard dans une boîte de Tottenham Court Road. Je les ai trouvés moins bons que les mecs que j'avais entendus à Steer Town. Mais ils ont très vite resserré les boulons, Family Man s'est joint à eux à la basse et Bob, de toute évidence, avait ce qu'il fallait.

Je réagis instinctivement à la gentillesse, sans arrière-pensée. Je traînais à Steer Town, je pouvais entrer dans n'importe quelle bicoque et tous mes besoins seraient satisfaits. On me traitait comme si je faisais partie de la famille et je me comportais comme si c'était le cas, c'était devenu ma famille. Moi balayer la cour, moi écraser noix de coco, moi préparer le calice pour la fumée sacrée. Mec, j'étais plus rasta qu'eux ! J'avais trouvé exactement les gars qu'il me fallait – et leurs nanas aussi. C'était encore une de ces fois où j'ai traversé la voie de chemin de fer. On m'a accueilli et accepté dans un monde que je ne connaissais même pas.

J'ai aussi appris à me servir du *ratchet*, le coutelas utilisé pour découper la viande mais aussi pour se battre et se défendre, « avec un ratchet dans la ceinture », comme Derrick Crooks des Slickers l'a chanté dans « Johnny Too Bad ». J'ai presque toujours un couteau sur moi, mais le ratchet exige une technique spéciale. Ça m'est arrivé de m'en servir pour m'expliquer ou me faire entendre. Le ratchet a un anneau qui bloque la lame, une

---

1. Genre musical né à la fin des années 1960 à la suite du ska mais au tempo plus lent que celui-ci, qui a abouti à la création du reggae.

petite pression et tu peux le dégainer. Il faut être rapide, à ce jeu-là. On m'a expliqué qu'au couteau, le gagnant est le premier qui parvient à faire rapidement une entaille horizontale sur le front de son adversaire. Le sang tombera comme un rideau sur tes yeux, mais ça ne fait pas vraiment mal, ça permet juste de mettre fin au combat parce que ton adversaire ne voit plus rien. Et le couteau retourne dans ta poche avant que personne ne s'en rende compte. Les grandes règles du combat au couteau sont : ne t'entraîne pas chez toi, et si t'as un couteau, c'est pour ne jamais t'en servir. Ça sert à détourner l'attention. Pendant que ton adversaire regarde la lame d'acier luisante, tu lui en balances un dans les burnes qui lui fait voir les étoiles, et il est à ta merci. Tu parles d'un conseil !

Un jour ils ont fini par amener les tambours chez moi, ce qui représentait pour eux une grosse transgression, même si je ne l'ai pas compris alors. Et on a commencé à enregistrer, d'abord sur des cassettes, et à jouer toute la nuit. Immanquablement, j'ai pris ma guitare et je me suis mis à gratter, cherchant les accords qui pouvaient coller, et ils ont enfreint leurs propres règles et m'ont dit : « Hé, mec, c'est pas mal. » Alors je me suis coulé dans leur musique. J'ai suggéré que ça serait sympa de chanter les harmonies, je me suis faufilé avec ma gratte. Ils auraient pu m'envoyer chier. De toute façon, c'est eux qui décidaient. Mais quand ils ont entendu la cassette, comment ça sonnait, ils ont adoré, adoré s'entendre eux-mêmes. Un peu, que vous êtes bons. Vous êtes même carrément uniques, bande d'enfoirés.

Par la suite, j'y suis retourné année après année. On s'enfermait dans une pièce et on enregistrait. Si j'avais des bandes, si j'avais un magnéto, on enregistrait, sinon ce n'était pas grave. Si la cassette était finie, pas grave non plus. On n'était pas là pour faire un disque mais pour jouer de la musique. Je me sentais redevenu petit garçon dans une chorale. Je gratouillais discrètement, en espérant que ça ne les dérangerait pas. Au moindre froncement de sourcils, j'arrêtais. Et ils ont fini par m'accepter. Plus tard, ils m'ont expliqué qu'en fait je n'étais pas blanc. Pour les Jamaïcains, du moins ceux que je connais, je suis un Noir qui s'est transformé en Blanc pour pouvoir espionner les autres Blancs, « notre agent dans le Nord », en quelque sorte. Je prends ça comme un compliment. Je suis blanc comme la neige, mais là-dedans, j'ai un cœur noir qui bat en secret. Je ne suis pas le premier homme blanc à m'être progressivement transformé en Noir. Prenez Mezz Mezzrow, par exemple, un jazzman des années 1920 et 1930 qui a été naturalisé noir. Il a écrit *La Rage de vivre*, le meilleur livre sur le sujet. En un sens, j'avais une mission : enregistrer ces gars-là. Pour finir, vers 1975, je les ai tous emmenés au Dynamic Sounds, mais le studio, ça n'était vraiment pas leur truc. « Mets-toi là, non, plutôt là », etc. L'idée même qu'on leur dise ce qu'ils avaient à faire les dépassait totalement. Ça a été un échec assez déprimant, vraiment. Même si c'était un excellent studio. Mais j'ai compris : si je voulais enregistrer ces mecs, il fallait le faire chez eux, dans leur maison, là où ils se sentaient bien et ne faisaient pas attention au magnéto. J'ai dû attendre vingt ans pour y parvenir, pour obtenir l'enregistrement dont je rêvais. À partir de ce moment-là, ils ont commencé à être connus sous le nom des Wingless Angels.

J'étais toujours clean quand on partait sur la route, mais si la tournée durait, il y avait toujours quelqu'un pour me passer de la dope à un moment ou un autre, et alors j'en redemandais. Je me disais : « OK, il faut que je m'en procure maintenant, parce que je vais devoir patienter en attendant de pouvoir décrocher à nouveau. » J'ai rencontré des filles junkies adorables sur la route, certaines m'ont même sauvé la vie, aidé à décrocher. Et pour la plupart ce n'était pas des garces tombées dans le caniveau. C'était souvent des nanas fines, très intelligentes, qui aimaient la dope. Tu n'avais pas besoin de descendre dans les bas-fonds ou les bordels pour en trouver. Il y avait une fête après le concert, ou une soirée

chez des gens de la haute, et souvent je trouvais des junkies débutantes qui m'en proposaient. Qu'elles soient bénies, ces mignonnes.

Mais même dans ce cas, j'étais incapable de coucher avec une
nana qui ne me plaisait pas vraiment, même si c'était l'affaire
d'une nuit ou deux, un havre dans la tempête. Parfois elles s'occupaient de moi, parfois c'est moi qui m'occupais d'elles, et souvent
le sexe n'y était pas pour grand-chose. Il m'est souvent arrivé de
me retrouver dans le lit d'une femme et de ne rien faire, sinon
m'endormir dans ses bras. Et j'en ai aimé un paquet. J'ai toujours
été surpris d'avoir été aimé en retour. Je me souviens d'une fille à
Houston, une copine junkie pendant la tournée de 1972, je crois.
J'étais naze, liquidé, en pleine crise de manque sévère. Je suis
tombé sur elle dans un bar. Elle m'a donné un peu de matos. Pendant une semaine, je l'ai aimée et elle m'a aimé, et elle m'a aidé
dans une passe difficile. J'avais rompu ma propre règle et je
m'étais retrouvé en manque, à sec. Cette nana totalement adorable
m'a sauvé, elle s'est installée avec moi. Je ne sais toujours pas comment j'ai réussi à la trouver. D'où viennent les anges ? Ils savent ce
qui se passe et ils peuvent te percer à jour, voir au-delà de ton
regard de frimeur et dire : « Fais ce que je te dis. » Comme ça
vient de toi, j'accepte. Merci, *sister*.

Il y en a eu une autre, à Melbourne, en Australie. Elle avait un
bébé. Elle était douce, timide, totalement pudique, et se trouvait
dans la merde parce que son mec l'avait larguée avec le gamin.
Elle pouvait obtenir de la coke pharmaceutique, pure, et elle m'en
apportait tout le temps à l'hôtel, alors je lui ai dit : « Et si je m'installais chez toi ? » Drôle de semaine, passée à vivre en famille à
Melbourne. En quatre ou cinq jours à peine, j'étais devenu un
typique père de famille australien : « Sheila, putain, et mon petit
déjeuner ?

— J'arrive, mon cœur. » On aurait dit que j'habitais là depuis
toujours. Et c'était super, je me sentais bien, pas de problème,
j'assurais avec juste ce qu'il faut de détachement. Je m'occupais du

bébé, elle partait bosser. J'ai joué au mari pendant toute la semaine. Je changeais les couches. Quelque part dans la banlieue de Melbourne vit quelqu'un qui ne sait même pas que je lui ai torché le derrière.

Il y a aussi eu la pause qu'on s'est offerte avec Bobby et deux filles rencontrées à Adélaïde. Des nanas adorables qui se sont formidablement occupées de nous. Elles avaient un peu d'acide, je n'en suis pas fana mais bon, on soufflait quelques jours à Adélaïde et elles étaient très mimi. Elles avaient un petit bungalow hippie dans les collines, avec des tissus indiens, des bougies, de l'encens et des lampes à huile qui faisaient une fumée du diable. OK, emmène-moi avec toi... On vivait dans des hôtels, on était sur la route depuis une éternité, et c'était un véritable soulagement de changer de contexte. Lorsqu'on a dû partir, parce qu'on devait se rendre à Perth, à l'autre bout du continent, on leur a dit : « Pourquoi vous ne viendriez pas avec nous ? » Sitôt dit, sitôt fait, mais on était tous encore en orbite stratosphérique. On est montés dans l'avion, et à mi-chemin – Bobby et moi, on était assis au premier rang –, les deux filles sont sorties des toilettes pratiquement nues. Elles se fendaient la gueule, elles étaient en train de s'envoyer en l'air. Tu parles de deux Australiennes démentes... Avec Bobby, on s'est marrés : « Allez-y, les filles, à poil ! », et il y a eu un murmure choqué derrière nous. On avait complètement oublié qu'on n'était pas dans notre avion privé, qu'il y avait des passagers. On s'est retournés et deux cents visages effarés étaient tournés vers nous, des hommes d'affaires et des matrones du cru. Certains rigolaient mais d'autres sont allés se plaindre au commandant de bord. On a été menacés d'arrestation à notre descente d'avion, à Perth. Après l'atterrissage, on nous a retenus un moment. Il s'en est fallu de peu, mais on s'en est tirés. On a dit qu'on n'avait rien à voir là-dedans, Bobby et moi. On était sagement assis à nos places. Les deux filles ont raconté qu'elles avaient décidé d'échanger leurs pantalons. Je ne sais pas comment elles se sont débrouillées, mais elles ont réussi à leur faire croire ça.

Elles sont restées avec nous à Perth, on a fait le concert et on est repartis à bord de notre propre avion, un gros porteur, un Super Constellation. Il y avait des fuites d'huile, la cabine n'était pas insonorisée et il fallait tout apporter, y compris des matelas et des couvertures si on voulait dormir. Le vol de Perth à Sydney a duré quinze heures. Tu pouvais hurler, ça ne faisait aucune différence. On se serait crus dans un bombardier de la deuxième guerre mondiale, sans les amphés. Et on en a profité à fond. On connaissait ces nanas depuis une semaine. Ça arrive souvent, sur la route. Des relations très intenses se nouent puis se dénouent, presque instantanément. « On était proches, je l'aimais vraiment bien, je me souviens presque de son nom. »

Je n'étais pas un collectionneur, pas comme Bill Wyman ou Mick Jagger, qui tenaient le compte de leurs conquêtes. Je ne faisais pas ça pour la baise. Je ne sais pas me mettre au pieu avec une nana juste pour le sexe. Ça ne m'intéresse pas. Je veux te serrer, et t'embrasser, et te faire sentir bien, et te protéger. Et trouver un gentil petit mot le lendemain, rester en contact. Je préfère me branler plutôt que baiser pour baiser. Et je refuse de payer pour ça, je ne l'ai jamais fait de ma vie. En revanche, ça m'est arrivé de *me* faire payer. « Moi aussi, je t'aime, et voilà un peu de dope ! » Parfois je faisais ça juste pour me marrer. Est-ce que je peux la lever ? Voyons voir. Essaie ta meilleure vanne. En général, je m'intéressais davantage aux nanas qui ne bavaient pas devant moi. J'étais le genre à me dire : « Je vais tenter la femme du banquier… »

Une fois, en Australie, ma chambre était juste en face de celle de Bill Wyman. J'ai découvert qu'il avait un deal avec le portier, parce qu'il devait bien y avoir deux mille nanas devant l'hôtel. « Celle en rose. Non, pas celle-là, celle-là. » Il y avait des tonnes de meufs dans sa chambre, à longueur de journée, mais aucune ne restait plus de dix minutes. Je ne pense pas qu'elles aient eu droit à grand-chose d'autre qu'une tasse de l'horrible thé fadasse de Bill – un peu d'eau chaude avec une goutte de lait et le sachet de thé à peine trempé dedans. Il n'y avait pas le temps pour plus. Aucune des filles ne ressortait avec l'air d'avoir fait quoi que ce soit. Mais ça finissait quand même dans le carnet : et une de plus ! J'en ai compté neuf en quatre heures. Il ne les baisait pas, il devait les auditionner, j'imagine. « Tu es du coin ? » Bill était comme ça et ne s'en cachait pas. Le truc dément, c'est que malgré leur totale différence, Bill et Mick se ressemblent beaucoup, sur ce point. Mick va mal le prendre, c'est sûr. Mais si vous les aviez vus sur la route, ou si vous pouviez lire leurs carnets, vous verriez qu'ils sont fondamentalement semblables. Mick a plus de classe, c'est clair, vu qu'il est le chanteur lead, sur le devant de la scène, etc. Mais il fallait les voir après. « Tu t'en es fait combien, ce soir ? » Ils étaient du même tonneau.

Les groupies, c'était autre chose que les adolescentes délurées ou les nanas qui faisaient la queue pour prendre le thé avec Bill. J'aimerais ici faire l'éloge des groupies : c'était de ravissantes jeunes femmes qui savaient ce qu'elles voulaient et ce qu'il fallait faire pour l'obtenir. Il y avait bien quelques horribles profiteuses, comme ces malades qui collectionnaient les moulages des queues de tous les rockers qu'elles s'étaient envoyés. J'ai toujours refusé, c'était hors de question. Il y avait aussi les rivales des sculpteuses au plâtre, les reines du beurre. Leur dévouement était admirable, mais je n'aimais pas ces pros qui ne s'intéressaient qu'à leurs trophées : « Me suis fait celui-ci, celui-là. » Bill Wyman en sens inverse. Ça ne m'a jamais trop intéressé. Je faisais exprès de *ne pas* les baiser. Je leur demandais de se mettre à poil et je leur disais ensuite : « OK, merci beaucoup, tu peux partir. » Parce que je savais que je ne serais qu'un coup de plus dans leur tableau de chasse.

Beaucoup de groupies, pourtant, étaient juste de braves filles qui aimaient bien s'occuper de mecs. Très maternantes, dans un sens. Et si ça se passait comme ça, pourquoi pas ? Pourquoi ne pas se mettre au pieu pour baiser ? Mais ce n'était pas l'essentiel. Les groupies étaient des amies et la plupart n'étaient pas vraiment des canons. Elles proposaient un service. Tu arrivais dans une ville, disons Cincinnati ou Cleveland, et il y avait une ou deux filles que tu connaissais, et elles te rendaient visite pour s'assurer que tu étais OK, elles s'occupaient de toi, te faisaient à manger, etc. On frappe à la porte, tu regardes dans le judas et, oh, mais c'est Shirley !

Les groupies faisaient partie de la famille, d'un réseau informel. Et ce qui me plaisait beaucoup, c'est qu'il n'y avait ni jalousie ni instinct de possession. En ce temps-là, il y avait une sorte de circuit. Tu jouais à Cincinnati, ensuite il y avait Brownsville, puis Oklahoma City. C'était comme un circuit à étapes, et chaque groupie passait la main à une de ses amies sur la route. Tu arrivais et les secours t'attendaient. « Baby, j'en peux plus ! Quatre shows, je suis mort ! » C'était comme des infirmières, la Croix-Rouge du rock'n'roll ! Elles lavaient ton linge, te faisaient couler un bain et d'autres trucs encore. Et tu leur demandais : « Mais pourquoi tu fais ça pour un guitariste ? Il y a des millions de mecs dehors. »

J'ai déjà mentionné Flo, une de mes préférées. Elle était de L.A. et faisait partie d'une bande de nanas blacks. Flo avait trois ou quatre copines groupies. Si j'étais à court d'herbe, ou n'importe quoi d'autre, elle expédiait ses filles. On a souvent dormi ensemble et on n'a jamais baisé, enfin presque jamais. Ou bien on s'écroulait, ou bien on restait à écouter de la musique. Tout ça était très lié à la musique. J'avais avec moi ce qui se faisait de mieux, et les filles me faisaient écouter la production locale, les trucs qui venaient de sortir. La question du pieu n'était pas vraiment essentielle.

Avec Bobby Keys, on s'est retrouvés à nouveau dans la merde à la fin de notre tournée en Extrême-Orient, début 1973. En fait, Bobby s'est tellement mis dedans qu'il pourrait être encore en taule aujourd'hui s'il n'avait pas bénéficié de l'intervention d'un *deus ex machina*, sous la forme du roi de l'ananas...

Le premier concert de la tournée avait eu lieu à Honolulu. C'était le point de sortie et d'entrée aux States, lors de cette tournée qui nous avait conduits en Nouvelle-Zélande et en Australie. Il fallait enregistrer les instruments en quittant Hawaii et, à notre retour, les douaniers vérifiaient la liste pour s'assurer qu'on n'importait rien.

Je vais laisser Bobby vous raconter l'histoire. Après tout, il en est le principal protagoniste :

Bobby Keys : À l'époque, le Dr Bill nous accompagnait, et avec Keith on avait droit à quelques rations qui nous permettaient de soulager le stress de la route. Au retour, on est passés par la douane américaine à Hawaii. J'ai tous mes sax, et ils veulent vérifier les numéros de série pour être sûrs que ce sont les mêmes que j'avais en quittant le pays. Il faut que le douanier retourne les instruments parce que les numéros sont inscrits à l'envers. Au moment précis où ce gars retourne mon sax, j'entends un bruit, et je pige tout de suite ce qui s'est passé. Boïnnng, et tout d'un coup il y a une seringue plantée sur le comptoir devant le douanier ! Et, bien sûr, une chose en amène à une autre. Keith est à côté de moi, on a les mêmes habitudes. Ils nous séparent aussitôt, m'emmènent pour une fouille au corps et découvrent de grosses capsules bourrées d'héro et de je ne sais plus quoi d'autre. Le douanier se pourlèche les babines. Ce mec vient de remplir son quota de saisies pour l'année ! Il tape comme un malade sur sa machine à écrire. « Je viens de ferrer un gros poisson, et il n'est pas seul ! Ce coup-ci, votre compte est bon, les gars ! » En effet, c'est plutôt mal barré. Photos, empreintes, et ils bichent comme des malades. « Hé hé hé, dix ans ! Dix ans ! » Comme on était à la fin de la tournée, on n'était plus vraiment accompagnés, tout le monde s'était cassé. J'ai eu le droit de passer un seul coup de fil.

Je me suis aussi fait serrer, mais ils n'ont rien trouvé. Je voyageais les poches vides. Ils m'ont passé au peigne fin. Mais je me disais que Bobby était parti pour passer un bon moment au trou. Si on trouve une seringue sur toi, t'es cuit. Il faut que je téléphone, Bobby va avoir besoin d'un avocat. Je me démène, j'appelle San Francisco, L.A., il faut trouver quelqu'un. Finalement, je réussis à embarquer à bord de l'avion suivant pour Frisco. Je suis en train de faire la queue à l'embarquement et qui est déjà là, plié en deux ? Je vous le donne en mille : cet enfoiré de putain de Bobby Keys ! « Bordel, qu'est-ce que tu fous là ? Je sors à peine de toutes leurs salades et toi t'es déjà là ? Comment c'est possible ?

— J'ai passé un coup de fil.

— Un coup de fil ? Mais à qui ?

— À Mr Dole. »

Bobby : Ce Mr Dole était le roi de l'ananas à Hawaii. Quiconque a déjà ouvert une boîte d'ananas Dole sait de qui je veux parler. Et il était également propriétaire d'une équipe de football américain de top niveau. Avec Keith, on avait fait la connaissance de sa fille lors de notre premier concert à Hawaii. Elle nous avait invités chez elle un après-midi, il y avait plein de copines à elles, de charmantes jeunes femmes, toutes très bronzées et très riches. Très agréable et amical. On a échangé des numéros de téléphone et l'après-midi s'est transformé en une soirée qui a duré jusque tard. Je me suis bien entendu avec la jolie fille de Mr Dole, et je suis certain qu'on a bu des litres de jus d'ananas. C'était avant l'ère de la sécurité omniprésente, à l'époque on était libres de vagabonder à travers le monde, et il arrivait tout le temps toutes sortes de trucs. On a donc passé la nuit dans la villa de Mr Dole, et le matin ne voilà-t-il pas que celui-ci débarque, et la fifille est un brin gênée : « Tiens, papa ! » Il voit les traces de bacchanale dans son séjour, nous mate, Keith et moi. Sa fille fait les présentations : « Papa, voici mes nouveaux amis. » Keith est prêt à détaler comme un lapin, mais au lieu de lâcher les chiens, Mr Dole se montre fort prévenant. La situation est vraiment embarrassante, parce que je viens de baiser la princesse des ananas. Mais Mr Dole me donne sa carte de visite et ajoute : « Vous êtes les amis de ma fille. Donc, si jamais je peux faire quelque chose pour vous lorsque vous serez de passage à Hawaii, n'hésitez pas à m'appeler. Voici ma ligne privée, elle permet de me joindre directement. » J'ai pris sa carte, je l'ai glissée dans mon portefeuille – et je n'y ai plus pensé.

Au moment précis où je me demande combien d'années je vais traîner dans un pénitencier texan, on me dit que j'ai droit à un coup de fil, et je me demande qui je vais bien pouvoir appeler. Personne de la bande des Stones ne sait qu'on est là. Là, je tombe sur la carte de visite de Mr Dole dans mon portefeuille, la seule que j'avais d'ailleurs, le seul numéro. J'appelle et je n'en reviens pas : je tombe sur Mr Dole en personne ! Et je lui dis : « Monsieur Dole, vous vous souvenez du type à moitié dévêtu et de l'Anglais à moitié mort qui étaient chez vous l'autre jour ? Eh bien, c'est la moitié dévêtue au bout du fil.

— Bobby, bien sûr ! Comment ça va ? » Et je lui raconte que j'ai un petit souci à la douane, les pandores ont trouvé ceci et cela, des seringues – et je ne sais plus quoi faire. « Où êtes-vous ? Qu'est-il arrivé exactement ? Quel était votre vol ? » Je lui donne toutes les infos, et il me dit : « Je vais voir ce que je peux faire », et il raccroche. Je pensais que j'allais vraiment atterrir à la prison de Leavenworth. Je m'attendais à voir se pointer les mecs avec des chaînes. Je suis là et de l'autre côté d'un miroir sans tain je peux voir les clowns qui nous ont arrêtés. Soudain, le téléphone sonne sur le bureau du mec qui depuis tout à l'heure me raconte avec un luxe de détails tout ce qui va m'arriver, je vois sa tronche se décomposer et je comprends qu'il se passe quelque chose. Il me regarde, regarde à nouveau le combiné, raccroche en secouant très lentement la tête et déchire le procès-verbal de mon arrestation. On me rend mes instruments, on me remet à bord de l'avion et on me dit : « Ne recommencez jamais ! » Et nous nous envolons joyeusement dans le soleil couchant.

L'histoire ne finit pas là. À bord de l'avion, je me dis : « Putain, merde. Il va falloir appeler pour s'assurer d'avoir de la dope à Frisco. Tu connais quelqu'un là-bas ? À qui on peut téléphoner ? » Je ne sais plus pourquoi j'ai sorti mon portefeuille et j'ai aussitôt senti deux petites bosses à l'intérieur. Pas moyen de se tromper. Il y avait deux grosses gélules farcies d'héroïne pure là-dedans, une quantité considérable. C'était les filles d'Adélaïde qui nous les avaient données. Les douaniers m'avaient fouillé dans tous les sens, ils avaient même regardé dans mon cul ! Si je m'étais fait choper, je n'aurais jamais pu retourner aux States. Comment ont-ils pu les louper ? En fait, ça arrive souvent, à la douane : si tu es persuadé que tu n'as rien sur toi, c'est comme si tu n'avais rien sur toi. Et moi, j'étais convaincu que je m'étais débarrassé de tout mon matos. Je me suis aussitôt précipité dans les toilettes et soudain tout est devenu rose. « Partageons une gélule tout de suite, on va la sniffer parce qu'on n'a pas de seringue. Ça nous aidera à tenir, on passera des coups de fil quand on sera sur place. Encore une fois, sauvé de justesse… Le chien qui n'a pas aboyé au milieu de la nuit… »

On avait pas mal de chance avec Bobby, quand on voyageait ensemble, surtout dans les aéroports. Un jour, à New York, il s'occupait des bagages. Je voulais qu'un de mes sacs aille en soute pour éviter l'inspection, forcément j'y avais fourré mon flingue, un .38 Special, avec cinq cents balles. À l'époque, j'avais l'habitude de voyager chargé. Aucun de mes flingues n'était déclaré. Je n'avais pas le droit d'avoir une arme, j'avais été condamné, ne l'oublions pas. En soute, avec le reste des bagages, il n'y aurait pas de problème. Tu parles. J'ai vu la valise avec le flingue passer dans la machine à rayons X. Merde ! Non, arrêtez ! J'ai hurlé : « Bob ! », tous les gens qui surveillaient l'écran se sont retournés l'espace d'un instant, et personne n'a rien vu…

Je suis rentré direct à la Jamaïque, où Anita et les enfants m'attendaient. On a passé l'été 1973 à Mammee Bay. Ça commençait déjà à devenir difficile. Anita était imprévisible, totalement parano, et pendant mon absence elle avait ramassé un paquet de gens qui abusaient de son hospitalité. La pire des combinaisons. Même quand j'étais là, la maison était assez agitée. On ne s'en rendait pas compte mais on dérangeait le voisinage. Homme blanc avec grande maison là-bas, et tout le monde savait que des rastas étaient fourrés là tous les soirs à faire de la musique. Si ça avait été juste le week-end, nos voisins rupins n'auraient rien dit. Mais pas un lundi ou un mardi. En fait, c'était toutes les nuits comme ça. Les mecs cramaient des kilos d'herbe dans leur calice. Ça empestait à la ronde. Et ce n'était pas trop du goût des chers voisins. J'ai appris ensuite qu'Anita s'était aussi mis pas mal de monde à dos. On l'avait prévenue, et elle avait insulté les flics et tous les gens qui râlaient. Ils l'appelaient « mauvaise fille ». Plus comique, ils l'avaient surnommée « Mussolini », parce qu'elle parlait italien. Anita peut être dure. On était mariés (sans être mariés). Et elle était dans la merde.

Je suis parti en Angleterre et les flics ont fait une descente le soir même, alors que je n'avais même pas encore atterri à Londres. Beaucoup de poulets, en civil. Il y a eu des coups de feu, dont l'un apparemment tiré par un certain agent Brown quand Anita a balancé un demi-kilo d'herbe par dessus sa tête dans le jardin. Ils ont embarqué Anita après l'avoir difficilement maîtrisée et l'ont mise en prison à St Ann, abandonnant les enfants sur place. Marlon avait à peine quatre ans, Angela un an, c'était terrifiant pour eux. Arrivé à Londres, j'ai appris ce qui s'était passé. Ma première réaction a été de reprendre le premier avion mais, à la réflexion, je me suis dit que ça serait plus efficace de mettre la pression depuis l'Angleterre. Si je rentrais en Jamaïque, ils m'arrêteraient probablement aussi. Les brothers et sisters ont pris les enfants avec eux, à Steer Town, avant que les autorités n'aient eu le temps de se demander : « Qu'est-ce qu'on fait des gamins ? » Ils sont restés là-bas tout le temps, et les rastas se sont merveilleusement occupés d'eux. C'était très important pour moi, bien évidemment. Ça m'a rassuré de savoir qu'ils étaient à l'abri et non dans un foyer pour enfants abandonnés. Angie et Marlon avaient des copains à Steer Town, aujourd'hui de grands gaillards qui se souviennent encore d'eux. Ça m'a permis de me concentrer sur la libération d'Anita.

Il court beaucoup d'histoires et de rumeurs sur le séjour d'Anita en prison, la plupart trouvent leur source dans le livre que Spanish Tony m'a consacré (avec l'aide d'un nègre sensationnaliste), et qui depuis a été largement utilisé par les auteurs d'autres ouvrages. Anita aurait été violée en prison, j'aurais déboursé une grosse quantité d'argent pour obtenir sa libération, tout ça étant un complot monté par les nababs blancs de là-bas, etc. Tout est faux. Ce qui est vrai, c'est que les cellules de la prison de St Ann n'étaient pas agréables. Il n'y avait pas d'endroit où s'allonger, Anita avait à peine le droit de se laver et c'était infesté de cafards. Rien de tout ça n'a arrangé sa parano et ses hallucinations. Et ils se foutaient d'elle – mauvaise fille, mauvaise fille. Mais personne ne l'a violée et je n'ai pas dû verser une rançon. Ils l'avaient arrêtée parce qu'on avait ignoré les avertissements. Ils ont expliqué tout ça à notre avocat, Hugh Hart, qui s'est rendu en Jamaïque pour obtenir sa libération. Il a découvert que la police était soulagée à l'idée de se débarrasser d'elle. Elle n'avait été inculpée de rien. Hart l'a fait sortir en promettant qu'elle quitterait le pays. On l'a conduite à la maison, elle a récupéré les enfants, puis s'est retrouvée dans un avion pour Londres. À l'époque, Anita déconnait à plein tube. En même temps, Anita, c'était Anita, et ce n'est pas pour rien que j'étais avec elle. Je l'aimais toujours et elle était la mère de mes enfants. Je ne suis pas du genre qui laisse tomber, il faut me foutre dehors. Mais il est vrai qu'on commençait à ne plus se faire beaucoup de bien.

À la différence d'Anita, mes racines jamaïcaines n'ont fait que s'approfondir, même s'il a fallu quelques années avant que je puisse remettre les pieds là-bas. Avant l'arrestation d'Anita, j'avais déjà compris que j'avais besoin d'être un peu plus protégé, qu'on était très exposés à Mammee Bay. J'adorais déjà assez la Jamaïque pour y rechercher une maison vraiment chouette. Je ne voulais plus louer. On est donc partis en tournée d'inspection avec notre proprio de l'époque, Ernie Smatt, qui m'a montré la maison du chanteur Tommy Steele, nichée dans les collines au-dessus d'Ocho Ríos. Elle s'appelait « Point of View » et elle m'appartient encore aujourd'hui. Elle était parfaitement située, perchée sur une petite falaise plongeant dans la baie, au milieu d'une végétation assez dense, à flanc de colline. L'endroit avait été choisi avec le plus grand soin par un prisonnier de guerre italien nommé Andrea Maffessanti, qui avait été expédié en Jamaïque avec un paquet d'autres Italiens. Maffessanti était architecte et, pendant son emprisonnement, il avait recherché les meilleurs emplacements pour construire des maisons. Et soit il les avait fait faire, soit il avait vendu ses plans, parce qu'on lui attribuait un tas de maisons dans le coin. Il avait passé deux ou trois ans là-bas, avait étudié le climat et les vents, et c'est pour cette raison que la maison a vaguement une forme en L. Pendant la journée, on est caressé par la brise marine qui pénètre par devant, d'où on a une vue plongeante sur la baie. Vers six heures du soir, le vent tourne, il vient de la montagne, et la forme de la maison permet de le capter par la cuisine. D'un point de vue architectural, c'est génial. Je l'ai payée quatre-vingt mille livres sterling. La baraque était un peu sombre, avec des climatiseurs que j'ai fait enlever aussitôt puisque, grâce à Maffessanti, elle est naturellement aérée. On a ajouté quelques ventilateurs et on n'a jamais eu de problème. Je l'ai achetée et ensuite je ne m'en suis pas vraiment occupé. C'était une période très agitée, et il y avait aussi la dope.

On a fait une tournée européenne en septembre-octobre 1973, après la sortie de *Goat's Head Soup*. La formation incluait à présent de manière quasi permanente Billy Preston aux claviers, en général à l'orgue. Il avait déjà toute une carrière derrière lui, d'abord avec Little Richard puis avec les Beatles, dont il était presque devenu le cinquième membre, tout en continuant de composer ses propres hits. Il était né à Houston mais vivait en Californie, c'était un musicien de soul et de gospel qui a fini par jouer avec tous les grands de l'époque. On avait aussi deux trompettes, deux sax et deux claviers – l'orgue de Billy étant doublé par le piano de Nicky Hopkins.

Billy nous a apporté un autre son. Si vous écoutez les titres qu'on a faits avec Billy Preston, comme « Melody », il était sensationnel. Mais faire un show avec Billy, c'était comme jouer avec quelqu'un qui voulait mettre sa marque partout. Il était habitué à ça, c'était une star. Une fois, à Glasgow, il a joué tellement fort qu'on n'entendait pas le reste du groupe. Je l'ai chopé en coulisses et je lui ai montré ma lame : « Tu sais ce que c'est, ça ? Mon cher William, si tu ne baisses pas le son de ton putain de piano tout de suite, je vais te montrer comment je m'en sers. Ce concert, c'est pas Billy Preston accompagné par les Rolling Stones mais l'inverse ! » La plupart du temps, pourtant, tout se passait bien. Charlie appréciait son influence jazzy et on a fait du bon boulot ensemble.

Billy est mort en 2006, à la suite de complications produites par toutes sortes d'excès. Il n'y avait aucune fatalité là-dedans. Il aurait pu monter encore et encore plus haut. Il avait tout le talent qu'il fallait. Je pense qu'il est resté trop longtemps dans la partie, il avait commencé très tôt. Et il était gay à une époque où personne ne pouvait s'afficher ouvertement, ce qui ne faisait que rendre sa vie plus difficile. En général, c'était un type marrant, mais parfois il était de sale humeur. Un jour, j'ai dû l'empêcher de casser la gueule à son petit ami dans un ascenseur. « Billy, arrête tout de suite ou je t'arrache ta perruque. » Il portait une perruque afro ridicule, alors qu'il avait une bonne trombine avec sa coupe naturelle à la Billy Eckstine.

J'étais à Innsbruck, en train de pisser aux toilettes avec Bobby Keys, juste après un spectacle. En général, il aime bien balancer une ou deux conneries pendant ces moments-là, mais il ne disait rien. Et puis il m'a sorti brusquement : « Euh, j'ai une mauvaise nouvelle, G.P. est mort. » C'était comme si on m'avait donné un coup de poing en plein plexus solaire. Je l'ai regardé. Gram ? Mort ? Je croyais qu'il avait décroché de la came, qu'il allait bien. « Je ne sais pas ce qui s'est passé, m'a dit Bobby, mais j'ai entendu dire qu'il était mort. » Oh, merde, merde, merde. On ne peut jamais savoir comment on va réagir à une nouvelle pareille, mais ça ne se digère jamais d'un seul coup. Un autre adieu à un autre bon ami. Par la suite, on a appris que Gram était clean quand il avait cassé sa pipe. Il avait pris une dose normale. On connaît la chanson : « Allez, juste une petite. » Mais comme il était clean, son corps n'était plus habitué, et boum. C'est une erreur fatale que commettent des tas de junkies. Quand tu es sevré, ton corps vient de subir un choc. Le junkie se dit : « Je vais me faire un tout petit fix », mais il utilise la dose qu'il avait l'habitude de prendre une semaine plus tôt, alors qu'il s'était accoutumé à de vraies doses de cheval (ce qui est une des raisons pour lesquelles le manque est si terrible). Et le corps réagit en disant : « Merde, puisque c'est comme ça, je laisse tomber. » Dans cette situation, il faut essayer de revenir à la dose qu'on avait prise la toute première fois. Recommencer à zéro. Un tiers de la dose habituelle, une pincée.

La mort de Gram a été un choc très dur. Je ne pouvais pas rester à Innsbruck, ce soir-là. J'ai décidé de louer une voiture et de partir accomplir une mission impossible à Munich avec Bobby. Je voulais retrouver une femme que je connaissais. Je l'avais vue une ou deux fois, et elle me fascinait. Je savais que c'était absurde, mais on allait la localiser, sûr. Allons-y tout de suite. Oublions la mort de Gram et faisons autre chose. Je déteste les larmes, la tristesse, toute cette merde. On n'y peut rien, de toute façon. L'abruti est mort et tout ce que tu peux faire, c'est enrager parce qu'il n'est plus là. Il valait mieux se changer les idées. Je partais à la recherche d'une des plus belles femmes au monde. Je n'allais jamais la trouver, mais tant pis. Il me fallait un but. Une cible. Avec Bobby, on a loué une BMW et on s'est tirés. Il était une heure du mat.

Ma cible s'appelait Uschi Obermaier. Si quelqu'un pouvait apaiser ma douleur, c'était bien elle. Elle était belle. C'était une top-model allemande célèbre dans son pays qui était devenue un des symboles du mouvement étudiant, le déclencheur d'une sorte de guerre des générations. C'était l'image même de la gauche, son portrait était partout. Elle était dingue de rock'n'roll et c'est comme ça qu'elle avait d'abord fait la connaissance de Mick, et ensuite la mienne, très brièvement la première fois. Mick l'avait invitée à Stuttgart et elle l'attendait à l'hôtel. Elle était tombée sur moi, et je l'avais conduite jusqu'à la chambre de Mick. J'avais déjà vu sa photo sur des affiches et dans des revues, et elle avait quelque chose qui m'avait touché. Le petit ami d'Uschi, un nommé Rainer Langhans, avait été un des fondateurs de la Commune I, un *live-in* public destiné à saper les fondements de la famille et de l'État autoritaire. Elle avait été intégrée à la Commune I lorsqu'elle s'était mise à la colle avec Rainer. L'autre titre dont Uschi était particulièrement fière, c'était d'avoir été surnommée « la barbare bavaroise ». Elle ne prenait pas l'idéologie trop au sérieux, buvait du Pepsi-Cola, pourtant interdit chez les gauchos, fumait des ciga-rettes mentholées et se moquait allègrement d'autres diktats de la

Commune. Elle avait posé nue en train de rouler des joints pour le magazine *Stern*, et elle mettait certainement tout son cœur dans son désir de choquer le bourgeois allemand. Mais lorsque la Commune s'est scindée en deux camps – les groupes terroristes comme Baader-Meinhof d'un côté, les verts de l'autre –, Uschi s'est retirée de la mêlée, ou du moins elle a quitté Rainer, et elle est retournée vivre à Munich. Sa route était jonchée de types qui avaient essayé de l'apprivoiser. C'était perdu d'avance, parce qu'Uschi est la meilleure des « mauvaises filles » que je connaisse.

On est quand même descendus au Bayerischer Hof, un hôtel où dans chaque chambre un Rembrandt, un vrai, trône au-dessus du lit. Bob a dit : « OK, et maintenant, on fait quoi, Keith ? » J'ai répondu : « Bob, maintenant on va à Schwabing et on fait le circuit des clubs. Faisons ce que Gram aurait fait si on était morts. » J'ai dit qu'on devait chercher Uschi Obermaier. Je devais avoir un but. Il n'y avait pas de raison particulière, c'était simplement le seul objectif possible à Munich. Je ne savais même pas si elle était en ville. Alors on s'est requinqués un peu et on a commencé à écumer les clubs. Ça swinguait, mais ce n'était pas ce qu'on cherchait. À la cinquième ou sixième boîte, la musique était vraiment cool, alors j'ai parlé au DJ, un type qui s'appelait Georges le Grec et que je connaissais. Et en plus il connaissait la Obermaier ! Mais même si je la retrouvais, qu'est-ce que j'allais faire ? Je ne suis vraiment pas en état de draguer, d'ailleurs on n'a pas le temps, donc… Bon, OK, au moins on avait trouvé quelqu'un qui la connaissait, ce qui était miraculeux en soi, mais je n'avais toujours pas de plan. Georges a dit : « Je sais où elle habite, mais elle est avec son mec. » Et moi : « Allons-y, vieux ! » On s'est garés devant sa baraque et j'ai dit à Georges : « Tu veux bien monter lui dire que je la cherche ? » Gram était mort, je devais boucler la boucle. Georges a frappé à la porte et elle a sorti la tête à la fenêtre : « Vous êtes qui ? Vous voulez quoi ?

— Je ne sais pas ce que je veux, mais un de mes meilleurs amis vient de mourir et je suis pas mal flippé. Je voulais juste te dire

bonjour. Tu étais mon objectif, on t'a trouvée. On va s'arrêter là. »
Elle est descendue, elle m'a embrassé, et puis elle est remontée.
Mais on avait réussi notre coup ! Mission accomplie !

La deuxième fois que j'ai essayé de mettre la main sur Uschi,
j'ai demandé à Freddie Sessler de l'appeler pour moi. Il a trouvé le
téléphone de son agence, mais son agent a dit : « Je n'ai pas le droit
de communiquer ses numéros. » Heureusement, on peut compter
sur Freddie pour huiler la machine, et il a fait ce qu'il fallait.
Freddie parlait toutes sortes de langues, et Uschi et moi on ne parlait pas la langue l'un de l'autre. Quand je l'ai appelée, elle a
décroché et dit : « Salut, Mick. » J'ai dit : « Non, c'est Keith. » À
l'époque, elle habitait Hambourg et j'ai envoyé une voiture pour la
ramener à Rotterdam. En gros, elle a dû échapper à son mec. Ils
s'étaient disputés, elle est montée dans la caisse et est venue à Rotterdam. Au lit, cette nuit-là, elle m'a arraché ma boucle d'oreille.
On logeait dans un hôtel de style japonais, et le lendemain je me
suis rendu compte qu'en séchant le sang avait collé le lobe à
l'oreiller. Mon oreille en a été déformée à jamais.

Avec Uschi, au début, c'était purement sexuel, puis ça a pris des
proportions et elle s'est emparée de mon cœur. On communiquait
par signes ou en gribouillant des dessins sur une feuille de papier.
On avait peut-être du mal à se comprendre, mais j'avais trouvé
une amie. C'est aussi simple que ça, vraiment. Et je l'adorais. On
s'est souvent vus pendant les années 1970, puis elle s'est envolée
pour l'Afghanistan avec son nouvel amoureux, Dieter Bockhorn,
et elle est sortie de mon cœur et de mon esprit. Un jour, on m'a dit
qu'elle était morte d'une fausse couche, quelque part en Turquie.
Ça aurait pu être vrai, mais elle était plus maline que ça. J'ai appris
la véritable histoire des années plus tard, sur une plage mexicaine,
le jour le plus important de ma vie.

C'était une période terrible, les gens tombaient comme des
mouches. Vers la fin de l'été, mon grand-père Gus est mort et

Michael Cooper, mon vieux pote, s'est suicidé. Il était fragile, je m'étais toujours dit que ça pouvait arriver. Les meilleurs mouraient, et moi dans tout ça ? La seule manière de réagir, c'est de se faire de nouveaux amis. D'autres potes qui étaient encore vivants se sont mis aux abonnés absents. On a fini par user Jimmy Miller, qui a lentement succombé à la dope et a terminé en gravant des croix gammées sur le bois de la table de mixage pendant qu'on travaillait ensemble sur le disque qui serait son chant du cygne, *Goat's Head Soup*. Andy Johns a tenu bon jusqu'à la fin 1973. On était en train de monter *It's Only Rock'n'Roll* à Munich le jour où on a dû le virer pour la même raison : il y allait trop fort sur la dope dure (il a survécu et continué de travailler). Même mon grand copain Bobby Keys a connu son propre naufrage rock'n'roll, à peu près à cette époque – et je n'ai rien pu faire pour le sauver.

Bobby a coulé dans une baignoire remplie de Dom Pérignon. C'est comme ça que ça s'est passé. C'est le seul type qui sache combien de bouteilles il faut pour remplir une baignoire, parce qu'il l'a fait. C'est arrivé juste avant l'avant-dernier concert de notre tournée européenne de 1973, en Belgique. Quand le groupe s'est réuni ce jour-là, Bobby n'était pas là. On a fini par me demander si je savais où était mon pote, vu que sa chambre ne répondait pas. Je suis monté et je lui ai dit : « Bob, faut y aller, faut même y aller tout de suite. » Il barbotait dans sa baignoire remplie de champagne avec une nénette française, un cigare aux lèvres. Il m'a dit : « Va te faire mettre. » Ainsi soit-il. Superbe image finale, Bobby, mais tu n'as pas peur de le regretter plus tard ? Plus tard, le comptable a dit à Bobby qu'il n'avait rien gagné au cours de la tournée à cause de sa baignoire remplie de champ. En fait, il nous devait de l'argent. Il m'a fallu plus de dix putains d'années pour que Mick accepte de le reprendre dans le groupe. Mick était intraitable, et à juste titre. Il pouvait être comme ça, Mick. Je n'étais pas responsable de Bobby. Tout ce que je pouvais faire, c'était l'aider à lâcher la dope, et c'est ce que j'ai fait.

Quant à moi, la presse, à commencer par la presse musicale, m'avait inscrit avec enthousiasme sur la liste des prochaines victimes. En 1973, c'est devenu le nouvel angle – pas très musical ! – pour parler de moi. Le *New Musical Express* a publié une liste des dix rock stars qui risquaient le plus de claquer et j'étais numéro un. J'étais devenu le Prince des ténèbres, le défoncé le plus élégant de la planète, et ainsi de suite – ces formules qui me collent à la peau ont été inventées à l'époque et n'ont jamais cessé de servir depuis. J'avais souvent l'impression qu'on souhaitait ma mort, y compris des gens bien intentionnés. D'abord, j'avais été une nouveauté, comme le rock, qui a gardé ce statut jusque dans les années 1960. Maintenant, il fallait que je dégage. Comme je m'accrochais, on voulait que je crève.

Pendant dix ans, j'ai été numéro un sur cette liste ! Ça me faisait marrer. C'est le seul « Top 10 » où je sois resté en tête dix ans d'affilée ! J'étais vaguement fier de cette position. Je pense que personne n'est resté en haut aussi longtemps que moi. Quand j'ai commencé à baisser, devenant numéro neuf au bout du compte, ça m'a déprimé. C'était donc fini ?

Les amateurs de magie noire ont sauté sur l'histoire selon laquelle j'avais fait un séjour en Suisse pour me changer le sang – c'est peut-être la seule chose que tout le monde croit savoir à mon sujet. Sacré Keith, il peut se permettre de refaire un plein de sang neuf et continuer de plus belle ! On a présenté ça comme un pacte avec le diable scellé dans les sous-sols de Zurich, le visage blanc comme un linge, une sorte d'attaque de vampire à l'envers. Même mes joues auraient repris de la couleur !... Mais c'est totalement inventé. La légende est partie de quelque chose que j'ai dit en prenant l'avion à Heathrow pour la Suisse, lorsque je me suis fait désintoxiquer. Toute la presse à scandale était là et me harcelait : « Alors, Keith ? » J'ai lancé : « Vos gueules, je vais me faire changer le sang. » Boum. Point barre. Et je suis monté dans le zinc. Depuis, c'est comme si c'était écrit dans la Bible ou je ne sais quoi. J'ai dit ça pour qu'on me lâche la grappe, et depuis on continue à raconter cette histoire...

Je ne sais pas si je n'ai pas tout simplement joué le rôle pour lequel on me destinait. La bague à tête de mort, la dent cassée, le khôl. C'est peut-être moitié-moitié. D'une certaine manière, ton personnage public, ton « image », comme on disait autrefois, est un boulet. Les gens croient que je suis toujours un putain de junkie. Hé, ça fait trente ans que j'ai décroché ! Cette image est comme une ombre immense : même quand le soleil est couché, tu continues à la voir. Je pense qu'il existe une vraie pression pour que tu ressembles à ton image et ça finit par arriver, jusqu'à un certain point. Impossible de ne pas finir par devenir une parodie de ce que tu pensais être.

Une partie de moi ne rêve que de susciter cette réaction chez les autres, parce que je sais que tout le monde a ça en lui. Il y a un démon en moi comme il y en a un en chacun d'entre nous. Conséquence ridicule : je reçois des bagues à tête de mort par camions entiers, cadeaux de mes admirateurs. Les gens adorent cette image. Ils m'ont imaginé, ils m'ont fait, le peuple a créé ce héros populaire. Qu'ils soient bénis, je ferai de mon mieux pour leur faire plaisir. Ils me demandent de faire des choses qu'eux-mêmes ne peuvent pas faire. Ils ont un job, une vie, courtier en assurances, je ne sais quoi, mais en même temps, au fond d'eux-mêmes sommeille un Keith Richards déchaîné. Quand il s'agit de fabriquer un héros populaire, si on a écrit un scénario à ton intention, tu as intérêt à bien le jouer. Pour ma part, j'ai fait de mon mieux. Je n'exagère pas quand je dis que je vivais comme un hors-la-loi. Ça me bottait ! Je savais que je figurais sur toutes les listes. Si j'avais fait amende honorable, tout serait rentré dans l'ordre, mais c'était impossible.

La dope, le harcèlement policier, tout ça avait pris des proportions dingues. Ça aurait pu finir par m'atteindre, mais ça n'a pas été le cas. Je me disais : « Je peux supporter ça. C'est comme ça, c'est ce à quoi je dois faire face, il faut juste que je tienne le coup. On balance peut-être de la merde sur moi de tous les côtés, mais un paquet de gens pensent : "Vas-y Keith !" C'est comme une élection, mais sans scrutin. Qui gagne ? Les autorités ou le public ? Et au milieu il y a moi, ou les Stones. » À l'époque, il m'est arrivé de me demander si ce n'était pas simplement un truc qui faisait marrer tout le monde : « Tiens, Keith s'est encore fait embarquer ! » Réveillé à l'aube, tes enfants autour de toi, tu dors depuis à peine deux heures dans le meilleur des cas. Une arrestation courtoise ne me dérange pas. Le problème, c'était leurs mauvaises manières. Ils débarquaient comme un commando des forces spéciales. Ça me mettait en rage. Et je n'y pouvais rien, il fallait que j'endure. Je savais qu'ils faisaient exprès. « Mr Richards soutient que vous l'avez jeté contre le portail et lui avez intimé l'ordre d'écarter les jambes tout en lui donnant des coups de pied dans les chevilles.

— Oh, non, non, Mr Richards exagère, on n'aurait jamais fait ça. »

Comme on n'était plus résidents au Royaume-Uni, on pouvait passer en gros trois mois par an à la maison, c'est-à-dire entre Redlands et Cheyne Walk. En 1973, ces adresses étaient sous surveillance vingt-quatre heures sur vingt-quatre. Et je n'étais pas le seul concerné. Mick était aussi dans leur collimateur, ils l'ont arrêté deux ou trois fois. Cet été-là, on a à peine mis les pieds à Redlands. La maison avait brûlé en juillet, alors qu'on s'y trouvait avec les enfants. Une souris avait rongé un fil électrique. C'est Marlon, alors âgé de quatre ans, qui avait donné l'alerte, en hurlant : « Au feu, au feu ! » C'est surtout à cause de lui – Angela était trop petite pour en être consciente – que j'ai commencé à prendre plus au sérieux cet incessant harcèlement policier. Il me demandait : « Papa, pourquoi tu regardes tout le temps par la fenêtre ? » et je répondais : « Je cherche la voiture banalisée » et il me demandait : « Pourquoi, papa ? » et je me disais : « Merde, seul, je peux assurer, mais ça commence à affecter les enfants. »

« Pourquoi t'as peur des policiers, papa ?

— Je n'ai pas peur d'eux, je les surveille. » C'était devenu un automatisme, chaque jour je vérifiais s'ils étaient de l'autre côté de la rue. C'était la guerre. Tout ce que j'avais à faire, c'était arrêter la dope. Mais je me suis dit : « Je vais d'abord gagner cette guerre et je verrai ensuite. » C'était sans doute totalement idiot, mais c'était comme ça. Ces enculés n'allaient pas me faire craquer.

On a eu droit à une descente peu de temps après notre retour de la Jamaïque en juin 1973, à un moment où Marshall Chess habitait chez nous. Ils ont trouvé de l'herbe, de l'héro, du Mandrax et un flingue pour lequel je n'avais pas de permis. C'est sans doute la plus célèbre de mes arrestations parce que les chefs d'inculpation étaient particulièrement nombreux. Il y avait des cuillères avec du résidu cramé dedans, des aiguilles, des scringues, de la marijuana. Vingt-cinq chefs d'accusation.

J'avais aussi un avocat brillantissime en la personne de Richard Du Cann. Il avait une sacrée allure, ascétique, austère. Il était célèbre parce qu'il avait défendu l'éditeur de *L'Amant de Lady Chatterley*, poursuivi pour atteinte aux bonnes mœurs. Peu de temps après mon affaire – et peut-être en dépit d'elle –, il a été élu bâtonnier du barreau. Il m'a dit : « On ne peut rien faire contre les preuves, vous allez plaider coupable et j'obtiendrai les circonstances atténuantes. »

« Coupable, votre honneur, coupable. » Au quinzième chef d'accusation, la voix s'éraille un peu ! Et le juge commence à s'emmerder, parce qu'il attend la plaidoirie de Du Cann. Or, à la dernière minute, la police avait ajouté un vingt-sixième chef d'accusation, la détention d'un fusil à canon scié, ce qui entraînait automatiquement une peine d'un an de prison. Et soudain j'ai dit : « Non coupable, votre honneur. » La tête perruquée : « Comment ? » Le juge avait envie d'aller déjeuner, de toute façon j'étais cuit. Il a dit : « Pourquoi plaidez-vous non coupable de ce chef ? » et j'ai répondu : « Parce que s'il s'agit d'un fusil à canon scié, pourquoi y a-t-il un viseur au bout du canon ? » L'arme était une antiquité, une miniature, un fusil pour gamin fabriqué pour un noble français vers 1880. Avec de très belles incrustations et tout, mais ce n'était pas un fusil à canon scié. Le juge s'est alors tourné vers les flics et je les ai vus pâlir, parce qu'ils savaient qu'ils en avaient trop fait. C'était la goutte dans le vase déjà plein. Le moment était jouissif. Il faut cacher sa joie, parce qu'ils viennent de s'en prendre un dans les roustons. Le juge les a regardés d'un air furieux, comme pour leur dire : « Bande d'abrutis ! On le tenait ! » Puis Du Cann s'est lancé dans un incroyable discours shakespearien sur les artistes. Reconnaissons-le, le gentleman ici présent est victime de persécutions. Cela ne semble guère justifié, s'agissant d'un pauvre baladin, etc., etc. Et le juge ne devait pas en penser moins parce qu'il s'est tourné vers moi et il a dit : « Dix livres d'amende par chef d'accusation, deux cent cinquante livres au total. » Je n'oublierai jamais le mépris affiché par le juge pour les flics. Il a voulu les réprimander avec cette condamnation légère, parce qu'il était évident qu'ils essayaient de me faire porter un chapeau trop grand pour moi. Après, je suis allé déjeuner avec Du Cann.

Ensuite, j'ai rejoint le Londonderry Hotel pour fêter ça. Hélas, il y a eu un incendie. Le couloir s'est rempli de fumée et ma petite famille a été évacuée – et bannie à jamais de notre hôtel préféré. Le feu avait pris dans ma chambre, Marlon dormait dans mon lit et j'ai bondi à travers les flammes, pris mon petit garçon dans mes bras et attendu ensuite les secours. Je n'avais rien fait, contrairement à ce que la presse à scandale a affirmé, c'était l'installation électrique dans la chambre qui était défectueuse. Mais qui allait croire ça ?

Ronnie Wood est entré dans le tableau à la fin 1973. On se connaissait, on se croisait de temps à autre, mais on n'était pas potes. Il jouait avec les Faces, c'était un bon guitariste. Un soir, j'étais au Tramps, un des clubs qui marchaient à l'époque, et une blonde s'est approchée de moi et m'a dit : « Salut, je suis Krissie Wood, la nana de Ronnie Wood. » J'ai dit : « Enchanté, ravi de faire ta connaissance, comment ça va ? Comment va Ronnie ?

— Il est à Richmond, à la maison, il enregistre en ce moment. Tu veux venir ? » J'ai accepté, j'avais envie de voir Ronnie, alors Krissie m'a emmené dans leur maison de Richmond, The Wick. Je suis resté des semaines. À l'époque, les Stones faisaient relâche, Mick était en train de mixer les voix sur « It's Only Rock'n'Roll » et j'avais envie de faire de la musique. En arrivant, j'ai vu qu'il y avait des cadors, Willie Weeks à la basse, Andy Newmark à la batterie et Ian McLagan, le copain de Ronnie au sein des Faces, aux claviers. Je me suis joint à eux. Ronnie travaillait sur son premier album solo, *I've Got My Own Album to Do* (Je dois faire mon album solo) – super titre, Ronnie ! –, j'ai débarqué en pleine session et ils m'ont filé une guitare. C'est comme ça que ça a commencé, une rencontre avec Ronnie et deux guitares qui déménageaient. Le lendemain Ronnie m'a dit : « Finissons le boulot », et j'ai dit : « D'accord, mais il faut que je rentre chez moi, à Cheyne Walk.

— Laisse tomber, mec, prends juste quelques affaires et reviens. » Ronnie avait acheté le Wick à l'acteur John Mills et avait installé un studio d'enregistrement dans le sous-sol. C'était la première fois que je voyais un studio délibérément construit dans une maison, et je ne recommande à personne d'habiter au-dessus de l'endroit où il travaille : j'en sais quelque chose, je l'ai fait pour *Exile*. Mais la maison était belle, le jardin descendait en pente douce jusqu'au fleuve. J'occupais la chambre de la fille de John Mills, Hayley, une comédienne presque aussi célèbre que lui. On ne peut pas dire que j'y restais beaucoup, dans cette piaule, mais quand j'y étais, je lisais du Edgar Poe. Mon séjour au Wick m'a permis d'échapper un temps à la surveillance policière, mais ils ont fini par me retrouver. Ça ne dérangeait pas Anita, qui m'a rejoint.

Il y avait une concentration extraordinaire de musiciens et de talent à cet endroit et à ce moment, autour du disque de Woody. Un soir, George Harrison a débarqué et Rod Stewart se pointait de temps à autre. Mick est venu et a chanté sur le disque, et Mick Taylor a aussi joué. Après m'être tenu éloigné de la scène londonienne pendant quelques années, ça faisait du bien de voir tout ce monde. Ils venaient à nous. On faisait le bœuf jour et nuit. Ronnie et moi, on a tout de suite accroché et on se marrait comme des larrons en foire. Il m'a dit : « Je commence à être à court de chansons », alors je lui en ai composé deux : « Sure the One You Need » et « We Got to Get Our Shit Together ».

C'est là, dans le studio de Ronnie, que j'ai entendu « It's Only Rock'n'Roll » pour la première fois. C'était une chanson de Mick et il l'avait enregistrée avec Bowie. Mick avait eu l'idée et ils s'étaient amusés avec. C'était sacrément bon. Putain, Mick pourquoi t'as été faire ça avec Bowie ? Allez, il faut qu'on la récupère de suite. On y est arrivés, sans trop de difficultés. Le titre était tellement simple et beau, il aurait suffi à lui seul même si c'est une sacrément bonne chanson. *It's only rock'n'roll but I like it* (Rien que du rock'n'roll mais j'aime ça) : tout est dit.

En décembre 1974, alors que le disque de Ronnie était encore en chantier, on est allés à Munich pour y enregistrer *Black and Blue* et préparer les maquettes de thèmes comme « Fool to Cry » et « Cherry Oh Baby ». C'est à ce moment que Mick Taylor nous a séchés en annonçant qu'il quittait le groupe, qu'il avait d'autres projets. On n'arrivait pas à le croire. On était en pleins préparatifs de notre tournée américaine de 1975 et il nous lâchait en rase campagne ! Mick n'a jamais expliqué pourquoi il est parti. Je ne suis pas sûr qu'il le sache lui-même. Je le lui ai souvent demandé et il m'a répondu à chaque fois qu'il ne savait pas. Mais il savait ce que j'en pensais. Mon but, c'est toujours que le groupe reste ensemble. Tu pars les pieds devant, ou avec une dispense pour bons et loyaux services, mais en dehors de ça, niet. Je ne sais pas ce qui lui est passé par la tête. Sa femme, Rose, y était peut-être pour quelque chose. Il ne s'était pas vraiment intégré, sans doute : la preuve, c'est qu'il est parti. Je pense qu'en fait il ne voulait pas s'intégrer. Il a dû se dire qu'avec son passage chez les Stones il pourrait écrire des chansons, produire. Mais il n'a rien fait.

Donc, début 1975, on auditionnait des guitaristes et on enregistrait d'autres morceaux à Rotterdam pour *Black and Blue*, « Hey Negrita », « Crazy Mama », « Memory Motel », et l'embryonnaire « Start Me Up », une version reggae qui ne marchait toujours pas à la quarantième ou cinquantième prise. On allait y revenir deux ans plus tard, et encore quatre ans après : l'accouchement difficile d'une chanson dont la vraie nature, qui n'avait rien à voir avec le reggae, a surgi en une seule prise, de manière totalement inattendue, sans même qu'on s'en rende compte. Mais on aura l'occasion d'y revenir.

Ça faisait un moment qu'on créchait chez Ronnie, au Wick, Anita, les enfants et moi, quand j'ai dû me rendre à Rotterdam pour ces enregistrements. On venait de découvrir des flics perchés dans les arbres avec des jumelles, comme dans une comédie anglaise déjantée. Et ce n'était pas des hallucinations. C'était absurde, mais aussi très sérieux. On nous surveillait jour et nuit. On était cernés. Et je prenais toujours ma dose habituelle. J'ai dit à Anita : « Il va falloir qu'on s'éclipse ce soir. » Mais d'abord, j'ai appelé Marshall Chess, qui se trouvait déjà à Rotterdam. Marshall aussi était accro. On est dans le trip ensemble. On chopera ensemble. Je lui ai dit : « Marshall, fais en sorte d'avoir du matos. Je ne viendrai pas tant que tu ne me garantiras pas qu'il y en aura, parce que ça ne rime à rien que je me pointe à Rotterdam pour bosser et que je me retrouve en manque. » Au moment où j'allais partir, il m'a rappelé : « OK, mec, j'en ai, je l'ai là, dans la main. » Bon. Mais quand j'ai débarqué à Rotterdam, Marshall avait l'air vraiment désolé. On lui avait vendu de la litière pour chats en lui faisant croire que c'était de la came. Il s'était fait refiler de la putain de litière pour chats ! À l'époque, l'héro, mexicaine ou sud-américaine, était marron. Des cristaux marron ou beiges, qui ressemblaient à s'y méprendre à de la litière. J'étais blême. Mais à quoi bon tuer le messager ? Ces enfoirés de Surinamiens lui avaient vendu de la litière. Et en plus ça avait coûté bonbon.

Au lieu de s'enfermer dans le studio pour bosser, on s'est retrouvés à courir la ville pour dénicher de la dope. Au moins, ça fait de toi un homme. On a passé deux sales journées. Quand tu essaies de conclure un deal alors que tu es en manque, tu n'es pas vraiment en position de force. La preuve : on est retournés voir les Surinamiens qui nous avaient arnaqués. On s'est rendus dans un coin paumé sur les docks, c'était presque du Dickens, comme une vieille illustration avec des petites bicoques et des immeubles en brique. On regarde le mec derrière le bar dont Marshall pense qu'il nous a vendu de la merde et il nous sort la célèbre phrase : « Désolé de vous avoir baisés. Ce n'était pas contre vous. » Tout en se marrant. Et qu'est-ce qu'on pouvait y faire ?

Laisse tomber. Et va pour le manque, mec. Mais je n'ai pas dit : « Désolé » aux Stones, je leur ai dit de s'échauffer, de trouver le son et de m'accorder vingt-quatre heures. Tout le monde savait quel était le problème. Tant que je ne serais pas en état, je ne me pointerais pas.

On avait beau être proches avec Ronnie, rien ne disait qu'il serait notre nouveau guitariste. Pour commencer, il faisait encore partie des Faces. On en a essayé d'autres avant lui, Wayne Perkins, Harvey Mandel. Deux super musiciens, qui interviennent tous les deux sur *Black and Blue*. Ronnie a surgi au dernier moment, et c'était vraiment à pile ou face. On appréciait beaucoup Perkins. C'était un superbe instrumentiste, tout à fait dans le style, ça n'aurait pas juré avec ce que Mick Taylor faisait jusque-là, très mélodieux, très bien interprété. Puis Ronnie a dit qu'il avait des soucis avec les Faces, il fallait donc choisir entre Wayne et Ronnie. Ronnie avait vraiment roulé sa bosse. Il pouvait jouer toutes sortes de trucs, dans des styles différents, et je venais de passer des semaines à travailler avec lui, alors on a décidé que ce serait lui. Au fond, quand on y pense, ce sont moins des considérations musicales qui ont dicté le choix que le fait qu'il était anglais ! Après tout, on était un groupe anglais, même si vous ne voyez pas les choses comme ça aujourd'hui. Et à l'époque on pensait que la cohérence nationale du groupe devait être préservée. Parce que quand tu es sur la route et que tu dis : « Et celle-là, tu la connais ? », tout le monde sait de quoi tu parles. Comme on était tous les deux de Londres, Ronnie et moi étions déjà proches, on partageait une sorte de code, et on était toujours super cool, même en plein stress, comme deux vieux poteaux. Ronnie donnerait de la cohésion au groupe, une bouffée d'air frais. On savait qu'il serait à la

Sanglé dans le costume acheté avec le plus grand mal (c'était un dimanche) pour mon procès à Toronto, octobre 1978.

Chauffeurs de limousine sur la tournée des *New Barbarians*, 1979.

Avant d'entrer en scène avec les New Barbarians, Los Angeles, mai 1979.
Ronnie, Joseph « Zigaboo » Modeliste, et Stanley Clarke (en arrière-plan).

Ian Stewart, dit « Stu », notre fondateur (« Le légitime héritier de Pittenween »),
pendant une tournée en 1981.

Le « roc sur lequel je me fonde » : Charlie et moi en 1982.

Patti et moi,
1982.

Sur une plage de la Barbade avec Patti, 1982.

Avec, de gauche à droite, Woody, Robbie Shakespeare, Sly Dunbar
et Joseph « Zigaboo » Modeliste, en 1979.

Avec Mick, sur l'île Moustique, en 1980.

Avec Muddy Waters, sur la scène du Checkerboard Lounge, à Chicago,
22 novembre 1981.

© Jane Rose

Chez Doris à Dartford, Noël 1982. Doris, Bill Richards, Patti et Angela.

Les Wingless Angels, en Jamaïque. De gauche à droite : moi, Locksley Whitlock, Winston Thomas, Justin Hinds, Jackie Ellis, Warrin Williamson, Maureen Fremantle.

Sérénade de mariage, Cabo San Lucas, le 18 décembre 1983.

Ma fille Theodora en 1985.

John Lee Hooker me rend visite pendant la tournée des X-pensive Winos,
San Francisco, 1993.

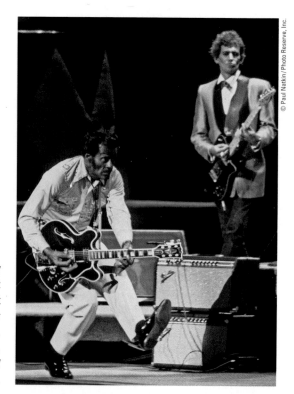

Le meilleur Chuck Berry
que vous entendrez
jamais : en concert
au Fox Theater
de Saint Louis,
le 16 octobre 1986,
pour le film *Hail! Hail!
Rock'n'Roll*.

Les X-pensive Winos en plein triomphe. Aragon Ballroom, Chicago, 1988.

Les « Glimmer Twins » quelque part entre l'Espagne et le Portugal, 1990.

Avec Bert, mon père, en 1997.

Patti et moi avec nos filles Alexandra (à gauche) et Theodora (à droite). Connecticut, 1992.

Avec Alexandra, chez Ronnie Wood, en Irlande, 1993.

Traversant le Brooklyn Bridge, en route vers la conférence de presse de lancement de la tournée *Bridges to Babylon*, août 1997.

© Jane Rose

Blondie Chaplin (à gauche)
et Lisa Fischer (à droite),
pendant la tournée *Forty Licks*.

Pierre de Beauport, responsable
des guitares et chef de l'équipe
de scène, au Ford Center
d'Oklahoma City, pendant la tournée
Forty Licks, le 28 janvier 2003.

Avec Charlie et Mick pendant l'enregistrement de *Bridges to Babylon*, en juillet 1997.

En plein travail avec Jane Rose, mon manager, et son chien Delilah, en 1999.

Avec Paul McCartney pendant une de ses visites à Parrot Cay, en janvier 2005.

En coulisses avec Tom Waits pendant notre tournée 2003.

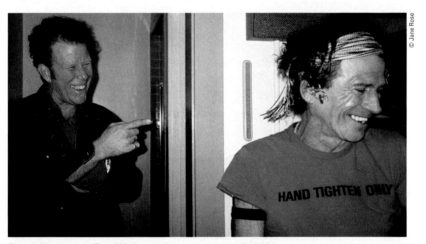

Avec Johnny Depp pendant la séance photo pour le magazine *Rolling Stone* chez Matthew Rolston, au moment de la sortie de *Pirates des Caraïbes* en 2006.

Les forçats les plus loyaux du monde,
Parrot Cay, 2008. De gauche à droite :
Steve Crotty, moi, James Fox.

Le chien Raspoutine (Raz),
rescapé des rues de Moscou,
aujourd'hui résident de Parrot Cay.

La famille Richards.
De gauche à droite sur le canapé,
Patti, Angela, Lucy (l'épouse de Marlon),
Orson (leur fils), moi, Marlon,
Ida (fille de Lucy et Marlon)
et Ella (leur fille aînée). Assises
par terre : Alexandra et Theodora.

Ma bibliothèque, dans ma maison du Connecticut.

hauteur, on savait qu'il pouvait jouer, mais un facteur décisif a été son incroyable enthousiasme et sa capacité à s'entendre avec tout le monde. Mick Taylor était toujours un peu maussade. Tu ne l'aurais jamais vu se rouler par terre, plié en deux de rire, se tenir le ventre à deux mains à propos de je ne sais quelle connerie. Ronnie, lui, tombait sur le dos et pédalait dans l'air quand il se marrait.

Si tout baigne avec Ronnie, s'il ne pense à rien d'autre, s'il est concentré comme il faut, c'est un musicien incroyablement en phase. Il peut même te surprendre. Je prends toujours autant mon pied à jouer avec lui. On était en train de faire « You Got the Silver » et j'ai dit : « Bon, je peux le chanter, mais je ne peux pas le chanter et le jouer en même temps. Il faut que tu joues ma partie. » Et il a tout de suite pigé, et c'était beau. Il joue merveilleusement de la slide. Et il adore vraiment la musique. C'est innocent, totalement pur, il n'y a pas de lézard. Il connaît les grands musicos de jadis, il connaît son Bix Beiderbecke et son Big Bill Broonzy, il connaît l'histoire, il a des bases solides. Et il était parfaitement adapté pour l'art ancien du tricotage, quand tu ne parviens pas à distinguer la guitare lead de la guitare rythmique, ce style que j'avais inventé avec Brian, l'essence de la sonorité Rolling Stones. La distinction entre guitare lead et guitare rythmique qui s'était installée avec Mick Taylor a disparu à nouveau. Il faut être intuitivement synchro pour arriver à jouer comme ça, et avec Ronnie ça roulait tout seul. « Beast of Burden » est un bon exemple du pied qu'on prend à jouer ensemble. Donc on a dit : « Tope là. Disons que c'est temporaire et voyons comment ça marche. » Ronnie s'est joint à nous pour notre tournée américaine de 1975, alors qu'il n'était pas encore officiellement membre du groupe.

Ronnie est la personne la plus souple que je connaisse, un véritable caméléon. Il ne sait pas qui il est vraiment. Je ne veux pas dire qu'il soit bidon, c'est juste qu'il cherche une maison. Il a une sorte de besoin désespéré d'amour fraternel. Il a besoin d'appartenance, besoin d'un groupe. Ronnie est un vrai père de famille. Il a connu des moments difficiles : sa mère, son père, et ses deux frères sont morts au cours des dernières années. C'est dur. Tu lui dis : « Hé, Ron, je suis vraiment désolé pour toi. » Et il répond : « Que veux-tu, c'est comme ça. On doit tous y passer un jour ou l'autre. » Mais parfois il ne lâche rien. Il garde tout en lui, pendant longtemps. Sans sa maman, Ronnie est un peu perdu. C'était son petit dernier, son petit chéri. Moi aussi, je suis comme ça, Ronnie sait donner le change. C'est un coriace, le petit enfoiré, un vrai romano. La dernière famille de gitans aquatiques à rejoindre la terre ferme, un moment fantastique de l'évolution, même s'il m'arrive encore de penser que Ronnie ne s'est toujours pas débarrassé de ses nageoires. C'est peut-être pour ça qu'il ne reste jamais sec très longtemps. Il n'aime pas ça, il veut retourner à l'élément liquide.

Une différence entre Ronnie et moi, c'est qu'il a tendance à exagérer. Il ne sait pas se retenir. On peut dire que je sais boire, mais Ronnie, c'était à la puissance dix. Je suis capable de boire un verre au réveil, alors que Ronnie petit-déjeunait à la tequila. Si tu lui donnais de la vraie coke, il n'aimait pas ça, parce qu'il avait toujours pris du speed (en payant ça au prix de la cocaïne !). J'essayais de faire rentrer ça dans sa petite tête : « C'est pas de la coke, on t'a refilé du speed ! T'achètes du speed au prix de la coke ? » On ne peut pas dire que son nouveau job allait lui permettre de rompre avec ses vieilles habitudes.

Avant la tournée US à la fin de mars 1975, Ronnie a eu droit à une initiation mémorable. On répétait avec le group à Montauk, à Long Island, et on a décidé de rendre visite à Freddie Sessler, qui à l'époque habitait Dobbs Ferry, en remontant l'Hudson à partir de Manhattan. Freddie nous a mis au défi de sniffer *illico* une once de cocaïne pharmaceutique. C'était comme effacer trois jours du calendrier de ta vie. Je vais laisser Freddie vous raconter ça, de toute façon j'ai presque tout oublié, moi.

Freddie Sessler : Je dormais profondément, il devait être cinq heures du matin, lorsque j'ai entendu frapper violemment à la porte. Les yeux à moitié fermés, j'ai réussi à ouvrir. J'ai été

aussitôt assailli par le sens de l'humour inimitable de Keith :
« Qu'est-ce que tu fous à dormir alors qu'on travaille comme
des bêtes et qu'on vient de se taper cent cinquante bornes pour
te voir ? » OK. J'ai dit : « Eh bien, maintenant je ne dors plus,
laissez-moi me passer un coup d'eau sur la figure », et je me suis
servi un jus d'orange et j'ai refilé une bouteille de Jack Daniel's
à Keith. Il a aussitôt mis une cassette dans le lecteur, du reggae,
à fond les manettes bien sûr, et la fête a commencé. Très vite, je
leur ai demandé s'ils voulaient se joindre à moi pour un toast
matinal. Je tenais dans la main un flacon d'une once de cocaïne
Merck. Je suis allé dans ma chambre, j'ai attrapé un tableau
encadré sous verre et j'ai décidé de jouer à un jeu dont je suis
l'inventeur. Depuis toujours, le rituel d'ouverture d'un flacon
de cocaïne est un de mes plus grands plaisirs. Le simple fait de
le contempler, de faire sauter le bouchon scellé, tout ça me
procure un sentiment immédiat d'euphorie. Ça me fait plus
d'effet que la coke elle-même. J'ai décapsulé le flacon et j'en ai
vidé les deux tiers sur le verre. Puis j'ai préparé deux tas
d'environ huit grammes pour Keith et moi, et un de quatre
grammes pour Ronnie. Ensuite, j'ai dit à Keith : « Keith, je vais
te mettre à l'épreuve, je voudrais voir quel genre d'homme tu
es », sachant pertinemment qu'il relèverait n'importe quel défi.
J'ai préparé deux lignes, pris une paille et reniflé en un clin d'œil
mes huit grammes. « Allez, montre-moi si t'es capable de faire
ça. » De toute ma vie je n'avais jamais vu personne s'envoyer
une telle quantité de coke. Keith m'a regardé, a attrapé la paille
et a fait comme moi, sans le moindre problème. J'ai donné ses
quatre grammes à Ronnie, en lui disant : « T'as moins
d'ancienneté, je t'en donnerai pas plus. Vas-y, à toi de jouer. »
Et il l'a sniffée.

On ne peut pas du tout comparer la coke pharmaceutique à
celle qu'on produit en Amérique latine. Elle est pure, elle
n'entraîne ni dépression ni léthargie. C'est un type d'euphorie

totalement différent, une euphorie créative, qui s'installe dès que la coke atteint le cerveau. Il n'y a aucun symptôme de sevrage.

Au moment où je passais sa ligne à Ronnie, j'étais déjà scotché au plafond, une montée démente. Oh, putain, quelle sensation ! Je n'avais jamais rien ressenti de comparable. J'ai dit : « Tiens » à Ronnie, et c'est le dernier mot qui soit sorti de ma bouche pendant les dix heures qui ont suivi. On a décidé de faire un pèlerinage à Woodstock.

De la coke pure. Tu y vas ou pas ? Allez, en voiture, et conduis. On ne savait même pas où on allait. C'était comme avec John Lennon, lors de notre trip en voiture. On est partis, mais je ne sais pas comment on est arrivés où que ce soit. J'ai conduit, bien sûr, très sagement, on ne s'est même pas fait arrêter. On a pris de l'essence, on a fait tout ce qu'il fallait, mais avec une tête différente. On m'a rapporté qu'on aurait passé la nuit à Bearsville avec The Band, sans doute avec Levon Helm. Je ne sais pas pourquoi on a décidé d'aller à Woodstock. On voulait peut-être rendre visite à quelqu'un ? Mais Bob Dylan n'habitait plus là-bas. On a fini par rentrer à Dobbs Ferry. J'ai la sensation bizarre que Billy Preston était là aussi, mais qu'il n'est pas venu en voiture avec nous.

La tournée de 1975 qui démarrait a carburé à la cocaïne Merck. C'est à ce moment-là qu'on a aménagé des cachettes sur scène derrière les haut-parleurs pour pouvoir se faire une ligne entre deux morceaux. Un morceau, une ligne : c'était la règle entre Ronnie et moi. Même pour l'époque, c'est-à-dire trois ans après la tournée STP, c'était vraiment une affaire montée de bric et de broc, quand on pense à la manière dont se passent les choses aujourd'hui. Je laisse Mary Beth Medley, qui était la coordinatrice de la tournée, raconter comment elle alignait les engagements et concluait des deals avec les promoteurs américains. Elle avait vingt-sept ans et travaillait sous les ordres de Peter Rudge. Elle n'avait aucun collaborateur à sa disposition :

Mary Beth Medley : On notait tout sur des fiches. Quand je raconte ça aujourd'hui, on me regarde comme si je parlais javanais. Un guide Rand-McNally des routes américaines avec les distances, une carte des USA. Pas de fax, pas de téléphone portable, pas de FedEx, pas d'ordinateurs. Un Rolodex, une ligne de téléphone normale et un telex pour communiquer avec nos bureaux européens. Quant à la « rock'n'roll attitude », vous pourriez penser qu'on avait appris la leçon après l'incident de Fordyce. Mais il y a eu un autre incident après celui-là, à la fin de la tournée, en août 1975, dont on n'a jamais parlé jusqu'ici. Ça concernait Keith, mais aussi tout le monde. On se trouvait à Jacksonville, en Floride et on devait se rendre en Virgnie, mais Bill Carter avait appris que la police avait l'intention de fouiller l'avion dès notre arrivée. Bill avait des contacts dans la police un peu partout. La chose s'était déjà produite à Louisville, dans le Kentucky, mais les flics s'étaient contentés de monter à bord, à notre grande frayeur. Pour éviter que cela ne se reproduise, on a ramassé tout ce que les gens avaient d'illégal sur eux, les flingues, les couteaux, la drogue, etc., tout ce qui pouvait poser un problème, on a tout mis dans deux valises et j'ai pris un avion privé jusqu'en Virginie avec ces deux valises. Ce n'était pas le vol qui m'inquiétait. Sur un vol privé on ne vous demandait rien, à l'époque. Je ne pense même pas avoir donné mon nom. Mais le trajet en voiture jusqu'à l'hôtel m'a totalement stressée, je faisais du cent trente à l'heure. J'étais seule. Quand je suis arrivée à l'hôtel, je me suis enfermée dans une des chambres, pas la mienne, et j'ai tout vidé sur le lit. Quand les gens sont arrivés un peu plus tard, ils ont récupéré leurs affaires. Annie Leibowitz a une photo quelque part du trésor que contenaient ces valises.

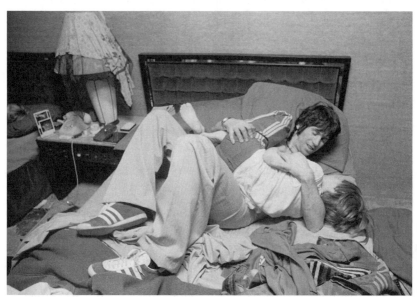

Annie Leibovitz

Chapitre Dix

Où Marlon devient mon compagnon de route. Notre fils Tara meurt.
Je me fais choper et inculper pour trafic de drogue à Toronto. On s'installe
un temps chez John Phillips à Chelsea. Je laisse tomber l'héroïne grâce à une
boîte noire et au Jack Daniel's. Les Stones enregistrent *Some Girls* à Paris.
Je rencontre Lil Wergilis, qui m'aide à lâcher la came. J'obtiens un sursis en
1978 à condition de donner un concert pour les aveugles.
Le petit ami d'Anita se tue en jouant à la roulette russe
et nous nous séparons définitivement, elle et moi.

J e l'avais échappée belle plein de fois. L'arrestation à Fordyce
pendant notre tournée de 1975 restait la mésaventure potentiellement la plus dangereuse. J'avais épuisé chacune de mes sept
vies de chat et ça ne servait plus à rien de compter, des alertes
encore plus chaudes ne tarderaient pas, embrouilles avec les flics,
balles perdues, sorties de route en bagnole… Je m'en étais tiré à
bon compte un grand nombre de fois, mais la chance y était pour
beaucoup, et quelque chose de très sombre était palpable dans
l'air : un orage menaçait. J'ai revu Uschi, qui avait rejoint la
tournée à San Francisco pendant une semaine avant de disparaître
pour des années. Cet automne-là, les Rolling Stones ont passé du
temps en Suisse, puisque c'était là que je résidais, pour travailler
encore sur l'album *Black and Blue*, dont le matériel de promotion,
qui devait utiliser l'image d'une femme à moitié nue, ligotée et
couverte de bleus, susciterait un boycott de la Warner. On a bossé
sur des titres tels que « Cherry Oh Baby », « Fool to Cry » et

« Hot Stuff ». En mars 1976, Anita a accouché à Genève de notre troisième enfant, un garçon que nous avons appelé Tara.

Il avait à peine un mois quand j'ai laissé Anita pour une longue tournée européenne qui devait durer d'avril à juin. Marlon est venu avec moi en tant que copain de voyage. Il avait alors sept ans. Anita et moi, on était devenus deux junkies aux existences séparées, sauf quand il s'agissait d'essayer d'élever des gosses. Pour moi, ça ne représentait pas vraiment un problème, je dois dire, puisque j'étais très souvent sur la route et qu'à partir de ce moment Marlon a été avec moi la plupart du temps. À la maison, l'ambiance n'avait rien de plaisant. Ce n'est pas évident de vivre avec ta meuf qui est aussi une camée, et même pire que toi. Quand Anita m'adressait la parole, à l'époque, c'était pour demander : « On a été livrés ? » La seule chose qui comptait, c'était la dope. Et, par moments, elle était vraiment barrée. Fracas en plein milieu de la nuit : c'était la bouteille de jus d'airelle ou de vin envoyée contre le mur de la maison qu'on venait de prendre en location. « Oh, tu as besoin d'une petite dose, chérie ? » J'essayais d'être compréhensif, mais quand même, fallait-il pour autant nous obliger à repeindre la foutue baraque ? À ce stade, elle ne nous accompagnait plus en tournée, ne passait plus aux séances d'enregistrement. Elle s'isolait chaque jour davantage.

Et plus ça s'aggravait, plus je tenais le garçon près de moi. C'était mon premier fils et c'était génial de le voir grandir et de pouvoir lui dire : « J'ai besoin de toi, fiston. » C'est comme ça qu'on a fini par former un tandem, tous les deux. En 1976, Angela était trop petite pour faire la route.

On se rendait d'un concert à l'autre à bord de ma superbe voiture. Marlon était mon navigateur. En ce temps-là, il y avait des pays, ce n'était pas l'Europe sans frontières : voilà la carte, dis-moi quand on approchera de la frontière. Partis de Suisse, on est passés par l'Autriche pour rejoindre l'Allemagne. Donc c'est la frontière suisse, bing, et ensuite l'Autriche, bang, vingt-cinq kilomètres et, paf, le poste de contrôle allemand. Ça en fait, des frontières, pour se rendre à Munich ! Il fallait avoir l'œil ouvert, surtout avec la neige et le verglas. Marlon assurait. Il disait : « Vingt-cinq bornes jusqu'à la frontière, p'pa. » C'était le signal qu'il fallait se garer, se faire un fix et se débarrasser de la came, ou la planquer quelque part. Parfois, il me donnait un coup de coude : « C'est le moment d'arrêter, p'pa. Tu piques du nez. » Très en avance sur son âge. Et bien utile quand on se faisait tomber dessus par les flics : « Euh, p'pa ? (Il me secoue pour me réveiller.)

— Hein, quoi ?

— Les hommes en bleu sont en bas. »

Je suis rarement arrivé à la bourre à un concert et je n'en ai jamais raté un, mais quand il m'arrivait d'avoir du retard, je faisais les choses en grand. Après, le show était génial. L'expérience m'a prouvé que le public est capable d'attendre sans en faire un plat si tu finis par te pointer et lui donner ce qu'il demande. On était dans ce brouillard moitié hippie, moitié dope des années 1970. Je n'en sortais qu'au moment de monter sur scène. C'est là que je me réveillais. Je pouvais avoir jusqu'à trois heures de retard, mais bon, il n'y a pas de couvre-feu pour les concerts, que je sache. Celui qui va à un concert sait qu'il va y passer la nuit. Qui a jamais dit que ça devait commencer à l'heure ? OK, je suis peut-être très en retard, je m'en excuse, mais c'est la bonne heure pour que le show démarre, croyez-moi. Les gens ne partaient jamais. Mais j'évitais de trop pousser ma chance, de multiplier ces concerts tardifs.

En général, j'étais en retard parce que je dormais. C'est Marlon qui me réveillait. C'était devenu une habitude. Jim Callaghan et les gars de la sécurité savaient que je gardais un flingue sous l'oreiller, alors ils rechignaient à venir me titiller. Donc, une trentaine de minutes avant l'heure théorique de notre entrée sur scène, ils envoyaient Marlon, le poussaient carrément dans ma chambre. « p'pa... » Il a tout de suite pris le pli. Il savait comment s'y prendre : « C'est vraiment l'heure, p'pa », ou un autre truc du genre. « Tu veux dire que j'ai encore deux plombes, c'est ça ?

— Je les ai fait patienter, p'pa… » Il s'occupait super bien de moi.

J'étais plutôt imprévisible à cette époque, ou c'était l'idée que les autres se faisaient de moi. Je n'ai jamais tiré sur personne, mais un réveil de sale humeur, flingue au poing parce que je m'imaginais qu'on me dévalisait, c'était dans l'ordre du possible. J'y ai peut-être aussi ajouté mon grain de sel. Ça me rendait service. Je n'ai jamais eu l'intention de refroidir qui que ce soit, mais c'était une tournée très speed, j'avais un gosse avec moi et j'étais passablement décalqué.

La plupart du temps, quand je montais sur scène, je venais d'émerger. Quitter le plumard, c'est une chose, être *réveillé*, c'en est une autre. Il me faut trois ou quatre heures, en général, et après il faut hisser les voiles. Mon record personnel pour me réveiller et monter sur scène, c'était une heure, en gros. « Comment je suis habillé, là ?

— En pyjama, p'pa.

— OK, on se magne, passe-moi mon pantalon. » D'habitude, je m'effondrais dans la tenue du concert de la veille, et trente minutes plus tard c'était : *Ladies and gentlemen, the Rolling Stones !* Intéressant, comme réveille-matin. Écoutons la version de Marlon :

Marlon : La tournée de 1976 se passait en Europe et c'est là que je suis parti tout un été avec eux, avec à la fin un concert en août à Knebworth (au nord de Londres) où ils ont joué avec Led Zeppelin. On me suppliait de réveiller Keith parce qu'il avait mauvais caractère, il n'aimait pas qu'on le dérange quand il s'endormait enfin. Donc, Mick ou quelqu'un d'autre venait me trouver et me disait : « Bon, on doit reprendre la route dans deux ou trois heures, et si tu réveillais ton paternel ? » J'étais le seul à pouvoir m'en charger sans me faire arracher la tête. Je disais : « P'pa, réveille-toi, il faut y aller, il faut se barrer, il y a un avion à prendre », et il se réveillait. Il était très gentil. On allait au concert et on rentrait. Je n'ai vraiment pas souvenir d'orgies en pagaille, sérieusement. On partageait une chambre à deux lits. Je le réveillais et je commandais un petit déj au *room service*. Une glace ou un gâteau. Les employés de l'hôtel me prenaient souvent de haut – « Oh, le pauvre petit ! » – et je les envoyais chier. Je ne supportais pas, franchement. Et j'ai vite appris à calculer ceux qui tapaient l'incruste, les gens qui essayaient de se servir de moi pour atteindre Keith. J'ai rapidement acquis la technique pour me débarrasser d'eux. Je disais : « Écoute, je veux pas te voir ici, dégage. » Ou bien Keith disait : « Ah, faut que j'aille mettre Marlon au lit », juste pour qu'on lui lâche la grappe. Avec les nanas qui insistaient trop lourd, je balançais : « Lâche-nous, p'pa dort. » Comme elles n'allaient pas discuter avec un gosse, elles laissaient tomber.

Je me rappelle que Mick a été vraiment cool et sympa, pendant cette tournée. On était en Allemagne, à Hambourg, Keith était allé dormir et Mick m'a invité dans sa chambre. Comme je n'avais jamais mangé de hamburger, il m'en a commandé un. « T'as jamais essayé ça, Marlon ? Il faut que tu te fasses un hamburger à Hambourg ! » Donc, on s'est assis et on a dîné. Il était vraiment gentil à l'époque, charmant. Et il était très proche de Keith, il le soutenait tout le temps, il s'occupait de lui. C'était formidable, parce qu'à ce moment Keith était dans un état…

Il me lisait tout le temps des histoires, Keith. À cette époque, on adorait *Tintin* et *Astérix*, mais on avait l'édition française, et comme il ne pouvait pas lire le texte en français, il inventait tout de A à Z. C'est seulement des années après, en feuilletant un *Tintin*, que je me suis rendu compte qu'il n'avait aucune idée de l'histoire, qu'il m'avait baratiné pendant tout le fichu bouquin. Quand on considère les quantités d'héro qu'il ingurgitait, le fait qu'il piquait du nez à n'importe quel moment, et ce genre de chose, c'était assez remarquable. Je me rappelle que j'avais un seul pantalon et une seule paire de grolles, et que je les ai portés pendant toute la tournée, usés jusqu'à la corde.

Il y avait les gardes du corps, Bob Bender et Bob Kowalski. « Les deux Bob », on les appelait. Un mètre quatre-vingts chacun, des armoires à glace, des murs, des montagnes. L'un était blond, l'autre brun, et tous les deux des blocs de granit. Je jouais aux échecs dans le couloir avec eux parce que c'était leur boulot de rester là et de tuer le temps en jouant aux échecs. Vraiment cool. Je n'ai jamais vécu le moindre truc traumatisant, en fait c'était plutôt marrant, d'aller de concert en concert, chaque soir dans une ville différente… Souvent je me couchais à cinq heures du matin et me réveillais à trois heures de l'après-midi. Les horaires de Keith, toujours.

Je n'ai jamais été tenté par la came, pas même intrigué. Je trouvais tous ces gens complètement foireux, franchement. C'était des nazes, voilà ce que je pensais. Maintenant, Anita prétend que j'ai fumé pas mal de joints quand j'avais quatre ans et quelque en Jamaïque, mais je n'en crois pas un mot. C'est typiquement une histoire à la Anita, ça. J'étais dégoûté par la dope, mais en même temps j'ai appris à la planquer, à ne pas la laisser traîner partout et ça sans jamais y toucher. Dès que j'en voyais, je la cachais quelque part. Je ne compte pas le nombre de fois où j'ai pris une revue ou un livre sur lequel il restait une ligne, qui partait dans les airs… Keith ne se fâchait pas trop, quand ça arrivait.

À la fin de cette tournée, en revenant à Knebworth, on a eu un accident de voiture. Celui où Keith s'est fait arrêter par la police. Il s'est endormi et on est rentrés dans un arbre. On était sept là-dedans, personne n'a été sérieusement blessé parce qu'on avait encore la Bentley, par chance. En fait, cette fois-là, elle a un petit peu souffert. Il y a cinq ou six ans encore, on voyait toujours la trace de ma main ensanglantée sur la banquette arrière, et il restait une entaille dans le tableau de bord, là où j'avais tapé du nez. Ça m'impressionnait, cette marque, j'ai été déçu quand ils ont réparé les dégâts.

Je suis bon conducteur. Mais personne n'est parfait, OK ? De temps en temps, je craquais et je m'endormais. Je tombais dans les pommes, quoi. On a dérapé sur la route et on est partis dans le décor. Tout ce que j'ai entendu à cet instant, c'est Freddie Sessler beugler à l'arrière : « Putain de Dieu de merde ! » Cela étant, j'ai réussi à limiter les dégâts en la guidant dans un champ, ce qui après tout était la seule solution raisonnable vu qu'on n'a tué ni blessé personne, même parmi les passagers. Ensuite, les flics ont trouvé de l'acide dans ma veste. Et comment il a fait pour s'en sortir, ce coup-là ? On venait de terminer un concert pendant lequel on avait tous porté le même genre de veste, coupe identique mais couleurs différentes. Donc, ça aurait pu être celle de Mick, ou de Charlie, que j'aurais pu enfiler après le spectacle. La veste de n'importe qui, non ? Ça a été ma ligne de défense au tribunal.

J'ai blablaté sur le thème de « Bon, c'est la vie que j'ai, c'est comme ça qu'on fonctionne et personne n'est à l'abri d'un coup de déveine, vous autres ne vivez pas comme moi, j'ai mes trucs à faire, si j'ai déconné je regrette profondément mais je suis quelqu'un de pacifique, laissez-moi seulement assurer mon prochain concert ». En d'autres termes : *Hey, it's only rock'n'roll !* Mais allez expliquer ça à une bande de plombiers d'Aylesbury... Il paraît que j'ai « envoûté le jury », d'après certains compte rendus de la presse, mais j'ai du mal à y croire parce que mon discours c'était plutôt : « OK, il faudrait que la moitié des jurés au moins soient des guitaristes de rock'n'roll pour piger mes conneries, un jury composé de Jimmy Page et d'un ramassis de musicos, de mecs qui auraient fait la route et qui comprendraient de quoi il s'agit, et mes "semblables" ne peuvent pas être une doctoresse et une poignée de plombiers, et bon, je respecte énormément la justice anglaise mais il ne faut pas pousser non plus... » Et ils ont reçu le message, apparemment, parce que pour une fois personne ne m'a fait la leçon et ils m'ont laissé repartir avec une amende et une petite tape sur les doigts.

J'étais à Paris avec Marlon quand j'ai appris que notre bébé, Tara, âgé d'à peine deux mois, avait été retrouvé mort dans son berceau. J'ai reçu le coup de téléphone alors que je me préparais à monter en scène. « Navré de te dire ça mais… », ça fait l'effet d'un coup de fusil à pompe. Et après : « C'est sûr que tu vas vouloir annuler le concert. » J'ai réfléchi dix secondes et j'ai dit que non, on n'allait pas annuler, certainement pas. Ça aurait été pire parce que de toute façon je ne pouvais rien faire. Retourner en Suisse pour m'entendre dire que rien n'était arrivé ? Mais c'était arrivé, c'était terminé. Ou bien aller m'asseoir dans un coin avec la gueule pendante et commencer avec les « quoi », les « pourquoi » ? J'ai appelé évidemment Anita, elle était en larmes, et personne ne savait ce qui était arrivé. Avant de nous rejoindre à Paris, elle devait rester sur place, s'occuper de la crémation, faire face à toutes les arguties des médecins légistes suisses ; quant à moi, tout ce que je pouvais, c'était protéger Marlon, ne pas balancer tout ça sur lui. À ce moment, le seul truc qui m'ait empêché de tout lâcher a été sa présence, le fait de devoir m'occuper d'un gosse de sept ans sept jours sur sept, sur la route. Pour résumer : « J'ai pas le temps de chialer là-dessus, il faut que je me débrouille pour que ce gamin s'en tire. » Grâce à Dieu, il était là, et il était trop jeune pour vraiment morfler. Ça a été le seul point positif : comme on était loin, on n'a pas été exposés à l'immédiateté du choc. Ce soir-là, je devais monter sur scène et après j'ai fait ce qu'il fallait pour tenir le coup, pour assurer le reste de la tournée avec Marlon, en gardant ce deuil pour moi. Ça nous a rapprochés, en dépit de tout. Je venais de perdre mon deuxième fils, je n'allais pas lâcher le premier.

Que s'est-il passé ? Encore aujourd'hui, je ne sais pas vraiment. Tout ce que je sais de Tara, c'est que c'était un magnifique petit garçon dans un berceau : « Hé, petit morpion, on se revoit dès que je reviens de tournée, d'accord ? » Il paraissait en pleine forme. Un Marlon en miniature. Je n'ai jamais connu ce petit enfoiré, ou si peu… Je lui ai changé sa couche deux fois, je crois. Il a eu une défaillance respiratoire, mort subite du nourrisson. Anita l'a trouvé au matin. Sur le moment, je n'allais pas poser de questions. Il n'y a qu'elle qui sache exactement ce qui s'est passé. Quant à moi, je n'aurais jamais dû le laisser avec elle. Je ne pense pas que ce soit de sa faute, non, mais laisser un nouveau-né, c'est quelque chose que je n'arrive pas à me pardonner. C'est comme si j'avais déserté mon poste.

Jusqu'à ce jour, je n'en ai jamais parlé avec Anita. Je n'ai pas insisté parce que je ne voulais pas rouvrir d'anciennes blessures. Si elle voulait s'asseoir avec moi pour en parler, je serais d'accord, mais je ne pourrais pas aborder le sujet le premier. C'est trop douloureux. Nous n'avons toujours pas surmonté ça, ni l'un ni l'autre, car je suis sûr que c'est aussi son cas. Ce n'est pas surmontable. À l'époque, ça a incontestablement abîmé encore plus notre relation et Anita s'est enfoncée plus loin dans la peur et la paranoïa.

Il n'y a rien de pire que perdre un enfant et c'est pour cette raison que j'ai écrit à Eric Clapton quand son fils est mort, parce que j'étais moi-même passé par là. Quand ça t'arrive, t'es KO debout. Ce n'est que lentement que tu commences à sentir les promesses perdues de ton amour pour ce petit bout de gars. Tu ne peux pas faire face à ça tout de suite. Et tu ne peux pas perdre un gosse sans être hanté à jamais. Tout est censé suivre l'ordre naturel des choses. J'ai dit adieu à ma mère et à mon père, c'est l'ordre naturel, mais dire adieu à un bébé, c'est différent. Ça ne te laisse jamais de répit. Depuis, il y a en moi un vide et un froid permanents. Très égoïstement, je me dis que puisque ça devait arriver, tant mieux si ça s'est produit quand il était trop petit pour qu'une relation se soit déjà établie. Désormais, ça me tombe dessus environ une fois par semaine. Il me manque un garçon. Il aurait pu être dans la course. Pendant que je travaillais sur ce livre, j'ai écrit dans mon carnet : « De temps en temps, Tara m'envahit. Mon fils. Il aurait trente ans et quelques, maintenant. » Tara vit en moi. Pourtant, je ne sais même pas où le petit morpion est enterré, s'il l'a été.

Le mois où Tara est mort, j'ai compris en voyant Anita qu'il n'y avait qu'un endroit où Angela pourrait aller pendant cette épreuve : chez ma mère. Par la suite, quand le moment est venu où nous aurions pu envisager son retour, elle était si bien installée à Dartford avec Doris que j'ai préféré la laisser là-bas. Elle avait une vie ordonnée, pas toute cette folie qu'elle avait connue, elle pouvait grandir normalement. Et c'est ce qu'elle a fait, magnifiquement. Doris avait la cinquantaine, elle était toujours en mesure d'élever un enfant ; on lui en a donné l'occasion et elle l'a saisie. Bill et elle, ensemble. Je savais que j'allais encore avoir des emmerdes avec les flics, sans arrêt, alors quel sens ça a d'élever une fille quand la flicaille est à ta porte ? Au moins, je savais qu'il y avait un lieu sûr pour Angela, dans mon univers dément. Elle est restée avec Doris pendant les vingt ans qui ont suivi. Et moi, j'ai repris la route avec Marlon jusqu'à la fin de la tournée, en août.

Quand Ronnie Wood a émigré en Amérique pour des raisons fiscales cette même année, j'ai remballé toutes les affaires que j'avais laissées au Wick, sa maison de Richmond. On ne pouvait pas retourner à Cheyne Walk à cause des patrouilles qui défilaient vingt-quatre heures sur vingt-quatre et leurs « Tiens, salut, Keith ! ». Le moindre moment passé là-bas, c'était avec les rideaux tirés, les fenêtres fermées, barricadés à l'intérieur, un véritable état de siège, retranchés en nous-mêmes.

On essayait simplement de rester en vie et de garder tout le temps une longueur d'avance sur les représentants de la loi. En voyage, il fallait tout le temps penser à téléphoner en avance : « Dis, tu peux me trouver une shooteuse là où on va ? » La putain de routine merdique du junkie. C'était une prison que je m'étais construite tout seul. On a vécu un moment au Ritz de Londres avant d'être forcés de décamper parce qu'il fallait retaper la chambre du sol au plafond, à cause d'Anita. Marlon allait à l'école tous les jours, pour la première fois : on l'avait inscrit à Hill House, un établissement dont les élèves portaient un uniforme orange et défilaient en rangs dans les rues de Londres. Ces garçons étaient une véritable institution londonienne, comme les prisonniers de Chelsea. Inutile de préciser que tout ça a été assez brutal pour Marlon, « un foutu cauchemar » comme il l'a dit par la suite.

À l'époque, John Phillips, un ancien du groupe The Mammas and the Papas, habitait Londres. Avec sa nouvelle femme, l'actrice Geneviève Waite, et son tout jeune gosse, Tamerlane, ils occupaient une maison à Glebe Place, à Chelsea. C'est là que nous nous sommes réfugiés pendant un temps, on s'y est carrément installés. On avait aussi des projets en commun, car notre boîte, Rolling Stones Records, devait produire le disque solo de John et il était prévu que Ronnie, Mick, Mick Taylor et moi jouerions dessus. C'était Ahmet Ertegun d'Atlantic Records qui finançait le coup. Bonne idée, du moins sur le papier. John était un type super, très marrant et intéressant question boulot, même s'il était complètement fêlé. C'est lui qui a composé presque tous les thèmes pour les Mammas, et il était aussi l'auteur de chansons qui avaient défini le style d'une époque, dont certaines en collaboration avec son ex-femme, Michelle Phillips : « California Dreamin' », « Monday Monday », « San Francisco (Be Sure to Wear Flowers in Your Hair) »...

Le mec était hallucinant. Je n'ai jamais vu quelqu'un plonger dans la dope aussi rapidement, et je n'y étais pas pour rien. La dernière nuit que Ronnie avait passée au Wick, John avait téléphoné en disant : « J'ai un flacon de ce truc qui s'appelle Merck, est-ce qu'il y a quelqu'un que ça intéresserait parce que je touche pas à ça, moi. » Je lui ai répondu que je passerais après avoir dit au revoir à Ronnie et en effet je suis allé droit chez lui en sortant du Wick. On a fait de la musique, tchatché, tout, et il m'a montré le flacon en question. Après un moment, j'ai dit : « Je peux utiliser tes chiottes, John ? Faut que je me fasse un fix. » Je préférais, pour me piquer, parce que je ne voulais quand même pas faire ça devant la famille et tout. À mon retour, il m'a demandé : « Qu'est-ce que tu fabriquais ? » Je lui ai expliqué et ensuite j'ai fait quelque chose que je ne faisais jamais, ou très, très rarement. C'est peut-être même la seule fois. Il ne faut pas initier les autres à ça, on garde sa merde pour soi. Mais bon, il venait de me donner cette cocaïne pure et j'ai pensé : « Tu veux savoir ce que je fabriquais ? Hé ben voilà. » Et je l'ai piqué. Dans un muscle.

Je me suis toujours senti responsable vis-à-vis de John à cause de ça, parce que je lui ai fait goûter à la came. En une semaine, il avait une vraie pharmacie personnelle et s'était converti en dealer ! Jamais vu un type virer junkie à cette vitesse. Généralement, tomber accro, ça prend des mois, voire des années. Mais John ? Dix jours plus tard, il était déjà la vedette du show ! Ça a changé toute sa vie. L'année suivante, il est reparti à New York, et moi aussi, et il s'est passé des trucs encore plus loufoques, mais je reviendrai là-dessus. La musique qu'on avait enregistrée avec Mick et les autres est sortie après la mort de John en 2001, sous le titre de *Pay, Pack & Follow*.

Anita, Marlon et moi, on a vécu à droite et à gauche. On est descendus au Blakes Hotel, mais ça n'a pas duré longtemps, là non plus, et on a loué une maison à Chelsea où Donald Sutherland avait habité, sur Old Church Street. C'est là qu'Anita a vraiment tout foutu en l'air entre nous. Elle était devenue totalement parano, carrément délirante. Elle traversait un de ses moments les plus noirs et la dope n'a rien arrangé. Dès qu'on débarquait quelque part, elle était persuadée que quelqu'un avait planqué une réserve de came avant de devoir se trisser d'urgence. Elle démolissait l'endroit en recherchant cette planque imaginaire : les carreaux de la salle de bains du Ritz, les rembourrages de canapé, les papiers peints, les lambris, tout y est passé… Une fois, en voiture, je lui ai conseillé de se concentrer sur les plaques d'immatriculation des autres bagnoles, quelque chose de complètement banal pour essayer de la calmer, pour l'aider à remettre un peu les pieds sur terre. Elle m'avait fait promettre que je ne la ferais jamais enfermer dans un asile de dingues.

J'aime qu'une femme ait du tempérament. Anita, c'était une Walkyrie, une de celles qui choisit ceux qui vont mourir pendant la bataille. Mais elle a déraillé et elle est devenue dangereuse. Avec ou sans dope, elle débordait de rage, mais sans came, elle devenait franchement cinglée. Elle nous faisait peur, parfois. Avec Marlon, on redoutait ce qu'elle était capable de se faire à elle-même encore plus qu'à nous. Il m'arrivait de descendre avec lui dans la cuisine, où on faisait profil bas. Je lui disais : « On va attendre que maman se calme. » Elle balançait tout ce qui lui tombait sous la main, elle aurait pu le blesser. Ou alors tu rentrais à la maison et les murs étaient maculés de sang ou de vin. Impossible de prévoir ce qui allait se passer. Tu restais là en espérant seulement qu'elle conti-nuerait à dormir, qu'elle ne se réveillerait pas dans un de ses accès de rage, gueulant comme Bette Davis du haut de l'escalier tandis qu'elle te bombardait avec des trucs en verre. C'était une vraie garce et, oui, au milieu des années 1970, pendant un bout de temps, ce n'était vraiment pas marrant d'être avec Anita. Elle était devenue imbuvable. Elle se conduisait comme une merde avec moi, avec Marlon et avec elle-même. Je le dis ici noir sur blanc, et elle le sait. Ma grande question, c'était : « Comment me barrer de cet enfer sans tout foutre en l'air avec les enfants ? » J'aimais Anita de tout mon cœur. Je ne m'implique pas réellement avec les femmes si je ne les aime pas passionnément. Si la relation ne marche pas, si je n'arrive pas à arranger le coup, j'ai l'impression d'être fautif. Avec Anita, c'était devenu impossible. Elle cherchait à se détruire et on ne pouvait rien y faire. Elle était comme Hitler : elle voulait tout emporter dans sa chute.

Je ne compte pas le nombre de fois où j'ai voulu décrocher de la came, mais Anita, jamais. Elle en rajoutait, au contraire. À la moindre allusion, elle se rebellait et en prenait encore plus. Les responsabilités domestiques n'étaient vraiment pas sa tasse de thé, à l'époque. Et moi, je me disais : « Qu'est-ce que je fous là, bordel ? OK, c'est la mère de mes gosses, alors j'écrase. » J'aimais cette femme, j'aurais tout fait pour elle. « Elle a un problème ? Je vais m'occuper d'elle. Je vais l'aider. »

Dépourvue de scrupules : c'est une bonne description. Je ne crains pas de la lui balancer à la figure maintenant, et elle le sait. C'est à elle de vivre avec ça ; moi, j'ai fait ce que j'avais à faire. Anita pourra se demander longtemps comment elle a pu merder à ce point. On pourrait encore être ensemble aujourd'hui. Je ne suis pas du genre à changer, surtout avec les enfants. Maintenant, on se retrouve pour Noël avec nos petits-enfants et on échange un sourire perplexe : « Hé, comment tu vas, espèce de vieille bique siphonnée ? » Anita est en forme, elle est devenue gentille, avec le temps. C'est une grand-mère merveilleuse. Elle a survécu, mais les choses auraient pu se passer autrement, baby...

Le plus souvent, je l'évitais pour me protéger, ou bien ça ne lui disait rien de venir nous voir dans le studio au dernier étage de la maison. Elle passait le plus clair de son temps dans le « mémorial » Donald Sutherland, la chambre qu'il avait occupée, où d'énormes chaînes pendaient à un mur, un truc purement décoratif mais qui donnait une note sado-maso à la pièce. Les fréquentations habituelles passaient dire bonjour, Stash, Robert Fraser... À l'époque, je voyais beaucoup la bande des Monty Python et notamment Eric Idle, qui était un habitué.

C'est au cours de cette période à Church Street que j'ai battu mon record de privation de sommeil : neuf jours d'affilée sans fermer l'œil grâce à la coke. Épique. Le neuvième jour, je fonctionnais toujours, avec peut-être deux petits moments de somnolence, jamais plus de vingt minutes. J'étais très occupé à fabriquer mes sons, à transférer telle piste sur telle autre, à prendre des notes, à écrire des chansons, je m'étais transformé en un ermite obsédé par le boulot, mais pendant ces neuf journées je n'ai pas arrêté de recevoir du monde dans ma caverne. Pratiquement toutes mes connaissances londoniennes. Il en venait tous les jours, sauf que pour moi le temps s'était transformé en une seule longue journée. Eux, ils avaient leurs trucs à faire, ils avaient dormi, s'étaient lavé les dents, avaient chié, et pendant ce temps j'étais resté dans mon pigeonnier à composer, à travailler mon son et à faire des copies de tout mon matériel. Tout était sur cassettes, en cette ère lointaine. Et après, ça me prenait de décorer les étiquettes de cassettes, sur le mode artistique. Sur une cassette de reggae, par exemple, j'ai dessiné un magnifique lion de Judée.

Le neuvième jour était bien entamé, donc, et j'avais le sentiment d'avoir une forme olympique. Je me rappelle que je venais de copier une cassette sur une autre, que j'avais noté les pistes en question, poussé le bouton de lecture, et puis, boum, sans avoir le temps de dire ouf, je me suis endormi debout pendant trois dixièmes de seconde, je suis tombé en avant et ma tête a heurté le haut-parleur JBL. Ça m'a réveillé, c'est sûr, mais l'inconvénient, c'est que je n'y voyais que dalle. Un voile de sang devant les yeux, c'est tout. Il y avait trois marches à descendre et je me suis débrouillé pour les rater l'une après l'autre. J'ai roulé sur le sol et j'ai sombré instantanément dans le sommeil. Le lendemain, sans doute, je me suis réveillé avec la figure tout encroûtée. Huit jours, il a tenu, et le neuvième il est tombé...

Au début de 1977, le groupe m'attendait à Toronto. J'ai reculé mon départ encore et encore. Ils m'envoyaient des télégrammes : « T'es où ? » On avait un engagement à El Mocambo, un club de la ville, et comme on devait enregistrer des titres pour notre album *Love You Live*, il fallait répéter pendant quelques jours, sauf que j'étais incapable de m'extraire du rituel de la maison d'Old Church Street. Et puis il fallait persuader Anita de m'accompagner, ce qui était tout aussi difficile. Finalement, on a pris l'avion le 24 février. Nos deux soirées à El Mocambo Tavern étaient programmées dix jours plus tard. Je me suis fait un fix dans l'avion et la cuillère dont je m'étais servi a fini, ne me demandez pas comment, dans la poche d'Anita. À l'aéroport, ils n'ont rien trouvé sur moi, mais ils ont repéré la cuillère sur Anita, ils l'ont coincée, et ensuite ils ont pris leur temps. Leur plan génial était de me faire la surprise d'une méga-arrestation à l'hôtel Harbour Castle, où ils étaient certains de découvrir quelque pièce à conviction croustillante. Suivez le junkie, c'est du tout cuit. Ils avaient intercepté un paquet de matos que je m'étais expédié à l'avance. Alan Dunn, l'organisateur de concerts qui s'occupait de nous depuis le plus longtemps, le roi de la logistique et des déplacements, a appris plus tard que le personnel de l'hôtel s'était soudain rendu compte qu'il y avait plein de nouvelles têtes dans l'établissement, des types embauchés principalement comme techniciens de téléphone et de télévision. Les mailles du filet se resserraient. Opération coup de poing contre guitariste isolé. Le patron de l'hôtel était au courant, mais personne ne nous a rien dit, évidemment. Pour réduire les frais, Peter Rudge, le manager de la tournée, avait retiré de l'étage tous les gens de la sécurité, et c'est ainsi que les flics ont pu se diriger tout droit vers ma chambre. En temps normal, Marlon n'aurait jamais laissé des policiers entrer, mais ils étaient déguisés en serveurs. Ils n'ont pas réussi à me réveiller, or la loi exigeait que je sois conscient pour être arrêté. Ils ont mis trois quarts d'heure pour me sortir du cirage : je n'avais pas fermé l'œil depuis cinq jours, j'avais pris une sacrée dose, j'étais dans un autre monde. C'était après la dernière répète, je dormais depuis deux heures environ. Dans mes souvenirs, j'ai ouvert les yeux et

ils étaient là, paf, paf, paf, deux flics de la police montée me traînaient à travers la pièce en me collant des baffes. Pour que je sois
« conscient », quoi. Paf, paf et repaf et bang. « Qui êtes-vous ?
Quel est votre nom ? Savez-vous où vous êtes et savez-vous
pourquoi nous sommes ici ? » Réponse : « Je m'appelle Keith
Richards, je suis au Harbour Hotel et je n'ai aucune idée de ce
que vous foutez là. » Entre-temps, ils avaient trouvé ma réserve.
Trente grammes environ. Une bonne quantité, mais juste ce
dont un type a besoin pour lui. Bref, il n'y avait pas de quoi
défoncer la ville entière, mais ils connaissaient leur affaire,
comme moi la mienne, et ils ont tout de suite vu que ce n'était
pas de la dope canadienne. Ça venait d'Angleterre. Je l'avais
planquée dans un étui de guitare pour le voyage en avion.

Résultat : on m'arrête, on m'embarque au poste de police et ce
n'est vraiment pas le meilleur moment de la journée pour moi.
On me boucle et en plus, à cause de la quantité qu'ils ont chopée,
on m'inculpe de trafic de drogue, ce qui au Canada entraîne
automatiquement une longue peine de prison. J'ai dit : « OK,
comme vous voulez, rendez-moi juste un gramme. » Eux :
« Désolé, pas possible. » Moi : « Et alors, vous allez faire quoi,
maintenant ? Vous savez que j'en ai besoin et que je vais devoir
en prendre. Qu'est-ce que vous allez faire ? Me suivre et me
coincer encore ? C'est ça, votre jeu ? Et vous allez vous y prendre
comment ? Rendez-m'en un peu, juste le temps de trouver une
solution.

— Désolé, c'est hors de question ! » C'est là que Bill Wyman est
intervenu. Il a été le premier à venir me voir et il m'a demandé :
« Je peux faire quelque chose pour toi ? » Et moi, j'ai dit : « Bon,
pour être tout à fait franc, je n'ai plus de came et il m'en faut. » La
dope, ce n'était pas du tout le rayon de Bill, mais il a quand même
dit : « Je vais voir ce que je peux faire. » Et il a dégotté un plan.
Comme on avait répété au Mocambo, on avait des contacts en ville.

Bill s'est débrouillé pour me donner de quoi tenir le coup, le temps de me sortir de cette mauvaise passe. Il a pris un gros risque, compte tenu des attentions dont je faisais l'objet. C'est peut-être mon souvenir le plus affectueux avec Bill.

Les flics n'ont pas cherché à me coincer à nouveau. Après l'inculpation, voici ce que j'aurais dit : « Ce que l'on juge, c'est toujours le même vieux truc, ce bon vieux "eux contre nous". Franchement, je trouve tout ça un peu lassant. J'ai fait mon temps sous les putains de verrous. Ils ne peuvent pas s'en prendre plutôt aux Sex Pistols, maintenant ? » N'empêche, on en avait sérieusement après moi, et la situation s'est encore compliquée quand Margaret Trudeau, la femme du Premier ministre Pierre Trudeau, s'est installée à notre hôtel en tant qu'invitée des Stones. Double manchette pour la presse à scandale : la jeune épouse du Premier ministre traîne avec les Stones, tu y ajoutes la drogue et tu as de quoi pisser de la copie pour trois mois ! Au final, ça a peut-être joué en ma faveur mais, sur le coup, c'était le pire concours de circonstances imaginable. Margaret Trudeau avait trente ans de moins que son mari. C'était un plan à la Sinatra-Mia Farrow, la rencontre du pouvoir et de la femme-enfant. Et voilà que la jeune épouse, le jour même de leur sixième anniversaire de mariage, est aperçue en peignoir de bain dans nos couloirs ! On racontait partout qu'elle avait plaqué le Premier ministre ; en fait, elle avait pris la chambre voisine de celle de Ronnie et le courant passait vraiment bien entre eux ou, comme Ronnie le dit avec tant de délicatesse dans ses mémoires : « Nous avons partagé quelque chose de très spécial pendant un court moment. » Ensuite, elle s'est barrée à New York pour échapper au raffut, mais comme Mick aussi est allé à New York, on a présumé qu'ils avaient eu également une aventure. De pire en pire. C'était juste une groupie, point barre. La groupie pure et simple. Mais pour ça, mieux vaut ne pas être mariée à un Premier ministre.

J'étais sorti du gnouf en payant une caution à plusieurs zéros, mais ils m'avaient pris mon passeport et j'étais confiné à l'hôtel. Piégé. Et j'attendais toujours de savoir s'ils allaient me mettre en taule pour de bon. Eux, ils se croyaient au tir au pigeon. À l'audience suivante, ils ont ajouté une inculpation pour détention de cocaïne et ils ont essayé d'annuler ma mise en liberté conditionnelle, mais on a esquivé le coup grâce à un vice de procédure. J'aurais adoré les défier de m'envoyer en prison. Ce n'était qu'une vaste foutaise, du bluff. Ils n'avaient pas les couilles d'aller jusqu'au bout, ils n'étaient pas assez sûrs d'eux. Le reste du groupe avait déjà quitté le Canada par prudence, ce qui était plutôt raisonnable. Je reste tout seul, barrez-vous, bande de connards, autrement vous allez y passer aussi. C'est *ma* merde, je vais m'en occuper.

J'avais de bonnes chances de me retrouver en taule. Mes avocats évaluaient le risque à deux ans. C'est Stu qui a suggéré de profiter de cette attente forcée pour enregistrer quelques plages en solo, histoire de laisser une trace. Il a loué un studio, un piano splendide et un micro. Le résultat tourne depuis dans le circuit des enregistrements – ça s'appelle *K.R.'s Toronto Bootleg* (Le Toronto pirate de Keith Richards). On n'a joué que des thèmes country, rien de différent de mon répertoire habituel, mais l'enregistrement a quelque chose de poignant parce que l'avenir paraissait plutôt sombre. J'ai joué des morceaux de Gram, du George Jones, du Hoagy Carmichael, du Fats Domino. « Sing Me Back Home », de Merle Haggard, est déjà pas mal émouvant, en soi. Le surveillant-chef conduit le prisonnier à son exécution au fond du corridor :

Sing me back home with a song I used to hear...
Sing me back home before I die.

(Ramenez-moi à la maison avec une chanson que j'entendais dans le temps...
Ramenez-moi à la maison comme ça avant que la mort arrive.)

Pour ne pas changer, c'est Bill Carter qui m'a sauvé la peau. Le problème, c'est qu'en 1975 il avait certifié aux autorités chargées de la délivrance des visas qu'il n'y avait aucune histoire de drogue, et maintenant j'étais coincé à Toronto pour *trafic* de drogue ! Il s'était rendu directement à Washington, à la Maison-Blanche, pas au Département d'État ou au service de l'Immigration, qui de toute façon avaient décrété que je ne mettrais plus les pieds en Amérique. Mais préalablement, au moment de payer ma caution, il avait déclaré au tribunal canadien que j'étais un cas médical et que je devais suivre un traitement pour surmonter ma dépendance à l'héroïne. C'est ce qu'il a répété à ses contacts à la Maison-Blanche, alors occupée par Jimmy Carter ; utilisant tous ses atouts politiques, il a même parlé au conseiller du président chargé de la lutte anti-drogue, heureusement convaincu, à cette époque, qu'il y avait des moyens plus efficaces que la répression. Il a dit que son client était retombé dans la came, que j'avais un problème médical, donc que s'ils voulaient bien m'accorder un visa spécial pour les États-Unis… Pourquoi les States et pas Bornéo, disons ? Parce que la seule personne capable de me soigner était une certaine Meg Patterson, qui avait mis au point le « traitement de la boîte noire », par vibrations électriques. Or, elle se trouvait alors à Hong-Kong et avait besoin d'être patronnée par un toubib aux États-Unis. C'était compliqué, mais Bill a fait ce qu'il fallait et ça a marché. Comme par miracle, ses interlocuteurs à la Maison-Blanche ont recommandé au service de l'Immigration de me délivrer un visa, puis Bill a obtenu des autorités judiciaires canadiennes qu'on me laisse partir aux États-Unis. J'ai obtenu la permission de louer une maison à Philadelphie, où Meg Patterson m'administrerait son traitement pendant trois semaines. Après cette cure intensive, on est allés à Cherry Hill, dans le New Jersey. Je n'avais pas le droit de m'éloigner de Philadelphie dans un rayon de plus de quarante kilomètres et Cherry Hill se trouvait dedans. Le deal avait été mis au point par les toubibs, les avocats et le service de l'Immigration. Ce n'était quand même pas génial pour Marlon, cependant :

Marlon : Ils l'ont placé quelque part pour qu'il se désintoxique complètement, c'est pour ça qu'on est partis dans le New Jersey. Moi, je vivais avec la famille du docteur, des gens hyper-religieux. Ça a été traumatisant de passer de la vie à l'hôtel avec les Stones et toute la bande à une bicoque du New Jersey avec une famille de chrétiens de droite américains, genre petite clôture en bois blanc et skate-boards, et j'ai dû aller à une école américaine où il fallait réciter la prière chaque matin. Vraiment rude. De temps à autre j'avais le droit de voir Keith et Anita, qui habitaient tout près. J'avais hâte de me tirer de là. Je n'étais pas un trop sale gosse, je crois, mais la famille me prenait pour un vrai sauvage. J'avais les cheveux longs, je me baladais pieds nus, à moitié à poil, je disais plus de gros mots qu'aucun garçon de sept ans. Je pense qu'ils avaient pitié de moi en fait, à un point tel que c'était pathétique. Je n'aimais pas du tout ces gens. Ils essayaient de me transformer en un bon petit Américain. C'était la première fois que j'étais aux States ! J'étais persuadé que l'Amérique était encore pleine d'Indiens sanguinaires, de troupeaux de bisons, et brusquement je me retrouvais… dans le New Jersey ! Je me disais : « Mon Dieu, si je me risque dehors, je vais me faire scalper ! »

Je progressais bien sous la supervision de Meg Patterson, mais il n'est pas facile de prendre à cœur un traitement quand il vous est imposé par les autorités. La méthode de Meg était censée te permettre de décrocher sans douleur. Des électrodes accrochées à l'oreille stimulaient la libération d'endorphines qui annulaient la souffrance physique, du moins en théorie. Meg prônait aussi l'alcool – le Jack Daniel's, dans mon cas – en tant que produit de substitution. Une diversion, si on veut. En conséquence, je me pintais allègrement sous l'œil maternel de Meg. Ça m'intéressait, cette méthode Patterson. Les résultats étaient patents mais ce n'était quand même pas marrant. Et quand j'ai eu fini la phase intensive de deux semaines et quelque, les gens de l'Immigration m'ont annoncé qu'ils devaient me garder sous surveillance pendant encore un mois. Pardon ? Je suis clean, d'accord ? J'ai vite rongé mon frein, dans cette petite banlieue proprette. J'avais l'impression d'être en prison, je ne tenais pas en place, j'en avais vraiment marre. Meg Patterson a fait son rapport au Département d'État et au service de l'Immigration, certifiant que je suivais scrupuleusement le traitement médical et enfin, pour abréger une longue histoire, j'ai reçu le feu vert. Pour eux, tout était rentré dans l'ordre, à présent : on efface tout, pas de mention de ça dans mon dossier officiel. C'était une autre époque. On croyait davantage à la réhabilitation. Mon visa médical l'avait emporté sur tout le reste. Ils l'ont prolongé de trois à six mois, étendu à plusieurs entrées au lieu d'une seule. J'ai eu l'autorisation de donner des concerts et de travailler, puisque j'étais désintoxiqué et que je suivais volontairement le traitement. D'après ce que j'ai compris, il y avait plusieurs étapes à franchir avant d'être estampillé « complètement clean ». Quoi qu'il en soit, j'ai toujours été très reconnaissant aux autorités américaines de m'avoir permis de me libérer de la came chez eux.

On a récupéré Marlon, on a quitté le New Jersey et on a loué une maison à South Salem, dans l'État de New York. Frog Hollow, ça s'appelait, le « trou aux grenouilles » : une maison en bois de style colonial, mais Anita, qui de plus en plus hallucinait, disait qu'elle était hantée et voyait des fantômes de Mohicans patrouiller sur les collines. Ce n'était pas loin de chez George C. Scott, l'acteur-réalisateur qui défonçait régulièrement notre barrière en bois quand il arrivait à fond la caisse au volant de sa voiture, raide pété. C'est là qu'on a échoué : près de Mount Kisco, comté de Westchester.

C'est à ce moment que Jane Rose, aujourd'hui mon manager personnel, a commencé à s'occuper de moi. Elle travaillait surtout pour Mick, mais il lui avait demandé de rester à Toronto pour me donner un coup de main quand tout le monde s'était fait la malle. Trente ans après, elle est toujours là, mon arme secrète. À ce propos, je dois dire que pendant mes ennuis à Toronto, et de manière générale chaque fois que j'ai eu maille à partir avec les flics, Mick s'est occupé de moi avec une totale gentillesse, sans jamais rouspéter. Il a pris les choses en main, s'est démené et a rallié les forces qui m'ont sauvé. Il veillait sur moi comme un frère.

En ce temps-là, Jane disait qu'elle était la viande dans le sandwich, entre Mick et moi. Elle a été témoin des premiers signes de tension entre nous lorsque j'ai émergé du brouillard mental induit par la dope et que j'ai voulu m'occuper sérieusement du business, du moins sur le plan musical. Mick était venu à Cherry Hill écouter ma sélection de titres pour *Love You Live*, sur lequel on travaillait depuis longtemps par intermittences, et ensuite il est allé en dire du mal à Jane. À la coopération succédaient les conflits et les désaccords. Résultat : c'est un double album dont un disque est celui de Mick et l'autre le mien. Je me suis mis à parler de trucs, du business, de problèmes qu'il fallait qu'on règle, et j'imagine que ça a été surprenant pour lui, choquant. C'était un peu comme si je revenais d'entre les morts après la lecture du testament. Mais ce n'était encore qu'une escarmouche, un simple avant-goût de ce qui se passerait des années plus tard.

Entre mon arrestation à Toronto en mars 1977 et le procès en octobre 1978, dix-neuf mois allaient s'écouler, mais au moins je vivais maintenant à un jet de pierre de New York. Les visas m'avaient été délivrés sous condition, bien sûr. Il fallait que je retourne au Canada pour les audiences, je devais prouver que j'étais toujours clean et que je suivais scrupuleusement la cure, et je devais me rendre à des séances d'évaluation et de traitement psychiatriques à New York. J'avais une psy qui chaque fois qu'elle me voyait disait : « Ah, vous voilà, Dieu merci ! J'ai passé la journée à m'occuper des pensées des autres ! » Elle ouvrait un tiroir, sortait une bouteille de vodka : « Asseyez-vous ici pendant une demi-heure et prenons un verre. Vous avez l'air bien. » Je disais : « Oui je me sens plutôt bien. » Elle m'a aidé. Elle a fait son boulot. Elle a contribué à ce que le programme marche.

Un jour, à South Salem, John Phillips me téléphone : « J'en ai chopé un ! Ramène ton cul de suite, je vais te le montrer, garanti certifié, j'en ai chopé un ! » Il était en plein délire, il avait la sensation que des insectes lui rampaient sur la peau, ça arrive quand on abuse de la cocaïne. Je me suis dit : « OK, tu vas te taper la route, tu vas rendre service à un ami, puisqu'il en a "chopé un"... » Ça faisait des semaines qu'on le traitait de fou parce qu'il disait être assailli par ces bestioles. Donc j'arrive et il me montre une serviette, un kleenex avec un petit trou sanguinolent dedans. « T'as vu ? Je l'ai eu ! » Et moi : « Tu blagues ou quoi, John ? Il faut que tu redescendes sur terre, mon grand. Je me suis tapé une heure et demie de voiture pour ça ? » Il s'était gratté partout, salement, était couvert de croûtes, mais cette fois il était sûr d'en avoir attrapé un. Alors, il entrouvre le kleenex et il gémit : « Oh, merde, il s'est barré ! » Il avait toute une pharmacie chez lui. Mais qui n'en avait pas, en ce temps-là ? Freddie Sessler avait carrément des drugstores. John était vraiment mal en point. Il avait installé un lit d'hôpital dans sa chambre, de ceux qui bougent dans tous les sens, mais il ne marchait plus qu'à moitié. Dans les chiottes, la glace était rafistolée avec des bouts d'adhésif ; quel que soit l'angle, tu voyais ton reflet morcelé. Il y avait des seringues plantées dans le mur, il jouait aux fléchettes avec. On arrivait quand même à faire de la musique, mais jamais avant minuit, parfois deux heures du mat, avec d'autres musicos. J'ai survécu à ça sans dope. Ahmet Ertegun a annulé le projet d'album solo de John, parce qu'il n'était pas en état.

Dès qu'on a commencé les sessions pour *Some Girls* au studio bizarrement fichu de Pathé Marconi à Paris, on a senti qu'on avait le vent en poupe. Ça a été un renouveau, très étonnant à un moment aussi sombre, alors que je risquais de me retrouver en taule et les Stones de se disloquer. Mais au fond, c'était peut-être l'une des raisons, justement : mettons en boîte quelque chose de bien avant la fin du monde. Cet album a quelque chose de *Beggars Banquet*, lequel avait déjà marqué notre retour en force, avec un succès et un nouveau son, après une longue période de silence. On ne discute pas avec sept millions d'exemplaires vendus et deux titres au « Top 10 », « Miss You » et « Beast of Burden ».

Rien n'était prêt quand on a débarqué à Paris. Tout a été composé en studio, au jour le jour. Comme aux premiers temps, au milieu des années 1960 aux studios RCA de Los Angeles : les thèmes fusaient. L'autre grande différence avec nos derniers albums, c'est qu'on était seuls, rien que les Stones, pas d'autres musiciens, pas de cuivres, pas de Billy Preston. Les extras ont été ajoutés plus tard. Le fait est que la présence grandissante d'interprètes supplémentaires au cours des années 1970 nous avait entraînés sur une autre voie et nous avait parfois éloignés de ce qu'il y avait de mieux dans notre instinct. Un disque entre nous, donc, et en plus le premier avec Ronnie Wood, avec les sons de nos deux guitares entremêlés sur des morceaux comme « Beast of Burden ». On était concentrés et on bossait dur.

Notre son sur ce disque était dû en grande partie à Chris Kimsey, l'ingénieur et le producteur avec lequel on travaillait pour la première fois. On le connaissait depuis un bout de temps et il connaissait bien nos trucs. Ensuite, il produirait ou coproduirait huit albums pour nous. Il fallait qu'on trouve quelque chose de fort, on ne pouvait pas se permettre de faire un autre disque à la ramasse. Chris, quant à lui, voulait retrouver un son direct, loin des enregistrements super propres et d'une précision clinique vers lesquels on avait glissé. On avait choisi les studios Pathé Marconi parce qu'ils appartenaient à EMI, avec qui on venait de signer un gros contrat. C'était à l'autre bout de la ville, à Boulogne-Billancourt, près de l'usine Renault. Pas de restaurants, de bars ou quoi que ce soit d'autre dans le coin. Le trajet en voiture était long et je me rappelle avoir écouté chaque jour le *Running on Empty* de Jackson Browne. Au début, on avait pris un énorme studio de répétition, une vraie scène de concert, avec une régie minuscule où on tenait à peine à deux, une table de mixage primitive des années 1960 et un seize-pistes basique. C'était une configuration bizarre, avec la console en face de la vitre et d'un mur sur lequel étaient montés des haut-parleurs, mais comme le mur était en biais il y en avait toujours un plus loin du groupe que l'autre quand on rejouait les prises. Le studio voisin avait une table de mixage bien plus imposante, du matériel sophistiqué, mais on s'est mis à jouer dans l'entrepôt, assis en demi-cercle, en réduisant l'espace avec des écrans. Les premiers jours, on n'est pratiquement pas allés en régie. Pas la place, là-dedans.

Kimsey a pigé sur-le-champ que cet endroit offrait des possibilités remarquables au niveau du son. Comme c'était une salle de répétition, la location ne coûtait pas grand-chose, ce qui était parfait parce qu'on a passé plein de temps sur ce disque et qu'au final on n'a jamais utilisé le « vrai » studio à côté. Il se trouvait que la table de mixage rudimentaire était du même modèle que celle conçue par EMI pour les studios d'Abbey Road : très simple, sans prétention, à peine plus qu'une manette pour les graves et une pour les aigus, mais avec une sonorité démente. Kimsey est simplement tombé amoureux de cette table. Il paraît que ces vieilleries sont très recherchées par les collectionneurs branchés musique. Le son est clair mais aussi un peu sale, vraiment funky, une ambiance de boîte de nuit qui convenait bien à ce qu'on voulait faire.

Bon, c'était un endroit génial pour envoyer la musique et on est restés malgré les protestations habituelles de Mick : « Allons dans un vrai studio », etc. Quand on enregistre, surtout ce genre de musique, il faut se sentir parfaitement à l'aise. Rien ne doit t'obliger à nager contre le courant. Hé, on n'est pas des saumons ! On veut briller, là, et si tu commences à discuter de la salle, tu te mets à perdre confiance dans ce que le micro va capter, et à modifier des trucs ici et là. Tu *sais* que c'est une bonne salle quand les types ont le sourire. Beaucoup de *Some Girls* tient à un petit boîtier vert dont je me suis servi pour cet enregistrement, une pédale MXR, un écho-réverbération. Il y a plein de chansons sur ce disque pour lesquelles je l'ai utilisée et ça a tiré le groupe vers le haut, ça a créé un son différent. Ça se résume à un petit peu de technologie, d'une certaine manière. C'était assez comme le coup de « Satisfaction », cette petite boîte : brusquement, j'ai trouvé comment m'en servir pour tous les titres à tempo rapide. Charlie a complètement pigé le truc et Bill Wyman aussi, je dois dire. On voulait se ressourcer, c'était dans l'air. Il fallait qu'on soit plus punks que les punks. Parce qu'ils ne pouvaient pas balancer la sauce, mais nous si. Tout ce qu'ils savaient faire, c'est être punks. Oui, ça devait nous chatouiller un peu. Le phénomène Johnny Rotten, ces « gamins à la con », comme on disait. Moi, je suis fan de tous les groupes qui se forment. Je suis là pour ça, pour encourager les mecs à jouer et à monter un groupe. Mais quand ils ne jouent rien, quand ils se contentent de cracher sur les gens… Hé, allez, nous, on peut faire nettement mieux que ça. En plus, comme je l'ai dit, il y avait de l'urgence dans l'air à cause du procès et parce qu'avec tout le tintouin, les gros titres, le traitement, j'avais besoin de prouver qu'il y avait quelque chose d'autre que tout ça. Et c'est venu, et ça a pris forme très joliment.

Comme on n'avait pas joué ensemble depuis un moment, il fallait qu'on en revienne à notre ancienne forme de composition et d'échange : tout le temps ensemble, partout, en partant de zéro ou de presque rien. On s'est replongés dans notre bon vieux système et les résultats ont été à la hauteur. « Before They Make Me Run » et « Beast of Burden » sont le fruit de vraies collaborations. J'ai trouvé le riff pour « When the Whip Comes Down », Mick a écrit les paroles et, quand ça a été fini, j'ai regardé tout le monde et j'ai dit : « Merde, il a enfin pondu une vraie chanson de rock'n'roll ! » Tout seul ! « Some Girls », c'était Mick. « Lies » aussi. Ça se passait globalement comme ça, il disait : « J'ai une chanson » et moi : « Et si on faisait comme ça ? Ou plutôt comme ça ? »

Quand on a enregistré « Miss You », ça ne nous a pas franchement impressionnés. C'était genre : « Ah, OK, Mick est sorti en discothèque et il est revenu en fredonnant ce machin. » Le thème est le résultat de toutes ses nuits passées au Studio 54 et du rythme à quatre temps basique qui l'a imprégné. Il s'est pointé et a dit : « Ajoutez de la mélodie à cette pulsation », et nous : « OK, on ne va pas rechigner si Mick s'est mis en tête de faire de la merde disco, faisons-lui plaisir. » Sauf qu'en le travaillant, c'est devenu un beat assez intéressant et on s'est rendu compte au fur et à mesure qu'on tenait peut-être la quintessence du disco, là. Et, bam, c'est devenu un hit énorme, au final. Mais le reste du disque n'est pas du tout dans l'ambiance de « Miss You ».

Ensuite, on a eu des ennuis pour la pochette, à cause de Lucille Ball[1] – incroyable, non ? – qui ne voulait pas figurer dessus, ce qui nous a valu des recours en justice à n'en plus finir. Sur la présentation d'origine de *Some Girls*[2], la pochette était découpée et doublée, ce qui permettait de changer les visages qui apparaissaient dans les trous. Il y avait les femmes les plus connues au monde, celles qui nous plaisaient. Lucille Ball ? Quoi, t'aimes pas ? OK, on t'enlève ! Et les féministes n'ont pas apprécié, non plus. On adorait ça, mettre les boules aux féministes. Hé, les nanas, vous en seriez

1. Lucille Ball (1911-1989), célèbre actrice américaine aux convictions de gauche affirmées – elle s'était déclarée communiste au temps de la chasse aux sorcières à Hollywood et avait épousé un musicien cubain –, n'avait pas apprécié l'utilisation de son portrait sur cet album, devenu depuis une pièce de collection après avoir été retiré de la circulation. Raquel Welch avait protesté elle aussi.
2. Qui signifie « Quelques nanas » ou « Quelles nanas ! ».

où, sans nous ? Il y avait un passage dans la chanson qui a fait scandale : *Black girls just wanna get fucked up all night* (Les filles noires veulent juste se faire tirer toute la nuit). Bon, et alors ? Toutes ces années sur la route, on avait croisé plein de filles blacks et il y en avait plus d'une dans ce cas. Ça aurait pu être des filles blanches ou jaunes. Pareil.

En 1977, j'avais fait un sacré effort pour décrocher de la came, boîte noire, Meg Patterson et tout le reste, mais pendant un court moment j'ai replongé. Pendant qu'on enregistrait *Some Girls*, il m'est arrivé d'aller aux chiottes pour me faire un fix. Il y avait une logique là-dedans, pourtant. Je me mettais à penser à ce que j'allais faire quand je serais aux chiottes, à méditer sur tel ou tel thème qui était super mais restait à moitié inachevé, vers où l'aiguiller et pourquoi il ne fonctionnait pas encore vraiment, pour quelle raison on en était à la vingt-cinquième prise et qu'il y avait toujours cette phrase sur laquelle on trébuchait, et puis j'émergeais des toilettes et je disais : « Écoutez, faut le faire un peu plus vite et on supprime le piano au milieu. » Parfois j'avais raison, parfois non, mais bon, ça avait pris quoi, trois quarts d'heure ? Et trois quarts d'heure plus efficaces que lorsque tout le monde y allait de son grain de sel, style « Ouais, mais si on essayait comme ça ? ». Pour moi, ça, c'était la mort. De temps en temps, vraiment pas souvent, je piquais du nez pendant qu'on jouait. Toujours debout mais dégagé des préoccupations du moment. Et je rattrapais le wagon quelques mesures plus loin, mais c'était du temps perdu, parce que si c'était une prise il fallait la refaire.

Dans le genre indémodable, qui tient vraiment la route, je ne vois aucun titre comme « Before They Make Me Run ». Je chante le morceau sur le disque, un vrai cri du cœur. C'est aussi la prise qui a poussé tout le monde à bout, parce que je n'ai pas quitté le studio pendant cinq jours. Non-stop.

Worked the bars and sideshows along the twilight zone
Only a crowd can make you feel so alone
And it really hit home
Booze and pills and powders, you can choose your medicine
Well here's another goodbye to another good friend.
After all is said and done
Gotta move while it's fun
Let me walk before they make run.

(J'ai fait les bars et les attractions de la zone
Jamais plus que dans la foule on se sent aussi seul
Et là ça m'est tombé dessus comme une meule
Gnôle, pilule ou poudre, tu choisis pas la donne
Ni le énième au revoir à un grand pote.
Quand c'est emballé et pesé
Faut encore avoir un bon rire
Laissez-moi marcher avant qu'ils me fassent courir.)

Ça venait de ce que j'avais enduré et continuais à endurer avec les Canadiens. Je leur disais ce qu'ils avaient à faire : me lâcher avec leurs satanées poursuites. Quand quelqu'un reçoit une condamnation indulgente, on dit : « Oh, ils l'ont laissé filer[1]. »

« Tu nous fais braire avec cette chanson ! Personne ne l'aime !

— Attendez qu'elle soit terminée ! » Cinq jours sans fermer l'œil. J'avais un ingénieur du son qui s'appelait Dave Jordan et encore un autre, et ils s'allongeaient à tour de rôle sous la table de mixage pour voler quelques heures de sommeil pendant que je faisais bosser l'autre. À la fin, on avait de ces valises sous les yeux… Je ne sais pas pourquoi ça s'est révélé aussi difficile, il y avait toujours quelque chose qui clochait. Mais voilà, tu as tes potes qui res-

---

1. *They let him walk* : littéralement, « ils l'ont laissé marcher », qu'on retrouve dans les paroles.

tent avec toi, tu es là, debout avec ta guitare autour du cou, et les autres sont tous affalés par terre autour de toi : « Oh non, Keith, pitié, pas une autre prise ! » Les gens apportaient de la bouffe, des *pains au chocolat*[1]. Les jours succédaient aux nuits, et tu ne pouvais simplement pas abandonner. C'est presque là, tu en as déjà le goût, mais ce n'est pas encore dans ta bouche. Comme le bacon aux oignons : tu ne l'as pas encore mangé mais ça sent tellement bon…

Mais au quatrième jour Dave avait l'air d'avoir deux yeux au beurre noir et il a fallu l'évacuer. « On l'a eu, Dave ! », quelqu'un a appelé un taxi et il a disparu. Et quand on a vraiment eu terminé, je me suis endormi sous la console, sous tout le matériel électronique. Des heures plus tard – je n'ai jamais su combien –, je me suis réveillé entouré par la fanfare de la police parisienne. Une fanfare ! Ça m'a réveillé, c'est sûr. Ils étaient en train d'écouter un truc qu'ils avaient enregistré. Ils ne savaient pas que j'étais là, moi j'avais les yeux sur tous ces pantalons à bande rouge, *La Marseillaise* résonnait tandis que je me demandais si le moment était bien choisi pour sortir de mon trou. Je mourais d'envie de pisser, j'avais tout mon matos sur moi, seringues et dope, et j'étais entouré de flics qui ne se doutaient pas de ma présence ! Alors, j'ai attendu un peu et je me suis dit qu'il fallait juste que je sois le plus british possible, donc j'ai émergé en roulant plus ou moins sur le sol, je me suis redressé et : *Oh my God ! I'm terribly sorry !* Ils ont à peine eu le temps de faire ouf que j'étais déjà dehors et que des *Zut alors*[1] fusaient de partout – ils étaient au moins soixante-seize, là-dedans ! Et j'ai pensé : « Ils sont comme nous ! Ils sont tellement motivés pour faire un bon disque qu'ils n'ont même pas cherché à me choper ! »

Quand tu plonges à ce point dans le boulot, il peut t'arriver de te perdre, mais si tu sais que c'est par là, alors c'est par là. C'est délirant mais c'est comme la quête du Graal : une fois que tu es

1. En français dans le texte.

lancé, tu vas jusqu'au bout. Parce qu'il n'y a pas vraiment moyen de faire marche arrière. Il faut que tu termines quelque chose et c'est ce qui se passe, au final. Cette séance non-stop a sans doute été la plus longue que j'aie jamais connue. Il y en a eu d'autres qui ont duré presque autant – pour « Can't Be Seen », par exemple –, mais « Before They Make Me Run » a été le marathon absolu.

Il y a un épilogue à l'enregistrement de *Some Girls*, mais je vais laisser Chris Kimsey le raconter :

Chris Kimsey : « Miss You » et « Start Me Up » ont été mis en boîte le même jour. Quand je dis « le même jour », c'est une façon de parler, parce qu'ils ont mis près de dix jours à parvenir à la matrice finale de « Miss You », et dès qu'ils ont fini ils sont passés à « Start Me Up ». Au départ, c'était un thème reggae qu'ils avaient enregistré à Rotterdam trois ans plus tôt, mais quand ils l'ont joué cette fois, ça n'avait plus rien de reggae, c'était le fantastique « Start Me Up » que nous connaissons tous aujourd'hui. La chanson était de Keith, il l'a seulement transformée. Peut-être qu'après le côté disco de « Miss You », ça lui a permis de l'envisager sous un autre angle. En tout cas, c'est la seule fois où j'ai enregistré deux titres complets au cours de la même session. Il ne leur a pas fallu longtemps pour y arriver. Quand on a eu une prise qui faisait dire à tout le monde : « C'était bon, ça ! », Keith est venu en régie, il l'a écoutée et il a dit : « C'est pas mal, mais ça ressemble à quelque chose que j'ai entendu à la radio, ça devrait être un thème de reggae. Efface ! » Par la suite, il a continué à tripoter cette prise, mais il ne l'aimait pas. Je me rappelle l'avoir entendu déclarer un jour, une fois que le disque a été sorti, qu'il préférerait effacer toutes les matrices pour que personne ne puisse y revenir et se prendre la tête avec. Évidemment, je ne l'ai pas effacée ! Et, trois ans plus tard, c'est devenu le titre principal de l'album *Tattoo You*.

Tout s'est mis à tourner autour de la dope, à nouveau. Rien ne pouvait se faire ou être organisé si le fix suivant n'était pas déjà assuré. C'est devenu de plus en plus désespéré. Les deals devenaient tellement complexes que c'en était parfois comique. J'avais un contact, James W., à qui je téléphonais quand je devais me rendre à New York. Je descendais au Plaza. James, un jeune Chinois très gentil, venait me voir dans ma suite – la plus grande, si possible –, je lui donnais le cash et il me remettait la came. Ça se passait toujours très poliment : « Transmettez mes salutations à votre père », etc. Dans l'Amérique des années 1970, il n'était pas facile de trouver des seringues. Quand j'y allais, je prenais un chapeau et je me servais d'une aiguille pour accrocher une petite plume au ruban. Je plaçais dans le carton à chapeau le feutre orné d'une jolie plume rouge, vert et or. Donc j'avais ma came dès que James débarquait, mais il fallait encore dégotter une seringue. Mon stratagème était le suivant : d'abord, je me faisais monter une tasse de café, parce que j'allais avoir besoin d'une cuillère pour chauffer ma dope ; ensuite, je descendais chez FAO Schwarz, le fameux magasin de jouets juste en face du Plaza sur 5th Avenue ; là, au deuxième étage, j'achetais une panoplie de docteur, une petite boîte avec une croix rouge dessus dont la seringue collait avec l'aiguille que j'avais apportée de Londres ; je disais à une vendeuse : « Je vais prendre trois ours en peluche, la voiture télécommandée, là... Oh, et puis deux panoplies de docteur ! Ma nièce raffole de ça, voyez-vous ? Il faut l'encourager. » FAO Schwarz, c'était mon plan junkie ! Ensuite, je remontais vite fait dans ma chambre et le tour était joué.

J'ai une cuillère, puisque j'ai commandé du café. Tu la remplis, tu la tiens au-dessus d'une flamme de briquet et tu regardes bien. Le truc doit chauffer sans noircir et devenir épais comme de la mélasse. Si ça vire au noir, c'est que la came est trop coupée. Sur ce point, James ne m'a jamais déçu, il avait toujours de la came extra.

Ce n'est pas la quantité qui m'intéressait, mais le potentiel. J'étais accro, il fallait que je prenne de la dope, mais je n'en avais pas besoin d'une tonne, disons six grammes. Parce que la qualité peut se dégrader en une semaine et ton bon gros sac de came pourrie, à quoi il va te servir ? Je surveillais le marché. James W. était mon conseiller : « Voilà, c'est la meilleure que l'on puisse trouver, aujourd'hui. Je ne recommande pas d'en acheter plus. La semaine prochaine, on en aura de la très, très bonne. » Fiable à cent pour cent, James. Et aussi un super sens de l'humour, et toujours complètement réglo en affaires, sérieux sur les prix. La seule chose au sujet de laquelle on rigolait, c'était : « Vous êtes déjà passé au magasin de jouets ? »

Quand tu te transformes en junkie, la dope devient ton pain quotidien. Tu ne t'intéresses plus à grand-chose d'autre. Il y a des accros qui n'arrêtent pas d'augmenter leur dose, c'est comme ça qu'ils finissent par faire une overdose. Pour moi, c'était devenu purement un moyen de continuer, d'enchaîner les jours les uns après les autres. Il y a tous ces moments atroces de manque et ta nana chouine : « Il m'en faut tout de suite ! » Moi aussi, chérie, mais il faut attendre. Attendre le type qui a le matos. Lorsque le marché était à sec, c'était duraille. Grosse pression. Tu es dans une pièce, entouré de gens qui en bavent vraiment, gerbent leurs tripes, le sol est jonché de corps que tu dois enjamber. Et parfois ce n'est même pas une vraie pénurie, c'est juste un moyen de faire grimper les prix. Dans ce cas, peu importe que tu sois bourré de thune ou pas. Ça ne te servirait à rien de dire : « Hé, vous oubliez qui je suis ? » Parce que t'es juste un camé comme un autre.

Quand tu n'as pas de matos, il faut aller à la mine et c'est comme se jeter à l'eau dans un trou rempli de piranhas. Ça m'est arrivé deux ou trois fois à New York, dans l'East Side, et à L.A. On connaissait la routine : on te donne ta dope à l'étage et le reste de la bande t'attend en bas pour te dépouiller quand tu sors. Souvent, tu les entendais faire leur coup pendant que tu patientais en attendant ton tour. Le truc, c'était de quitter les lieux discrètement, et si tu avisais quelqu'un dehors, tu lui en collais un dans les couilles, parce que va savoir. Mais parfois on se disait : « Merde, tant pis, on y va. Couvre-moi, reste en bas, et en redescendant je tirerai, et eux aussi, et toi aussi. On flingue quelques ampoules électriques, on tire quelques balles, et puis cassos au milieu des étincelles. » Avec un peu de chance, on s'en tirait. Les statistiques le prouvent : quand tu bouges, tu as moins de chances de prendre une prune, c'est du mille contre un. Pour tirer dans une ampoule, il faut être tout près et avoir une bonne vue. Après, c'est le noir. Flash, bang, bing, et on se casse. J'adorais ça. Complètement OK Corral. Remarque, je ne l'ai fait que deux fois...

Ça me bouffait tout mon temps. Je me réveillais le matin et le premier truc était d'aller à la salle de bains. Pas pour me brosser les dents, pour me faire un fix. Mais là, merde, j'ai oublié la cuillère dans la cuisine ! Cette routine idiote à laquelle il faut se plier. Merde, j'aurais dû penser à la cuillère hier, pour ne pas avoir à descendre ! Ça devenait chaque fois un peu plus difficile d'arrêter, et le désir d'en reprendre à la minute où l'effet s'estompait plus violent. Allez, un dernier fix, maintenant que je suis clean... Et le « dernier » est souvent mortel, le baroud d'honneur fatal. En plus, tu t'es nettoyé, tu n'es plus complètement dépendant, mais tous tes potes sont des camés ! Si quelqu'un décroche, ça veut dire qu'il est sorti du cercle. Et quoi qu'ils pensent de toi, qu'ils t'aiment, qu'ils t'adorent ou qu'ils te détestent, peu importe, leur seul but est de te faire replonger. « C'est vraiment de la bonne, celle-là ! » Dans le monde des junkies, si tu as décroché, si tu restes clean, c'est que tu n'es pas à la hauteur. À la hauteur de quoi, je me le demande bien. À combien de crises de manque peut-on survivre ? C'est complètement absurde, mais tu n'y penses jamais quand tu es accro. Plusieurs fois, pendant ces moments terribles, j'étais persuadé que de l'autre côté du mur il y avait un coffre-fort plein de dope, avec tout le matériel nécessaire, cuillère et tout. Je finissais par tomber dans les vaps mais, en me réveillant, je voyais des traces de doigts écorchés jusqu'au sang là où j'avais essayé de faire un trou dans le mur... Qu'est-ce qui vaut la peine d'en arriver là ? En fait, à l'époque, ma réponse était : « Ben la dope, oui ! »

Je peux être aussi mégalo que Mick, aussi frivole et tout, mais pour le camé que j'étais, il y avait quand même une limite. Certaines réalités entrent en jeu qui t'obligent à garder les pieds sur terre, dans le caniveau même, plus bas qu'on ne voudrait. Pas même sur le trottoir : dans le caniveau. Et c'est clairement à cette époque que Mick et moi, on a divergé à cent quatre-vingts degrés. Il n'avait pas de temps à me consacrer, à moi et ma connerie manifeste. Je me rappelle une nuit à Paris, dans une boîte, j'attendais mon contact et j'étais super mal. Les gens dansaient sous les boules disco et moi j'étais sous la banquette en train de gerber parce que le type n'était toujours pas là. Et en même temps je me demandais : « Est-ce qu'il va me trouver là-dessous ? S'il se pointe, il va peut-être regarder autour et se barrer. » J'étais déstabilisé, c'est le moins qu'on puisse dire. Heureusement, il a fini par me trouver, mais en arriver là alors que tu es numéro un mondial, ça te permet de mesurer combien tu es tombé bas. Rien que de te retrouver dans une situation pareille, ça t'inspire un dégoût de toi-même qui ne se surmonte pas en deux jours. Hein, pauvre con, tu serais prêt à tout pour ta came, pas vrai ? Tu as beau te dire : « Je suis libre, personne ne me dit ce que je dois faire », tu sais très bien que dans ton état tu es entièrement à la merci d'un dealer, et que c'est répugnant. Quoi, il va falloir que je me mette à genoux devant ce connard ? C'est là que la haine de soi s'installe. Que tu le veuilles ou non, un camé est quelqu'un qui attend sans arrêt le livreur. Ton monde se réduit à la dope. Elle devient ton univers.

La plupart des junkies se muent en crétins. C'est ça qui m'a détourné de la came, au final. On n'a plus qu'une seule idée en tête : se shooter. Je pourrais peut-être être un peu moins débile ? Qu'est-ce que je fous avec ces losers ? Ils sont sans intérêt. Pire :

beaucoup sont des gens très brillants qui savent tous plus ou moins qu'ils se sont fourvoyés, mais d'un autre côté... pourquoi pas ? Tout le monde se laisse aveugler par quelque chose et nous, au moins, nous on *sait* qu'on se raconte des histoires. Il n'y a rien d'héroïque à prendre de la dope, mais tu peux devenir un héros en arrivant à décrocher. J'adorais cette merde mais à un moment j'ai dit basta. Ça rétrécit terriblement ton horizon, tu ne fréquentes que des junkies comme toi. J'avais besoin d'élargir mon espace, mes intérêts. Tout ça, évidemment, tu n'en prends conscience qu'une fois sorti du trou. Parce que c'est comme ça qu'elle agit, la came : je l'ai dit, c'est la salope la plus séductrice qui existe.

L'instruction de mon procès au Canada a duré des siècles. Chaque semaine, je prenais l'avion pour Toronto. Mais ça ne m'empêchait pas de continuer à me camer. Je repartais en jet privé d'un petit aéroport de Toronto. Une fois, juste avant d'embarquer, je me suis fait un fix dans les chiottes. Je suis dans le box, je commence juste à chauffer ma cuillère et soudain j'aperçois une paire d'éperons sous la porte. Vision d'horreur ! Il y a un mec de la police montée dans les toilettes ! Il veut sans doute pisser, mais il va sûrement renifler la dope qui chauffe à peine. Clink, clink font les éperons. Je suis cuit. La cata complète. Clink, clink, clink, les éperons s'en vont. Combien de coups de bol pareils me restait-il ? J'avais trop tiré sur la corde. Je vivais sous un nuage noir permanent, à attendre que le ciel me tombe sur la tête. Je faisais face à trois chefs d'inculpation : trafic, détention et importation de substances illégales. J'allais faire de la taule. J'avais intérêt à m'y préparer.

C'est l'une des raisons pour lesquelles j'ai décroché pour de bon : je ne voulais pas me retrouver en manque derrière les barreaux. Je voulais laisser à mes ongles le temps de repousser, parce que ce sont les seules armes qui te restent, une fois que tu es en prison. Et aussi, accro comme j'étais, je m'enfonçais peu à peu dans une situation qui allait m'interdire de voyager et de travailler. La tournée pour *Some Girls* devait démarrer un mois plus tard, en juin 1978. Je savais que je devais décrocher avant. Jane Rose n'arrêtait pas de me demander : « Quand est-ce que tu vas te nettoyer ? » et moi : « Demain ». Je l'avais fait l'année précédente, mais j'avais déconné et j'étais retombé dedans. Cette fois, ce serait la dernière. Je ne voulais plus jamais entendre parler d'un plan dope. J'avais assez donné comme ça. Tu fais ça pendant dix ans environ et tu arrêtes. Tu reçois ta médaille et tu prends ta retraite. Jane est restée à mes côtés tout le temps que ça a duré, Dieu bénisse la petite garce ! Cette vieille « Jugs » (Nibars) – comme on la surnommait – a emporté le morceau. Elle a dû en baver. Moi bien pire, bien sûr, mais elle a dû assister à tout ce qui se passe quand tu te mets à grimper aux murs, à te chier dessus, à péter les plombs… Je ne sais pas comment elle a fait pour encaisser tout ça. À ce moment, les Stones répétaient la prochaine tournée aux Bearsville Studios, à Woodstock, près de New York. J'étais chez moi avec Anita. Je laisse à Jane le soin de raconter le jour où j'ai renoncé à l'héro. Elle fera ça mieux que moi :

Jane Rose : En gros, je faisais le coursier pour Keith. Je lui rapportais de l'argent ou de la drogue chez lui, à Westchester County. Il ne voulait pas décrocher, il était gravement accro, mais il refusait de l'admettre. Et moi, je ne supportais plus de jouer les livreurs. Une fois, je suis arrivée et il y avait Antonio et Anna Marie, des amis d'Anita qui habitaient l'appartement parisien de Keith rue Saint-Honoré (plus tard, Antonio deviendrait Antonia). Donc ils étaient là et Keith attendait de l'argent ou de la drogue. Anita était présente aussi. J'entre, ils me disent : « Où est la thune ? » Et moi : « Je ne l'ai pas. Elle est à New York. » Ils se sont mis à flipper et Anita s'est précipitée dans la voiture, furieuse. Là, j'ai dit à Keith : « On est déjà demain, Keith. » Parce qu'il n'arrêtait pas de dire qu'il allait décrocher le lendemain et on était au mois de mai, et la tournée approchait à grands pas. Plus tard ce jour-là, Keith et Anita ont eu une dispute terrible. Keith s'est réfugié à l'étage, très en colère. Anna Marie et Antonio m'ont regardée, moi, la petite Juive de New York, et ils ont dû se dire : « Cette fille est foutue. Comment elle a pu venir sans l'argent ? » Et ensuite, silence. Je suis montée dans sa chambre avec le grand lit, je lui ai fait coucou. Il avait enlevé ses chaussures. Il a dit : « OK, je vais le faire. J'ai ma machine. J'arrête. » Et moi : « Tu veux aller à Woodstock ? C'est là que vont avoir lieu les répétitions. Viens avec moi, fais-le. Je t'aiderai. » Trois heures après, il était d'accord, et au moment où on s'apprêtait à partir avant le retour d'Anita, parce que je savais qu'il fallait que ça se passe comme ça, elle est rentrée. Il y a eu une engueulade terrible et quelqu'un a dégringolé les escaliers. Pour finir, Keith est monté dans la voiture et on a mis le cap sur Woodstock. Anita a eu sa drogue, ou son argent. À Woodstock, Keith s'est désintoxiqué tout seul à l'aide de sa boîte noire. Mick et Jerry (Hall) sont venus deux jours pour me tenir compagnie. Et je n'ai pas quitté Keith une seconde, je suis restée dans la chambre, tout le temps. Je ne sais plus combien de jours ça a pris au total, je pense que je n'ai pas adressé la parole à qui que ce soit pendant tout le truc. J'étais convaincue qu'il finirait par aller mieux. Je croyais en lui, c'est tout.

Si vous voulez tirer les vers du nez à quelqu'un, mon conseil est de le mettre sous dope pendant un mois ou deux, puis de la lui enlever : il parlera. Jane m'a soutenu pendant les soixante-douze heures critiques. Elle m'a vu m'accrocher au mur, c'est la raison pour laquelle je ne supporte plus le papier peint. Tu n'arrives plus à contrôler les spasmes. Et tu as tellement honte de toi, vraiment. Et il faut que tu y arrives. Je n'ai plus jamais replongé parce qu'après cette phase, je me suis tout simplement enfermé à clé dans une pièce. Et Jane était avec moi. C'est elle qui m'a permis de décrocher. C'était la dernière fois, il n'y en a plus eu d'autres et il n'y en aura plus jamais.

Anita, par contre, ne m'a pas vraiment aidé. Elle ne voulait pas décrocher. Pour rester ensemble, il aurait fallu qu'on décroche ensemble. Mais elle a refusé. Et c'est devenu ingérable. Je ne pouvais pas habiter sous le même toit qu'une junkie. La dope, c'est une réaction chimique dans ton corps, mais ça impacte aussi toutes tes relations avec les autres, et c'est là que réside la principale difficulté. Je serais probablement resté avec Anita pour toujours, mais quand il y a eu ce tournant hyper-important, quand j'ai tiré un trait sur la came, elle a continué. Elle n'avait jamais vraiment essayé d'arrêter. À un moment, en 1977, on avait décidé de rester clean pendant quelques mois, mais elle continuait à se procurer du matos en douce. Je savais qu'elle le faisait : le blanc de ses yeux la trahissait. À présent, je ne pouvais même plus lui rendre visite. C'est là que je me suis dit : « C'est Anita, qu'est-ce que je peux y faire ? » Et c'est là que ça s'est terminé.

J'étais clean et on était à Woodstock, en pleine répétition, quand, un beau jour, un hélico a surgi de nulle part. Et qui était à bord ? Lil ! Elle était venue avec sa copine, Jo Wood, la future femme de Ronnie, pour l'anniversaire de ce dernier. C'était une dizaine de jours avant notre départ en tournée et c'était presque miraculeux de tomber sur une nouvelle copine aussi chouette. Elle s'appelle Lil Wergilis, même si on l'appelle toujours Lil « Wenglass » ou Lil Green, son nom de femme mariée. Suédoise, et pourtant londonienne typique jusqu'au bout des ongles après dix ans passés là-bas, accent cockney et tout. Une blonde suédoise ultra-intelligente et dans la force de l'âge. Quand je l'ai connue, Lil faisait penser à Marilyn Monroe. Bluffante. Collants en latex rose et chevelure de blé, mais aussi très smart et avec le cœur bien accroché. Une fille adorable, une amante merveilleuse : je venais de décrocher et Lil est arrivée dans ma vie et elle a su me faire rire.

C'est comme ça qu'elle m'a vraiment sorti de l'abîme, par le rire. Ça n'a l'air de rien quand j'en parle, mais ce n'est vraiment pas de la tarte de se libérer de la dope après dix ans d'usage et cinq ou six tentatives pour décrocher. Et ne pas retomber dedans, c'est encore une autre histoire, mais Lil, bénie soit-elle, m'a fait penser à tout à fait autre chose. On a passé une année et plus dans les bras l'un de l'autre. On prenait du bon temps, tous les deux. C'était une bouffée d'air frais. Elle était insouciante, marrante comme tout, tordante. Prête à tout. Vraiment drôle, hyper-maline et fantastique au pieu. Et énergique avec ça. Elle « faisait » des trucs, comme préparer le petit déj ou veiller à ce que je sois debout à l'heure. J'avais besoin d'un peu de cette attention. Mick ne l'appréciait pas trop : comme fille, ce n'était pas du tout le genre Studio 54. Il n'arrivait pas à comprendre ce que je fabriquais avec elle. C'était une phase turbulente dans nos mariages (ou pseudo-mariages) respectifs. Bianca avait demandé le divorce et il avait maintenant Jerry à son bras, avec qui je m'entendais bien.

Lil est venue en tournée avec moi, ce qui lui a permis d'être ma complice au cours d'un autre de mes *mano a mano* très chauds avec le destin, le dernier d'une liste bien trop longue à présent pour être prise à la légère. Cette fois, c'est la maison que je louais à Laurel Canyon, Los Angeles, qui a pris feu. Comme elle l'a déjà raconté, on était couchés lorsqu'elle a entendu une explosion. En écartant les rideaux, elle a constaté qu'il faisait trop clair dehors. Pas normal du tout. Elle a ouvert la porte de la salle de bains et, wouf, les flammes se sont engouffrées dans la chambre. On a eu quelques secondes à peine pour sauter par la fenêtre, moi en tee-shirt et Lil toute nue. On n'est pas passés inaperçus, évidemment – il y avait un attroupement, les gens flippaient, s'affairaient dans tous les sens pour essayer d'éteindre l'incendie – et dès que les médias en ont eu vent, c'est devenu toute une histoire. Brusquement, une voiture s'est pointée et on s'est précipités dedans, trop contents d'être à l'abri. Incroyable, c'était une cousine d'Anita ! On était en état de choc. On est allés chez elle, on a emprunté quelques fringues, trouvé un hôtel. Le lendemain, quelqu'un est retourné sur place ; il y avait une grande pancarte au milieu de l'herbe calcinée qui disait : « Merci beaucoup, Keith. »

Mon procès s'est enfin ouvert à Toronto en octobre 1978. Ça pouvait couler le groupe, mais face au danger certains d'entre nous avaient décidé de rester optimistes. Mick, par exemple, disait : « Je ne pense pas que ça sera si grave. Franchement, même si Keith finit avec perpète en compagnie de Mrs Trudeau, je ne vais pas arrêter la route pour autant. On pourrait peut-être faire une tournée des prisons canadiennes, ha ha ha ! »

Plus le procès durait, plus il devenait évident que les autorités canadiennes cherchaient à se défiler. Les flics et leurs alliés se disaient : « On a bien fait notre boulot ! Tenez, le voilà, pieds et poings liés ! », mais les Trudeau, eux, voyaient les choses autrement : « Euh, du calme, les amis, c'est bien le dernier truc dont on ait besoin… » À chaque fois que j'arrivais au tribunal, cinq ou six cents personnes scandaient : « Libérez Keith, libérez Keith ! » Nous, on voyait bien que le camp adverse, le gouvernement peut-être, en tout cas ceux qui nous attaquaient, se demandaient dans quoi ils étaient allés se fourrer. Alors que moi, au fond, je m'en fichais. Je calculais que plus ils frapperaient fort, mieux je m'en tirerais. Les flics, ou en tout cas les procureurs, étaient intraitables, mais comme Bill Carter l'avait fait remarquer, dans presque toutes les actions en justice intentées contre nous à l'époque, les autorités judiciaires n'avaient pas les mains propres. Ils savaient très bien que je n'étais pas un trafiquant, mais ils voulaient le faire avaler à un jury pour obtenir une lourde peine de prison, de quoi marquer les esprits. C'était là l'erreur, parce que notre défense a été : « Non mais regardez un peu Keith Richards. Il ne vend pas de la came. Il a plus d'argent qu'il ne peut en dépenser. L'accusation de trafic n'est là que pour imposer une condamnation sévère, elle ne tient pas debout. C'est un toxicomane, c'est un problème d'ordre médical. » Mes avocats ont pondu un rapport démontrant qu'au vu de toute la jurisprudence et de tous les cas locaux de ce style, j'aurais probablement récolté au plus une peine avec sursis si je ne m'étais pas appelé Keith Richards.

Ce n'est qu'à la toute dernière minute qu'ils ont modifié le chef d'inculpation, l'accusation passant de trafic à détention illégale, et ajouté l'histoire de la coke, mais cette manœuvre les a affaiblis et a démasqué leurs véritables intentions. La réaction la plus commune était : « Comment ? Keith Richards prend de l'héro ? Sans blague ! » L'épouse du Premier ministre se baladant à poil dans un hôtel afin de se faire sauter, c'était une autre paire de manches. Si bien que cet aspect de l'affaire a pris le pas sur l'autre. De toute façon, quel qu'ait été le chef d'accusation, j'avais l'impression que ça me passait par-dessus la tête, ou par en dessous, selon le point de vue. Qui pouvait savoir ce qui se tramait réellement en coulisses ? N'est-ce pas ce qu'on appelle la « politique » ? L'un des jeux les plus pourris qui soient.

Donc on était maintenant certains que l'affaire tomberait à l'eau. La question, c'était : combien de temps ça prendrait ? Ils s'étaient fourrés eux-mêmes dans ce merdier, ils ne voulaient plus en entendre parler, mais comment allaient-ils faire ? On allait assister à la grande fonte du gouvernement canadien.

Ce sont les Canadiens de la rue qui m'ont sorti du pétrin, mais le véritable coup de maître a été de lier mon cas au « faux pas » de Margaret Trudeau. S'ils avaient tapé vite et fort, ils m'auraient sans doute coincé pour importation de drogue. Mais le temps que ça arrive devant le tribunal, il y avait un nouveau juge qui a dit en gros : « Débrouillez-vous pour faire disparaître cette histoire. On ne veut plus en entendre parler, trop peu de résultats pour trop d'ennuis. »

L'instant de vérité est arrivé. J'ai pénétré dans une salle de tribunal qui avait un parfum d'Angleterre des années 1950, avec un portrait de la reine au mur, vraiment bizarre. L'acteur Dan Aykroyd, que j'avais rencontré lors d'un passage sur l'émission

« Saturday Night Live » peu de temps avant, était là en stand-by, comme possible témoin de moralité ayant la nationalité canadienne. Lorne Michaels, le créateur canadien de cette émission culte, qui en est encore aujourd'hui le producteur, a dépeint à la cour, avec beaucoup d'élégance, mon rôle de maître-queux dans la grande cuisine culturelle de la planète. Je n'étais pas le moins du monde intimidé par le tribunal. Je savais que c'était eux qui avaient un problème, à ce stade, et l'expérience m'avait aussi appris que la plupart des gouvernants perdent le contact avec leurs sujets, une réalité dont je pouvais tirer avantage. Parfois, tu sens la défaite dans l'autre camp même si tu as une gigantesque artillerie braquée sur toi, et c'était le cas ce jour-là.

J'ai été déclaré coupable mais le juge a précisé : « Je ne l'emprisonnerai pas car c'est un toxicomane et il dispose de ressources. » Le prévenu, a-t-il édicté, resterait en liberté mais devrait poursuivre son traitement médical, le tout à une condition : il donnerait un concert au profit des non-voyants. C'était très intelligent, la solution la plus proche d'un jugement de Salomon qu'on ait vue depuis une paie. Et c'était arrivé grâce à une fille qui suivait les Stones partout sur la route, Rita, mon ange aveugle. Elle ne voyait rien mais elle se rendait en stop à chacun de nos concerts. Complètement intrépide, la fille. On m'avait parlé d'elle en coulisses et ça a été trop pour moi de l'imaginer levant le pouce dans les ténèbres permanentes, alors je l'ai branchée sur les chauffeurs de camion de la tournée, j'ai veillé à ce qu'on assure sa sécurité et qu'on lui donne à manger. Et quand je me suis fait coincer au Canada, c'est elle, toute seule, qui s'est présentée devant le juge et lui a raconté cette histoire. D'où son idée de concert pour les aveugles. L'amour et le dévouement de gens comme Rita, c'est quelque chose qui continue à m'époustoufler. Et donc, ha ha !, une issue a été trouvée.

Après le passage au « Saturday Night Live », autour de 1979, avec Lil on est devenus proches de Dan Aykroyd, Bill Murray et John Belushi, qu'on retrouvait au Blues Bar, leur club new-yorkais. John était tout simplement trop – et « trop », c'est encore peu dire. Une fois, je lui ai dit qu'il me faisait penser à ce que mon père disait souvent, à savoir qu'il y a une différence entre se gratter le cul et le déchirer en morceaux. John était complètement poilant et chaque moment passé avec lui était de la folie pure. Une expérience extrême, même selon mes critères. Un cas d'espèce.

Quand j'étais gosse, je passais souvent chez Mick. Tu avais soif, tu ouvrais le frigo – balèze – et il n'y avait rien dedans, à part une moitié de tomate, peut-être. Trente ans plus tard, tu te pointes chez Mick, tu vas au frigo, qui est encore plus énorme, et qu'est-ce que tu trouves ? Une moitié de tomate et une bouteille de bière. Une nuit après avoir travaillé très tard, au temps où on se voyait tout le temps avec John Belushi à New York, on a fini chez Mick, Ronnie, lui et moi. Soudain, on frappe à la porte et c'est Belushi, en tenue de portier, poussant un chariot avec douze putains de boîtes de *gefilte fish* dessus. Sans nous accorder un regard, il avance jusqu'au réfrigérateur de Mick, fourre les boîtes à l'intérieur et proclame : « Maintenant, il est plein. »

Gonflés à bloc par le succès de *Some Girls* et l'issue du procès, on s'est retirés aux studios de Compass Point, à Nassau, dans les Bahamas. Il y avait vaguement de l'électricité dans l'air entre Mick et moi, des frémissements qui annonçaient les gros orages à venir, mais rien de majeur. On a écrit et répété des titres pour l'album *Emotional Rescue*. C'est le moment que Jean-Paul II a choisi pour effectuer une visite impromptue à Nassau, à l'occasion d'une escale technique de son avion. Les Bahamas sont sérieusement catholiques, encore plus quand le pape est dans les parages. On nous a annoncé qu'une bénédiction publique aurait lieu dans un stade de foot et il m'est apparu qu'Alan Dunn, notre manager de tournée, étant catholique, il pouvait recevoir la bénédiction papale. Il fallait qu'il se rende au stade avec les bandes de nos enregistrements pour les faire bénir, elles aussi. Pourquoi pas ? On ne sait jamais. Alan s'est procuré un billet d'entrée par l'école locale et il est parti par une chaleur accablante, lesté d'énormes bobines larges de cinq centimètres qui pesaient une tonne et qui lui ont semblé encore plus lourdes lorsque les anses du panier en paille dans lequel il les transportait ont cassé. Il les serrait contre sa poitrine tandis que le pape administrait sa bénédiction à la foule. Les bandes, je ne sais pas, mais Alan, ça lui a certainement servi à quelque chose. Quelques jours plus tard, il a miraculeusement échappé à la mort lorsque le canot à bord duquel il se trouvait avec sa petite amie a été emporté au-delà de la barrière de corail. Avec le moteur en panne, sans rames, c'était cuit pour eux. La mère d'Alan maintient que le bateau qui passait par là et les a sauvés était un cadeau de Dieu, par le truchement du pape.

L'une des meilleures sessions auxquelles il m'ait été donné de participer a eu lieu à cette époque. On était en Jamaïque, Lil et moi, et je suis tombé sur Sly Dunbar et Robbie Shakespeare, qui participaient à l'enregistrement d'un disque du groupe de reggae Black Uhuru. Sly et Robbie formaient une section rythmique comme il y en a peu au monde. On a mis en boîte sept morceaux en une nuit, dont « Shine Eye Gal », qui allait devenir un grand succès et un classique. Un morceau instrumental, « Dirty Harry », était destiné à l'album de Sly, *Sly Wicked and Slick*. Le reste, je l'ai encore. Tout ça a été fait sur quatre pistes à Channel One, à Kingston. On a joué tout ce qui nous passait par la tête. Pour l'essentiel, c'était de simples riffs, mais la formation qui se trouvait réunie là était en tous points remarquable : Sly et Robbie, les percussionnistes de Sly, Sticky et Scully, qui se chargeaient de tous les petits raccords, Ansell Collins à l'orgue et au piano, moi à la guitare et un autre guitariste qui était peut-être Michael Chung. Une nuit grandiose. Sur le moment, on a dit : « On se partage les morceaux, moi trois, vous trois », mais ils ont fait un énorme carton avec « Shine Eye Gal ». Et les deux ou trois années suivantes, ils nous ont accompagnés en tournée.

Mick ne voulait pas tourner en 1979, moi si. Ça m'a contrarié, j'étais frustré, mais ça signifiait aussi que j'avais du temps devant moi.

Ronnie venait de monter un groupe incroyable pour partir sur la route, les New Barbarians. Il y avait Joseph « Zigaboo » Modeliste, dit « Ziggy », à la batterie, l'un des meilleurs qui soient. C'est pour ça que j'ai sauté sur l'occasion. Les batteurs de La Nouvelle-Orléans, dont Ziggy est l'un des géants, pigent génialement la chanson, et comment elle se développe : ils ont ça dans la peau, ils devinent ce que tu ne sais pas encore toi-même. J'avais connu Ziggy à un moment où les Meters avaient travaillé avec les Stones sur plusieurs tournées. George Porter à la basse. Les Meters ont eu une grosse influence sur mon approche de la funk. Complètement New Orleans pour le rythme, l'utilisation de l'espace et du temps. La Nouvelle-Orléans est la ville la plus atypique des États-Unis et ça se sent dans sa musique. J'ai travaillé avec un autre super musicos de là-bas, George Recile, qui est maintenant le batteur de Bob Dylan. Chez les New Barbarians, il y avait aussi Bobby Keys, Ian McLagan au clavier et à la basse le grand jazzman Stanley Clarke... Ça a été une tournée sympa et on s'est bien marrés. Je n'avais pas les responsabilités qui d'habitude me pèsent lourdement sur la route, donc pour moi c'était du fun et rien que du fun. En fait, je n'étais qu'un musicien engagé pour la tournée. Je me suis tellement poilé que je ne me rappelle plus grand-chose. Pour moi, l'important, c'était que je venais de me débrouiller pour échapper à la taule, merde, et qu'en plus je faisais ce que j'aimais faire. Et j'avais Lil, la fille rêvée pour prendre du bon temps, mais sa mère est tombée malade et elle a dû rentrer en Suède. Pendant son absence, j'ai eu une brève rechute : à Los Angeles, j'ai acheté du persian brown[1] à une certaine Cathy Smith. Comme je l'ai dit moi-même à l'époque, je « retombais en enfance, version rock'n'roll ». Cathy Smith[2] a aussi causé la perte de John Belushi. Il n'a pas tenu le coup. C'était un costaud, John, mais il a franchi la limite. Et il n'était pas en forme. Il se piquait, comme Ronnie avait

1. Mélange de méthamphétamine et d'opium.
2. Cathy Smith, née en 1948, chanteuse-choriste et groupie d'origine canadienne, allait purger quinze mois de prison en Amérique après avoir déclaré devant des journalistes qu'elle avait tué involontairement John Belushi en lui injectant une dose massive de speed-ball en 1982.

commencé à le faire au même moment. Ils tombaient comme des mouches, dans l'équipe du « Saturday Night Live ». John est mort à l'hôtel Chateau-Marmont. Il n'avait pas dormi depuis des jours et des nuits, ce qui lui arrivait souvent, mais là il y avait trop de nuits et trop de poids à supporter.

C'était peut-être à cause du sevrage, cette lente remontée d'instincts et d'émotions refoulés, mais quand je suis retourné à Paris pour finir *Emotional Rescue* aux studios Pathé Marconi, de nouveau avec Lil, j'avais le doigt sur la détente, métaphoriquement parlant. Mes réactions étaient plus vives, c'est sûr, et mes accès de colère aussi. Parfois j'ai le sang qui chauffe et je prends la haine, un voile rouge tombe devant mes yeux et je deviens capable de tout. Horrible. Quand ça arrive, je déteste la personne qui m'a mis dans cet état, mais alors tu as presque plus peur de toi-même que de celui que tu as en face de toi, parce que tu sais que tu as atteint un point de non-retour, que tu ne contrôles plus rien. Tu peux tuer quelqu'un comme ça, et après tu émerges et tu demandes : « Qu'est-ce qui s'est passé ?

— Eh bien, ce mec, tu lui as ouvert la gorge... » Je me fais peur, dans ces moments-là. C'est peut-être parce que j'avais l'habitude de prendre des raclées quand j'étais gosse, quand j'étais le plus petit de la classe. C'est un truc qui remonte loin.

Mon garde du corps et ami Gary Shultz était avec moi un soir dans une boîte de nuit à Paris quand un petit connard français est devenu vraiment puant. Il attigeait sérieusement. J'étais avec Lil, bénie soit-elle, et il a voulu lui faire du plat, alors moi : « Qu'est-ce que t'as dit ? » et lui : « Hein ? » Je tenais un verre à pied, genre grand verre à vin, j'ai cassé la base et j'ai mis le type par terre. Je le maintenais à genoux, le pied du verre contre sa gorge, et maintenant j'espérais seulement que le ballon du verre n'allait pas me péter dans la main parce que j'avais l'avantage, là. C'est qu'il était avec tout un tas de copains, ce n'était pas juste lui que je devais intimider mais aussi ses potes, donc il fallait forcer la note, leur donner un peu de spectacle. « Allez, emmenez-le. » Et ils sont partis. Autrement, sa bande nous aurait tous esquintés.

L'arme blanche, il ne faut s'en servir que pour gagner du temps, et le flingue pour s'assurer qu'on s'est bien fait comprendre, si besoin est. Mais dans tous les cas il faut être convaincant. Par exemple, un autre incident de la période me revient, le sketch de l'étranger aux prises avec le chauffeur de taxi parisien. À la station, tu en as vingt qui attendent sans rien faire, tu t'adresses au premier, mais il te renvoie sur celui de derrière, qui à son tour te dit d'aller revoir le premier, et là tu te dis : « Ah, bosser, ça vous intéresse pas, vous voulez seulement faire chier les gens, c'est ça ? » Et c'est là que tu peux commencer à montrer les dents, à piaffer un peu. C'est leur idée de la rigolade : faire tourner les étrangers en bourrique. Et je les ai vus faire ça avec de vieilles dames aussi. Une fois, celle de trop, j'en ai eu marre. J'ai sorti ma lame, je l'ai mise sous le nez du chauffeur et je lui ai dit : « Tu me prends. » Ce n'est que plus tard que je me suis rendu compte qu'ils étaient encore plus vaches avec les Français de province.

C'est à Paris que j'ai dit définitivement adieu à l'héroïne. Un an et quelque plus tard, je dînais avec Lynda Carter (Wonder Woman), Mick et d'autres, et je ne sais pas ce qui lui a pris, à Mick, il peut être bizarre parfois, il a dit : « Accompagnez-moi au bois de Boulogne, j'ai un mec à voir. » C'était un plan cocaïne. Donc on a fait l'affaire au Bois, le groupe s'est séparé et on est rentrés chez nous. Sauf que le sac était plein d'héro, pas de coke. Typique Mick Jagger. Il ne s'en était même pas rendu compte ! « Mick, c'est pas de la coke, man ! » Alors, j'ai regardé un moment ce grand sac magnifique bourré d'héro. Derrière les fenêtres de l'appartement de la rue Saint-Honoré, il pleuvait. J'ai encore maté et je reconnais que j'ai pris un gramme, juste un, que j'ai mis dans une petite pochette, et j'ai balancé le reste dans la rue. C'est à cet instant que j'ai compris que je n'étais plus un camé. J'avais fondamentalement décroché depuis deux ou trois ans, le fait que j'aie pu faire ça prouvait que la came n'avait plus de pouvoir sur moi.

Les choses entre Anita et moi ont largement dépassé le point de non-retour quand son jeune amant s'est brûlé la cervelle chez nous, sur le lit. J'étais à cinq mille bornes de là, en train d'enregistrer un disque à Paris, mais Marlon était sur place. Il a entendu Anita hurler, puis il l'a vue dévaler les escaliers, couverte de sang. Le garçon s'était tiré une balle en pleine figure. En jouant à la roulette russe, a-t-on raconté par la suite. Je le connaissais. C'était un gosse cinglé de dix-sept ans, le petit copain d'Anita. Je lui avais dit : « Écoute, baby, je m'en vais, entre nous c'est fini, terminé, mais ce type n'est pas ce qu'il te faut. » Et il l'a prouvé. Si elle était sortie avec ce mec, qui était un zozo complet, c'était seulement pour m'emmerder, je crois. De toute façon, je ne vivais déjà plus avec elle. Je passais de temps en temps prendre des trucs à moi ou voir mon fils. Une fois, j'avais vu le pauvre mec en train de jouer avec Marlon et je lui avais dit de se tenir loin de lui, donc il m'en voulait certainement. Et j'ai dit à Anita : « Débarrasse-toi de ce branleur », mais je ne voulais pas dire de cette façon-là, évidemment.

Marlon : Le film *Voyage au bout de l'enfer* venait de sortir, il y a dedans une scène de roulette russe et il faisait pareil, il jouait à la roulette russe. Très sombre, le mec. Dans les dix-sept ans. Un gamin vraiment méchant. Il n'arrêtait pas de me dire qu'il allait buter Keith et ça me mettait les boules, donc j'ai été plutôt soulagé quand c'est lui qui a fini par se flinguer.

Je me rappelle précisément la date, le 20 juillet 1979, parce que c'était le dixième anniversaire de l'alunissage d'*Apollo*. Il avait surgi dans le paysage depuis quelques mois seulement, mais Anita était alors à fond dans l'autodestruction. Keith venait de partir avec Lil, donc l'état d'esprit d'Anita c'était : « Je vais lui montrer, moi aussi. » Pour prendre sa revanche, disons. Elle l'exhibait pas mal, en fait, le type. Keith l'a même rencontré à la maison. Donc je regardais l'anniversaire à la télé et j'ai entendu un « pop ». Pas « bang », juste « pop ». Et ensuite, Anita a descendu l'escalier en courant, couverte de sang.

Moi, j'étais genre « Mon Dieu, Jésus-Christ ! ». Il fallait que j'y jette un petit coup d'œil, alors j'ai vu plein de matière grise sur les murs. Et les flics ont rappliqué à toute blinde. Larry Sessler, l'un des frères Sessler, s'est pointé pour nous aider à régler les problèmes, et moi je suis parti le lendemain. J'ai rejoint Keith à Paris. La pauvre Anita, elle, a dû rester et se débrouiller avec cette histoire. Les journaux étaient pleins de conneries comme quoi c'était une sorcière, que des gens venaient à la maison pour des cérémonies sataniques, et ainsi de suite.

Ça a été la faute à pas de chance, point barre. Je ne crois pas qu'il voulait se tuer. C'était juste un petit con de dix-sept ans, totalement fracassé, en colère, qui jouait avec un pistolet. Anita dit qu'elle n'a pas compris que le bruit était celui d'une arme à feu, mais en se retournant elle a entendu comme un gargouillement. Elle a vu que du sang giclait de sa bouche et sa première réaction a été de ramasser le flingue et de le poser sur le bureau, raison pour laquelle on a trouvé ses empreintes digitales dessus. Une balle dans le barillet, une balle dans la bouche, c'est tout. Le flingue n'était pas complètement chargé, non. N'empêche qu'on a dû s'éjecter de cette maison rapidos. Anita faisait la une des canards chaque jour, elle a dû se réfugier dans un hôtel à New York.

Quand la police a lancé l'enquête, ils ont voulu commencer par m'interroger, mais j'étais en France. Sacrément bien visé avec mon Smith & Wesson, de Paris jusque dans le Connecticut ! Et Anita ? Je voulais m'assurer qu'elle n'irait pas en prison, une fois qu'ils cesseraient de se pencher sur mon cas. C'est un miracle que l'affaire ait été classée si vite. Je crois que c'est dû au fait que l'arme permettait de remonter jusqu'aux flics eux-mêmes : elle avait été achetée à une sorte de marché aux flingues sur le parking d'un poste de police. Brusquement, plus de problème, l'affaire est classée comme suicide. Les parents du gamin ont essayé d'attaquer Anita en justice pour détournement de mineur, mais ça n'est pas allé bien loin. Alors elle est allée vivre à New York, à l'hôtel Alray, et elle a commencé un autre style d'existence. Ça a été le dernier acte entre elle et moi, à part les visites pour voir les enfants. The end. Merci pour les souvenirs, baby.

Jane Rose

Chapitre Onze

Où je fais la connaissance de Patti Hansen et tombe amoureux d'elle.
Je survis à une première rencontre désastreuse avec ses parents.
Les soucis s'amoncellent avec Mick. Je me dispute avec Ronnie Wood
et retrouve mon père après vingt ans. Marlon raconte les villas
à la *Gatsby* de Long Island. Mariage au Mexique.

L e Studio 54 était un des lieux de prédilection de Mick à New York. Je n'aimais pas trop. Pour moi, c'était un club disco clinquant ou plutôt (comme je pensais à l'époque) une salle bourrée de pédés en short qui t'agitaient leur bouteille de champ sous le nez. La queue faisait le tour du pâté de maisons, un petit cordon violet s'abaissait pour laisser passer ceux qui faisaient partie des heureux élus. Je savais que ça dealait dans le fond, d'ailleurs tous les mecs ont fini par tomber. Franchement, comme si le fric qu'ils se faisaient par ailleurs ne suffisait pas ! Mais au fond, ce n'était qu'une bande de mecs qui s'éclataient. Drôle de hasard, c'est au Studio 54 que j'ai rencontré Patti Hansen. On s'était planqués là un soir avec John Phillips parce que Britt Ekland me courait après. Elle en pinçait pour moi. Hé, Britt, je t'adore, tu es une chic fille et tout, douce, timide, modeste, mais j'ai un emploi du temps un peu chargé, si tu vois ce que je veux dire. Elle ne me lâchait pas, elle me coursait d'un bout à l'autre de la ville. Je m'étais dit que l'endroit idéal pour me mettre à l'abri, c'était le Studio 54. Ça ne lui viendrait pas à l'esprit de me chercher là. Je me souviens, c'était la Saint-Patrick, le 17 mars 1979, le jour de l'anniversaire de Patti.

Donc on était là, contents de nous parce que la Britt n'avait aucune chance de nous trouver, quand Shaun, une copine de Patti, s'est approchée et a dit : « C'est l'anniversaire de mon amie, aujourd'hui. » J'ai dit : « Quelle amie ? » Et elle m'a montré du doigt une beauté blonde, les cheveux au vent sur la piste de danse. « Dom Pérignon, tout de suite ! » Je lui ai offert une bouteille de champagne et je me suis présenté. Je ne l'ai pas revue avant un bout de temps, mais la vision était restée gravée dans mon esprit.

En décembre, j'ai fêté mon trente-sixième anniversaire, et pour être totalement à la page j'ai organisé une soirée à la patinoire Roxy. Depuis des mois, Jane Rose avait suivi Patti au radar, parce qu'elle avait, apparemment, remarqué une étincelle lors de notre première rencontre, et elle s'est débrouillée pour la faire inviter. Donc je l'ai revue, et elle a vu que je la regardais. Et elle est partie. Je l'ai appelée quelques jours plus tard, on s'est retrouvés. Voici ce que j'ai noté dans mon carnet un peu plus tard, en janvier 1980 :

Incroyable, j'ai trouvé une femme. Un miracle ! Il me suffit de claquer des doigts pour avoir une nana, mais j'ai rencontré une femme ! Incroyable, c'est la plus belle femme (du point de vue physique) AU MONDE. Mais ce n'est pas l'essentiel. Ça aide, c'est sûr, mais c'est son esprit, sa joie de vivre qui comptent, et (ô merveille) elle pense que ce pauvre junkie déglingué est le type qu'elle aime. Je suis sur un nuage. Elle adore la soul et le reggae, en fait elle aime tout. Je lui enregistre des cassettes, c'est presque aussi bien qu'être avec elle. Je les lui envoie comme des lettres d'amour. J'approche des quarante ans et j'ai le béguin.

Je n'en revenais pas, qu'elle puisse avoir envie de sortir avec moi. Après tout, mes fréquentations, c'était une bande de mecs dont l'unique activité consistait à écumer les magasins de disques antillais du Bronx ou de Brooklyn. Pas de quoi intéresser une top-model. Il y avait mon ami Brad Klein, sans doute aussi Larry, le fils de Freddie Sessler, tout comme Gary Schultz, mon chauffeur-garde du corps qu'on appelait « Concorde », à cause du sketch des Monty Python dans *Sacré Graal* : « Mon bon et brave Concorde, tu ne péris point en vain !

— Je ne suis pas encore tout à fait mort, sire », etc. Sans oublier Jimmy Callaghan, un autre garde du corps de longue date, et Max Romeo, une star du reggae, et encore d'autres gus. Heureux de te rencontrer, sympa de faire ta connaissance, ça te dirait de te joindre à une sacrée bande d'enfoirés ? C'est toi qui vois, hein ? Mais Patti revenait, jour après jour. Et je savais que quelque chose allait arriver, quant à savoir comment, et qui ferait en sorte que ça arrive, et à quel moment ça se produirait, c'était une autre histoire. C'est comme ça qu'on a fini par passer des journées et des journées ensemble. Je ne lui ai jamais mis la pression. Je n'ai pas bougé le petit doigt. Je suis incapable de dra-guer. Je ne sais jamais quoi dire, ni comment dire quelque chose qui n'ait pas l'air d'avoir été dit mille fois. Je ne sais pas m'y prendre avec les nanas, alors je la joue taiseux. Très Charlie Cha-plin : le grattement de joue, le regard, les postures. T'as com-pris ? À toi de jouer maintenant. « Par ici, poupée », ce n'est pas trop mon truc. Je préfère attendre que la tension monte au point que quelque chose se produise. Si la nana est capable de sup-porter cette tension, alors ça roule entre nous. J'appelle ça la VMI, la « version moléculaire inverse ». Enfin, après un nombre incroyable de jours, je l'ai retrouvée allongée sur le lit. Elle m'a dit : « Viens. »

À l'époque, je vivais avec Lil. Du jour au lendemain, j'ai dis-paru. J'ai pris une chambre au Carlyle et je ne lui ai pas donné signe de vie pendant dix jours. Elle se demandait ce qui lui arri-vait. Elle n'a pas tardé à comprendre. On était ensemble depuis dix-huit mois et on était bien installés, dans un bel appartement.

C'était une fille formidable et je l'ai larguée, comme ça... Je me devais de me faire pardonner.

J'ai demandé à Patti sa version de ces événements lointains :

Patti Hansen : Je ne savais rien au sujet de Keith, je ne m'intéressais pas à sa musique. Bien sûr, il suffisait d'allumer la radio pour savoir qui étaient les Rolling Stones, mais ce n'était pas le genre de musique que j'écoutais. On était en mars 1979, le jour de mon anniversaire, je fêtais ça au Studio 54, quelques jours après avoir rompu avec le garçon qui était mon boy-friend depuis des années. Je dansais avec mon amie Shaun Casey, quand elle a vu Keith arriver et s'installer dans un petit box. Ils venaient juste de fermer le bar, et elle lui a dit : « C'est l'anniversaire de ma meilleure amie, pouvez-vous nous faire donner une bouteille de champagne s'il vous plaît, parce qu'ils ne veulent plus en vendre. » Et elle a ajouté : « Au fait, je suis une bonne amie de Bill Wyman », et elle m'a présentée à Keith très rapidement. Je m'en souviens à peine. Et je suis retournée danser. Il était probablement trois heures du matin. Je pense que c'était la première fois qu'il venait au Studio 54 et il n'est jamais revenu après. On était sur mon terrain. Mais c'est là qu'il m'a repérée.

En décembre 1979, Jerry Hall, avec qui je posais pour Richard Avedon à l'époque, m'a dit : « Il va y avoir une grande fête pour l'anniversaire de Keith Richards et on aimerait bien que tu te joignes à nous. » Jerry n'était ni une amie ni une proche, on travaillait juste ensemble. Je ne les connaissais pas vraiment, Mick et elle. J'ai bu un peu de vodka avec une amie ce soir-là, et à un moment j'ai dit : « Allons à l'anniversaire de ce type, au Roxy. » La plupart des mes amis hommes étaient gay, et l'idée de voir un homme qui avait envie de me rencontrer me rendait un peu nerveuse. En plus, c'était un coup monté, un peu limite. Mais on était à la fin des années 1970 et j'avais vingt-trois ans. Alors on est allées à la fête, et il y a eu un moment de grande gêne incroyablement bizarre et mignon, avec boule à l'estomac et tout, au cours duquel j'étais posée sur un siège pendant que lui, entouré d'un tas de gens, me regardait. Le jour se levait, et avec mon amie Billy on a décidé de rentrer en marchant. On est retournés à mon appart, et je suppose qu'à un moment de la soirée j'avais dû donner mon numéro à Keith, parce que quelques jours plus tard, il devait être deux heures du matin, il m'a appelée : « Où tu es passée l'autre soir ? » Et il a ajouté : « Ça te dirait de me rejoindre au Tramps? » Je ne sais plus quel groupe donnait un concert. Un de mes amis gays m'a dit : « Ne fais pas ça ! N'y va pas ! N'y va pas, Patti. » J'ai dit : « J'y vais, c'est génial. »

Après, on a passé cinq jours ensemble sans fermer l'œil. On se déplaçait en voiture, on débarquait chez des gens, on a sillonné tous les magasins de disques de Harlem. Le cinquième jour, je commençais à voir des trucs qui volaient dans le ciel. Je crois me souvenir qu'on est passés chez Mick, qui donnait une énorme fête. Les choses marchaient pour moi à l'époque, côté boulot. Je faisais souvent la couverture de *Vogue*, mais je n'aimais quand même pas trop les mondanités, et chez Mick c'était vraiment le haut du panier. J'ai dit à Keith : « Je crois que je vais rentrer, je ne tiens plus debout. » Après ça, je suppose qu'on a chacun repris nos activités habituelles.

Et tout de suite après, j'étais à Staten Island, où je réveillonnais dans ma famille. Et je me vois rentrant chez moi en voiture à toute allure, une fois minuit passé, pour découvrir des gouttes de sang en bas des marches qui conduisaient à mon appartement. Il m'attendait tout en haut de l'escalier, adossé à la porte. Je ne sais pas ce qui s'était passé, il s'était ouvert le pied ou autre chose. Mon appartement se trouvait au coin de la 5ᵉ Avenue et de la 11ᵉ Rue. Je crois qu'il travaillait quelque part sur la 8ᵉ Rue. On avait dû se donner rendez-vous là. Et c'était délicieux.

Il a décrété qu'on s'installerait au Carlyle. Il s'est occupé de tout à la perfection, l'éclairage, les rideaux, de splendides foulards par-dessus les lampes. Il y avait deux lits jumeaux. Le sexe n'était pas le truc le plus important. C'était là, mais ça avançait très doucement. Par contre, j'ai des boîtes et des boîtes remplies de lettres d'amour qu'il m'a écrites du jour où on s'est rencontrés. Il me faisait des dessins avec son sang. Et j'apprécie toujours autant ces petits mots qu'il m'envoie. Très charmants, et très drôles.

Tous ces premiers moments ont été formidables. Et puis les gens ont commencé à agiter le chiffon rouge. Keith faisait des allers-retours, m'abandonnait en pleine nuit pour retourner à Long Island. « Comment, tu as une famille ? Tu as une famille à Long Island ? Tu as un enfant ? » Ça me mettait dans tous mes états. Je ne savais pas qui était Anita et je ne savais certainement pas qu'il avait une girl-friend qui s'appelait Lil Wergilis. Un type m'invite à une fête, je pars du principe qu'il est célibataire. Je ne savais pas que sa vie était si compliquée. Je me souviens juste d'avoir eu l'impression que c'était quelqu'un qui avait besoin d'un endroit où se poser. Les gens ont commencé à me donner des conseils, à me signaler ce qui était OK et ce qui ne l'était pas. « Oh, ne prépare pas les œufs comme ça à Keith, ne lui dis pas ça, ne lui fais pas ceci, ne fais pas cela. » C'était très étrange. Et mes parents ont commencé à recevoir d'horribles lettres à propos de Keith et à s'inquiéter pour moi, mais ils me faisaient confiance. Je lui ai donné les clés de mon appartement et je suis partie travailler à Paris quelques semaines. Je me demandais si tout ça était bien réel. Je voulais vraiment être avec lui, je l'aimais vraiment bien. Et j'ai vibré quand il m'a appelée à Paris, pour me demander quand je rentrais. En mars 1980, je suis partie en Californie tourner avec Peter Bogdanovich. C'était infernal, être dans une relation avec Keith tout en essayant de jouer la comédie pour la première fois. Même Bogdanovich s'est fendu d'une lettre à ma famille pour les mettre en garde contre Keith – je pense qu'il doit s'en vouloir aujourd'hui.

Je ne savais peut-être pas grand-chose au sujet de Keith, mais ma famille luthérienne de Staten Island en savait encore moins. Mes frères et sœurs avaient connu les autres sixties, celles de Doris Day. Mes sœurs arboraient des choucroutes, la *French touch*. Elles sont passées à côté de l'ère hippie. Je pense que mes frères ont dû fumer de la marijuana, mais aucun d'entre eux n'a vraiment tâté de la drogue. Ils ne sont pourtant pas dans l'abstinence, loin s'en faut. Ils ont leurs problèmes : on boit beaucoup dans ma famille. Quand ils ont invité Keith pour Thanksgiving, à l'automne 1980, ça a été une catastrophe.

Lorsque je me suis rendu à Staten Island pour rencontrer la famille de Patti la première fois, je n'avais pas dormi depuis des jours. J'avais une bouteille de Jack Daniel's ou de vodka à la main, et c'est comme ça que j'avais l'intention de débarquer : « Ploum-ploum-tra-la-la-la, ce n'est pas une blague, je suis votre futur gendre ! » J'étais totalement à côté de mes pompes. J'avais demandé au prince Klossowski, alias Stash, de venir avec moi. Pas vraiment la meilleure des couvertures, mais un peu de charme ne ferait pas de mal et je me disais que la compagnie d'un prince me présenterait sous un jour favorable. Hé, un vrai prince, en chair et en os ! Le fait que Stash soit aussi un enfoiré complet ne m'avait pas échappé, mais ce n'était pas la question : j'avais besoin d'un pote pour me tenir la main. Je savais que Patti, c'était sérieux, j'étais là simplement pour obtenir la bénédiction familiale, ce qui rendrait les choses plus faciles pour elle.

J'ai sorti ma guitare et je leur ai joué un bout de « Malagueña ». « Malagueña » ! Rien de tel pour briser la glace ! Tu joues ça et les gens pensent que tu es un putain de génie. Je l'ai sacrément bien joué et je me suis dit que, au moins pour les femmes, c'était dans la poche. Le repas était succulent, et ça papotait gentiment et poliment. Mais le père de Patti, « Big Al », me trouvait quand même bizarre. Big Al était chauffeur de bus à Staten Island, et moi j'étais une « pop star internationale ». Alors les questions sont parties sur le sujet : « C'est comment d'être une pop star internationale ? » Et j'ai dit : « Oh, c'est juste un déguisement » et ainsi de suite. Stash se souvient de tout, moi j'étais déjà archi-cuit, de toute façon. Selon lui, à un moment, un des frères m'a demandé : « Mais c'est quoi, ton arnaque, alors ? » Je me souviens de m'être aussitôt senti sur le gril. Stash m'a raconté qu'une des sœurs de Patti aurait dit un truc dans le genre « De toute façon tu as beaucoup trop bu pour pouvoir jouer ça ». Et, boum, j'ai pété un plomb. J'ai dit : « Suffit comme ça », ou quelque chose dans ce style. Et j'ai fracassé ma guitare sur la table, ce qui demande une certaine force. Les choses auraient pu tourner à l'aigre, j'aurais pu être banni de la famille pour toujours, mais la chose étonnante chez ces gens, c'est qu'ils n'ont pas pris ça mal. Je les ai un peu sonnés, sans doute, mais à ce stade tout le monde avait pas mal picolé. Je me suis abjectement confondu en excuses, le lendemain. Pour ce qui est du père de Patti, le bon vieux Al, c'est un type formidable, je pense qu'il a compris que j'étais capable de jouer le tout pour le tout, et il a bien aimé ça. Pendant la guerre, il était dans les îles Aléoutiennes, avec un bataillon du génie. Ils étaient censés construire une piste d'atterrissage, mais ils ont dû se battre parce qu'il n'y avait personne d'autre pour s'occuper des Japs. On a fini par jouer au billard ensemble, dans son bar préféré, et je lui laissais croire qu'il tenait mieux l'alcool que moi. « J'ai gagné, fiston !

— C'est bien vrai, m'sieur. » Mais c'est Beatrice, la mère de Patti, qui a été la clé de mon adoption. Elle a toujours été de mon côté, et on s'est bien marrés ensemble, par la suite.

Voici comment Patti raconte le jour où j'ai été présenté à sa famille :

Patti Hansen : Je me revois, à l'étage, en train de pleurer après le clash. Il s'est sans doute passé autre chose avant, parce que je me rappelle que je n'étais plus à table. J'avais probablement compris que Keith était totalement stoned, et je voulais disparaître au fond d'un trou. C'était Thanksgiving, un jour de fête. Quelqu'un a dit un truc et une guitare a traversé la salle à manger de chez mes parents. Je ne sais pas ce qui lui a pris. Il s'est soudain transformé en rock star, il est devenu quelqu'un que je ne connaissais pas. Ma mère m'a dit : « Quelque chose ne tourne pas rond, Patti, quelque chose ne tourne vraiment pas rond. » Je sais qu'ils étaient terrorisés, inquiets pour moi. Mon père était chauffeur de bus, c'était un homme tranquille, qui se remettait d'une crise cardiaque. Il n'avait jamais vu Keith avant, ni son blouson de cuir ni ses jambes maigrichonnes. J'étais leur bébé, la dernière de sept enfants. Dieu sait ce que Keith avait pris ce jour-là, sans doute des cachets et de l'alcool, mais je me revois en train de pleurer assise sur les marches, et Keith pleurant dans mes bras, sous les yeux ébahis de ma famille. Ils n'avaient jamais rien vu de pareil. Je trouve qu'ils ne s'en sont pas mal sortis. Il y avait mes sœurs, mes frères et un ou deux voisins. La maison était toujours pleine de gens. Le souvenir suivant, c'est moi blottie dans les bras de ma mère qui me console en m'assurant que Keith s'occupera de moi, que tout va bien, que c'est un brave garçon. Keith s'en est voulu à mort. Il s'est excusé deux millions de fois et a envoyé un mot merveilleux à ma mère pour lui dire combien il était désolé de s'être conduit comme ça. Je ne sais pas comment elle a réussi à lui faire confiance après, mais c'est ce qui s'est passé. Je ne sais vraiment pas comment elle a fait. On est repartis ensemble. Ils ont dû être terrifiés de me voir monter en voiture avec un cinglé aussi violent. Mes autres frères étaient en Californie ce jour-là, mais Keith a eu l'occasion de se frotter à eux par la suite. Il bombait le torse devant moi : « Il faut choisir, Patti. Eux ou moi ? » Et je répondais toujours : « Toi ! » Il me faisait ça régulièrement, juste pour vérifier.

Parmi les trois frères de Patti, le vrai défi était « Big Al Junior », qui à l'époque ne m'aimait vraiment pas. Il voulait régler ça aux poings avec moi, il voulait jouer à OK Corral. Alors un jour, chez lui, à Los Angeles, j'ai dit : « Ça suffit comme ça, ces conneries, Al. Sortons tout de suite. Réglons ça dehors, maintenant. Tu es plus grand et plus baraqué que moi. Tu vas sans doute me tuer, mais tu ne marcheras plus jamais droit parce que je suis rapide. Avant que tu ne me tues, j'aurai mis fin à ta relation avec ta sœur. Elle te détestera à jamais. » Il a jeté l'éponge. Il avait compris. Toutes ces conneries de macho ne signifiaient rien. C'était une façon de me tester.

Avec Greg, ça a été plus long. C'est un chic type, il a huit gosses, il travaille dur pour gagner sa vie et n'arrête pas de faire des bébés. C'est une famille religieuse, ma belle-famille. Ils vont à la messe, ils participent à des cercles de prière. On n'a pas les mêmes idées sur la question. Par exemple, je ne considère pas que le ciel soit un endroit particulièrement intéressant pour y passer l'éternité. En fait, je pense que Dieu, dans son infinie sagesse, ne s'est pas cassé la tête à installer deux trucs distincts. C'est un même et seul endroit. Le paradis, c'est l'endroit où on te donne tout ce que tu veux, où papa et maman et tes meilleurs amis sont là, où tout le monde s'embrasse et joue de la harpe. Et l'enfer c'est exactement pareil – ni feux ni supplices éternels –, à la différence que personne ne te voit. Tu n'es rien, personne ne te reconnaît. Tu gesticules et tu dis : « C'est moi, ton père », mais tu restes transparent. Tu es sur un nuage, tu as ta harpe à toi, mais tu ne peux jouer avec personne parce que personne ne te voit. C'est ça, l'enfer.

Rodney, le troisième frangin, était aumônier dans la marine à l'époque où j'ai rencontré Patti, alors je lui ai pris la tête sur des questions théologiques. « Dis-moi, Rodney, qui a donc écrit ce livre ? C'est la parole de Dieu ou une version éditée ? On l'a tripatouillé, ce texte ? » Et, bien sûr, il ne sait pas quoi répondre, mais on aime quand même se disputer sur ce genre de sujet. C'est très important pour lui. Il aime le défi. Il revient avec une autre réponse la semaine suivante : « Eh, bien, notre Seigneur dit…

— Ah ouais, il dit ça ? » J'ai dû batailler ferme pour me faire accepter dans la famille de Patti, mais maintenant que j'y suis, ils donneraient leur vie pour moi.

Heureusement que les affaires de cœur me tenaient si occupé, parce qu'un courant salement froid et amer commençait à circuler entre Mick et moi. Ça s'est déclenché d'un coup, et ça m'a pris de court. Ça a coïncidé avec le moment où j'ai finalement décroché de l'héro. J'ai écrit une chanson intitulée « All About You », que je chante sur l'album *Emotional Rescue*, paru en 1980, une des rares occasions où l'on ait pu m'entendre chanter la voix lead à l'époque. Les experts en décryptage de paroles estiment que le sujet en est ma rupture avec Anita. Une chanson d'amour entre un garçon et une fille, chargée de colère et de ressentiment, genre « Ça suffit, on jette l'éponge » :

If the show must go on
Let it go on without you
So sick and tired
Of hanging around with jerks like you.

(Si le spectacle doit continuer
Qu'il continue sans toi
J'en ai marre, je suis fatigué
De traîner avec des minables comme toi.)

Une chanson ne parle jamais d'un seul truc, mais dans le cas présent, si tant est que celle-ci parle de quelque chose, je dirais que c'est de Mick. Certaines piques font mal comme ça. J'étais profondément blessé. J'ai pigé que Mick aimait un certain aspect de ma dépendance à la drogue, celui qui me tenait à l'écart de la gestion quotidienne des affaires. Et voilà que j'avais décroché, que j'étais de retour et que je disais : « Merci, OK, merci beaucoup, mec. Je vais te soulager, on va partager le fardeau maintenant. Merci d'avoir pris ça en main pendant toutes ces années où j'étais à la masse. Je te le revaudrai en temps voulu. » Je n'avais jamais fondamentalement merdé, je lui avais donné des thèmes géniaux à chanter. La seule personne que la came avait foutue en l'air, c'était moi. « Je m'en suis sorti, Mick, il s'en est fallu d'un cheveu. » Et lui aussi s'en était pas mal tiré, il s'en était fallu d'un cheveu également. Je crois que je m'attendais à une manifestation de gratitude bruyante, genre « Dieu soit loué, mon pote, te revoilà enfin ! ».

Au lieu de quoi, il m'a été répondu : « C'est moi qui commande ici. » Rebuffade, tu as dit rebuffade ? Je posais des questions, je voulais savoir ce qui se passait avec tel truc, ce qu'on allait faire à propos de tel autre. Et lui, il refusait de me répondre. Mick tirait toutes les ficelles et il ne voulait rien lâcher. Je n'arrivais pas à y croire. Je ne m'étais jamais douté que le pouvoir et la domination comptaient tellement pour lui.

J'avais toujours pensé qu'on ramait dans le même sens, dans notre intérêt à tous. Un crétin d'idéaliste. Pendant que je jouais à… l'artiste, Mick était tombé amoureux du pouvoir. Mais on n'avait rien d'autre que nous. Alors à quoi ça rimait, de se disputer pour le gouvernail ? Hé, mec, on n'est vraiment pas nombreux. Regarde, en plus de nous, il y a Mick, Charlie et Bill, et basta.

La phrase de l'époque qui résonne encore dans mes oreilles, toutes ces années après, c'est : « Mais tais-toi donc, Keith. » Il l'a beaucoup dite, à de nombreuses occasions, dans des réunions, partout. Je n'avais pas le temps de finir de m'exprimer que ça fusait : « Mais tais-toi donc, Keith, c'est idiot ! » Il ne se rendait même pas compte de son comportement, de la grossièreté incroyable de son attitude. Je le connais depuis tellement longtemps que je lui ai tout passé, au bout du compte, même la manière dont il m'assassinait à l'époque. En même temps, on ne peut pas s'empêcher d'y penser, et ça fait mal.

À ce moment-là, je bossais sur « All About You ». J'ai invité Earl McGrath, qui était en théorie le directeur de la compagnie Rolling Stones Records, à venir admirer la vue imprenable du haut du toit des studios Electric Lady. Je lui ai dit : « Tu vois le sol, en bas ? Si tu ne fais pas quelque chose pour arranger cette situation, tu vas aller le voir de tout près. » Je l'ai pratiquement attrapé au collet et j'ai continué : « Tu es censé être l'intermédiaire entre Mick et moi, alors qu'est-ce que tu fous ? Tu as perdu le contrôle de la situation. » Earl est une crème, mais j'ai compris qu'il n'était pas de taille à arranger les choses entre Mick et moi quand ça virait à l'aigre. Je voulais seulement être certain de me faire comprendre. Je ne pouvais pas menacer Mick de le balancer par-dessus le parapet, mais il fallait que je fasse quelque chose.

J'étais aussi en train de perdre Ronnie, mais provisoirement et pour d'autres raisons. Plus précisément, c'est Ronnie qui était en train de se perdre tout seul. Il s'était mis au crack. Vers 1980, Jo (Josephine) et lui vivaient à Mandeville Canyon, et il avait une petite bande, une clique qui en prenait avec lui. Le crack, c'est pire que l'héro. Je n'y ai jamais touché. Jamais au grand jamais. Je n'aimais pas l'odeur, déjà. Et j'aimais encore moins ce que ça faisait aux gens. Un jour, chez eux, tout le monde, Ronnie et Josephine compris, était en train de fumer du crack. Une fois que tu commences, c'est cuit, ça devient la seule chose qui existe au monde. Ronnie était entouré de toute une cour de gens qui se pâmaient devant lui, des pauvre mecs avec des stetsons en paille ornés d'une plume. Je suis allé aux toilettes et il était là, avec un tas de parasites et de petits dealers sournois, tous au téléphone dans les chiottes, à essayer de dégotter un peu plus de daube à fumer. Il y en avait un qui était en train d'allumer sa pipe. Je suis entré, je me suis installé, j'ai chié. « Hé, Ron ! » Pas un mot. C'était comme si je n'étais pas là. J'ai pensé : « C'est foutu, il est cuit. Je sais ce qu'il me reste à faire. Il va falloir que je change d'attitude avec ce mec, à partir de maintenant. » J'ai demandé à Ronnie : « Pourquoi tu fais ça ? » Lui : « Tu peux pas comprendre ». Tu crois ça ? J'ai entendu exactement la même phrase dans la bouche d'un tas de défoncés. Et puis je me suis dit : « Merde, comprendre ou pas, il faut que je fasse quelque chose. »

Personne ne voulait de Ronnie pour la tournée américaine de 1981, parce qu'il était vraiment trop à côté de ses pompes, mais j'ai mis le holà et je me suis porté garant. J'ai personnellement garanti la bonne conduite de Ronnie, tellement j'étais déterminé à faire partir les Stones sur la route. Je pensais pouvoir le contrôler. À San Francisco, vers la mi-octobre 1981, en pleine tournée avec le J. Geils Band, on était tous descendus au Fairmont Hotel, une sorte de petit Buckingham Palace avec une aile orientale et une aile occidentale. Ma chambre était dans une des deux et celle de Ronnie dans l'autre. Et là, j'ai entendu dire qu'il y avait une grosse *crack-party* en cours dans sa chambre. Plus irresponsable, on ne pouvait pas. Et il m'avait juré qu'il se tiendrait tranquille en tournée ! Le fameux voile rouge est tombé devant mes yeux. Je suis descendu, j'ai traversé la réception du Fairmont, avec Patti à mes côtés qui me suppliait de me calmer, de ne rien faire. Elle a déchiré ma chemise en essayant de me retenir. J'ai dit : « Putain de bordel, il met le groupe et moi-même en péril ! Si quelque chose tourne mal, ça me coûtera des millions et ça foutra tout en l'air. » Je suis arrivé devant sa chambre, il a ouvert la porte et je lui ai mis un pain sans autre forme de procès. « Espèce de petit trou du cul », boum. Il est tombé à la renverse sur un canapé, et la force de mon coup m'a propulsé sur lui, et le canapé a fait un tonneau, et on a manqué de passer par la fenêtre. Au moment où le canapé s'est retourné, on a regardé la fenêtre en se disant : « On va faire le grand plongeon ! » Après, je ne me souviens plus de rien. J'avais fait passer mon message.

Depuis lors, Ronnie suit des cures de désintoxication à répétition. Il n'y a pas si longtemps, pendant une tournée, j'ai accroché un écriteau sur la porte de sa loge : *Rehab is for quitters* (La désintox, c'est pour les dégonflés). On peut interpréter ça comme on veut. Par exemple : « Continue à faire des cures qui ne servent à rien, sinon à te faire lâcher un max de fric avant de recommencer dès que t'as mis un pied dehors. » Il y a des centres de traitement pour joueurs invétérés et c'est ceux que Ronnie préférait. Pour Ronnie, c'était avant tout un moyen d'échapper à la pression. Dernièrement, il a découvert un petit centre de cure sympa. C'est lui qui me raconte ces histoires, *texto* : « J'ai trouvé un super endroit en Irlande. »

— Ah ouais, et c'est quoi, leur méthode ?

— C'est génial, il n'y en a pas ! Quand je suis arrivé, j'ai demandé : "C'est quoi le régime ? – Monsieur Wood, il n'y en a pas. La seule règle, c'est pas de téléphone, pas de visites. – C'est parfait ! Vous voulez dire que je n'ai rien à faire ? – Non." » En fait, il avait le droit d'aller au pub trois heures chaque soir. Il se retrouvait là-bas avec des gens qui ont des problèmes de jeu, des types qui se planquent comme lui, juste pour échapper à la vie de tous les jours.

Un jour qu'il venait de sortir de désintox, j'ai déclaré : « Ronnie va bien à présent. Je l'ai connu défoncé raide, je l'ai connu clair et net, et franchement, je ne vois pas la différence. Il est peut-être un petit peu moins à côté de ses pompes, c'est tout. » Je n'ai pas changé d'avis. À la réflexion, c'est même ça, le truc le plus bizarre. Toute cette daube qu'il a prise, tout le fric qu'il a claqué pour prendre cette merde, puis pour arrêter d'en prendre, et c'est du pareil au même, si ce n'est qu'il te regarde un petit peu plus dans les yeux. Autrement dit, le problème n'est pas la came, c'est encore autre chose. « Tu peux pas comprendre, mec. »

J'en ai vu des vertes et des pas mûres avec Ronnie, et ça se remarque. Une fois n'est pas coutume, un an après notre bagarre il a fait ce qu'il fallait pour être net et il a posé sa pipe à crack. Il s'est botté le cul et il a fait du super boulot. Alors, je lui ai demandé de m'accompagner à Redlands : je voulais qu'il soit présent lorsque je reverrais mon père pour la première fois depuis vingt ans.

J'avais les jetons à l'idée de revoir Bert. Pour moi, il restait l'homme que j'avais abandonné vingt ans plus tôt, lorsque j'étais adolescent. Depuis, différentes connaissances qui l'avaient rencontré m'avaient dit qu'il allait bien. On m'avait raconté qu'il traînait beaucoup dans un certain pub. J'avais peur de le revoir à cause de ce qui s'était passé dans ma vie entre-temps. C'est sans doute pourquoi j'ai tellement tardé à me décider. Dans mon esprit, je devais être un dégénéré, pour lui : les flingues, les drogues, les arrestations. La honte, la déchéance, à ses yeux. Je l'avais humilié. C'est ce que je pensais : je devais être pour lui une énorme déception. Chaque fois que mon nom faisait la une des journaux – « Richards encore sous les verrous » –, ça rendait d'autant plus difficile mon rapprochement avec lui. Je pensais que c'était mieux qu'il ne me voie pas.

Je n'ai plus peur de grand monde, aujourd'hui, mais pendant mon enfance, rien ne m'affectait plus que de décevoir mon père. Je redoutais ses reproches. J'ai déjà raconté comment la seule pensée que je n'étais pas à la hauteur de son estime suffisait à me faire pleurer. Quand j'étais môme, sa désapprobation m'isolait totalement, me faisait presque disparaître sous terre. Et tout ça s'était comme figé avec le temps. L'un de nos techniciens, Gary Schultz, qui m'avait dit combien il regrettait de ne pas avoir pu se réconcilier avec son père avant sa mort, m'a persuadé de franchir le pas, même si je savais depuis toujours que je n'y échapperais pas.

Je n'ai pas eu de mal à le retrouver, grâce à des relations. Il vivait dans l'arrière-salle d'un pub de Bexley. Il n'avait apparemment jamais eu besoin de quoi que ce soit venant de moi, en tout cas il n'avait jamais rien demandé. Alors je lui ai écrit.

Je m'en souviens très bien. J'étais assis sur mon lit dans ma chambre d'hôtel à Washington en décembre 1981, mon anniversaire approchait, et je n'en revenais pas d'être en train de lire sa réponse. Je ne pourrais pas le voir avant notre tournée européenne de 1982, quelques mois plus tard. Et ça devait se passer à Redlands. En attendant, je lui ai écrit à nouveau :

> *Je me réjouis déjà de revoir bientôt ta sale petite tronche après toutes ces années !! Je parie que je vais encore faire dans mon froc. Avec tout mon amour, ton fils Keith.*
>
> *PS : J'ai aussi deux ou trois petits-enfants à te présenter...*
> *Ça vient.*
>
> K.

J'avais demandé à Ronnie d'être présent pour me servir de clown, d'accompagnateur, d'ami, bref pour détendre un peu les choses avec de l'humour, parce que je n'étais pas certain de pouvoir assurer tout seul. J'ai envoyé une voiture le chercher dans son pub préféré de Bexley. Gary Schultz était aussi là, et il se souvient que j'étais très nerveux, que je regardais tout le temps ma montre, encore deux heures, encore une demi-heure... La voiture est enfin arrivée. Et j'ai vu descendre un petit vieux. On s'est regardés et il a dit : « Salut, fiston. » Il avait complètement changé. On aurait dit une vieille canaille, un pirate rangé des affaires. Vingt ans, ça vous transforme un homme ! Des cheveux argentés mi-longs, une incroyable combinaison de rouflaquettes et de moustaches grises. Il avait toujours porté la moustache.

Mais ce n'était pas mon papa. Je ne pensais certes pas retrouver le type à la quarantaine râblée, plutôt bien bâti, que j'avais laissé derrière moi. Mais c'était devenu quelqu'un de complètement différent. « Salut fiston !

— P'pa ! » Ça rompt la glace, tu peux me croire. Gary Schultz m'a raconté qu'à un moment je lui ai dit : « Tu savais pas que j'étais le fils de Popeye, hein ? » Après quoi, papa est revenu dans ma vie et n'en est plus ressorti. Il fumait toujours la pipe, qu'il bourrait de Saint-Bruno, le même tabac brun que dans mes souvenirs d'enfance.

Le truc le plus insensé, c'est qu'il était devenu un maître de la picole. Quand j'étais petit, il buvait peut-être une bière en une soirée, ou pendant le week-end si on était de sortie. Et maintenant, il était l'un des plus grands picoleurs de rhum qu'il m'ait été donné de rencontrer. Doux Jésus, Bert ! Il y a encore des tabourets de comptoir qui sont dédiés à sa mémoire, surtout à Bexley. Le rhum Dark Navy, c'était sa boisson.

Tout ce qu'il a trouvé à dire à propos des titres de la presse, c'est : « T'as été un peu voyou, hein ? » On pouvait parler entre adultes, maintenant. Je m'étais trouvé un ami. J'avais à nouveau un père. J'avais laissé tomber tout ça, il n'y avait plus d'image paternelle dans ma vie. Je venais de boucler la boucle. On est devenus complices et on a découvert qu'on s'aimait vraiment bien. On a commencé à faire des trucs ensemble. J'ai décidé qu'il était temps pour lui de voir du pays. Je voulais qu'il voie le monde d'en haut. Pour frimer, j'imagine. Il a bouffé la planète, ouais ! Ça ne l'impressionnait pas, il absorbait tout. Et on s'est payé tout le bon temps qu'on n'avait pas pris pendant ces années. Bert Richards, globe-trotter, le mec qui n'était jamais monté dans un avion, qui n'était jamais allé nulle part, sauf en Normandie pour se faire tirer dessus ! La première fois qu'il a pris l'avion, c'était pour Copenhague, et c'est le seul moment où je l'ai vu avoir la frousse. Quand les réacteurs de l'avion sont montés en puissance, j'ai vu ses doigts serrer sa pipe, devenir tout blancs, et il a failli la briser en deux. Mais il a tenu le coup et, dès qu'on a été en l'air, il s'est détendu. Le premier décollage, c'est une expérience pour n'importe qui. Après, il s'est mis à baratiner l'hôtesse et tout est rentré dans l'ordre.

En deux temps, trois mouvements, il faisait partie de la tournée. On est allés à Bristol en voiture, mon ami l'écrivain James Fox et moi à l'arrière, Svi Horowitz, mon chauffeur-garde du corps, avec Bert à l'avant. Svi a demandé à Bert : « Vous voulez boire quelque chose, monsieur Richards ? » Et Bert de répondre : « Une petite mousse ne me ferait pas de mal, merci. » J'ai ouvert la vitre coulissante et j'ai dit : « Comment ça, papa ? Le dimanche n'est plus un jour sacré ? » Et j'étais mort de rire, parce que tout ça était tellement ironique. Plus tard, à la Martinique, je l'ai vu avec Brooke Shields sur les genoux et je n'ai pas pu en caser une dans leur conversation. Il était entouré des plus belles starlettes du moment, trois ou quatre à la fois. T'as pas vu mon père ? Où tu crois qu'il est ? Au bar, au milieu de la dernière livraison de beautés. Il avait de l'énergie à revendre, le mec. Il pouvait jouer aux dominos avec nous toute la nuit, tout le monde avait déjà roulé sous la table alors que lui se servait encore un dernier petit verre de sa boisson préférée. Jamais soûl, toujours droit dans ses bottes. On se ressemblait un peu, c'était ça, le problème. Si ça ne te fait pas grand-chose, tu peux boire plus que les autres. C'est juste un truc que tu fais instinctivement, comme marcher et respirer.

Entre-temps, après avoir fui la presse suite au suicide du gamin, Anita s'était réfugiée à New York avec Marlon, au Alray Hotel, sur la 68ᵉ Rue. Larry Sissler, le fils de Freddie, était là pour veiller sur eux. La vie de Marlon ne consistait pas à aller à l'école, au sens habituel du terme, mais gravitait plutôt autour des nouveaux amis d'Anita, le milieu post-punk centré sur le Mudd Club, l'anti-Studio 54 qui se trouvait sur White Street. C'était le monde de Brian Eno et des Dead Boys, et le Max's Kansas City, la boîte de Park Avenue, était le quartier général d'Anita. Elle n'avait pas changé, bien sûr, et aujourd'hui elle doit penser à cette période comme à un des pires moments de sa vie, et s'estimer sans doute heureuse d'être toujours en vie. À l'époque, New York était très dangereux et pas seulement à cause du sida. Vivre en se faisant des fix dans des hôtels miteux de l'East Side, ce n'est pas de la rigolade. Ni le quatrième étage du Chelsea Hotel, réservé à la poudre d'ange et à l'héroïne.

Pour tenter d'apporter un peu de stabilité dans leur vie, j'ai repris la maison que Mick Taylor louait à Sands Point, à Long Island, et ils se sont installés là pendant cette période. Je leur rendais visite dès que je pouvais, pour voir Marlon. J'étais là lors de l'anniversaire d'Anita en 1980 et j'ai rencontré Roy « Skipper » Martin, qui faisait partie de la bande du Mudd Club et y avait un numéro comique très gonflé tous les soirs. Il avait préparé un repas gigantesque : de l'agneau rôti, du pudding du Yorkshire, du crumble aux pommes avec de la crème à la vanille. Je lui ai demandé : « C'est de la vraie crème ? » Et il m'a répondu oui, et j'ai dit : « Je ne te crois pas, je parie que tu l'as achetée en boîte. » Et il m'a répondu : « Je l'ai faite moi-même, ta putain de crème, avec un sachet qu'on mélange à du lait. » On était à un partout. Je me souviens de lui avoir balancé un verre à la figure de l'autre bout de la table.

Quand je rencontre quelqu'un qui est destiné à devenir un vrai ami, un ami solide, je m'en rends compte instantanément. J'ai l'intuition que la confiance va être totale entre nous. C'est un contrat qu'on ne peut pas rompre. Avec Roy, ça s'est passé comme ça, dès la première minute. Lorsque la connexion est établie, le pire des crimes, pour moi, c'est de ne pas être là pour l'autre. Ça voudrait dire que tu n'as rien compris au sens même de l'amitié, de la camaraderie, qui sont les choses les plus importantes au monde. On aura l'occasion de reparler de Roy, non seulement parce que c'est toujours mon ami mais aussi parce qu'il s'occupe maintenant de ma maison dans le Connecticut. À défaut d'une meilleure façon de dire ça, Roy s'est mis au service de ma famille un an après notre première rencontre.

Je ne serais rien sans mes potes : Bill Bolton, mon discret garde du corps sur la route, une vraie armoire à glace ; Tony Russell, mon garde du corps de ces dernières années ; Pierre de Beauport, expert en guitares et conseiller musical… Le seul problème avec les vrais amis, c'est qu'ils n'arrêtent pas de se jeter les uns devant les autres pour se sauver mutuellement. « Non, mec, non, cette balle-là est pour moi ! » Les vrais amis. Rien de plus difficile à dénicher, mais tu n'as pas besoin de les chercher, c'est eux qui te trouvent : entre nous, on se reconnaît. Je ne peux aller nulle part si je ne suis pas sûr d'être solidement couvert. Jim Callaghan dans le passé, puis Joe Seabrook, qui a clamsé il y a deux ans, jouaient précisément ce rôle. Bill Bolton a épousé la sœur de Joe, donc ça reste dans la famille. Avec ces gus, on en a vu de toutes les couleurs, ce sont des mecs qui comptent beaucoup pour moi.

Je ne sais pas pourquoi, mais j'ai l'impression que tous mes amis proches sont allés en zonzon à un moment ou un autre de leur existence. Je n'avais pas capté ça jusqu'au jour où j'ai vu une liste avec leurs noms et un petit CV d'accompagnement. Qu'est-ce que ça signifie ? Rien, parce que dans chaque cas la situation était différente. Bobby Keys est le seul à avoir fait plusieurs fois de la taule pour des délits qu'il ne soupçonnait même pas avoir commis, ainsi qu'il le dit lui-même. On se serre les coudes, moi et ma bande d'enfoirés. Qu'on nous laisse faire notre truc sans nous emmerder avec tout ça. On adore « les aventures de Keith Richards ». Ça va mal finir, j'en suis sûr. C'est comme les aventures de *Just William*, la série de bouquins[1] que je lisais quand j'étais gamin.

Roy, par exemple, s'est enfui à quinze ans de chez lui, dans l'East Side londonien, pour s'engager dans la marine, ce qui en dit long sur le bonhomme. Il a fait dans la contrebande de l'or au début des années 1960. Un esprit libre, Roy. Il achetait l'or en Suisse, le planquait dans des vestes spéciales et autour de ses cuisses, quarante kilos, et s'envolait avec pour l'Extrême-Orient, Hong-Kong, Bangkok. De lourds lingots produits par Johnson Matthey, de l'or pur à 99,9 %. Un jour, après avoir voyagé pendant vingt-cinq heures, il n'a pas réussi à sortir de son taxi à cause du poids. Il est tombé à genoux en descendant et le portier de l'hôtel a dû se précipiter pour lui donner un coup de main. Pour d'autres motifs, Roy s'est retrouvé à la célèbre prison d'Arthur Road, à Bombay, qui est décrite dans le roman *Shantaram*. Pas d'accusation, pas de procès. Sécurité nationale indienne. Et il s'est enfui. Il voulait devenir acteur, alors il a joué la comédie avec une petite troupe pendant un moment, et c'est sans

---

1. Série écrite par Richmal Crompton.

doute la raison pour laquelle il s'est retrouvé à faire un numéro comique au Mudd Club. Roy est un des mecs les plus drôles que je connaisse, mais de temps à autre il perd les pédales à cause de cette énergie folle qu'il ,a. C'est exactement ça : une énergie *folle*. « Personne ne veut le faire ? Je vais vous montrer ! » Une fois, à New York, ma chambre au Mayflower était bourrée à craquer après un concert ; soudain, j'entends frapper à la fenêtre – on était au seizième étage – et je vois Roy, accroché au rebord, qui crie : « Au secours, au secours ! » Il y a des voitures de police en bas, des gens qui gueulent : « Hé, il y a un type là-haut qui va sauter ! » C'est pas drôle, Roy ! Ramène ton cul par ici. Sous ses pieds, il y avait un tout petit rebord en brique. Il tenait par les orteils. On se demande comment certains types sont encore en vie.

Après la tournée de 1981, j'ai persuadé Roy de veiller à plein temps sur Marlon et Anita. Une de ses tâches était de faire en sorte que Marlon retourne à l'école. Bert les a rejoints après la tournée européenne de 1982. Un sacré ménage à trois, Bert, Marlon et Roy, installés dans des villas à la *Gatsby*, avec en arrière-plan les allers-retours à New York que faisait Anita. Bert a toujours pensé qu'Anita était cinglée. C'est sûr, elle était barrée, surtout à cette époque, à côté de ses pompes, elle n'en démordait pas. Ils formaient un drôle d'équipage échoué dans des villas immenses, désertes, un mélange de Harold Pinter et de Scott Fitzgerald. Roy avait été marin, à la différence de Bert et Marlon, mais ils étaient tous à la dérive, disons les choses comme ça, dans ce pays étranger, même si Marlon était tellement habitué à ça qu'il s'en fichait. Roy a vécu avec Bert de 1982 jusqu'à sa mort. Je les ai installés pendant que j'étais sur la route. Je leur rendais visite de temps à autre, je débarquais un moment pour dire bonjour. Il vaut donc mieux que je cède la parole à Marlon pour qu'il vous narre lui-même ses aventures gothiques durant ces longues années passées sur les rives de Long Island :

Marlon : Le pire, c'était grandir à New York à la fin des
années 1970, parce que c'était un endroit effrayant. Je ne suis pas

allé à l'école de toute l'année 1980. On vivait à l'hôtel Alray, en plein Manhattan, ce qui n'était pas mal. C'était comme dans les livres pour enfants de la série *Eloise at the Plaza*. On allait au cinéma. J'accompagnais Anita chez Andy Warhol, William Burroughs. Je crois que Burroughs vivait dans les douches pour hommes du Chelsea Hotel. C'était tout en carrelage, des cordes à linge auxquelles pendaient des capotes usagées traversaient la pièce. Un homme très étrange.

Après, on s'est installés dans l'ancienne baraque de Mick Taylor, à Sands Point, Long Island. On est restés environ six mois. La première version filmée de *Gatsby le magnifique* a été tournée là. Le coin s'appelle East Egg et non Sands Point, dans le film, mais ce sont les mêmes hectares de pelouse, l'énorme ouverture sur l'océan et la piscine d'eau de mer, le tout en train de se délabrer. On entendait du jazz des années 1920 provenant du belvédère, l'écho de dîners avec rires et tintements de verres qui s'évanouissaient dans les airs dès qu'on se dirigeait vers eux. Cette maison entretenait un rapport particulier avec la mafia. Dans le grenier, j'ai découvert des photos de famille avec Sinatra et Dean Martin, tout le Rat Pack, visiblement des habitués de l'endroit dans les années 1950. C'est là que Roy a fait sa première apparition, avant de venir vivre avec nous pour de bon. Roy, l'Anglais fou qu'Anita avait ramené du Mudd Club, où son numéro consistait à descendre une bouteille de cognac sur scène en racontant des histoires drôles, en blablatant sans arrêt et en déclamant un poème de Shel Silverstein intitulé « La défonce parfaite », dont le héros était un gamin nommé Roy Donnemendonc, et le tout en retirant peu à peu ses fringues. Pour ça, on le payait deux cents dollars et on lui offrait une bouteille de cognac. Donc, Anita l'avait ramené à la maison et on l'a d'abord installé au grenier, mais il a tout démoli dans une crise de rage éthylique. Il était terrifiant. On a carrément dû le virer de la baraque. Il sifflait une bouteille de cognac dans la matinée en chantant. On l'a mis au chenil, une sorte de cabane. Il s'entendait à merveille avec le labrador, ils passaient des heures à chanter ensemble. Le printemps était clément, alors c'était supportable.

Anita fréquentait toute une brochette de marginaux. L'écrivain et poète beatnik Mason Hoffenberg a passé un bon bout de temps avec nous. Petit Juif à l'allure de gnome, il s'installait à poil dans le parc et crachait sur les gens qui passaient en voiture. Il traversait une phase naturiste, ce qui était un peu choquant pour Long Island. On l'appelait le « nain de jardin ». Cet été-là, il est resté un bon bout de temps.

Roy est devenu partie intégrante de la maison à la fin 1981 après être parti en tournée avec Keith, et notre garde du corps officiel lorsqu'on a emménagé à Old Westbury, une autre énorme villa où nous sommes restés de 1981 à 1985. C'était un endroit gigantesque et on n'était que quatre, à moitié clochardisés en plus, sans meubles ni chauffage, mais avec une splendide salle de bal où je faisais du patin à roulettes. Les murs étaient couverts de fresques des années 1920 qui étaient maintenant tout effritées. À la fin de notre séjour, tout l'édifice, avec ses deux ailes principales et ses deux escaliers, ressemblait à la demeure de Miss Havisham, le personnage de Dickens.

La seule pièce de mobilier était un immense piano Bösendorfer blanc sur lequel Roy travaillait son numéro d'imitation de Liberace. Ma batterie était installée à l'autre bout de la salle de bal, alors on faisait des sortes de bœufs. On avait une bonne sono et tous les disques de Keith, on en mettait un et on faisait les cons dessus, et ensuite Roy ouvrait une boîte de conserve pour le dîner. « De quoi t'as envie ce soir, du corned-beef ou bien du corned-beef ? » Après ça, je suis devenu végétarien. Non, merci, plus de corned-beef, Roy, merci infiniment.

À cette époque, Anita traversait une phase d'autodestruction intense, une passe très sombre. Quand elle allait à New York, elle se soûlait en rentrant, sans doute pour apaiser les effets de la merde qu'elle avait dû prendre, et elle faisait de violentes crises de rage éthylique. En dépit de tout ça, grâce à elle, il y avait tout le temps plein de gens intéressants à la maison – le peintre Basquiat, Robert Fraser aussi, et ses amis punks comme les mecs des Dead Boys et certains des New York Dolls. C'était assez dingue. Je ne pense pas qu'on ait jamais rendu justice à Anita pour sa contribution au mouvement punk. Beaucoup d'entre eux, en tout cas ceux de New York, passaient des week-ends entiers à la maison. Elle revenait du Mudd Club ou du CBGB's avec la voiture remplie de zinzins aux cheveux teints en rose. Des gens plutôt sympa, en général, rien de plus que des gamins juifs un peu intello.

De temps à autre Roy se rendait au bureau de New York avec des factures et revenait chargé d'enveloppes bourrées de billets de cent dollars, le fric du mois. C'était comique : mon argent de poche, c'était un billet de cent dollars tout neuf, dont je ne pouvais rien faire. Je voulais juste m'acheter des BD, et j'agitais ce machin sous le nez des gens.

Ils ont fini par s'habituer à nous, à Long Island. Roy sillonnait le coin à quatre-vingt-dix kilomètres-heure en poussant des hurlements. Il conduisait des Lincoln Continental de location, d'énormes voitures de maquereau. On en changeait tous les deux mois. De temps à autre, il prenait deux jours, il nous disait : « OK, je me casse, ne venez pas me chercher. » Et il se barrait pour une virée alcoolisée dont il revenait couvert de bleus ou d'entailles. Lors d'une virée particulièrement spectaculaire, Roy s'est disputé avec des mecs dans un bar de Long Island. Il est sorti, est revenu dix minutes plus tard et a enfoncé la devanture avec la bagnole, bousillant au passage trois voitures et un paquet de motos à l'extérieur. Après quoi il est sorti de la caisse et il est retourné à l'intérieur du bar qu'il venait d'esquinter pour passer un coup de fil. Le lendemain, il s'est retrouvé en taule et on a dû payer la caution pour le faire sortir. Bert était très patient. « Qu'est-ce qu'il a encore foutu ? » Heureusement pour Roy, la police du coin était privée et donc, chaque fois que Roy avait un accident de voiture, ils le déposaient à la maison. Bert, quant à lui, avait ses habitudes dans un bar de Hell's Angels, près de la gare de Westbury. Il y passait des heures et des heures à discuter avec les Angels, tous ces types en cuir avec casquettes. Ça lui arrivait d'emmener Roy, qui faisait marrer tout le monde en chantant et en beuglant.

La vie de Bert, en revanche, était très régulière. Il se levait, nageait un peu dans la piscine, préparait son petit déjeuner. Il mangeait des choses très précises, que Roy cuisinait pour lui. À sept heures du soir tapantes, il prenait un verre de xérès anglais importé, parce qu'à sept heures trente il y avait « La roue de la fortune ». Il ne ratait jamais cette émission. Il en pinçait pour la présentatrice, Vanna White. Il applaudissait, insultait les gens qui ne parlaient pas correctement à la fille. À huit heures, dîner, puis il regardait la télé jusqu'à minuit, en alternant bière et rhum.

Heureusement, ces villas étaient tellement vastes que je pouvais disparaître et ne plus voir personne. On pouvait vivre chacun dans une aile sans avoir la moindre idée de ce que faisaient les autres pendant des semaines. Les gens me demandent : « Tu te souviens de la fois où Jean-Michel Basquiat a passé une semaine chez vous ? » Non ! J'étais peut-être dans l'aile occidentale, à ce moment-là. On changeait de chambre de temps à autre, juste pour mettre un peu de piquant. Il m'est arrivé de ne pas voir Roy une seule fois en quinze jours. Je ne savais même pas où était sa piaule.

Le propriétaire n'effectuait jamais de réparations, alors ça se délabrait de plus en plus. Quand ma chambre devenait trop pourrie, j'en changeais – il y en avait bien une quinzaine, par chance –, jusqu'au moment où je me suis retrouvé dans le grenier. C'était le dernier endroit qui restait. Un énorme espace sous les combles, vaste comme une cathédrale. J'avais mon lit, ma télé et mon bureau. Je m'enfermais à clé et interdisais à quiconque de monter. À ce moment, on s'est dit : « On ne peut plus rester là, la villa est en train de s'écrouler, ou alors c'est nous qui l'avons détruite. » Voilà pourquoi on a déménagé à Mill Neck, au bord d'Oyster Bay, la dernière villa de la série.

En 1983, Anita est rentrée en Angleterre à cause de ses problèmes de visa et elle ne venait plus nous voir qu'occasionnellement. Elle n'était donc pas là quand on s'est installés dans la dernière de ces maisons gigantesques, avec douze ou treize chambres à coucher, totalement glaciale l'hiver. Il y avait une cheminée dans un des salons, la chambre de Roy était chauffée, celle de Bert aussi, et on se retrouvait parfois à la cuisine. Pour sortir dans le couloir, il fallait enfiler son manteau. Il y avait un ascenseur pour accéder à l'étage où se trouvaient les chambres. Un jour, il est tombé en panne et on n'est pas sortis pendant quinze jours. On a découvert après qu'on avait laissé la porte d'entrée ouverte et que tout le rez-de-chaussée s'était transformé en une piste de patinage, avec des stalactites aux lustres. On se serait crus à Narnia ou à Gormenghast[1]. J'ai retrouvé les grenouilles africaines qu'on avait pour mascottes congelées dans leur aquarium, du Damien Hirst avant la lettre…

Vers cette époque, j'ai demandé à Keith si je pouvais prendre des cours de guitare. Il m'a répondu : « Aucun de mes enfants ne sera jamais guitariste. Il n'en est pas question, je veux que tu deviennes avocat, ou comptable. » Il rigolait, bien sûr, mais il avait l'air si sérieux que ça m'a pas mal traumatisé. Le plus étonnant, c'est que j'allais au collège Portledge, une école du coin pour rupins, à Locust Valley. C'est Roy qui me conduisait. Mais disons que c'était par intermittences. Je n'étais pas vraiment assidu. Ça ne me dérangeait pas de vivre en autarcie. J'étais plutôt content d'avoir la paix, parce qu'avec Anita et Keith, c'était épuisant. Je faisais ce que je pouvais pour suivre les cours, tâcher de progresser et avoir une vie aussi normale que possible, et il me semblait que je me débrouillais mieux tout seul. Ou avec l'aide de Roy. On a fini par me virer de l'école pour absentéisme et parce que je ne faisais jamais mes devoirs, et j'ai totalement laissé tomber. Un des amis de Keith lui avait expliqué que je faisais n'importe quoi et qu'il valait mieux m'inscrire dans une école militaire. Il a même été question de convaincre Keith de m'envoyer à West Point. Au fond, ça ne

---

1. « La trilogie de Gormenghast » est le nom donné à trois romans de l'écrivain anglais Mervyn Peake (1911-1968) qui ont fortement influencé la littérature fantastique.

m'aurait pas déplu. Mais Keith m'a demandé : « Qu'est-ce que tu as envie de faire ? Tu veux vraiment abandonner les études ? » Et j'ai répondu : « Non, je veux continuer, mais en Angleterre, parce qu'ici je ne vais pas y arriver. » Alors, je suis rentré en Angleterre en 1988, et j'ai pris un appart en face de chez Anita, Tite Street, à Chelsea. Et qu'on se le dise : j'ai obtenu quatre *A-levels* !

Pour Marlon comme pour moi, sa décision de rentrer à Londres a été un moment charnière. Il m'a dit : « Ici, je n'aurai rien d'autre que la frime de Long Island. » Et là, je tire mon chapeau à Marlon. Il a eu le choix : il aurait pu devenir un petit crétin de Long Island, mais il est bien trop intelligent pour ça, il s'est sorti de là et il s'est débrouillé pour aller de l'avant.

Peut-être que Bert a été l'un de ses premiers points d'ancrage, un vrai facteur d'équilibre. La preuve que le pudding existe, c'est qu'on le mange[1], n'est-ce pas. Les choses auraient sans doute pu mieux se passer, mais on était en cavale. Et Marlon a eu une éducation unique, loin de la norme. C'est sans doute pour ça qu'il élève ses propres enfants de la manière la plus stable possible, en leur consacrant beaucoup de soin. Lui, il n'a jamais eu droit à ça. Mais aujourd'hui, il comprend : l'époque et les circonstances expliquent pourquoi ça a été dur pour lui. C'était très difficile d'être un Rolling Stone et d'élever ses gosses en même temps.

Quant à Anita, elle a survécu. Aujourd'hui, elle est devenue la grand-mère bienveillante des trois enfants de Marlon, une icône mythique du monde de la mode, dans lequel elle est très impliquée. Les gens voient en elle une source d'inspiration. Et depuis peu, elle a la main verte. Je m'y connais un peu en jardinage, mais là, je suis battu. Elle s'est occupée de mes arbres à Redlands. Elle a coupé le lierre qui en étouffait plusieurs. Je lui ai offert une machette. Depuis, les arbres revivent, le lierre a disparu. Elle sait s'y prendre. Elle cultive une parcelle, à Londres. Elle s'y rend à vélo.

---

1. *The proof of the pudding is in the eating* : vieux proverbe anglais qui signifie qu'on ne peut juger de la valeur des choses qu'en les testant.

En décembre 1983, ça faisait quatre ans qu'on était ensemble avec Patti. Je l'aimais de toute mon âme et je voulais que les choses soient officielles entre nous. En plus, mon quarantième anniversaire approchait. Qu'y avait-il de mieux à faire ? On tournait des vidéoclips au Mexique pour « Undercover of the Night », avec Julien Temple, qui a réalisé plusieurs des nôtres à l'époque. On en a fait trois ou quatre pendant notre séjour. À la fin, j'avais pris ma décision : « Et merde, on prend quelques jours et on se casse à Cabo San Lucas », encore un petit village à ce moment-là, avec deux hôtels sur la plage, dont le Twin Dolphins.

Avec mes amis éparpillés aux quatre coins du globe, on organisait des « conférences », des sortes d'assemblées épiscopales qui se réunissaient quand ça nous chantait. Aux States, il y avait la conférence de la côte Est et la conférence de la côte Ouest, qui étaient assez simples à organiser, mais la plus dingue c'était la conférence du Southwest, qui avait lieu le plus souvent au Nouveau-Mexique. Ses membres étaient, entre autres, Red Dog, Gary Ashley – aujourd'hui décédé –, « Stroker » (de son vrai nom Dicky Johnson). On l'appelait la « conférence du Southwest », parce que tu n'aurais jamais vu aucun de ses membres à l'est du Mississippi. C'était une bande de barjos, soudés comme pas deux, tous autant qu'ils étaient. Ils ne supportaient pas la normalité, les petits chéris. Avec ces gars, on se connaissait depuis des lustres. Une semaine après être arrivé à Cabo San Lucas, j'ai rencontré Gregorio Azar, qui y avait une maison. Le père de Gregorio était le propriétaire des noix Azar, le plus gros producteur de noix du Southwest. On m'avait dit qu'il se trouvait au Twin Dolphins. Je ne le connaissais pas à l'époque, mais lui connaissait plein de membres de la conférence du Southwest, il citait tous les bons noms, au bon moment. « T'es pote avec Gary Ashley et Red Dog ? Cool, viens donc. » On a commencé à se voir et on l'a adopté.

J'ai demandé Patti en mariage sur le toit de la maison de Gregorio à Cabo San Lucas. « Allez, marions-nous le jour de mon anniversaire. » Elle m'a répondu : « Tu en as vraiment envie ? » J'ai répondu oui. De joie, elle m'a sauté dessus. Je n'ai rien senti sur le coup, mais quelque chose a fait crac, j'ai regardé et il y avait du sang qui giclait de mon pied. Je venais à peine de dire oui qu'elle m'avait fracassé le gros orteil. La prochaine fois, ce sera quoi, le cœur ? Une demi-heure plus tard je commençais à avoir mal, et j'ai dû utiliser des béquilles pendant quinze jours. Peu de temps avant la date, on a eu une petite dispute prémaritale et je me suis retrouvé à courir après Patti dans le désert mexicain avec mes béquilles. Je ne sais plus pourquoi on s'était engueulés, mais je zigzaguais comme Long John Silver à travers les cactus, hurlant après elle dans le désert : « Reviens ici, sale garce ! »

La veille du mariage, Gregorio me dit : « Au fait, tu as entendu parler de cette nana allemande avec le grand bus Mercedes et la tente indienne ? » Je suis resté cloué sur place. « Une Allemande ? Un bus Mercedes ? Un tipi ? Arrête ton char. » Le bus était garé sur une plage à Cabo San Lucas. J'avais appris par les magazines qu'au cours des dernières années, Uschi Obermaier avait fait la route des hippies jusqu'en Afghanistan, en passant par la Turquie et l'Inde, dans un bus tapissé de fourrures dans lequel il y avait même un sauna. Elle voyageait avec son mari, Dieter Bockhorn. J'ai su avec certitude que c'était elle quand j'ai ouvert la porte de ma chambre, qui donnait sur la plage, et que j'ai trouvé un petit vase avec des fleurs. Tu parles d'une coïncidence : on se retrouvait la veille de mon mariage dans un coin paumé du Mexique, aussi loin que possible de l'Afghanistan et de l'Allemagne… Qu'est-ce qu'elle faisait là ? Uschi et Dieter nous ont rendu visite, et je lui ai annoncé que je me mariais parce que j'étais très amoureux de Patti. On s'est raconté ce qu'on avait fait au cours des dernières années, on a parlé des rumeurs sur sa mort et j'ai appris la vérité : elle avait fait le tour du monde dans son bus, traversant l'Inde, la Turquie et je ne sais quels autres pays encore. Quelques jours plus tard, la veille du 31 décembre, Dieter s'est tué à moto. Sa tête, coupée net, encore dans son casque, s'est retrouvée sur la route tandis que le reste de son corps passait par-dessus la rambarde du pont. Je me suis immédiatement rendu chez Uschi. Un gros chien noir aboyait dans l'entrée. « Qui est là ?

— C'est l'Anglais. » La porte s'est ouverte. « J'ai appris la nouvelle, est-ce que je peux faire quelque chose pour toi ? » Elle m'a répondu : « Non, merci, des amis s'occupent de tout. » Et j'ai laissé Uschi dans ces circonstances étranges, la plus improbable des rencontres s'achevant dans le chagrin et la douleur.

Doris et Bert ont assisté au mariage, ils ne s'étaient pas revus depuis vingt ans. Angela les a enfermés dans une pièce et ils ont dû se parler. Marlon aussi était présent. Mick a été mon témoin. Quatre ans ensemble, quatre ans pour voir si on tenait le coup, j'avais dispensé assez de sperme pour fertiliser le monde entier et toujours pas d'enfant. Mais je ne m'attendais pas à avoir des gosses avec Patti, parce qu'elle m'avait dit : « Je ne peux pas en avoir. » Bon, ben, ça ne va pas m'empêcher de t'épouser. Elle enfile le petit anneau à son doigt et, six mois plus tard, devinez quoi ? « Je suis enceinte. » Alors, la cellule SM qu'on prévoyait d'avoir, on va en faire une nursery ! On la repeint en rose, on installe un berceau et on enlève les chaînes qui pendent au mur, les miroirs. Après Marlon et Angela, je pensais en avoir fini avec la paternité. Ils semblaient s'en sortir, on l'avait fait et on avait réussi. Plus de couches. Mais non, ce n'est pas fini, en voilà une autre ! Elle s'appelle Theodora. Et un an plus tard, encore une autre, Alexandra. « Little T. & A.[1] ». Et je ne savais même qu'elles existeraient un jour, quand j'ai écrit cette chanson !

---

1. Le quatrième titre de l'album *Tattoo You* (1981).

Chapitre Douze

Où il est question de contrats sous le manteau et autres magouilles perso.
La troisième guerre mondiale éclate… entre les Glimmer Twins.
Je m'allie à Steve Jordan, boucle difficilement un film avec Chuck Berry,
puis je me libère et je fonde les X-Pensive Winos. Retrouvailles
avec Mick à la Barbade ; Voodoo, le chat sauvé des eaux (ci-contre),
dans son salon ; renaissance des Stones et début des méga-tournées mondiales,
« Steel Wheels » étant la première du genre. *Bridges to Babylon*
et quatre chansons avec une histoire dans l'histoire.

C'est au début des années 1980 que Mick est devenu de plus en plus imbuvable. Il s'est alors mué en « Brenda », ou « Sa Majesté », ou simplement « Madame ». De retour à Paris en novembre-décembre 1982, on bossait aux studios Pathé Marconi sur les chansons pour l'album *Undercover*. Un jour que je faisais un tour chez W.H. Smith, la librairie anglaise de la rue de Rivoli, je suis tombé sur un roman de gare signé Brenda Jagger[1], je ne me rappelle plus le titre, mais peu importe, t'es eu, mec ! À partir de maintenant, tu seras Brenda que tu le saches et que ça te plaise ou non ! Il n'a pas du tout apprécié, évidemment, mais il a mis des siècles à s'en rendre compte. On parlait de « cette connasse de Brenda » avec lui dans la pièce et pendant très longtemps il ne s'est douté de rien ! Mais c'était une dynamique vraiment pourrie, très similaire à la manière dont Mick et moi on s'était comportés vis-à-vis de Brian : une fois que tu commences à lâcher l'acide, il ronge tout.

1. Brenda Jagger (1936-1986) était alors une écrivaine très populaire en Grande-Bretagne, auteure de romans d'amour historiques se déroulant au XIXe siècle ou dans la Rome antique.

Cette situation était l'aboutissement de trucs qui s'accumulaient depuis des années. Le problème essentiel, c'est que Mick avait développé une gigantesque soif de contrôle. Sa vision des Stones, c'était Mick Jagger et les autres. En tout cas, c'est ce qu'on percevait tous. En dépit de tous ses efforts, il ne pouvait s'empêcher d'apparaître comme le « numéro un », du moins à ses propres yeux. En plus, il y avait le monde de Mick, celui du gratin et de la frime, et le nôtre. Pas précisément le meilleur moyen de maintenir le groupe soudé, ou content. Dieu sait s'il avait attrapé la grosse tête, après toutes ces années ! C'était au point qu'il arrivait à peine à passer par la porte. Désormais, nous autres, moi y compris, n'étions ni plus ni moins que des accompagnateurs travaillant au cacheton. Ça avait toujours été son attitude vis-à-vis de tout le monde, sauf les Stones. Quand ça s'est étendu à nous, ça a été la goutte d'eau.

Dans un groupe, un ego hypertrophié, c'est toujours un problème, surtout si le groupe existe depuis longtemps, qu'il est resté uni et repose sur une sorte de fidélité bizarre, du moins entre ses membres à part entière. Un groupe musical, c'est une équipe. Très démocratique, par plein d'aspects. Tout doit être décidé entre nous : tant pour la cuisse, tant pour les roustons. Quiconque essaye de s'élever au-dessus des autres se met en danger. Charlie et moi, on levait les yeux au ciel : « Non mais tu peux croire ça ? » Pendant un temps, on l'a juste fermée en regardant Mick se démener pour prendre le pouvoir. Si on y réfléchissait, on avait quand même passé vingt-cinq ans ensemble avant que ça commence à foirer sérieusement. Et donc le sentiment général était que ça devait finir par arriver. Tous les groupes en passent par là, à un moment ou autre, c'est le grand test : le nôtre allait-il y survivre ?

Ça n'a pas dû être marrant tous les jours, pour ceux qui travaillaient sur *Undercover* avec nous. Atmosphère de discorde et d'hostilité à peine déguisée. On ne se parlait presque pas, et quand on le faisait c'était pour se chamailler ou se lancer des vacheries.

Mick attaquait Ronnie, je prenais sa défense… À la fin de cette session chez Pathé Marconi, Mick était au studio de midi à cinq heures du soir, et moi de minuit à cinq heures du mat. Et ce n'était que les premiers accrochages, notre drôle de guerre. On a quand même réussi à bosser assez correctement, et l'album a bien marché.

Bon, Mick avait toutes sortes de grandes idées… Il n'y a pas un chanteur qui n'en ait pas. C'est une maladie connue, le SCL, « syndrome du chanteur lead ». Il avait déjà eu des signes avant-coureurs, mais là, il avait attrapé la forme aiguë. Lors d'un de nos concerts au stade de Tempe, en Arizona, alors que Hal Ashby tournait *Let's Spend The Night Together*, l'écran vidéo annonçait : *Mick Jagger and the Rolling Stones*. Ah bon, depuis quand ? Mick contrôlait chaque petit détail et ce n'était pas une faute d'inattention du producteur. Ces plans ont été retirés du film d'Ashby.

Si vous ajoutez à un SCL congénital un flot ininterrompu de flatteries, jour et nuit, durant des années, vous arriverez à croire ce qui va suivre. Même si on n'est pas sensible à la flagornerie, et même si on est franchement contre, ça finit toujours par monter au ciboulot. Et on a beau refuser de gober toutes ces belles paroles, on ne peut pas s'empêcher de penser que les autres y croient, eux, donc pourquoi ne pas en profiter… C'est incroyable à quel point des gens à peu près raisonnables comme Mick tombent dans le panneau. Ils finissent par se convaincre qu'ils sont uniques. Depuis mes dix-neuf ans, j'ai toujours tiqué devant les gens qui me disaient : « Oh, mais tu es génial ! », alors que je savais bien que je ne l'étais pas. Ça te mène à ta perte, mon gars. Je voyais bien qu'il était facile de tomber dans le piège des louanges. Sur ce plan, je suis devenu un vrai puritain. Je ne me laisserai jamais entraîner dans cette voie. Je préfère me défigurer, ce que j'ai fait en laissant pourrir et tomber quelques-unes de mes dents. Je ne joue pas à ce jeu-là. Je ne suis pas dans le showbiz. Je fais de la musique, c'est le mieux dont je sois capable et je sais qu'elle vaut qu'on lui prête l'oreille.

Mick était peut-être devenu moins certain de sa valeur, il avait commencé à douter de son talent et, aussi paradoxal que ça puisse paraître, c'est sans doute ce qui l'a conduit à se hausser autant du col. Pendant très longtemps, au cours des années 1960, il avait été quelqu'un de positivement charmant, d'incroyablement drôle. Il était nature. C'était époustouflant de le voir chauffer toutes ces petites salles en chantant et en dansant, et ça avait été fantastique de travailler avec lui. Le moindre mouvement, le moindre pas de côté… Il faisait ça instinctivement. Il exécutait un numéro hyper-original sans avoir l'air de lever le petit doigt. Et il est resté bon, même si à mon avis ce talent s'est fait bouffer par les grandes scènes. Parce que c'est ça, ce que les gens veulent, du spectacle, mais ce n'est pas forcément le domaine où il est le meilleur.

À un moment donné, il a perdu de cette aisance et de cette simplicité. Il a oublié qu'il n'était jamais aussi bon que lors de concerts à taille humaine, il a oublié son rythme naturel. Je sais qu'il n'est pas d'accord. Il s'intéressait bien plus à ce que faisaient les autres qu'à ce que lui-même avait à donner. Il a même commencé à se comporter comme s'il voulait « être » quelqu'un d'autre. Mick est plutôt dans la compétition, par nature, et il voulait rivaliser avec le reste de la scène musicale. Il observait David Bowie et voulait faire pareil. Bowie était le spectacle personnifié. Brusquement, quelqu'un défiait Mick sur son terrain, celui de l'apparence, des fringues et de l'excentricité. Mais n'empêche : Mick chantant « I'm a Man » vêtu d'un simple jean et d'un tee-shirt vaut dix fois mieux que Bowie. Pourquoi voudrait-on être qui que ce soit d'autre quand on est Mick Jagger ? Ça ne lui suffisait pas, de dominer le showbiz ? Il avait oublié et il continue à oublier qu'il a incarné la nouveauté, créé et imposé la tendance pendant des années. C'est hallucinant. Je ne pige toujours pas. C'est comme s'il rêvait d'être Mick Jagger, qu'il poursuivait son fantôme en payant des spécialistes du look pour lui donner un coup de main. Mick n'avait jamais appris à danser… jusqu'au jour où il s'est mis en tête de prendre des cours. Charlie, Ronnie et moi, on ricanait souvent dans notre barbe quand on voyait Mick faire sur scène un enchaînement de pas qu'un prof venait juste de lui montrer – on était bien placés pour le savoir – au lieu de se contenter d'être lui-même. On voit tout de suite quand il cesse d'être naturel pour donner dans le surfait. Merde, Charlie et moi, ça fait quarante ans et des poussières qu'on le regarde bouger son cul, alors on est capables de dire quand la pompe à fric se balance juste pour le plaisir et quand elle fait ce qu'on lui a recommandé de faire ! Il a pris des leçons de chant aussi, Mick, peut-être pour apprendre à ménager sa voix.

Quand on s'est retrouvés à Paris après quelques mois passés sans se voir, j'ai constaté que les goûts musicaux de Mick avaient radicalement changé. En gros, il voulait m'imposer le dernier tube disco qu'il avait entendu en boîte. D'accord, mon pote, mais ça a déjà été fait. Au temps d'*Undercover*, en 1983, il voulait être plus disco que disco. Pour moi, tout ça revenait à réarranger un truc qui lui avait tapé dans l'oreille lors d'une virée en boîte. Comme je l'ai déjà dit, cinq années plus tôt, pour l'album *Some Girls*, on avait sorti « Miss You », un des meilleurs tubes disco de tous les temps. Mais Mick courait après la mode musicale. Il me prenait la tête en essayant de deviner ce qui pourrait plaire au public. « Ils sont vachement dans tel genre, cette année !

— Ouais, et l'année prochaine, mon pote ? » À ce train-là, tu ne te distingues plus de la masse. En plus, on n'avait jamais travaillé de cette manière, alors pourquoi ne pas simplement continuer comme avant, c'est-à-dire en créant la musique qui nous plaisait ? Les juges, c'était nous. Pour résumer la démarche : avec Mick on avait écrit notre première chanson dans une cuisine, à l'époque le monde entier était contenu entre ces quatre murs, et si on s'était demandé comment le public allait réagir, on n'aurait jamais enregistré un seul disque. Cela dit, je comprends aussi le problème de Mick, parce que les chanteurs lead se retrouvent toujours fourrés dans ce genre de compétition : « Que fait Rod (Stewart), que fait Elton (John), et David (Bowie), qu'est-ce qu'il mijote ? »

Ça lui a donné une mentalité d'éponge, en matière de musique. Il entendait un truc une nuit dans un club et la semaine suivante il était convaincu que c'était lui qui l'avait écrit. Et moi : « Ben non, en fait, c'est du pompage complet. » J'avais dû le reprendre plusieurs fois sur ce point. Je lui jouais un thème qui m'était venu, je lui exposais des idées pour une chanson, il trouvait ça intéressant, on essayait de le tourner comme ci ou comme ça, on passait à autre chose et, dix jours plus tard, il se pointait en me disant : « Tiens, écoute ça, je viens de l'écrire »… Et c'était complètement innocent, bien sûr, parce qu'il n'aurait jamais été aussi stupide. Autre exemple, les crédits de « Anybody Seen My Baby ? » incluent K. D. Lang et un coauteur[1]. Un jour, ma fille Angela et son copain étaient à Redlands, je leur ai fait écouter le morceau, qui allait bientôt sortir, et ils se sont mis à chanter dessus, des paroles complètement différentes des nôtres. Pour eux, ce qu'ils écoutaient, c'était « Constant Craving » de K.D. Lang ! Et ça allait se trouver dans les bacs une semaine plus tard… Merde, il avait encore pompé ! C'est Angela et son pote qui ont levé le lièvre. Je ne pense pas que c'était délibéré de la part de Mick, c'est juste que le mec est une éponge, je répète. Donc, je téléphone *illico* à Rupert et à tous nos avocats des coups durs, et je leur dis : « Il faut vérifier ça, on risque un procès. » Vingt-quatre heures plus tard, coup de fil : « Tu as raison ! » Résultat, on a dû ajouter K.D. Lang dans les crédits.

Moi qui adorais traîner avec Mick, ça doit faire vingt ans que je n'ai pas mis les pieds dans sa loge. Mon ami me manque parfois.

---

1. Kathryn Down Lang, dite K. D. Lang, née en 1961, chanteuse de pop et country canadienne. Elle avait écrit « Constant Craving » avec Ben Mink. Sorti en 1992, ce titre allait être son plus grand succès mondial.

Où est-il passé, bon sang ? En cas de pépin, je suis sûr et certain qu'il sera là pour moi, comme moi pour lui, ça ne se discute même pas. Je pense qu'avec les années, il s'est de plus en plus isolé, Mick. Je comprends en partie : moi-même, j'essaie d'éviter de trop me retirer du monde, mais le problème est qu'on a souvent besoin d'« isolation », encore plus que d'« isolement » face à tout ce qui se passe. Ces dernières années, quand je tombe sur une interview de Mick à la télé, le message implicite est : « Qu'est-ce que vous voulez de moi ? » Charmeur mais sur la défensive. Ce qu'ils veulent de toi ? Des réponses à quelques questions, visiblement. Mais toi, qu'est-ce que tu as tellement peur de lâcher ? Ou est-ce seulement le fait de lâcher quelque chose sans contrepartie qui t'effraie ? Bien sûr, on imagine facilement l'acharnement avec lequel tout le monde voulait te vampiriser, quand tu étais Mick Jagger à son apogée, et comme ça devait être dur, mais sa réponse à cette pression dingue a été d'appliquer peu à peu ce traitement défensif à tout le monde. Pas seulement aux complets inconnus mais aussi à ses meilleurs potes. Jusqu'à en arriver au point où quand je lui disais quelque chose, je me rendais soudain compte, à voir la manière dont il me matait, qu'il se demandait : « Quel avantage il peut en tirer, Keith ? », alors qu'il n'était absolument pas question de ça ! La mentalité d'assiégé se nourrit d'elle-même, mais maintenant que tu es derrière ta muraille, comment vas-tu en sortir ?

Je serais incapable de dire précisément quand et où cette transformation s'est produite. Il y a eu un temps où il était beaucoup, beaucoup plus chaleureux, mais ça remonte à des années et des années. Il s'est enfermé dans le frigo, fondamentalement. Au début c'était : « Qu'est-ce que les autres veulent de moi ? », ensuite il a refermé le cercle et je me suis retrouvé exclu, moi aussi.

C'est très douloureux pour moi, parce qu'il reste un ami. Doux Jésus, il m'a fait assez de peine comme ça, dans ma vie, mais il fait partie de mes potes et je ressens comme un échec personnel de ne pas avoir été capable de lui faire partager les joies de l'amitié, ni de le ramener sur terre, tout simplement.

Nous avons traversé tellement de phases différentes, ensemble… J'aime sincèrement ce type, mais l'époque où nous étions vraiment proches est finie depuis longtemps. Pour l'instant, il y a du respect entre nous, je suppose, doublé d'une amitié sous-jacente, plus en profondeur. Tu connais Mick Jagger ? Ouais, mais quel Mick Jagger ? C'est une bande de mecs à lui tout seul. Et c'est lui qui décide auquel tu auras droit. Du jour au lendemain, il choisit s'il va se montrer distant, ou désinvolte, ou s'il va t'appeler « mon poteau », mais dans ce dernier cas ce n'est jamais vraiment très convaincant.

Je crois aussi qu'il commence à comprendre qu'il s'est isolé, ces dernières années. Il lui arrive même d'adresser deux mots à l'équipe, hé ! Avant, il ne savait même pas comment ils s'appelaient et il s'en foutait royalement. Quand on montait dans l'avion, en tournée, les membres de l'équipe disaient : « Comment ça va, Mick ? » et il passait sans leur jeter un regard. Avec moi, Charlie et Ronnie, pareil. Il s'était récolté une vraie réputation, pour ça. Alors qu'il dépendait de ces gens pour que sa voix sonne bien, pour avoir l'air au mieux de sa forme – ou totalement naze. Il compliquait les choses sur ce plan, mais s'il ne les compliquait pas, tu te disais qu'il était malade…

Au moment précis où Mick devenait complètement insupportable, il a lâché une bombe au milieu du groupe rassemblé à Paris. En 1983, nous étions une entreprise en plein essor. On venait de signer avec le président de CBS, Walter Yetnikoff, un contrat de vingt millions de dollars pour plusieurs disques. Ce que nous avons appris par la suite, c'est qu'à la faveur de cet accord Mick avait conclu un deal personnel de plusieurs millions avec CBS pour trois albums en solo – sans en dire un mot au groupe.

Je me fiche de qui tu es : personne ne parasite un deal des Rolling Stones. Mick, lui, s'est senti entièrement libre de le faire. C'était un manque de respect total vis-à-vis de nous. Et si au moins il m'avait mis au jus avant que ça soit conclu… J'étais complètement furax. On n'avait pas fait tout ça pour se poignarder mutuellement dans le dos.

Il est vite apparu que le plan était dans les tuyaux depuis un moment. Mick était la grande star, n'est-ce pas, alors Yetnikoff et les autres pontes de la compagnie s'excitaient à l'idée de lui faire démarrer une carrière solo, ce qui ne faisait que flatter Mick et l'encourageait dans ses projets de mainmise sur le groupe. En fait, Yetnikoff a admis par la suite que la direction de CBS était persuadée que Mick était potentiellement aussi énorme que Michael Jackson, donc ils le poussaient en avant et Mick n'y voyait aucun inconvénient. En résumé, le véritable objectif du contrat avec les Stones était de lui offrir un marchepied.

Pour ma part, j'ai trouvé que c'était une opération vraiment débile. Mick ne voyait pas qu'en poursuivant d'autres objectifs il brouillait une image déjà fragile dans l'esprit du public. En tant que chanteur des Stones, il occupait une place unique et il aurait dû réfléchir un peu plus à ce que ça voulait dire réellement. Tout le monde peut avoir les chevilles qui enflent à un moment ou un autre, tout le monde peut se dire un jour : « Bah, je peux faire ça avec n'importe quel groupe de vieux mecs. » Le mérite de Mick, c'est d'avoir clairement démontré que c'était faux. Je comprends qu'on puisse avoir envie de voler de ses propres ailes. Moi-même, j'aime bien jouer avec d'autres personnes, essayer des trucs différents, mais dans son cas, il n'avait aucune idée précise en tête, à part devenir Mick Jagger sans les Rolling Stones.

Toute cette histoire a été menée d'une façon minable, franchement. J'aurais peut-être pu comprendre si les Stones s'étaient plantés, genre « Les rats quittent le navire ». Mais ça marchait très bien, au contraire, et tout ce qu'on avait à faire, c'était maintenir notre unité. Au lieu de paumer quatre, cinq ans dans une traversée du désert à la con pour devoir tout reconstruire à nouveau. On s'est tous sentis trahis. Et l'amitié, t'en fais quoi ? Tu ne pouvais pas me dire tout de suite que tu avais l'intention de faire autre chose ?

Ce qui m'a vraiment débecté, c'est le numéro de lèche auquel Mick se livrait avec les PDG, en l'occurrence Yetnikoff. Les coups de fil incessants pour les impressionner avec son savoir, pour bien leur faire comprendre qu'il contrôlait tout, alors que personne ne contrôlait rien. Ces interférences incessantes qui finissaient par taper sur le système des employés de ces compagnies qui étaient payés des fortunes pour connaître leur boulot autrement mieux que lui...

Notre seule chance, c'était de tenir la distance et de présenter un front uni. C'est comme ça qu'on avait obtenu le contrat avec Decca : on avait débarqué là-bas avec nos lunettes noires et on les avait intimidés en la bouclant jusqu'à décrocher l'un des meilleurs deals de tous les temps. Ma théorie sur les relations avec les gens de l'industrie du disque, c'est qu'il ne faut jamais leur parler directement, sauf peut-être pendant les réceptions. Jamais de familiarité excessive, et ne jamais se laisser embringuer dans des discussions de détail : on paye des gens pour ça. Si tu commences à discuter du budget pub, si t'appelles le patron « Walter » en lui donnant des tapes dans le dos, si tu les laisses avoir accès à toi personnellement, tu te rabaisses et tu dilapides ton pouvoir. Et tu amoindris le groupe, aussi. Parce que ça devient : « Il y a encore Jagger au téléphone.

— Dites-lui que je le rappellerai plus tard. » Ça vire comme ça, inévitablement. J'aime beaucoup Walter, je le trouve formidable, mais en lui tapant sur le ventre comme ça, Mick nous a coupé l'herbe sous les pieds.

Il y a eu un incident isolé, fin 1984, quand Charlie a eu recours à son crochet de batteur, un punch que je lui ai vu décrocher deux ou trois fois avec un équilibre et un timing parfaits, et qui est tout simplement mortel. Pour qu'il s'en serve, il faut l'avoir sérieusement cherché. Celui-là était pour Mick. On était à Amsterdam pour une réunion. En ce temps-là, on n'était pas dans les meilleurs termes, Mick et moi, mais un soir je lui ai dit : « Allez, on sort. » Et je lui ai prêté la veste que je portais le jour de mon mariage. Donc on rentre à l'hôtel vers cinq heures du mat et Mick décide d'appeler Charlie. Je lui dis : « L'appelle pas, pas à une heure pareille », mais il ne m'écoute pas, il prend le téléphone et il beugle : « Où est mon batteur ? » Pas de réponse, il raccroche. On reste là un moment, pas mal beurrés – tu donnes deux verres à Mick et il est paf –, et une vingtaine de minutes plus tard on frappe à la porte. Charlie Watts en costard tout droit sorti de Savile Row, cravaté, rasé, impeccable. Hé, je pouvais sentir son eau de Cologne ! J'ouvre la porte mais il ne me regarde même pas, il se dirige droit vers Mick, l'attrape par le col et lui dit : « M'appelle plus jamais *ton* batteur. » Puis il le soulève par les revers de mon veston et lui refile un crochet du droit. Mick atterrit sur le plat en argent couvert de saumon fumé qui se trouvait sur la table et, de là, il se met à glisser droit vers la fenêtre ouverte et le canal en bas. Moi, je la trouve bien bonne, mais soudain je réalise : « Hé, c'est ma veste de mariage ! » Je l'ai attrapé au dernier moment, juste avant qu'il bascule dans un canal d'Amsterdam. Après ça, il m'a fallu vingt-quatre heures pour calmer Charlie. Je croyais l'avoir apaisé, je l'avais même raccompagné jusqu'à sa chambre, mais douze heures plus tard il remettait ça : « M'en branle, je vais redescendre et recommencer. » Et pourtant il en faut beaucoup pour l'énerver, le gars ! « Pourquoi tu l'as rattrapé ?

— Ma veste, Charlie, voilà pourquoi ! »

On s'est retrouvés à nouveau à Paris en 1985, cette fois pour l'enregistrement de *Dirty Work*, et l'ambiance était franchement dégueulasse. Les sessions avaient été reportées parce que Mick travaillait sur son album solo, et maintenant il était très occupé par la promotion. Il est arrivé pratiquement sans la moindre chanson pour nous, parce qu'il avait utilisé tout ce qu'il avait sous le coude pour son disque. Et souvent, il était physiquement là mais avait l'esprit ailleurs.

Du coup, j'ai dû fournir beaucoup plus de mon propre cru pour *Dirty Work*, composer des chansons dans des registres différents. L'atmosphère abominable qui régnait en studio affectait tout le monde. Bill Wyman a pratiquement cessé de venir, Charlie a pris l'avion pour rentrer chez lui. Avec le recul, je suis frappé par la violence et le danger qui imprègnent ces plages : « Had It With You » (Marre de toi), « One Hit (to the Body) » (Un coup [au corps]), « Fight » (Cogne)... On a tourné une vidéo de « One Hit » qui résumait à peu près la situation, puisqu'on a failli littéralement en venir aux poings en discutant de ce qu'on allait y mettre. Quant à « Fight », les paroles révèlent une certaine idée de l'amour fraternel qui régnait alors entre les Glimmer Twins, les Jumeaux étincelants :

> *Gonna pulp you into a mess of bruises*
> *'Cos' that's what you're looking for*
> *There's a hole where your nose used to be*
> *Gonna kick you out of my door.*
> *Gotta get into a fight*
> *Can't get out of it*
> *Gotta get into a fight.*

> (J'vais te mettre en bouillie salement
> C'est c'que tu cherches à la base
> Y a un trou là où était ton naze,
> Par ma porte j'vais t'sortir à coups de latte.
> Faut que je m'tape une cogne
> Pas moyen d'en sortir autrement
> Faut que je m'tape une cogne.)

Et « Had It with You » :

I love you, dirty fucker
Sister and a brother
Moaning in the moonlight
Singing for your supper
'Cos I had it I had it I had it with you
I had it I had it I had it with you...

It's such a sad thing
To watch a good love die.

I've had it up to there, babe
I've got to say good-bye
'Cos I had it I had it I had with you
And I had it I had it I had it with you...

(Je t'aime, saleté de toi
Sœur et frère
Gémissant sous la lune
Chantant à ton festin
Parce que marre de toi marre marre de toi
J'en ai marre marre marre de toi...

Rien de plus triste
Que de voir mourir un bel amour.

Mais j'en ai jusque-là, tu sais
Maintenant faut que je dise au revoir
Parce que marre de toi marre marre de toi
Et j'en ai marre marre marre de toi...)

C'était mon humeur du moment. J'ai écrit « Had It with You »
dans le living de Ronnie à Chiswick, carrément sur le bord de la

Tamise. On devait retourner à Paris, mais le temps était tellement merdique qu'on était bloqués en attendant que le ferry de Douvres reprenne du service. Le comédien Peter Cook et Bert traînaient avec nous. Le chauffage ne marchait pas, on se réchauffait en allumant les amplis. Je ne pense jamais avoir écrit une chanson entière avant ça, à part peut-être pour « All About You », dont je me suis rendu compte qu'elle parlait de Mick.

Son album à lui s'intitulait *She's the Boss* (C'est elle qui commande), ce qui dit tout. Je n'ai jamais réussi à l'écouter jusqu'au bout. Je me demande si quelqu'un l'a fait, d'ailleurs. C'est comme avec *Mein Kampf* : tout le monde en avait un mais personne ne l'avait ouvert. Et ses titres suivants, *Primitive Cool* (Cool primitif), *Goddess in the Doorway* (Déesse sur le pas de la porte), tout ça vachement recherché, mais j'aurais plutôt appelé le deuxième « Dogshit in the Doorway » (Merde de chien sur le pas de la porte). Je plaide coupable : il dit que j'ai zéro manière et la bouche pleine d'ordures, il a même écrit une chanson à ce sujet, mais d'après moi, le contrat en loucedé, c'était des manières bien plus pourries que toutes les vannes que je peux sortir.

Son choix du matériau musical me semblait démontrer qu'il avait sérieusement déraillé. C'était triste. Et il ne s'attendait pas du tout à ce que son machin ne marche pas. C'est pourtant ce qui s'est produit, et il était fumasse. Je ne comprends pas qu'il ait pu s'imaginer que ça allait cartonner. C'est là que j'ai senti qu'il avait perdu le contact avec la réalité.

Quoi que Mick ait fait ou quelles qu'aient été ses intentions, je n'allais pas rester là à mijoter dans mon venin. D'ailleurs, en décembre 1985, mon attention a été brutalement et irrésistiblement accaparée par une nouvelle bouleversante : la mort de Ian Stewart.

Il a été emporté par une crise cardiaque à quarante-sept ans. Cet après-midi-là, je l'attendais au Blakes Hotel, à trois minutes de Fulham Road. Il devait me rejoindre après une visite chez le toubib. Vers trois heures du matin, je reçois un appel de Charlie : « Tu attends toujours Stu ? » J'ai dit oui. « Eh bien, il viendra pas. » C'est comme ça que Charlie annonce un décès. La veillée funéraire a eu lieu à Leatherhead, dans le Surrey, son terrain de golf préféré. Stu aurait apprécié la plaisanterie, puisque c'est le seul moyen qu'il a jamais trouvé de nous attirer là-bas. On a donné un concert à sa mémoire au 100 Club : c'était la première fois en quatre ans qu'on se retrouvait tous sur scène. La mort de Stu a été le coup le plus dur de toute ma vie, excepté celle de mon fils. Au début, tu es anesthésié, tu continues comme s'il était toujours là. Et il est en effet resté présent pendant très longtemps, surgissant à l'imprévu. Et c'est encore le cas aujourd'hui. Par des choses qui me traversent l'esprit, des choses qui me font rire et qui me font penser à lui, comme sa façon de parler en projetant la mâchoire en avant.

Oui, Stu rôde toujours, par exemple quand je me rappelle comment il ne supportait pas Jerry Lee Lewis. Au début, mon amour pour le style du Killer m'avait amoindri à ses yeux : « Ce taré qui esquinte les pianos », telle est la remarque de Stu qui me revient à l'esprit. Et puis, au moins dix ans après, il est venu me trouver une nuit et m'a dit : « Je dois reconnaître que Jerry Lee Lewis se rachète par certaines qualités. » De but en blanc ! Et entre deux prises en studio. Comment oublier un truc pareil ?

Il ne s'étendait jamais sur notre condition de mortels, à part si quelqu'un cassait sa pipe, alors c'était : « Quel crétin, il l'a bien cherché. » La première fois qu'on est allés en Écosse, Stu a mis un point d'honneur à dire *nae* (« non », à l'écossaise) plutôt que *no*. C'était un fier Écossais du Kent, un cas à part avec ses cardigans et ses polos. Quand on est passés à l'ère des stades géants et des retransmissions par satellite, avec des millions de spectateurs, il continuait à monter sur scène avec ses Hush Puppies, son gobelet de café et son sandwich au fromage grillé qu'il posait sur son piano.

Je lui en ai terriblement voulu de m'avoir laissé tomber. C'est ma réaction normale quand un ami ou quelqu'un que j'aime claque avant l'heure. Il a beaucoup transmis de son talent. Chuck Leavell, un natif de Dry Branch, en Géorgie, qui avait joué avec le groupe des frères Allman, était son protégé. Après avoir tenu les claviers pendant notre tournée de 1982, il est devenu un collaborateur régulier lors de nos déplacements. À la mort de Stu, Chuck travaillait avec les Stones depuis plusieurs années. Stu a déclaré un jour : « Si je clamse, Dieu m'en garde, Leavell est votre homme. » Il savait peut-être déjà qu'il était malade. Il a aussi dit : « N'oubliez pas que Johnnie Johnson est toujours là, et bien là, et qu'il joue à Saint Louis[1]. » Tout ça la même année. Un docteur lui avait-il dit : « Voilà, il te reste tant avant de partir » ?

Dirty Work est sorti début 1986. Je voulais salement partir en tournée avec, et le reste du groupe aussi, tout le monde voulait travailler, mais Mick nous a fait savoir par lettre qu'il n'avait pas l'intention de prendre la route. Il voulait poursuivre sa carrière solo. Peu après avoir reçu sa bafouille, j'ai lu dans un canard anglais des déclarations où il disait que les Rolling Stones étaient un boulet à son pied. Il l'a dit mot pour mot. Prends ça dans la gueule, connard. J'étais certain qu'il le pensait en partie, mais de là à le dire publiquement... C'est à ce moment que la troisième guerre mondiale a éclaté.

Dans l'incapacité de partir en tournée, j'ai repensé à la remarque de Stu à propos de Johnnie Johnson. Il avait été le tout premier pianiste de Chuck Berry mais Chuck n'avait pas eu l'honnêteté de le reconnaître comme coauteur de nombre de ses plus grands succès. Mais il jouait assez rarement à présent, à Saint Louis. Depuis que Chuck l'avait viré, plus de dix ans auparavant, il était devenu chauffeur d'autobus, trimballait des vieux à travers la ville et était presque entièrement tombé dans l'oubli. Or, ce

---

1. Pianiste de blues, Johnnie Johnson (1924-2005) jouait alors depuis plus de cinquante ans.

n'était pas seulement sa collaboration avec Chuck Berry qui lui faisait mériter une place à part : c'était l'un des meilleurs pianistes de blues qui aient jamais vécu.

Au moment où on mettait *Dirty Work* en boîte, le batteur Steve Jordan passait souvent au studio. Il a fini par jouer avec nous sur l'album parce que Charlie traversait sa propre zone de turbulence, accaparé par toutes sortes de *stupéfiants*[1], comme disent les Français. Steve avait une trentaine d'années, c'était un musicien et un chanteur très doué, très complet. Il était venu à Paris pour enregistrer, prenant un break dans sa participation à l'orchestre de plateau du show de David Letterman. Avant ça, il avait joué dans la formation de « Saturday Night Live », tourné avec Belushi et Aykroyd au sein de leur groupe, les Blues Brothers. Charlie l'avait repéré en tant que batteur dès 1978, au temps de « Saturday Night Live », et il se souvenait de lui.

Aretha Franklin m'a contacté : elle participait à un film qui devait s'appeler *Jumpin' Jack Flash*, avec Whoopi Goldberg, et elle voulait que je produise la chanson-titre qu'elle interpréterait. Je me suis rappelé ce que Charlie Watts m'avait dit : « Si tu veux travailler un jour en dehors de notre cadre, Steve est le mec qu'il te faut. » Alors je me suis dit que bon, puisque j'allais bosser avec Aretha sur *Jumpin' Jack*, je devais monter un groupe, prendre un nouveau départ. Je connaissais déjà Steve, de toute façon, mais c'est la bande-son avec Aretha qui a forgé notre complicité musicale. Super expérience. Donc j'avais ça dans la tête : si je faisais quelque chose d'autre, ce serait forcément avec Steve.

En 1986, j'ai fait le speech de présentation de Chuck Berry lors de son entrée au Rock'n'Roll Hall of Fame – il faisait partie du tout premier groupe de musiciens à être ainsi distingués –, et il se trouve que la formation qui a joué avec Chuck et tous les autres musiciens récompensés lors de la jam-session qu'ils ont donnée le

1. En français dans le texte.

soir même était justement celle du show de David Letterman, avec Steve à la batterie. Et là, brusquement, voilà Taylor Hackford qui me propose d'assurer la direction musicale du long métrage qu'il tournait à l'occasion du soixantième anniversaire de Chuck[1] ! Soudain, les paroles de Stu venaient d'acquérir une résonance inattendue : Johnnie Johnson était toujours là !

Dès que j'ai commencé à y réfléchir, le premier problème qui m'est apparu, c'est que Chuck jouait depuis si longtemps avec des musiciens payés au cachet qu'il avait oublié ce que c'était que de travailler avec des musiciens hors pair. Notamment Johnnie Johnson, avec qui il n'avait pas rejoué depuis leur rupture au début des années 1970. À l'instant où il s'était retourné et avait dit, sur ce ton inimitable qui était le sien : « Dégage, Johnnie », Chuck s'était coupé une main et la moitié de l'autre.

Chuck pensait qu'il aurait des hits toute sa vie. Lui aussi était atteint du SCL, même s'il était guitariste. En réalité, il n'a pas eu un seul grand succès après la dissolution de sa formation originale, excepté avec son célèbre single « My Ding-a-Ling ». Bien vu, Chuck[2] ! Avec Johnnie Johnson, il avait connu l'union parfaite, un don du ciel, doux Jésus ! « Mais non, s'insurge Chuck, non, il n'y a que moi qui compte. Je vais me trouver un autre pianiste, et pour moins cher encore. » C'est essentiellement la radinerie qui dictait ses choix.

Quand nous sommes allés chez Chuck avec Taylor Hackford, à Wentzville, dans la banlieue de Saint Louis, j'ai attendu le deuxième jour pour me risquer sur ce terrain miné. Les autres parlaient d'éclairage, moi je me lance : « Euh, Chuck, je ne sais pas si c'est une bonne question parce que j'ignore où vous en êtes, tous

---

1. *Chuck Berry Hail! Hail! Rock'n'Roll* (1987). Taylor Hackford, né en 1944, cinéaste américain (*Officier et gentleman* [1982]), marié à l'actrice britannique Helen Mirren, a aussi réalisé des clips pour les musiciens Phil Collins (« Against All Odds ») et Lionel Ritchie (« Say You, Say Me »).
2. La chanson avait créé une âpre polémique aux États-Unis en raison du double sens de *ding-a-ling*, « jeu de clochettes » mais aussi « pénis », Chuck Berry enjoignant « ceux qui ne chantent pas » à « jouer avec leur ding a-ling ». Encore aujourd'hui, plusieurs stations de radio américaines refusent de la passer, la jugeant obscène…

les deux, mais est-ce que Johnnie Johnson est toujours dans le coin ? » Et lui : « Ouais, je crois qu'il est en ville. » J'insiste : « Plus important, tu penses que vous pourriez rejouer ensemble ? » Lui : « Ouais. » La vache, il a dit : « Ouais » ! Moment intense : je venais de réunir Johnnie Johnson et Chuck Berry ! Une infinité de possibilités s'ouvraient. Chuck a marché tout de suite et il a bien fait, parce qu'il s'est retrouvé avec un bon film et un groupe géant.

Là, il y a eu l'une de ces fabuleuses ironies du sort que nous réserve la vie, et c'est ma tronche qui en a fait les frais. Pour le film, je voulais Charlie à la batterie. Steve Jordan était partant mais je pensais qu'il ne maîtrisait pas assez bien cette musique, ce en quoi je me trompais – je ne le connaissais pas bien, à l'époque. Donc j'ai dit à Steve : « Merci, mon pote, mais Charlie est d'accord. » Ensuite, revisite chez Chuck et il voulait absolument me montrer quelque chose. Il a mis la cassette vidéo du concert du jour de son entrée au Hall of Fame et qu'est-ce que j'ai vu ? Steve déchaîné aux baguettes, même si à cause de l'angle de la caméra on ne voyait pas sa tête. Ça déménageait sérieux et Chuck m'a dit : « J'aime ce batteur, man. Qui c'est ? Je le veux pour le film. » Résultat, j'ai dû rappeler Steve et genre « Hum, eh bien, y aurait peut-être une chance, en fin de compte ». Ça a dû le botter, Steve, et il y avait une cerise sur le gâteau. Il vaut mieux qu'il raconte ça lui-même :

Steve Jordan : Chuck vient nous voir en Jamaïque, passer quelques jours à Ocho Ríos, alors on va le chercher à l'aéroport. Il fait chaud, évidemment, mais là, il fait *vraiment* chaud, dans les quarante, et tous ceux qui sortent du zinc sont en short ou en bikini, parce qu'ils savent que ça va être la fournaise, mais Chuck émerge en blazer et falze patte d'éph en nylon, attaché-case à la main ! C'était tordant. Ensuite, on s'installe dans le salon, on monte la batterie, on est censés jouer ensemble. Il n'y a là que deux petits amplis Champ, deux ou trois guitares, juste de quoi tenter quelques trucs, pour voir, et là Chuck dit : « Il est où, le

batteur ? ». J'avais des dreadlocks, je ressemblais à Sly Dunbar.
Alors, Keith explique : « C'est lui, le batteur, c'est Steve. »
Chuck : « C'est lui, mon batteur ? » Il mate mes dreadlocks et
ajoute : « Pas possible, c'est pas *mon* batteur ! » Comme sur la
vidéo qu'il avait regardée on ne voyait pas ma figure et que je
portais des dreadlocks, il s'était dit que j'étais un rasta reggaeman
et il refusait de jouer avec moi ! Mais bon, on s'y est mis et il s'est
détendu.

Un jour, j'ai demandé à Johnnie Johnson comment ils avaient
écrit des hits comme « Sweet Little Sixteen » et « Little
Queenie ». Il m'a raconté que Chuck arrivait avec un tas de
paroles, ils mettaient ça plus ou moins dans un format blues et
lui, Johnnie, structurait la séquence. Je l'ai regardé et j'ai dit :
« Hé, Johnnie, c'est ce qu'on appelle composer une chanson ! »
Et je lui ai expliqué qu'il aurait dû toucher au moins cinquante
pour cent sur ce matos. Enfin, peut-être qu'il aurait pu
s'entendre avec Chuck sur quarante pour cent, mais le principal,
c'est qu'il avait écrit ces morceaux avec lui. Il m'a dit qu'il n'avait
encore jamais considéré les choses sous cet angle, qu'il avait juste
fait ce qu'il savait faire. Steve et moi, on s'est livrés à une petite
autopsie musico-légale et on s'est aperçus que tout ce que Chuck
avait écrit était en *mi* bémol ou en *do* dièse : des tonalités de
piano, pas de guitare ! C'était une preuve formelle. Ce ne sont
pas des tonalités géniales, à la guitare. Donc la plupart de ces
thèmes avaient été commencés au piano et Chuck s'était joint
ensuite, jouant l'accord barré avec ses énormes paluches couvrant
toutes les cordes. J'ai eu la sensation qu'en fait, il suivait la main
de Johnnie !

Celles de Chuck sont bien assez grandes, longues et minces pour
tous ces accords barrés. Il m'avait fallu moi-même quelques années
pour découvrir comment obtenir une sonorité pareille avec des
mains plus petites. Là encore, c'est en allant voir *Jazz on a
Summer's Day*, quand Chuck joue « Sweet Little Sixteen » : j'ai

regardé le placement de ses mains, de ses doigts, et je me suis rendu compte que si je transposais ça en accords de guitare, en accords construits sur une fondamentale, je swinguerais comme lui. Parce que c'est ça, la beauté du jeu de Chuck Berry, c'est ce swing fluide, aisé. Pas de suées, ni de simagrées, ni de grimaces pour quelques doigtés : un balancement pur, chaloupé comme la démarche d'un lion.

La réunion de Chuck et Johnnie a été une expérience extraordinaire, et même au-delà. Le plus intéressant, c'était de voir comment ils influaient l'un sur l'autre. Ça faisait si longtemps qu'ils n'avaient pas joué ensemble... Rien que par sa présence, Johnnie a rappelé à Chuck comment ça devait se passer, et Chuck a dû se remettre à la hauteur de Johnnie. Ça faisait des années que Chuck se produisait avec des traîne-savates, embauchant sur place la formation la moins coûteuse qu'il trouvait. Il arrivait et repartait avec son attaché-case, c'est tout. Pour un musicien, c'est très destructeur de jouer en dessous de son niveau et il avait fait ça pendant des siècles, au point de devenir complètement cynique vis-à-vis de la musique. Mais là, quand Johnnie a démarré, Chuck lui a dit : « Hé, tu te souviens de celle-là ? » et il est parti sur des trucs vraiment fortiches. C'était étonnant et marrant de le voir rattraper Johnnie, et aussi le groupe, parce qu'il y avait maintenant Steve Jordan à la batterie et qu'il n'avait pas joué avec un batteur de cette trempe depuis quoi, 1958 ? J'ai réuni la formation capable d'aller chercher Chuck Berry dans ses retranchements, autant que c'était possible. Un groupe aussi bon que celui avec lequel il était devenu Chuck Berry. Et je crois qu'on a réussi, à notre manière, mais avec Chuck on ne sait jamais parce que c'est un putain de dissimulateur. M'en fiche, j'ai l'habitude de travailler avec des enfoirés de cette espèce !

Un résultat vraiment super du film, c'est que ça m'a permis de donner une deuxième vie à Johnnie. Ça a été l'occasion pour lui de jouer sur un bon piano, devant des gens. À partir de ce moment, jusqu'à la fin de ses jours, il s'est produit dans le monde entier – et on l'appréciait. Il a eu des engagements, de la reconnaissance, mais surtout il a retrouvé l'estime de soi qu'il avait perdue : on l'a enfin considéré pour ce qu'il était vraiment, un grand pianiste. Jusque-là, il pensait que personne ne savait qu'il avait joué sur tous ces disques fabuleux. Son nom n'était pas mentionné dans les crédits, ses royalties lui échappaient. Ce n'était peut-être pas la faute de Chuck, mais celle de Chess Records. Ça n'aurait pas été la première fois. Comme il n'avait jamais rien réclamé, on ne lui avait rien donné. Johnnie Johnson a passé encore quinze années à se produire sur scène, à faire ce qu'il n'aurait jamais dû cesser de faire et à être célébré pour ça, au lieu de finir ses jours au volant d'un bus.

Sauf avec les très proches, je n'ai pas la dent bien dure, mais je dois dire que Chuck Berry m'a énormément déçu. Il avait été mon héros *number one* ! Je me disais : « Merde, pour que le gus joue comme ça, écrive comme ça, chante comme ça, dégage une telle énergie, il est forcément super. Un super mec. » On avait utilisé son matériel et le nôtre pour la musique du film, mais j'ai découvert par la suite qu'il avait facturé à la production l'utilisation de ses amplis. Dès la première mesure du premier soir du premier show au Fox Theatre de Saint Louis, il a envoyé balader tous les plans qu'on avait soigneusement mis au point pour jouer des arrangements complètement différents sur des tonalités non prévues. Ça n'avait aucune importance : c'était le meilleur Chuck Berry live qu'on puisse imaginer. Comme je l'ai dit lors de ma présentation au Hall of Fame, je lui ai piqué jusqu'au moindre motif qu'il avait joué dans le passé. Je lui devais donc bien ça, de m'écraser même quand il était au comble de la provoc, d'aller dans les cordes pour voir ce qu'il allait balancer. C'est sûr qu'il a poussé le bouchon très loin avec moi, ça se voit dans le film. J'accepte très difficilement de me faire charrier, mais Chuck se comportait comme ça avec tout le monde, moi compris.

N'empêche. Ce que je ressens encore pour lui, au plus profond, c'est ce que je lui ai écrit un jour dans un fax après l'avoir entendu à la radio pour la dix millième fois :

Dear MR. BERRY,
Let me say that despite our
UPS & DOWNS I love you so!
Your work is so precious
& beautifully Timeless,
I'm still in AWE!
I'm hoping they don't make
another like you. I couldn't
take the heat!
You may feel the same way
about me!!
My Love to you
brother!

For what it is
worth.

P.S.
your
English
is better
than
mine!

'05

(Cher monsieur Berry,

Permettez-moi de vous dire que malgré nos hauts et nos bas je vous aime trop ! Votre œuvre est magnifique, superbement intemporelle. Je reste EN ADMIRATION ! J'espère qu'on n'en fera jamais un autre comme vous, je ne pourrais pas tenir le choc !

Peut-être que vous pensez la même chose de moi !!

Mes amitiés, mon frère !

Pour ce que ça peut valoir.

Keith Richards – 2005

PS : Votre anglais est meilleur que le mien !)

La grande trahison de Mick, le coup impardonnable qui semblait fait exprès pour mettre un point final aux Rolling Stones, ça a été son communiqué de mars 1987 annonçant qu'il partait en tournée pour son deuxième album solo, *Primitive Cool*. J'avais espéré que le groupe ferait une tournée l'année précédente, et j'étais déjà passablement énervé par les atermoiements de Mick à ce sujet. Brusquement, tout était clair : comme Charlie l'a dit, il venait de s'asseoir sur vingt-cinq ans de Rolling Stones. Si ce n'était pas le cas, ça y ressemblait drôlement. Les Stones n'ont pas effectué une seule tournée entre 1982 et 1989, et on ne s'est pas retrouvés ensemble une fois en studio de 1985 à 1989.

Je cite Mick : « Les Rolling Stones (…), à mon âge et après toutes ces années, ne peuvent pas être la seule chose dans ma vie (…). Il est clair que j'ai gagné le droit de m'exprimer d'une manière différente. » Et c'est ce qu'il a fait. Il s'est exprimé en partant en tournée avec une autre formation pour chanter des morceaux des Rolling Stones.

Jusque-là, j'étais persuadé que Mick n'oserait pas prendre la route sans les Stones. Ça aurait été une claque trop cinglante pour nous tous. Une condamnation à mort, sans appel. Et tout ça pour quoi ? Or je m'étais trompé et maintenant j'étais outré, et blessé, et Mick était sur le départ.

Donc je lui ai rendu la monnaie de sa pièce, surtout dans la presse. Ma façon habituelle d'entamer l'interview était : s'il ne veut pas tourner avec les Stones mais préfère se balader avec un groupe à la mords-moi-le-nœud, je lui trancherai sa putain de gorge. Mick m'a répondu du haut de son destrier : « J'adore Keith, je l'admire (…), mais je n'ai pas l'impression que nous pourrons travailler ensemble à nouveau. » Les vannes et les vacheries que je lui ai balancées sont trop nombreuses pour je me souvienne de toutes : « Disco Boy », « Jagger et ses petits branleurs », « Il devrait jouer avec Aerosmith », et ainsi de suite. C'est le genre de trucs que je servais à la presse à scandale, reconnaissante. Ça s'est vraiment envenimé. Un jour, un journaleux m'a demandé : « Pourquoi vous foutez tout en l'air comme ça, tous les deux ? » et j'ai répliqué du tac au tac : « Demande ça à l'autre salope ! »

Et puis je me suis dit : « OK, laissons-le faire joujou. » Selon moi, il n'y avait qu'à le laisser courir le vaste monde et se prendre une belle plantade. Il avait démontré un manque absolu de respect, de camaraderie, de tout ce qui permet à un groupe de ne pas éclater. C'était un lâcheur, purement et simplement. Je crois que Charlie l'a pris encore plus mal que moi.

J'ai vu un clip de son show. Il était accompagné par un duo de guitaristes avec un look à la Keef qui se contorsionnaient dans le genre « Guitar Hero ». Pendant qu'il était en tournée, on m'a demandé ce que j'en pensais et j'ai répondu que c'était triste qu'il y ait un tel nombre de morceaux des Stones dans son spectacle. « Si tu veux vraiment y aller tout seul, j'ai dit, sers-toi du matos des deux albums que tu as produits. Fais pas semblant d'être un artiste indépendant si c'est seulement pour avoir deux nanas qui se trémoussent sur "Tumbling Dice" ! » Les Rolling Stones avaient passé un temps fou à se construire, autant que faire se peut dans l'industrie musicale, et maintenant la manière dont Mick gérait sa carrière solo risquait de tout ruiner, et ça me faisait chier grave.

Mick s'était gouré. Il s'était persuadé que n'importe quelle bande de bons musiciens se révélerait aussi compatible avec son style que les Rolling Stones. Sauf que, brusquement, ce n'était plus Mick Jagger qu'on entendait. Il était entouré de bons musiciens, mais c'est comme pour la Coupe du monde, cette histoire : la sélection anglaise, ce n'est pas Chelsea ou Arsenal, c'est un autre type de jeu et il faut travailler avec un autre type d'équipe. Une fois que tu as engagé les meilleurs pros disponibles, il faut que tu sois capable d'établir une relation avec eux. Et ça, Mick, ce n'est pas son fort. Il était parfaitement capable de se pavaner dans tous les sens, et d'arborer une étoile de star sur la porte de sa loge, et de traiter le groupe comme un ramassis de cachetonneurs, mais ce n'est pas comme ça qu'on obtient de la bonne musique.

Après ça, je me suis décidé : « Et merde avec tout ça, je vais monter un groupe. » J'étais déterminé à faire de la musique sans Mick. J'ai écrit des tas de chansons. J'ai adopté un style de chant différent sur des chansons comme « Sleep Tonight », une sonorité plus profonde, que je n'avais jamais expérimentée et qui convenait bien au style de ballades que j'avais commencé à écrire. Et là, j'ai appelé les gars avec qui j'avais toujours eu envie de travailler. Je savais exactement par qui commencer : on peut presque dire qu'une vraie collaboration avait débuté entre Steve Jordan et moi déjà au temps où on avait bossé sur *Dirty Work* à Paris. Steve m'a encouragé. Il captait dans ma voix quelque chose qui pourrait faire vendre des disques, d'après lui. Et si je travaillais sur une mélodie, je lui demandais de la chanter. C'est dans l'échange que je m'épanouis : j'ai besoin de la réaction d'un autre pour me convaincre que ce que j'ai fait est vraiment bon. Donc, de retour à New York, on a commencé à se voir et on a écrit une tapée de chansons. Ensuite, on a pris l'habitude de jouer chez Woody avec Charley Drayton, le pote et collaborateur de Steve, un bassiste au départ mais aussi batteur, et non moins doué. Ensuite, Steve et moi avons passé un moment en Jamaïque et on est vraiment devenus copains. On s'est rendu compte que hé, on pouvait composer, nous aussi ! C'est le seul avec qui c'est arrivé. Il n'y a que Jagger-Richards ou Jordan-Richards, rien d'autre.

Je le laisse raconter notre rapprochement :

Steve Jordan : Keith et moi, on était très proches à l'époque, quand on écrivait ensemble et qu'on n'était que tous les deux, avant de monter un groupe. À New York, on a travaillé dans un endroit qui s'appelait le 900 Studio, tout près de chez moi et pas loin du tout de là où il habitait. On y allait et on s'y enfermait. La première fois, on a joué douze heures d'affilée. Keith n'est même pas sorti pisser ! C'était dément. C'est purement l'amour de la musique qui nous a réunis. Mais c'était visiblement un moment libérateur pour lui. Il avait tellement d'idées, et il était certainement en colère, en tout cas ça s'entendait dans ce qu'il écrivait, qu'il avait le cœur à vif. La majeure partie de cette musique était très spécifique : c'était à propos de son ex-partenaire. « You Don't Move Me », qui terminait son premier album solo, *Talk Is Cheap*, est devenu une sorte de classique du genre.

Au départ, je n'avais que le titre, « You Don't Move Me Anymore » (Tu ne me touches plus). Mais comment développer ça, aucune idée. Ça aurait pu être un mec s'adressant à une nana, ou le contraire. Quand je me suis mis au premier couplet, pourtant, j'ai pris conscience de la direction dans laquelle mes pensées allaient. Ça s'est focalisé brusquement, et sur Mick. Tout en essayant de rester aimable, mais avec *ma* version de l'amabilité :

What makes you so greedy
Makes you so seedy...

(Ce qui te rend si vorace
C'est ce qui te fais si laidasse...)

On se disait qu'il fallait pondre un disque, Steve et moi, et on a donc commencé à réunir la base des X-Pensive Winos (Soûlards qui se la pètent), ainsi baptisés le jour où je me suis aperçu qu'ils avaient apporté au studio une bouteille de Château-Lafite en guise de rafraîchissement. Non, rien n'était trop bon pour cette glorieuse bande ! Steve m'avait demandé avec qui je voulais jouer et j'ai tout de suite dit : « Waddy Wachtel à la guitare. » Et Steve : « Tu me l'as enlevé de la bouche, mon frère. » Je connaissais Waddy depuis les années 1970, l'un des musicos les plus élégants et cool qui soient, et j'avais toujours eu envie de travailler avec lui. Complètement dans la musique, avec une compréhension si intime qu'on n'avait jamais besoin d'expliquer quoi que ce soit. Et aussi une oreille fabuleuse, capable de capter les ultrasons, toujours aussi fine après des années sur les tréteaux. Il jouait alors pour Linda Ronstadt, et avec Stevie Nicks[1] et son groupe de nanas, mais je savais que ce gars-là voulait du costaud, alors je l'ai appelé et j'ai simplement dit : « Je monte un groupe et tu en fais partie. » Steve était d'accord pour que Charley Drayton tienne la basse et je crois qu'il y avait un consensus général pour qu'Ivan Neville, de la famille d'Aaron Neville, de grands musiciens de La Nouvelle-Orléans, s'installe au piano. Il n'y a pas eu le moindre bout d'audition.

Ça a été une combinaison très rusée, les Winos. Presque tout le monde dans le groupe était polyvalent, pouvait jouer de n'importe quel instrument et était capable de chanter. Steve chante, Ivan est un chanteur fantastique. Dès les premières phrases musicales articulées ensemble, le groupe de départ est parti comme une fusée. J'ai toujours eu une chance incroyable avec les types que je réunis. Et c'était impossible de s'installer devant les Winos sans prendre son pied. Le trip d'enfer assuré. Tellement fort qu'on arrivait à peine à y croire. Ça m'a ramené à la vie. J'avais l'impression que je venais de sortir de

---

1. Ex-membre du groupe Fleetwood Mac.

taule. Comme ingénieur du son, on avait Don Smith, choisi par Steve. Il s'était fait la main chez Stax, à Memphis, avait bossé avec Don Nix, l'auteur de « Going Down », et aussi avec Johnny Taylor, un de mes héros de jeunesse. Il avait fait les bars à juke-box de Memphis avec Furry Lewis, dont il adorait la musique.

Waddy décrit notre odyssée et apporte un témoignage flatteur sur mes progrès au chant depuis mes débuts prometteurs mais contrariés de soprano dans la chorale à Dartford :

Waddy Wachtel : On est allés au Canada et c'est là qu'on a bouclé le premier disque, *Talk Is Cheap*. Je crois que la deuxième piste qu'on a mise en boîte était « Take It So Hard », une composition magnifique. Je me suis dit : « Quoi, je peux jouer sur un truc pareil ? Allons-y ! » On l'a joué un certain nombre de fois, je pense qu'on peut appeler ça une répétition, et puis il y a eu une prise absolument super, incroyable. C'était seulement le deuxième morceau de la soirée et on a une prise à tomber de notre titre le plus fort ? Je suis rentré me pieuter en me disant : « Alors comme ça, on a déjà conquis l'Éverest ? Les autres montagnes, on pourra se les taper facile si on a eu la grande comme ça ! » Et Keith ne voulait pas y croire. Son état d'esprit, c'était : « Hé, je veux pas que les mecs pensent qu'ils sont bons à ce point ! » Il nous a demandé une autre prise. Je ne sais pas pourquoi, parce que celle-là hurlait : « Hé, man, je suis *la* prise ! » Je pense qu'il l'a fait juste pour s'assurer qu'on restait concentrés. Mais aucune n'a été aussi bonne que celle-là. Quand tu l'as, tu l'as.

Quand on a travaillé au montage du disque, j'ai soutenu que « Big Enough » devait être le premier titre. Parce que la première fois que tu écoutes Keith chanter là-dessus, la première ligne est fantastique, sa voix sonne merveilleusement. C'est net, sans effort, superbe. J'ai dit : « Quand les gens vont entendre ça, ils vont jamais croire que c'est ce foutu Keith Richards qui chante ! Et après, bam, on leur tombe dessus avec "Take It So Hard". »

En fait, il n'y a pas que notre groupe sur *Talk Is Cheap*. On a cherché partout. On est descendus à Memphis, on a recruté Willie Mitchell et on a mis les Memphis Horns sur « Make No Mistake ». Willie Mitchell ! C'est lui qui a écrit, arrangé et produit tout le matériel d'Al Green, que ce soit avec lui ou avec Al Jackson[1], ou avec les deux. Donc on a débarqué au studio où il avait fait tous les disques d'Al Green et on lui a demandé de travailler sur les arrangements des cuivres. On a essayé tous les mecs qu'on voulait et on les a presque tous eus : Maceo Parker, Mick Taylor, William « Bootsie » Collins, Joey Spampinato, Chuck Leavell, Johnnie Johnson, Bernie Worrell, Stanley « Buckwheat » Dural, Bobby Keys, Sarah Dash… Et Babi Floyd a chanté avec nous pour la tournée. Excellent chanteur, excellente voix, l'un des meilleurs. Il faisait « Pain In My Heart » à la Otis, en tombant à genoux et tout le toutim. Le dernier soir de la tournée des Winos, on l'a attaché au micro par la cheville, parce qu'on trouvait qu'il exagérait quand même un peu. Comment on a réussi à l'entraver sans qu'il s'en aperçoive ? Ça demande beaucoup de doigté.

Je n'avais encore jamais composé sur une base régulière avec personne hormis Mick, et notre collaboration était pratiquement terminée depuis un moment. Désormais, on écrivait chacun nos propres chansons. C'est seulement en travaillant avec Steve Jordan que je me suis aperçu à quel point cet échange me manquait, combien c'était important pour moi. Je me mettais souvent à composer quand le groupe était réuni au studio, en testant la sonorité des voyelles, en beuglant des paroles, tout ce qui était nécessaire à la mise en place du thème, et c'est un processus qui a pris Waddy de court, au début :

Waddy Wachtel : C'était très marrant. La conception que Keith avait de la composition, c'était : « Installez des micros.

1. Batteur et arrangeur sur les labels Stax et Hi de Memphis.

— Hein ? OK... » Et ensuite : « Allez, on chante.

— On chante quoi ? » Et lui : « On chante !

— De quoi tu causes ? On chante quoi ? On n'a rien ! » Et Keith : « Ouais, exact, inventons quelque chose. » Et voilà. C'est la technique. Donc je suis là avec Steve, debout autour de lui, et de temps en temps il souffle : « On s'en fout... c'est le pied. » Tu essayes de trouver le rythme des paroles. Tu balances tout contre le mur et tu vois ce qui colle. C'était essentiellement ça, la méthode. Et on a sorti plus d'un couplet.

Ma technique de composition a évolué en même temps que ma manière de chanter. Pour commencer, ce n'était plus pour Mick que j'écrivais des chansons, le genre qu'il devait balancer ensuite sur scène. Mais surtout j'apprenais à chanter. D'abord, je construisais les thèmes une octave plus bas, ce qui m'a permis de baisser ma voix par rapport aux aigus atteints dans des chansons comme « Happy ». Et les mélodies n'étaient plus typiques des Stones non plus. Je me suis également entraîné à chanter directement dans le micro, au lieu de m'en approcher et de m'en éloigner tout en jouant de la guitare comme j'avais l'habitude de faire sur scène. Don Smith a tripoté les micros et les réglages audio pour que je m'entende très fort dans le casque, ce qui m'empêchait de gueuler comme à mon habitude. J'ai commencé à écrire des thèmes plus paisibles, des ballades, des chansons d'amour. Des trucs venus du cœur.

On est partis en tournée et brusquement j'étais le type devant, le meneur. *OK, on va le faire !* Ça m'a rendu beaucoup plus compréhensif et indulgent vis-à-vis de certaines pitreries de Mick. Quand tu dois chanter tous les putains de titres du début à la fin, il faut avoir du coffre. Tu te tapes un show d'une heure et plus tous les soirs, pas seulement en chantant mais aussi en caracolant de-ci, de-là et en jouant de la guitare, et tout ça, ça m'a fait la voix. Certains détestent, d'autres adorent. J'ai une voix qui a du caractère. Ce n'est pas Pavarotti, évidemment, mais de toute façon je n'aime pas sa voix. Être le chanteur lead d'un groupe, c'est un rôle épuisant. Rien que le souffle que ça demande… Chanter toutes ces chansons d'affilée suffirait à mettre la plupart des gens sur le cul. La quantité d'oxygène que tu brûles, c'est dément. Donc on faisait le show, on quittait la scène et j'allais me pieuter ! Parfois, bien sûr, on ne dormait pas jusqu'au concert suivant mais très souvent c'était : « Oubliez-moi, ciao ! » On a kiffé comme pas possible pendant cette tournée des Winos. Ovations et rappels à chaque concert ou presque. On a fait des petites salles qui affichaient complet, et au final on est rentrés dans nos frais, sans plus. Le niveau de compétence musicale sur scène était simplement bluffant. Un jeu génial chaque soir, une explosion de musique. On planait. C'était magique, vraiment.

Au final, ni Mick ni moi n'avons vendu des tonnes de nos albums en solo. Pourquoi ? Parce que les gens veulent leurs putains de Rolling Stones, pas vrai ? Au moins, j'ai retiré de cette expérience deux disques d'excellent rock'n'roll, et de la crédibilité, tandis que Mick est monté au front pour essayer de devenir une pop star à lui seul. Il y est allé, il a accroché son drapeau, mais il a dû finir par le redescendre. Je ne me réjouis pas de ce qui lui est arrivé, pas du tout, mais je dois dire que ça ne m'a pas surpris. À long terme, il était forcé de revenir aux Stones pour se retrouver lui-même. Pour sa rédemption.

Donc, voilà que les « boulets » reviennent dans le tableau, mon frère. Et ils vont te sauver de la noyade. Je n'allais pas être le premier à tendre une perche, certainement pas. J'étais passé à autre chose. Être avec les Stones dans ces conditions, ça ne m'intéressait pas. J'avais un très bon disque à mon actif et je m'amusais comme un petit fou. J'étais prêt à enchaîner sur un autre album des Winos tout de suite. Et puis il y a eu un coup de téléphone, et pas mal de diplomatie en coulisses. La rencontre qui en a résulté n'a pas été facile à organiser. Le sang avait coulé, il fallait trouver un terrain neutre. Mick refusait de venir en Jamaïque, où j'étais installé – on était au début janvier 1989 –, et moi je n'avais pas l'intention d'aller à l'île Moustique. On a donc choisi la Barbade. Avec les studios Blue Wave d'Eddy Grant à portée de main.

Le premier truc qu'on a fait, ça a été de dire : « Stop. Je ne prends pas le *Daily Mirror* pour porte-voix, mec. C'est du miel pour eux, mais ils vont finir par nous bouffer vivants. » Il y a eu un peu de boxe verbale et puis on s'est mis à rigoler en se rappelant les vacheries qu'on s'était envoyées dans la presse. Ça a sans doute été le déclencheur de l'apaisement. « Non, je t'ai vraiment traité de *ça* ? » On était à nouveau en phase.

Mick et moi on n'est peut-être pas des amis – trop de frottements et d'usure pour ça – mais on est proches comme des frères, et c'est quelque chose qui ne peut pas être brisé. Comment peut-on décrire une relation qui remonte si loin ? Les meilleurs amis restent des amis. Mais les frères se battent entre eux. Je me suis senti trahi, Mick le sait très bien, même s'il ne mesure pas bien la profondeur de ce sentiment. Mais c'est du passé, tout ça s'est produit il y a très longtemps. Je peux dire tout cela, parce que ça vient du cœur. En même temps, je ne laisserai jamais personne dire quoi que ce soit contre Mick en ma présence. Je lui trancherais la gorge.

En dépit de tout, la relation entre Mick et moi marche encore. La preuve, au moment même où j'écris ces lignes on envisage de repartir sur la route ensemble encore une fois. (Mais il faut que nos loges respectives soient aussi loin que possible l'une de l'autre. Je fais trop de bruit pour lui, et je ne supporte pas de l'entendre faire des vocalises pendant une heure.) On adore ce qu'on fait. Lorsqu'on se retrouve, quels que soient les conflits qu'on a pu avoir entre-temps, on oublie tout et on se met à parler du futur. Quand on se retrouve tous les deux, on a constamment des idées. Entre nous, il y a une étincelle électro-magnétique. Ça a toujours été comme ça. Ça nous fait vibrer d'anticipation – et c'est ce qui nous permet de brancher les gens.

C'est ce qui est arrivé à la Barbade. C'était le début de la détente des années 1980. J'ai laissé pisser. Je peux être impitoyable, mais je suis incapable de garder longtemps rancune. Du moment qu'on est ensemble et que je pense qu'il y a encore quelque chose d'important entre nous, tout le reste devient anecdotique. On est un groupe, on se connaît par cœur, alors on a intérêt à reconsidérer tout ça, à réinventer la relation, parce que fondamentalement les Stones sont un machin plus balèze que toi ou moi. Est-ce qu'on peut se retrouver et produire de la bonne musique ? C'est ça, notre truc. Que ça te plaise ou non qu'on dîne à la même table, c'est un autre problème. La clé de cet instant, comme toujours, c'est qu'il n'y avait personne d'autre dans la pièce. Qu'on soit seuls tous les deux ou qu'il y ait une tierce personne, qui que ce soit, la différence est très notable. Peu importe que ce soit la femme de ménage, le cuisinier ou quelqu'un d'autre, ça évolue toujours différemment. Parce qu'il se sert d'eux, il a un public. Quand on est en tête à tête, on parle de ce qui nous arrive. « Hé, je me suis fait virer de chez moi par ma meuf... » Une remarque surgit, une tournure de phrase, on commence à gamberger dessus et bientôt elle prend une résonance au piano, à la guitare, au chant, et la magie opère à nouveau. Je peux sortir plein de trucs de lui et lui de moi. Il est capable de faire en sorte que les choses évoluent sans qu'on y ait pensé, sans qu'on ait pu le prévoir : ça se passe comme ça, c'est tout.

Donc le passé a été vite oublié. Moins de quinze jours après les retrouvailles on commençait à enregistrer notre premier album en cinq ans, *Steel Wheels*, aux studios AIR de l'île de Montserrat, avec Chris Kimsey de retour à la production. Et la tournée « Steel Wheels », le plus grand cirque de notre histoire, était déjà programmée pour août 1989 ! Après avoir failli dissoudre les Stones pour toujours, Mick et moi on se retrouvait sur la route avec vingt ans de plus.

Pour moi, la machine était repartie. Ou bien ça cassait, et toutes les roues[1] se barreraient dans tous les sens, ou bien on survivrait. On avait tous avalé la pilule et on était passés à autre chose. Sans ça, on n'aurait pas pu prendre un nouveau départ. C'était une sorte d'amnésie par rapport au passé récent, bien que les cicatrices fussent encore visibles.

On s'est préparés sérieusement, les répétitions ont duré deux mois. C'était une toute nouvelle organisation, un truc gigantesque. Le set, conçu par Mark Fisher, était la plus grande scène jamais construite. Deux scènes, en fait, qui allaient se succéder tout au long de la route, tandis que le cortège de camions transportait un village amovible où tout avait été prévu, depuis le studio de répétition jusqu'à la table de billard autour de laquelle on s'échauffait avant les concerts, Ronnie et moi. Plus du tout une escouade de pirates écumant la planète. C'était le résultat du remplacement de Bill Graham par Michael Cohl, qui avait été notre promoteur au Canada, changement de personne mais aussi de style. Cette fois, j'ai pris conscience d'être impliqué dans un grand, non, un énorme spectacle. Une nouvelle échelle. Un nouveau deal.

C'est seulement dans les années 1980 que les Stones avaient commencé à gagner de l'argent avec leurs tournées. Celles de 1981 et 1982 avaient marqué le début des méga-concerts dans des stades et des records d'entrées au box-office. Bill Graham, qui les avait conçues, était alors le roi des concerts de rock, infatigable défenseur de la culture alternative, d'artistes inconnus et de bonnes causes, mais aussi de groupes comme le Grateful Dead et le Jefferson Airplane. La période avait aussi été assez louche, avec plein de points d'interrogation, des résultats toujours en dessous de ce qu'ils auraient dû être. En d'autres termes, il fallait qu'on reprenne la main sur nos prestations en public. Rupert Loewenstein avait réorganisé nos finances de sorte qu'on n'était plus grugés de

1. Jeu de mots sur le titre de l'album *Steel Wheels* (Roues d'acier).

quatre-vingts pour cent des revenus, ce qui était sympa. Avant, quand les Stones vendaient un billet à cinquante dollars, ils en touchaient... trois. Rupert a mis en place un réseau de sponsors, il s'est battu pour récupérer des contrats de merchandising qui nous avaient échappé, il a mis fin aux arnaques et magouilles diverses qui nous saignaient à blanc, ou du moins la plupart d'entre elles. Il nous a rendus financièrement viables. J'adorais Bill, c'était un type merveilleux, mais il avait attrapé la grosse tête, il se prenait trop au sérieux, comme ça arrive à tous ceux qui font ce boulot pendant trop longtemps. Non seulement ses partenaires nous dépouillaient, mais en plus ils s'en vantaient ! L'un d'eux racontait même comment il s'était acheté une maison avec notre argent ! Moi, ce genre de combines, je ne veux même pas en entendre parler. Ce qui m'intéresse, c'est de me retrouver sur scène avec ma gratte, et je paye donc des gens pour s'occuper du reste. Je ne peux bien faire mon boulot que si j'ai l'espace qu'il faut pour. C'est la raison pour laquelle on s'associe avec un Bill Graham, un Michael Cohl ou d'autres : pour qu'ils nous libèrent de ce poids, mais à condition qu'on perçoive quand même une part convenable du business. Tout ce dont j'ai besoin, moi, c'est d'avoir dans mon staff quelqu'un comme Rupert ou Jane, quelqu'un qui veille à ce qu'au final les shekels tombent dans la bonne poche. Alors, il y a eu une grande réunion à la Barbade, et on a décidé de lier notre sort à celui de Michael Cohl. À compter de ce moment, c'est lui qui a organisé toutes nos tournées, jusqu'à celle de « A Bigger Bang », en 2006.

Mick a incontestablement le nez pour repérer de bons éléments, mais ils peuvent finir à la poubelle comme de vieilles chaussettes, ou complètement ignorés. Dans notre troupe, un proverbe dit : « Mick les trouve, Keith les garde », et ça s'appuie sur des exemples concrets. Je pense en particulier à deux personnes choisies par lui quand il faisait bande à part et avec lesquelles il m'a mis en contact sans avoir vu qu'il s'agissait de gens exceptionnels que je ne laisserais partir pour rien au monde, ni maintenant ni jamais. Pierre de Beauport, le seul assistant qui accompagnait Mick lors de notre réconciliation, était l'un d'eux. Étudiant, il avait pris un boulot d'été pour apprendre à faire des disques à New York et Mick l'avait emmené avec lui lors de sa tournée en solo. Pierre est non seulement capable de tout réparer, de la raquette de tennis au filet de pêche, mais c'est aussi un génie des guitares et des amplis. Quand j'ai débarqué à la Barbade, je n'avais avec moi qu'un vieil ampli Fender des années 1950 qui marchait à peine et avait un son épouvantable. Pierre, petit jeunot travaillant pour Mick, avait été dûment averti contre toute tentative de franchir les lignes de la guerre froide en cours, comme s'il s'était agi des deux Corée, alors qu'il s'agissait au pire des deux Berlin... Un jour, fonçant à travers les champs de mines, Pierre s'est emparé du *tweedie* – ces amplis vétustes étaient souvent couverts de tweed –, l'a ouvert, entièrement remonté et remis en état. Ça lui a valu une embrassade de ma part, et il ne m'a pas fallu longtemps ensuite pour comprendre que c'était l'homme providentiel. Parce qu'en plus de tout le reste – et il s'est efforcé de le cacher le plus longtemps possible –, il touche sacrément sa bille à la guitare ! Hé, il fait sonner cette saleté mieux que moi ! On a été réunis par notre engouement total, notre amour obsessionnel pour l'instrument. Ensuite, il s'est retrouvé en coulisses avec moi et c'est lui qui me passait mes grattes. Il en est le conservateur et le coach. Mais on forme aussi une équipe sur le plan musical, au point qu'aujourd'hui, quand je pense avoir une bonne idée, je la fais écouter d'abord à Pierre, avant quiconque d'autre.

Chacune des grattes dont Pierre a la charge possède sa personnalité et son petit nom. Il connaît toutes leurs particularités, leur sonorité spécifique. La plupart des gens qui les ont fabriquées, dans les années 1954, 1955, 1956, sont morts depuis longtemps. À supposer qu'ils avaient quarante ou cinquante ans alors, ils seraient aujourd'hui plus que centenaires. À l'intérieur de ces guitares, on peut lire le nom du « contrôleur », celui qui a apposé le sceau du fabricant, et c'est de ces artisans qu'elles tirent leur surnom. Par exemple, pour « Satisfaction » j'utilise beaucoup Malcolm, une Telecaster, tandis que sur « Jumpin' Jack Flash » c'est plutôt Dwight, de la même marque. Micawber est multi-usage, elle a beaucoup d'aigus alors que Malcolm a plus de résonance et que Dwight est quelque part entre les deux.

Je tire mon chapeau à Pierre et à son équipe qui œuvre en coulisses. Sur scène, les pépins arrivent très vite. Ils doivent être capables de réparer immédiatement une corde cassée, avoir une gratte prête avec une sonorité similaire pour la pendre au cou du guitariste, le tout en dix secondes. Au bon vieux temps, si ta gratte avait un problème, tu t'esquivais en laissant les autres continuer et tu la bidouillais vite fait en coulisses, mais avec la vidéo et les films, chaque geste est observé et enregistré. Ronnie est un péteur de cordes notoire. Mick pire encore : dès qu'il joue de la guitare, il la bousille avec son médiator.

Le second recrutement essentiel a été Bernard Fowler, qui continue à chanter aujourd'hui avec le groupe aux côtés de Lisa Fischer et de Blondie Chaplin, qui, eux, sont arrivés quelques années plus tard. Lui aussi avait bossé avec Mick pendant sa période cavalier seul. Ensuite, il a chanté sur mes albums solo et dans toutes les chansons que j'ai écrites depuis qu'il est monté sur scène. Le premier truc que j'ai dit à Bernard, un jour où il enregistrait des voix en studio, ça a été : « Tu sais, j'avais pas envie de t'aimer.

— Pourquoi ça ?

— Parce que t'es un de *ses* gars. » Il a éclaté de rire et la glace a été rompue. D'une certaine manière, j'avais la sensation de l'avoir piqué à Mick, mais je voulais aussi sortir de cette mentalité défensive, et comme nos voix s'harmonisaient super bien, il n'y a pas eu de lézard.

En 1989, pour la tournée « Steel Wheels », j'ai fait revenir Bobby Keys en douce dans le groupe. Ça n'a pas été facile. À part un concert de temps à autre, il n'avait plus joué avec nous depuis plus de dix ans. C'est le temps qu'il m'a fallu pour le ramener, et quand j'y suis parvenu, je n'en ai rien dit à personne, pour commencer. On répétait le nouveau show au Coliseum de Nassau, on en était aux répétitions générales et je n'étais pas trop content des cuivres. J'ai donc appelé Bobby et je lui ai dit : « Monte dans un zinc et planque-toi en débarquant ici. » On allait faire « Brown Sugar » et Bobby jouerait avec nous, mais Mick n'était pas au courant. J'ai juste dit à Bobby : « Quand on jouera "Brown Sugar", entre pour le solo. » Donc, quand le moment est arrivé, Mick m'a lancé un regard et : « C'est quoi, ce bordel ? » Et moi, simplement : « Tu vois ce que je veux dire ? » Et à la fin Mick m'a juste lancé un regard qui signifiait : « OK, rien à redire… » C'est ça, le rock'n'roll, baby ! Mais ça m'a pris encore des années pour le persuader d'accepter à nouveau Bobby dans le groupe. Comme je l'ai déjà dit, certains de mes potes peuvent déconner grave, moi aussi, Mick pareil, et tout le monde itou. Si tu ne merdes jamais, où est ton aura ? Ma vie est pleine d'auras imparfaites. Mick a ignoré Bobby pendant toute la tournée, mais il est resté.

Un autre gus a rejoint la bande à Richards, Steve Crotty. C'est un de ces êtres avec qui on s'est simplement trouvés et qui sont devenus des amis sur-le-champ. Steve est originaire de Preston, dans le Lancashire. Son boucher de père était un mec assez dur, de sorte qu'il s'est cassé de chez lui à quinze ans et qu'il a eu une existence plutôt mouvementée. Je l'ai rencontré à Antigua, où il tenait un restaurant, Pizzas in Paradise, apprécié des musicos et des fous de la mer. Comme tous les types qui enregistraient dans les studios du producteur George Martin à Montserrat passaient et repassaient par Antigua, Steve connaissait plein de monde dans la profession. Nous, on descendait habituellement à Nelson's Dockyard, pas loin de son resto.

J'ai tout de suite accroché avec lui. J'ai reconnu une âme sœur. Il avait fait de la taule, évidemment. Mes potes ont fréquenté les prisons les plus remarquables. Dans le cas de Steve, il était sorti depuis peu de celle de Botany Bay, près de Sydney, là où le capitaine Cook avait posé le pied sur la terre d'Australie. Régime de haute sécurité pour huit ans. Il en a tiré trois et demi, bouclé en permanence avec seulement une heure de sortie par jour. S'il a survécu à un enfer pareil, c'est en grande partie parce que les autres savaient qu'il avait choisi de la fermer et de morfler pour deux copains qui, eux, s'en étaient tirés. C'est un mec comme ça : un cœur d'or dans une enveloppe en acier. Et ça lui a valu d'encaisser plein de coups. Une fois, des marins espagnols totalement bourrés ont débarqué dans son bar à trois heures du mat. « Je ferme », il leur a dit, et ils l'ont pratiquement tué. Plusieurs jours dans le coma, anévrismes, neuf dents en moins, aveugle pendant deux semaines... Pourquoi une telle raclée ? La dernière phase de leur échange y était peut-être pour quelque chose. Steve : « Revenez demain et je vous paie un verre. » Il tourne le dos pour revenir au comptoir et il entend : « Je nique ta mère ! » Alors, lui : « Quelqu'un l'a fait, c'est sûr. Tu veux quoi, que je t'appelle papa ? » Il a morflé pour ça.

Quand il a été remis sur pied, je lui ai demandé s'il voulait bien s'occuper de veiller sur ma baraque en Jamaïque, où il est aujourd'hui le coordinateur de la conférence des Caraïbes. Pendant l'écriture du présent livre, un mec armé d'un pistolet s'est pointé avec l'intention de dévaliser ma maison. Steve l'a assommé avec une guitare électrique, le type est tombé sur le coude et le coup est parti. La balle a pénétré à deux centimètres de la queue de Steve, elle a manqué toutes les artères et les organes vitaux et est ressortie de l'autre côté. Un tir direct, comme on dit au billard. Le cambrioleur a été abattu par la police.

Pendant qu'on répétait à Montserrat, il y a eu un moment où on était à couteaux tirés, littéralement. Ça s'est passé pendant l'enregistrement de « Mixed Emotions ». L'un de nos ingénieurs a été témoin de la scène et je préfère le laisser la raconter. Je ne rapporte pas cet incident uniquement pour me vanter de ma dextérité au lancer de couteau, même s'il est heureux que j'aie produit cette impression ce jour-là, mais aussi pour illustrer comment naît un de mes accès de colère, le voile rouge déjà mentionné qui tombe devant mes yeux : dans ce cas, il s'agissait d'un quidam incapable de jouer de la musique, sans la moindre idée du boulot, qui s'est pointé au studio et a essayé de m'expliquer comment faire une bonne prise. Ouah, ouah, ouah, le vrai petit roquet. Écoutons le récit de ce témoin direct :

Un gros bonnet de l'industrie musicale est venu à Montserrat, invité par Mick, pour parler d'un contrat lié à la tournée. Il avait visiblement une haute idée de ses compétences en tant que producteur. On était en train de réécouter une prise de « Mixed Emotions », qui devait être le premier single de la série. Keith était là, debout avec sa guitare en bandoulière, et Mick aussi, et on écoutait tous. À la fin, le bonhomme dit : « Super morceau, Keith, mais croyez-moi, si vous modifiez un peu l'arrangement ça serait bien meilleur. » Alors, Keith est allé ouvrir la sacoche de médecin qu'il avait, en a tiré un couteau et l'a envoyé dans les airs. Ziiing ! La lame s'est fichée dans le sol, pile entre les jambes du type ! Du vrai Guillaume Tell. Géant. Et Keith : « Écoute bien, fiston, tu n'étais qu'une goutte sur la bite de ton père que j'écrivais déjà des chansons. » Et il est parti. Mick a dû rattraper le coup mais ça a été un moment fantastique. Je n'oublierai jamais ça.

La grande tournée de « Steel Wheels » allait démarrer quand j'ai reçu la visite de Rupert Loeweinsten – pas de Mick, non, il ne se serait pas déplacé –, qui avait été chargé de me prévenir que celui-ci ne prendrait pas la route si Jane Rose était de la partie. Jane était mon manager, et elle l'est toujours au moment où j'écris ces lignes. La dernière fois que je vous ai parlé d'elle, elle me secondait héroï-quement dans mon ultime bataille avec la came suite à mon arrestation à Toronto en 1977, et durant les interminables tracasseries judiciaires qu'elle m'avait values au Canada, mais elle est une présence invisible dans une grande partie de mon récit jusqu'ici. C'était l'été 1989, plus de dix ans avaient passé depuis, et elle était incontestablement devenue une épine dans le pied de Mick, qu'il s'était plantée lui-même. Elle avait travaillé pour nous deux pendant une période incroyablement longue, entre Toronto et 1983. Pendant un moment à titre non officiel, en ce qui me concerne : Mick l'avait chargée de me coller aux basques pour m'aider à m'en sortir. Brusquement, en 1983, il avait décidé de se débarrasser d'elle et l'avait virée sans m'en dire un mot. Quand je l'ai appris, j'ai dit : « Niet. Pas question, mon poteau. Je ne vais pas jeter Jane Rose. » Je lui faisais totalement confiance. Elle était restée à mes côtés à Toronto, je lui en avais fait voir de toutes les couleurs et elle avait commencé à manager ma carrière. Le jour même où il l'a saquée, je l'ai réengagée.

Jane est tout de suite devenue un élément incontournable. Quand Mick avait refusé de partir en tournée en 1986, elle m'avait trouvé un paquet de projets, d'abord une émission spéciale d'ABC avec Jerry Lee Lewis, ensuite la collaboration avec Aretha Franklin sur *Jumpin' Jack Flash*, puis un contrat avec Virgin, qui venait de s'implanter aux États-Unis, pour le disque avec les Winos… On faisait équipe, elle était hyper-motivée, et maintenant Mick prétendait qu'elle ne pouvait pas faire partie de la tournée ! Toujours le même vieux problème : c'était une proche, ça nuisait au contrôle qu'il prétendait exercer sur moi et ça avait aussi contrarié son projet de contrôler toute l'entreprise Rolling Stones. Car elle est tenace, Jane. C'est mon bouledogue. Elle ne lâche pas, et elle finit par gagner la plupart du temps. Cette fois, elle se battait simplement pour que je sois consulté sur les décisions importantes, ce que Mick évitait soigneusement de faire. Alors, elle a fait face à ses tendances autoritaires. Le fait que c'était une nana lui compliquait doublement la tâche.

Elle m'a obtenu des trucs majeurs, le contrat pour les Winos, bien sûr, mais aussi mon apparition dans *Pirates des Caraïbes*, qu'elle a décrochée uniquement grâce à son incroyable ténacité. Quand elle m'a obtenu le deal avec Virgin, Rupert lui a demandé si elle pensait que les Stones feraient bien de passer sur ce label et peu après, en 1991, on a signé avec eux un énorme contrat. Jane, bénie soit-elle, peut être parfois une vraie casse-pieds. Et elle a laissé des bleus sur pas mal de tronches, parce que les gens lui donnent souvent des coups de boule en pensant qu'elle va céder et s'aperçoivent trop tard que c'est un roc. Il ne faut pas se fier aux apparences : c'est une tigresse que j'ai là, et complètement dévouée. Quand Mick a fait son chantage pour qu'elle soit exclue de la tournée dans les années 1980, il était furax parce que j'avais ramené Bobby Keys parmi nous, parce que j'avais défié son ana-thème alors qu'il avait l'habitude de décider de tout. C'était peut-être une façon de régler ses comptes avec moi, mais ma réaction à son ultimatum était particulièrement prévisible : « Si tu ne veux pas de Jane Rose, il n'y aura pas de tournée. » Donc on a pris la route et elle est venue. À un certain niveau, je crois que Mick n'a jamais digéré ce truc, mais bon, il avait choisi un mauvais cheval de bataille.

Il y a des aspects comiques dans tout ça, et l'un d'eux était l'inca-pacité chronique de Mick à me consulter avant de mettre à exécu-tion ses fameuses « grandes idées ». Il était persuadé qu'il avait besoin de toujours plus d'accessoires et d'effets spéciaux. D'un tas de gadgets. D'accord, la bite gonflable était une super trouvaille, mais sous prétexte que deux ou trois trucs avaient bien marché, c'est devenu une accumulation et j'ai dû commencer à renvoyer des extras au début de chaque nouvelle tournée. Personnellement, je pense qu'on fait mieux sans tous ces ajouts, ou alors il faut se contenter d'un minimum. Plusieurs fois, j'ai dû mettre fin à ces projets alors qu'on allait prendre la route. Une fois, par exemple, Mick voulait à tout prix des mecs montés sur des échasses : par chance, il s'est mis à pleuvoir pendant la répétition finale et ils se sont tous cassé la gueule. Une autre fois, j'ai dû disperser pas moins de trente-cinq danseuses qui devaient surgir pendant à peine trente secondes sur « Honky Tonk Women ». Jamais vu ça : je leur ai dit de rentrer à la maison. « Désolé, les filles, allez vous trémousser ailleurs. » C'était cent mille dollars jetés par la fenêtre. Dans les années 1970, Mick avait pris le pli de la politique du fait accompli, croyant que je ne remarquerais pas ses décisions. Même à l'époque, pourtant, presque rien ne m'échappait, surtout quand il s'agissait de choix musicaux. Voici un exemple du genre de fax exaspéré qu'il m'arrivait de lui envoyer :

> « Mick, comment se fait-il que les morceaux soient en train d'être mixés et sur le point de sortir sans ma permission explicite ? Je trouve ça bizarre, pour ne pas dire plus. Le mixage est abominable d'ailleurs, au cas où tu ne l'aurais pas encore remarqué. Ça me tombe dessus comme un fait accompli. Comment peux-tu être aussi négligent ? Qui a choisi les morceaux ? Qui a contrôlé le mixage ? Qu'est-ce qui te permet de penser que tu peux décider ça tout seul ? Tu ne comprendras donc jamais que tu ne peux pas déconner comme ça avec moi ? »

Pourtant, ce n'est pas Mick, pas plus que le reste d'entre nous, qui a conçu les méga-tournées « Steel Wheels », « Voodoo Lounge », « Bridges to Babylon », « Forty Licks », « A Bigger Bang », ces gigantesques spectacles ambulants qui nous ont gardés sur la route plusieurs mois d'affilée de 1989 à 2006. C'est parce que le public le voulait qu'on est passés à cette échelle. Les gens nous demandent : « Pourquoi vous continuez ? Vous avez encore besoin de combien de fric ? » Bon, tout le monde aime se faire de la thune, mais nous, on avait juste envie de faire ces shows. On découvrait un format entièrement nouveau, inconnu. On était comme des phalènes attirées par la flamme parce que c'était ce que les gens voulaient. Qu'est-ce qu'on était censés leur dire ? Ils devaient avoir raison. Moi, je préfère les vraies salles de concert, mais comment caser tout ce peuple ? On n'a jamais mesuré l'ampleur que tout ça allait prendre. Comment ça a pu devenir aussi balèze alors qu'on ne faisait rien de très différent de ce qu'on faisait déjà au Crawdaddy Club en 1963 ? Notre programme habituel, c'est deux tiers de standards des Stones, des classiques. La seule nouveauté, c'est que le public a explosé et que le spectacle dure plus longtemps. À nos débuts, un concert important, c'était vingt minutes. Les Everly Brothers jouaient peut-être une demi-heure, jamais plus. Quand tu étudies une tournée, tu appliques une arithmétique toute froide : combien de derrières à asseoir, combien de fric pour monter le show... C'est une équation. On peut dire que c'est Michael Cohl qui a donné cette ampleur à nos opérations, mais il l'a fait en évaluant la demande, après huit ans d'absence des Stones sur les scènes du monde, et en prenant des risques calculés. Au départ, on n'était pas sûrs à cent pour cent que l'attente du public était toujours aussi forte, mais il est apparu que Cohl avait vu juste dès que la vente des billets a commencé à Philadelphie, lorsqu'on s'est aperçus qu'on aurait pu faire trois fois salle comble.

Les tournées, c'était le seul moyen de survivre. Les droits générés par les ventes de disques couvraient à peine les coûts de fonctionnement, et on ne pouvait pas tourner en s'appuyant sur la sortie d'un nouvel album comme dans l'ancien temps. En fin de compte, les méga-tournées ont constitué la source de revenus qui permettait à la machine de continuer à fonctionner. À une plus petite échelle, on n'aurait même pas été sûrs de rentrer dans nos frais. Les Stones étaient une exception, dans le business, parce que le show avec lequel on remplissait des stades restait fondé sur la musique et rien d'autre. Pas de numéro de danse ni de play-back pour chauffer l'assistance : les Stones et rien que les Stones.

Pour toutes sortes de raisons, ce type de tournée aurait été inconcevable dans les années 1970. Il y a eu des chuchotements indignés comme quoi on était devenus une entreprise commerciale, une pompe à pub, avec tous les sponsors qu'on attirait, mais ça aussi, ça faisait partie des revenus basiques, de la fameuse équation. Comment ça se paie, une tournée ? Tant que ça aboutit à un deal satisfaisant pour le public et pour les musiciens, c'est aux financiers de se débrouiller. Il y avait évidemment les séances de relations publiques avec les boîtes, quand les gens arrivent, te serrent la pogne et posent pour la photo. Ça faisait partie de notre contrat et, à vrai dire, c'était plutôt fun. Des tas de zigues imbibés qui font la queue pour avoir leur moment de : « Hé, comment ça va, baby ?

— On vous adore !

— Salut, mon frère... » Un petit bain de foule. Tous ces gens travaillent pour des boîtes qui nous sponsorisent, alors ça fait partie de notre boulot. « Ah bon, il faut y aller de suite ? Finissons vite la partie de billard, c'est l'heure d'aller serrer des paluches. » C'est rassurant, d'une certaine façon. Ça veut dire qu'il reste deux heures avant l'entrée en scène. Comme ça, tu sais où tu en es. Tout le monde apprécie ce genre de petits repères, surtout quand tu changes de ville chaque jour.

Le plus gros problème avec les stades géants, les décors gigantesques, les concerts en plein air, c'est le son. Comment transformer un stade en boîte de nuit ? La salle de rock'n'roll idéale, c'est un très grand garage, tout en brique, avec un bar au fond. Il n'y a pas d'endroit conçu pour ce genre de musique en particulier, nulle part au monde. Tu dois te caser dans des espaces qui ont été construits pour d'autres fonctions. Ce qu'on préfère, bien sûr, c'est un environnement gérable. Certains théâtres comme l'Astoria, de bonnes salles de danse comme le Roseland à New York ou le Paradiso d'Amsterdam, ou encore cette excellente boîte de blues et jazz à Chicago, le Checkerboard... Il y a une taille et un volume qui conviennent bien à notre musique. Quand on joue en plein air dans l'un de ces stades immenses, on ne sait jamais vraiment si on ne va pas avoir une mauvaise surprise.

Sur des scènes pareilles, un autre type rejoint le groupe : Dieu. Soit il est bienveillant, soit il se manifeste sous la forme d'un vent défavorable qui emporte le son hors de l'enceinte, et dans ce cas ceux qui ont la chance d'écouter le meilleur son des Stones au monde se trouvent à trois bornes – alors qu'ils n'en ont pas forcément envie. Heureusement, j'ai ma baguette magique. Avant un concert, on vérifie la sono et je me munis presque toujours d'un de mes bâtons pour accomplir quelques signes cabalistiques dans le ciel et sur le sol. « OK, il va faire frais, ce soir. » C'est de la pure superstition, d'accord, mais si je me pointe à un concert en plein air sans ma baguette, ils pensent tous que je suis malade. Et le temps s'arrange presque toujours au moment où on envoie le jus.

Certaines de nos meilleures prestations se sont déroulées dans les pires conditions imaginables. À Bangalore, lors de notre tout premier concert en Inde, leur fameuse mousson a pété juste au milieu du premier morceau de la soirée et nous a dégringolé dessus jusqu'à la fin. Je ne voyais plus les frettes de ma guitare, avec la pluie qui giclait partout. « Mousson à Bangalore », on l'appelle encore aujourd'hui, et ça a été un rude show mais aussi un super show. Qu'il bruine, neige ou pleuve des cordes, le public reste. Si vous restez avec eux pendant que les éléments se déchaînent, les gens tiennent bon, ils kiffent la musique et ils oublient le temps pourri. Le plus pénible, c'est quand il fait froid. Ça devient vraiment dur de jouer avec les doigts gelés. Ça n'est pas arrivé très souvent, parce qu'on essaie de l'éviter tant que faire se peut, mais dans ce cas Pierre aura installé des gars en coulisses pour nous passer des sachets chauffants qu'on serre dans nos mains une minute ou deux entre chaque chanson, histoire d'éviter que les doigts gèlent complètement.

J'ai chopé une cicatrice à un doigt après m'être brûlé jusqu'à l'os pendant le tout premier titre d'une soirée. J'en suis responsable. J'avais prévenu tout le monde : « Reculez au début du show, il y aura un grand feu d'artifice », et puis j'ai complètement oublié.

Donc je pars sur le devant de la scène, les trucs se mettent à péter et je reçois un bout de phosphore chauffé à blanc juste sur le doigt. Ça fume, ça crame et je sais que je ne dois surtout pas y toucher, parce qu'autrement je vais l'étendre. Je joue « Start Me Up » et il faut que je laisse la chair brûler ! Pendant les deux heures suivantes, j'ai regardé l'os à nu.

Je me souviens d'un concert en Italie où j'ai vraiment cru que j'allais tomber dans les pommes. C'était à Milan, dans les années 1970. Je tenais à peine debout, je n'arrivais plus à respirer. L'air était complètement mort, étouffant, et j'ai commencé à me sentir vraiment mal. Mick tenait difficilement le coup. Charlie, lui, est toujours un peu à l'ombre, mais moi, j'étais en pleine pollution milanaise, dans la chaleur et les vapeurs chimiques, sous un soleil de plomb... Il y a eu quelques shows comme ça. Parfois, je me réveillais avec plus de trente-neuf de fièvre mais j'y allais quand même, je me disais : « Tu peux le faire, tu vas sans doute suer cette merde sur scène. » Et c'est ce qui se passait la plupart du temps. J'arrivais avec une fièvre de cheval et je repartais totalement rétabli, simplement grâce à l'effort physique. Parfois, j'aurais mieux fait d'annuler le concert et de rester au lit, mais si j'estime que je pourrai tenir tant bien que mal sur mes guiboles, j'y vais, et avec une bonne suée je m'en sors. En certaines occasions, j'ai carrément été malade sur scène. Vous ne pourriez pas croire le nombre de fois où j'ai gerbé derrière les amplis ! Mick préfère faire ça derrière les tréteaux, Ronnie aussi. Souvent, c'est à cause des conditions climatiques, pas assez d'air, trop de chaleur. Dégueuler, ce n'est pas un drame. Ça sert à se sentir mieux. « Où est passé Mick ?

— Il gerbe en coulisses.

— Bon, le suivant, c'est moi ! »

Quand tu joues dans un stade géant, tu ne peux qu'espérer que ta première note remplira l'espace et ne sonnera pas comme un soupir de chauve-souris. Le truc qui sonne génialement la veille dans une petite salle de répétition peut, une fois transposé sur une méga-scène, ressembler aux couinements de trois souris prises dans une tapette. Pour la tournée « A Bigger Bang », on avait Dave Natale, le meilleur ingénieur du son avec qui j'aie jamais travaillé. Même avec un cador pareil, on ne peut jamais tester entièrement le son dans un grand stade tant qu'il n'est pas rempli de spectateurs, et donc on ne peut jamais connaître l'acoustique réelle avant la première note. Et lorsque Mick doit s'éloigner du groupe, cavaler jusqu'en bas d'une rampe, on n'est jamais sûrs qu'il entendra là-bas la même chose que nous entendons, nous : il suffit d'une fraction de seconde de décalage pour que le tempo soit foutu. Et comme maintenant il chante à la japonaise, sauf si on le freine un peu, c'est encore plus complexe. C'est tout un art. Il faut des musicos sacrément unis pour parvenir à modifier la rythmique du morceau afin que le chanteur retombe sur la bonne mesure. Pour parvenir à ça, le groupe s'est mis à contretemps, puis à nouveau sur le temps, le tout deux fois de suite, mais le public n'y a vu que du feu. J'attends que Charlie regarde Mick pour se caler sur sa gestuelle et non sur le son puisqu'on ne peut pas s'y fier, à cause de l'écho ; là, il marque juste une petite syncope, surveille comment Mick tombe dans le rythme et, bam, je reviens.

Dieu sait pourquoi on a besoin de dévaler toutes ces rampes, ce qui n'apporte rien à la musique, vu qu'on ne peut pas très bien jouer en courant, et en plus il faut te magner de remonter une fois que tu es en bas, et tout le temps tu te dis : « Mais pourquoi je cavale comme ça ? » On a appris une chose : aussi gigantesque que soit le stade, si tu concentres le groupe autour d'un point, tu arrives à te persuader qu'il est petit. Avec les écrans géants des concerts d'aujourd'hui, le public peut voir de près quatre ou cinq types réellement ensemble, compacts, et c'est une image bien plus forte qu'une bande de gus qui s'éparpillent en courant dans tous les sens. Plus on fait ce genre de concerts, plus on se rend compte que ce sont les écrans qu'on regarde, pas la scène. Moi, je suis une allumette, je ne fais qu'un mètre soixante-dix-sept et je ne serai jamais plus grand que ça, quel que soit l'angle selon lequel on me regarde.

Pendant ces tournées éprouvantes tu deviens une sorte de machine, tout ce que tu fais tourne autour du concert. Dès le réveil, tu es en train de te préparer pour le concert, tu y penses toute la journée, même si tu crois tout tenir en main. Après, tu peux profiter de quelques heures de liberté, si tu n'es pas totalement lessivé. Quand on part en tournée, il me faut deux ou trois jours avant de choper le feeling, avant de sentir le groove dans lequel je me trouve. Une fois que je suis lancé, je peux faire ça indéfiniment. Mick et moi, on n'aborde pas ça de la même manière. Mick a un boulot beaucoup plus physique que le mien, si ce n'est que je porte les trois ou quatre kilos que pèse ma guitare. C'est une concentration d'énergie différente. Il s'entraîne beaucoup. Tout ce que je fais en matière d'entraînement et de préservation de mon énergie, c'est de continuer à respirer. Ce qui te tue c'est les kilomètres, la bouffe d'hôtel, tout ça. C'est dur, parfois. Mais dès que je monte sur scène, tout s'évanouit comme par enchantement. La performance sur scène n'est jamais tuante. Je peux jouer la même chanson encore et encore, des années durant. Quand vient le moment de reprendre « Jumpin' Jack Flash », ce n'est jamais une redite, c'est toujours une variation. Toujours. Je ne pourrais pas jouer deux fois la même chanson si je pensais que c'était mort. Ça ne sortirait pas. La vraie libération, c'est le moment où on entre en scène. Une fois qu'on est là-haut, c'est du pur bonheur, on s'amuse. Mais il faut un peu d'endurance, bien sûr. Et le seul moyen de garder l'élan pendant des tournées aussi longues, c'est de se nourrir de l'énergie que le public nous renvoie. C'est mon carburant. Je n'ai rien d'autre que ce feu incroyable, surtout quand j'ai une guitare entre les mains. La décharge de joie sauvage quand tu les fais se lever de leur siège, c'est hallucinant. Allez, on y va, lâchons tout ! Donnez-moi de l'énergie et je vous en rends le double. C'est comme une énorme dynamo, ou un générateur. Impossible à décrire. Et on en arrive à compter sur cet apport : c'est grâce à leur énergie que je peux continuer. Si l'endroit était vide, je serais incapable d'aller jusqu'au bout. À chaque show, Mick parcourt près de quatorze bornes, moi la moitié mais avec une guitare en bandoulière. Sans l'énergie du public, on n'en serait pas capables, on ne rêverait même pas d'y parvenir. Et le public te pousse aussi à lui donner le meilleur de toi-même. À te surpasser, oui. Et c'est comme ça chaque soir qu'on monte sur scène. Une minute plus tôt, tu étais encore en train de glander avec le reste du groupe, genre « On commence par quoi, déjà ? Allez, on se tape un dernier joint », et puis soudain tu te retrouves là-haut. Ce n'est pas une surprise à proprement parler, puisque c'est pour ça qu'on est là, mais je vibre de tout mon corps. « Ladies and gentlemen, the Rolling Stones ! » Ça fait quarante ans et des poussières que j'entends cette annonce, mais dès que j'attaque la première note, quelle qu'elle soit, c'est comme si la Datsun que je conduisais jusque-là venait de se transformer en Ferrari. Au premier accord, je sens comment Charlie va entrer à la batterie et comment la basse de Darryl Jones va nous rejoindre. C'est comme si on allumait une fusée sous tes pieds.

Quatre ans se sont écoulés entre la tournée « Steel Wheels » et celle de « Voodoo Lounge », qui a démarré en 1994. Ça nous a donné, au groupe et à moi-même, du temps pour faire autre chose musicalement, pondre des disques en solo ou en *guest star*, des albums commémoratifs et d'autres formes d'hommages à nos idoles musicales. Au final, j'ai joué avec presque tous mes héros de jeunesse encore en vie : James Burton, les Everly Brothers, les Crickets, Merle Haggard, John Lee Hooker et George Jones, avec qui j'ai enregistré « Say It's Not You ». La distinction dont j'ai été le plus fier, c'est quand Mick et moi avons été admis au Songwriters Hall of Fame (le panthéon des compositeurs de chansons les plus célèbres), en 1993, parce que c'est Sammy Cahn qui a signé notre parrainage sur son lit de mort. Il m'avait fallu des années pour apprécier à leur juste valeur le talent des compositeurs et des musiciens de Broadway, longtemps je les avais rejetés ou ils me laissaient complètement froid. Et puis, quand j'ai commencé à écrire des chansons tout seul, j'ai pu mesurer l'art de la construction musicale et le savoir-faire de ces types. Je porte la même estime à Hoagy Carmichael, dont je n'oublierai jamais le coup de fil qu'il m'a passé six mois avant sa mort[1].

Je prenais un break de quinze jours avec Patti à la Barbade. Un soir, notre gouvernante déboule : « Monsieur Keith ! Il y a Mr Michael au téléphone. » J'ai tout de suite pensé à Mick, bien sûr, mais ensuite elle a ajouté qu'elle croyait que c'était plutôt Carmichael. J'ai dit : « Carmichael ? Je ne connais aucun Carmichael. » Et là, j'ai été pris d'une sorte de frisson. « Demandez-lui son prénom », je lui dis, elle revient, elle dit : « Hoagy. » J'ai regardé Patti. C'était comme si je venais d'être convoqué à l'assemblée des dieux ! Une impression vraiment bizarre. Hoagy Carmichael me téléphone ? À moi ? C'est forcément une plaisanterie. Alors, je prends le téléphone et, non, c'est bien lui, *le* Hoagy Carmichael ! Il avait entendu ma version d'une de ses chansons, « The Nearness of You », que j'avais donnée à notre avocat, Peter Parcher. Peter avait adoré mon enregistrement et le jeu au piano, et il avait envoyé la bande à Hoagy. J'avais traité le thème dans le style rade louche, en le mettant délibérément sens dessus dessous. Je ne suis pas bon au piano et j'improvisais, c'est le moins qu'on puisse dire, juste pour que ça ait un peu de gueule… Et voilà Carmichael au bout du fil qui me dit : « Mec, j'ai entendu ta version et, merde,

---

1. Sammy Cahn (1913-1993) et Hoagy Carmichael (1899-1981), deux figures emblématiques de l'American Song Book, l'un auteur lyrique à l'origine de nombreux thèmes devenus classiques, dont plusieurs chansons de Frank Sinatra, l'autre compositeur et directeur d'orchestre et auteur de standards tels que « Stardust » ou « Georgia On My Mind ».

c'est exactement comme ça que je l'entendais quand je l'ai composée ! » J'avais toujours pensé qu'il était hyper-conservateur, un vrai type de droite, et donc je ne voyais pas comment il pouvait m'apprécier, moi ou le fait que je réinterprétais sa chanson. Et voilà qu'il me disait qu'il aimait ! Et le compliment venait de… waouhhh ! Je devais être mort et monté droit au paradis sans m'en rendre compte ! Du gâteau ! Il a continué : « Tu es à la Barbade, exact ? Il faut que tu ailles au premier bar et que tu commandes un *corn'n'oil* ! » C'est une boisson à base de rhum brun et de *falernum*, un sirop épicé du cru, à base de sucre de canne. Pendant les quinze jours suivants, je n'ai rien bu d'autre.

Dans la dernière ligne droite de la tournée « Steel Wheels », on a libéré Prague, ou presque. Pan dans l'œil de Staline ! On a joué là-bas juste après la révolution de Velours, qui venait de mettre fin au régime communiste. *Tanks Roll Out, Stones Roll In*, proclamaient les manchettes des journaux : les tanks s'en vont, les Stones arrivent ! C'était un coup de maître de Vaclav Havel, le dirigeant politique qui venait de conduire la Tchécoslovaquie à la liberté sans effusion de sang, une idée géniale à laquelle on a été heureux de participer. Havel est probablement le seul chef d'État au monde à avoir prononcé un discours – et même à avoir envisagé de le prononcer – sur le rôle de la musique rock dans les bouleversements politiques à l'Est. C'est le seul et unique politicien que je sois fier d'avoir rencontré. Un type adorable. Au palais présidentiel, il avait braqué un gigantesque télescope en cuivre sur la cellule de prison dans laquelle il avait passé six années : « Chaque jour, je regarde dedans pour essayer de mieux comprendre la vie. » Pour lui, nous avons illuminé le palais. Ils n'avaient pas les moyens de le faire, alors on a chargé Patrick Woodroffe, notre éclairagiste génial, de concevoir l'éclairage du vieux château. Patrick lui a offert un vrai Taj Mahal ! Ensuite, on a donné à Havel une petite télécommande avec la langue des Stones dessus et il s'est promené dans tout le palais, illuminant ceci ou cela. Des statues sortaient soudain de l'obscurité, presque vivantes. Il était comme un gamin à appuyer sur les touches et à pousser des cris admiratifs. Ce n'est pas tous les jours qu'on approche de si près un président et qu'on peut dire après : « Nom de Dieu, ce type me botte ! »

Dans n'importe quel groupe, on réapprend sans cesse à jouer ensemble. On a l'impression d'être chaque jour un peu plus soudés, un peu meilleurs. C'est comme une famille unie. Si l'un des membres s'en va, c'est un deuil, un déchirement. Quand Bill Wyman est parti en 1991, ça m'a mis d'une humeur noire. Je lui ai passé un savon vraiment terrible. Je n'ai pas été très sympa. Il a dit qu'il ne pouvait plus monter dans un avion, point final. Il s'était mis à se rendre d'un concert à l'autre en voiture à cause de cette peur du zinc qui le prenait de plus en plus. Moi : « C'est pas une excuse, arrête tes conneries ! » Je n'arrivais pas à y croire. Enfin, quoi, je m'étais retrouvé dans quelques-uns des avions les plus pourris de la planète avec ce type et il n'avait jamais moufté ! Mais bon, j'imagine que c'est un état qui peut se développer, chez certaines personnes. À moins qu'il ait calculé les statistiques sur son ordinateur. Il était très branché par l'informatique, c'est l'un des premiers à avoir eu un ordi. Je suppose que c'était satisfaisant pour son esprit ultra-précis, minutieux. Oui, il a sans doute dû sortir quelque chose de sa bécane, comme la probabilité de se crasher après tant de milliers de bornes parcourues dans les airs. Je ne sais pas pourquoi il redoute à ce point la mort. Le problème n'est pas de l'éviter, c'est de savoir où elle se produira, et comment.

Après, qu'est-ce qu'il a fait ? Il s'était affranchi des contraintes sociales grâce à la chance et à son talent, une aubaine qui se produit une fois sur dix millions, et il a replongé dedans tête la première ! Il a ouvert un petit commerce. Un pub, tu parles d'une manière de dépenser son énergie ! Pour quelle raison tu voudrais abandonner le meilleur groupe de cette foutue planète dans le seul but de lancer un *fish and chips* qui s'appelle... Sticky Fingers ? « Les doigts collants », très drôle. C'est un titre à nous qu'il a emporté avec lui ! Et son troquet a l'air de bien marcher.

On ne peut pas en dire autant de la tentative tout aussi inexplicable de Ronnie, son incursion dans l'industrie de la restauration-divertissement, ce cauchemar qui consiste à veiller constamment sur le tiroir-caisse pour que les gens ne puisent pas dedans. Bon, le rêve de sa femme, Josephine, était d'ouvrir un centre de remise en forme. Ils l'ont fait et ça a été un désastre, une descente en flammes dans les procédures de faillite tout aussi cauchemardesque.

On n'a annoncé le départ de Bill qu'en 1993, après lui avoir trouvé un remplaçant. Ça a pris du temps mais on a dégotté quelqu'un de totalement sympa. On n'a pas eu besoin de chercher loin, finalement : Darryl Jones gravitait dans la sphère des Winos, c'était un grand pote de Charley Drayton et de Steve Jordan, donc vraiment dans l'orbite des Stones. D'après moi, c'est un énorme musicien, magnifique et complet. En plus, il avait joué pendant cinq ans avec Miles Davis, ce qui n'a certainement pas déplu à Charlie Watts, formé à l'école des grands batteurs de jazz. Et il s'est intégré au groupe très, très vite. J'aime vraiment jouer avec Darryl. Il me provoque constamment. On se marre prodigieusement sur scène : « Ah, tu veux aller par là ? Très bien, poussons le truc un peu plus loin. » On sait que Charlie assurera de toute façon, alors déconnons un peu ! Envoyons la sauce ! Et Darryl est toujours là, il ne m'a jamais laissé le bec dans l'eau.

Bien qu'ils se soient dispersés après leur premier disque, les X-Pensive Winos avaient laissé une empreinte fumante dans la culture populaire avec leurs thèmes brûlants, par exemple « Make No Mistake », leur contribution à la bande-son du célèbre feuilleton « Les Sopranos » au côté de « Thru and Thru », par les Stones. Nous étions prêts à opérer un come-back et nous avons convergé à New York pour l'organiser. On formait une bande un peu moins fraîche que les musicos débordant d'enthousiasme qui avaient répondu à l'appel cinq ans plus tôt. Le pinard coûteux avait depuis longtemps cédé la place au Jack Daniel's, quand il s'agissait de se désaltérer. Pour notre premier disque, on était en pleine nature canadienne, dans la forêt, et on avait éclusé toutes les bouteilles de Jack dans un rayon de quatre-vingts bornes à la ronde, alors même que la première semaine tirait à peine à sa fin ! On avait dévalisé tous les magasins de gnôle de la contrée, au point de devoir envoyer quelqu'un en chercher à Montréal. Et alors que nous étions réunis pour ce second départ, le Jack Daniel's a de nouveau coulé à flots, et d'autres trucs aussi, si bien que le travail s'en est quelque peu ressenti et les choses ont commencé à traîner en longueur. À telle enseigne que votre serviteur, Keith Richards, a dû décréter un embargo sur le Jack pendant les séances. C'est de ce moment que date officiellement mon lâchage du bourbon pour la vodka. Quant à mon interdiction, elle a incontestablement permis de repartir sur un meilleur pied. Après ça, deux, voire trois membres de la formation ont complètement laissé tomber l'alcool et n'en ont jamais plus bu une goutte.

Avant mon opération de rationnement, nous avons dû essuyer une soudaine explosion de colère de la part de Doris, indignée par ce dont elle avait été le témoin de l'autre côté de la vitre du studio et qu'elle avait interprété comme des manœuvres dilatoires pour ne pas se mettre au boulot. De passage à New York, elle était venue nous écouter et Don Smith l'avait pilotée dans le bâtiment. Don est mort alors que j'écrivais ce livre et il nous manque beaucoup. Voici ses souvenirs de la visite de ma mère :

Don Smith : Keith et les autres sont au studio pour enregistrer des voix supplémentaires, au lieu de quoi ils restent là à déblatérer pendant une bonne vingtaine de minutes. « Qu'est-ce qui se passe ? » me demande Doris. Elle me dit qu'elle voudrait leur parler, comment faire ? Je lui montre la touche de *talk-back*, elle appuie dessus et hurle dans le micro : « Vous allez arrêter vos bêtises et vous mettre à bosser, vous autres ! (…) Ce studio coûte de l'argent, et vous, vous ne faites que bavasser, d'ailleurs personne ne comprend un traître mot de ce que vous racontez, alors au boulot, crénom ! Je ne me suis pas tapé ce foutu voyage depuis l'Angleterre pour passer la nuit à vous écouter jaboter ! » En fait, ses propos étaient bien plus détaillés et énergiques, et pendant trente secondes ils ont vraiment eu peur. Ensuite, tout le monde a rigolé et ils se sont vite retroussé les manches.

Grâce à Doris, donc, on s'est remis au boulot et rapidement un régime d'enfer s'est installé, que je vais laisser Waddy décrire :

Waddy Wachtel : On commençait à sept heures du soir et ensuite on bossait douze heures d'affilée au moins. Mais au fur et à mesure, on a commencé à dire : « Et si on démarrait plutôt à huit heures ? », puis à neuf, et à onze. Et d'un coup, Dieu m'est témoin que je ne raconte pas d'histoires, on attaquait à une heure du mat, puis à trois ! Un matin, on est tous en voiture, Keith est là avec son verre plein, lunettes noires sur le nez, le soleil brille et soudain il lance : « Hé, attendez un peu, quelle heure il est ?

— Huit heures », on répond en chœur. Et lui : « Demi-tour ! Je vais pas bosser à huit du mat, moi ! » Il avait décalé ses horaires habituels jusqu'au maximum.

On est restés des semaines à essayer de finir ce disque. On était à New York en plein été mais je n'ai pas vu le soleil une seule fois. On émergeait du studio à l'aube, il faisait gris, et ensuite je rentrais à l'hôtel, je pionçais toute la journée et je retournais bosser à la nuit tombée. Pour donner une idée du temps dément que ça a pris, je vais vous raconter une histoire. Je fumais comme un pompier, à cette époque, et j'avais un de ces minibriquets Bic. Jane Rose avait annoncé qu'on avait un mois et demi pour boucler l'album. Alors, j'ai dit à Keith : « Bon, tu vois ce briquet… » Et j'ai allumé une clope. « … Ces briquets durent environ un mois et demi. Donc, quand ce briquet rose sera vide, on devra avoir terminé. » Il m'a répondu : « D'accord, mec, pas de souci, on va surveiller ton briquet. » Six semaines passent, j'achète un autre briquet rose et je ne dis rien. On est presque à deux mois, et à chaque fois que Keith prend une cigarette, je me précipite pour l'allumer avec le briquet rose. Et il le voit, mais on a encore plein de temps, pas vrai ? Trois briquets plus tard, Annie, ma femme, vient me rendre visite à New York et je lui dis : « Chérie, j'ai une mission pour toi. Il faut que tu sortes et que tu trouves absolument tous les mini-briquets Bic roses que tu peux. » Parce que là, on en est au mixage. Finalement, on mixe le dernier titre, « Demon », et le résultat est vraiment chouette. Pendant les trois ou quatre derniers jours, je me suis baladé les poches pleines de briquets roses, il y en avait au moins une douzaine. On met en boîte « Demon », donc, et Keith se pointe, très content et tout, et il dit : « Aaaah, je vais me faire une clope ! » Moi : « Attends, je te donne du feu. » Et je sors tous les briquets d'un coup ! Alors, il crie : « Enfoiré ! Je savais bien qu'il y avait un lézard ! »

Le simple fait de se rendre au studio pouvait tourner à la cata. Un jour, il y a eu un léger malentendu dans un bar où on s'était arrêtés, Don et moi, boire un verre en nous rendant à une séance. Ça m'est arrivé tellement souvent qu'un sale connard me cherche des crosses simplement à cause de qui je suis… Ce jour-là, c'est la bêtise crasse du type qui m'a fait sortir de mes gonds. Don l'a vu de ses propres yeux :

Don Smith : J'attendais Keith en bas de son appartement, on devait se rendre au studio à pied et il y avait un bar en chemin où on aimait bien boire un coup. À peine le DJ nous avait-il vus qu'il s'est mis à passer des chansons des Stones. Après la deuxième,

Keith est allé vers lui et lui a dit poliment : « Est-ce que tu pourrais arrêter ? On est juste là pour boire un verre avant d'aller bosser, d'accord ? » Mais le zigue en a mis une autre, et encore une autre. Keith s'est approché, a sauté par-dessus la table, l'a attrapé et le type s'est retrouvé par terre en un clin d'œil, avec un genou sur la poitrine. Et nous, on est là : « Hé, Keith, on devrait peut-être y aller ?

— Ouais, OK… »

Après, il y a eu une autre tournée intense des Winos, jusqu'en Argentine où on a été accueillis par un ramdam comme on n'en voit plus depuis les années 1960. Comme les Stones n'avaient jamais été là-bas, on est tombés en pleine beatlemania congelée dans le temps et libérée pour notre arrivée. Notre premier concert a eu lieu dans un stade noir de monde, quarante mille personnes, avec un niveau de bruit et d'énergie incroyable. Par la suite, j'ai convaincu les Stones que l'Argentine était un marché pour nous, avec des tonnes de gens qui nous aimaient. J'ai amené Bert à Buenos Aires et on est descendus dans un hôtel fabuleux, l'un de mes préférés au monde, le Mansión, où on nous a donné une très belle suite. Chaque matin, il se réveillait en gloussant parce qu'il entendait : « Olé, olé, Richards, olé, olé, Richards… » C'était la première fois que son nom de famille était scandé au son des tambours en guise de réveil pour le petit déj. Il a dit : « Je croyais que c'était pour moi ».

On avait appris à vivre relativement bien avec nos désaccords, Mick et moi, mais il a fallu pas mal de diplomatie pour nous réunir à nouveau en 1994. La Barbade a été encore une fois le terrain choisi pour décider si on s'entendait suffisamment pour faire un autre album. Ça s'est bien passé, comme c'est presque toujours le cas quand on est seuls. J'ai juste amené Pierre, qui travaillait désormais pour moi. On s'est installés dans un bâtiment sur une plantation de citronnelle et c'est là que je me suis fait un compagnon qui allait donner son nom au disque et à la tournée qui a suivi, *Voodoo Lounge*.

Un orage a éclaté, un de ces déchaînements de pluie tropicale, mais j'ai quand même tenté une sortie rapide pour me ravitailler en cigarettes. Brusquement, j'entends une sorte de miaulement et je me dis que ça doit être un de ces énormes crapauds de la Barbade, des bestioles qui font le même bruit qu'un chat. Je regarde : à l'autre bout d'un tuyau d'égout, sur le trottoir, j'avise un chaton détrempé. J'avance la main, il me mord. Je savais que c'était plein de matous, là-bas. Oh, tu venais de ce tuyau, ta mère habite par là ? Donc, je le pousse à l'intérieur, je me redresse et il jaillit encore du tuyau. Il n'était pas le bienvenu là-dedans, visiblement. J'essaie encore. Je dis : « Allez, c'est ton gosse, non ? » Il revient à nouveau au bord du tuyau, affolé. Et cette manière qu'il a de me regarder, le petit nabot ! Alors je me suis dit : « Merde, d'accord, viens ! » Je l'ai fourré dans ma poche et je suis rentré en courant, dégoulinant de flotte. J'apparais à la porte dans mon peignoir de bain léopard trempé et maculé de boue, un type qui serait passé sous une lance à incendie en portant un chaton. Pierre, on a un petit souci, là. Il était clair qu'il ne passerait pas la nuit si on ne s'occupait pas de lui. Alors on a essayé la méthode basique, on a rempli une soucoupe de lait et on lui a mis la tête dedans. Il a bu, ça voulait dire que c'était un pêchu et qu'il fallait juste l'aider à prendre des forces, à grandir. On l'a appelé « Voodoo », parce qu'on était à la Barbade et que sa survie tenait de la magie, du vaudou. Et donc notre villa est devenue « Voodoo's Lounge » (le salon de Voodoo), et j'ai écrit le nom sur des pancartes que j'ai installées tout autour. Pendant des semaines, le chat n'a pas quitté mon épaule ou est resté tout près de moi. Je devais le protéger des chats de la propriété, des mâles qui ne voulaient pas de lui dans les parages. Je leur ai balancé des pierres, ils s'étaient regroupés comme une bande prête au lynchage : « Donnez-nous ce freluquet à la con ! » Et ensuite Voodoo s'est retrouvé chez moi, dans ma maison du Connecticut. On ne pouvait plus se quitter après avoir vécu ça. Il a disparu en 2007. C'était un chat des rues, à la base.

Pour bosser sur *Voodoo Lounge*, on a tous rallié la demeure irlandaise de Ronnie dans le comté de Kildare et tout s'est bien passé. Un jour, on s'est aperçus que Jerry Lee Lewis vivait juste à côté, à peine à une heure ou deux de route. Il se cachait du fisc américain, ou quelque chose de ce genre. On lui a donc proposé de venir jouer un peu avec nous, mais il voyait les choses d'une certaine manière, à l'époque, ou il nous a mal compris, parce qu'il s'est mis en tête qu'il allait faire un disque de Jerry Lee Lewis accompagné par les Stones. On avait juste suggéré de jouer ensemble pour le fun : voilà, on est peinards, on a un studio, envoyez le rock'n'roll ! Donc on s'y met, et il en sort du vraiment bon matos qui est encore sur des bandes quelque part, et plus tard on réécoute ce qu'on a fait et voilà que Jerry se met à faire des réflexions du style : « Hé, le batteur est un peu lent, ici. » Il commence à critiquer et à disséquer le groupe : « Et la guitare, là… » Alors, je l'ai chopé et je lui ai dit : « Écoute, Jerry, on écoutait juste les bandes, on ne met pas un disque en boîte, là, tu me suis ? On fait juste de la musique entre nous. » Et le voile rouge me tombe devant les yeux, je continue en disant : « OK, si tu veux foutre le bordel dans mon groupe, ton nom c'est Lewis, pas vrai ? C'est gallois, et moi, mon blaze est Richards, donc on est gallois tous les deux, alors je vais te regarder bien droit dans tes petits yeux bleu layette, et toi tu vas me regarder bien droit dans ces deux putains de petites billes noires comme pas possible, et si tu veux qu'on s'explique dehors, allons-y, mais ne commence pas à me gonfler ! » Et je suis parti en claquant la porte, et c'est pile à ce moment que j'ai eu l'idée de la chanson « Sparks Will Fly » (Les étincelles vont voler), en contemplant le feu de bois qui brûlait : ouais, les étincelles allaient voler. Chuch Magee, qui s'occupe de notre logistique depuis une éternité, a raconté par la suite que Jerry s'était contenté de tourner les talons en disant : « Bon, mais d'habitude, ça marche... » N'empêche : la musique qu'on a faite ce soir-là sortait du lot. Et moi j'ai ressenti un grand honneur de pouvoir dire : « De quoi t'as envie, Jerry ? OK, va pour "House of Blue Lights". » C'était génial. Ce moment nous a permis de nous trouver dans des sphères qui conviennent à des gars comme nous. Depuis ce jour, c'est un vrai frère.

Une nouvelle tranche de bidoche s'est glissée dans le sandwich Mick-Keith en la personne de Don Was, notre nouveau producteur. Et il était trop malin pour se laisser bouffer. Don représentait un rare mélange de savoir-faire diplomatique très bien rodé et de perception musicale hyper-fine. Il n'était pas influençable, surtout pas par les modes. Si quelque chose ne fonctionnait pas, il disait : « Je pense que ça ne donne rien du tout, ça », ce que très peu de gens osent faire. La plupart nous auraient laissés continuer à nous planter, ou bien auraient dit poliment : « Laissons ça de côté pour le moment, passons à autre chose, on y reviendra. » Grâce à ses qualités, Don a brillamment survécu à nos quatre albums suivants, *Voodoo Lounge* compris. Dans la profession, il a la réputation d'être un producteur doué, il a travaillé avec les meilleurs musicos, mais il est surtout lui-même musicien, ce qui facilite beaucoup les choses. Et il avait une expérience directe de la guerre psychologique au sein d'un groupe, domaine où Mick et moi faisons partie des meilleurs spécialistes. Avec un copain d'enfance (David Weiss, qui avait changé son nom en David Was), il avait fondé une formation qu'ils avaient baptisée Was (Not Was). Tant qu'ils n'avaient pas connu le succès, ils ne s'étaient pas disputés une seule fois. Ensuite, ils avaient passé six ans sans s'adresser la parole et leur groupe avait explosé dans un tourbillon de ressentiment. Ça ne vous rappelle rien ? Dans le cas de Don aussi, l'amitié et le groupe avaient survécu. Sa connaissance de l'ADN des formations de rock lui fait dire que les deux éléments moteurs d'un groupe finissent toujours par s'affronter le jour où l'un des deux pète un plomb lorsqu'il comprend qu'il a besoin de l'autre pour être au top, et qu'en conséquence il est complètement dépendant s'il veut avoir du succès, et même pouvoir être entendu. C'est pour ça que tu finis par haïr ton alter ego. Mais dans mon cas, ça ne s'est pas passé comme ça, parce que je voulais qu'on dépende l'un de l'autre, Mick et moi, et que ça nous fasse avancer.

Je laisse Don décrire où en étaient les choses quand on est partis mixer les prises à L.A. :

Don Was : Au temps où on travaillait sur *Voodoo Lounge*, Keith et Mick passaient à peu près trente secondes à commenter plaisamment un match de football, puis ils s'installaient chacun à un bout de la pièce. Ensuite, ils se mettaient au travail, oui, mais leur échange faisait partie de la dynamique du groupe. Pendant toute la production du disque, j'ai pensé qu'ils se téléphonaient chaque jour à cinq heures du matin pour parler de la journée à venir, etc., et c'est seulement quand on a eu fini que j'ai découvert qu'ils ne s'étaient jamais concertés ! Mick m'a dit que la seule fois où l'un a appelé l'autre c'est le jour où Keith, qui logeait au Sunset Marquis, s'est trompé de touche de numérotation rapide. Mick avait loué une villa sur les hauteurs de L.A., le téléphone a sonné et il a entendu Keith lui demander de monter un peu plus de glace : il pensait avoir appelé le room service !

Quoi qu'il en soit, Don a eu l'occasion d'être déstabilisé très tôt par une engueulade soudaine et apparemment fatale entre Mick et moi aux studios de Windmill Lane, à Dublin. C'est arrivé comme ça, sans le moindre signe annonciateur, en dépit de l'armistice qu'on était censés avoir conclu. La cause profonde en était une absence totale de communication et une accumulation de frustrations mal digérées. L'aboutissement de plein de choses mais surtout, d'après moi, de ce besoin que Mick avait de tout contrôler, que j'avais de plus en plus de mal à supporter. En revenant au studio, Ronnie et moi, on est tombés sur Mick qui essayait des riffs sur une Telecaster flambant neuve. C'était un de ses morceaux, « I Go Wild », et il était là à gratter, assis sur sa chaise. Il paraît que je lui aurais dit : « Il n'y a que deux guitaristes dans ce groupe, et tu n'es ni l'un ni l'autre. » Je pense que je voulais juste le vanner, mais ça ne l'a pas du tout fait rire. Il l'a même très mal pris, et ensuite c'est parti en flèche. J'ai déballé tout ce que j'avais sur le cœur et, selon les témoins, on a refait le tour de toutes les récriminations passées et présentes, depuis Anita jusqu'aux contrats secrets en passant par toutes les trahisons. Ça a chauffé, une mêlée où les remarques assassines volaient comme autant de mandales : « Et ça, tu t'en rappelles peut-être pas ?

— Ouais, et ça, alors ? » Très vite, tout le monde, les assistants, Ronnie, Darryl, Charlie, tous se sont réfugiés dans la cabine de mixage. Je ne sais pas si un micro était resté branché, mais le fait est que plusieurs personnes ont entendu toute la prise de bec. Prenant sur lui le rôle d'arbitre, Don Was a établi une navette diplomatique d'urgence, parce que Mick s'était retrouvé à un bout du bâtiment et moi à l'autre. « Mais vous ne voyez pas que vous dites la même chose, tous les deux ? », etc. Les mêmes vieilles ficelles. Don se disait que si un mot de plus avait été échangé, chacun se serait retrouvé dans un avion différent et la tournée serait tombée à l'eau. Ce qu'il ne savait pas, c'est que cette engueulade durait entre Mick et moi depuis trente ans. À la fin, après une heure et demie environ, on s'est donné l'accolade et on a continué.

Au départ, c'est Mick qui avait engagé Don Was. Il voulait bosser avec lui depuis toujours, parce que Don est un producteur de groove, c'est-à-dire de la musique de dancing. Mais quand *Voodoo Lounge* a été fini, Mick a déclaré qu'il ne travaillerait plus avec lui parce qu'il l'avait engagé pour faire du groove et que Don, lui, avait en tête *Exile on Main Street*. Mick voulait faire du Prince, le *Black Album* ou ce genre de truc. Une fois encore, il courait après ce qu'il avait entendu en boîte la veille.

À l'époque, la grande angoisse de Mick, comme il ne cessait de le répéter dans la presse, c'était de « rester cantonné » à *Exile on Main Street*, pour employer ses propres termes. Don, par contre, cherchait à protéger la contribution historique des Stones. Autrement dit, il ne voulait pas produire quoi que ce soit en dessous de la barre fixée par notre musique de la fin des années 1960 et du début des années 1970. Pourquoi est-ce que Mick avait autant la trouille d'*Exile* ? Parce que c'était trop bon, voilà pourquoi ! À chaque fois que j'entendais son « Oh, on ne veut surtout pas revenir en arrière et refaire *Exile on Main Street* ! », je me disais : « Si seulement tu pouvais, mon salaud ! »

C'est pour ça qu'en 1997, au moment de la tournée et du disque suivants, à savoir *Bridges to Babylon*, Mick a voulu faire de la musique *in*, dans l'air du temps. Don était toujours notre producteur malgré la déception évidente de Mick, parce que c'était un bon et qu'il s'entendait très bien avec nous deux, et cette fois Mick a eu ce qui pouvait passer pour une pas trop mauvaise idée : confier à différents producteurs différents titres de l'album, le tout sous la supervision de Don. Mais quand je suis arrivé à L.A., je me suis rendu compte qu'il avait déjà engagé qui il voulait, sans consulter personne. Une bande de types qui avaient tous gagné des *grammies*, tous très branchés... Le problème, c'est que ça n'a pas marché une seconde. J'ai pourtant essayé d'être conciliant avec l'un de ces nouveaux venus : on me demandait une autre prise, je m'exécutais, même si la précédente était très bonne, et une autre encore, jusqu'au moment où j'ai compris que ces mecs n'allaient nulle part. Ils ne savaient pas ce qu'ils voulaient, point final. Mick a fini par comprendre son erreur et il a dit : « Sortez-moi de ce merdier, vite ! » Ce n'était pas très encourageant de découvrir que l'un de ces producteurs branchouilles avait monté Charlie Watts en boucle ! Charlie Watts transformé en boîte à rythme ! Ça ne pouvait pas vraiment sonner comme les Stones, n'est-ce pas ? On a entendu Ronnie Wood, effondré sur un canapé, gémir d'un ton désespéré : « Tout ce qui reste de Charlie, c'est le fantôme de son pied gauche... »

Mick avait essayé trois ou quatre producteurs, parce qu'il ne savait pas exactement ce qu'il voulait. Avec tous ces mecs à la production, plus les musiciens – dont pas moins de huit bassistes –, le truc est parti dans tous les sens. Pour la première fois, on a quasiment fini par faire deux disques différents, le mien et celui de Mick. La moitié du temps, tout le monde sauf les Stones jouait sur cet album ! Quand les choses se sont vraiment dégradées entre Mick et moi, notre collaboration s'était réduite à Don Was et lui en train de travailler ensemble sur des paroles. Don était en quelque sorte mon avocat, mon représentant, il tenait à la main des notes gribouillées par une petite Canadienne tandis que j'improvisais et déblatérais devant un micro, et il se basait sur ça pour trouver un certain phrasé ou la fin d'un couplet... On était bien loin de la cuisine d'Andrew Oldham ! Collaborer sans être physiquement ensemble, voilà où on en était arrivés...

Comme Mick avait embauché tous les types avec qui il voulait bosser, j'ai exigé Rob Fraboni. Du coup, plus personne ne savait qui faisait quoi, et Rob a l'habitude assez exaspérante de te regarder droit dans les yeux et de te dire des trucs comme « Tu sais parfaitement que si on se sert du microphone M35, ça sera absolument inutilisable ». Mais non, Rob, personne ne *sait* ça ! Il n'empêche qu'aujourd'hui encore j'aime beaucoup *Bridges to Babylon*. « Thief in the Night », « You Don't Have to Mean It », « Flip the Switch », je trouve que ça tient très bien la route. Blondie Chaplin, de son vrai nom Terence Chaplin, nous avait rejoints pour quelques ajouts. C'est Rob Fraboni qui me l'avait présenté quand on mixait les Wingless Angels chez moi dans le Connecticut. Blondie vient de Durban. Son père, Harry Chaplin, un grand joueur de banjo sud-africain, se produisait souvent sur le

Train bleu, la ligne qui relie Johannesburg au Cap. Blondie avait monté un groupe, les Flames, avec Ricky Fataar, le batteur qui a beaucoup bossé pour Bonnie Raitt, et le frère de Ricky. C'était la meilleure formation de rock sud-africaine, bien que Blondie comme le reste de son groupe ait été catalogué « de couleur » (même si on le traitait comme un Blanc dans d'autres circonstances). Ça marchait comme ça, l'apartheid. Ils étaient venus aux États-Unis et s'étaient joints aux Beach Boys à L.A. Blondie, qui remplaçait souvent Brian Wilson, tenait la voix lead dans le hit des Beach Boys « Sail On, Sailor », et Ricky est devenu leur batteur attitré. Rob Fraboni, lui, avait produit l'album *Holland* pour les Beach Boys, et donc c'était un autre arbre généalogique musical qui déployait ses branches… C'est à ma demande que Blondie était présent pendant la période de répétition pour *Bridges to Babylon*, et on est restés très proches. Mes chansons de l'époque sont très influencées par mon travail avec Blondie et Bernard, parce que leur apport vocal faisait partie du processus de composition. À présent, Blondie bosse avec moi tout le temps. C'est un des plus chic types que je connaisse.

Dans la création des chansons, un récit parallèle intervient souvent, comme une histoire dans l'histoire. Permettez-moi de vous en donner quelques exemples.

« Flip the Switch » (Coupe le courant) est un titre de l'album *Bridges to Babylon* que j'ai écrit presque pour rigoler mais qui, à peine terminé, a acquis une dimension insoupçonnée, celle d'une prémonition effrayante.

> *I got my money, my ticket, all that shit*
> *I even got myself a little shaving kit*
> *What would it take to bury me ?*
> *I can't wait, I can't wait to see.*
>
> *I've got a toothbrush, mouthwash, all that shit*
> *I'm looking down in the filfhy pit*

I had the turkey and the stuffing too
I even saved a little bit for you.

Pick me up, baby, I'm ready to go
Yeah, take me up, baby, I'm ready to blow
Switch me up, baby, if you're ready to go, baby
I've got nowhere to go, baby, I'm ready to go.

Chill me freeze me
To my bones
Ah, flip the switch.

(J'ai mon fric, mon ticket, toutes ces conneries
Un kit de rasage j'me suis même pris
Qu'est-ce qu'il faudrait pour m'enterrer ?
Ah, j'suis pressé de voir ça, très intéressé.

J'regarde au fond de ce trou béant
J'ai eu la dinde, et la farce et tout
J't'en ai même gardé un bout.

Ramasse-moi, baby, je suis prêt à y aller
Ouais, emmène-moi, baby, ou je vais exploser
Réveille-moi, baby, puisque l'heure est venue de basculer
J'suis devant le mur, baby, prêt à y aller.

Refroidis-moi, glace-moi
Jusqu'aux os
Vas-y, coupe le courant.)

Je venais d'écrire ces couplets quand, peut-être trois jours plus tard et à cent cinquante bornes de là, près de San Diego, un suicide collectif s'est produit dans la secte Heaven's Gate (Porte du ciel), qui croyait aux ovnis. Trente-neuf de ses membres s'étaient persuadés que la Terre serait bientôt détruite et qu'ils devaient se mettre en rapport avec les ovnis qui ne manqueraient pas d'apparaître dès qu'une certaine comète se pointerait pour tout bousiller. La carte d'embarquement ? Un mélange de phénobarbital, de compote de pommes et de vodka qu'ils se sont administré les uns aux autres. Ensuite, il suffisait de s'étendre dans son uniforme et d'attendre le trans-bordement. Ces types étaient en train de préparer ça, je n'en avais pas la moindre idée, et je me réveille le lendemain et j'apprends qu'on les a trouvés tous bien alignés, attendant le départ pour leur nouvelle galaxie. C'était une coïncidence pour le moins bizarre, et une que je ne souhaite pas voir se repro-duire. Le leader de la secte, qui semblait sortir tout droit du film *E.T.*, était un certain Marshall Applewhite[1].

Je me suis empressé d'ajouter le couplet suivant :

Lethal injection is a luxury
I wanna give it
To the whole jury
I'm just dying
For one more squeeze.

(L'injection létale, c'est une gâterie
Je veux l'administrer
À tout le jury
Moi, je mourrais juste pour encore une giclée.)

Deuxième exemple. Près de ma maison d'Ocho Ríos, en Jamaïque, il y a un bordel, Shades, tenu par un ancien videur de Tottenham Court Road que je connaissais déjà à Londres. C'est une maison de rendez-vous tropicale typique, avec balcons, voûtes, piste de danse avec cage pour fétichistes et des poteaux pour le

---

1. Son nom complet était Marshall Herff Applewhite (Pomme blanche) et ses spectateurs l'avaient surnommé « Do ».

pole-dancing, sans parler du large choix de beautés locales. Tout en silhouettes, jeux de miroir et fellations à même le sol. Un soir, j'y ai pris une chambre. Il fallait que je me tire de chez moi. On tapait le bœuf avec les Wingless Angels, qui étaient en petite forme, et on a eu une coupure d'électricité. Je les ai donc laissés réfléchir à toute leur merde, j'ai embarqué Larry Sessler et Roy et on s'est pointés au Shades. Comme j'avais en tête de bosser sur une chanson, j'ai demandé au patron de m'envoyer deux de ses plus belles pensionnaires. Je ne voulais rien faire avec elles, je cherchais juste un endroit pour passer un moment confortablement installé. « Je vais te donner ce que j'ai de mieux », il me dit. Je m'installe dans une des piaules avec lit en imitation acajou, lampe en plastoc au mur, un placard à balais, une table, une chaise, un couvre-lit rouge, un canapé rouge, vert et or, et une lumière tamisée rouge. J'ai ma guitare, une bouteille de vodka, et je dis aux filles d'imaginer qu'on est là pour l'éternité, qu'on va vivre ensemble dans cette pièce. Comment elles voyaient la déco ? Peau de léopard ? Style *Jurassic Park* ? Qu'est-ce qu'elles racontaient à leurs clients canadiens ? Et elles : « Oh, avec eux, ça prend pas deux secondes, on leur dit n'importe quoi, qu'on les aime… Pas besoin que ça soit vrai. » Après, elles se sont endormies. Elles respiraient doucement dans leurs petits bikinis. Ce n'était pas le genre de plan auquel elles étaient habituées, et en plus elles étaient fatiguées. Quand je butais sur la chanson, je les réveillais et on reprenait la discussion, je leur posais des questions : « Bon, qu'est-ce que vous en pensez, jusqu'ici ? OK, vous pouvez retourner faire dodo, maintenant. » Et c'est comme ça que j'ai écrit « You Don't Have to Mean It » (Pas besoin que ça soit vrai) en une nuit, au Shades.

> *You don't have to mean it*
> *You got to say it anyway*
> *I just need to hear those words for me.*

You don't have to say too much
Babe, I wouldn't even touch you anyway
I just want to hear you say to me.

Sweet lies
Baby baby
Dripping from your lips
Sweet sighs
Say to me
Come on and play
Play with me, baby.

(Pas besoin que ça soit vrai
Faut juste que tu les dises à ta manière
Ces mots pour moi que j'attendrai.

Pas besoin de trop parler
Baby, je te toucherai même pas ce soir
Je veux juste t'entendre me murmurer

Des doux mensonges
Baby baby
Comme du miel sur tes lèvres
Des jolis soupirs
À toi de me dire
Viens jouer, viens plus près,
Viens jouer avec moi, baby.)

Encore une autre : « How Can I Stop » (Comment je pourrai m'arrêter). L'amour a fait vendre plus de chansons que tu n'auras de repas chauds de ta vie. C'est tout le truc de Broadway, de la tradition de la *love song*. Mais pour ça, il faut savoir ce qu'est l'amour. Tu parles d'un sujet rabâché… Comment être neuf, original, comment trouver une façon différente de l'exprimer ? Si tu en fais trop, ça devient artificiel. Ça ne peut venir que du cœur. Et ensuite on te dira : « Ça parle d'elle ? Ou de moi ? » Ouais, ouais, ça parle un peu de toi à la seconde ligne du dernier couplet… Mais non, ce sont surtout des amours imaginaires, une compilation des femmes que tu as connues.

> *You offer me*
> *All your love and sympathy*
> *Sweet affection, baby*
> *It's killing me.*
>
> *'Cause baby baby*
> *Can't you see*
> *How could I stop*
> *Once I start, baby ?*

(Tu m'as offert
Toute ton affection et ta sympathie
C'est affreusement gentil, baby
Sauf que, bon, ça me tue.

Ah, baby baby
Tu n'as donc pas pigé ?
Comment je pourrais m'arrêter
Baby, une fois que je suis lancé ?)

On bossait aux studios Ocean Way, à L.A. Don Was était à la production, et aussi au piano. Il a apporté plein de nuances, il m'a beaucoup aidé sur ce titre qui devenait chaque jour plus complexe dès qu'on s'est mis à travailler dessus. Soudain, on s'est dit : « Merde, comment on va se sortir de ce pétrin ? » Il y avait là Wayne Shorter, amené par Don. Peut-être le plus grand compositeur de jazz vivant, saxophoniste génial de surcroît, un gars qui s'est formé aux côtés d'Art Blakey et de Miles Davis. Don connaît des musiciens de tous les horizons, de toutes les tailles et de toutes les couleurs. Il a été le producteur de la plupart d'entre eux, ou disons de presque tous les meilleurs. Et ça fait des années qu'il habite L.A., c'est sa ville. Wayne Shorter, en pur jazzman, redoutait de s'esquinter en s'abaissant à jouer ce que ses pairs appellent de la *duty music*, la musique pour croûter. Et voilà qu'il se lance dans un solo à tomber à la renverse, et après il dit : « Hé, je croyais que j'étais venu faire de la soupe et, résultat, j'ai chialé tout mon soûl dans mon biniou ! » Avant, je lui avais demandé de prendre ses aises avec la partie finale du morceau, d'y aller à fond, de s'en emparer. Il a été sublime. Et Charlie Watts, le meilleur batteur de jazz de tout ce foutu siècle, était à ses côtés. Une session extraordinaire, à tous points de vue. « How Can I Stop » est une chanson vraiment venue du cœur. C'est peut-être parce qu'on vieillit tous, finalement ? En tant que chanson des Stones, elle est différente d'autres plus anciennes par la façon dont les sentiments s'y expriment, sans pudeur inutile, en toute franchise.

Je pense depuis toujours que c'est ça, la nature d'une chanson. On n'est pas censé chanter quelque chose qui tient de la dissimulation. Quand ma voix s'est améliorée et renforcée, je suis devenu capable de communiquer cette émotion brute et j'ai donc écrit des trucs plus tendres, des « chansons d'amour », si on veut les appeler comme ça. Quinze ans plus tôt, je n'aurais pas pu. Composer un thème comme celui-là devant un micro, c'est un peu comme se raccrocher à un pote : « Montre-moi la voie, frangin, je te suis, on verra après ce que ça donne. » Comme si on partait à l'aveuglette. J'ai peut-être un riff, une idée, une suite d'accords, mais que chanter dessus ? Je ne vais pas me torturer pendant des jours à gribouiller de la poésie ou des conneries de ce style. Et c'est ça qui me fascine totalement dans ce moment où tu te plantes devant le micro et tu dis : « OK, on y va. » Presque à chaque fois quelque chose se produit que tu n'avais même pas entrevu en rêve. Ensuite, tu as un millième de seconde pour trouver un truc qui collera avec ce que tu viens de sortir et le complétera. C'est un duel avec soi presque, un défi que tu te lances, et soudain tu as une séquence qui tient debout, un cadre te permettant de continuer. Bien sûr, en procédant de la sorte, tu merderas des tonnes de fois, mais tu n'as pas le choix, il faut le cracher dans le micro et voir où ça te porte avant de te retrouver à sec, à nouveau.

« Thief in the Night », mon quatrième exemple, a connu une odyssée pleine de rebondissements jusqu'au montage final. J'avais trouvé le titre dans la Bible, que je lis assez souvent[1] : c'est plein de belles formules, là-dedans. Cette chanson évoque plusieurs femmes dans ma vie et remonte en fait à mon adolescence, au temps où je savais où elle vivait, où créchait son petit ami, et où je pouvais rester des heures durant planté devant le pavillon de cette fille de Dartford. L'histoire part de là, fondamentalement, et ensuite ça parle de mes problèmes avec Ronnie Spector, et ensuite de Patti, et aussi d'Anita...

I know where your place is
And it's not with him...
Like a thief in the night
I'm going to steal what's mine.

(Je sais où est ta place
Et c'est sûrement pas avec lui...
Comme un voleur dans la nuit
Je vais dérober ce qui m'appartient.)

Mick a tenté de la chanter, mais il n'avait pas le feeling, il n'arrivait pas à ressentir l'émotion et le résultat était horrible. Comme Robbie ne pouvait pas mixer le morceau avec cette voix, on a essayé d'arranger les choses une nuit avec Blondie et Bernard, tellement fatigués qu'ils tenaient à peine debout et prenaient chacun

---

1. Nouveau Testament, 1 Thessaloniciens, 5-2 : « Car vous savez bien vous-mêmes que le jour du Seigneur viendra comme un voleur dans la nuit », *a thief in the night* en anglais.

à tour de rôle une vingtaine de minutes de sommeil. Le lende-main, quand on est revenus, on s'est aperçus que la bande avait été sabotée. Toutes sortes de coups tordus ont suivi, au point que Rob et moi avons finalement dû voler, oui, voler les bandes à moitié mixées de « Thief in the Night », les sortir en loucedé du studio et les expédier par avion sur la côte Est, où j'étais revenu entre-temps pour rejoindre ma maison dans le Connecticut. Pierre a dégotté un studio au nord de Long Island et on y a passé deux jours et deux nuits à remixer la chanson à mon goût, le chant étant assuré par votre serviteur. La première ou la deuxième nuit, Bill Burroughs a cassé sa pipe et, en hommage à son œuvre, je me suis mis à envoyer des *cut-ups* incendiaires – ces collages de mots dont Burroughs s'était fait une spécialité – à Don Was, le producteur qui se trou-vait pris dans la mêlée : « Espèce de rat – ceci se terminera – comme je l'entends – moi et personne d'autre », le tout découpé dans de la titraille bien baveuse et décoré de torses décapités. Fermez les écoutilles, la guerre a (re)commencé ! J'avais momenta-nément attrapé les boules contre Don, c'est tout. J'adore ce gars et on s'est réconciliés tout de suite, mais je lui ai quand même infligé ces messages atroces. Quand tu finis de boucler un disque, qui-conque se retrouve en travers de ton chemin, quiconque t'empêche de faire ce que tu veux, devient une sorte d'Antéchrist. Le *deadline* approchait dangereusement, il fallait renvoyer les bandes à L.A., et on a donc choisi la voie la plus rapide. D'abord, on les a transférées en hors-bord de Port Jefferson, Long Island, à Westport, le port le plus proche de l'endroit où je me trouvais dans le Connecticut ; on a fait ça à minuit, sous une lune étincelante, les gaz à fond dans la passe de Long Island, tout en slalomant entre les paniers à lan-goustes avec un coup de barre par-ci, un grand cri d'avertissement par-là. Le lendemain, Rob les a emportées à New York et mises dans l'avion pour L.A., où le studio les a insérées dans le disque finalisé.

Fait exceptionnel pour un titre des Stones, le nom de Pierre de Beauport apparaît dans les crédits de cette plage, à côté du mien et de celui de Mick.

Et là, le gros problème, c'est que j'étais le chanteur principal sur trois titres de l'album, du jamais-vu, et complètement inacceptable pour Mick. La suite :

Don Was : J'étais fermement convaincu que Keith avait droit à une troisième intervention en tant que chanteur, mais Mick ne voulait pas en entendre parler. Je suis sûr qu'à ce jour Keith ignore encore tout ce qu'on a dû faire pour imposer « Thief in the Night » sur cet album. C'était l'impasse absolue, on allait louper la date de sortie et la tournée commencerait sans nouveauté sur le marché. La veille du deadline, j'ai eu une illumination : j'ai appelé Mick et je lui ai dit en gros : « Je connais ta position , mais si deux des trois titres se trouvent à la fin de l'album, et s'ils sont montés comme un *medley*, si les deux se fondent pratiquement l'un dans l'autre, alors ça sera perçu comme un gros numéro de Keith en fin d'album. Les gens qui comptent pour toi, qui n'aiment pas les chansons de Keith, arrêteront le disque après ta dernière chanson. Et pour ceux qui apprécient son matos, ça sera Keith au final. Alors ne vois pas ça comme un troisième titre, considère-le comme un medley, on laissera un blanc avant le début mais très peu entre les deux dernières chansons. » Et ça a marché ! Je mettrais ma main au feu que ni Keith , ni Jane, ni personne n'en a rien su. Ça a permis à Mick de ne pas perdre la face, parce que, je l'ai dit, c'était l'impasse totale. Et donc ces deux titres sont devenus une seule chanson. À propos, le thème litigieux a été accouplé à « How Can I Stop », l'un des meilleurs morceaux des Rolling Stones de tous les temps…

Oui, incroyable, ce thème. Keith à son apogée absolue, avec Wayne Shorter. Quelle drôle de combinaison ! Wayne Shorter qui souffle de toute son âme, on dirait du Coltrane à la fin, totalement « A Love Supreme ». Il y avait quelque chose de spécial dans cette session. On avait dix personnes qui jouaient en même temps, vraiment magique. Pas d'overdubbing pour ce machin-là, oh non ! C'est sorti impeccablement. Et en plus, ce soir-là, quand on a mis en boîte la prise, Charlie devait partir, c'était la fin de tout le processus, la dernière prise de cet album. Le lendemain, ils démontaient leur équipement, Charlie avait une caisse qui l'attendait dehors. Et c'est pour ça qu'il nous a donné ce grand feu d'artifice à la fin de la toute dernière prise, un magnifique bouquet final. Devant l'émotion qui nous étreignait tous en mettant le point final à ce disque, je me suis dit que ce serait le dernier. Et voilà pourquoi je considère que « How Can I Stop » est la coda. J'étais sûr que ce serait leur dernier morceau ensemble, et quelle meilleure touche finale pouvait-on imaginer ? « Comment m'arrêter, une fois que je suis lancé ? » Eh bien, tu arrêtes, et voilà…

Chapitre Treize

Où j'enregistre les Wingless Angels en Jamaïque. On installe un studio chez moi dans le Connecticut, et je me casse quelques côtes dans ma bibliothèque. Une recette pour les saucisses-purée.
Un safari avec gueule de bois en Afrique. Jagger est fait chevalier, on recommence à travailler et à composer ensemble. Paul McCartney apparaît sur la plage. Je tombe d'une branche et je me cogne la tête.
On m'opère au cerveau en Nouvelle-Zélande. *Pirates des Caraïbes,* les cendres de mon père et la dernière critique de Doris.

Vingt ans et des poussières après avoir commencé à jouer avec des musiciens rastas, je me suis rendu en Jamaïque avec Patti pour la fête de Thanksgiving en 1995. J'avais invité Rob Fraboni et sa femme à nous rejoindre. Rob avait rencontré ma bande de Jamaïcains en 1973, quand j'avais fait leur connaissance. Dès le premier jour, les vacances sont tombées à l'eau quand on a découvert que tous les membres du groupe encore en vie étaient dans l'île et disponibles, une circonstance exceptionnelle. Il y avait eu plein de dégâts parmi eux, plein d'aléas et d'ennuis, et là c'était une occasion de les enregistrer comme il ne s'en présenterait sans doute plus. Après avoir réuni du matériel d'enregistrement grâce à l'aide du ministre de la Culture jamaïcain, Fraboni a proposé de se mettre au boulot. Un véritable don du ciel !

Je dis ça parce que Rob Fraboni est tout bonnement un génie dès qu'il s'agit d'enregistrer dans des situations inhabituelles. Son expérience et son savoir-faire en la matière sont à couper le souffle. Il avait été producteur sur la bande-son de *The Last Waltz*, le film que Scorsese avait consacré au fameux concert du même nom en 1978, et c'est lui qui a remixé tout le matériel de Bob Marley. C'est l'un des meilleurs ingénieurs du son qui soient. Il habite tout près de chez moi dans le Connecticut et nous avons souvent enregistré dans le studio que j'ai aménagé là-bas, j'aurai l'occasion d'y revenir. Il peut parfois être casse-couilles, comme tous les génies, mais son talent est immense.

C'est en 1995 que j'ai baptisé la bande de rastas les « Wingless Angels » (Anges sans ailes) à partir d'un petit dessin que j'avais fait et qui s'est retrouvé sur la pochette du disque : une sorte de rasta volant. Il traînait sur ma table quand quelqu'un m'a demandé un jour : « C'est quoi, ça ? » Et du tac au tac, sans y réfléchir, j'ai répondu : « C'est un ange sans ailes. » Au groupe initial s'est jointe Maureen Fremantle, une voix impressionnante et une rareté dans la tradition rasta, où les chanteuses sont pratiquement absentes. Je la laisse vous raconter notre rencontre :

Maureen Fremantle : Un soir, Keith et Locksie étaient au bar Mango Tree de Steer Town. Je passais par là et Locksie a dit : « Entre donc, sister, prends un verre avec nous. » Il y avait ce type. Keith m'a serrée dans ses bras et a dit : « Voilà une sœur qui ressemble à une vraie sœur. » On a commencé à boire, moi du rhum au lait, et puis… je ne sais pas, c'est le pouvoir de Jah ! Je me suis mise à chanter, comme ça. À chanter, oui. Et Keith a dit : « Cette dame doit venir près de moi. » Et à partir de là, ça n'a plus arrêté. J'ai chanté, chanté. Je chantais l'amour, la paix, la joie, le bonheur, et tout ça s'est uni en un seul chant. C'était quelque chose de peu courant.

Fraboni avait installé un micro dans le jardin. Au début de l'enregistrement, on entend les grillons et les grenouilles, la mer au-delà de la terrasse. C'est une maison qui n'a pas de fenêtres, ce bar, seulement des persiennes en bois, et on distingue le bruit des gens qui jouent aux dominos. Ça donne une sensation très forte, et tout est dans la sensation. Quand on a ramené les bandes aux États-Unis, on s'est demandé comment conserver cette base essentielle, le cœur du projet. C'est alors que j'ai rencontré Blondie Chaplin, qui s'est joint aux sessions avec George Recile, le batteur de Bob Dylan. George est de La Nouvelle-Orléans, c'est un melting-pot racial à lui tout seul, un peu d'italien, un peu de black, un peu de créole, un peu de tout, quoi. Il a des yeux bleus saisissants. Grâce à eux, il pouvait tout se permettre, même de traverser la proverbiale voie de chemin de fer.

Comme je voulais donner aux Angels une dimension plus globale, des mecs de tous les horizons se sont pointés aux séances d'overdub à la maison. Le fantastique violoneux Frankie Gavin, qui avait fondé le groupe de folk irlandais De Dannan, a contribué avec son talent et son magnifique sens de l'humour *irish*, et peu à peu l'ambiance du disque s'est installée. Ce n'était évidemment pas quelque chose avec un grand potentiel commercial, mais c'était nécessaire et je reste très fier du résultat. À tel point qu'un autre est en préparation à l'heure où j'écris ces lignes.

Juste après *Exile on Main Street*, la technologie a fait de tels bonds en avant que même les ingénieurs du son les plus balèzes n'ont pas compris ce qui leur arrivait. « Comment se fait-il que j'aie eu une super sonorité de batterie au Regent Sound Studio, avec ses boîtes à œufs et un seul micro, et maintenant, avec quinze micros dans tous les coins, le son de la batterie me fait penser à quelqu'un en train de chier sur de la tôle ondulée ? » Tout le monde s'est laissé emballer par la technologie, et tout le monde commence lentement à en revenir. En musique classique, on réenregistre tout ce qui a été numérisé dans les années 1980 et 1990, parce que le résultat n'était simplement pas à la hauteur. J'ai toujours eu l'impression qu'au fond de moi-même je rejetais la technologie, qu'elle ne m'aidait pas du tout, bien au contraire. C'est à cause de ça qu'il fallait tant de temps pour faire aboutir un projet. Fraboni connaît bien le problème, l'idée que si tu ne braques pas quinze micros sur une batterie, c'est que tu ne connais pas ton boulot... Ouais, mais alors on étouffe la basse, et en fin de compte chacun se retrouve enfermé dans son petit box, on joue dans une salle immense et on n'en profite pas du tout. Cette idée qu'il faut séparer les instruments lors de la prise de son est l'antithèse complète du rock'n'roll. Le rock'n'roll, c'est une bande de types qui produisent du son dans un lieu clos, un son qu'il suffit de capturer. Et c'est ce son qu'ils font ensemble qui compte, pas les sons individuels. Tous ces mythes stupides à props de la stéréo, de la hi-tech et du dolby, tout ça va totalement à l'encontre de ce qu'est la musique.

Personne n'avait les couilles de démonter le système technologique, mais moi, j'ai commencé à y réfléchir : qu'est-ce qui m'avait amené à consacrer ma vie à la musique ? Des types qui avaient enregistré dans une pièce, avec trois micros. Ils n'avaient pas cherché à capter le moindre petit bout de batterie ou de basse. Ce qu'ils avaient enregistré, c'était l'espace dans lequel ils jouaient. On ne peut pas obtenir cette ambiance indéfinissable en découpant les choses en tranches. Où est le micro spécial qui chopera l'enthousiasme, l'état d'esprit, l'âme, ou comme vous voudrez l'appeler ? Les disques des années 1980 auraient pu être bien meilleurs si on s'était davantage préoccupé de ça, au lieu de laisser la technologie nous mener par le bout du nez.

Au sous-sol de ma maison du Connecticut, Rob Fraboni a conçu la pièce dite « L », ainsi nommée parce qu'elle avait la forme de la lettre en question. En 2000 et 2001, j'ai eu douze mois de liberté, ce qui m'a permis d'aider Fraboni à monter le studio. On a installé un micro face au mur, au lieu de le braquer sur un instrument ou un ampli. Au lieu de disséquer les choses selon chaque partie instrumentale, on a voulu capter ce que le plafond et les murs renvoyaient. Nul besoin d'un studio, en fait, mais seulement d'un lieu clos. Tout tient à l'endroit où tu poses le micro. On a acheté un super magnéto huit pistes de la marque Stephens, l'une des machines les plus sensibles et fantastiques au monde, un bidule qui ressemble au monolithe de *2001, l'odyssée de l'espace* de Kubrick.

Le seul morceau sorti de L à ce jour est « You Win Again », qui apparaît sur l'album *Timeless*, un hommage à Hank Williams qui a obtenu un grammy. Lou Pallo, qui a été le second guitariste de Les Paul pendant des années, sinon des siècles, joue dessus. Surnommé « l'homme au million d'accords », Lou est un instrumentiste fabuleux. Il habite le New Jersey. « C'est quoi, ton adresse, Lou ?

— Moneymaker Road[1], mais elle est pas à la hauteur de son nom. » George Recile tenait la batterie. On avait la base d'un groupe, et tous ceux qui passaient dans le coin étaient les bienvenus pour jouer avec nous. C'est ce qu'a fait Hubert Simlin, le guitariste de Howlin' Wolf, avec qui Fraboni a produit par la suite un très bon disque, *About Them Shoes*. Comme je l'ai déjà dit, le 11 septembre 2001 nous a interrompus en plein enregistrement avec mon grand amour de jeunesse, Ronnie Spector. La chanson s'appelait « Love Affair » (Histoire d'amour)…

Quand tu ne travailles qu'avec les Stones, tu cours le risque de t'enfermer dans une bulle. Ça peut même t'arriver avec les Winos. Je pense qu'il est très important de sortir de ces limites. J'ai trouvé très stimulant de travailler avec Norah Jones, Jack White, Toots Hibbert – lui et moi, on a fait deux ou trois versions de « Pressure Drop » ensemble. Si tu ne joues pas avec des gens qui n'appartiennent pas à ton cercle habituel, tu peux te retrouver piégé dans ta cage et là, posé sur ton perchoir, tu deviens une cible facile.

Tom Waits a été l'un des premiers avec qui j'aie entrepris ces collaborations enrichissantes, au milieu des années 1980. C'est seulement par la suite que je me suis rendu compte qu'il n'avait jamais composé jusque-là avec personne d'autre que sa femme,

---

1. Rue des affaires qui marchent.

Kathleen. C'est un type totalement adorable, et l'un des auteurs les plus originaux que je connaisse. Je m'étais toujours dit que ça serait vraiment intéressant de bosser avec lui. Commençons par quelques propos flatteurs de Tom Waits à propos de votre humble serviteur. Très belle critique !

Tom Waits : On travaillait sur *Rain Dogs*. À l'époque, j'habitais New York. On m'a demandé si j'avais envie de jouer avec quelqu'un en particulier sur ce disque, et j'ai dit : « Pourquoi pas Keith Richards ? » Je blaguais. C'était comme si j'avais répondu Count Basie ou Duke Ellington, quoi ! J'étais chez Island Records et Chris Blackwell, le fondateur du label, croisait souvent Keith en Jamaïque. Donc, quelqu'un a décroché le téléphone et moi : « Non, non ! », mais c'était trop tard. On a bientôt reçu un message : « Ne tournons plus autour du pot. Allons-y. » Il a débarqué chez RCA, dans un studio immense avec une hauteur sous plafond dingue. Alan Rogan, qui s'occupait de toutes ses guitares, avait dû en amener au moins cent cinquante !

Tout le monde aime la musique, mais ce que tu veux vraiment, c'est que la musique t'aime. Et c'est ça que j'ai ressenti chez Keith. Ça demande un vrai respect vis-à-vis de tout le processus. Ce n'est pas toi qui composes la chanson, c'est elle qui te compose. Tu es sa flûte, ou sa trompette, tu es ses cordes… C'était vraiment évident, avec Keith. Il est comme une poêle à frire fondue dans une seule pièce de métal : il supporte les très hautes températures sans se fissurer, seule la couleur change.

On a toujours des idées préconçues sur les autres musiciens, formées à partir de leurs disques, mais dans l'idéal on espère toujours que la rencontre directe dépassera tes attentes. Avec Keith, ça s'est passé exactement comme ça. Au début, on s'est un peu tournés autour comme des hyènes, en regardant par terre, en ricanant, et puis on s'est lancés, on a rempli la piscine d'eau. Il a un instinct impeccable, comme un animal sauvage. Sur ce disque, il est intervenu sur trois morceaux : « Union Square », « Blind Love », où on chante ensemble, et « Big Black Mariah », où il tient merveilleusement la guitare rythmique. Ça a vraiment tiré l'album vers le haut. Est-ce que ça se vendrait bien ou pas, je m'en tapais complètement. Pour moi, c'était déjà vendu !

Quelques années plus tard, on s'est revus en Californie. On se retrouvait tous les jours au Brown Sound, une petite salle de répétition à l'ancienne, très funk, pas de fenêtres, moquettée du sol au plafond, avec une odeur de diesel ou de je ne sais quoi… On s'est mis à composer. Pour arriver à sortir un vague début de couplet qui te trotte par la tête mais dont tu n'es pas sûr, il faut que tu te sentes à l'aise, qu'il y ait une certaine confiance. Je me rappelle qu'un jour, en me rendant au studio en voiture, j'ai enregistré le sermon dominical d'un prédicateur baptiste qui passait juste à ce moment à la radio. Le titre du sermon était « Les outils du menuisier ». Une allégorie où un menuisier sort tous ses outils de sa boîte et ils se mettent à discuter entre eux, etc. Ça nous a fait marrer pendant longtemps, cet enregistrement. Ensuite, Keith m'a passé une cassette de « Jesus Loves Me » interprété par Aaron Neville, enregistré *a cappella* lors d'une répétition. Il aimait les diamants bruts, les raretés, la musique zoulou, la musique pygmée, tout ce qui est impénétrable, inconnu, impossible à placer dans une catégorie… On a composé plein de morceaux. Il y en avait un qui s'appelait « Motel Girl », un autre « Good Dogwood ». Et on a aussi écrit « That Feel » à cette époque, que j'ai mis sur le disque *Bone Machine*.

De tout ce que Keith a fait, un de mes trucs préférés est *Wingless Angels*. Cet album m'a totalement scié. Parce que tu commences par entendre des grillons, et soudain tu t'aperçois que tu es dehors, en plein air. Son apport à l'art de l'enregistrement sonore, sur ce disque, ça lui ressemble vraiment beaucoup. C'est peut-être davantage Keith que ce que j'ai vu de lui quand on a bossé ensemble. Par plein d'aspects, Keith est une sorte de prolo, un soutier, un marin. J'ai lu quelque part un truc sur la musique qui me semble s'appliquer parfaitement à lui. Dans l'ancien temps, le son de la guitare pouvait soigner la goutte, l'épilepsie, la sciatique, la migraine… Je crois qu'on souffre aujourd'hui d'un manque d'émerveillement. Keith, pour sa part, a l'air de s'émerveiller continuellement. Il lui arrive de s'arrêter net, de tenir sa guitare devant ses yeux et de la contempler un moment, comme ça. Bluffé. Déconcerté. Comme devant tout ce que notre univers a de grandiose, la femme, la religion, le ciel… Tu t'émerveilles, tu te poses plein de questions, et tu n'arrêtes plus jamais de le faire.

En 1980, Bobby Keys, Patti et moi, on a rendu visite aux survivants du groupe de Buddy Holly, The Crickets. L'occasion devait être spéciale, parce qu'on a loué un Learjet. On s'est pointés chez Jerry Allison, dit « Jivin'Ivan », leur batteur, l'homme qui a vraiment épousé Peggy Sue[1] (même si ça n'a pas duré très longtemps), dans son ranch de Dickson, à côté de Nashville, Tennessee. Il y avait aussi leur bassiste, Joe B. Mauldin. Pendant le voyage, j'ai également rencontré Don Everly, et rien que de jouer avec lui, de tailler une bavette… hé, c'était les gens que j'écoutais à la radio vingt ans plus tôt ! J'avais toujours été fasciné par leur travail et c'était un honneur pour moi d'être reçu chez eux.

Il y a aussi eu une expédition mémorable pour aller enregistrer « Say It's Not You », une chanson que Gram Parsons m'avait fait aimer, en duo avec George Jones dans le cadre des « Bradley Barn Sessions ». C'était super de bosser avec George, surtout quand il avait sa permanente bien en place. Incroyable chanteur. On a

---

1. Clin d'œil à la célèbre chanson « Peggy Sue Got Married » (Peggy Sue se marie), qui a inspiré un film éponyme à Francis Ford Coppola en 1986. Le titre original était une référence à la chanteuse Peggy Sue Gerron, avec laquelle Jerry Allison a été marié pendant onze ans.

attribué à Frank Sinatra l'affirmation suivante : « George Jones est le deuxième meilleur chanteur de ce pays. » Et c'était qui le premier, Frank ? On l'a attendu et attendu, au moins deux heures je crois, et je suis passé derrière le bar pour préparer quelques verres, oubliant complètement que George avait lâché la gnôle, et sans avoir la moindre idée de la cause de son retard. Bon, ça m'est arrivé plein de fois, à moi aussi, ce n'est pas la fin du monde. Quand il a fini par se pointer, sa banane était absolument en place. Un truc fascinant. On ne pouvait pas s'arrêter de la regarder. Par vent de force quatre, pas un cheveu n'aurait bougé. J'ai appris par la suite qu'il avait lambiné parce qu'il était un brin nerveux à l'idée de chanter avec moi : il s'était renseigné à mon sujet et il n'était plus trop sûr de vouloir me rencontrer.

En musique country, je me sens proche de Willie Nelson et aussi de Merle Haggard. J'ai fait trois ou quatre programmes télé avec eux. Willie est fantastique. Il avait à ses côtés un type qui roulait constamment des joints sur un frisbee retourné. La fumette et Willie, c'est génial. Ce mec, il commence en se levant. Moi, le matin, j'attends au moins dix minutes. Et les chansons qu'il écrit ! C'est l'un des meilleurs. C'est un Texan. On s'entend bien, lui et moi. Je sais qu'il est très concerné par les problèmes de l'agriculture et des petits fermiers en Amérique. Presque tout ce que j'ai fait avec lui tournait autour de cette cause. Les grosses compagnies sont en train de tout rafler, il se bat contre ça, et il fait ça super bien. Il a un cœur en or. Il est calme, déterminé et entièrement dévoué à ses idées. J'ai compris avec le temps que j'avais grandi en écoutant ses chansons, parce qu'il composait bien avant de se produire : « Crazy », « Funny How Time Slips Away »… Je suis toujours un peu intimidé quand des mecs comme ça, devant lesquels je suis déjà à genoux, me demandent : « Hé, tu veux jouer avec moi ? » Genre « C'est une blague ? ».

En voici un bon exemple : les fantastiques sessions de 1996 chez Levon Helm, à Woodstock, pour l'album *All the King's Men*, avec

Scotty Moore, le guitariste d'Elvis, et D.J. Fontana, batteur du King au temps des premiers disques chez Sun Records. C'était du sérieux. Les Rolling Stones, c'est une chose, mais tenir ta partie à côté de mecs qui t'ont épaté depuis toujours, c'en est une autre. Ces mecs ne sont pas forcément indulgents avec d'autres musiciens. Ils s'attendent au meilleur et ils ne transigent pas là-dessus. Tu ne peux pas te pointer pour jouer à moitié. Les formations qui accompagnent George Jones ou Jerry Lee Lewis, c'est le top du top. Faut assurer. Et j'adore ça. Je ne joue pas souvent de la country, mais pour moi, c'est l'autre face de tout le truc : le blues et la country, ce sont les deux ingrédients essentiels du rock'n'roll, c'est clair.

Une autre grande artiste, une fille comme je les aime – et que j'ai même épousée lors d'un « mariage » rock'n'roll –, c'est Etta James. Elle chante depuis les années 1950, au temps où elle faisait du doo-wop, et depuis son talent s'est étendu à tous les genres. C'est une de ces voix qu'il suffit d'entendre à la radio pour courir acheter un de ses disques. Complètement vendeuse. On s'est rencontrés le 14 juin 1978, quand elle a partagé l'affiche du Capitol Theatre de Passaic, dans le New Jersey, avec les Stones. Etta a été une junkie, et donc une certaine complicité s'est établie entre nous presque aussitôt. Je pense qu'à l'époque elle était clean, mais ça n'a pas d'importance : il suffit d'échanger un regard pour savoir par où on est passé. Une fille d'une force incroyable, Etta, avec une voix capable de t'emporter en enfer ou au paradis. On a bavardé un moment dans une loge et, comme tous les ex-junkies, on a parlé de la dope, de pourquoi on était tombés dedans, etc. L'examen de conscience habituel. Et ça a culminé avec un mariage en coulisses, ce qui, selon les us et coutumes du show-business, est presque un vrai mariage, mais pas vraiment non plus. On se jure fidélité et tout ça, juste avant d'entrer en scène. Elle m'a donné une bague, je lui en ai donné une, et c'est à ce moment que j'ai décidé que son vrai nom était Etta Richards. Elle comprendra ce que je veux dire.

Quand Theodora et Alexandra sont nées, on habitait sur la 4ᵉ Rue à New York, Patti et moi, et on s'est fait la remarque que ce n'était pas l'endroit idéal pour élever des enfants. Résultat : on est partis s'installer dans le Connecticut où on a fait construire une maison sur un terrain que j'avais acheté. Géologiquement parlant, ça ressemble pas mal à ce qu'on trouve à Central Park : de grandes plaques de granit et d'argile, des rochers affleurant au milieu d'une végétation luxuriante. Pour les fondations, on a dû faire sauter des tonnes de pierre, d'où le nom que j'ai donné à la baraque, « Camelot Costalot » (Château chérot). On ne s'y est installés qu'en 1991. La maison s'élève au bord d'une réserve naturelle qui est un ancien terrain sacré indien, un site où les Iroquois enterraient leurs morts et chassaient peinards. Ici la forêt garde une sérénité orginelle qui doit bien convenir aux esprits des ancêtres. J'ai une clé du portail qui ouvre sur la forêt depuis mon jardin et on s'y promène souvent.

Il y a un lac très profond dans ces bois, avec une cascade à un bout. Un jour, j'y suis allé avec George Recile au temps où on travaillait ensemble, vers 2001. On n'est pas censé pêcher, dans ce lac, donc on était comme Tom Sawyer et Huckleberry Finn tous les deux, en train d'essayer d'attraper discrètement des poissons incroyables, très gros et délicieux, qu'on appelle des « oscars ». George, qui est un pêcheur expérimenté, a dit que c'est une espèce qu'on rencontre ultra-rarement au nord de l'État de Géorgie. Alors, moi : « Ajoutons un deuxième hameçon à la ligne ! » Soudain, ça a tiré fort et... une gigantesque tortue serpentine, de la taille d'un bœuf, toute verte et visqueuse, a émergé avec mon poiscaille dans la gueule ! C'était comme se retrouver nez à nez avec un dinosaure. La tronche horrifiée qu'on a tirée, tous les deux... Dommage que je n'aie pas eu d'appareil photo sur moi ! Et la bestiole était prête à attaquer – son cou peut s'allonger de plus d'un mètre –, elle était énorme et elle devait avoir dans les trois cents ans ! En un clin d'œil, on est redevenus des hommes des cavernes, George et moi. La vache, ce monstre ne rigolait pas ! J'ai lâché ma canne, j'ai attrapé une méga-pierre et je lui ai tapé dessus. « Merde, c'est toi ou moi, ma vieille ! » Ce sont des bêtes très agressives, qui peuvent t'arracher un pied d'un seul coup de mâchoire. Elle a replongé, retournant d'où elle était venue. Les créatures démesurées et sans âge qui guettent comme ça dans les profondeurs, ça a vraiment de quoi te glacer le sang. Cette tortue était dans ce lac depuis si longtemps que la dernière fois où elle avait fait surface, elle avait dû voir des Iroquois !

À part la pêche en braconnier, dont cette rencontre m'a dégoûté à tout jamais, je mène dans le Connecticut une vie de digne gentleman-farmer. J'écoute du Mozart et je lis des tonnes de livres. Je dévore les bouquins. Je lis de tout, et quand je n'aime pas, je laisse tomber et j'en prends un autre. Mes romans préférés : la série des *Flashman* de George MacDonald Fraser et les livres d'aventures maritimes de Patrick O'Brian. Je suis tombé amoureux d'O'Brian dès que j'ai lu mon tout premier, *Maître à bord*, moins pour son évocation de la période des Napoléon et Nelson que pour son art de décrire les rapports entre êtres humains. Le contexte historique n'est qu'un décor et le fait de placer ses personnages isolés en pleine mer leur donne plus de relief, évidemment. Ça parle d'amitié, de camaraderie, avec des personnages attachants que je continue à adorer : Jack Aubrey et Stephen Maturin, les deux héros, me font toujours un peu penser à Mick et moi. C'est vrai que je suis passionné par l'histoire, en particulier celle de la marine britannique à cette époque. En ce temps-là, l'armée de terre ne comptait pas pour grand-chose. Non, c'était la Navy et les types qui se faisaient enrôler contre leur gré, dans le cadre de la politique dite d'*impressment*. Pour que la machine fonctionne, il fallait fondre tous ces mecs récalcitrants en une équipe soudée, un équipage solide, et ça, ça me rappelle les Rolling Stones. J'ai toujours un bouquin d'histoire sous le coude, l'époque de Nelson et la deuxième guerre mondiale faisant partie de mes thèmes préférés, mais je peux aussi me pencher sur la Rome antique ou le passé colonial de la Grande-Bretagne. J'ai une belle bibliothèque remplie d'ouvrages de ce genre, avec des étagères en bois sombre qui montent jusqu'au plafond. C'est dans cette pièce où j'aime m'isoler qu'il m'est arrivé un sale coup.

Quand je dis que j'étais en train de chercher un livre d'anatomie de Léonard de Vinci, personne ne veut me croire. C'est un gros volume et ceux-là sont rangés sur les étagères les plus hautes, donc je suis monté sur une échelle pour l'atteindre. Plein de livres très lourds tout en haut, et les étagères sont maintenues par de petits taquets. Au moment où j'atteignais celle qui m'intéressait, l'un de ces damnés taquets a lâché et une avalanche de livres m'est tombée sur la tronche. Bang ! J'ai atterri sur une table la tête la première et j'ai perdu connaissance. Je suis resté dans le cirage pendant je ne sais combien de temps, peut-être une demi-heure, et au réveil mon crâne me faisait sacrément mal. Entouré d'énormes volumes. L'ironie de la situation m'aurait fait rigoler si je n'avais pas autant souffert : « Ah, tu voulais te documenter sur l'anatomie, eh ben, t'es servi ! » Je me suis traîné dans les escaliers en soufflant comme un phoque. Je me suis dit que j'allais me coucher auprès de ma nana et qu'on verrait bien le lendemain. Mais le lendemain matin, c'était pire. Patti : « Qu'est-ce qui t'est arrivé ?

— Oh, rien, je me suis cassé la figure... Ça va aller. » Sauf que j'arrivais à peine à respirer. Il m'a fallu trois jours pour me décider à dire à Patti : « OK, ma chérie, il faut que je montre ça à un toubib. » Et, paf, j'avais un poumon perforé ! Notre tournée européenne, qui devait démarrer à Berlin en mai 1998, a été retardée d'un mois. Ça a été une des rares fois où les Stones n'ont pas pris la route à temps à cause de moi.

Un an après, rebelote... bang, l'autre poumon ! On venait d'arriver à St Thomas, dans les îles Vierges, et je m'étais enduit d'huile solaire. À un moment, j'ai joyeusement grimpé sur un pot en terre cuite pour regarder par-dessus un mur et l'huile m'a fait glisser en traître. Crack ! Patti avait du Percodan, donc je me suis bourré de calmants. C'est seulement après un mois, en me rendant à une visite médicale avant une tournée, que j'ai découvert que j'avais trois côtes fracturées et un trou dans le deuxième poumon. Lors de ces visites, ils t'examinent sous toutes les coutures, te font cavaler sur un tapis de course, toutes ces conneries, et ils te passent à la radio : « Oh, à propos, vous vous êtes cassé trois côtes et vous avez eu une perforation du poumon droit, mais tout est guéri maintenant, donc aucune importance... »

Quand je suis à la maison, je me fais la cuisine : des saucisses avec de la purée, le plus souvent. Vous trouverez la recette un peu plus loin. La purée peut varier un peu, mais pas beaucoup. Parfois, c'est un autre classique de la bouffe anglaise. J'ai des habitudes alimentaires assez bizarres, à des heures impossibles et en solitaire ; ça me vient des horaires des repas sur la route, lesquels n'ont rien à voir avec ceux du commun des mortels. Je mange quand j'en ai envie, ce qui est pratiquement exclu dans notre culture. On ne bouffe pas avant de monter sur scène, et quand c'est fini il faut au moins une heure ou deux avant que l'adrénaline retombe, ce qui te fait dîner vers trois heures du mat.

Il faut se nourrir quand on a faim. Depuis la petite enfance, on est programmé pour faire trois repas par jour, une conception de l'alimentation qui découle directement de la révolution industrielle, du rythme de la vie prolétaire. Avant, ça n'avait jamais été comme ça. On grignotait quelque chose toutes les heures, à peu près, mais quand ils se sont mis en tête de tout contrôler, c'est devenu : « OK, déjeuner à midi ! » C'est tout le principe de l'école : on n'y va pas pour apprendre l'histoire-géo ou les maths mais pour être prêt à bosser à l'usine. La sirène sonne, à la graille ! Et dans les bureaux, ou même si tu es un futur Premier ministre, c'est pareil. Pourtant c'est très mauvais pour la santé, de s'empiffrer comme ça d'un seul coup : il vaut mieux une bouchée par-ci, une autre par-là, un petit casse-graine à toute heure. Le corps humain assimile ça bien mieux que si tu avales un tas de bouffe en quarante minutes.

Moi qui ai cuisiné des saucisses toute ma vie, je n'ai appris que très récemment, grâce à une dame à la télé, que la poêle doit être froide. Pas préchauffée. Le choc thermique fait bondir les saucisses dans la poêle, c'est pour ça que les Anglais les appellent des *bangers* – elles font « bang ». Donc il faut commencer à feu doux, dans une poêle froide, se servir un verre et attendre. De cette manière, elles ne se racornissent pas, elles dorent sans se vider. C'est une question de patience. La cuisine est un apprentissage de la patience. Quand j'ai préparé *Goat's Head Soup*, ma fameuse soupe de tête de chèvre, j'y suis allé tout doucement aussi.

Voici donc ma recette des saucisses-purée :

1. Pour commencer, trouvez un boucher qui ait des saucisses *fraîches*.

2. Faites frire des oignons avec du bacon, salez et poivrez.

3. Mettez les patates à bouillir avec un trait de vinaigre dans l'eau, de l'oignon haché et du sel à convenance. Rajoutez des petits pois, et aussi des carottes coupées, si ça vous dit.

4. Passons maintenant aux choses sérieuses : vous avez le choix entre griller vos saucisses, les frire ou les saisir au four. Si vous optez pour la friture, rajoutez-les aux oignons et au bacon, à petit feu, ou mettez-les dans une poêle non chauffée, comme dit la dame de la télé, mélangez les oignons et le bacon après un moment et laissez-les cuire peinards, en les tournant toutes les cinq minutes.

5. Écrasez les patates et tout ce que vous y avez ajouté.

6. À ce stade, les saucisses ont perdu – autant que possible ! – leur graisse.

7. Récupérez le gras et faites-en une sauce, si désiré.

8. Sauce HP[1] obligatoire, en quantité à définir par chacun.

---

1. Sauce brune à base de vinaigre, très populaire en Grande-Bretagne.

Mon grand-père Gus préparait les meilleurs *egg and chips* (œufs au plat-frites) au monde. J'essaye encore d'arriver à sa hauteur, et aussi de parfaire ma *shepherd's pie*[1], la tourte du berger, un art en perpétuelle progression parce que personne ne détient le réel secret de ce plat, personne n'en a jamais préparé une qui soit la vraie shepherd's pie. Il n'y en a pas deux pareilles. La mienne a évolué au cours des années. La base, c'est de dégotter de la viande hachée extra, d'ajouter des pois cassés, des carottes, etc., mais Big Joe Seabrook, mon garde du corps tant regretté, paix à son âme, m'avait appris une subtilité qui ajoute un je-ne-sais-quoi à ce plat fabuleux : avant d'étaler la purée au-dessus du ragoût, ajoutez-y des oignons hachés, parce que ceux qui ont accompagné la cuisson de la viande ont réduit entre-temps. C'est juste un tuyau que je vous donne, les amis.

Tony King a bossé avec les Stones depuis nos premiers disques dans les années 1960, et avec Mick, et de temps en temps comme attaché de presse. Je vais le laisser vous raconter la dernière occasion où quelqu'un a bouffé ma tourte du berger sans ma permission.

Tony King : À Toronto pendant la tournée « Steel Wheels », une tourte avait été livrée en coulisses et les gars de la sécurité s'étaient permis d'y goûter. Keith est arrivé et il s'est rendu compte que quelqu'un avait entamé la croûte avant lui. Il a exigé le nom de tous ceux qui en avaient mangé et donc voilà Jo Wood, la femme de Ronnie, qui se met à courir partout en demandant : « Toi, tu as mangé de la tourte ? » Et tout le monde prend l'air innocent en faisant non de la tête, sauf les gens de la sécurité, évidemment, qui en avaient bouffé plein et ne pouvaient pas le

---

1. Sorte de hachis parmentier, à la différence que la purée de pommes de terre sert de croûte recouvrant un ragoût de viande et de légumes, et que c'est de la viande d'agneau qui est utilisée.

nier. Moi aussi, j'ai répondu non, alors que j'en avais pris un bout.
Keith a alors déclaré : « Je ne monterai pas sur scène tant qu'on ne
m'en aura pas apporté une autre. » Résultat, il a fallu en
commander une d'urgence et j'ai dû annoncer la nouvelle à
Mick : « Le show va prendre du retard parce que Keith refuse
d'entrer en scène tant qu'il n'aura pas eu sa tourte. » Et Mick dit :
« Tu te fous de moi ? » Il y a eu un moment hilarant en coulisses
où quelqu'un a hurlé dans son talkie-walkie : « La tourte est
arrivée, elle est dans le bâtiment ! » Soudain, on l'a vue traverser
le salon, portée à toute blinde par un livreur jusqu'à la loge de
Keith, avec une bouteille de sauce HP, naturellement. Et lui, il se
contente de ficher un couteau dedans et monte sur scène sans en
avoir mangé une miette ! Il voulait seulement être celui qui
couperait la croûte ! Depuis ce jour-là, il se fait toujours livrer sa
tourte personnelle, directement dans sa loge, pour ne pas avoir à
se faire du souci…

Ma loi sur la route est maintenant bien connue : personne ne
touche à la shepherd's pie avant moi. Touche pas ma croûte, mon
pote ! C'est écrit dans le contrat. Si tu entres dans la loge de Keith
Richards, si tu vois une tourte du berger mijoter doucement sur le
chauffe-plat et qu'elle est intacte, il n'y a qu'un seul être au monde
qui ait le droit d'ouvrir la croûte : moi. Ces enfoirés de rapaces, si
on les laissait faire, ils se jetteraient dessus et la boulotteraient
jusqu'à la dernière miette !

Bon, je mentionne surtout ces conneries pour qu'on rigole un
peu, hein ? Parce qu'il est très, très rare que je mange quoi que ce
soit avant de monter sur scène. C'est le pire truc qu'on puisse faire,
en tout cas pour moi : de la bouffe même pas digérée dans
l'estomac quand on doit grimper sur les planches, balancer « Start
Me Up » et assurer deux heures derrière… Je veux la tourte dans
ma loge juste au cas où j'aurais besoin d'un peu de carburant, par
exemple si je m'aperçois brusquement que je n'ai rien mangé de la

journée. Mon métabolisme est comme ça : il faut simplement que j'aie assez de carburant dans le système.

Quand ma fille Angela a épousé Dominic, son fiancé de Dartford, en 1998, la noce a eu lieu à Redlands, une grande fête très réussie. Dominic était venu à Toronto me demander mon autorisation de père et je l'ai laissé sur des charbons ardents pendant quinze jours. Le pauvre. Je savais ce qu'il avait en tête mais lui ne savait pas que je savais, et pendant deux semaines il n'a pas réussi à me poser la question : ou bien je trouvais une diversion, ou bien le courage lui manquait au dernier moment. Et juste après, je devais repartir en tournée. Chaque matin, alors qu'il était resté debout jusqu'à l'aube, Angela lui demandait : « Tu lui as parlé ? » Et il répondait non. Et puis, l'une des dernières nuits, juste quand ça allait être trop tard, je lui ai dit : « Mais bordel, bien sûr que tu peux l'épouser ! », et pour commémorer cet instant je lui ai jeté un bracelet à tête de mort sur les genoux.

À Redlands, on a installé des tentes de garden-party dans le parc et les paddocks. L'effet était tellement chouette qu'après je les ai gardées pendant une semaine. Les invités formaient un mélange d'une variété incroyable : les amis d'Angie à Dartford, les gens de la tournée, l'équipe des Stones, la famille de Doris, des gens que nous n'avions pas revus depuis des années… Une formation de percussionnistes des Caraïbes a ouvert les festivités, puis Bobby Keys, qu'Angela connaît depuis toute petite, a joué « Angie » pendant qu'elle avançait vers l'autel. Lisa et Blondie ont chanté, Chuck Leavell était au piano. Bernard Fowler a lu la bénédiction ; il était un peu surpris qu'on ne lui demande pas de chanter, mais Angie avait dit qu'elle aimait sa voix quand il lisait. Blondie a interprété « The Nearness of You ». Ensuite, on s'est tous levés, Ronnie, Bernard, Lisa, Blondie, moi, et on s'est mis à jouer et à chanter.

C'est ensuite que s'est produit l'incident des oignons verts, ces jeunes oignons que j'avais l'intention de parsemer sur la purée de patates accompagnant les saucisses que je m'étais préparées. Sauf que quelqu'un les a chourés sous mon nez ! De nombreux témoins ont assisté à ce qui s'est passé après la découverte du larcin, dont Kate Moss à qui je le laisse le soin de raconter la chasse à l'homme qui s'est ensuivie :

Kate Moss : Dans une existence par ailleurs très désordonnée, les rares plats que Keith aime sont des sortes de repères très importants pour lui. Et comme ça peut lui prendre à n'importe quelle heure, il se prépare très souvent à manger lui-même. C'est ce qu'il faisait la nuit du mariage d'Angela, vers trois heures du matin. Tout le monde s'amusait, c'était une très belle soirée, on était tous dehors à boire et à danser, c'était un grand mariage et la fête continuait. À un moment, on est allées à la cuisine, Patti et moi, et Keith était en train de se préparer ses célèbres saucisses-purée. Les saucisses rissolaient, les pommes de terre bouillaient, moi je bavardais avec Patti, debout près de la cocotte-minute, quand Keith s'est tourné vers nous d'un coup et a dit : « Où sont passés mes oignons verts ? » On l'a regardé sans trop bien comprendre et il a continué : « Je les avais il y a encore une minute, ils étaient là, où ils sont passés ? » On s'est dit : « Sauve qui peut, il a des hallucinations », mais il a tellement insisté et il était tellement furieux qu'on s'est mises à chercher dans les poubelles, et il répétait : « Ils étaient *là* ! » On a regardé partout, même sous les tables… « Je suis *sûr* qu'ils étaient là ! » Il était vraiment furax, alors on a risqué : « Peut-être que tu les a posés ailleurs, peut-être que tu ne les as pas mis là ?

— Non, bordel, je vous dis qu'ils étaient là ! » Tout le monde a pensé qu'il avait pété un boulon. À ce moment, un copain de Marlon est entré : « Quel est le problème, Keith ? » Et Keith, presque fou de rage, en train de fouiller dans les ordures, qui hurle : « Je cherche mes putains d'oignons verts ! » Là, j'ai levé les yeux et tout s'est ralenti, comme quand on voit un accident arriver et qu'on pense : « Noooon, pas ça, surtout pas ça ! » Le garçon s'était passé un oignon vert au-dessus de chaque oreille. Pourquoi il avait fait ça, franchement ? Pour attirer l'attention sur lui, évidemment, mais ça n'a pas eu l'effet escompté. Keith s'est redressé, il a vu les oignons et il a explosé. À Redlands, il y avait deux sabres accrochés au-dessus de la cheminée. Il les a attrapés et il a pourchassé le gamin dehors, dans la nuit. « Mon Dieu, il va le tuer ! » Patti était réellement inquiète. Alors, on a tous couru après lui : « Keith, Keith ! » Finalement, il est revenu bredouille, et enragé. L'autre a passé des heures caché dans les fourrés. Quand il est revenu à la fête bien plus tard, il avait mis un masque de ski pour que Keith ne puisse pas le reconnaître.

Étant donné ma vocation, il peut sembler étrange que j'aie eu des chiens depuis 1964. Avant la naissance de Marlon, il y avait eu Syphilis, un grand chien-loup. Ensuite, ça a été Ratbag, un clebs que j'ai rapporté illégalement d'Amérique. Je l'avais mis dans ma poche et il a fermé sa gueule pendant qu'on passait la douane. Je l'ai donné à ma mère, avec qui il a vécu des années et des années. Je peux être absent pendant des mois, mais les moments que j'ai passés avec un chiot nous unissent à jamais, lui et moi. Maintenant, j'ai de vraies meutes dans chacune de mes maisons, des chiens qui ignorent l'existence des autres de l'autre côté du vaste océan, même si j'ai l'impression qu'ils captent leur odeur sur mes vêtements. Dans les moments difficiles, je peux toujours compter sur la race canine. Quand nous sommes seuls, mes chiens et moi, je leur parle sans arrêt. Ils savent écouter. Je serais probablement capable de donner ma vie pour n'importe lequel d'entre eux.

Dans le Connecticut, nous avons un vieux labrador sable, Pumpkin, qui nage dans la mer avec moi quand on est aux îles Turks et Caicos, ainsi que deux jeunes bouledogues femelles. Alexandra, qui a choisi la première, l'a appelée Etta en honneur d'Etta James. Patti est tombée amoureuse d'elle, alors on a acheté sa sœur, qui était restée seule dans leur cage au magasin d'animaux, et on l'a baptisée Sugar, à cause de « Sugar on the Floor », une des très grandes chansons d'Etta. Il y aussi le célèbre Raz – célèbre parmi l'équipe technique des Stones –, abréviation de « Rasputin », un petit bâtard au charme et au charisme extraordinaires. Il a eu une bien sombre histoire, mais il est russe, après tout... Apparemment, il faisait partie des trois ou quatre cents chiens abandonnés qui se nourrissaient dans les poubelles du stade Dynamo de Moscou quand on était en tournée là-bas, en 1998. La Russie venait de connaître une grave récession et les gens se débarrassaient de leurs animaux domestiques. Une vraie vie de chien ! Pendant que nos machinistes montaient la scène, Raz s'est débrouillé pour se faire remarquer, ils l'ont recueilli et il est très vite devenu une sorte de mascotte. De l'équipe technique, il est astucieusement passé à notre cuisine de tournée, et de là aux services de l'habillage et du maquillage. Il n'était pas très beau à voir, après ses bagarres quotidiennes afin de rester en vie – je sais bien ce que c'est –, et pourtant il a été capable d'émouvoir les cœurs les plus endurcis.

Quand on est arrivés pour la balance, je me suis laissé entraîner dans un coin par Chrissy Kingston, une fille qui travaillait aux costumes. Elle s'est mise à s'extasier sur ce fantastique bâtard devant moi. Les techniciens l'avaient vu prendre des raclées terribles et pourtant revenir. Épatés par son cran et sa détermination, ils l'avaient adopté. « Il faut que tu le voies », a insisté Chrissy. Moi, je préparais notre tout premier concert en Russie, les chiens ne figuraient certainement pas sur ma liste de priorités, mais je connaissais Chrissy. L'intensité dans sa voix, ses yeux remplis de larmes m'ont fait comprendre que c'était sérieux. On était tous des pros, on bossait dur pour cette tournée, et Chrissy n'est pas du genre à te faire des coups tordus. Et puis Theo et Alex étaient là, elles aussi, et l'imparable « Oh papa, s'il te plaît, viens le voir, papa ! » a fini par attendrir qui vous savez. Je subodorais un coup monté, mais je ne pouvais pas me défendre. « OK, amène-le-moi. » Quelques secondes plus tard, Chrissy était de retour avec un terrier noir incroyablement pelé. Un nuages de puces flottait autour de lui. Il s'est assis en face de moi et m'a regardé fixement. Je lui ai rendu son regard, il n'a pas flanché. J'ai dit : « Laisse-le-moi. On va voir ce qu'on peut faire. » Après deux minutes à peine, une délégation de l'équipe technique est arrivée dans ma chambre. Cette bande de mastards barbus et tatoués avaient les larmes aux yeux et voulaient me remercier. « C'est un clebs super cool, Keith. Merci, mec, il nous a tous conquis… » Je n'avais pas idée de ce que j'allais faire de lui, mais au moins le spectacle pouvait commencer. Comme s'il sentait qu'il avait gagné, le chien m'a léché les doigts. J'étais conquis, moi aussi. Patti m'a contemplé avec un mélange d'amour et de désespoir. J'ai haussé les épaules. Il a fallu mobiliser toute une escouade pour lui obtenir des vaccins, des papiers officiels, des visas et tout le reste, mais finalement c'est un clebs heureux comme tout qui a débarqué de l'avion aux États-Unis. Depuis, il est le tsar du Connecticut et cohabite avec Pumpkin, Toster le chat et les bouledogues.

J'ai aussi eu un mainate, une fois, mais ça ne s'est pas bien passé : dès que je mettais de la musique, ce putain d'oiseau commençait à me gueuler dessus. C'était comme de vivre avec une vieille tante acariâtre. Jamais de reconnaissance ni rien. C'est le seul animal dont je me suis séparé. Peut-être qu'il était trop pété, parce qu'il y avait tout le temps plein de gens qui fumaient de l'herbe. Pour moi, c'était comme d'être enfermé avec Mick dans une cage, tout le temps à faire marcher son clapet… Les bêtes en cage, ça n'a jamais été mon truc. Par exemple, j'ai jeté à la poubelle le perroquet de Ronnie, pensant que c'était un jouet détraqué. Ce machin était perché dans une cage à l'autre bout de la maison de Ronnie, ne réagissait à rien, ne bougeait pas et ne se manifestait que par des cris perçants, à intervalles réguliers, comme un réveil d'enfant qui marche quand ça lui prend. Je m'en suis débarrassé, et quand je me suis rendu compte de mon erreur, c'était trop tard.

La réaction de Ronnie a été : « Merci mon Dieu ! » Il détestait ce piaf. À mon avis, il n'aime pas vraiment les animaux, même s'il en a plein chez lui. Il prétend être amateur de chevaux, il en a quatre ou cinq dans son haras en Irlande, mais quand tu lui dis : « Et si on faisait un tour à cheval, Ron ? », il refuse de s'en approcher ! Disons qu'il les aime de loin, surtout lorsque le canasson sur lequel il a parié franchit la ligne d'arrivée en premier.

Dans ce cas, pourquoi vit-il au milieu de toute cette merde, de ce crottin et de ces jeunes juments à trois pattes ? Il soutient que c'est son côté gitan. Tsigane. Une fois, en Argentine, on est partis en balade, Bobby Keys et moi, et on a obligé Ronnie à nous accompagner. C'était de bons canassons. Quand tu n'as pas monté depuis un moment, t'as mal au cul, c'est indéniable. Donc on est partis dans la pampa et Ronnie s'accrochait au sien comme à une putain de bouée de sauvetage. « Mais tu as des chevaux chez toi, Ron ! Je croyais que tu aimais ça… » On était morts de rire, Bobby et moi : « Tiens, v'là Géronimo ! Allez, magne-toi ! »

Theo et Alex ont grandi dans le Connecticut, menant une vie aussi normale que possible, suivant leur scolarité au lycée du coin. Patti a plein de parents dans les environs. Il y a sa nièce, Melena, qui est mariée à Joe Sorena. On a fait plusieurs fois du vin dans leur garage, avec la scène finale où tout le monde entre pieds nus dans la cuve et foule le raisin comme des damnés en répétant : « Ça va être du premier cru, ça ! » C'est vraiment cool. Je l'ai fait en France à une ou deux occasions et, je ne sais pas, c'est spécial de sentir le raisin gicler entre ses orteils. Il nous est même arrivé de prendre des vacances « normales ». Pour preuve, le mobile-home Winnebago entièrement équipé avec pas mal de bornes à son actif qui est garé près de mon court de tennis où personne ne joue. Les Hansen sont très portés sur les réunions de famille et aussi sur le camping, avec une nette tendance pour des destinations aussi aber-rantes que l'Oklahoma. Je ne les ai suivis que deux ou trois fois :

bon, tu sors de New York et tu roules, tu roules, et tu te retrouves… dans l'Oklahoma. Heureusement que j'étais là lors d'une de ces virées, autrement ils auraient tous fini noyés et sans feu pour se réchauffer. On a été pris dans une crue démente qui a bien failli nous emporter, enfin tous les trucs habituels qui accompagnent une partie de camping… Ma contribution n'a jamais été reconnue parce que la pluie m'a totalement trempé ! Et ma formation de boy-scout a été très utile : « Coupe-moi cette branche ! Enfonce ces piquets de tente par là ! » Je fais des feux de camp fantastiques. Je ne suis pas un incendiaire, juste un peu pyromane sur les bords.

Une note dans mon carnet en 2006 :

> « *Je suis marié avec une très, très belle femme. Élégante, gracieuse et avec les pieds sur terre comme personne. Futée, dotée d'un remarquable esprit pratique, attentionnée et très chaude à l'horizontale. Je suppose que la chance y est pour beaucoup. Je dois dire que sa logique et sa lucidité m'épatent, parce qu'elle arrive à donner du sens à mon mode de vie plutôt décousu. Parfois, ça heurte un peu mes instincts de nomade. Le recours à la logique me prend à rebrousse-poil, mais j'apprécie ! Et je lui tire la plus élégante des révérences dont je sois capable.* »

Lors d'un week-end mémorable de safari en Afrique du Sud avec les enfants, j'ai failli me faire bouffer une main par un crocodile, ce qui aurait conduit à ma retraite anticipée. Nous avions deux ou trois jours de liberté, en plein milieu de la tournée « Voodoo Lounge », et on a proposé à Bernard Fowler et Lisa Fischer de venir avec nous. Dans cette réserve, tous les employés étaient d'anciens gardiens de prison blancs. Évidemment, la vaste majorité de leurs prisonniers avaient été des Noirs. Ça s'est bien vu à la tête du barman lorsque Bernard et Lisa ont commandé chacun un double Glenfiddich. Pas vraiment accueillant, le bonhomme.

Mandela avait été libéré cinq ans plus tôt. Lisa et Bernard voulaient voir comment l'Afrique du Sud évoluait, un plan « retour aux racines », et ils sont repartis sérieusement dégoûtés. Tout ce à quoi ils ont eu droit, c'est des regards venimeux et de l'hostilité. La vieille mentalité de l'apartheid semblait bien ancrée.

Un matin, j'avais dormi à peine une heure après avoir fait la bombe toute la nuit et je n'étais donc pas du tout d'humeur à grimper sur le plateau d'un tout-terrain de safari, comme on m'y a contraint. Je dirais même que j'étais plutôt de mauvais poil et je n'ai pas poussé des « Oh, mon Dieu, que c'est beau l'Afrique ! », d'autant que je n'en apercevais que des ronces et de la terre desséchée. Soudain, on s'arrête sur une petite piste, sans motif apparent. Il y a là quelques rochers, l'entrée d'une grotte et soudain en surgit l'image même de Mme Dieu ! Un phacochère ! La bestiole a la tête recouverte de boue et se plante juste devant moi en soufflant de la vapeur par les naseaux. Il ne manquait plus que ça… Ces défenses et ces petits yeux rouges qui me dévisagent… La créature la plus moche que j'aie jamais vue, surtout aussi tôt dans la journée. Tu parles d'une première rencontre avec la nature africaine ! Mme Dieu, celle que tu ne veux surtout pas croiser ! Euh, faites excuse, ça ne serait pas plutôt possible de voir votre mari ? Et si je revenais demain ? Le genre à t'attendre avec le rouleau à pâtisserie quand tu rentres à la maison… J'ai commencé à lui voir des bigoudis et un vieux peignoir, vous voyez ce que je veux dire ? Débordante d'énergie et de fiel. Un spectacle sans doute grandiose, mais pas avec une heure à peine de sommeil dans les jambes et une méga-gueule de bois…

Ensuite, on recommence à cahoter sur la piste, et maintenant un mec vraiment sympa, un Black prénommé Richard, se tient sur la plateforme de la Land Rover et nous montre des trucs du doigt. Soudain, il dit : « Hé, visez un peu ça ! » On s'arrête devant un gros tas noirâtre. Richard crève le haut du tas et il en sort une colombe qui s'envole à tire-d'aile ! C'était une grosse bouse d'éléphant avec à l'intérieur un de ces oiseaux blancs qui suivent les pachydermes en mangeant les graines qu'ils n'ont pas digérées. L'huile spéciale qui recouvre leurs plumes les protège de la merde et ils peuvent rester pendant des heures sous une montagne de caca. Ils se taillent une voie de sortie en bectant, en fait. Et celle qui était sortie était blanche comme neige, aussi immaculée que la colombe de la paix.

Ensuite, dans un tournant, on tombe sur un éléphant, un gros balèze, de l'autre côté de la piste. Il est en train d'éplucher deux arbres qui font bien dix mètres de haut, il les tient tous les deux avec sa trompe. On s'arrête, il nous lance un regard dans le style « Vous voyez bien que je suis occupé, non ? » et il continue à massacrer les arbres. Là, une de mes filles s'exclame : « Oh, papa, celui-là a cinq pattes ! » Et moi : « Six, en comptant la trompe. » Sa bite, trois mètres et quelque de long, traîne par terre. Grande leçon d'humilité pour moi. Je veux dire : ça, c'est être *vraiment* bien monté ! D'ailleurs, au retour, Richard nous a montré des traces dans la poussière, l'empreinte d'immenses pattes d'éléphant avec une ligne au milieu, la marque de son braquemart.

On a vu quelques guépards, aussi. Comment tu sais qu'il y en a dans les parages ? Facile : il y a une antilope déchiquetée accrochée à un arbre ! C'est un guépard qui l'a hissée là-haut pour revenir la bouffer tranquillement. Ensuite, les buffles d'eau. Trois mille ou plus dans un marécage. Ces machins sont hallucinants : l'un d'eux décide de chier et avant que sa merde ait atteint le sol un autre arrive par-derrière et la bouffe ! Ils boivent leur pisse également. Et puis, le clou du spectacle, sans parler des mouches : brusquement, une femelle met bas juste sous nos yeux et les mâles se précipitent pour bouffer le placenta ! On avait eu notre dose, alors on s'est barrés, terminé le safari, mais ce crétin de chauffeur a décidé de faire un dernier arrêt, cette fois devant une mare. Il prend un bâton et dit : « Hé, visez un peu ça ! » Et il enfonce le bâton dans la vase. Moi, je suis assis à l'arrière de la Land, avec une main qui pend par-dessus bord. Brusquement, je sens un souffle d'air chaud sur mes doigts et j'entends un claquement sec : un croco vient de me rater d'à peine deux centimètres ! J'ai failli tuer le type. L'haleine d'un crocodile : on n'a pas vraiment envie de sentir ça de près.

On a même vu quelques hippopotames, que j'ai trouvés extra, mais combien de bêtes du bon Dieu peut-on voir en une journée sans avoir fermé l'œil de la nuit ? Je ne peux pas dire que j'aie été enchanté par l'expérience. Mon plaisir est purement rétrospectif. Mais la manière dont les Blancs traitaient Bernard et Lisa m'a mis hors de moi. Ça m'a gâché toute la balade.

J'aurais peut-être dû comprendre que Mick était parti pour recevoir des décorations quand il a salué le nouveau millénaire en inaugurant un centre Mick Jagger dans son ancien lycée de Dartford. Pour ma part, j'avais entendu des rumeurs, infondées en fait, selon lesquelles un bâtiment Keith Richards avait ouvert sans ma permission dans mon propre ex-bahut, et j'avais décidé de sauter dans un hélicoptère pour bomber : « J'AI ÉTÉ VIRÉ ! » sur le toit. Peu de temps après avoir coupé le ruban, Mick m'a téléphoné : « J'ai un truc à te dire, Tony Blair insiste pour que j'accepte d'être adoubé chevalier. » J'ai répondu : « Tu peux toujours dire non, mon pote. » Et je n'ai rien dit d'autre. C'était absurde, cette histoire. Toute sa crédibilité serait à l'eau. J'ai appelé Charlie : « C'est quoi, ces conneries ?

— Tu sais bien qu'il en rêve.

— Non, je n'étais pas au courant ! » L'idée ne me serait même pas venue à l'esprit. Je le connaissais donc si mal ? Le Mick avec qui j'avais passé ma jeunesse, c'était un mec qui aurait dit : « Toutes vos petites médailles, vous pouvez vous les carrer où je pense. Merci beaucoup, mais non merci. C'est tout simplement dégradant. Ça s'appelle le "système des honneurs" mais on n'en a pas besoin, nous autres, on a été plus que suffisamment honorés.

Par le public. » Quoi, tu vas accepter un titre conféré par le même système qui a essayé de te mettre en taule sans la moindre raison ? T'es capable de leur pardonner ça... L'arrivisme de Mick était devenu de plus en plus évident avec le temps, mais je n'aurais jamais cru qu'il se laisserait tenter par cette merde. C'était peut-être une nouvelle crise de SCL, le redoutable syndrome ?

Il y a eu un cafouillage dans les dates[1] et, en fin de compte, Mick n'a pas eu droit à la reine mais seulement à Charles, le prince héritier, pour lui taper avec une épée sur les deux épaules, ce qui pour moi ne fait de lui qu'un demi-sir. Mais je reconnais que, contrairement à d'autres adoubés de fraîche date, il ne fait pas tout un fromage pour qu'on lui donne du « Sir Mick ». Ça ne nous empêche pas de nous gondoler dans son dos. Quant à moi, je ne serai pas Lord Richards mais carrément roi, Sa Majesté Richard IV, prononcé « Richard I-Vé », pour « intraveineuse ». Très approprié, non ? Et que ça ne cesse jamais de couler ! J'aurai même un bouton pour commander la putain de pompe à dope !

En dépit de quoi, ou peut-être grâce aux effets relaxants de l'adoubement sur Mick, l'année 2004 a été la meilleure qu'on ait eue ensemble depuis Dieu sait quand. Il est devenu bien plus souple. Allez savoir pourquoi, il avait peut-être simplement pris de la bouteille et fini par comprendre qu'on est ce qu'on est. Je crois que ce qui est arrivé à Charlie y est pour beaucoup. En 2004, j'ai passé un moment chez Mick en France pour commencer à travailler sur un nouveau disque, le premier en huit ans, qui allait devenir *A Bigger Bang*. Un jour ou deux après mon arrivée, on était assis tous les deux avec des guitares acoustiques, en train de chercher des idées, et soudain Mick a dit : « Tu sais, vieux, Charlie a un cancer... » Il y a eu un long silence. Le coup a été très dur pour moi. En fait, la question était : « Doit-on tout mettre en

---

1. La cérémonie s'est tenue le 12 décembre 2003.

stand-by et attendre de voir comment les choses évoluent ? » J'ai réfléchi une minute et j'ai dit : « Non, on y va. Pour l'instant, on compose, on n'a pas besoin de Charlie dans l'immédiat. Et il serait lui-même fumasse si on arrêtait juste parce qu'il a un problème en ce moment. Ce ne serait pas bon pour lui et en plus, merde, on a des chansons à écrire ! On va en composer quelques-unes et on lui enverra les bandes, pour qu'il voie où on en est. » Et c'est ce qu'on a fait.

Le château français de Mick, à quelques kilomètres de la Loire, est très agréable, bordé par des vignobles magnifiques, il dispose de caves conçues pour conserver le vin à température constante, sept degrés toute l'année. Un vrai château de capitaine Haddock, sorti d'une BD de *Tintin*. Le courant passait bien entre nous et on avait de bonnes idées. On était moins à cran. Quand on se contente de bosser au lieu d'essayer de s'expliquer sur ceci ou cela, c'est très différent. Ce que je veux dire, c'est que, bon, tu travailles avec un mec depuis quarante ans et des poussières, ça ne peut pas être tous les jours vent arrière et grand soleil, non ? Il y a forcément des grains et des conneries. C'est comme un mariage.

Quand je veux prendre un peu le large vis-à-vis de la Jamaïque, ma retraite favorite est devenue la petite île de Parrot Cay, dans l'archipel des Turks et Caicos, au nord de la République dominicaine. Ce n'est pas forcément mieux que la Jamaïque, mais celle-ci avait perdu des points dans ma famille à cause de plusieurs incidents, dont certains assez effrayants. À Parrot Cay, en revanche, notre quiétude n'était jamais troublée, et surtout pas par les perroquets, quoi que le nom puisse laisser penser. Il n'y a jamais eu un seul de ces volatiles dans les parages et c'est certainement les promoteurs du temps jadis, jamais trop prudents, qui ont jugé préférable de changer le nom d'origine, Pirate Cay, en Parrot Cay, le récif des pirates en récif des perroquets. J'y passe de longues périodes, pendant lesquelles mes enfants et petits-enfants me rendent visite.

J'écoute les radios américaines que j'arrive à capter, chacune avec son propre style : par exemple, je ferai vingt-quatre heures de rock des fifties avant de me brancher sur une formidable station de bluegrass puis, selon l'humeur, ce sera du hip-hop, ou du rock rétro, ou du rock alternatif... Ma limite, c'est l'*arena rock*, qui ressemble trop à ce que je fais moi-même.

Un extrait de mon carnet de bord :

> « *Après environ un mois ici, j'ai remarqué un cycle naturel étonnant : pendant une semaine, il y a des escadrons de libellules qui seraient à leur place au Salon aéronautique de Farnborough, puis elles disparaissent soudain et, quelques jours plus tard, des nuées de petits papillons orange se mettent à polliniser les fleurs. On dirait qu'il y a une certaine logique. Je vis au milieu de plein d'espèces différentes : deux chiens, un chat, Roy (Martin) et Kyoko, la maîtresse de cœur japonaise de Roy, à moins que ce soit l'inverse : Kyoko et Roy, son diamant de l'East End... Et puis il y a la ravissante (mais intouchable) Ika, notre gouvernante balinaise ! Bénie soit-elle ! Et Mr Timothy, un Noir adorable qui s'occupe du jardin et qui me vend les paniers en feuilles de palmier que sa femme fabrique. Et il ne faut pas que j'oublie les geckos, innombrables et de toutes les tailles, ainsi qu'un rat ou deux, probablement. Toaster, le chat, gagne sa vie en bouffant de grosses phalènes ! Et puis il y a les barmen javanais et balinais (mauvais garçons), et les marins locaux ajoutent la couleur locale... Mais mañana, je rentre dans le Nord, le frigo. Il faut que je fasse une nouvelle fois mes valises. Souhaitez-moi bonne chance.* »

Ces lignes ont été écrites en janvier 2006, pendant la pause de Noël de la tournée « A Bigger Bang ». Je devais reprendre la route : d'abord le Super Bowl en février et ensuite, quinze jours plus tard, l'un des plus grands concerts de rock jamais organisés, à Rio, devant plus d'un million de personnes. Intense, comme début d'année. Un an plus tôt exactement, un jour que je marchais entre la plage et les rochers à Parrot Cay, sur qui je tombe ? Paul McCartney en personne, qui devait jouer pour le Super Bowl 2005 ! Vraiment pas l'endroit où on risquait de se rencontrer après toutes ces années, mais sans doute le meilleur, parce qu'on a eu tout le temps de parler, peut-être pour la première fois depuis l'époque lointaine où les Beatles écrivaient déjà des chansons alors qu'on n'avait même pas commencé. Il a surgi d'un coup et m'a dit que c'était Bruce Willis, mon voisin, qui lui avait expliqué où j'habitais : « J'ai décidé de venir, j'espère que c'est OK, désolé de ne pas t'avoir prévenu… » Comme je ne décroche plus le téléphone depuis longtemps, ça n'aurait rien changé. J'ai eu l'impression que Paul avait besoin d'un moment de détente. C'est une très grande plage, et évidemment ce sont des choses qu'on ne perçoit qu'avec le recul, mais ça ne tournait pas rond, c'était perceptible. Sa rupture avec Heather Mills, qui l'accompagnait lors de ce voyage, était pour bientôt.

Il s'est mis à venir chaque jour, quand son fils dormait. On n'avait jamais été proches. John était un pote, George et Ringo aussi, mais Paul et moi, on n'avait jamais passé beaucoup de temps ensemble. Cette rencontre a été un plaisir partagé, je crois. Un rapport s'est établi tout de suite, on a parlé du passé et de l'art de composer des chansons. On a évoqué des choses très simples, par exemple la différence entre les Beatles et les Stones : eux étaient un groupe surtout vocal, car chacun était capable de tenir la voix lead, tandis que nous étions plutôt une formation de musiciens, avec un seul gars sur le devant de la scène. Paul m'a expliqué que comme il était gaucher, John et lui se plaçaient l'un en face de l'autre et jouaient en se regardant comme dans une glace. On a essayé de faire pareil, et on a même commencé à écrire un morceau, une chanson McCartney-Richards dont les paroles sont restées punaisées au mur des semaines durant. Je l'ai mis au défi de jouer « Please Please Me » au Super Bowl, mais il m'a dit que ses musiciens n'auraient pas le temps de s'y préparer. Je me rappelais son style à la Roy Orbison quand il la chantait, vraiment tordant, et on l'a entonnée ensemble. Il y a eu toute une discussion sur les niches pour chien gonflables, qui sont conçues pour ressembler à leurs locataires, blanches à taches noires pour les dalmatiens et ainsi de suite. On a fini par aborder un projet qui nous tenait à cœur : des étrons de célébrités séchés au soleil, lavés à l'eau de pluie, passés au vernis et décorés par un peintre célèbre. On demanderait aux stars d'y contribuer en donnant leur merde : Elton accepterait tout de suite, c'est un chic type, George Michael serait emballé par l'idée, et Madonna, elle dirait quoi ? Bref, on s'est bien marrés. On a eu du bon temps.

Retour à 2006. Quinze jours après le Super Bowl, les Stones débarquaient à Copacabana pour un concert gratuit sponsorisé par les autorités brésiliennes. Pour nous permettre de nous rendre de l'hôtel à la scène sur la plage, ils ont construit un pont qui enjambait l'avenue du front de mer. Quand j'ai regardé la vidéo du show, je me suis rendu compte que j'étais concentré comme pas possible, pendant cette soirée. Je tirais presque la gueule ! Il fallait que le son soit impeccable, mec, et rien d'autre ne m'intéressait. Je m'étais un peu converti en bonne d'enfants, je veillais à ce que tout se passe correctement. Et c'était normal : on jouait devant un million de personnes, dont la moitié massées dans la baie d'à côté, donc je me demandais si le son porterait jusque là-bas ou s'il se perdrait en route. On ne pouvait voir qu'un quart de l'assistance. Il y avait des écrans installés à trois bornes de la scène. S'il n'y avait eu deux ou trois shows qu'on a donnés par la suite au Japon, ç'aurait pu être l'apothéose d'une longue carrière consacrée à faire sonner ma gratte, ma sortie triomphale. Parce que c'est peu après ça que je suis tombé de ma branche.

On était partis aux Fidji en famille pour souffler quelques jours sur une île privée. Un jour, on a décidé de pique-niquer sur la plage. Pendant que Josephine et Patti préparaient le déjeuner, Ronnie et moi sommes allés nager. Ensuite, comme il y avait un hamac, il s'est dépêché de s'allonger dedans. On se séchait au soleil. Et là, j'ai remarqué l'arbre. Pas un cocotier, contrairement à ce qu'on a raconté : un arbre bas et tout couché par le vent, un tronc qui devenait une branche horizontale. À l'écorce tout usée, j'ai compris que plein de gens s'étaient déjà assis dessus. Et la branche était à, quoi, deux mètres du sol ? Alors je me pose dessus, j'attends le déjeuner en séchant. J'entends : « C'est prêt ! » Il y a une autre branche devant moi et je me dis que je vais l'attraper et me laisser tomber tranquillement sur le sol. Sauf que j'oublie que mes mains sont encore mouillées, pleines de sable et d'autres trucs, donc elles glissent sur le bois et je tombe par terre sur les genoux et ma tête part en arrière et percute le tronc. Fort. Mais ça a été tout sur le moment, et je ne me suis pas inquiété : « Ça va, chéri ?

— Ouais, ouais, ça va.

— Ouf, ne recommence pas, en tout cas… »

Deux jours plus tard, je me sentais toujours bien et on a fait une sortie en bateau. Au début, la mer était d'huile mais au large on a commencé à rencontrer de ces grandes vagues qui sillonnent le Pacifique. Josephine, qui était à l'avant, a crié : « Regardez ça ! » Je suis allé vers elle et un gros rouleau nous a soulevés et je suis tombé en arrière, pile sur un siège, et là quelque chose s'est produit. Un mal de tête fulgurant. « Il faut qu'on rentre », j'ai dit, mais je pensais toujours que ce n'était rien de grave. Mais le mal de tête ne cessait d'empirer. Je n'en ai presque jamais ; quand ça m'arrive, une aspirine suffit. Je ne suis pas du genre migraineux. J'ai toujours plaint ceux qui en souffrent, Charlie, par exemple. Je n'arrive pas à imaginer ce qu'ils ressentent, mais la douleur ce jour-là devait y ressembler.

J'ai découvert bien après que ce deuxième choc avait été un coup de bol dément. En tapant contre le tronc, je m'étais fêlé le crâne et ça aurait pu durer des mois avant qu'on s'en aperçoive, ou que j'en meure. Une lente hémorragie dans la boîte crânienne. Le second coup a révélé ce qui était arrivé avant. Cette nuit-là, j'ai pris deux aspirines qui n'ont fait qu'aggraver les choses, puisque l'aspirine fluidifie le sang – c'est fou tout ce qu'on apprend quand on est en train de se tuer… Il semble que j'aie eu deux attaques, dans mon sommeil. Je ne m'en souviens pas. J'ai cru que j'avais une mauvaise toux qui m'étouffait et je me suis réveillé en entendant Patti dire : « Tu te sens bien, chéri ?

— Oui, ça va. » Et là, encore une attaque et j'ai vu Patti se précipiter dans la chambre : « Oh mon Dieu ! », et passer des coups de fil. À ce stade, elle paniquait mais n'avait pas perdu les pédales, elle fonctionnait encore. Heureusement, la même chose était arrivée au propriétaire de l'île, il a tout de suite reconnu les symptômes et, en moins de temps qu'il n'en faut pour dire ouf, je me suis retrouvé dans un avion pour Fidji, la capitale de l'archipel. Là, on m'a ausculté et on a décrété que je devais être transféré en Nouvelle-Zélande. Le trajet Fidji-Auckland a été le pire vol de ma vie. On m'a attaché à une civière, pratiquement dans une camisole de force, et on m'a embarqué. Impossible de faire un mouvement pendant quatre heures d'affilée. Je me fous de ma tête, je veux pouvoir bouger ! J'ai commencé à gueuler : « Vous allez me donner quelque chose ?

— On aurait pu avant de partir, maintenant c'est trop tard.

— Pourquoi vous ne l'avez pas fait, merde ? » Je jurais comme un taré : « Donnez-moi des calmants, putain de Dieu !

— On ne peut pas, en vol. » Quatre heures enfermé dans ce piège à rats. Enfin, je suis arrivé à l'hôpital d'Auckland où un neurochirurgien, Andrew Law, m'attendait. Par chance, c'était un de mes fans. Il ne me l'a dit qu'après, mais dans sa jeunesse il avait une photo de moi au-dessus de son lit. Après qu'on m'a mis entre ses mains, je ne me souviens plus de rien. On m'a donné de la morphine et, quand j'ai réémergé, je me sentais plutôt bien.

Je suis resté hospitalisé une dizaine de jours. Chouette hosto, très chouettes infirmières. Celle qui s'occupait de moi le jour était une fille adorable, originaire de Zambie, vraiment super. Le Dr Law m'a fait subir des tests chaque matin pendant une semaine. Là, j'ai dit : « Et maintenant, on fait quoi ? » Il a dit que mon état s'était stabilisé et que je pouvais consulter mon toubib à New York, à Londres, ou ailleurs. L'idée planait que je voulais à tout prix le gratin du monde médical international... J'ai dit : « Je ne veux pas prendre l'avion, Andrew ! » Je le connaissais assez bien, à ce stade. « Je ne monterai pas dans un zinc.

— OK, mais il faut vous opérer.

— Je vais vous dire un truc : c'est vous qui allez le faire. Et tout de suite, même ! » Lui : « Vous êtes certain ?

— Absolument ! » Et aussitôt j'aurais bien voulu retirer ce que je venais de dire. Quoi, j'avais demandé à un type de m'ouvrir le crâne ? Mais j'étais persuadé que c'était le bon choix. Je savais que Law comptait parmi les meilleurs. On s'était sérieusement renseignés sur lui, et je ne voulais pas me faire charcuter par quelqu'un dont je ne savais rien.

Quelques heures après, il est revenu avec l'anesthésiste, Nigel, un Écossais. Là, j'ai cru vraiment malin de dire : « Nigel, je suis du genre très difficile à endormir. Personne n'y est arrivé jusqu'ici. » Et lui : « Alors, regardez bien », et en dix secondes j'étais parti, ciao tout le monde. Et quand je me suis réveillé deux heures et demie plus tard, je me sentais super bien, j'ai demandé à Law : « Alors, on y va ?

— C'est fait, mon cher. » Il avait ouvert le crâne, aspiré tous les caillots de sang et remis le haut de la boîte crânienne bien en place, comme une calotte retenue par six épingles en titane. Tout allait merveilleusement bien, sauf qu'en reprenant conscience j'ai décou-vert que j'étais relié à une tripotée de tubes, un qui me rentrait dans la bite, un autre qui sortait par là, un autre par ici… « C'est quoi, ce bordel ? À quoi ça sert, ça ? » Law m'a dit : « C'est le goutte-à-goutte de morphine » et ça m'a plu : « OK, celui-là, on le garde ! » Je ne me suis pas plaint. La vérité, c'est que je n'ai pas eu une seule fois mal à la tête depuis l'opération. Andrew Law s'est débrouillé comme un chef.

Je suis resté hospitalisé encore une semaine et ils m'ont donné un peu de morphine en rab. Tous très gentils, très cool. J'ai compris qu'ils voulaient simplement que je me sente bien et m'épargner la souffrance. J'ai peu réclamé de calmants mais, quand je l'ai fait, on m'a toujours répondu : « Pas de problème, voilà. » Le gars à côté de moi avait une blessure comparable, suite à un accident de moto sans casque. Il gémissait, grognait, et les infirmières restaient avec lui des heures, lui parlaient jusqu'à ce qu'il se calme. Des voix très apaisantes. Moi qui étais presque rétabli, je pensais : « Je sais par quoi tu passes, mon pote. »

Ensuite, il y a eu un mois de convalescence dans une minuscule pension victorienne d'Auckland. Toute ma famille est venue me rendre visite, qu'ils soient bénis. J'ai reçu des messages de Jerry Lee Lewis, et aussi de Willie Nelson. Jerry Lee m'a envoyé un single autographié de « Great Balls of Fire », une première édition. Ça s'accroche au mur, ça ! Bill Clinton m'a envoyé un mot : « Rétablissez-vous vite, cher ami. » Tony Blair commençait sa lettre par : « Cher Keith, vous avez toujours été l'un de mes modèles et héros… » L'Angleterre gouvernée par un mec dont je suis le héros ? Effrayant ! J'ai même reçu une lettre du maire de Toronto, un aperçu intéressant de ce à quoi ressembleront les compliments posthumes auxquels j'aurai droit. « Pourquoi n'arrive-t-on pas à fabriquer des avions sur le même modèle que Keith ? » s'est interrogé l'humoriste Jay Leno à la télévision. Le grand comédien Robin Williams a dit : « Keith, on peut le fêler mais pas le casser. »

Il y a eu pas mal de vannes sur la solidité de mon cigare, mais le plus bluffant, c'est ce que la presse a été capable d'inventer.

Comme ça s'était passé aux Fidji, j'étais forcément tombé d'un cocotier, haut de douze mètres de surcroît, pendant que je cueillais une noix de coco… Il a même été question de jet-ski, alors que je déteste ces engins parce qu'ils sont bruyants, stupides et abîment les récifs de corail.

Voici les souvenirs du Dr Law sur cette aventure :

Dr Andrew Law : Le jeudi 30 avril, à trois heures du matin, on m'a téléphoné de Fidji, où je travaille dans une clinique privée. Ils avaient un patient souffrant d'une hémorragie cérébrale, quelqu'un de connu… Est-ce que je pouvais m'en charger ? Et ils m'ont dit qu'il s'agissait de Keith Richards, des Rolling Stones. Dans ma chambre à la fac, j'avais un poster de lui sur mon mur. J'ai toujours été un fan des Stones et de Keith Richards.

Tout ce que je savais, c'est qu'il était encore en vie, que le scanner montrait un hématome important et ce qu'on m'avait raconté de sa chute, puis du choc subi en bateau. J'en avais conclu qu'il devait être hospitalisé en neurochirurgie, mais j'ignorais encore si une opération serait nécessaire. Un hémisphère exerçait une pression sur l'autre, déplaçant la ligne médiane du cerveau.

Cette même nuit, j'ai été bombardé de coups de fil de spécialistes de New York, L.A., du monde entier, des gens qui voulaient s'impliquer dans le processus : « Oh, je voulais seulement voir comment ça allait. J'ai parlé à untel, et à untel, et vous ne devez surtout pas oublier de faire ceci et cela… » Et le lendemain matin, je lui ai dit : « Franchement, Keith, je ne peux pas fonctionner comme ça. J'ai été réveillé toute la nuit par des gens qui essaient de m'expliquer comment faire mon travail, ce que je fais tous les jours. » Il m'a répondu : « Vous ne parlez qu'à moi et vous dites à tous les autres d'aller se faire foutre. » Texto. Cela m'a enlevé un sérieux poids des épaules. Après, c'est devenu facile parce qu'on pouvait prendre les décisions ensemble, et c'est exactement ce qui s'est passé.

Chaque jour, on parlait de son état. Et je lui ai bien expliqué quels signes nous indiqueraient le moment où l'opération serait nécessaire.

Dans certains cas d'hématome sous-dural, le caillot se fragmente en une dizaine de jours et il est possible de le retirer par de petits trous de trépan sans avoir recours à une crânéoctomie importante. C'est ce qu'on a essayé de faire parce qu'il était en bonne condition. Une approche conservatrice, avec au besoin une opération très simple. Mais un nouveau scanner a révélé un caillot de taille non négligeable, avec un décalage de la ligne médiane encore plus prononcé qu'à l'examen précédent.

Je n'ai rien tenté. J'ai attendu. Le samedi soir, alors qu'il était là depuis une semaine, j'ai dîné avec lui et je ne lui ai pas trouvé bonne mine. Le lendemain matin, il m'a téléphoné pour dire qu'il avait mal à la tête. J'ai répondu qu'on procéderait à un autre scanner lundi matin, mais à ce moment son état avait empiré, céphalées, troubles de la diction, début de faiblesse générale... Le scanner a montré que le caillot avait encore grossi et que le décalage de la ligne médiane s'était accentué. La décision n'était pas compliquée : si on ne retirait pas le caillot, il ne survivrait pas. Lorsqu'il est arrivé en salle d'opération, il était vraiment mal en point. Si je me rappelle bien, nous sommes intervenus vers six ou sept heures le soir du 8 mai. C'était un gros caillot, épais d'un centimètre et demi au moins, voire deux. Comme de la gelée très dense. On l'a retiré. Une artère saignait, je me suis contenté de la ligaturer, de la nettoyer et de la reconstituer. Il s'est réveillé d'un coup, tout de suite après, et il a dit : « La vache, ça va mieux ! » La pression cervicale s'est réduite tout de suite après l'intervention et il a commencé à se rétablir immédiatement, alors qu'il était encore sur le billard.

À Milan, pour le premier concert joué après l'opération, il était nerveux et je ne l'étais pas moins. Ce qui m'inquiétait le plus, c'était ses facultés d'expression et de perception, le langage réceptif et expressif. Certains soutiennent que le lobe temporal droit est davantage impliqué dans l'aptitude musicale, et que la partie « éloquente » du cerveau, c'est l'hémisphère dominant, à savoir le gauche, chez un droitier. Nous étions tous préoccupés. Il se pouvait qu'il ne sache plus comment s'y prendre, ou même qu'il ait une crise sur scène. Tout le monde était très tendu, ce soir-là. Keith n'a rien laissé transparaître, mais il est sorti du concert en pleine euphorie, parce qu'il venait de prouver qu'il était capable de le faire.

On m'a dit que je ne pourrais pas travailler avant six mois. J'ai répondu : « Six semaines. » Et un mois et demi plus tard j'étais à nouveau sur scène. C'était ce dont j'avais besoin. J'étais prêt à recommencer. Ou bien tu te transformes en hypocondriaque et tu écoutes tout ce que les autres te racontent, ou bien tu décides par toi-même. Si j'avais eu l'impression que j'étais incapable de reprendre le boulot, j'aurais été le premier à l'admettre. On me répond : « Qu'est-ce que tu en savais ? Tu n'es pas toubib ! » Mais si je dis que je vais bien, c'est que je vais bien.

Quand Charlie Watts est miraculeusement remonté sur scène deux mois après avoir commencé le traitement de son cancer, l'air plus en forme que jamais, quand il s'est installé derrière la batterie et a dit : « Eh ben voilà », on a tous poussé un énorme soupir de soulagement dans la salle. Avant ce premier concert à Milan, ils retenaient aussi leur souffle. Je le sais parce que ce sont tous mes amis. Ils se disaient : « Il a l'air OK, mais est-ce qu'il peut encore assurer ? » La foule, bénie soit-elle, agitait des cocotiers gonflables ! Mon public est merveilleux. Un sourire en coin, une blague entre nous. J'étais tombé d'un arbre, ils m'en apportaient un.

On m'a prescrit un médicament qui épaissit le sang, le Ditalin, et c'est pour cette raison que je ne sniffe plus rien depuis, parce que la coke a le même effet que l'aspirine, elle réduit le nombre de plaquettes dans le sang. Andrew m'avait prévenu tout de suite, en

Nouvelle-Zélande : « Tu fais ce que tu veux mais plus de coke », et j'ai dit OK. En fait, je crois que je me suis tapé tellement de lignes dans ma vie que ça ne me manque pas un poil. C'est comme si la coke avait renoncé à moi.

En juillet 2006, j'étais à nouveau en tournée. En septembre, j'ai fait mon début au cinéma en tenant un petit rôle marrant dans *Pirates des Caraïbes 3* – je jouais le capitaine Teague, rien de moins que le paternel de Johnny Depp. L'idée est née quand Depp m'a demandé si j'étais d'accord pour qu'il s'inspire de moi pour son rôle. Tout ce que je lui ai appris, c'est à tourner le coin d'une rue en étant totalement soûl : tu gardes toujours le dos le plus près du mur. Le reste, c'est entièrement lui. Avec Johnny, je n'ai jamais ressenti le besoin d'en rajouter : il existait entre nous une vraie confiance réciproque, il suffisait qu'on se regarde droit dans les yeux. Dans ma première scène, deux types sont en grande conversation autour d'une table immense, avec des bougies partout, et un des gars dit quelque chose ; j'apparais sur le pas de la porte et je refroidis l'enfoiré d'une balle. Ma toute première réplique : *The code is the law* (Le code des pirates, c'est la loi). On m'a très bien accueilli, sur le plateau. Après, Richards avait une réputation : c'était le mec qui n'avait besoin que de deux prises pour mettre en boîte une scène. Plus tard, toujours en 2006, Martin Scorsese a commencé à tourner un documentaire sur les Stones à partir de deux soirées au Beacon Theatre de New York, et c'est devenu *Shine a Light*. Là, on a balancé du rock, du vrai.

Je pourrais me reposer sur mes lauriers. J'ai remué tellement de merde dans ma vie que je pourrais m'en contenter et voir comment les autres se débrouillent. Seulement, il y a ce mot fatidique, « retraite ». Je prendrai ma retraite le jour où je casserai ma pipe. Il y en a qui se plaignent en disant qu'on est une bande de vieux types. Le truc, comme je l'ai déjà souvent dit, c'est que si on était des Noirs et qu'on s'appelait Count Basie et Duke Ellington, ils seraient tous à taper dans leurs mains et à beugler : « Ouais, ouais, vas-y, ouais. » Apparemment, quand on est blancs et qu'on joue du rock, on n'est pas censés continuer, à nos âges. Mais moi, je ne suis pas seulement là pour faire des disques et de l'argent. Je suis là pour dire quelque chose, et toucher les autres, et parfois c'est un appel désespéré : « Vous connaissez cette sensation, non, vous aussi ? »

En 2007, Doris a commencé à décliner à la suite d'une longue maladie. Bert était mort en 2002 mais il s'est rappelé au bon souvenir du public quelques semaines avant le décès de ma mère par le truchement d'une grande agitation médiatique, provoquée par un journaliste qui prétendait que je m'étais vanté d'avoir sniffé une ligne de coke mêlée à des cendres de mon père. Ça a fait des gros titres, il y a eu des éditoriaux, des commentaires m'accusant de cannibalisme, un vieux relent de *La Rue de la Honte* s'abattait à nouveau sur les Stones. Il paraît que John Humphrys[1] a posé la question sur une radio, à une heure de grande écoute : « Pensez-vous que Keith Richards soit allé trop loin, cette fois ? » Qu'est-ce qu'il voulait dire par « cette fois » ? D'autres articles ont proclamé que c'était une chose parfaitement normale, que ça remontait à l'aube des temps, d'ingérer ses ancêtres… Deux écoles de pensée, donc. En vieux de la vieille que je suis, je me suis contenté de préciser que la remarque avait été sortie de son contexte. Pas de démenti ni d'admission. Dans le topo que j'ai envoyé à Jane Rose lorsque l'affaire a commencé à prendre des proportions démesurées, j'ai noté :

> « *La vérité, c'est qu'après avoir gardé les cendres de papa dans une boîte noire pendant six ans, parce que je n'arrivais pas à me résoudre à le disperser à tous vents, j'ai planté l'un de nos solides chênes d'Angleterre pour les répandre autour. Quand*

---

1. Desmond John Humphrys, né en 1943, commentateur de la radio et de la télévision britanniques connu pour son goût de la polémique.

j'ai ouvert le couvercle, une fine couche de cendres est tombée sur la table. Je ne pouvais pas enlever mon père d'un revers du coude, tout de même, donc j'ai passé mon doigt dessus, je l'ai porté à mes narines et j'ai aspiré. Poussière retournant à la poussière, père retournant à son fils. Désormais, il aide des chênes à pousser et je ne doute pas qu'il m'aimera encore plus pour ça. »

Pendant que Doris était sur son lit de mort, le conseil municipal de Dartford choisissait les noms de rues pour le nouveau quartier qui devait être construit près de notre ancien domicile à Spielman Road, et ça a été Sympathy Street, Dandelion Row, Ruby Tuesday Drive… Tout ça en l'espace d'une vie. Voilà, on baptisait des rues en notre honneur quelques années seulement après nous avoir mis les flics aux trousses ! Ont-ils changé d'avis après le scandale autour des cendres de papa, je n'en sais rien, je n'ai pas vérifié[1]. À l'hôpital, ma mère restait très combative devant les médecins, mais elle s'affaiblissait, c'était clair. Angela a dit bon, on voit bien ce qui se passe, la chérie est en train de partir, on le sait tous, à ce point c'est vraiment d'un jour à l'autre, et elle a ajouté : « Prends ta guitare et viens lui jouer quelque chose. » Excellente idée. Je n'y avais pas pensé, mais c'est qu'on n'a pas toujours la tête claire quand sa mère est en train de mourir. Alors, pour notre dernière soirée ensemble, j'ai apporté une gratte, je me suis assis au pied du lit et j'ai dit : « Comment ça va, mère ? » Et elle : « Cette morphine n'est pas trop mal. » Elle m'a demandé où j'étais descendu à Londres, j'ai répondu : « Au Claridge's » et elle a dit : « On ne s'en tire pas trop mal, hein ? » Avec les sédatifs, elle était tantôt là, tantôt absente, mais je lui ai joué quelques motifs de « Malagueña » et d'autres trucs que j'avais appris dans mon enfance dont

1. Une Rolling Stones Avenue était même prévue. Selon la BBC, cependant, la police locale a exprimé sa « préoccupation », craignant que les plaques des rues soient volées par des fans trop zélés…

elle savait que je les connaissais depuis toujours. Et puis elle s'est endormie. Le lendemain matin, Sherry, mon assistante qui s'occupait de ma mère avec un grand dévouement et un amour sincère, est passée la voir comme chaque jour. Elle a dit : « Avez-vous entendu que Keith a joué pour vous, hier soir ? » Et Doris de répondre : « Oui, sa guitare n'était pas bien accordée. » Et voilà, vous avez toute ma mère dans cette remarque. Il faut reconnaître qu'elle avait une oreille parfaite et une sensibilité musicale merveilleuse, héritée de ses parents, Emma et Gus. C'est Gus qui m'a appris « Malagueña » et c'est Doris qui m'a donné ma toute première critique. Je la revois rentrant à la maison après le travail. J'étais assis en haut de l'escalier et je jouais « Malagueña ». Elle s'est dirigée directement vers la cuisine, elle s'est aussitôt activée avec ses marmites et ses casseroles, et elle s'est mise à fredonner la mélodie que je jouais. Brusquement, elle est apparue en bas des marches : « C'est toi qui jouais ? J'ai cru que c'était la radio. » Deux mesures de « Malagueña » et te voilà lancé dans la vie.

Remerciements

Je remercie tous ceux qui, hier et aujourdhui, m'ont aidé pour ce livre.

Jerry Ivan Allison
Shirley Arnold
Gregorio Azar
Neville Beckford
Heather Beckwith
Georgia Bergman
Chris Blackwell
Stanley Booth
Tony Calder
Jim Callaghan
Lloyd Cameron
Gretchen Parsons Carpenter
Bill Carter
Seymour Cassel
Blondie Chaplin
Barbara Charone
Bill Chenail
Marshall Chess
Alan Clayton
David Courts
Steve Crotty
Fran Curtis
David Dalton
Sherry Daly
Pierre de Beauport
Stash Klossowski de Rola

Johnny Depp
Jim Dickinson
Deborah Dixon
Bernard Doherty
Charley Drayton
Sly Dunbar
Alan Dunn
Loni Efron
Jackie Ellis
Jane Emanuel
Ahmet Ertegun
Marianne Faithfull
Lisa Fischer
Patricia Ford
Bernard Fowler
Rob Fraboni
Christopher Gibbs
Kelley Glasgow
Robert Greenfield
Patti Hansen
Hugh Hart
Richard Heller
Barney Hoskyns
Sandra Hull
Eric Idle
Dominic Jennings

Brian Jobson
Andy Johns
Darryl Jones
Steve Jordan
Eve Simone Kakassy
James Karnbach
Vanessa Kehren
Linda Keith
Nick Kent
Bobby Keys
Chris Kimsey
Tony King
Hannah Lack
Andrew Law
Chuck Leavell
Fran Lebowitz
Richard Leher
Annie Leibovitz
Kay Levinson
Michael Lindsay-Hogg
Elsie Lindsey
Prince Rupert Loewenstein
Michael Lydon
Roy Martin
Paul McCartney
Earl McGrath
Mary Beth Medley
Lorne Michaels
Barry Mindel
Haleema Mohamed
Kari Ann Moller
Kate Moss
Marjorie Mould
Laila Nabulsi
David Navarrete
Willie Nelson
Ivan Neville

Philip Norman
Uschi Obermaier
Andrew Oldham
Anita Pallenberg
Peter Parcher
Beatrice Clarke Payton
James Phelge
Michael Pietsch
Alexandra Richards
Angela Richards
Bill Richards
Doris Richards
Marlon Richards
Theodora Richards
Lisa Robinson
Alan Rogan
Jane Rose
Peter Rudge
Tony Russel
Daniel Salemi
Kevin Schrœder
Gary Schultz
Martin Scorsese
Simon Sessler
Robbie Shakespeare
June Shelley
Ernest Smatt
Don Smith
Joyce Smyth
Ronnie Spector
Maurice Spira
Trevor Stephens
Dick Taylor
Winston Thomas
Nick Tosches
Betsy Uhrig
Ed Victor

LIFE

Waddy Wachtel
Tom Waits
Joe Walsh
Don Was
Nigel Waymouth
Dennis Wells
Lil Wergilis

Locksley Whitlock
Vicki Wickham
Warrin Williamson
Peter Wolf
Stephen Yarde
Bill Zysblat

Index

K

L

S

X-Y

Composé par Nord Compo Multimédia
7, rue de Fives, 59650 Villeneuve-d'Ascq